潮起

社会主义思想引领中国

陈浙闽◎著

天津出版传媒集团
天津人民出版社

图书在版编目(CIP)数据
潮起 ： 社会主义思想引领中国 / 陈浙闽著.
天津 ： 天津人民出版社, 2025. 1. -- ISBN 978-7-201-20728-5
Ⅰ. D092.6
中国国家版本馆CIP数据核字第20241DU307号

潮起 ：社会主义思想引领中国
CHAO QI : SHEHUI ZHUYI SIXIANG YINLING ZHONGGUO

出　　版　天津人民出版社
出 版 人　刘锦泉
地　　址　天津市和平区西康路35号康岳大厦
邮政编码　300051
邮购电话　(022)23332469
电子信箱　reader@tjrmcbs.com

策划编辑　沈海涛　金晓芸
责任编辑　燕文青
特约编辑　郭聪颖　郭金梦　康嘉瑄
装帧设计　WONDERLAND Book design 仙境 QQ:344581934

印　　刷　北京中科印刷有限公司
经　　销　新华书店
开　　本　710毫米×1000毫米　1/16
印　　张　36
字　　数　520千字
版次印次　2025年1月第1版　2025年1月第1次印刷
定　　价　88.00元

序

从历史细节中感悟社会主义思想对中国发展的伟力

中国近代以来的发展，始终都脱离不开社会主义思想的影响。可以说，社会主义没有辜负中国，中国也没有辜负社会主义。

但是，要把中国近代以来的发展与社会主义思想之间的关系说清楚，并不是一件轻而易举的事情。当前，学术界有许多相关成果，从各个层面、各个角度做了深入的研究和解读，给人不少直抵心扉的启发和感悟。然而，要把这些思想观点有机地统一起来，加以系统化、生动化、故事化，使之形成一个个立体的、有血有肉的历史人物，让读者能身临其境、感同身受，从而发自内心地接受社会主义思想，进而投身社会主义实践，却是学术界试图解决，但又望而却步的难题。

说实在的，我也一直不敢触碰这个难题，特别是想到总结整理近现代的大量史料，难免会涉及一些敏感的政治和现实问题，面对如何把握、如何取舍，顿感学识浅薄和历练不够，驾驭起来不甚得心应手。然而，这种触碰难题的冲动却时时存在，有时甚至难以自已。说它是责任心、使命感，可能崇高了一些；但干了一辈子宣传思想工作，想把深奥的理论，尽量通俗地传递给读者，使人们对社会主义产生一些不一定十分深刻但可能是全面准确的理解，是一个始终难以挥去的心愿。因此，即便有困难，我也想冲一冲、闯一闯，哪怕碰得鼻青脸肿，只要心诚，也算了却了一桩心事。

有道是无知者无畏。在这种心理驱使下，我斗胆撰写了《社会主义思想简史》，力图从讲故事入手，通俗地解读社会主义思想发展的历程，其对人类历史发展的巨大推动作用，以及为一代代劳动人民带来的无尽福祉。这次写作给了我足够的信心，在梳理社会主义思想五百年发展历史的基础上，把中国社会主义思想的发展脉络捋清楚，哪怕这种梳理是初步的、肤浅的，但毕竟给了读者一个完整的中国社会主义思想发展史，这就是值得的。

当然，完成这看似不可能完成的任务，也不是靠心血来潮、一时冲动就行的。关键是现在有足以支撑我研究下去的主客观条件，以及已然搭建起来的理论框架和交流平台。

第一，较为丰富的研究成果。关于社会主义思想史，国内有陶大镛先生编著的《社会主义思想简史》（1949年出版），我阅读过数遍，对那时学者的严谨和大胆，甚是钦佩。20世纪80年代社会主义思想史研究在我国复苏时，各种思想观点的争论，也曾让我如痴如醉，躁动的心久久不能平复。中共中央党校编著的《社会主义思想简史》、华东地区八省市党校编著的《社会主义思想简史》等，也使我如获至宝，彻夜通读。尤其是人民大学高放教授和黄达强老师主编的《社会主义思想史》之中对社会主义思想史的系统见解，更使我茅塞顿开、受益匪浅。还有湘潭大学诸位老师撰写的《中国社会主义思想通史简编》，更是给了我关于划分中国社会主义思想发展时期的启示。

国外有德国学者麦克斯·比尔的《社会主义斗争通史》（1922年出版），美国学者雷岱尔的《社会主义学说史》（1927年出版），苏联学者维·波·沃尔金的《社会主义思想史》第一卷、第二卷（1928年、1931年出版），英国学者柯尔的《社会主义思想史》（1953年出版），苏联学者П. Т. 别洛夫的《社会主义学说史》（1956年出版）等，也使我开阔了眼界、增长了见识。

这些理论成果，含有大量对中国社会主义思想的阐述和评价，使我能够在前人研究的成果之上，继续梳理中国社会主义思想的发展历程。这就犹如站在前人的肩膀上攀登高峰，我们不能不感谢前人无私的人梯精神，不能不敬仰前人深邃的理论贡献。更何况现在资讯非常发达，通过网络能查阅到大量最新的研究成果，尤其是对中国社会主义思想的专题研究成果，使我获得了许多新知，少走了许多弯路。我真心地感谢做出这些学术贡献的前辈和学者们，其中还有许多博士生和硕士生，他们的论文也往往是我挖掘资料的宝藏。

第二，较为成熟的发展分期和理论框架。学术界对社会主义思想发源的起点有不同认识：有的追溯到远古时代，把人类历史上所有追求公平、反对压迫、主张平等的思想均归于社会主义思想等；但绝大多数学者还是把社会主义思想的起源定位于近代，特别是把它作为反对资本主义、与资本主义相对立的思想而提出的。

至于对社会主义思想发展历程的分期，学术界比较一致的看法是，空想社会主义阶段可划分为三期：资本主义萌芽和资产阶级形成时期，手工工场和资产阶级革命时期，产业革命和资产阶级统治时期。科学社会主义诞生后，又可分为三期：科学社会主义的形成及其在19世纪后半叶的发展，科学社会主义在20世纪前半叶的发展（即列宁、斯大林时期），科学社会主义在20世纪后半叶及之后的发展。

关于社会主义思想史的体系结构，有的成果以研究人物为中心，有的以分析思潮为中心，有的以总结经验为中心，但总体谋篇布局是大体相同的。即先阐述空想社会主义的产生与发展，然后阐述科学社会主义的形成与发展，接着阐述科学社会主义在苏联的实践，再然后是科学社会主义从一国走向多国，最后阐述社会主义思想在中国的传播和科学社会主义在中国的实践及经验。当然，还要介绍一下当代世界各国的社会主义思潮及其影响，等等。

在这样的分期和架构中，中国社会主义思想史虽然都占有一定的分量，但基本上只占全书的一个部分，不是绝对的重点，也不可能展开十分详细的论述。因此我想把这部分拿出来，独立研究、独立成篇，这不仅对研究中国社会主义思想史有用，对人们全面认识中国社会主义思想发展的历史更为有用。如此大有利之事，又何乐而不为呢？

第三，个人较为丰富的实践阅历和从政体验。我本身是个学者，酷爱教师这个职业，醉心教学科研，曾经也做出过一些成绩。后来经组织安排从事行政工作，大多数时间都在宣传思想文化领域，也算是专业对口吧。十几年的学术生涯使我对社会主义思想有较为系统的涉猎，有些方向研究比较深入。这对我从事行政工作，尤其是宣传思想文化工作帮助很大，至少在把握政策的全面性、系统性、准确性等方面不发怵，或者说使我有了一定的理论功底和学术支撑。但同时，实践中遇到的一系列复杂的、具体的问题，也促使我不时地进行理论思考，并且在思考成熟后制定或调整政策，实践证明效果是好的。

在中国近代史上，许多作出过卓越学术贡献的人都是受到责任心驱使，不甘寂寞、不甘平庸，为心中那团火、那个民族复兴的梦，不懈耕耘、砥砺前行。而我有幸生活在革命前辈创造的和平年代，接受过系统的基础教育，有如此丰富的实践体验，又有什么理由不去深入钻研、破解难题，站在前人肩膀上继续科研之路呢?

第四，较为先进的检索工具。在20世纪80年代，在台式计算机刚刚问世的时候，每个单位都把它们当作宝贝并由专人看管，电话上网时断时续，还没有多少人用得起时，人们绝对想不到这将是一场技术革命，就像当年蒸汽机的发明、电的发现，从方方面面彻底改变了整个人类社会。

社会科学的研究也进入了一个全新的时代。以往学者主要是靠一支笔，借助在图书馆查阅的资料，将自己对宇宙、世界、人生、社会等问题的认识诉诸笔端，再借助大众传媒（如报刊、书籍、广播、广告牌等），传播给大众，以达到启迪思想、传播知识、针砭时弊的目的。

想当年，要写一篇文章，除了好的构思外，要花大量精力查阅资料，泡图书馆、记笔记是常态。稿子当然都是手写的，一遍一遍地改，一遍一遍地抄。特别有意思的是，怕字写得不好，投稿前的终稿一定要请字写得好的同事帮着抄，期望给编辑留个好印象，提高中稿率。

后来有了复印机，可以将资料从图书馆借出来，把有用的部分全都复印，再拿回家去细细研究，算是解放了一些生产力。

而有了电脑后情况就更不一样了。首先是打字后能储存，修改不用再抄一遍。其次是打印稿清清爽爽，不用担心字写得好坏，影响阅读者的心情。最后是网上可以查询专著、论文等资料，可参考的资料是海量的，对研究者的考验，就是如何判断其价值而已。现在的网络查询功能更是强大，许多专著、论文都有数字版本，可以随时查阅。

生产工具的更新对人类社会发展的促进作用，仅从社会科学研究劳动生产率的显著提高，就可见一斑。

借助上述有利条件，加之多年研究和思考，我对社会主义思想史的研究有了一些认识。

一是社会主义思想史是伴随资本主义全生命周期的批判性、建设性思想结晶。正如我在《社会主义思想简史》一书的导论中所言："社会主义的产生与发展，离不开资本主义的产生与发展；同样，社会主义思想的产生与发展，也离不开资本主义思想的产生与发展。这犹如事物的一体两面，谁也离不开谁。"研究社会主义思想的发展历史，就必须研究资本主义及其思想的发展历史。不了解资本主义的本质特征，及其在发展过程中不可避免的缺陷和不足，就有许多现象和问题难以理解。社会主义思想家们为何要孜孜追求社会的和平、发展、公平、正义、民主、自由、和谐、共生？为何要紧紧盯住资本这一要素，抓住生产资料社会化这一关键，来设计未来的理想生活？为何要着重强调民主共和国这一政权组织形式，强调普选制这一民主实现方式？为何要特别注意经济结构，以及由此引发的社会结构的变化，从而不断调整无产阶级政党的战略和策略？如此等等。

这样的认识非常重要。一方面，任何思想的产生和发展，都有其现实环境和背景，都是对其现实环境和背景的理性认识和解读。除非有一些跨越时空的远见卓识和对普遍规律的深刻感悟，人们的绝大多数认识和观点，都要受到现实环境和背景的影响，离开了其所来源的现实环境和背景，这些认识和观点可能就要有所修正，或者干脆就不能成立。

社会主义思想的产生和发展也是这样。资本主义的诞生、发展和壮大，其间不论是千疮百孔还是亡羊补牢，不论是垂而不死、腐而不朽还是危机频发、沉疴已久，不论是逐步走向顶峰还是逐步走向末途，都为社会主义思想的提出和完善提供了活脱脱的样本，都使社会主义思想家们有了认识社会、改造社会，最终力图建立一个更高层次的理想社会——社会主义社会、共产主义社会的广阔舞台。

另一方面，任何思想的产生和发展，与它同时代的其他思想都不是非此即彼的，也绝没有泾渭分明的界限，它们之间总是处于相互借鉴、相互促进，相互争论、相互批判，相互融合、相互升华的互动辩证过程之中。对于人类社会发展过程中形成的一系列文明成果，都不应该轻易打上标签、全盘否定，而要充分地吸收和借鉴，从而丰富和完善符合自己国情的思想理论、社会价值和民族精神。这一点，无论是马克思、恩格斯，还是其他马克思主义经典作家都说得十分透彻和充分，“两个必然”和“两个绝不会”可以说是这一认识的最终注解。中国共产党无论是在执政之前还是执政之后，改革开放之前还是改革开放之后，对这一问题的认识也是十分透彻和一贯的。尽管中间也出现了几个小的“插曲”，但那也是探索中国特色社会主义道路必然要交出的学费。

二是中国走上社会主义道路是社会主义思想在中国演进的必然结果。放在历史大背景中认识中国的社会主义，是现在亟须做的一件大事。几十年来，许多结论性的观点和理念已经深深嵌入人们的心灵。但是在信息技术足以改变整个社会的结构，并左右人们的行为和生活的今天，人们对国家政治的兴趣，已经大大转向互联网，普遍关注的是以往那些结论背后所支撑的东西，渴望知其然和知其所以然。如果我们认识不到这一点，没有真实、理性、客观、生动的引导，很可能经过几代人艰辛努力建立起来的对社会主义的信念，会由于网络和课堂上的流言蜚语、刻意污名，以及隐性的低级红高级黑，而顷刻崩裂倒塌、丧失殆尽。这绝不是危言耸听！

事实上，中国社会主义思想的演进，是一幅波澜壮阔、精彩绝伦的历史画卷。凡是熟知这一历史进程的人，只要是秉持客观公正的立场，都会确确实实地认识到，中国共产党几十年宣传的理论，是绝对经得起历史和人民检验的。现在需要理论工作者做的工作，只是还原当时的历史场景，再次让人们“回到过去”，做出独立的选择。我相信，绝大多数人是理性的、客观的。

当然我们也不能否认，总有那么一些人，出于各种各样的动机，唯恐天下不乱，做着和境内外敌对势力里应外合、颠覆中国共产党政权的“春秋大梦”。

但是，社会的发展进步总是这样，任何时候、任何制度下的政治生态也是这样，有进步的就有反动的，有建设的就有搞破坏的，有左的就有右的。再科学的治理方式，也不可能让所有的人满意。我们需要研究的是，怎样在维护最广大人民群众根本利益的基础上，建立一种有效的社会情绪释放机制、社会危机预防和处置机制，确保社会持续稳定发展。这方面，我们下的功夫还远远不够。

三是中国社会主义思想经历了一个由表及里、由粗及精、由点及面的发展过程。中国走上社会主义道路，并不是一马平川、一帆风顺的，而是经历了多轮思潮的冲击和影响，最终才选择了俄国十月革命的道路。这些思潮有内部产生的，也有从外部引进的。但不管是哪一种思潮，它的出现必然有当时的客观需要，必然有众多的拥护者。中国人民正是在这众多思潮的冲击和影响下，反复比较、不断取舍，最终作出了最好的选择。

只要我们认真研究中国近现代历史，就会清晰地发现，最早一批提出改革的先进分子，实质上并没有找到当时中国社会的病根，还都是在围着如何维护君主专制统治这一中心打转，根本不可能解决中国的问题。比如，王韬、李鸿章等人敏锐地意识到，中国面临千年未有之大变局，开始反思和检视与列强相去天渊的差距。比如，林则徐、魏源、严复等人有了“开眼看世界”的冲动，提出“师夷之长以制夷”，期望通过“知夷”“师夷”来跟上时代的步伐。比如，经世致用思想得以复兴，刘逢禄、龚自珍等人开始关注漕、河、盐、农等国之大计，以及因西方列强的紧逼而造成的边疆史地问题。比如，曾国藩、李鸿章、张之洞、左宗棠等人，主张“中学为体、西学为用”，掀起洋务运动，促进了中国民族资本主义的产生和发展，一定程度上抵制了外国资本主义的经济侵略。比如，康有为、梁启超等人发动的戊戌变法，不但从传统文化中汲取营养，而且积极学习西方的社会学说，有力推动了政治的变革。然而，在这一系列改革中，人们尚不能把推翻清王朝封建统治与反对帝国主义列强侵略、国家独立富强、爱国主义等统一起来，革命思想和革命活动尚不占主导地位。但不可否认的是，正是这一系列改革和一步步启蒙，以及中国在鸦片战争、甲午战争、八国联军侵华等战争中的一次次失败，才使先进分子大彻大悟，革命思想和革命活动才成为不可阻挡的历史洪流。

只要我们认真研究中国近现代历史，还会清晰地发现，即便革命已经提上议程，如何革命、革命成功后朝什么方向发展等思想领域的纷争仍十分激烈。比如，康有为集平生所学之大成，构建了自己的理论体系《大同书》，但是他至死也不会明白，君主立宪式的改革维新，在中国早已是“无可奈何花落去”，再也没有实践的土壤和可能了。比如，孙中山、黄兴等人建立革命党，高举“驱除鞑虏，恢复中华，创立民国，平均地权”的旗帜，取得了辛亥革命的胜利，但是这时的中华民国并没有结束军阀割据、列强干涉的局面。比如，陈独秀、胡适倡导新文化运动，给中国革命注入了新的理念和活力，被称为中国的文艺复兴和启蒙运动，然而深刻的民主与科学的呼号，仍然缺乏广大民众的响应。比如，五四运动，特别是俄国十月革命的胜利，彻底地激发了中国人民反帝反封建的精神，中国工人阶级开始独立登上政治舞台，翻开了中国历史崭新的一页，但是对如何组织群众、动员群众，形成领导中国革命的政治核心，人们还是茫然无措。

尤其值得注意的是，在由旧民主主义革命向新民主主义革命转变的过程中，一波波的崭新理论不断冲击着人们的思想，启迪着人们的心灵，指引着人们的行动，其中比较重要的有：实证主义思潮随着美国著名学者杜威的来华日益勃兴，给当时和其后的中国思想文化界留下了深刻而长久的印迹；罗素的基尔特社会主义难以引起人们的共鸣，而他给中国开的药方被讥讽为“他看中了一条到自由之路，但他另给我们找一条路”①；伯格森非理性主义虽然大众都读不太懂，但不同的思想流派都试图用它来为自己的思想注解；克鲁泡特金无政府共产主义在中国受到了超高礼遇，综观这一时期中国革命者的思想历程，大都烙有克鲁泡特金思想的印迹；托尔斯泰的泛劳动主义被具象化和艺术化，起到了意想不到的感染作用；武者小路实笃的新村主义很快在知识界广为传

① 《胡适的日记》上册，中华书局，1985年版，第140页。

播，受到一大批青年人的追捧和仿效；如此等等。

由此可见，在这些思想流派的竞争和较量中，社会主义思潮明显占据了上风。到了新文化运动后期，特别是工读互助团的实验失败后，社会主义已经成为最流行、最主流的一种思潮。当然，这个时候人们看到的社会主义，内容庞杂、流派繁多，许多人都是“隔着纱窗看晓雾”，对社会主义实际意义的理解还不是十分清晰。

四是中国社会主义思想是中国人民的必然选择。毛泽东曾说：“十月革命一声炮响，给我们送来了马克思列宁主义。十月革命帮助了全世界的也帮助了中国的先进分子，用无产阶级的宇宙观作为观察国家命运的工具，重新考虑自己的问题。走俄国人的路——这就是结论。”[①]毛泽东这段话真实地反映了当时社会精英们思想转变的历程。戊戌变法失败后，改良主义思潮日渐式微，革命浪潮风起云涌。中华民国的成立，孙中山“三民主义”和“五权分立”理念的实施，换来的却是袁世凯复辟和北洋军阀混战，也宣告了欧美政治理念在中国的破产。新文化运动极大地唤醒了民族自觉和自强意识，但在寻找革命道路方面则显得徘徊犹豫、摇摆不定。而俄国十月革命使李大钊等先知先觉者敏锐地意识到，“潜藏着极大社会进化”的“德国社会民主主义”新潮流，正通过俄国革命传向世界。[②]

中国走上俄国十月革命的道路，还受到两方面的巨大影响。一方面受到当时风靡全球的社会主义思潮影响。在中国人眼里，俄国十月革命、匈牙利革命、德国革命等意义非凡，昭示着新的时代民主主义对专制主义的最终胜利。而原来以英美等西方国家为师的政治改革目标已失去意义，只有向俄国学习，实行彻底的平民社会革命，才能将中国引上富强的康庄大道。另一方面，新兴的苏俄政权一再表明对中国的友好态度，与沙皇政府形成鲜明的对照。十月革命胜利后不久，苏维埃俄国工农政府几次发表宣言，声明在平等、相互尊重和

① 《毛泽东选集》第四卷，人民出版社，1991年版，第1471页。

② 守常：《战后世界之潮流》，《晨报》，1919年2月7日。守常为李大钊笔名。

友好，以及苏联各族人民声援并全面支持各被压迫民族的解放斗争的基础上，同东方各国建立关系。宣布废除与日本、中国和以前各协约国缔结的一切秘密条约。声明将沙皇政府独自从中国人民那里掠夺的或与日本人、协约国共同掠夺的一切交还给中国人民。虽然有些内容并没有落实和履行，但苏俄对华政策有了历史性进步，还是有目共睹的。

当然，中国走上俄国十月革命的道路，根本还是内因在起作用。首先是因为中国与俄国国情有相似之处，都是落后的农业大国，相比较而言，中国更落后些，因此，走俄国人的路显然要比走欧美人的路更贴近实际些。其次是中国社会一盘散沙，客观上需要一个强有力的组织核心。精英人士们已经隐隐约约感到，马克思的社会主义与其他社会主义不太一样，革命性、战斗性更强，而列宁的布尔什维克党正是这样一个具有广泛群众基础、具有强大号召力和战斗力的政党。最后是中国传统文化崇尚大一统和集中统一领导，而布尔什维克的榜样和俄国十月革命的经验，切合了中国的传统文化，从而彻底消除了中国革命的迷茫和摇摆，革命面貌从此焕然一新。

很显然，中国走上社会主义道路，而且是列宁开创的俄国十月革命的道路，是由其独特的国情和当时的历史环境所决定，既有其必然性，但更有其独特性。因而在社会主义思想与中国革命实际相结合的过程中所形成的中国社会主义思想，既是极其宝贵的，也是十分独特的。

五是中国社会主义思想对世界社会主义已经并必将持续产生深远影响。历史经验证明，中国在社会主义思想指导下，无论是革命还是建设，都取得了举世瞩目的巨大成就。当然，过程中有起伏、有波澜，甚至还犯过严重错误，但正是因为有了一批批信仰坚定、勇往直前、奋不顾身、无私奉献的民族脊梁，才完美地实现了科学社会主义与中国革命实际的结合，创造了符合国情的中国自己的社会主义思想，中国社会主义事业的巨轮才得以一次次被拨正航向，沿着正确的路线不断前行，驶向中华民族伟大复兴的胜利彼岸。

面对中国社会主义取得的成功，人们不可能不去研究中国社会主义思想，特别是何为毛泽东思想，何为中国特色社会主义理论体系，何为习近平新时代中国特色社会主义思想，因为这一系列的理论创新，饱含着中国共产党人的情怀和初心，见证着中国共产党人的奉献和牺牲，凸显着中国共产党人的创造和智慧，标示着中国共产党人的理想和目标。这一百多年的奋斗历程和宝贵经验，无疑是国际共产主义运动不可或缺的精神财富，理应受到全世界劳动人民，尤其是致力于社会主义事业的团体和人们的敬仰和尊重。

事实也正是这样。20世纪50年代，当社会主义阵营出现前所未有的意见分歧时，中国共产党的态度和立场，成为社会主义国家保持团结的重要压舱石。20世纪六七十年代，当美国、苏联大搞霸权主义，冷战愈演愈烈时，中国共产党及时提出“三个世界”理论，有力地推动了世界格局的重大转变。20世纪70年代末，中国的改革开放犹如春天的惊雷，划破了沉寂已久的长空，给社会主义注入了新的动力，也给世界社会主义提供了新的借鉴。跨入21世纪，当世界社会主义运动带着苏联解体、东欧剧变的创伤举步维艰时，中国特色社会主义宛如一把所向披靡的利剑，斩断了所有关于世界历史终结的是是非非，开辟了社会主义新的天地。

当今世界，中国日益走近世界舞台中央，中华民族距离伟大复兴的目标从未如此之近。这是社会主义思想带给中国和中华民族的荣耀，也是中国始终坚持走中国特色社会主义道路的理由。从某种意义上讲，这也是中国社会主义思想带给世界社会主义运动的荣耀，也是中国致力于构建人类命运共同体的理由。

中国社会主义的成就是中国人民在中国共产党领导下艰苦奋斗干出来的，是在中国社会主义思想指引下开拓创新拼出来的，是与世界各国和平共处、互利互惠、携手共进合作出来的。中国社会主义思想输出的是和平合作、民生福祉、公平正义、民主自由，反对的是冲突对抗、资本掠夺、专制集权，这样的思想也理应成为世界社会主义思想的核心内容。

基于上述认识，我对整个社会主义思想史研究的计划是：先从总体上对世界社会主义思想发展的脉络进行系统梳理，力图做些通俗的解读。这一任务在方方面面的大力支持下已经完成，这就是已经呈现给读者的《社会主义思想简史》。然后用三本书的体量，比较细致地阐述中国社会主义思想的发展历程。

第一本是从社会主义思想传入中国到中华人民共和国成立，其极大地改变了近代中国的前途和命运。第二本是从中华人民共和国成立到中国进入新时代，主要是解读中国共产党对中国特色社会主义道路的探索，及其实践经验和理论成果。第三本重点解读新时代，中国共产党人在这一伟大历史阶段，带领全国各族人民实现中华民族伟大复兴，实现中国式社会主义现代化，在为人类幸福和进步作出重要贡献的同时，继续为世界社会主义运动作出应有的贡献。

但愿，梦想成真!

目　录

第三章 社会主义思潮崭露头角

第四章 马克思主义的黄钟大吕

第五章 国共合作的政治思想基础

第六章　分道扬镳引发的思想大裂变

第七章　围绕国情和抗日的思想嬗变

第八章 两个"中国之命运"

第九章 马克思主义中国化的伟大飞跃

附录 共产国际与中国共产党

引　子

中国近代以来的历史，是一段荡气回肠、抗争与求索交织的历史。无论是我们的前辈们开眼看世界，不惜从海外“盗取”思想之火，点亮中国从半殖民地半封建社会走向近代化的光明大道，还是固守经世致用思想，怀抱中体西用的信念，从儒家思想等传统文化中获取强国富民的智慧；无论是饱受鸦片战争、甲午战争、八国联军侵华的耻辱，被迫签下数不清的不平等条约，被攫取含泪带血的割地和赔款，还是在洋务运动、维新变法、立宪新政中不断挣扎，在太平天国、义和团运动、辛亥革命、讨袁战争中一再奋起，决心不再吟唱奇异的对联式悲歌；无论是新文化运动的启蒙、五四运动的觉醒，抑或舶来五花八门新奇的主义和思想，还是从研究室到监狱、从监狱到研究室，一步一步走上俄国十月革命指引的道路；无论是国民党和共产党两度合作，不断探索中国命运之路径，数度燃起联合政府、和平建国的希望，还是中国共产党被迫走上农村包围城市、武装夺取政权的正确道路，以“宜将剩勇追穷寇，不可沽名学霸王”①的彻底革命精神，统一中国大陆；如此等等。

当然，如今这一切，都已积淀、转化成流淌在每个中国人血脉中的民族基因和民族精神。人们看到，经过这一幕幕精彩绝伦的历史大剧和这一场场翻天覆地的社会变革，中国人民正在一步步实现近代以来梦寐以求的中华民族伟大复兴。

社会主义思潮在全世界传播了五百多年，在中国的传播也已有一百八十多

① 《毛泽东传》第二册，中央文献出版社，2011年版，第940页。

年的历史。在这波澜壮阔的峥嵘岁月里，社会主义没有辜负中国，中国也没有辜负社会主义。

本书旨在研究和探讨社会主义思潮在中国的传播与发展，以及这种传播和发展对于中国选择社会主义道路，从而走上民族伟大复兴康庄大道的历程和规律，以期给读者留下广阔的思考空间，激发出无尽的历史自信和历史主动。

第一章
坚船利炮摧毁落日辉煌

01　灿烂盛世下的泱泱大国

《马可·波罗游记》是西方人感知东方世界的第一部著作，书的作者是威尼斯商人马可·波罗。

据说，马可·波罗的父亲曾在东方经商，来过中国元朝的大都（北京），朝觐过忽必烈皇帝，并带回了忽必烈写给罗马教皇的信。1271年，马可·波罗的父亲拿着教皇的复信和礼品，带着十七岁的马可·波罗及十几位旅伴，又一次踏上去往东方的经商之路。一路上，他们克服病魔、饥渴的困扰，躲过强盗、猛兽的袭扰，越过千山万水，历经千难万险，终于到达了中国。美丽繁华的喀什、盛产美玉的和田、一望无际的塔克拉玛干沙漠、庄严厚重的古城敦煌、举世闻名的佛教造像和壁画、蜿蜒雄伟的万里长城……沿途这一幕幕壮美的景致，深深吸引着马可·波罗。

马可·波罗一行到达上都——位于今中国内蒙古的元朝北部都城后，忽必烈皇帝留他们在朝廷任职。聪明的马可·波罗很快学会了蒙古语和汉语，借奉皇帝之命巡视之机，他走遍了中国的山山水水。中国的辽阔与富饶让他钦慕和敬仰，中国的文化与生活让他沉醉和迷恋，以至于许多年后他仍然啧啧称赞、不能忘怀。马可·波罗在中国生活了整整十七年。

在《马可·波罗游记》中，马可·波罗用了三分之一多的篇幅描写了在中国的所见所闻，以热情洋溢的语言讴歌了中国的繁盛和昌明：发达的工商业城市、繁华热闹的集市、完备的交通设施、宏伟壮观的宫殿建筑、华美廉价的丝绸锦缎、自信快乐的民间生活、普遍流通的纸币、无穷无尽的财富等。他还讲到带有花园和人造湖的宫廷，装载银挽具和宝石的大象；高于周边地面的条条大道，易于防涝和排水；人工开凿的大运河上，各种商船来来往往、川流不息；而各个港口码头，停泊着欧洲人从未见过的大船等。同时，他描述了杭州等城市的详细景致，说“行在”（即杭州）是世界上最美的城市，那里商业兴隆，有十二种行业，每种行业约有一万两千户，等等。

总之，马可·波罗讲述了一个令西方世界震惊的美丽神话，也无形中成为15世纪欧洲航海事业的巨大助力。

尽管史学家们对马可·波罗是否来过中国，以及对游记中的描述是否真实有许多质疑，但这丝毫不影响中国在当时世界上的强盛地位，以及世界各国对它的崇敬和向往。

中国具有世界上历史最为漫长、体系最为完备、文化凝聚力最为恒久的封建社会。从秦始皇统一中国算起，到1912年中华民国成立，大约持续了两千一百年。在这期间，虽然不同民族不断融合，不同文化不断互相借鉴，不同文明不断碰撞，但大一统的国家观念、“家天下”的封建土地所有制、自给自足的小农经济、等级森严的君主专制、三纲五常的伦理道德、族权政权相结合的治理体系、儒家思想的文化核心等，一直居于统治地位。到了清朝前中期，中国的发展达到历史最高峰。

首先是国土辽阔、人口众多。整个清帝国疆域空前辽阔[①]，仅次于元朝，奠定了如今中国的版图。这一时期，人民在一定程度上得以休养生息，到乾隆后期人口甚至突破三亿。到了清末，号称四万万同胞，实际人口大约有四亿五千万。

其次是国力强。实施了摊丁入亩、官绅一体当差纳粮、火耗归公等一系列改革，发明并推广御稻、双季稻等高产作物，增加了国家的财政收入。据有

---

① 参见〔清〕赵尔巽等：《清史稿·地理志一》，联合书店，1942年版，第286页。

关史料记载，康乾时期国库充足，常年保持在六七千万两白银，最高的年份达到八千万两。①

最后是废除贱籍制度，实现了有诸多限制的人人平等。②贱民是中国历代封建王朝都存在的特定社会群体，只要生为贱籍，一辈子就只能从事最低贱的活计，不能拥有自由的人生。雍正帝继位后，废除了贱籍制度，给了贱民有限的自由。当然，社会上的高低贵贱仍然存在，只是最底层贱民的生活有了选择而已。

当然，不少人对康乾盛世还是有一些质疑。康熙、雍正、乾隆三代皇帝，共执政一百三十余年，占了整个清王朝的近一半时间。笔者就曾无数次地设想过，一个皇帝连续执政六七十年，在封建专制体制下，即使有很多积弊，甚至致命的失误，又有谁能够站出来大喝一声：不能再这样下去了！在满目贴着民主标签的现代西方国家都很难看到这种景观，更何况是在“民主”这个概念还没有被普遍接受的封建王朝？因此，康乾盛世也权当是盛世吧。

这个灿烂盛世下的泱泱大国，在当时世界上确实享有崇高的地位。英国学者安格斯·麦迪森在其著作《世界经济千年史》中指出：“19世纪之前，中国比欧洲或亚洲任何一个国家都要强大。”“1820年时，中国的GDP比西欧及其衍生国的总和还要高出将近30%。”③对比2020年美国GDP占全世界的24.7%，当时中国的经济总量在世界经济中的地位堪比现在的美国。特别是麦迪森还提供了长达千年的中国经济总量占世界经济的比重（比如1000年为22.7%，1500年为25%，1600年为29.2%，1700年为22.3%，1820年为32.9%，1870年为17.2%，1913年为8.9%）④，清晰地展示了中国是从什么时候衰落的。而这种

① 参见李强、徐康宁、魏巍：《“康乾盛世”真的存在吗？基于经济数据测算的分析》，《北京社会科学》，2013年第1期。

② 参见陈国坤：《清朝“开豁贱籍”政策初探》，《甘肃行政学院学报》，2004年第4期。

③ ［英］安格斯·麦迪森：《世界经济千年史》，伍晓鹰等译，北京大学出版社，2003年版，第109页。

④ 参见［英］安格斯·麦迪森：《世界经济千年史》，伍晓鹰等译，北京大学出版社，2003年版，第261页。

衰落如果从人均GDP的角度来看的话，似乎来得更早。[①]

02　大航海造就“文明世界”

《马可·波罗游记》对于一百多年后欧洲大航海时代的催化作用，是任何人都始料不及的。因为拿这本书当信仰，并执着地要寻找中国、印度、日本等东方神秘国度的，是出生于意大利，没受过多少正规教育，辗转于葡萄牙、西班牙等国，凭借三寸不烂之舌蛊惑王公贵族的航海狂人哥伦布。

1474年，哥伦布得到一份珍贵的资料，那就是当时佛罗伦萨著名的数学家、天文学家保罗·达尔·波佐·托斯卡内利给葡萄牙国王的一封回信的抄件。在这份抄件中有一幅航海图，图上标明了从海上去中国的两条航路。一是从里斯本向正西航行五千海里，可到达中国杭州；二是要经过“你们所知道的安第利亚岛，航行两千海里后到达壮丽的日本岛”，那里“黄金、珍珠和宝石最多，他们用赤金盖庙宇和宫殿”，“可见走这条人所不知的航路到达那里要经过的海洋并不太宽阔”。[②]

由此，哥伦布提出了一个疯狂的计划：国王准备三条轻快帆船，选派适量水手，储备一年的粮食，装载一批有用的货物；国王封他为骑士，使他和他的子孙能够得到贵族尊号；国王封他为海洋大统帅并享有一切权力；国王任命他为可能发现的一切岛屿和陆地的终身总督；从这些地方得来的收益和贵金属，他可以保留十分之一等。

然而葡萄牙国王把哥伦布看成吹牛皮的空谈家，不加理会。无奈之下，哥伦布选择到西班牙寻找机会。在西班牙，他遇到贵人相助，辗转见到女王伊莎贝拉。在听取哥伦布的陈述后，女王把他的计划交给一个顾问委员会研究，最

---

① 参见侯建新：《工业革命前英国农业生产与消费再评析》，《世界历史》2006年第4期；侯建新：《现代化第一基石：农民个人力量与中世纪晚期社会变迁》，天津社会科学院出版社，1991年版，第264—265页。

② ［美］塞·埃·莫里森：《哥伦布传》上卷，陈太先、陈礼仁译，商务印书馆，2014年版，第79页。

终决定支持哥伦布的航海计划，并给予完全的投资。[①]就这样，作为一位开辟了人类历史新纪元的伟大人物，航海家哥伦布正式登上了世界历史的舞台。

然而，即便是哥伦布自己都没有想到，当他阴差阳错地把船开到了美洲，把当地的土著误认为是印度人时，一个为殖民和掠夺所供养的“文明世界”正在悄然兴起。

最早是意大利凭借地理位置优势，通过做东西方贸易的中间商，资本主义经济迅速发展起来。

然后是西班牙和葡萄牙联手瓜分世界，打造了巨无霸的美洲西班牙帝国、亚洲葡萄牙帝国。为了划定各自的势力范围，双方还签订了《托德西拉斯条约》和《萨拉戈萨条约》。

再后来是荷兰、法国、英国的崛起。随着大航海运动的开展，欧洲经济中心从地中海盆地向北转移，主要贸易航线也从地中海转移到大西洋，荷兰、法国、英国也开始加入殖民贸易和冒险事业。最后葡萄牙、西班牙、荷兰相继败给了英国、法国，而英、法之间近乎一个世纪的争斗，以英国战胜法国，迫使法国签订《巴黎条约》而告终。

如此种种国力的改变、势力范围的调整，只是一种外在的表现，而引发这种改变和调整的原因，是十分深刻和深远的。马克思、恩格斯在《共产党宣言》中对此做了详尽和透彻的分析：

第一，殖民和扩张给新兴资产阶级开辟了新天地。美洲的发现、绕过非洲的航行，给新兴的资产阶级开辟了新天地。[②]

第二，殖民和扩张促使封建社会内部的革命因素迅速发展。东印度和中国的市场，美洲的殖民化，对殖民地的贸易，交换手段和一般商品的增加，使商业、航海业和工业空前高涨，因而使正在崩溃的封建社会内部的革命因素迅速发展。[③]

---

① 参见［美］塞·埃·莫里森：《哥伦布传》上卷，陈太先、陈礼仁译，商务印书馆，2014年版，第136—137页。

② 参见《马克思恩格斯选集》第一卷，人民出版社，2012年版，第401页。

③ 参见《马克思恩格斯选集》第一卷，人民出版社，2012年版，第401页。

第三，封建的或行会的工业生产方式已经不能满足随着新市场的出现而增加的需求了。工场手工业代替了这种生产方式。行会师傅被工业的中间等级排挤掉了；各种行业组织之间的分工随着各个作坊内部分工的出现而消失了。但是，市场总是在扩大，需求总是在增加，甚至工场手工业也不再能满足需要了。于是，蒸汽和机器引起了工业生产的革命。现代大工业代替了工场手工业；工业中的百万富翁、一支支产业大军的首领、现代资产者，代替了工业的中间等级。[①]

第四，大工业建立了由美洲的发现所准备好的世界市场。世界市场使商业、航海业和陆路交通得到了巨大的发展，这种发展又反过来促进了工业的扩展，同时，随着工业、商业、航海业和铁路的扩展，资产阶级也在一并发展起来，增加自己的资本，把中世纪遗留下来的一切阶级排挤到后面去。由此可见，现代资产阶级本身是一个长期发展过程的产物，是生产方式和交换方式的一系列变革的产物。[②]

资产阶级发展的每一个阶段，都伴随着相应的政治上的发展。比如后来改变世界的英国大革命、法国启蒙运动、美国独立战争、法国大革命，以及民族主义、自由主义、社会主义的兴起。这就是马克思、恩格斯所说的，资产阶级在历史上曾经起过非常具有革命性的作用："资产阶级在它已经取得了统治的地方把一切封建的、宗法的和田园诗般的关系都破坏了。"[③]"它用公开的、无耻的、直接的、露骨的剥削代替了由宗教幻想和政治幻想掩盖着的剥削。"[④]"它迫使一切民族——如果它们不想灭亡的话——采用资产阶级的生产方式；它迫使它们在自己那里推行所谓的文明，即变成资产者。一句话，它按照自己的面貌为自己创造出一个世界。"[⑤]"资产阶级在它的不到一百年的阶级统治中所创造的生产力，比过去一切世代创造的全部生产力还要多，

① 参见《马克思恩格斯选集》第一卷，人民出版社，2012年版，第401页。
② 参见《马克思恩格斯选集》第一卷，人民出版社，2012年版，第401—402页。
③ 《马克思恩格斯选集》第一卷，人民出版社，2012年版，第402—403页。
④ 《马克思恩格斯选集》第一卷，人民出版社，2012年版，第403页。
⑤ 《马克思恩格斯选集》第一卷，人民出版社，2012年版，第404页。

还要大。”①

这就是“大航海”造就的“文明世界”。

03 完美精致的鸵鸟心态

在欧洲国家大踏步走向大航海和殖民时代时，中国在干什么呢?

有一段流传甚广的故事。

1792年，英国国王乔治三世任命马戛尔尼为使节，率一支七百人的船队，借为乾隆皇帝贺寿之机来华访问。英国希望通过这次访问，“增进与中国的来往，以便导致在整个帝国范围内销售祖国及我们的印度领地的产品”②。同时要求在不引起中国人怀疑的前提下，对中国的实力做出准确的估计。③

然而，这一备受关注的重大外交活动，差一点因所谓礼仪之争而夭折。

大体的过程是这样的。马戛尔尼使团1792年9月启程，次年7月底到达天津大沽口外。本想会很快觐见乾隆皇帝，不料中方要求马戛尔尼觐见时行三拜九叩之礼，而马戛尔尼则表示只按英国的习惯行鞠躬之礼。乾隆得知英使不肯跪拜之后，十分生气，颁旨斥责使团狂妄无知，同时下令减少对英国使团的赏赐和供给，以“稍加裁抑”④。具体一点讲，就是降低接待规格，缩短其逗留时间。

当然，后来双方都稍作妥协，马戛尔尼等见到了乾隆皇帝。马戛尔尼向乾隆帝递交了国书，敬献了礼品。国书中谈了四点要求：互通有无，增进贸易；拟派使臣驻华；保护在华英国人；介绍使臣情况。乾隆当即回绝了这四点要

---

① 《马克思恩格斯选集》第一卷，人民出版社，2012年版，第405页。

② ［美］马士：《东印度公司对华贸易编年史（1635—1834年）》，区宗华译，广东人民出版社，2016年版，第263页。

③ 参见［法］阿兰·佩雷菲特：《停滞的帝国——两个世界的撞击》，王国卿等译，生活·读书·新知三联书店，1993年版，第12页。

④ ［法］阿兰·佩雷菲特：《停滞的帝国——两个世界的撞击》，王国卿等译，生活·读书·新知三联书店，1993年版，第305页。

求。马戛尔尼很不甘心，随后又以书面形式提出六项要求：英国货船能到浙江、天津等地收泊；在北京设立商行；求珠山附近小岛一处，以便英国商人停歇和收存货物；在广东省城拨一处地方让英国商人居住，或准许居住在澳门的英国人出入自便；英商自广东下澳门，由内河行走，货物或不上税或少上税；确定船只关税条例，照例上税。乾隆帝同样全部予以驳回。

马戛尔尼带来的礼品，都是根据英国国王的要求，既能显示欧洲先进的科学技术，又能给中国皇帝思想以新启迪的物品，主要有：天体运行仪、地球仪、战舰模型、榴弹炮、卡宾枪、步枪、连发手枪、望远镜、秒表、布料、油画等。然而，新启迪未能达成，乾隆直接把它们当作玩物收进仓库。马戛尔尼使团访华，除了与清政府交换了一些礼品外，什么也没有得到。

这一现在看来很是平常的外交往来，之所以形成如此尴尬的局面，其实质是两个时代、两种制度、两套观念之间的激烈冲突。

当时世界已进入群雄逐鹿的大航海和资本主义殖民时代。英国率先完成工业革命，成为西方第一强国。而中国虽然是东方第一大国，但鼎盛期已过，特别是长期以“天朝上国”自夸，对外部世界的变化和资本主义文明的诞生毫无察觉，还认为英国是仰慕中华文明才远渡重洋来进贡的。

马戛尔尼带来的英王致乾隆帝国书称：“如今本国与各处全都平安了。……从前本国的许多人到中国海口来做买卖，两下的人都能得好处，但两下往来，各处都有规矩，自然各守法度，惟愿我的人到各处去安分守规矩，不叫他们生事，也希望他们不要受到委屈。”故此要派一人“带我的权柄，住在中国地方”①。

而乾隆帝致英王的第一道“敕谕”是：“至尔国王表内恳请派一尔国之人住居天朝，照管尔国买卖一节，此则与天朝体制不合，断不可行。”②乾隆帝在

① ［法］阿兰·佩雷菲特：《停滞的帝国——两个世界的撞击》，王国卿等译，生活·读书·新知三联书店，1993年版，第228页。

② ［法］阿兰·佩雷菲特：《停滞的帝国——两个世界的撞击》，王国卿等译，生活·读书·新知三联书店，1993年版，第331页。

致英王的第二道“敕谕”中讲道：“天朝物产丰盈，无所不有，原不藉外夷货物以通有无，特因天朝所产茶叶、瓷器、丝绸，为西洋各国及尔国必需之物，是以加恩体恤，在澳门开设洋行，俾得日用有资并沾余润。”①意思是说，我天朝物产丰富、应有尽有，不需要和你互通有无，更别说建立对等外交关系。马戛尔尼回国后，英国又多次给中国皇帝、两广总督等人致书，期待商贸往来，彼此通好。乾隆帝虽然被英国恳切的言辞所感动，但其回信又不乏教训规劝之意：“尔国王其益励荩诚，永承恩眷，以副朕绥远敷仁至意。”②

马戛尔尼使团事件只是清王朝外交关系的一个缩影。貌似强大的封建统治者，面对世界的高速发展，未能警醒和与时代共舞，不仅不能解决国内此起彼伏的尖锐矛盾，而且对蓬勃兴起的工业革命和资本主义文明表现出惊人的愚昧和麻木。2000年6月19日，中共中央党校主办的《学习时报》以头版整版篇幅，发表了一篇震惊国内思想界的重磅文章——《落日的辉煌：17、18世纪全球变局中的“康乾盛世”》。文章像一把无情的利剑，以极其犀利的语言揭示：“如果我们将康乾盛世说成是一幕辉煌的悲剧的话，那么，这出悲剧最发人深省的地方就在于中国是在全盛的时候，是在盛世的喧嚣声中落后于世界的！”③

我们似乎不能一味指责当时的统治者和知识阶层，虽然他们对欧洲的文化革新和政治变革知之不多，但对中国在科学技术和军事力量上落后于西方，以及西方列强的蚕食进逼政策等还是清楚的。然而关于如何应对，他们却给出了减少和西方的往来，求得暂时的安全，即实施以“自主限关”为主要特征的限制性政策的答案。

1758年，乾隆帝在一首诗中这样写道：“重熙累洽诚斯日，保泰持盈亦此时。”④持盈保泰在大航海和殖民时代，无异于故步自封、不思进取，而这正是当时中国的基本治国方略。

---

① ［英］马戛尔尼：《1793乾隆英使觐见记》，刘半农译，天津人民出版社，2005年版，第149页。

② ［英］马戛尔尼：《1793乾隆英使觐见记》，刘半农译，天津人民出版社，2005年版，第222页。

③ 《学习时报》编辑部编：《落日的辉煌：17、18世纪全球变局中的“康乾盛世”》，中央党校出版社，2001年版，第273页。

④ ［清］爱新觉罗·弘历：《御制诗二集》卷七十五，文渊阁四库全书本，第1b—2b页。

04　一艘破烂不堪的旧船

马戛尔尼的出访没有达到目的，但是他想方设法在中国逗留了大半年时间，完成了对中国实力的详细考察。回到英国后，马戛尔尼整理出版了《1793乾隆英使觐见记》，其副使斯当东撰写了《英使谒见乾隆纪实》，使团士官安德逊整理了日记《英使访华录》，总管约翰·巴罗撰写了《中国旅行记》，还有大量的日记、报告等，成为自《马可·波罗游记》之后，欧洲国家第二次系统了解东方神秘大国——中国的重要资料。

法国政治家、著名学者佩雷菲特有过如此追问："您是否知道他们的使节发现的是一个完全不同于在启蒙时期被理想化了的中国？您是否知道他们曾竭尽全力彻底摧毁这个神话，并指责天主教传教士的书信为欺骗？"[①]也就是说，西方过去一直为启蒙思想家和传教士制造的中国幻象所蒙蔽，现在终于完成了对中国认识的转变，认清了实际的中国。

英国使团考察的范围极其广泛：

官员等级和制度。这是使团访华过程中最先遇到且感触最深的。使团经停归山岛时，当地官员率下属上船参观，当看到舱壁间挂了一幅中国皇帝的画像，就立即伏地叩头。使团成员哪见过这种阵仗，还误以为他们在亲吻地面。船到珠山时，又有当地官员上船询问，当使团说明来意后，当地官员说，我哪有权力处理这等大事，只能层层上报。使团到达登州府，情况才发生了改变。登州府长官称奉朝廷命令，优待贵使。自此，使团一路被护送到天津。而见到直隶总督又是一番景象：总督大人的轿子一到，其随从等立即下跪行礼，迎接的士兵、官员也下马而跪，地位之尊崇西方国家的帝王亦不能及。

马戛尔尼两次觐见乾隆皇帝，从三拜九叩的礼仪中深感中国君权的威严。马戛尔尼还观察到清朝官员的顶戴和服饰，仔细分恐有数十级之多，这样区分

---

① ［法］阿兰·佩雷菲特：《停滞的帝国——两个世界的撞击》，王国卿等译，生活·读书·新知三联书店，1993年版，第3页。

的目的无非是巩固和强化森严的封建等级制度，形成上下有序、尊卑有别的统治秩序。在他眼中，整个中国中央集权、组织严密，各级官员随等级不同而有不同的气质和风范。[①]

政府管理和道德教化。马戛尔尼等人的回忆讲述了几件令人难忘的事情。一件是一次使团船队起航时，旁边一只陈旧的帆船由于载了太多看热闹的人而倾翻，大约有四十人跌落于水中，但是没有人上前去搭救。因此他们认为，中国人的好奇心超过了人道心理，观看英国使团的兴趣超过对同胞生命的关心。[②]

另一件是在杭州停留期间，有人把使团计划运往广州的行李错发至去舟山的船上，通过水路追回来后，为了便捷想穿城而过，但守城士兵以城门钥匙在长官那里为由，不让英国人进城。[③]

马戛尔尼还提到，由于皇帝的重视，每天接待使团的费用是一千五百两白银。“供给之周至如此，而礼貌又优渥异常，恐世界各国之优待他国使臣者，多不能与此东方帝国比也。”[④]而由于所赠用品太多，每天将近有一半霉烂变质，只好用一半，退一半。

马戛尔尼等人还记叙了一路上河道里淹死的尸体，有人的、动物的，并认为中国人对此很麻木。

兵员和装备水平。马戛尔尼使团曾邀请两广总督福康安观看火器操练，以显示大英帝国的实力及其军事装备之先进，但是不料福康安大人并不领情，反而说道：“看亦可，不看亦可，谅来这火器操法没有什么稀罕。”傲慢、无知已一览无余。气得马戛尔尼写道：“余聆此答语，心乃不胜大异。”“虽不能断定其曾否一睹火器之样式，而中国目下之军队，则可决言其必无火器。”[⑤]与之相

---

① 参见［英］斯当东：《英使谒见乾隆纪实》，叶笃义译，商务印书馆，1963年版，第237页。

② 参见［法］阿兰·佩雷菲特：《停滞的帝国——两个世界的撞击》，王国卿等译，生活·读书·新知三联书店，1993年版，第114页。

③ 参见［法］阿兰·佩雷菲特：《停滞的帝国——两个世界的撞击》，王国卿等译，生活·读书·新知三联书店，1993年版，第423页。

④ ［英］马戛尔尼：《1793乾隆英使觐见记》，刘半农译，天津人民出版社，2005年版，第16页。

⑤ ［英］马戛尔尼：《1793乾隆英使觐见记》，刘半农译，天津人民出版社，2005年版，第113页。

反，马戛尔尼使团一路上都在仔细观察，他们看到沿河总有一队中国士兵站在后面列队欢迎，手持弓箭、火枪或大刀。天很热时，有几个士兵手里除了武器之外，还拿着扇子。更有甚者，兵士们在排队敬礼的时候，身上穿着整齐的制服，事毕之后就换上老百姓的服装，经营各种行业或者耕种田地。因而他们断定，这种办法在和平时期固然可以促进生产，但遇到战争，这样的兵士就一定缺乏勇气。

商贸和科学技术。英国使团通过观察获知了中国科技的实际水平。使团到达舟山后，当地官员为他们找了两个领航员。“中国领航员从看不见他们所熟悉的海岸线时起就没有什么用处了。‘欧洲领航员一上船就俨然以主人的姿态发号施令起来，而这两位中国人一见到这种新的场面似乎惊呆了。’”[①]令英使团津津乐道的是，有一次总督想抽烟，而服侍点火的侍从不在身边。马戛尔尼便从自己衣袋中取出一个磷瓶，燃着一根火柴交给他使用。总督非常惊诧：特使怎么能把火放在衣袋里而没有被烫着呢。马戛尔尼向他说明点火的原理，并把这个磷瓶作为小礼物送给他，总督认为这是一件宝贵的东西。他由此认为，“中国不但没有进步，反而后退了”[②]。

社会风俗和语言。英使团注意到，他们经过的地方，大多数是贫穷人家的土墙草顶的屋舍，也有较少的高大、用油漆装饰的房子，可能是富有者的住所，很少看到中等人家的房子。由此可见，中国的贫富差距极大。

他们还观察到，中国官员经常是一有空就吸烟或嚼槟榔，似乎没有欧洲文明社会那种以读书作消遣的风气。他们还看到，中国没有国教，中国政府没有鼓励、优待任何宗教。中国普通人大多信奉佛教，对所有自己不解的现象，都用宗教去解释，对所有靠自己不能实现的愿望都请佛来帮助。

他们对中国妇女的描述是，除抚养子女外，还做一些家务。全国人穿的布

---

① ［法］阿兰·佩雷菲特：《停滞的帝国——两个世界的撞击》，王国卿等译，生活·读书·新知三联书店，1993年版，第75页。

② ［法］阿兰·佩雷菲特：《停滞的帝国——两个世界的撞击》，王国卿等译，生活·读书·新知三联书店，1993年版，第477页。

差不多都是妇女织的。虽然农村妇女负担这么多的劳动，但她们不顾损害健康，或损坏身体机能，仍然效法上层社会妇女那样把脚裹得很小。此外，他们还详细观察了丧事、婚事典礼，街上拍卖旧货、卖药、算命、卖唱、演魔术、说评书等世相百态。

对于语言和文字，他们阐述道："关于中国字的构造、变化和其含义，中国人有几千种著作。世界各国没有一个国家对这门学问的研究和批判有比中国更深刻、更认真的。"①让他们十分不解的是，"中国的科学非常落后，但它的文学却非常发达，文人学士一辈子把毕生精力都放进去也不一定研究到家"②。

不仅如此，英国使团每到一处，还要收集当地的植物标本。真可谓无所不包、细致入微。

经过深入考察，他们不约而同地得出结论：

第一，中国是严重与时代发展相脱节的沉睡国家。"中国的政府是一种专制政体"，"它通过一套官僚机构来推行政令"，"这种专制政体和官僚机构共同使用着东方的方法来统治一种具有民主素质的人民"。③在历史上中国的确曾是少数几个最先达到文明的国家，"直到16世纪，中国大大领先于西方。它的工艺能力是无与伦比的，与它的科学相比更处于领先地位"④。"我们文明的几个最重要的业绩显然都要归功于来自中国的发明；甚至有几种使西欧征服世界的武器也是得益于中国。""但这任何一项发明创造都没有在中国产生这样重要的后果。有些发明在中国甚至根本不用。"⑤

第二，中国是东方专制主义暴政的典型。他们认为，中国在精神上愚昧，发展上停滞，政治上专制，与西方启蒙价值，如理性、素朴、自由、进步等完

① ［英］斯当东：《英使谒见乾隆纪实》，叶笃义译，商务印书馆，1963年版，第518页。

② ［英］斯当东：《英使谒见乾隆纪实》，叶笃义译，商务印书馆，1963年版，第520页。

③ ［美］马士：《中华帝国对外关系史》第一卷，张汇文等译，商务印书馆，1963年版，第2页。

④ ［法］阿兰·佩雷菲特：《停滞的帝国——两个世界的撞击》，王国卿等译，生活·读书·新知三联书店，1993年版，第478页。

⑤ ［法］阿兰·佩雷菲特：《停滞的帝国——两个世界的撞击》，王国卿等译，生活·读书·新知三联书店，1993年版，第472—473页。

全相反。在中国的政治、伦理和历史文献中找不到任何自由色彩的理论，他们认为西方的这种理论最后一定导致犯上作乱。斯当东提出，法国革命会引起中国人的疑虑：“《人权宣言》已译成印度斯坦文。它不可能在性情温和的印度人中引起骚动。而中国人的情况就不同：他们更容易产生强烈的印象，而且引起民众骚动。”①

第三，中国是一艘破烂不堪的旧船。马戛尔尼认为，清帝国好比一艘破烂不堪的头等战舰。它之所以在过去一百五十多年中没有沉没，它那巨大的躯壳使周围的邻国见了害怕，得益于一群幸运而能干的舵手的支撑。假如来了一个无能之辈掌舵，即使船不会马上沉没，也将像一个残骸那样到处漂流，然后在海岸上撞得粉碎，而且永远不可能在旧的船体上修复。②

第四，中国是只需要几艘战舰就能摧毁的国家。使团经过考察了解到，“这支到处可见，存在于中国人民之中的军队有100万步兵和80万骑兵”③。而马戛尔尼说：“然以余观之，此种宽衣大袖之兵，既未受过军事教育，而所用军器又不过刀、枪、弓、矢之属，一旦不幸，洋兵长驱而来，此辈果能抵抗与否?”④因此，“如果中国禁止英国人贸易或给他们造成重大的损失，那么只需几艘三桅战舰就能摧毁其海岸舰队”⑤，而且预言英国将从这样急剧的变化中获得最大的利益，并加强它的霸权地位。⑥

---

① ［法］阿兰·佩雷菲特：《停滞的帝国——两个世界的撞击》，王国卿等译．生活·读书·新知三联书店，1993年版，第430—431页。

② 参见［法］阿兰·佩雷菲特：《停滞的帝国——两个世界的撞击》，王国卿等译．生活·读书·新知三联书店，1993年版，第523页。

③ ［法］阿兰·佩雷菲特：《停滞的帝国——两个世界的撞击》，王国卿等译．生活·读书·新知三联书店，1993年版，第406页。

④ ［英］马戛尔尼：《1793乾隆英使觐见记》，刘半农译，天津人民出版社，2005年版，第215页。

⑤ ［法］阿兰·佩雷菲特：《停滞的帝国——两个世界的撞击》，王国卿等译，生活·读书·新知三联书店，1993年版，第530—531页。

⑥ 参见［法］阿兰·佩雷菲特：《停滞的帝国——两个世界的撞击》，王国卿等译，生活·读书·新知三联书店，1993年版，第533页。

05　被大炮轰开的国门

历史不幸被马戛尔尼言中，五十年后，中国的大门分别被英军和英法联军的大炮轰开，史称鸦片战争和第二次鸦片战争。

而直接引发鸦片战争的，却是两个不得不提及的事件：律劳卑事件和林维喜事件。

为了解决长期存在的贸易逆差，英国一直在寻找能够打开中国市场的商品，而这一商品被最终确定为鸦片。为此，英国的东印度公司扩大鸦片种植面积、大幅度降低生产成本，并垄断其生产与销售。他们还大肆行贿中国官员，获得数十个批发商执照，从而规模空前地扩大了鸦片在中国的销路。而正是通过鸦片贸易，中英两国国际收支结算发生逆转。有关资料显示，在19世纪的最初十年，中国的国际收支结算大约盈余两千六百万元。但1828—1836年，从中国流出三千八百万元，国际收支发生了巨大逆转。1830年，东印度公司的总稽核宣布，每年至少有四百万磅得从印度运回英国。这笔盈余的大部分首先要变成鸦片在广州卖掉，然后购买茶叶运回国内，这又为英国政府增加了三百三十万磅的关税收入。①

此时，苏格兰贵族威廉·约翰·律劳卑被提名担任英国驻广州商务监督。他上任伊始就傲慢地发出公函，要求实行自由贸易。这份公函遭到两广总督的拒绝，并要求他按照规定立即返回澳门。律劳卑拒不返澳，于是广州地方政府下令中断贸易、封闭商馆、断绝供应。律劳卑大为恼怒，指挥两艘军舰驶入珠江，同时派军舰去印度接兵，准备大干一场。而两广总督封锁了珠江，集合战船准备武力还击。在对峙多日后，迫于本国政府压力和失去本国商人支持，律劳卑改弦易辙，黯然回到澳门，几个月后病逝。这就是所谓的律劳卑事件。律劳卑事件留下两个严重后果：一是清政府认为，对于外国人的挑衅，一旦采取

---

① 参见［美］费正清、［美］刘广京编：《剑桥中国晚清史（1800—1911年）》上卷，中国社会科学院历史研究所编译室译，中国社会科学出版社，1985年版，第184页。

强硬政策，就可以稳操胜券；二是英国人认识到，要挑战清政府的贸易制度，就必须有应急的战争保障计划。

另一个事件是林维喜事件。时值林则徐在广州禁烟，采取与外商具结的办法并取得巨大进展之际，一群英国水兵酒后在一个村庄滋事，洗劫寺庙，殴打村民，其中一名叫林维喜的农民，因胸部受重伤于第二天死去。林则徐为捍卫主权，责令英国代表义律交出凶犯，但义律以领事裁判权为由，只同意赔偿，拒绝以凶手抵死，随后自行审判凶手，送回英国本土服刑。面对英国代表的公然挑衅，林则徐下令禁止一切贸易，派兵开进澳门，停止供应食物，撤其买办、佣工。义律在几次谈判无果后发出最后通牒，并首先向中国战船开炮，先后七次与中国水师发生武装冲突，清军则利用地理优势逼退英军，史称“官涌之战”。此役并未给英军造成太大的损失，但是林则徐上报朝廷却称“七战七捷”，为日后误判形势及鸦片战争的爆发埋下隐患。

接下来的鸦片战争及其战事发展，早已铭记在每个中国人的心头。人们看到，英军不宣而战，中国战船被瞬间击毁，中国水师被驱离战场，穿鼻战役中中国水师首尝败绩。而正是这场战役，促使英国做出了两个具有深远影响的决定：一是派遣远征军进行武装干涉；二是力图以长江为界分割中国。

1840年6月，英军攻占浙江舟山。然后一路北上，直奔天津，意欲强行通过白河口的大沽口炮台。而中国方面的反应，先是一如既往地豪情万丈，皇帝下训令果断彻底，大臣下狠手不留后路。然而当感到英军会攻占北京城池时，又惊慌失措、推诿扯皮，最终把一切罪责推卸给主战大臣，来个卸磨杀驴、任人宰割。于是便有了中英代表的谈判，有了道光皇帝对林则徐的斥责：“汝言外而断绝通商，并未断绝，内而查拿犯法，亦不能净尽，无非空言搪塞，不但终无实济，反生出许多波澜，思之曷胜愤懑。”[①]随后，林则徐被判充军新疆伊犁。中英代表草签了双方政府均不满意的《穿鼻草约》。在随后的打打谈谈中，

---

① ［美］费正清、［美］刘广京编：《剑桥中国晚清史（1800—1911年）》上卷，中国社会科学院历史研究所编译室译，中国社会科学出版社，1985年版，第214页。

厦门、舟山、宁波、镇江等地相继陷落，南京也暴露在英军炮火之下。在输赢已成定局的形势下，1842年，标志着中国战败的第一个不平等条约——《南京条约》被迫签订了。它规定：中国向英国赔偿两千一百万两银元，分期付清；开放广州、厦门、福州、宁波和上海五个通商口岸；加强官员对等往来；废除公行垄断；对英商货物一律按协定关税征税；割让香港岛为英国领地。从此，中国长期封闭的大门被坚船利炮轰开。

1856年后爆发的第二次鸦片战争，起因也是一个小小的亚罗号事件。

所谓亚罗号事件，是指亚罗号中国商船自厦门开往广州后，停泊在黄埔，该船注册于香港，根据殖民地条例，在回返香港以前，有权悬挂英国国旗。但该船参与了海盗活动，1856年，广东水师捕走了窝藏在船上的两名中国海盗和有嫌疑的十名中国水手。这本来是一件很正常的海盗走私案，然而，英国驻广州领事巴夏礼借口该船是英国船只，中国水师上船稽案就是侮辱英国，要求两广总督叶名琛立即释放被捕人犯，并向英方道歉。但是当叶名琛把十二名人犯全部返还时，巴夏礼却拒绝接收。次日，英军突然向广州发动进攻，再度攻占虎门，并用一门大炮每隔十分钟向两广总督衙署轰击一次。第二次鸦片战争由此爆发。

此后的进程犹如鸦片战争的翻版。叶名琛是“不战，不和，不守；不死，不降，不走”，清政府是打打谈谈、谈谈打打，直至英法联军北上天津，攻占大沽口炮台，1858年，一个新的丧权辱国条约《天津条约》被迫签订了。所不同的是：鸦片战争的主角是英军，第二次鸦片战争的主角是英法联军；鸦片战争签署的《南京条约》，规定了英国的在华特权，而这一次除英法外，还捎带上了俄国和美国。

《天津条约》签订后，咸丰皇帝因对条约的部分内容感到忧恐，清政府又做出了两个匪夷所思的举动。一是指示再行商谈，力求修改。然而此种伎俩显然不能撼动英法侵华之野心。二是清军在大沽口炮台重创英法联军。挟战役胜利之威，扣押了英国谈判代表巴夏礼及士兵等三十九人。至此，第二次鸦片战争陡然升级。

英法联军先是攻陷通州，随即从安定门攻入北京。而咸丰皇帝等则以北狩为名，仓皇逃往热河避暑山庄。英法联军在北京城郊抢掠烧杀近五十天，京郊皇家园林如圆明园、清漪园、静明园（玉泉山）、静宜园（香山）、畅春园等均被付之一炬。仅圆明园的大火便持续了三天三夜，三百多名太监和宫女葬身火海。对此，法国作家维克多·雨果给予强烈谴责，称之为“两个强盗的胜利”。1860年，在英法联军的胁迫下，清政府和英法两国交换了《天津条约》批准书，并签订了《中英北京条约》《中法北京条约》作为对《天津条约》的补充，不仅增加了天津作为通商口岸，还割让了九龙半岛，增加了赔款。尤其令人唏嘘不已的是，俄国以所谓调停者的角色，威逼清政府签订了中俄《瑷珲条约》《中俄北京条约》等，割去中国领土达一百五十余万平方公里，成为第二次鸦片战争期间最大的获利者。而美国也以利益均沾为由，获得了几乎与英法相同的在华利益。

06　东方盟主跌下神坛

有一些历史场景是需要不断闪回和思索的，为的是不要忘却、不要重蹈覆辙。李鸿章与伊藤博文之间关于签订《马关条约》的七次谈判，就属于这样的历史场景。

在第一次谈判中，着眼于中日友好的大方向，李鸿章说：“亚细亚洲，我中东两国最为邻近，且系同文，讵可寻仇？今暂时相争，总以永好为事。如寻仇不已，则有害于华者，未必于东有益也。试观欧洲各国，练兵虽强，不轻起衅。我中东既在同洲，亦当效法欧洲。如我两国使臣彼此深知此意，应力维亚洲大局，永结和好，庶我亚洲黄种之民不为欧洲白种之民所侵蚀也。”

伊藤博文答道：“中堂之论，甚惬我心。十年前我在津时，已与中堂谈及，何至今一无变更？本大臣深为抱歉。”

李鸿章说：“维时闻贵大臣谈论及此，不胜佩服，且深佩贵大臣力为变革俗尚，以至于此。我国之事，囿于习俗，未能如愿以偿。当时贵大臣相劝云，中国地广人众，变革诸政，应由渐而来。今转瞬十年，依然如故，本大臣更为抱歉，自惭心有余力不足而已。贵国兵将，悉照西法，训练甚精；各项政治，日新月盛。此次本大臣进京，与士大夫相论，亦有深知我国必宜改变方能自立者。”①

在第二次谈判时，日本提出苛刻的停战条件：日本国军队应占守大沽、天津、山海关，并所有城池堡垒，清国军队之驻上开各处者，应将一切军器军需交与日本国军队暂管；天津山海关间铁路当由日本国军务官管理；停战限期之内军需军费应由清国支补。②

在第三次谈判结束后回行馆的路上，李鸿章遇刺，一个名叫小山六之助的年轻人，冲着李鸿章头部开了一枪，子弹打中左颊，血流如注，李鸿章当场昏厥。在两国谈判中发生这样的事件，国际舆论顿时哗然。

在第四次谈判中，李鸿章说：“第一，赔款二万万，为数甚巨，不能担当。”

伊藤博文答：“减到如此，不能再减。再战则款更巨矣。”

李鸿章说：“赔款如此，固不能给，更巨更不能给，还请少减。”

伊藤博文说：“万难再减，此乃战后之事，不能不如此。”③

李鸿章还就割地一事据理力争：“历观泰西各国交兵，未有将已据之地全行请让者。以德国兵威之盛，直至法国巴黎都城后，将侵地让出，惟留两县之地。今约内所定奉天南部之界，欲将所据之地全得，岂非已甚？恐为泰西各国所訾笑。”

伊藤博文答：“如论西国战史，不但德法之战而已。”

李鸿章说：“英法兵亦曾占据中国城池，但未请割让寸土尺地。”

伊藤博文答：“彼另有意在，不能以彼例此。”

李鸿章说：“即如营口者，中国设关收税，乃饷源所在，贵国又要偿款，又要夺关，是何情理？”

伊藤博文答：“营口关税，乃地生之货所出。”

---

① 王芸生编著：《六十年来中国与日本》第2卷，生活·读书·新知三联书店，1980年版，第225页。

② 参见王芸生编著：《六十年来中国与日本》第2卷，生活·读书·新知三联书店，1980年版，第229页。

③ 王芸生编著：《六十年来中国与日本》第2卷，生活·读书·新知三联书店，1980年版，第278页。

李鸿章说："既得地税，尚要赔款，将如之何？"

伊藤博文答："无法。"

李鸿章说："譬如养子，既欲其长，又不喂乳，其子不死何待？"

伊藤博文答："中国岂可与孩提并论。"①

当谈到台湾时，李鸿章说："台湾全岛，日兵尚未侵犯，何故强让？"

伊藤博文答："此系彼此定约商让之事，不论兵力到否。"

李鸿章说："我不肯让，又将如何？"

伊藤博文答："如所让之地，必须兵力所到之地，我军若深入山东省，将如之何？"②

挟甲午海战胜利之威的傲慢与霸道跃然纸上。

在第五次谈判时，李鸿章强调台湾问题"可俟条约批准互换后一个月内，两国派员妥议交接章程"。

伊藤博文说："一个月内应即交接，不必议章程。"

李鸿章说："一月之限过促，总署与我远隔，台湾不能深知情形。最好中国派台湾巡抚与日本大员即在台湾议明交接章程，其时换约后两国和好，何事不可互商？"

伊藤博文说："一月足矣。"

李鸿章说："头绪纷繁，两月方宽，办事较妥，贵国何必急急？台湾已是口中之物。"

伊藤博文答："尚未下咽，饥甚！"

李鸿章说："两万万足可疗饥，换约后尚须请旨派员，一月之期甚促。"

伊藤博文答："可写一月内奉旨派员云云。"③

很显然，这是一场恶狼与羔羊的谈判，最终，双方签下《马关条约》。

---

① 王芸生编著：《六十年来中国与日本》第2卷，生活·读书·新知三联书店，1980年版，第280—281页。

② 王芸生编著：《六十年来中国与日本》第2卷，生活·读书·新知三联书店，1980年版，第281页。

③ 王芸生编著：《六十年来中国与日本》第2卷，生活·读书·新知三联书店，1980年版，第300页。

当然，造成这一切的直接原因是中日甲午战争。

朝鲜长期以来向中国称臣纳贡，同时又是日本的海上邻国。1894年春，朝鲜南部爆发大规模的东学党起义，打出“逐灭夷倭”“尽灭权贵”的旗号。朝鲜政府紧急照会清政府，请求中国派兵支援。中国派出一支大约三千人的队伍，帮助朝鲜政府维持秩序。而日本以“保护侨民和使馆”的名义，派出一万八千人的军队，向朝鲜大举出兵，强行占领朝鲜都城汉城。

面对日本的咄咄逼人，清政府错误判断形势，采取消极避战的政策。李鸿章在给驻朝清军将领叶志超的电令中指出：“日虽竭力预备战守，我不先与开仗，彼谅不动手。此万国公例，谁先开战，谁即理诎。切记勿忘！汝勿性急。”①

然而事实给了清政府莫大的讽刺。7月25日，日本联合舰队突然袭击执行护航任务的中国军舰，击沉中国租来运兵的英国商轮。四天后，日本陆军又袭击了正在撤退的清军。战争就此爆发。过程让世人瞠目结舌，在朝鲜境内，除少部清军英勇抵抗外，大部不战而溃，很快日本实现了把清军逐出朝鲜的“征清的第一步”②。随后，日本陆军四万多人分两路大举入侵中国东北地区，一路烧杀抢掠、攻城略地，辽河以东地区几乎全部沦陷，东北局势发生根本转变。

尤为引人注目的是，李鸿章等人精心打造的北洋水师，与日本海军在黄海海面相遇，虽表现英勇，但仍损失了五艘战舰。黄海海战，日方伤亡二百三十九人，中国伤亡约八百人。几个月后，龟缩在威海卫的北洋水师，在日军的前后夹击下，虽经顽强抵抗，但终全军覆没。当时在中国海关总税务司工作的美国学者曾评论说：“但从那一天起，海上的优势就一直被日本占去了。”③

这场战争给中国人民带来的震撼和冲击是无与伦比的。此战之前，中国在东方国家中享有崇高的地位，四周环绕着众多朝贡的国家，日本也深受中华文

① 《李文忠公全集·电稿》卷十六，第25页，“寄朝鲜叶提督电”，转引自金冲及：《二十世纪中国史纲（增订版）》第一卷，生活·读书·新知三联书店，2021年版，第5页。

② 戚其章：《甲午战争史》，人民出版社，1990年版，第180页。

③ ［美］马士、［美］宓亨利：《远东国际关系史》，姚曾廙等译，上海书店出版社，1998年版，第383页。

明的熏陶和影响。清王朝对各个朝贡国贡期的具体时间、路线、人员及物资配备等，都有着严格的规定。如朝鲜每四年朝贡一次，琉球每三年朝贡一次，安南每两年朝贡一次，南掌每十年朝贡一次，暹罗每三年朝贡一次，苏禄每五年朝贡一次，缅甸每十年朝贡一次，荷兰每八年朝贡一次，等等。[①]而中国在甲午战争中的惨败，彻底改变了东方的政治格局，其重要后果就是《马关条约》的签订。其主要内容有：中国割让辽东半岛、台湾全岛和附属各岛屿给日本；向日本赔款二亿两白银；日本人可在各通商口岸任意从事各项工艺制造，任意进口各种机器，只交所定进口税；开放沙市、重庆、苏州、杭州为商埠，等等。不久，因俄、德、法三国干涉，日本才不得不取消割占辽东半岛一款，但又增加赔款三千万两白银。

中国在甲午战争中的惨败和《马关条约》的签署，标志着中国东方霸主地位的彻底终结，也给了列强瓜分中国的信心和决心。

07　史上最沉痛的耻辱

有一首出自天津租界、流传甚广的《义和团揭帖》，全文如下：

> 神助拳，义和团，只因鬼子闹中原。劝奉教，真欺天，不敬神佛忘祖先。女无节义男不贤，鬼子不是人所添。如不信，请细观，鬼子眼珠都发蓝。不下雨，麦苗干，教堂恨民阻老天。神发怒，佛发愤，派我下山把法传。我不是，邪白莲，一篇咒语是真言。升黄表，焚香烟，请下八洞各神仙。神出洞，仙下山，扶助大清来练拳。不用兵，只用团，要杀鬼子不费难。烧铁道，拔电杆，海中去翻火轮船。大法国，心胆寒，英美俄德

① 参见［美］马士：《中华帝国对外关系史》第1卷，张汇文等译，商务印书馆，1963年版，第55—56页。

哭连连。一概鬼子都杀尽，我大清一统太平年。[①]

这一历史资料清晰地勾勒出义和团运动的起因、目的、方法和理念等。不得不说，这是一场伟大的爱国主义运动，拳民们面对洋枪洋炮，勇敢地反对外敌入侵，展示出反对帝国主义的鲜明特色，这在当时是极其难能可贵的。

当然，义和团运动也有严重的迷信、愚昧甚至残酷的一面，他们相信通过练功，通过念咒、喝符、法语等，就会得到各路神仙的帮助，就可刀枪不入，就可让洋枪洋炮哑火，让洋人的战舰全部搁浅。有意思的是，为了验证义和团“刀枪不入”的真实性，慈禧太后还差人亲自去考察，“证实”懂得硬气功的拳师的确有刀枪不入的本事，这也就成为慈禧支持义和团，借助义和团力量向列强宣战的重要依据。

事实上，我们很难去指责清廷和拳民的无知和愚昧，因为在这一切的背后，不知浸透着多少长矛大刀难以抵御敌人火枪利炮的泪水和无奈。

不少国内外学者把八国联军入侵的原因归结为义和团拳民的残暴与屠戮，实际上这种认识是很肤浅的。从历史的角度看，八国联军侵华战争的起因与西方传教士及教民欺压百姓、强拆玉皇庙等本土宗教场所，兴建基督教堂有关。也就是说，先有西方列强的宗教渗透和欺压，引起义和团拳民的反抗和斗争，最后才有八国联军的入侵。

随着中国在两次鸦片战争中的失败和《南京条约》《天津条约》等的签订，外国传教士在中国的传教，再也没有了往昔的默默温情和真诚融合，他们开始以战胜国的霸凌，强行修建基督教堂，实施肆无忌惮的宗教入侵。华北、华东地区成为重灾区。有道是哪里有压迫哪里就有反抗，那些长期受到教会欺压的老百姓，在当地众多拳民的帮助下，聚在一起练拳、结社，找到了依靠和归属，一旦受到传教士和教民的欺凌，就会迅速组织起来予以还击。由此，逐步形成了一个武装斗争的团体——义和团。

---

① 陈振江、程歗编著：《义和团文献辑注与研究》，天津人民出版社，1985年版，第30—31页。

1897年，山东冠县梨园屯村民因教徒强占土地与基督教堂发生冲突，威县梅花拳师赵三多应村民之邀前往援助，并将梅花拳改名为义和拳。1898年6月，山东巡抚张汝梅上奏朝廷，认为义和拳本属乡团，建议明确为“义和团”。同年10月，赵三多等人竖起“扶清灭洋”的旗帜并起事。1899年，汉军旗人毓贤出任山东巡抚，提出“民可用，团应抚，匪必剿”，将义和团招安纳入民团。得到政府扶持的义和团，由此迅猛发展，一时间遍布直隶，涌入京城。义和团运动的迅猛发展，使政府陷入剿抚两难之境，一些人的心态随之开始发生变化，产生了既然剿灭不了，那就利用其排斥外国人的想法。当然，由于义和团运动的迅速扩张，不可避免地造成其成分日益复杂，运动后期甚至出现许多违法乱纪行为。

义和团在直隶的迅猛发展，严重威胁到各列强国家在华利益，它们先是要求清政府“进剿”义和团，无果，便把直接武装干涉提上议事日程。英、俄、法、美、意、日、德、奥等八国组成联军，集结近四十艘舰艇、三千多人，进军北京，攻陷大沽口炮台。这就是八国联军侵华。

由帝国主义列强组成联军，共同向一个落后国家发动战争的历史奇观就这样上演了。先是传闻列强照会四条：指明一地，令中国皇帝居住；勒令皇太后归政于皇帝；代收各省钱粮；代掌天下兵权。特别是“勒令皇太后归政”一条，直捅慈禧最痛处，因而慈禧太后出人意料地决定对各国宣战。[①]当然开战的结果又是一如既往地一败涂地。八国联军增兵到两万多人，其中一半是日本人，继而向天津、北京进攻，紧接着天津沦陷、北京沦陷，俄国占领东北绝大部分土地，而慈禧和光绪皇帝则逃到了西安。

尤为可恶的是，八国联军攻占北京后，宣布公开抢劫三天。一时间，屠杀、焚烧、强奸和破坏比比皆是、惨不忍睹。甚至许多外国教职人员仗势欺人，也参与到掳掠奸淫之中，让人瞠目结舌。一个战地记者在日记中这样描述

① 参见金冲及：《二十世纪中国史纲（增订版）》第一卷，生活·读书·新知三联书店，2021年版，第33—34页。

道："帝王的伟大京都一半已被破坏和焚毁，已被蹂躏糟蹋得不像样子了，简直像一切都死绝了一样。""中国人的尸体，一个挨一个地杂陈在马路上。到处乱丢着各种各样的东西。""被击毙的不止是中国兵，还有被中国教民告发的全部肇事者。"①

中国首都北京被八国联军占领整整一年零三个月之久，并由八国实行分区管制。1901年清政府被迫与英、法、美、德、日、意、俄、奥、比、西、荷十一国在北京签订不平等协议，史称《辛丑条约》。协议共十二款，另加十九个附件，主要内容包括：中国对各国赔款四亿五千万两白银，价息合计超过九亿八千万两白银，并以关税和盐税等做抵押；划定北京东交民巷为使馆界，允许各国驻军保护，不准中国人在界内居住；拆毁天津大沽口到北京沿线设防的炮台，允许列强各国派兵马驻扎北京到山海关铁路沿线要地；清政府保证严禁人民参加反帝运动；外国认为各通商章程中应修之处或其他应办通商事项，清政府概允商议；惩办"首祸诸臣"；改总理各国事务衙门为外交部，班列六部之前；清政府对德、日道歉等。

八国联军侵华和《辛丑条约》的签订，是中国历史上的奇耻大辱，也是深深扎在中国人心中久久不能除去的一根刺！

08　强邻肆虐的隐忧

在风雨飘摇的晚清，一股闻所未闻的奇异力量拔地而起，庇护着清王朝最后的安全和统治，这就是不同于清朝正规军——绿营兵的地方团练武装。当时清王朝的正规军大约有六十多万人，但在太平天国等农民起义军的冲击下，损失惨重、溃不成军。在近乎绝望的情形下，咸丰皇帝下达诏令，要求各地在籍官员督办团练。丁忧在家的礼部侍郎、从二品大员曾国藩闻令而行，短短一年时间，就着手建立了一支以亲友、师生、同乡为骨干，拥有一千多门洋炮、三

① 金冲及：《二十世纪中国史纲（增订版）》第一卷，生活·读书·新知三联书店，2021年版，第35—36页。

百余艘战船、总兵力一万七千人的新型军队——湘军。从此，湘军就成为太平军最主要的敌人，也成为清政府赖以生存的坚强柱石。

曾国藩出生于湖南一个地主家庭，年轻时屡试不第，但凭借坚韧的毅力，终于在二十七岁时考中进士，入翰林院供职，后累迁内阁学士，礼部侍郎，署兵、工、刑、吏部侍郎。按照曾国藩自己的说法，从政没有什么诀窍，就是“为政以耐烦为第一要义”，主张以德求官，礼治为先，以忠谋政。

那么，是什么造就了湘军势如破竹、勇猛非凡的战斗力呢？这就不得不说曾国藩深思熟虑地招募湘军的原则：选士人，领山农。选士人，也就是说在选择湘军将领时，尽量选用那些没有领兵打仗经验的读书人，而不用有经验的绿营军。其核心要义是，要造就一支有信仰的、有精神的军队，使之产生不可阻挡的内生动力和外在战斗力。但是为了防止读书人眼高手低、纸上谈兵，曾国藩又提出了十二个字的选拔标准，即“有操守，没官气，多条理，少大言”，从而保证了湘军将领有信仰、性质朴、善谋划、敢做事的品质。领山农，是指所带领的兵士大多为山农，因为这些朴实土气的农夫身体健壮、吃苦耐劳，为人老实，利于整肃，少机缺窍，便于指挥。加之高于绿营兵的待遇、刻苦严格的训练、忠君卫道等封建宗法伦理道德的灌输，湘军的战斗力是绿营兵难以望其项背的。然而，如此彪悍的湘军，可以破太平军、灭捻军，但在守护边疆、阻止列强侵略时，却显得力不从心。

当时，中国北部边疆遭遇“黄俄罗斯计划”和“诺克斯计划”。“黄俄罗斯计划”是19世纪末20世纪初沙皇尼古拉二世提出的，该计划的核心是，从乔戈里峰一直到海参崴（今符拉迪沃斯托克）画一条直线，将其以北的土地全部纳入俄罗斯版图。只是后来由于日俄战争爆发，以及之后俄国发生二月革命，沙皇政府被推翻，这一图谋才没能得逞。而“诺克斯计划”是美国为了争夺在中国东北的利益，提出的中国东北铁路中立化的计划，清政府虽然表示欢迎，但在日俄反对和英法拒绝支持的情况下，很快落空。不过，俄国从来没有放弃侵占中国黑龙江地区的野心。鸦片战争后，其成立“黑龙江问题特别委员会”，俄国武装人员频频窜犯黑龙江流域，逐步实现了对黑龙江中游北岸和上游两岸的军事占领。在第二次鸦片战争期间，俄国乘人之危，胁迫清政府签下《瑷珲条约》，占据黑龙江以北、外兴安岭以南六十万平方公里的中国领土。

俄国对新疆的觊觎由来已久。19世纪60年代，新疆库车的维吾尔族、回族群众，由于不堪忍受清廷官员的压榨，在陕甘回民起义的影响下揭竿而起，一举推翻了清朝在库车的统治。伊犁将军被迫自杀，全疆政局发生巨大动荡。正当新疆各地封建领主混战之际，中亚南部的浩罕国军官阿古柏趁机入侵新疆喀什地区。俄国以对阿古柏入侵绝无坐视不管之理为由，出兵强占伊犁全境，整个西北边疆的安全形势急剧变化。

英法在西南威逼中国已成常态。19世纪，英国通过发动三次英缅战争，最终吞并整个缅甸，成为与中国西南边境云南相连的强邻，中国也因此失去了维护西南边疆稳定安全的重要屏障。几乎与此同时，法国先是控制了越南南方，后又殖民柬埔寨，1882年又侵犯越南北部，形成与中国的直接对峙。这也成为1883年至1885年中法战争的直接原因。最终，中国承认法国吞并安南，中越上千年的宗藩关系终结，中国西南门户洞开。

日本窥视朝鲜半岛和中国东北。明治维新后，日本国力日渐增强，对外扩张意图日益明显。而第一步图谋，就是要侵占或殖民朝鲜，然后伺机蚕食中国东北地区。1884年朝鲜发生甲申政变。日本借口日本驻朝公使受到攻击、使馆被焚烧，反复与朝、中展开交涉，约定中日两国同时撤兵，两国出兵朝鲜须互相通知。从而在事实上确立了在朝鲜问题上，日本与中国的对等地位。甲午战争中国战败，朝鲜也由中国的藩属国变成了日本的殖民地，进而成为日本侵略中国的跳板和基地。

英俄加紧对中国西南、西北经济入侵。顺治年间，清政府对西藏政教上层人士实施赏赐政策和有特色的贸易政策，后来又在西藏设立噶厦地方政府，并且在西藏驻军和开展水利建设。针对廓尔喀（尼泊尔沙阿王朝）的入侵，又有针对性地制定了西藏地方政治、经济、军事、宗教等政策。然而，鸦片战争后，清朝国势江河日下，对西藏的控制与治理也发生了质的变化。这期间，中英两国先后签订了《中英续订藏印条约》《中英修订藏印通商章程》。

英国以印度为基地，以西藏为门户，逐步打开对中国西南、西北地区的经济侵略通道。因为地缘政治的原因，俄国当然不愿意英国独霸中国西藏，因此也通过各种手段加强西藏问题研究，并且制定了经中国新疆、西藏而出印度洋的战略企图。很显然，这也使中国的西北边陲陷于严重的安全危机之中。

强邻的肆虐和清政府的腐败无能，导致在中国土地上发生了两场不可思议的外国战争。一场是1904年至1905年日本和俄国为争夺中国辽东半岛和朝鲜半岛的控制权，进而争夺亚洲及整个太平洋地区的霸权，而在中国东北进行的日俄战争，最后以俄罗斯失败而告终。第二场战争是1914年日本和德国为争夺中国青岛及周边地区控制权，在中国山东省进行的一场战争，日本在这场战争中获胜并占领青岛，这已是中华民国时期的事了！

09 风起云涌的起义

有一个屡试不第的读书人，十几年的科举梦幻一次次破灭，使他极度痛苦和激愤。有一次，他偶感风寒，一时急火攻心，高烧不退，在烧得晕晕乎乎的梦境中，恍惚看到一个身着金甲、高鼻白须的老者从云中缓缓落下，走到他面前，这便是上帝。上帝预言他将下凡救世："三星共照口出天，禾王作主救人善，尔们认得禾救饥，乃念日头好上天。"[①]从此，手握"乾坤杀伐权"[②]。

这个读书人叫洪秀全，出生于广东花县（今广州市花都区）福源水村，少时熟读"四书五经"，十三岁起参加科举考试，一直到二十五岁，屡屡落第。有一天闲来无事，洪秀全拿起六七年前应试时，基督徒发给他的一本小册子《劝世良言》。此时读来，顿觉茅塞洞开，如沐春风，他不仅觉得此书就是梦中那金甲白须老人对他说的话，而且其第一部分《真传救世文》中的话，似乎就是专门对他讲的。文中说："儒教亦有偏向虚妄也。所以把文昌、魁星二像，立之为神而敬之，欲求其保庇睿智广开、快进才能，考试联捷高中之意。然中

① 郭毅生、史式主编：《太平天国大辞典》，中国社会科学出版社，1995年版，第839页。

② 郭毅生、史式主编：《太平天国大辞典》，中国社会科学出版社，1995年版，第8页。

国之人，大率为儒教读书者，亦必立此二像奉拜之，各人亦都求其保佑中举，中进士，点翰林出身做官治民矣。何故各人都系同拜此两像，而有些自少年读书考试，乃至七十、八十岁，尚不能进黉门为秀才呢，还讲什么高中乎？难道他不是年年亦拜这两个神像么，何故不保佑他高中呵？”[①]这本书告诉他，天上只有一个“独一真神”，那就是上帝耶和华。中国人现在所崇拜的一切，就犹如文昌和魁星一样，都是虚妄的。中国人因为不拜上帝，已经给自己招来了无数祸殃。因此，人们若要求得幸福，国家若要求得光明，就必须改邪归正，皈依上帝。

洪秀全显然不仅仅是因病而产生妄念，也不仅仅是因在《劝世良言》中找到共鸣而信奉上帝。实际上，洪秀全绝不是一些评论家所说的资质平平、学识有限，他是当时中国社会少有的洞见者。他的族弟洪仁玕曾这样叙述：洪秀全那时“慷慨激昂，独恨中国无人，尽为鞑妖奴隶所惑矣”，痛斥清政府“每年化中国之金银几千万为烟土，收花（华）民之脂膏数百万为花粉”。[②]

洪秀全是探求洋人取胜之道的读书人。当时两广之地天地会盛行，洪秀全曾经接触过这个以“反清复明”为口号的民间秘密结社组织。但他认为该组织并不能反映百姓对光明幸福的憧憬。因此转而从宗教信仰入手，研究西洋人强盛的原因。像洪秀全这样从宗教入手思考中国前途命运问题的人，在当时可以说是绝无仅有的。

洪秀全是把宗教信仰与社会变革结合在一起的实践者。洪秀全并不想对旧的封建专制制度进行修修补补，他是一个社会革命的实践者。一旦想通透了，他就潜下心来创造拯救人民于水火之中的新宗教——拜上帝教，写下了《原道救世歌》《原道醒世训》《百正歌》《改邪归正》等教义著作，并找到了实践这一思想的阶级力量——农民群众。从这个意义上讲，洪秀全也是中国大变局的

---

① 梁发：《劝世良言》，中国社会科学院近代史研究所近代史资料编辑组编：《近代史资料》总三十九号，中华书局，1979年版，第3—4页。

② 洪仁玕：《英杰归真》，见罗尔纲编注：《太平天国文选》，上海人民出版社，1956年版，第17—18页。

推动者之一。

1851年，由洪秀全组织的"拜上帝会"在广西金田村发动起义，旋即攻桂林、进湖南、占岳州、下武昌，夹江东下，势如破竹。1853年3月占领江南重镇江宁（南京），定为都城，改称天京。至此，太平天国成为动摇清政府统治的心腹大患。

为了巩固新生政权，太平天国在政治、经济、军事上，采取了一系列针对性措施。1853年冬，颁布了《天朝田亩制度》，这是一部以解决农民土地问题为核心的纲领性文件，旨在建立一个"有田同耕，有饭同食，有衣同穿，有钱同使，无处不均匀，无人不饱暖"的人间天国，实现"天下一家，共享太平"的理想社会，鲜明地继承了中国古代大同思想，堪称近代中国第一大乌托邦。

太平天国运动只是中国国内矛盾积聚的一次大爆发。据有关研究统计，仅清中后期大约半个世纪的时间内，中国发生的有影响的农民起义、流民游民饥民暴动、秘密结社团体组织的起义和少数民族叛乱等，高达五十多起。其中较为著名的有白莲教起义、天理教起义、张秀眉苗民起义和新疆伊犁民变。

白莲教起义是嘉庆年间发生在四川、河南和湖北边境地区白莲教教徒武装反抗清政府的事件。白莲教是一种秘密流传的民间宗教，崇拜"无生老母"与"弥勒佛"，宣扬"教中所获资财，悉（都）以均分"，不论男女老幼，都应一律平等，要同生死、共患难，有着"不持一钱可以周行天下"等平均、互助思想[①]，从者日众。1795年，湖北各地白莲教发动起义，四川白莲教徒纷纷响应。在起义初期，多次重创清军。但因白莲教起义军互不相属、各自为战，也多被清军各个击破。特别是在清廷"坚壁清野""剿抚并施"策略的驱动下，起义军日陷困境，终告失败。白莲教起义是清代中叶最大的一次农民起义，它纵横五大省，历时九年半，耗费了清政府十六省的数十万兵力，导致二十余名一二品提督、总兵等高级武官，以及副将以下四百余名中级武官阵亡。据统计，清朝为剿灭这场起义，前后投入超过两亿两白银的饷银，相当于国库五年的财政

① 参见夏家骏：《清代中叶的白莲教起义》，中华书局，1974年版，第9页。

收入。白莲教起义标志着清朝从鼎盛走向衰落，是一个重大的历史转折点。[①]

白莲教起义被镇压后不久，直隶、河南、山东诸省又发生了天理教起义，起义军甚至还打进了紫禁城东华门、西华门，直捣清廷皇宫重地，震惊朝野。天理教由八卦教、荣华会、白阳教、红阳教、青阳教等教派的部分教徒逐步联合统一而成，主要首领为河南人李文成、京畿大兴县（今北京市大兴区）人林清等。该教崇拜太阳，信奉“三极”说，“过去”称无极，“现在”称太极，“未来”称皇极，倡言“红阳劫尽，白阳当兴”，该出“十八子明道”“李姓应世”。明确要通过武装起义，推翻清王朝统治，拥李文成为领袖。嘉庆十六年，李文成、林清等人多次密谋，决定由林清负责先攻取北京，李文成等分别夺取河南、山东，会师后将满族统治者赶回东北。1813年9月，二百余名天理教徒于京城发动变乱，打败紫禁城卫戍的部分天理教徒企图从门外爬过皇宫大内的高墙，皇次子绵宁（后继位为道光皇帝）临危不乱，指挥侍卫沉着应战，击退教徒，为这场皇宫保卫战赢得了时间，最终天理教被剿灭。[②]

张秀眉苗民起义是指咸丰同治年间发生在贵州的苗族农民起义。咸丰初年，苗疆连遭水、旱、虫灾。咸丰五年（1855），台拱南界高坡数千苗民请求减轻苛征重索，遭到政府的拒绝和镇压。群情激奋的苗民冲入台拱城内，杀死黄平州知州，向清政府提出取消苛征重税、退还被地主强占的田地房屋的要求。张秀眉用刻木和鸡毛、火炭传令苗族各寨，率众起义，被推为元帅。起义军驰骋纵横、攻城拔寨，仅三年多时间，就占领了贵州东南的千里苗疆，兵锋直指贵阳。太平天国运动失败后，清政府集中兵力镇压张秀眉领导的苗族起义军，起义军不屈不挠地辗转征战于湘黔两省之间，屡屡挫败清军，但由于二者兵力悬殊，最终还是被清军剿灭，张秀眉等被俘就义。难能可贵的是，张秀眉领导的苗族义军，所到之处都设将军等武官以及管理地方事务的文官，建立起一套较完善的行政机构；将屯田与地主的田地分给贫

---

① 参见夏家骏：《清代中叶的白莲教起义》，中华书局，1974年版，第50页。

② 参见［清］赵尔巽等：《清史稿·仁宗本纪上》，联合书店，1942年版，第94页。

苦农民使用；实行奖励垦荒、保护商业、组织集市贸易等措施；制定了一系列维护穷苦人民权利、有利于各民族团结的反清法令和措施，使以台拱为中心的千里苗疆秩序井然。①

新疆伊犁民变，是指1864年在新疆伊犁爆发的反对清政府统治的事件。清政府为加强对新疆的统治，设置了伊犁等处的将军管理全疆事务。从陕西、甘肃、南疆等地迁来大批农民（回民居多）从事屯田，称为回屯，设地方官阿奇木伯克管理回屯事务。然而由于各级阿奇木伯克的贪婪、盘剥和伊犁将军的无能、腐败，伊犁各族人民承受着繁重的摊派和徭役，加之遭受严重自然灾害，官民矛盾日益加深。陕甘回民起义后，“剿洗回民”谣言的传播亦引起伊犁回族的恐慌，于是他们联合维吾尔族起事，攻打清政府驻伊犁地区的官府，并杀害清政府官员。伊犁民变迅速蔓延至新疆全境，清朝新疆地方政府和伊犁将军已完全失去控制能力。参与民变的维吾尔族及回族首领借机成立了新的地方政府——塔关奇苏丹政府。但塔关奇苏丹政权成立后，不断内讧，使整个事件朝着更加消极方向发展，不仅导致回族和维吾尔族之间的大规模仇杀，而且招致浩罕国军官阿古柏入侵新疆，俄国亦趁机武力侵占伊犁地区。虽然1882年清政府通过外交手段收复了伊犁地区，却也付出了惨重的代价。除赔款外，还丧失了霍尔果斯以西的领土。②

10　瓜分中国的图谋

当时有一幅流传甚广的《时局图》，描绘了19世纪末中国面临被帝国主义列强瓜分的危机。画这幅图的是一位出生于澳大利亚的华侨，名叫谢缵泰。1899年，谢缵泰设计出中国号飞艇献给清政府，却遭冷遇。随即他又画了这幅《时局图》，未承想该图一经面世，轰动全国。

《时局图》用漫画的艺术形式，形象地展示了中国亡国灭种的旷世危机。

① 参见范同寿：《贵州简史》，贵州人民出版社，1991年版，第142—143页。
② 参见纪大椿：《试论一八六四年新疆农民起义》，《民族研究》1979年第2期。

图中最上方有一只熊，譬喻俄罗斯帝国以横行无忌的贪婪，觊觎着中国东三省；东部沿海地区有一只犬，譬喻英国像狗一样咬住长江一带的既得利益不放；南部有一只大蛤蟆，譬喻法国任意收揽着广东、广西、云南等地方；东海地区有一个太阳，譬喻日本，觊觎的光线延伸到台湾、福建；还有一只从东南沿海飞来的鹰，譬喻美国，急不可耐地飞来分食；图中还有一根香肠，譬喻德国，占据山东半岛。图的下方还有鼠、兔、牛、骆驼、蜥蜴等，分别代表奥地利、匈牙利、西班牙、奥斯曼和意大利。图中还出现了六个中国人形象：一人高举铜钱，暗示当时清政府的官员贪污腐败，只知捞钱；一个高举酒杯，怀抱美女，大有“商女不知亡国恨，隔江犹唱后庭花”之感；还有人躺在地上吸食鸦片，有人在练武举重，有人在“之乎者也”。两边各一个成语：“不言而喻”“一目了然”。

而与这幅《时局图》密切相关的，就是引发列强瓜分中国狂潮的巨野教案。如前所述，西方传教士借助各列强之武力加紧宗教侵略步伐，所到之处强行拆毁宗庙、建筑教堂，不法教民横行乡里、无所不为，引起尚武拳民和当地百姓的愤慨和反抗。巨野教案就是这一矛盾激化的产物。巨野教案规模虽小，但因是大刀会这样的拳民组织所为，成为后来义和团运动的先驱，因而具有非同一般的意义。德国政府借口拳民捣毁天主教堂，杀死德国传教士，出兵胶州湾并将其强行占领，把山东划入其势力范围。此后，俄国、法国、英国、日本等国纷纷效仿，在中国展开了划分势力范围的争夺，掀起了瓜分中国的狂潮。《时局图》正是这一瓜分图谋的真实描画。

鸦片战争后，英国在对中国的殖民中发挥着支配作用。但是，随着其他列强的进入和扩张，英国在华利益受到严重冲击。英国对此先是极力反对、多方阻挠，到后来发现反对无效又无力阻止，最终不得不承认独自支配中国的时代一去不复返了，于是转而向清政府提出租借和割让土地的要求。

俄国自19世纪90年代初起，推行“积极的东方政策”。先是修筑通向中国的西伯利亚铁路；之后取得中俄四厘贷款和成立华俄道胜银行两项重大权益；与李鸿章签订《御敌互相援助条款》，即《中俄密约》，取得中东铁路筑路权等特权，“实质上建立了俄国人在满洲的支配地位……打下了将来可能吞并全地区的基础”[①]。

法国在与俄德联手“助清还辽”后，也迫不及待地向清政府提出诉求，选中广州湾作为回报，同时强调“车里（滇边江洪）、云南、广西、广东等省应照长江之例，不得让与他国”[②]，从而把云南、广西、广东三省大部分地区划为其势力范围。

德国是一个后起的资本主义国家，到19世纪90年代其总体实力已超过英法，跃居世界第二，因而也急于侵吞中国，并选中胶州湾作为突破口。而通过巨野教案，德国顺利找到了出兵的借口，强占胶州湾，把山东纳入自己的势力范围。

甲午战争后，西方列强将日本视为“东洋的欧洲强国”。自明治维新日益强盛起来的日本，下决心要“脱亚入欧”，并将中国从对等外交国变为侵略对象。日本在与俄国争夺中国东北利益，与德国争夺中国山东利益的同时，强行霸占台湾，还把手伸向福建。

然而，如此疯狂的瓜分狂潮，为什么最终没能以实际肢解中国而得逞？

其一，中国人民的英勇抵抗让列强的瓜分梦想破灭。八国联军侵华原以为“将作一趟十分顺利的行军”。而事实是，一路上遭遇了中国军队和义和团拳民的顽强抵抗，无论是廊坊之战、八里台战役，还是在大沽口炮台、紫竹林租界，中国军民的浴血奋战都一度使八国联军进退两难、疲惫不堪。八国联军司令瓦德西在给德国皇帝威廉二世的报告中承认：“无论欧美、日本各国，皆无此脑力与兵力，可以统治此天下生灵四分之一”，“故瓜分一事，实为下策”。英国外务大臣、法国议员等都称：“义和团之事即可取以为鉴，‘瓜分’之说，不啻梦呓也。”[③]

其二，列强之间不可调和的矛盾促成了“完整中国”。帝国主义列强在中

① 刘存宽：《关于帝俄租借旅大的几个问题》，《近代史研究》，1989年第6期。

② 王道瑞：《列强瓜分中国与英国强租新界》，《紫禁城》，1997年第2期。

③ 史海威、王荣优：《〈辛丑条约〉为何没有割地的条款》，《文史天地》，2009年第1期。

国，既有共同利益，又各心怀鬼胎。在镇压义和团运动时，它们是高度一致的。但要在中国豪夺利益时，它们之间的矛盾就开始显现并日益激化。比如俄国出兵侵占东北三省，严重损害了日本的对华战略，日俄矛盾日益突出，这就成为日后发生在中国东北的日俄战争的缘由。美国作为门户开放政策的策划者，反对列强瓜分中国，主张维持现状，以经济扩张巩固自己的在华利益。英国企图垄断长江流域，但为了反对俄国独占中国东北和法国侵占云南等地，也积极响应美国。日本为了打击俄国在中国东北的势力，争取美国的支持，在不影响其侵占朝鲜计划的前提下，也承认了门户开放政策。强势的俄国为了缓解与其他列强之间的矛盾，也不得不有保留地接受了门户开放政策。这样一来，由美国倡导的以维持中国领土完整为基础的门户开放政策，终于成为列强共同遵守的对华基本纲领。

其三，清政府的腐朽卖国政策也使列强失去了直接瓜分中国的必要。面对八国联军的沉重打击，逃亡中的慈禧发布镇压义和团的上谕，同时派李鸿章等乞降求和。慈禧太后对列强极力示好，在“罪己诏”中表示要“量中华之物力，结与国之欢心”。这样一来，清政府实际上已成为列强的傀儡。列强的在华利益，通过清政府完全可以实现。

值得一提的是，八国联军攻占大沽口炮台后，慈禧太后曾无奈向十一国宣战，比利时、西班牙、荷兰三国虽然没有参战，但也参与了攫取在华利益的谈判，这也是《辛丑条约》签约十一国的原因。另外，慈禧的宣战并没有得到大臣们的响应。湖广总督张之洞、两广总督李鸿章来了个“东南互保”，不上慈禧的“战车”。袁世凯在天津小站的万余新兵也没有参战。

11　奇异的对联式悲歌

在近代思想家中，伏尔泰、孟德斯鸠、马克思、恩格斯等是关注中国比较多且有许多精辟论述的。特别是伏尔泰，更称得上是一个地地道道的“中国迷”。正是因为他的坚持不懈和不遗余力的传播，使全世界承认了中国的悠久历史以及中国文化在世界文化史上的地位。

伏尔泰本名弗朗索瓦-马利·阿鲁埃，伏尔泰是笔名，他出生于巴黎一个富裕资本家家庭。他是18世纪法国启蒙运动的旗手，曾因辛辣地讽刺专制制度而两度被投入巴士底狱。他的著作被列为禁书，本人多次被驱逐出法国，代表作有《哲学通信》《路易十四时代》《老实人》等，他主张开明的君主政治，强调自由和平等，被誉为“法兰西思想之王”“欧洲的良心”。

伏尔泰虽然没有来过中国，但对中国的历史、哲学、政治制度、风俗等进行过全面研究，高度评价中国文化的悠久和独特性。他在《风俗论》中这样写道：“如果说有些历史具有确实可靠性，那就是中国人的历史。”“不容置疑，中华帝国是在四千多年前建立的。那些在杜卡利戎时代的大洪水和法埃通从天而降的神话中保存下来而又以讹传讹的有关地球的变迁、大洪水、大火灾等等故事，这个古老民族从来没有听说过。”“中国人把天上的历史同地上的历史结合起来了。在所有民族中，只有他们始终以日蚀月蚀、行星会合来标志年代；我们的天文学家核对了他们的计算，惊奇地发现这些计算差不多都准确无误。”①伏尔泰阐述了中国文化的独特性，并指出，根本不知道有上帝、有亚当和夏娃的中国人，奉行着和西方完全不同的一整套道德准则、法律制度和政治制度，其核心就是儒家伦理哲学。“孔子只是以道德谆谆告诫人，而不宣扬什么奥义。”②他认为，儒家伦理以“孝道”为核心，国王就是开明的君父，地方官就是父母官，把一个国家治理得像一个家庭，是最合乎自然而又最神圣的法则。

我们不能说伏尔泰的见解有多么科学和准确，其中或许还有不少误读。但是一个外国思想家，能以如此执着的精神，青睐和重视中国文化，研究和推广中国文化，着实令我们汗颜和敬佩。

伏尔泰的认识是深刻的，但也是有偏颇的。马戛尔尼使团在参访的过程

---

① ［法］伏尔泰：《风俗论》，梁守锵译，商务印书馆，1994年版，第85页。

② ［法］伏尔泰：《风俗论》，梁守锵译，商务印书馆，1994年版，第88页。

中，通过对中国的政治、经济、军队、关隘、武器、物产、文化、宗教、地理等的考察，发现中国的实际与马可·波罗的描述、与伏尔泰的赞扬相去甚远。“英国和其他西方贸易国力图拥有与巨大中国市场更自由的贸易机会，他们想直接进入中国市场。希望中国政府承认他们是平等国家。但他们看到中国顽固坚持与将自由贸易和‘正常’国际关系看成所有‘文明’国家共同基础的近代世界格格不入的态度，他们再也无法容忍继续被蔑视或忽视和被排挤，他们现在也有了做点事情的手段。”[①]有人说此时的中国只知仁治、德治，根本不懂世界上还有重商主义、殖民主义，甚至军国主义。而历史进入资本主义时代，中国仍然在田园文化中徜徉，固守所谓的伦理道德，在资本的无情掠夺中被动地缠斗着。而付出的代价是《南京条约》《天津条约》《马关条约》《辛丑条约》等一系列不平等条约的签订和国家半殖民地半封建化的不断加深。

马克思、恩格斯对中国的关注是持续的，也是最为全面和深刻的。当然基于所处时代，他们重点关注从鸦片贸易开始的对华战争，中国由封建社会逐步转变为半殖民地半封建社会等重大历史事件。这期间他们撰写了一系列专题文章，如《古代东方的特点与中国》《世界商业与对华政策》，以及在《纽约每日论坛报》长达十年的对中国问题的评论。

中国曾经为人类文明作出过巨大贡献。马克思指出，中国的“火药、指南针、印刷术——这是预告资产阶级社会到来的三大发明。火药把骑士阶层炸得粉碎，指南针打开了世界市场并建立了殖民地，而印刷术则变成新教的工具，总的来说变成科学复兴的手段，变成对精神发展创造必要前提的最强大的杠杆”[②]。加上火炮、纸币、算盘、茶叶、丝织品、养蚕业等，都极大地推进了世界文明的进程，影响了西方人的生活方式。

中国问题的产生与世界资本主义的迅猛发展息息相关。马克思、恩格斯认为，19世纪中叶的鸦片战争，是因为经济发展的世界市场化，使得各民族在经

---

① ［美］罗兹·墨菲：《亚洲史》，黄磷译，海南出版社、三环出版社，2004年版，第371页。

② 《马克思恩格斯文集》第八卷，人民出版社，2009年版，第338页。

济上联成一体，以中国为代表的东方落后国家不得不卷入资本主义经济发展的世界潮流之中。在英国大炮的轰击下，“天朝帝国万世长存的迷信破了产，野蛮的、闭关自守的、与文明世界隔绝的状态被打破，开始同外界发生联系，这种联系从那时起就在加利福尼亚和澳大利亚黄金的吸引下迅速地发展起来”①。因此，马克思、恩格斯主张把中国放在这种世界格局转变中来看待。

中国的落伍与列强的掠夺不无关系。马克思、恩格斯从英国和中国两国贸易的发展变化中得出一个结论：到了近代，中国逐渐落伍，直接原因是英国等西方列强的掠夺。马克思、恩格斯分析道：“对亚洲的输出在1697年不到英国出口总额的1/52，而1822年已经达到约1/14，1830年达到1/9左右，1842年达到1/5强。”“在1842年，现代贸易史上第一次真的发生了白银大量从亚洲运往欧洲的事情。”因为“英国的仁慈强迫中国进行正式的鸦片贸易，用大炮轰倒了中国的围墙，以武力打开了天朝帝国同尘世往来的大门，金属货币流通才发生这样一个明显突出的转折”②。而“在1830年以前，中国人在对外贸易上经常是出超，白银不断地从印度、英国和美国向中国输出。可是从1833年，特别是1840年以来，由中国向印度输出的白银，几乎使天朝帝国的银源有枯竭的危险”③。

从根本上说，中国的落伍在于与时代脱节。16世纪以后，西方经过文艺复兴运动、工业革命和资产阶级革命，已经从农业经济逐步转变为工业经济，从民族性的封闭发展逐步转变为世界性的开放发展，从封建社会逐步转变为资本主义社会，也就是从古代文明逐步转变为现代资本主义文明。而面对如此巨大的社会变革，中国却像一块古代社会的活化石，经济上以自然经济为主，政治上封建专制，精神上不思进取，因此必然要被工业经济所打垮。

马克思、恩格斯曾有这么一段犀利透彻的阐述：“1800年，输入中国的鸦片已经达到2000箱。在18世纪，东印度公司与天朝帝国之间的斗争，具有外

① 《马克思恩格斯论中国》，人民出版社，2015年版，第6页。
② 《马克思恩格斯论中国》，人民出版社，2015年版，第17—18页。
③ 《马克思恩格斯论中国》，人民出版社，2015年版，第6页。

国商人与一国海关之间的一切争执都具有的共同点，而从19世纪初起，这个斗争就具有了非常突出的独有的特征。中国皇帝为了制止自己臣民的自杀行为，下令同时禁止外国输入和本国人吸食这种毒品，而东印度公司却迅速地把在印度种植鸦片和向中国私卖鸦片变成自己财政系统的不可分割的部分，半野蛮人坚持道德原则，而文明人却以自私自利的原则与之对抗。一个人口几乎占人类三分之一的大帝国，不顾时势，安于现状，人为地隔绝于世并因此竭力以天朝尽善尽美的幻想自欺。这样一个帝国注定要在一场殊死的决斗中被打垮；在这场决斗中，陈腐世界的代表是激于道义，而最现代的社会的代表却是为了获得贱买贵卖的特权——这真是任何诗人想也不敢想的一种奇异的对联式悲歌。”①

---

① 《马克思恩格斯论中国》，人民出版社，2015年版，第71页。

第二章

救亡图存成为时代主题

01　千年未有之大变局

所谓的晚清中兴四大名臣有两种说法：一是曾国藩、左宗棠、李鸿章、张之洞；二是曾国藩、胡林翼、左宗棠、彭玉麟。其中胡林翼是唯一一个把毕生精力都投入与太平天国的作战中，无暇休息，并死在任上的重臣。而究其死因，竟然与两艘洋人火轮逆江而上有关。

据近代思想家、外交家薛福成《庸庵笔记》的记载，当时正值清军围攻太平军军事要地安庆之际，只要攻克安庆这一“锁钥”之地，即可将太平军分割开来，分而歼之。在安庆战役之前，胡林翼前往前线视察，胸有成竹地笑道：“此处俯视安庆，如在釜底，贼虽强，不足平也。”但行至江边时，胡林翼见到两艘洋船鼓轮西上，迅如奔马，疾如飘风，速度之快，非寻常风帆所能及。胡林翼见此情景，“变色不语，勒马回营，中途呕血，几至坠马。文忠前已得疾，自是益笃。不数月，薨于军中”[①]。一代名将，虽然久病在身，尚能亲赴前线指挥战斗，但因受到洋人火轮的刺激，竟然情不自禁，以致过虑身亡，闻所未闻。可见，有识之士此时对清朝已远远落后于世界的忧惧是多么痛彻心扉啊！

---

① ［清］薛福成：《庸庵笔记》，南山点校，江苏古籍出版社，2000年版，第14页。文中的“文忠”即胡林翼。

在中国近代历史上，王韬是最早提出“千年未有之大变局”的人物。王韬原名王利宾，后改名为王瀚，为躲避追捕再次改名王韬。他是苏州人，道光二十五年（1845）秀才，后应英国传教士之邀到上海墨海书馆工作，协同翻译《圣经》《华英通商事略》《重学浅说》《光学图说》《西国天学源流》等著作，为西学东渐作出过突出贡献。王韬曾化名黄畹上书太平天国，主张不要把洋人当作主要敌人，而应以主要力量打击清军，因此获得“长毛状元”外号。不料清军在英法军队支持下攻占上海外围的太平军营垒，发现了这一上书。于是清廷下令捉拿王韬，他不得不东躲西藏，先是在英国领事馆避难，后又搭乘英国商船秘密逃往香港。在香港期间，王韬一边从事翻译工作，一边兼任《华字日报》主笔。1867年，受到朋友邀请和资助，王韬开始了历时三年的欧洲游历。1874年，在香港创办《循环日报》评论时政，提倡变法。1879年考察日本，1884年回到上海。

王韬作为第一代走向世界的知识分子，是中国最早倡导洋务、主张变法、厉行改革的启蒙思想家，他提出：“居今日而论中州大势，固四千年未有之创局也。”①在这种大变局下，中国必须抛弃固有之旧法，积极向西方各国学习，寻找富国强民之道，挽救中华民族于危难之中。

无独有偶。1872年，时任直隶总督李鸿章在关于办洋务的奏折中疾书，西洋人“百十年来，由印度而南洋由南洋而东北，闯入中国边界腹地……合地球东西南朔九万里之遥，胥居于中国，此三千余年一大变局也”②。

中国先进分子已敏锐地认识到，中国遇到了“数千年来未有之强敌”，面临的是“三千余年一大变局”。变局的背后，是人们要认识并回答一系列前所未有的重大问题。比如，中国原本封闭、内向、持盈保泰的发展道路，是不是已经出现了重大拐点，从而被迫走上新的道路？比如，中国签订一系列不平等条约，极大地损害了国家主权和种种权益，面对这种弱肉强食、被动绝望的境

① ［清］王韬：《弢园文录外编》，梁知编著：《国学通鉴》，安徽人民出版社，2000年版，第565页。

② 1873年李鸿章在《筹议制造轮船未可裁撤折》中称：“臣窃惟欧洲诸国百十年来，由印度而南洋由南洋而东北……此三千余年一大变局也。”1874年李鸿章奏称：“轮船电报之速，瞬息千里；军器机事之精，工力百倍；……又为数千年来未有之强敌。”见《李文忠公全集·奏稿》卷二十四，第11页。

地，我们能不能找到强国保种并逐步迈向现代化的契机？还比如，中国的封建君主专制、朝贡体系等已经产生巨大危机，中央统治力量日益薄弱，在这种内忧外患中，能否保证中国不被分裂灭亡？如此等等。

变局给中国带来严峻挑战，中国如何应对？其将对中国的前途命运产生怎样的影响？人们都在进行各方位的思考和探索。

02　相去天渊的差距

面对数千年未有之大变局，每一个有识之士都要反思和检视中国的不足和与列强之间的差距，以期追本溯源、迎头赶上。这种反思和检视的结果是触目惊心的。有几个小故事很是发人深省。

第一个故事发生在第一次鸦片战争前夕的1839年，林则徐与两广总督邓廷桢联名给道光皇帝写的一道奏折称："夷兵除枪炮之外，击刺步伐俱非所娴，而腿足裹缠，结束严密，屈伸皆所不便，若至岸上更无能为，是其强非不可制也。"认为英国人的腿脚都绑得很紧，屈伸不方便，一上岸就没本事了。实际上这样的谣传在中国官员中已经流行了好几十年，1793年马戛尔尼使团觐见乾隆引出的所谓礼仪之争，就传出过洋鬼子是直腿、膝盖不能打弯的说法。但从未有人去考证和纠正，久而久之，一种头脑中的臆想，竟然成了官员们的正常认知。更让人不可思议的是，在鸦片战争爆发，英军已占领宁波、定海期间，林则徐仍然没有改变他的观点，在给道光皇帝的上书中再次重申："一至岸上，则该夷无他技能，且其浑身裹缠，腰腿僵硬，一仆不能复起，不独一兵可手刃数夷，即乡井平民亦尽足以制其死命。"[①]这已是可笑至极了！定海一战，五千名清军伤亡大半，其中一千五百人战死，而英军只有十六人死亡，数人受伤。同样认为英军"腰硬腿直，一击即倒"的名将——两江总督裕谦绝望自杀。当然，也正是鸦片战争，让林则徐清醒地认识到了世界的变化，开始了后来的开

① 中国第一历史档案馆编：《鸦片战争档案史料》Ⅱ，天津古籍出版社，1992年版，第245页。

眼看世界。

第二个故事同样是在第一次鸦片战争前夕，林则徐在给皇帝的奏折和给各国商人的谕告中，多次说道："至茶叶、大黄两项，臣等悉心访察，实为外夷所必需。"[①]"况茶叶、大黄，外夷若不得此，即无以为命，乃听尔年年贩运出洋，绝不靳惜，恩莫大焉。"[②]清朝许多官员认同这样一种说法：英国人每日大鱼大肉，特别是干牛肉粉吃得太多，导致肠胃难以消化，如果没有了中国的茶叶、大黄，就会因大便不通而死亡。而这种自以为是的胡言乱语，竟然还是"悉心访察"的结果，怎能不让道光皇帝欣喜若狂，手握如此能置敌于死地的神器，又怎怕与英国这一"蛮夷小国"开战？这恐怕是清政府下决心禁烟且不怕开战的另一个原因。

第三个故事是在鸦片战争期间，清朝派出曾经在镇压白莲教、平定新疆时立下赫赫战功的名将杨芳为前锋主将，杨芳认为，英舰能在风浪中操炮射击，定有邪术。因此命令收集妇女的溺器，用所谓的阴门阵驱赶英舰邪术，留下千古笑柄。[③]查阅西方人对这段历史的研究，我们惊奇地发现，他们对杨芳的描述是：七十岁高龄、完全耳聋的汉族将军，一到广州就被眼前的情形惊呆了，立刻认识到已毫无取胜的希望：中国海军已经近乎崩溃、新城的城墙正在坍塌、佛山铸造厂新造的大炮还没有架起来、军队的战斗力和忠诚度也不可靠。面对这种状况，杨芳没有别的选择，只得同意开放贸易。但是令人费解的是，杨芳在呈送北京的奏章中对《穿鼻草约》未敢明言，只是暗示。活脱脱一个畏葸不前、不敢担当的败将形象。

这些故事现在听起来觉得可笑，但在当时这就是清朝最优秀官员的认知水平。

---

① ［清］林则徐撰，中山大学历史系中国近代现代史教研组、研究室编：《林则徐集·奏稿》中册，中华书局，1965年版，第632页。

② ［清］林则徐撰，中山大学历史系中国近代现代史教研组、研究室编：《林则徐集·公牍》中册，中华书局，1965年版，第658页。

③ 《粤东纪事》记载："惟知购买马桶御炮，纸扎草人，建道场，祷鬼神。"参见中国科学院历史研究所第三所编：《近代史资料》，1956年第2期。

实际上，也正是通过鸦片战争，通过处理诸如太平天国运动等国内尖锐矛盾所反映出来的问题，中国的一些先进分子开始意识到以往一些固有的认知是错误的，中国与西方列强的差距是客观的，也是必须正视的。因此，他们开始反思产生这种差距的根本原因。当然，他们的认识和反思还是不够深刻和系统的。

比如认为泱泱大国在战场上一再失利，主要是因为列强“船坚炮利”，我们“器不如人”。鸦片战争期间，英军战船排水量均在两千吨以上，每船配备的大炮多达数十门，而清军水师最大战船的排水量还不到二百五十吨，置前膛炮十门。火炮材质、铸造工艺、炮弹火药以及射程、射速、机动性、精度等，英军都明显高于清军。

比如认为中国是一个农业大国，手工业除少数几个产品比较拿手（如陶瓷、丝绸等）外，其他均无明显优势，也就是“技不如人”。而列强凭借武力打开中国国门后，倾销大量产品，导致中国原来技术含量不高又缺乏机器生产优势的产品，迅速被各种各样的洋货所取代，诸如洋布、洋火（火柴）、洋钉等，无所不包，无所不有。

比如认为中国实行上千年的科举制，把士子们捆绑在“四书五经”上，阻碍了优秀人才的脱颖而出，也就是“教不如人”。而西方国家经过启蒙运动和宗教改革，用最新的科学技术探究自然世界，取得了一系列丰硕成果，也催生了教育的近代化和以大中小学为主体、专科教育为补充的近代教育体系，这在中国几乎是闻所未闻、见所未见。

比如认为中国的政治制度专制、僵化，明显落后于西方，国家的组织形式、治理模式和统治方式都需要借鉴、学习西方列强，也就是“制不如人”。当然，改变政治制度无异于要自断几千年封建专制统治的根脉，是很难被人提及，并且要经历漫长的认识和发展过程的。

于是，自上而下和自下而上相结合的思想理念大碰撞开始了！

在这一时期，人们提出了各种各样的主张和方案、思想和主义，各种思潮“你方唱罢我登场”，形成近代中国独特的文化景观，这既是时代的呼唤，也是民族的悲鸣。这里既有第一批开眼看世界的人物，如林则徐、魏源等，也有受西方宗教思想影响，主张建立太平天国的人物，如洪秀全、洪仁玕等；既有主张中学为体、西学为用，掀起洋务运动的人物，如曾国藩、李鸿章、张之洞、左宗棠等，也有照搬西方政治制度，提出君主立宪、维新变法的人物，如康有为、梁启超，以及死于慈禧屠刀下的戊戌六君子；既有扶清灭洋的义和团，也有“驱除鞑虏、恢复中华、创立民国、平均地权”的孙中山、黄兴等。

这是一段悲壮雄浑、曲折离奇的历史。

03　开眼看世界

面对如此严峻的内忧外患，中国的统治阶层和知识分子开始有了开眼看世界的冲动，期望通过“知夷”“师夷”来跟上时代的步伐，改变中国的境遇和面貌。而其中最为积极主动也最具代表性的，当属林则徐。

在鸦片战争前夕和鸦片战争中，对英国侵略者有过严重误判的林则徐，并不是一个陈腐固执的人。即便是在禁烟初期，为了了解对手的情况，他也敢于打破“天朝”的禁忌，放下钦差大臣的架子，努力了解中国之外的世界。林则徐采取的方式是多种多样的，他亲自探访外国人，也派出眼线探报，更为重要的是招揽精通英文的专门人才，组织了一个翻译班子，购买和翻译外国书报，编辑《澳门新闻纸》《华事夷言》《各国律例》等。他还组织翻译了英国人慕瑞的《世界地理大全》中的相关内容，编辑成《四洲志》。在因鸦片战争战败而担责被发配新疆时，他将该书留给好友魏源，嘱咐他一定要编纂出更为全面系统的世界地理图书。魏源没有辜负他的重托，以《四洲志》为基础，前后历时十年，编著成共一百卷的《海国图志》。《四洲志》为林则徐开眼看世界添上浓墨重彩的一笔，《海国图志》则使得魏源成为继林则徐之后开眼看世界的代表人物。这两部著作实为开先河之作，对后世史地学者的影响很大。

林则徐是一个好官，他出身贫寒，关注民生，经常微服私访，关心解决百姓疾苦。他知错即改，敢于探求新知，因而才有了“知其虚实，师夷长技”的思想。他忠诚爱国，敬慕民族英雄，也留下了“苟利国家生死以，岂因祸福避趋之”的千古名句。但是实事求是地说，在当时知晓林则徐《四洲志》的人少之又少，甚至有人怀疑此书是否正式刊印过。就连他创办的《澳门新闻纸》等，也只是为了个人参考以辅助决策，不仅在他留下的奏折、日记和书信中很少提及，也没有引起当时社会各界的注意和重视。《海国图志》也是一样，虽然是近代以来第一部全面系统地描述中国之外的世界状况的图书，但问世后却少有人问津，真正被社会关注并不断刻印发行，已是19世纪八九十年代，也就是半个世纪以后的事了。

有人对范文澜先生在《中国近代史》中提出的林则徐是清朝“开眼看世界的第一人”提出疑问，认为在林则徐之前二十年就有过谢清高的《海录》，再早还有西方传教士的一系列著述等。实际上这样的质疑并无必要，因为林则徐的实际地位和影响力都是别人不可匹敌的，所谓思想界的“第一人”，不仅是提出得早，更要能够最早地影响到决策层，而从这个意义上讲，说林则徐为近代以来“开眼看世界的第一人”并不为过。

不过，这里还需要弄清楚，林则徐之前，甚至在清代之前，我们是不是就没有睁开眼睛看过世界呢？历史的经验告诉我们，绝非如此。从玄奘取经到郑和下西洋，中国人一直保持着对域外的探索，直到明朝中后期，中国实行自主限关政策。特别是清朝“康乾盛世”以来对这一政策日益强化和延伸，致使中国的统治阶层和知识分子沉溺在三纲五常、四维八德等封建礼教中，不愿意深究中国以外的世界，更不了解工业革命带来的天翻地覆的变化。虽然在皇帝的谕旨、官员的奏章、传教士的读物、通商洋行的合同，以及各级官员与洋人的实际接触中，我们看到统治者和社会精英对中国以外的世界，尤其是对英美等列强的认识，已有一定深度和广度。但是，从主观上讲，相当一部分人仍然放不下“天朝上国”的架子，不愿意或者不屑于正视这些现实。

恩格斯曾经分析过中国的闭关自守政策，认为它与中国农耕社会自给自足的自然经济密切相关。他指出：“同家庭工业结合在一起的过时的农业体系，是通过严格排斥一切对抗成分而人为地维持下来的。”[①]虽然大航海和殖民时代的浪潮不断地撞击中国的大门，虽然工业革命和大机器生产试图把中国拉向世界市场，虽然中国社会内部已涌动着拥抱新时代的浪花和冲动，但中国主动打开国门的脚步却依然艰难。其中的原因很多，但至少有一点是肯定的，由于封建君主专制社会的性质，在皇权至上的统治体制下，整个社会的创新生机早已枯竭。正如邓小平所说：“长期闭关自守，把中国搞得贫穷落后，愚昧无知。”[②]

开眼看世界是当时的一种社会思潮。几乎与林则徐和魏源同时，在福建主持通商事务的官员徐继畬编纂了《瀛寰志略》，全书以图为纲，简明介绍了世界各国的地理方位和历史沿革等。而生活在广东的梁廷楠则利用曾在几任粤督幕府供职的便利，完成了《海国四说》的编著工作。稍后几年，贬官西南边陲的姚莹，根据他长期任职东南沿海地区、熟悉对外事务的经验，编印了十六卷本的《康辅纪行》。前面提及的《海录》，对林则徐等人开眼看世界也有深远的影响。比如，在鸦片战争前夕，林则徐在呈道光皇帝的奏稿中，就曾引用谢清高记述英国情况的材料。[③]魏源在《海国图志》、徐继畬在《瀛寰志略》中，也都曾大量引用《海录》的资料。

这些著作的共同特点是：展示最新地理概况，以五大洲、四大洋来划分世界，提供了一种全新的世界观念；目睹“多事”天下，感知列强向东方扩张势头，强调殖民扩张对中国的威胁；感受坚船利炮，以及支撑强大军事力量的科技、经济等水平，揭示其背后的资本主义文明；提出“以夷攻夷”“以夷款夷”“师夷长技以制夷”的认识，给人们一种崭新的思想启迪，等等。

可见，开眼看世界对于中国近代历史的发展，已经具备某种思想启蒙的意义。但是囿于中国几千年封建传统的禁锢和束缚，这种思想只是把西方及其经

① 《马克思恩格斯全集》第三十九卷，人民出版社，1974年版，第285页。

② 《邓小平文选》第三卷，人民出版社，1993年版，第90页。

③ 参见［清］林则徐撰，中山大学历史系中国近代现代史教研组、研究室编：《林则徐集·奏稿》中册，中华书局，1965年版，第680页。

济政治制度作为一种新知来对待，并没有想真正地实行。因此在论述上难以跳出“天朝上国”的窠臼，呈现出相当复杂，甚至在逻辑上相互矛盾的状态，犹如一粒石子投入一潭死水，刚刚泛起几朵浪花，便又很快归于沉寂。尽管如此，我们还是应该看到，开眼看世界思想对中国社会的影响仍然持续了半个多世纪，成为当时中国先进分子认识世界并走向世界的起点，其历史价值和启蒙作用是应该得到充分肯定的。

04 我劝天公重抖擞

小时候读过龚自珍的一首诗：

九州生气恃风雷，
万马齐喑究可哀。
我劝天公重抖擞，
不拘一格降人材。

因为这首诗，也喜欢上了这位作者。

龚自珍对中国发展的见解独树一帜，认为中国要焕发勃勃生机，就要有风驰电掣般的巨大力量推动，而这种力量来自多多益善的人才。同时，他一生侍君，忠诚无私，敢于直言，抨击时弊，曾毫不客气地指出，面对重大社会变革，朝野臣民缄口不言终究是一种悲哀。他劝慰皇帝能重新抖擞精神，不拘一格地选拔更多的人才，以期改变万马齐喑的社会状况。这是典型的经世致用思想，而龚自珍就是当时经世致用思想的代表人物之一。

龚自珍，浙江仁和（今属杭州）人，从小受到良好教育，精读经史，学富五车，具有深厚知识根底。三十八岁始中进士，担任过宗人府主事、礼部主事等官，但后来仕途蹇滞，挫折不断。而究其仕途不顺的主要原因，则是因为其大胆揭露时弊，犯了官场大忌，遭到权贵们的排挤和打击。

龚自珍一生追求“更法”，力主改革，其经世致用思想虽至死未能得到广泛实践，但仍然产生了一定的社会影响。比如他认为，社会动乱的根源在于贫富不均，更因为缺乏制定正确政策的人才，因此要求改革科举制，多方罗致“通经致用”之人才。比如他提出，人性“无善无不善”“善恶皆后起”，因而要加强后天教育。比如他呼吁，要潜心探研西北历史和地理，防止列强觊觎。他清醒地看到清王朝已进入“衰世”，是“日之将夕”，因而主张“更法”，呼唤改革风雷。他还提出在新疆设置行省、废除八股文、禁止鸦片等建议，有一定的积极意义。但也应看到，龚自珍的主张从本质上不外乎是对封建专制制度的修修补补，是对封建专制统治的维护，饱含对中兴清朝的期待和对新兴资本主义制度的抵制。

经世致用思想由明清之际的思想家王夫之、黄宗羲、顾炎武等提出，他们主张：学问必须有益于国事，做学问者一定要直面社会矛盾，关注和解决实际问题，最终达到国治民安的目的。这一思想体现了中国知识分子讲求功名、求实务实的可贵品质，也体现了中国知识分子“以天下为己任”的家国情怀。但是到了乾隆、嘉庆年间，学究式的考据学盛行，学术界逐步形成了不重思想、考据独盛的局面。

突破这一死寂的局面，复兴经世致用思想的承前启后的关键人物是刘逢禄。他是江苏武进人，历任礼部主事、议制司主事，著有《尚书今古文集解》《公羊春秋何氏解诂笺》《春秋公羊经何氏释例》《论语述何》等。刘逢禄潜心研究和传承《春秋公羊传》，揭示了黑、白、赤三统循环的历史观和乱世、升平世、太平世的历史进化论，从而开启了经世致用思想的全面复兴。龚自珍、魏源均为刘逢禄的得意门生。

这一时期经世致用思想的主要内容有：

第一，批判现实。在政治上，抨击贪赃枉法、投机钻营、结党营私、阿谀奉承等丑恶行径，揭发“一夫为刚，万夫为柔”的专制统治。在经济上，揭露“无田者半天下”的土地兼并后果，指出不断开捐加赋，无异于自啖其肉、自取灭亡。在教育上，批判科举制度，认为其严重束缚了知识分子的创造性，造成人才浪费和人才匮乏。

第二，改革弊政。主张集中改革漕运、盐法、河工、农业等与国计民生息息相关的重点政务，提出漕运改官运为商运、改河运为海运，在直隶推广种植水稻等举措。主张减轻税负、均田限田、以宗法关系分配土地，把内地无田之民集中到西域拓荒。主张书院不仅要读经史，还要兼习天文律历和诸子百家学说，科举考试不仅要考八股，还要考经义、史论和时务策。

第三，充当西学传入的媒介。在经世致用思想引导下，“师夷制夷”等理念逐步为人们所接受，也为西学东渐创造了条件。当然，经世致用思想与开眼看世界还是不一样的。比如，魏源作为经世致用思想的代表人物之一，在继承前人思想的基础上，更有正视现实、破除夷夏观念束缚的追求，但这只是为开眼看世界打开了一扇思想之门，而与其真正开眼看世界，积极主动地编著《海国图志》，提出“师夷长技以制夷”的思想，还是有重大区别的。

第四，研究边疆史地。当时，中国边疆尤其是西北边疆，受到英、美、俄等帝国主义列强的窥伺。为了寻求边疆的安定，从嘉庆年间起，知识界掀起了研究边疆史地的热潮，一大批具有学术和决策参考价值的著作不断涌现。其中，有祁韵士的《藩部要略》《西陲要略》《西域释地》、松筠的《绥服纪略图诗》、徐松的《西域水道记》《新疆赋》《新疆识略》、沈垚的《六镇释》《西北地名杂考》《水经注地名释》、张穆的《蒙古游牧记》、何秋涛的《校正元圣武亲征录》《朔方备乘》等。

可见，经世致用思想以求变、务实为特征，批判僵化封闭的考据学风气和食古不化的陈腐观念，宣扬更法与改革，特别关注当时困扰政府的漕、河、盐、农等国计民生，以及边疆史地问题，这对于当时尚处于专制主义禁锢下的人们来说，无疑具有重要的思想启发意义。

05　师夷长技以制夷

关于洋务运动，在思想理论上有过两次大的争论。

第一次争论是在1866年，引发争论的问题是：在同文馆要不要增设天文算学馆？能不能招收科甲正途人员？同文馆是清末清政府开办的第一所官办外语专门学校，归总理各国事务衙门管理。这一年的12月，主持总理各国事务衙门的恭亲王奕䜣上了一道奏折，希望扩大同文馆的教学范围，增设天文算学馆，并招收满汉翰林、进士、举人、贡生，以及科举正途出身、五品以下满汉京外官入馆学习，招聘西洋人充当教习。此奏折一出，在朝野上下立即引起轩然大波。“如何对待西学”成为争论的焦点。

守旧派的观点主要有：礼仪道德是立国之根本，自强之道在于修内政、讲气节、振人心，因此只要“读孔孟之书，学尧舜之道”，就可以“明体达用，规模巨集远也”[①]。而天文算学“所成就者不过术数之士。古往今来未闻有恃术数而能起衰振弱者也”[②]。认为学习算学是“奉夷为师”，会导致“变而从夷”，“正气为之不伸，邪氛因而弥炽，数年以后，不尽驱中国之众咸归于夷不止！”[③]

洋务派认为，自强为当世要务，“识时务者，莫不以采西学、制洋器为自强之道”[④]。而要采西学、制洋器，就必须学习和运用天文算学。

这一争论反映了清朝统治集团内部新旧思想的冲突，也是近代中西文化的第一次大交锋，一共持续了半年多的时间。最终，慈禧太后表面上支持洋务派的主张，暗地里又操纵守旧派牵制，因而整个洋务运动是在曲折中前行的。

第二次争论是在1880年，引起争论的问题是，由于伊犁民变，沙皇俄国趁机侵入，迫使清政府不得不筹划边防事宜。淮军将领刘铭传建议修建铁路，并先修从北京到清江、汉口、盛京的铁路，认为铁路不仅有利于漕务、赈务、商务、矿务、旅行等，对于边疆防务更是刻不容缓。不想这一建议遭到守旧派的坚决反对，认为弊端有三：招来更多的外国人，为以后埋下隐患；毁坏大量田地、房屋，伤人败物，滋扰民间；浪费财钱，加重国家财政负担。由于守旧力

---

① ［清］张盛藻：《张盛藻集》，周德富、金华校注，华中师范大学出版社，2017年版，第305页。

② 蒋廷黻：《中国近代史》，商务印书馆，2006年版，第40页。

③ ［清］宝鋆编修：《筹办夷务始末（同治朝）》卷四十七，第24—25页。

④ 1867年1月，恭亲王在为同文馆内增设算学馆一事，给皇上的奏折中力陈道：“识时务者，莫不以采西学、制洋器为自强之道。”

量强大，清廷下谕否定了刘铭传的建议。

洋务运动从19世纪60年代到90年代，历时三十多年，指导思想是“中学为体、西学为用”，口号是“自强”“求富”。据考证，最早洋务派打出的是“西学中源”说，似乎近代西方的学说，盖源于中国文明。“汉之议郎，唐宋以来之台谏御史，非即今日西国之议员乎?”“公举之法，即乡举里选之遗意也。汉代行之，得人称盛。”“古云‘有治人而后有治法’，可与专制政治互相发明。”“‘有治法而后有治人’，则与立君政治为近矣。”等等。①这些说法显然有些牵强附会。

在这种情形下，思想理论界提出了一种学理化更强也更为系统的思想理论——中体西用论。最早提出这一思想的是冯桂芬的《校邠庐抗议》。

冯桂芬，江苏吴县（现苏州市吴中区）人，曾师从林则徐。道光年间进士，授翰林院编修。入仕后关心时政，讲求“经世之学”，在上海设广方言馆，培养西学人才。《校邠庐抗议》于1861年成书，先在士大夫中流传，1883年正式刊行。该书主张对社会进行全面变革，内容包括汰冗员、变科举、改会试、兴水利、劝树桑、减兵额、采西学、制洋器等多方面，对中学与西学的关系做了较为深入的思考，提出“以中国之伦常名教为原本，辅以诸国富强之术”②，这被认为是“中学为体、西学为用”的最初表达。这些思想对曾国藩、李鸿章等人产生了积极影响，成为洋务运动的思想灵魂。当然，薛福成、王韬、郑观应等学者和官员，对“中学为体、西学为用”思想的丰富及传播，也做出过重要贡献。特别是曾任湖广总督、两江总督等要职的张之洞，在其《劝学篇》中对中学、西学进行了全面阐述，形成了系统的“中体西用”理论。

在中体西用论的指导下，洋务运动在一些方面取得了进展：

以“自强”为旗号图强军。引进西方先进技术，创办近代军工企业，训练新式海军陆军。规模最大的近代军工企业是位于上海的江南制造总局，除此以

① 郑观应：《盛世危言》，陈志良选注，辽宁人民出版社，1994年版，第50、61、73页。

② ［清］冯桂芬：《校邠庐抗议》，上海书店出版社，2002年版，第57页。

外，还有福州船政局、天津机器局等。建成北洋水师等四支近代海军，在天津、上海、广州、福州等地成立洋枪队，聘用西洋人教练。

以“求富”为旗号兴实业。在创办近代军工企业的同时，还采取官办、民办、官督商办等多种方式，大力兴办造船、铁路、纺织、采矿、电报、邮政等近代民用工业，有力推动了近代民族工业的发展。

以“育才”为旗号开新学。在科举制度尚未废除之前，就以育才为名创办新式学校，选送留学生出国深造，培养翻译人才、军事人才和科技人才，这在当时是惊世骇俗的。1862 年设立的京师同文馆，就是中国最早的官办新式学校。

以“启智”为旗号办报刊。开创报刊、翻译西书，成为引进和传播西学的重要途径和方式，也成为开启民智、促进国人思想解放的重要平台。

洋务运动虽然是帝国主义列强武力胁迫下的无奈之举，但是其历史作用还是要充分肯定的。如，培植了资本主义生产力，促生了中国民族资本主义；如，一定程度上抵制了外国资本的侵蚀，延缓了中国半殖民地化进程；又如，摆脱了封建儒学思想的禁锢，促进了中国近代教育事业的发展；再如，推动了中国人民思想的启蒙和解放，促进了中国思想的近代化，等等。

有研究表明，晚清之所以有三十多年的所谓“同光中兴”，与洋务运动的开展密切相关。但是洋务运动毕竟是一场由封建统治阶级领导的自救运动，虽然标榜“自强新政”，但在实际操作中只主张学习西方技术，反对用西方政治经济制度彻底改造封建专制制度，因此它只不过是徘徊在封建藩篱中的自我麻痹，最终也不可能实现真正的“自强”和“中兴”。

06 上帝的福音

在中国近代思想文化史上，西方传教士的影响不容小视。而在晚清外国传教士中，李提摩太绝对算得上是一位极具代表性的重量级人物。

李提摩太，英国传教士，英国基督教浸礼会成员。二十三岁时，李提摩太正式向浸礼会对外传教会提出到中国传教的申请。次年浸礼会批准了这一申请，李提摩太离开家乡前往中国，并由此开始了他长达四十五年的在华传教生涯。

李提摩太在华传教经历了一个从在基层民众中传教布道，到实施“寻找上等人”计划，乃至参与中国近代社会改革的曲折过程，最终获得中国上层官员的倚重并产生了广泛的社会影响。

李提摩太刚到中国时，先是在山东烟台一带传教，采取的方式和其他传教士一样，每天去街头的小教堂布道，一路上散发《圣经》小册子。但是李提摩太很快发现，这种布道实际上没有多少成效，因为聆听布道的大多是农民和偶然路过的流浪者，很少有士绅和知识分子。于是李提摩太决定改变自己的传教方式，把“寻找上等人”作为第一要务。为此，他亲自上门拜访名士，利用庙会布道，虽然做了一系列功课，但收效仍不理想。

1876年到1879年，华北地区发生特大旱灾，深感绝望的民众纷纷到寺庙祈神求雨，各级官员也不例外。李提摩太觉得这是一个好机会，便趁机在城门和大小寺庙张贴海报，告诫民众“若想求得雨，最好抛弃死的偶像，追求活的上帝，向上帝祷告，按照他的戒律和要求生活”①。他还亲临山东、山西灾区，募集资金向灾民发放赈款，当众宣扬基督教教义，效果出奇地好。也正是通过在山东、山西等地的赈灾，李提摩太既得到了普通民众的尊敬，又得到了“上等人”的好评，从而迎来了其传教之路的重大转折。

从此，李提摩太在中国的传教生涯一路“开挂”。他把传播宗教与传播西学相结合，给清朝官员及知识分子以科学启蒙，以实现使基督教真正扎根于中国的目的。比如，他在太原府每个月举行一次报告会，专门为官员和知识分子进行科学讲座，主要内容包括天文的奇迹、化学的奇迹、机械的奇迹、蒸汽的奇迹、电的奇迹、光的奇迹、医药学和外科学的奇迹等。②在每一次讲座中，

---

① ［英］李提摩太：《亲历晚清四十五年——李提摩太在华回忆录》，李宪堂、侯林莉译，天津人民出版社，2005年版，第79页。

② 参见［英］李提摩太：《亲历晚清四十五年——李提摩太在华回忆录》，李宪堂、侯林莉译，天津人民出版社，2005年版，第138页。

他都强调“上帝如何赋予了人类无限的权力，以利用自然的伟大力量，倘若对此茫然无知，则只能像劳工和奴隶那样生活”①。他在进行科学讲座的同时，也巧妙地宣传了基督教。

李提摩太日益扩大的影响和传教成效，使之很快在中国拥有了广阔而重要的展示平台。1891年，他接任广学会总干事，确立了向中国官绅和士人传播西方文化的宗旨，出版了诸如韦廉臣的《治国要务》、丁韪良译的《万国公法》等一批西学著作，对中国官绅及士人的觉醒起到了一定的推动作用。他积极参与《万国公报》等报刊的编撰，阐述变法根据和理由，宣传改革主张。更为重要的是，李提摩太实现了与中国上层人士的融合，较为深入地参与中国近代政治改革，并在其中扮演重要角色。李提摩太通过传教活动，结识了李鸿章、张之洞等，使他的相关改革建议能够通过这些关键人物直达中央，有些甚至得到了皇帝的首肯。在这些关键人物的帮助和提携下，李提摩太常年参与官方的西学编译工作，为西学引进做出了突出贡献。同时他还积极结交康有为、梁启超等维新变法人士，交流变法主张，提供改革方案，被维新人士奉为精神领袖。

实际上，在近代中西文化交流史上，传教士的活动始终是一个绕不过去的重要方面，同时又因其伴随着帝国主义列强的侵略，显得格外引人注目和错综复杂。不可否认，许多传教士航海东来，初衷是传播“上帝的福音”，使他们认为的具有较高文明水平的东方世界皈依基督教。1833年，普鲁士传教士郭实腊在《东西洋考每月统记传》的《创刊计划书》中写道，应通过出版物的宣传，让中国人了解西方的技艺、科学和准则，“可以消除他们高傲的排外思想”②。美国传教士雅裨理认为，要使中国人皈依上帝，应“让中国人熟悉其他民族的历史和别国的地理”③。李提摩太决定来中国传教就是因为他认为：“中国人是非基督徒中文明程度最高的民族，当他们转化过来后，有助于向欠

① ［英］李提摩太：《亲历晚清四十五年——李提摩太在华回忆录》，李宪堂、侯林莉译，天津人民出版社，2005年版，第141页。

② 顾长声：《从马礼逊到司徒雷登——来华新教传教士评传》，上海书店出版社，2004年版，第51页。

③ 顾长声：《从马礼逊到司徒雷登——来华新教传教士评传》，上海书店出版社，2004年版，第62页。

开化的周边民族传播福音，并且，欧洲人更容易适应中国北部地区的气候条件。”[①]第二次鸦片战争后，西方传教士通过《天津条约》和《北京条约》，取得了在中国传教的特权。此后，大批传教士涌入中国，使传教士在中国的势力急剧膨胀，开始利用图书、报刊出版等方式，参与中国的政治改革和经济活动，对中国近代发展历史进程的影响也愈益深重。

极力宣扬基督教神学史观。第一个从美国来到中国的传教士裨治文，在广州创办了英文报纸《中国丛报》，称“愿它从开始时起以及在前进的过程中，全部地成为上帝的工作；愿它所有的印页都充满真理，将能促进上帝的荣耀，和它所造人类的幸福”[②]。美国传教士谢卫楼在其编译的《万国通鉴》中，反复讲授“真主创造天地万物”的神学史观，并将基督教梗概牢置于历史之中，包括基督教的起源、教义、发展。该书出版后，不仅作为教会学校课本，也对当时部分中国人，包括部分官员，起到了一定的启蒙作用。[③]英国传教士李提摩太更是言必称“亘古以来变化世界之大经大法，惟有广行教术斯为无上上等”[④]，认为神的世界永远高于世俗社会，人间万事万物，都是上帝意志的安排和体现，不遵守上帝规则，就会受到惩罚。李提摩太在与张之洞商讨如何使中国摆脱目前的困境、重新振作时，特别强调，上帝命令中国变法维新，倘若中国对此无所用心，上帝将让其他民族改革中国，就像在印度、埃及等国所发生的那样。[⑤]从而使西方列强殖民和侵略中国的企图，隐藏在宗教的外衣之下。

公然鼓吹殖民主义“有理有功”。美国传教士丁韪良认为：英法联军发动第二次鸦片战争，“按照上帝的旨意看来是必需的，首先应该使用武力，令这

① ［英］李提摩太：《亲历晚清四十五年——李提摩太在华回忆录》，李宪堂、侯林莉译，天津人民出版社，2005年版，第12—13页。

② 顾长声：《从马礼逊到司徒雷登——来华新教传教士评传》，上海书店出版社，2004年版，第23页。

③ 参见顾长声：《从马礼逊到司徒雷登——来华新教传教士评传》，上海书店出版社，2004年版，第264页。

④ ［英］麦肯齐：《泰西新史揽要》，［英］李提摩太、蔡尔康译，上海书店出版社，2002年版，第168页。

⑤ 参见［英］李提摩太：《亲历晚清四十五年——李提摩太在华回忆录》，李宪堂、侯林莉译，天津人民出版社，2005年版，第215—216页。

些高傲的亚洲人谦恭下来，然后才能用福音把他们抬高”[①]。依照这一逻辑，近代以来西方列强对中国的殖民和掠夺，不仅算不上侵略，简直称得上无量功德。多么无耻的强盗逻辑！像李提摩太就说过，非洲人“向来受化，以杀人放火，掳人为奴为业。良善者常受其虐，残暴不可言状。百年前，有荷兰及英人命将出师，先往亚非利加南隅辟地，渐成小国，野人亦渐受教化。近十余年来比国（比利时）悯非洲内地之受残暴掳掠也，乃于非洲中地辟而立国，名孔戈（刚果），设塾以化导之”[②]。一个“悯”字，竟无耻地把西方传教士的巧取豪夺提升到了人道主义的高度。

肆意歪曲中国近代历史。他们认为鸦片战争的起因不是西方列强赤裸裸的武力干涉，而是中国不谙事理，拒绝通商，这是明目张胆地颠倒黑白。在分析甲午战争的原因时，对日本军国主义公然干涉朝鲜内政表示赞赏，认为“中败而日胜，是天之败中国也”，主张中国赶快向日本投降，“无论有无兵费，不妨悉索敝赋以应之”。[③]赤裸裸地宣扬帝国主义强权论，认为“各国之鹰瞵而虎视者，非尽欲侮中华也，弱肉而强食，势有必至，理有固然也”[④]。

不遗余力传播西方文明。他们将世界上的人分为三等，最上等的是已开化的白种人，其次是中国、印度等的“半开化人”，最下等的是未开化的黑人。似乎上等的白人对低等的有色人种负有一种天然的责任，只有将他们置于基督教文化的保护之下，才能进行开化和教导。为此，他们编译史书，广泛传播西方文明在东方殖民地的丰功伟绩，特别是把印度描述成他们实施殖民的“文明楷模”。美国传教士林乐知在译著《印度隶英十二益说》中说，成为英国殖民地后，印度发生了十二个方面的变化：息纷争、禁盗贼、正律法、拯疾苦、筑铁路、浚水源、兴营缮、广文学、课吏治、论时政、增进益、通声气，希望中国起而效法，以成富强王国。[⑤]实际上是想把中国变成像印度那样的殖民地。

---

① 顾长声：《从马礼逊到司徒雷登——来华新教传教士评传》，上海书店出版社，2004年版，第187页。
② ［英］李提摩太：《时事新论》，王雨校注，南方日报出版社，2021年版，第106—107页。
③ 顾长声：《从马礼逊到司徒雷登——来华新教传教士评传》，上海书店出版社，2004年版，第240页。
④ 顾长声：《从马礼逊到司徒雷登——来华新教传教士评传》，上海书店出版社，2004年版，第240页。
⑤ 参见林乐知：《印度隶英十二益说》，《万国公报》第94号，1896年。

总之，西方传教士带来的“上帝福音”是伴随着列强的炮火而广为传播的，主要是为西方列强的入侵和殖民政策服务的。但同时传教士们也确实传播了不少西方启蒙思想和政治理念，对中国近代的维新思潮起到了积极的推动作用。

07 花无百日红

1898年9月21日，慈禧太后发动戊戌政变，囚禁光绪皇帝，大肆捕捉维新派官员，谭嗣同、杨深秀、林旭、杨锐、刘光第、康广仁等六人被杀害，史称“戊戌六君子”。

据考证，当时被捕的维新派官员有八人，除上述六人外，还有徐致靖、张荫桓二人，分别为礼部侍郎和户部侍郎。张荫桓因为长期从事外交与洋务运动，曾代表中国政府赴伦敦参加英国维多利亚女王登基六十周年庆典，之后又去过法国、德国、俄国、美国，深得列强信任。在列强的干预下，张荫桓得以免死。慈禧以“张荫桓居心巧作，行踪诡秘，趋炎附势，反复无常”的罪名，下令将他“发往新疆，交该巡抚严加管束”。八国联军入侵、中国战败后，慈禧把怨恨倾泻到张荫桓等对开战有异议的大臣身上，遂被处死。而唯一逃脱的徐致靖，因父辈与李鸿章有过命的交情，看到故人之子落难，李鸿章不能见死不救，于是托人向慈禧太后求情，说徐致靖就是个书呆子，并不懂新政，恐怕是上当受骗，并详查此人升任吏部右侍郎后，三个月内没有被光绪皇帝召见过。慈禧这才放下心来，改“斩立决”为“斩监候”。后慈禧在逃往西安途中，发来赦旨，徐致靖出狱后南下定居在杭州。

由于戊戌变法推行新政遇到以慈禧太后为代表的守旧势力的强力抵制，康有为等人认为有必要采取果断措施剪除这股守旧势力，于是制订了“杀禄围园”的计划。“杀禄”就是杀死荣禄，因为他握有兵权；“围园”就是围攻颐和园，废黜慈禧太后，让光绪皇帝真正亲政。谭嗣同夜访袁世凯，劝说袁世凯带兵围攻颐和园，废掉慈禧太后，辅佐光绪皇帝推行新政。袁世凯先是假意答应，后反复思量，赴天津向荣禄告密。荣禄得报，又连夜进京向慈禧告变，这才有了这场惊心动魄的戊戌政变。众多影视作品中还有谭嗣同被捕后，京中豪侠大刀王五联络各路英豪，打通关节，买通狱吏，准备营救，而谭嗣同严词拒绝，誓做变法之“中国流血第一人”的感人故事。这些故事虽大多还需进一步考证，但戊戌变法确实在中国近代历史上，写下了极其光辉灿烂而又悲壮苍凉的篇章。

戊戌变法，又称百日维新，是指以康有为、梁启超为代表的维新派，得到光绪皇帝支持，发动了声势浩大的变法运动。从1898年6月11日到1898年9月21日，短短一百零三天的时间里，光绪皇帝发出一百一十多道诏令，内容涉及改革政府机构，裁撤冗官；鼓励私人兴办工矿企业；开办新式学堂、翻译西方书籍；创办报刊，开放言论；训练新式陆军、海军；改革科举制、废除八股文，等等。但如此激烈的变法，严重损害到守旧势力的根本利益，他们不惜发动戊戌政变，进行抵制。结果光绪皇帝被囚禁，康有为、梁启超逃亡海外，谭嗣同等六君子被杀害，历时一百零三天的戊戌变法失败了。

那么，戊戌变法是怎样兴起的呢？这就不得不说说康有为和“公车上书”了。

康有为，广州府南海县（今广东佛山）人，人称康南海。十九岁时师从名儒朱次琦，于礼山草堂苦读三年。后历游香港、上海，接触大量西方思想，自称“新识深思，妙语精理，俯读仰思，日新大进”①。面对国内深刻的民族危机，康有为萌发了学习西方之长，实行维新变法的想法。先是以布衣之身上书光绪皇帝请求变法，无果。后举家迁往广州，开坛讲学，名气日盛，遂创办万木草堂，宣传维新改革思想。由此广州成为戊戌变法的策源地。1895年，得知《马关条约》签订，康有为联合一千三百多名举人上万言书，史称“公车上书”。之后，在光绪皇帝的支持下，开始了轰轰烈烈的百日维新。

鸦片战争以来，清朝不断战败，每次战败中国人都要受到刺激，都立志要发愤图强。而到了甲午战争的惨败，这种刺激已经累积到了爆发点。因此整个社会弥漫着强烈的要救亡、要图强、要变法的氛围，变法呼之欲出。公车上书提出“拒和、迁都、练兵、变法”等主张，虽然被清政府拒绝，但在社会上产

① 康有为撰，楼宇烈整理：《康南海自编年谱》（外二种），中华书局，1992年版，第11页。

生了巨大影响。

战败激起图强意识，求变成为上下共识。公车上书失败后，康有为等人以变法图强为号召，在北京、上海等地出版、发行报刊，宣传维新思想。严复、谭嗣同等人著书立说，介绍外国变法经验教训，组织各种活动，为变法制造舆论，培养人才。一时间，新创办的报刊、学会、学堂等如雨后春笋般蔓延各地，维新变法运动逐渐在全国兴起。这场变革不仅波及社会各个阶层，涉及各个领域，而且在性质上已与之前的洋务运动有根本不同，它实际上是一种资本主义思想文化的传播与生长。

甲午战争的失败，让国人从“天朝上国”的迷梦中惊醒。一个以学习中华文明起家的蕞尔小国，竟然打败了自己曾经的老师，而且还要老师赔款割地，这真是奇耻大辱，普天共愤。痛定思痛后，人们开始认真思考日本取胜、中国失败的根本原因，以日本为师成为反思的独特视角。康有为认为，日本之所以战胜中国，并非兵力强大所致，而在于遍设学校、广蓄人才。张之洞也认为，日本富强的原因在于系统地学习西学，他极力主张以日本为师，派学生赴日本留学。在这一大背景下，梁启超明确提出译书要“以东文为主，而辅以西文”。据不完全统计，从1896年至1911年，中国翻译的日文书籍有一千余种，远远超过此前半个世纪中国翻译西文书籍的总和。一时间，留学日本成为一种风尚，一些通过翻译日文书籍而得来的新名词（如社会、政党、阶级、干部等）开始广为流传。此举被称为维新派登上历史舞台的重要标志。

为了给维新变法提供理论依据，康有为托古改制，写了两本著作：一部为《孔子改制考》，把孔子塑造成锐意改革的祖师爷；另一部为《新学伪经考》，把儒家的经典、传统的儒家学说，说成是王莽篡政后编造的。当然，康有为的这两本书是怀有政治目的的牵强附会，在科学上是站不住脚的，但在当时名气很大，很轰动。

戊戌变法虽然失败了，但为后续新政的实施，乃至十三年之后的辛亥革命奠定了重要的思想基础。

其一，戊戌变法引进了新思想，推动了国家政治变革。康有为、梁启超等人发动戊戌变法的目的，是通过维新变法使中国摆脱危亡、走向富强。而维新变法需要先进思想做指导，于是他们一方面积极汲取传统文化的营养，另一方面吸收借鉴西方政治思想的经验，形成了一套比较完备的理论体系，有力地推动了政治变革。

其二，戊戌变法启迪了民智，促进了中国人的思想解放。维新派的理论体系包含了达尔文的进化论，资产阶级自由、民主、平等学说等，新的理念唤醒了中国人奋发图强、强国保种的强烈意识，抨击了中国的专制政治和纲常名教。这一切，对当时人们思想观念的冲击是不可想象的，对当时政治制度的冲击也是前所未有的。从这个意义上讲，戊戌变法既是一场救亡图存的爱国运动，更是一场唤醒民智的思想启蒙运动。

其三，戊戌变法传播了近代新文化，改变了中国文化的结构与性质。在戊戌变法之前，中国知识分子最为激进的思想不外乎经世致用思想，旨在维护封建专制统治基础上的小修小补。而维新变法中，进化论、自由民权学说、近代自然科学知识等西方新文化快速传播，深入人心，思想启蒙已渗透到社会各个领域，改变了中国传统思想文化的结构和内涵，以资本主义思想文化改造中国政治体制的意识开始萌发。

08　物竞天择的重锤

1898年，中国的书市上出现了一本严复翻译的、名为《天演论》的奇书，以典雅的文字译述了英国生物学家、哲学家赫胥黎的《进化论与伦理学》，介绍了“物竞天择、适者生存”的自然法则，鼓舞国人奋力改革、自强自立。该书认为，正值山河破碎、列强环伺之际，中国的社会进化也逃脱不了自然进化规律的支配，必须合群保种，与天争胜。

这一笔醒山河之作，一经发行就火爆九州，几乎每个青年人手一册。胡适曾在他的《四十自述》里回忆道：“《天演论》出版之后，不上几年，便风行全国，竟做了中学生的读物了。读这书的人，很少能了解赫胥黎在科学史和思想史上的贡献。他们能了解的只是那‘优胜劣败’的公式在国际政治上的意义。在中国屡次战败之后，在庚子辛丑大耻辱之后，这个‘优胜劣败、适者生存’的公式确是一种当头棒喝，给了无数人一种绝大的刺激。几年之中，这种思想像野火一样，延烧着许多少年人的心和血。‘天演’‘物竞’‘淘汰’‘天择’等术语，都渐渐成了报纸文章的熟语，渐渐成了一班爱国志士的‘口头禅’。还有许多人爱用这种名词做自己或儿女的名字……”[①]胡适当时学名胡洪骍，改字适之，发文章偶用胡适，报考官费留美时，正式改名胡适。他说他的同学，一个叫孙竞存，一个叫杨天择……从19世纪末至20世纪上半叶，一代又一代的年轻人，都被带向救亡图存的话语体系。

严复，福建侯官县（今福州市仓山区）人。十二岁时因家庭贫困、父亲病逝等原因，从学馆中辍学，从而放弃科举正途，报考包食宿、包医药、包分配的福州船政学堂。1877年，作为中国第一批十二名海军留学生之一，前往英国格林威治皇家海军学院深造，成绩优异。留学期间，与驻英公使郭嵩焘结为忘年之交。1879年，被清政府招回母校任教。1880年，李鸿章在天津开办北洋水师学堂，二十六岁的严复被聘为所属驾驶学堂洋文正教习（教务长），1889年任北洋水师学堂会办（副校长），1893年升任总办（校长）。

当《天演论》风行全国时，严复已经是任职五年多的老校长了。然而严复对自己的海军生涯并不满意，认为这在清朝人才选拔体制中属于偏科，还是想通过科举走上“正途”。他曾向自家兄弟诉苦：“北洋当差，味同嚼蜡。”为此，他四次乡试，四次败北。更让他不能忍受的是，自己付出巨大心血，眼看着日益壮大的北洋水师，经甲午一战毁于一旦。因此，他下决心投身报刊出版和西学翻译工作，以自己深厚的西学基础和对中国政治的深刻理解，为变法维新、救亡图存提供坚实的理论基石。他先后在天津《直报》发表《论世变之亟》《原强》《辟韩》《救亡决论》等文章，疾呼变法救亡、武装抗击外来侵略，批判专制主义，倡导体智德教育，在思想界引起震动。《天演论》是严复的代表

① 胡适：《四十自述》，吉林出版集团股份有限公司，2017年版，第47页。

译作之一，书中阐述了英国学者赫胥黎的基本观点：自然界的生物不是万古不变，而是不断进化的；进化的原因在于“物竞天择”，“物竞”就是生存竞争，“天择”就是自然选择；这一原理同样适用于人类，不过人类文明越发展，适于生存的就越是那些伦理上更优秀的人。

严复翻译《天演论》，并不是纯粹的直译，而是在忠实原文，不偏离、不遗漏的基础上，讲究译文要符合汉语特点，注重句子的完整性和语言表达的得体、优美，力图达到“信、达、雅”的标准。在导论、正文中严复还糅进了自己的按语，介绍了进化论的源流、达尔文和赫胥黎等人的生平及学术概况、中西学术间的异同等。特别是联系中国实际，大声疾呼，中国若仍妄自尊大，株守华夏中心主义，就会沦为他人砧板之肉，导致亡国灭种。

严复饱读亚当・斯密、边沁、孟德斯鸠、达尔文、赫胥黎、斯宾塞等西方思想家的经典作品，其一生最重要的成就和贡献，莫过于翻译和介绍西方哲学社会科学著作。只要简单做一梳理，就会发现中国近代许多人文学科的引进，都与严复有关。社会学方面，严复曾在《原强》中扼要介绍了斯宾塞的社会学（严译为“群学”）；后来他还翻译了斯宾塞的《社会学研究法》，并冠名为《群学肄言》；在严复翻译的《社会通诠》中，还详细介绍了社会发展进化的三个阶段，即图腾社会、宗法社会和军国社会。政治学方面，严复翻译了孟德斯鸠的《论法的精神》，取名《法意》；他还翻译过英国思想家约翰・密尔的《论自由》，取名《群己权界论》。经济学方面，严复翻译了英国古典经济学家亚当・斯密的《国富论》，取名为《原富》。逻辑学方面，严复不仅先后翻译了约翰・密尔的《穆勒名学》，耶方斯的《逻辑学初级读本》（取名《名学浅说》）等，还在上海设立“名学会”，亲自讲授逻辑学，

正是因为在传播翻译西方哲学社会科学著作方面的杰出贡献，严复得到了社会的高度评价和学术界的高度认可。康有为说，严复“为中国西学第一者

也”[①]；蔡元培认为，“五十年来，介绍西洋哲学的，要推严复为第一”[②]；梁启超甚至说：“天下之知我而能教我者，舍父师之外，无如严先生。”[③]然而就是这样一位开时代思想之新风的人，终身却为吸食鸦片所困，晚年虽葆有爱国之心，却也沦落为支持袁世凯复辟帝制的保守老人。在历经肉体和精神的折磨后，严复在福州三坊七巷的郎官巷故居与世长辞。

09　令人尴尬的洋人使臣

1868年6月23日夜晚，纽约市迪蒙尼哥饭店人流如织、灯火辉煌，二百余名贵客嘉宾齐聚一堂，共同为中国近代历史上第一个正式的外交使团出访美国举行欢迎晚宴。纽约州州长、纽约市市长、美国国会议员、美国和法国海军上将，各国使节和学者、记者，都纷纷出席了晚宴。一阵觥筹交错后，一位美国人从一群身着清朝官服的使臣中站起来，满怀激情地发表演说。他说，中国“准备将你们的文化嫁接在它的古老文明上面”，“愿意和你们通商，向你们买、向你们卖，帮助你们扫除贸易上的障碍”，并“欢迎你们的商人，欢迎你们的传教士。她告诉你们的传教士，把光芒闪耀的十字架竖立在每一个峰峦和溪谷”。[④]这位发表演说的美国人，就是中国首任“全权使节”蒲安臣。

蒲安臣之所以能成为中国第一个对外使团的全权使节，直接原因是中国以往签署的一系列不平等条约，先后到了修约的时候，而在那个风雨飘摇的时代，偌大一个中国，却找不到一位熟悉欧洲事务和外交礼仪的使臣去完成修约的工作。于是，恭亲王奕䜣上了一道奏折，建议委任已卸任的美国驻华公使蒲安臣担任中国首任全权使节，代表中国出使美、英、法、普、俄等国，完成条约的修订工作。这个建议被朝廷采纳。

---

① 康有为：《与张之洞书》，《康有为全集》第五集，中国人民大学出版社，2007年版，第314页。
② 蔡元培：《五十年来中国之哲学》，刊载于1923年12月申报馆编印出版的《最近之五十年》。
③ 梁启超：《与严幼陵先生书》，《梁启超全集》第一册，北京出版社，1999年版，第71页。
④ 李书纬：《晚清官场的洋大人》第1部，广东人民出版社，2019年版，第234页。

蒲安臣，美国著名律师、政治家和外交家，美国共和党的创始人之一。他从哈佛大学法学院毕业后，即投身政治活动。1848年，他为美国自由土地党所做的演讲赢得广泛赞誉。1853年，当选马萨诸塞州参议员。1854年和一群反对奴隶制的志同道合者，在马萨诸塞州创建了共和党。1861年6月，当了六年美国国会议员的蒲安臣被林肯总统任命为第十三任驻华公使。

实事求是地讲，蒲安臣在驻华公使任上，积极执行美国国务卿西华德提出的对华合作政策，力图以所谓的公正外交活动，取代既往的武力外交，主张“在条约口岸内，既不要求，也不占用租界”，“也永不威胁中华帝国的领土完整”[①]。也正是这一相对温和的外交政策，赢得了清政府的好感，也为其担任中国全权使节奠定了基础。当然不得不指出的是，一个政治家的对华友好，美国政府一个阶段对华政策的调整，都改变不了美国作为帝国主义列强侵略、辱华、殖民、掠夺的本质。

蒲安臣是一个有信仰和追求的人，对中国使臣这一角色十分渴望，也有深刻认知。他说：“当世界上占人类三分之一人口的最古老的国家破天荒第一次要和西方建立关系，并请求一个最年轻的国家（通过它的代表）在这一变革中起中间人作用时，我认为这样的任务是义不容辞的。”[②]

1868年5月，蒲安臣一行来到美国，经多次会谈，签署了号称是中国近代史上首个对等条约——《中美续增条约》。条约规定：“大清国与大美国切念人民互相来往，或游历，或贸易，或久居，得以自由，方有利益。”美国在条约中声明保持中国的领土完整；中国控制自己的内地贸易；在美国各商埠派驻中国领事；互相不得进行宗教迫害；鼓励中国苦力向美国移植，但禁止包揽移民；相互居住和旅行的权利；两国相互准许入学；不干预中国的内部发展。美国则通过这一条约得到廉价的华工，解决了内战后和修建太平洋铁路

---

① ［美］马士：《中华帝国对外关系史》第二卷，张汇文等译，商务印书馆，1963年版，第470页。

② ［美］费正清、［美］刘广京编：《剑桥中国晚清史（1800—1911年）》下卷，中国社会科学院历史研究所编译室译，中国社会科学出版社，1985年版，第92页。

的劳动力紧缺问题。[①]使团9月出访英国，英国政府表示愿意同中国政府“以和济事”，实行修约缓进政策，“不实施与中国的独立和安全相矛盾的一种不友好的压迫”，而交换条件是中国应忠实地遵守各种条约义务。随后在瑞典、丹麦、荷兰、普鲁士等国，蒲安臣使团都顺利完成了谈判，获得了类似英国的对中国有利的声明。[②]

然而在法国和俄国，蒲安臣使团遇到严重阻碍。法国一向反对美国的“不割让主义”，虽表示采纳英国的修约缓进政策，但始终不签署条约或发表照会、声明。蒲安臣使团只得失望离开。1870年2月，使团到达俄国，但在与沙皇的会谈中，沙皇竭力回避中俄领土纠纷等实质性问题，令蒲安臣胸闷愁结，郁郁寡欢。他说：“俄与中国毗连陆地万数千里，而又各处情形办法非一……既恐办法稍差，失颜于中国；措语未当，又将贻笑于俄人。”[③]结果在会见次日就感染肺炎，一病不起，最后命丧圣彼得堡。

蒲安臣逝世后获得各方面的高度评价。美国著名作家马克·吐温写下悼词：“他对各国人民的无私帮助和仁慈胸怀，已经越过国界，使他成为一个伟大的世界公民。”[④]值得一提的是，蒲安臣还帮助清政府设计了中国第一面国旗——黄龙旗。《剑桥中国晚清史》对这一段历史作了这样的总结概括：蒲安臣使团完成了出使的直接目的，因为它的确促使西方列强允诺在即将举行的修约谈判中执行一种克制政策；可是，从长远来看，这一成就却助长了中国的保守主义。为这次出使花费了十六万两银子的清政府的官员，竟然认为外国人是可以用高价来进行控制的，于是他们变得更加自负，对外界刺激的反应更加迟缓了。[⑤]可谓中肯之极。

---

① 参见王铁崖编：《中外旧约章汇编》第一册，生活·读书·新知三联书店，1957年版，第261—262页。

② 参见［美］马士：《中华帝国对外关系史》第二卷，张汇文等译，商务印书馆，1963年版，第214—217页。

③ 金满楼：《细读晚清七十年》，华文出版社，2021年版，第38页。

④ 金满楼：《细读晚清七十年》，华文出版社，2021年版，第39页。

⑤ 参见［美］费正清、［美］刘广京编：《剑桥中国晚清史（1800—1911年）》下卷，中国社会科学院历史研究所编译室译，中国社会科学出版社，1985年版，第93页。

10　庚子赔款建了一个清华

在中国历史上，《辛丑条约》堪称赔款数目最庞大、主权丧失最严重、精神耻辱最沉痛的不平等条约。然而条约签署了没几年，从美国开了个头，列强们又纷纷退回了部分赔款。这是为什么？

当时美国的国务卿是约翰·海伊，是一位跟随林肯总统打过内战，辅佐西奥多·罗斯福成功拿下巴拿马运河开凿权的成熟的老政治家。在《辛丑条约》谈判尚在进行时，约翰·海伊就发现索赔金额过高，并始终反对欧洲、日本瓜分中国的图谋，主张“门户开放”，敦促各国在华维持公平贸易原则。1901年5月，约翰·海伊写信给驻华公使柔克义，表示四亿五千万两白银的赔款数目太大，对中国而言就是灾难，指示柔克义把赔款问题交由海牙国际法庭处理，这一建议被其他列强拒绝。美国又提出按比例降低赔款的建议，甚至主动减免一半的赔款，同样遭到其他列强拒绝。如此悬殊的赔款差距，让约翰·海伊感到不安，并将消息透露给《纽约时报》。

刚刚接任中国驻美国公使的梁诚在报上看到这个消息，顿感这是一个重要的机会，如果促使美国削减赔款，将促使其他列强有所响应，为中国争得相当利益。为此，梁诚反复找约翰·海伊沟通。正当双方准备签字退款时，中国发生了收回粤汉铁路权和美国传教士被杀事件，美国也爆发了排华运动，两国关系急转直下，退款协议被迫搁浅。而此时约翰·海伊因病去世，形势更是不容乐观。好在梁诚是留美学童出身，英语极好，在菲利普斯学院读书时，是学校有名的棒球投手，关键时刻，这一体育爱好又帮了他大忙。据说有一次，他在与罗斯福总统交谈时，这位总统好奇地问了一句：“在中国留美学生中，曾有一位蜚声校际的棒球好手，你可知是何人？”梁诚笑答道：“正是在下！1881年，我用三垒打击败菲利普·埃克森学校。”此言一出，罗斯福与梁诚的关系迅速拉近，也为争回庚子赔款创造了条件。在梁诚的不懈努力下，当然主要是出于美国政府对华政策的需要，1908年7月11日，美国正式发表声明，宣布将庚子赔款的半数退还中国。双方议定，退还的庚子赔款，将用于派遣中国学生赴美国各大专学校深造，并在中国创设清华学堂（后改名为清华学校），作为中国学生赴美深造的预备学校。

一开始欧洲各国感到无法理解美国的做法，等到后来理解了美国人“唯有输入西方思想，才能降低两种不同文明发生冲突的概率”的想法后，英法等国陆续效仿，庚子赔款的相当一部分被退还给中国。《辛丑条约》原规定总赔款4.5亿两白银，偿还期为39年，价息合计超过9.8亿两白银。而在1902年至1938年的37年间，中国实际总支出6.64亿两白银，扣除前述美、英等国退款，中国实际支付5.76亿两白银，约占总数的58%。

具体情况是，在第一次世界大战中，中国加入协约国，向德国和奥匈帝国宣战，首先停付了给德国的赔款。第一次世界大战后，奥匈帝国解体为奥地利和匈牙利两个国家，两国于1919年、1920年先后宣布放弃庚子赔款。经中国政府积极协商，俄国先是同意延期5年支付，1924年签署协议明确放弃庚子赔款。1922年，英国宣布放弃中国尚未支付的庚子赔款，并将其用于促进两国教育文化事业。同年，中法两国签署协定，明确法国庚子赔款用于归还垫借中法实业银行的款项。1925年，中意、中荷、中比政府达成协定，将退还的庚子赔款用于铁路、教育、卫生、水利、文化等事业。

日本的情况有些特殊，1923年日本国会通过议案，决定退还庚子赔款，用于对华文化事业，并与中国政府签订《中日文化协定》。但是中国学术界一开始就对日本的“对华文化事业”持反对态度，认为应由中国国内学术团体管理庚子赔款的一切事务，或由中日两国合设文化事业理事会管理。但日方坚持日本外务省的文化事务局拥有最后决定权。在此情形下，国内文化学术团体组织反对日本文化侵略大同盟，揭露日本国会的这一议案，暗藏日本文化侵略的祸心，表示绝不能接受。日本也随即放弃了退款计划。中国政府对日本的庚子赔款一直持续到1938年。日本也因此成为唯一一个没有退还庚子赔款的主要国家。葡萄牙、瑞典、挪威因数目不多，未退。

庚子赔款的一部分被追回，并用于中国的教育、对外文化交流等事业，本来是一件值得庆幸的事。美国时任国务卿约翰·海伊和中国驻美公使梁诚等人为此做出了不懈努力，贡献良多，这也是事实。然而不少人在阐述和研究这一段历史时，却有意无意地表露出是美国人花钱帮我们办了清华学校，是英国人花钱如何如何，俄国人花钱如何如何，并由此延伸为他们是多么民主、文明，多么体恤中国政府和国民的困顿和难处，处处展现出对欧美政治文化的崇尚和对自己祖国的鄙视。对这些违背历史事实、混淆是非观念的想法、说法和做法，有必要进行校正和澄清。

庚子赔款是列强讹诈勒索的产物，其所谓损失的真实数目与实际要求赔款数有巨大的差别。学术研究表明，美国时任国务卿和驻华公使在《辛丑条约》谈判过程中就已经清醒地认识到，所谓赔偿已超出美国实际损失一倍以上。在全部赔款中，美国拿到的约3290万两白银，约合2400多万美元，而他们估计的损失大约在1165万美元。这里面尚包括常胜军洋枪队首领华尔死前遗嘱，所谓地方官员欠他14万两银子这样的讹诈。1907年，美国总统罗斯福向国会提出的咨文中指出：美国政府除确实费用及一切损失赔偿1165万美元之外，所余1200万美元，实为浮数，受之有惭德，应以之退还中国，“我国宜实力援助中国厉行教育……宜招导学生来美，入我国大学及其他高等学社。”①这显然不是美国一家虚报的数字。有研究表明，在列强向中国索取的总数大致确定后，日本看到其他国家提出的要求高于自己，后悔当初所提的数目太低。②

庚子赔款是列强强加给中国的耻辱，理应退还。无论庚子赔款的起因如何，它都是帝国主义列强以武力打开中国大门，进行肆意掠夺的产物。不管中国多么落后、多么赶不上时势，任何国家都无权以武力侵略它、掠夺它，甚至图谋瓜分它。现在有不少人纠缠庚子事件的历史细节，说什么如果没有义和团、大刀会、小刀会等拳民对传教士和教民的屠杀，如果没有慈禧“借拳反洋”的宣战，就不可能有八国联军的入侵，也不可能出现十二大臣被戮，更不

---

① 安树芬、彭诗琅主编：《中华教育通史》第9卷，京华出版社，2010年版，第1935页。

② 参见余育国：《庚子赔款与退款的国际交涉内情》，《文史精华》，2006年第1期。

可能有《辛丑条约》和庚子赔款。放在历史的视角来看待诸如此类的观点，无疑是颠倒黑白、错乱因果、混淆是非。因此庚子赔款理应退还，而不是列强的良心发现和对侵略中国的忏悔。

退还庚子赔款是中国持续斗争的结果。中国积极协商各国退还庚款，分为民间与政府两个方面。早在1914年，上海商联会发起“恳让庚子赔款会”，得到国内外迅速响应，很短时间设立分会一千六百余处，“他们或在国内宣传及讨论办法”，“或派人亲至各国，利用私人身分，向各国政府或学界人士游说”。[①]政府机关则以外交部为主，主动与各国接触并试探缓付、停付及退还的可能。这一运动持续七八年后，至1922年已隐隐约约有些眉目。国内经讨论确定的方针是，退款用于教育及实业两项，不得用作军费。各国也开始就退还时间、退还比例进行商讨。

庚子赔款的退还与“一战”后的国际形势变化有相当大的关系。我们注意到，除美国是一战前主动退还部分赔款外，其他列强的退款大多与一战及一战之后的国际局势有直接的关系。1914年第一次世界大战爆发，世界主要国家分为协约国和同盟国，英、美等国为了加强自身的实力，力邀中国参战，希望利用中国丰富的人力、物资资源来加强协约国的力量。而中国政府谈判的条件直接涉及《辛丑条约》和庚子赔款，这才有了自1917年3月以后德国放弃庚子赔款。1919年、1920年奥地利和匈牙利宣布放弃赔款，以及协约国同意中国缓付五年赔款且不加息的承诺。“一战”结束后，经过中国政府不懈努力、民间的持续施压，以及协约国确定新国际秩序的需要，才有了列强相继退款的局面。因此，切不可天真地认为帝国主义列强会一夜之间改变扩张的本性，资本会一夜之间被驯服成造福百姓的工具。

庚子赔款的退还符合欧美列强致力于输出西方思想的战略。史料记载，1906年1月，在中国生活了五十四年，其中二十八年生活在贫困的鲁西北农村

---

① 孟凡明：《中英庚款交涉：缓付、停付及退还的历史考察》，《三峡大学学报（人文社会科学版）》，2012年第6期。

的美国人明恩溥（原名亚瑟·史密斯）返回美国度假，在朋友的引荐下会见了美国总统罗斯福。罗斯福对这位“中国通”很感兴趣，深夜长谈，明恩溥直言，庚子赔款要用于对中国有益的事业，特别是要帮助足够数量的学生到美国留学。要弥合中国与西方的对立，唯有输入西方的思想。罗斯福完全同意，并表示：“是时候让西方给东方输入思想了。”美国政府甚至认为，退还部分赔款对美国而言无伤大雅，而且这本来就是中国的钱。但是退还了，就能以极小的代价，极大地赢得中国人的善意。同时，“通过对中国（未来——引者）领袖们知识上、精神上的支配，就该在各方面精心的安排下最得心应手地控制中国的发展了”①，这种精神上的支配，远远比军旗更可靠！

11　国粹与欧化之争

山东是圣人孔子和孟子的故乡，也是我国古代文化的源头之一。然而谁能想到，这一中国人心目中的圣地，也成了西方传教士传播基督教的首选之地。美国基督教北长老会传教士、齐鲁大学创始人之一的狄考文就曾经说过：“我要大声疾呼：让长老会攻打这个省份。在以往的时代里，中国的宗教和政治都是由山东产生的，而今后则基督教要教给中国。”②一种以基督教征服中国圣地的野心和豪情跃然纸上，表现出征服者卑劣扭曲的文化心理。正是由于山东在中国文化上的战略地位，狄考文决心以此为据点，创办一所教会学校，使之成为培养基督教布道团队的重镇。1864年9月，狄考文夫妇创办登州蒙养学堂。1877年改名为登州文会馆。1884年，长老会总部确认其为学院，正式授权其改办大学。如此一来，登州文会馆正式成为中国近代以来第一所教会大学。

义和团运动后，美国北长老会和英国浸礼会达成共识：要联合举办高等教育，培养中国的基督教领袖，以消除教民的愚昧，防止悲剧的重演。遂决定建立三所学院，即潍县文理学院（广文学堂）、葛罗神道学堂和济南医道学堂。

① 顾长声：《传教士与近代中国》，上海人民出版社，1981年版，第340—341页。

② 顾长声：《从马礼逊到司徒雷登——来华新教传教士评传》，上海书店出版社，2004年版，第243页。

其中潍县文理学院由登州文会馆和青州广德书院合并迁至潍县后成立。

随着淮县文理学院影响的扩大，其学生已遍及全国，成为传教布道、引领改革的骨干。1909年改名为山东基督教大学。1915年，齐鲁大学作为其非正式中文名字出现。

除齐鲁大学之外，中国还有东吴大学、圣约翰大学、之江大学、华西协和大学、金陵大学、湘雅医学专门学校、金陵女子文理学院、沪江大学、岭南大学、燕京大学等教会大学。这些学校毫无例外地都设置了西方哲学社会科学的所有课程，有些课程甚至还有社会实践环节。比如沪江大学是国内第一个设立社会学系的大学，该系还在国内设立了首家应用社会学实习基地——沪东公社。

当然，教会办大学的目的，不仅是要培养具有专门学识和训练的人才，更重要的是能够用基督教理念来影响和改造国家，擘画国家的未来和前途，这是西方列强宗教侵略的重要组成部分。但是，这种思想输入，客观上又为中国现实政治服务，成为维新改革或政治革命的强大思想武器。而新的理论和思想一旦在中国土地上生根、发芽，就必将对中国传统哲学、伦理、道德和学说，产生重大而深刻的冲击。

随着西方人文科学的大量涌入，如何正确处理中西文化的关系，成为人们关注的普遍问题。而“国粹”与“欧化”之争，就是其典型代表。

“国粹”一词来源于日本，是19世纪七八十年代，由一些不满其国内欧化思潮，主张保持民族特性和提倡民族精神的日本知识分子提出来的。这一主张传至中国，就形成了晚清国粹学派，代表人物为邓实、黄节等。该学派认为中国只有像日本那样善于保存国粹和民族精神，才有可能走上中西融合、民族复兴的道路。

1902年，邓实、黄节等人在上海创办《政艺通报》，又于1905年发起成立“国学保存会”，并创办《国粹学报》。国粹学派的基本观点为：

其一，文化救亡是民族救亡的根本。西方殖民者“其亡人国也，必也灭其语言，灭其文学，以次灭其种性”，即“学亡则国亡，国亡则亡族”。[①]因此，要“保种、爱国、存学”，就要“用国粹激动种性，增进爱国的热肠”，既勇于反抗外来侵略，又要奋起保存国学、国粹，致力于复兴中国文化。

其二，建立中国自己的共和制度。认为共和制度是当前最好的国家制度，要实现这一制度，就要积极革命排满，实行共和革命。而革命排满和共和革命，不能盲目效仿西方的政治制度，重蹈西方资本主义制度的弊端，而要从“国学”中汲取经验，创造中国自己的民主共和政体。

其三，提出其独特的“中西文化观”。认为国粹即“民族精髓”，国学是中国历史文化的总结，国魂指中国独立的民族精神。陶铸国魂与保存国学、国粹是天然相通的。在这一认识基础上，驳斥康有为等人主张改良、反对革命的今文经学，主张通过古学复兴和学习外来文化来振兴中国文化。

国粹派思潮在辛亥革命前几年影响颇大，在抵制盲目西化、改变学术风气等方面，发挥了积极作用。但是因其不能正确处理继承与批判的关系，客观上又配合了封建守旧派和君主立宪派的需要，因此辛亥革命后，逐步蜕化为复古保守势力，起到了阻碍革命的消极作用。

20世纪初，中国出现欧化思想，甚至产生“醉心欧化”的现象。当时中国的欧化论者，主要是一些激进革命派人士、留学欧美的学生、国内具有欧化思想倾向的人士等，他们不承认中国文化有任何值得继承的东西，主张抛弃中国历史文化，全盘欧化。其代表人物为陈序经、胡适等。

欧化论者的基本主张是：

其一，全盘西化是中国唯一的出路。他们认为：“我们必须承认我们自己百事不如人。不但物质上不如人，机械上不如人，并且政治社会道德上都不如人”，所以应当死心塌地地去学习人家。[②]“我们的唯一办法，是全盘接受西化”[③]，或者称为“充分世界化”。

---

① 邓实：《鸡鸣风雨楼独立书·人种独立第一》，《政艺通报》1903年第23号。

② 参见《胡适文选》，中国长安出版社，2013年版，第107—108页。

③ 邱志华编：《陈序经学术论著》，浙江人民出版社，1998年版，第71页。

其二，以日本为榜样加快欧化步伐。认为日本的富强是彻底欧化的结果，也是抛弃中华文明、“脱亚入欧”的结果。中国要迎头赶上，就必须像日本一样，抛弃束缚中国人几千年的所谓中华文明，加快欧化步伐，真正“脱亚入欧”。

其三，彻底批判和改造中国传统思想道德。认为中国封建传统道德观念及辫发服饰等习俗，阻碍了社会的进步，必须借助西方自由、平等、博爱的价值观，进行批判和革命。

其四，废除汉字与普及教育。认为汉字的繁难造成教育不能普及，并且出现了汉字和发电报、用打字机等新科技不兼容的问题，主张废除汉字，彻底摧毁中国传统文化的载体，进行汉字改革和汉语拼音运动。

国粹派和欧化派的观点虽然明显对立，双方也进行过激烈的争论，但在救亡图存这一时代主题下，双方也有调和与妥协的一面，甚至出现国粹与欧化并重的主张。国粹派不赞成醉心西方文化，但也承认和肯定西方文化的价值和作用。而一些欧化论者也承认国学、国粹的价值，主张在欧化的前提下，真正实现保存国粹。

12　开不动的老爷车

1900年8月15日，由光绪皇帝、慈禧太后和其他重要王公大臣等组成的一支约两千人的队伍，秘密逃离紫禁城，一路西行，奔往西安。为了安全起见，一行人乔装打扮，慈禧一身汉人农妇的装束，行踪绝密，甚至未下令让地方政府接待。此行名曰“西狩”。历史上这样的例子不少。造成北宋灭亡的靖康之难发生时，徽、钦二帝被掳走，还美其名曰“北狩”。第二次鸦片战争时期，咸丰皇帝也以同样的理由跑到承德去“北狩”了。这次轮到慈禧太后和光绪皇帝了。

一开始慈禧太后还很犹豫，因为毕竟收编了义和团为朝廷卖命，毕竟身边还有八万精兵在保卫着自己，但是没想到八国联军打得很猛，沿途清军也败得很快，一眨眼工夫就打到了北京城下。直到一颗炮弹落到了乐寿堂西偏殿的房顶上，慈禧才感到义和团靠不住，就是身边的清军也未必靠得住，加之害怕被当作战犯抓走，这才一咬牙决定带上光绪皇帝逃跑。但是往何处去呢？华东、华南是去不得了，因为在慈禧太后向列国宣战时，东南的督抚们竟然联合起来，拒不奉诏，分别与列强媾和，史称“东南互保”。北方也是去不得的，俄国一直虎视眈眈，乘机南侵，去了岂不自投罗网。剩下的只有西北边的西安了。这就是慈禧、光绪一行风尘仆仆、慌不择路逃向西安的缘由。

一开始走得着急，没带够吃穿等用品，盘缠也不多，因而一路上窝窝头就野菜粥，吃了上顿没下顿，又困又饿、狼狈不堪。据说，一口气跑到二百里之外的河北怀来县时，慈禧忍不住痛哭起来，光绪皇帝因饮食问题腹泻不止。这样一路逃到山西太原后，才逐渐站稳脚跟，吃糠咽菜便成为历史，锦衣玉食再次成为常态。10月26日，经过两个多月的奔波，慈禧、光绪等人终于安全抵达西安。随即组成临时朝廷，疏通通信渠道，打通快马驿站，重新掌控朝政、发号施令。这是发生在八国联军入侵时的一段史实。

在历经五百一十一天的“西狩”之后，慈禧、光绪回到北京。此一变故，使慈禧真正意识到，大清帝国与洋人的差距居然大到如此地步。如果再不进行改革，真是要亡国灭种，甚至自己也将死于非命。于是朝野上下才下决心要大规模地进行改革，实施所谓新政，这是一场经过耻辱逃亡的洗礼后而发自内心的改革。

1901年1月29日，光绪皇帝发布上谕，宣布正式实行新政，其力度和广度甚至超过了戊戌变法。三个月后，一个负责实行新政的部门成立，成员包括了几乎所有的洋务派和地方实力派。

清末新政的主要内容有：

编练新军。1901年8月29日，清政府下谕全国停止武科科举考试。9月12日，又下谕全国各省“裁汰旧军，编练常备军”。于是各省设立武备学堂，在全国主要城市建立军事学堂，还派遣留学生到国外学习军事。以培养新军军官、编练新常备军为目的的编练新军运动在全国范围展开。清政府的军事改革，主观上是为了维护其封建统治，但在客观上有力地促进了中国军事的近代化进程。实际运作中，袁世凯掌握了练兵事务的实权，其北洋集团迅速成为当时最具实力的政治集团。

教育改革。其核心举措是废科举、办学堂、派留学。1901年，清政府命令各省城书院改成大学堂，各府及直隶州改设中学堂，各县改设小学堂，并多设蒙养学堂，开展以西式教育为榜样的正规教育，还对学制进行了规定，为中国近代教育制度的建立奠定了基础。1905年，延续了一千多年的科举制被废除。同时政府鼓励出国留学，学成者回国给予任用。

倡导商业。1903年9月7日，清政府成立商部（后改为农工商部），倡导官商创办工商企业。紧接着，颁布了一系列工商业规章和奖励实业办法。这些规章和办法规定，允许自由发展实业，奖励兴办工商企业，鼓励组织商会团体，客观上有利于民族工商业发展，有利于社会经济繁荣。

法律近代化。1902年5月13日，清廷下达上谕，要求“参酌各国法律，悉心考订，妥为拟议。务期中外通行，有裨治理”。中国法律近代化由此起步。这些法律主要包括：《奖励公司章程》《商标注册试办章程》《商人通例》《公司律》《破产律》《各级审判厅试办章程》《法官考试细则》和《集会结社律》等。影响最为深远的是三个总结性的大法：《大清刑事民事诉讼法》《大清新刑律》和《民律草案》，分别在实体法和程序法领域为中国法律的近代化奠定了坚实基础。

改革官制。1901年7月24日，清政府宣布撤销总理各国事务衙门，改设外务部，班列六部之首。9月19日，清政府宣布停止报捐实官。随后，又相继裁河东河道总督、詹事府及通司，设商部，裁云南、湖北两省巡抚，改奉天府丞为东三省学政，设巡警部，设学部，裁国子监等。除此之外，清政府还下令停捐纳、裁陋规、定公费，力度之大，前所未有。

筹蒙改制。清政府清醒地认识到：“各国竞争，殖民为要，蒙、藏、青海，固圉防边，其行政事宜实与各部并重，故易理藩院为理藩部。”废止蒙汉不得通婚的禁令，鼓励内地汉人到蒙古开荒；在蒙古增设卫生局、巡警队、学校、商品陈列所，举办新政等，蒙古的一些地区因汉人流入增多改为州、县。

考察宪政。1905年7月，清政府正式颁布简派大臣出国考察宪政的上谕：“分赴东西洋各国，考求一切政治，以期择善而从。”使团成员全部是高级别的一二品大员。考察回来后，正式提出君主立宪的主张，指出“立宪利于君，利于民，不利于官”。1906年9月，清廷正式颁布“仿行立宪”的上谕，把清末新政推向高潮。

客观地说，清政府的这场自救式改革，是一场广泛、系统而深刻的社会变革，也有了一些实质性进展，取得了不俗的实绩。

但是这一场自救式的改革，仍然无法推动清王朝这辆破烂不堪的老爷车，最终仍归于失败。其原因有以下几点：

固守封建君主专制制度，违背历史发展潮流。从五大臣出洋考察的陈述中可以看出，立宪的目的在于永固皇位，减轻外患，消弭内乱。从一开始就在维护君主专制统治和民主政治等矛盾中打转。为立宪设立的资政院和咨议局，不能反映民意、公开议政，打压言论自由仍然是专制政权的标配。特别是成立的责任内阁，十三个内阁成员中，汉人仅四人，满人为九人，其中皇族占了七人，以立宪为名，行极权之实。

牺牲百姓利益，缺乏民意基础。新政期间，正值《辛丑条约》赔款之时，清政府国库空虚、财政危机。而改革又需要投入，清政府不惜以强制捐献和名目繁多的税收等搜刮民脂民膏，使广大老百姓不仅未能从新政中得到半点好处，反而加重了各种负担。这样的改革，老百姓焉能拥护？

缺乏系统配套，错失改革良机。新政是在内外压力之下不得不推出的，因而在设计之初，就缺乏整体规划和系统思考，致使改革措施出台后，出现了不少彼此龃龉、互相矛盾之处。有些改革措施不断变更，有些改革措施迟迟落不了地，使人们对新政失去了信任和信心。20世纪初的清王朝，已是积重难返、四面楚歌，政府失信、威权式微，已经没有了驾驭改革的魄力和能力。

政治腐败日深，官员素质低下。长期的封建专制统治，使得官场钩心斗角不断，贪污受贿成风，政治生态极其恶劣。特别是一些素质低下的满族贵族和汉族官僚占据重要位置，敲诈勒索、贪婪诿陷、尸位素餐，引起民众的严重不满和对新政的反对。

另外，作为封建君主专制制度代表人物的慈禧等人，本来就是晚清几十年改革的阻力和绊脚石，生死存亡之际靠他们领导改革，无异于缘木求鱼。有人说，清末新政不仅未能挽救清王朝大厦于既倒，反而激发了革命高潮的到来，加速了清王朝的覆灭，这是有一定道理的。

13 革命已不可避免

对于清政府的所谓新政，老百姓并不买账，许多官员也不看好，革命派更是视其为洪水猛兽。1905年，清廷派遣五大臣出洋考察，引起革命派的高度关注。中国同盟会早期会员、保守革命党的主要组织者孙岳（此人后任中华民国国民革命军副司令兼第三军军长，直隶督办兼省长）认为，"若清廷得以实行立宪，则彼君主政权益为巩固，汉旗将无复兴之望"[①]。旋即召开会议，密谋阻止五大臣出洋考察。在会上，吴樾与孙岳的观点一致，主张以刺杀手段破坏五大臣出洋考察。会议决定由吴樾实施刺杀，孙岳和学友张榕作为掩护和助手。随后，三人携带炸弹秘密潜入北京，住在一家离正阳门火车站不远的旅店。1905年9月24日早晨，吴樾等三人离开旅店，直奔正阳门火车站，并混上月台。孙岳和张榕在月台处把望掩护。吴樾一身仆役打扮，从容接近五大臣乘坐的车厢。当吴樾即将踏入车厢入口时，卫兵阻止询问。吴樾怕行动暴露，趁卫兵刚刚转身，突然点燃炸弹导火线，准备投向五大臣。谁知正在此时，火车头后退与车厢挂钩，引起车厢剧烈震动，吴樾手中的炸弹被震落于地，当即爆炸。吴樾当场死亡，五大臣中三人受轻伤，孙岳和张榕安然逃脱。

吴樾，安徽桐城人，此时就读于保定官立高等师范学堂，是秘密革命组织少年中国强学会的成员。他在遗著《暗杀时代》中写道："予年十三，遂慕科名，岁岁疲于童试。""逾年，因同乡某君之劝，考入学堂肄业，于是得出身派

---

① 牛国华：《孙岳将军传略》，《河北文史资料选辑》第十六辑，河北人民出版社，1982年版，第78页。

教习之思想，时往来于胸中，岂复知朝廷为异族，而此身日在奴隶丛中耶?”“友人某君授予以《革命军》一书，三读不置，适其时奉天被占，各报传警，至是而知家国危亡之在迩，举昔卑污之思想，一变而新之。”在阅读《清议报》后，吴樾便认为“作者之主义，即化为我之主义矣”，这时已对康梁的立宪言论表示怀疑。随着对《中国白话报》《警钟报》《新广东》《新湖南》等一系列革命读物的广泛接触，吴樾“于是思想又一变，而主义随之，乃知前此梁氏之说，几误我矣”，从而爆发出“一旦梦醒，究未有不欲杀尽逆贼，而复九世之仇”的革命精神。[①]从追求功名到奉康梁为圭臬，再到激进排满，这样的巨大转变颇能代表当时知识分子尤其是青年知识分子的思想历程，也反映着世风人心的起伏动荡。从事暗杀活动的人士大多是这些激进的青年知识分子，他们的目的不仅是刺杀清廷大员，更重要的是要以自己的牺牲来唤醒沉睡的国民参加他们未竟的事业。吴樾的思想转化过程及其革命行为，就是当时整个革命党组织及其革命活动的一个缩影。

清末主要的革命团体有：1894年由孙中山在檀香山建立的兴中会，是中国最早的资产阶级革命团体；1903年由秦毓鎏、黄兴等人在日本东京成立的军国民教育会；1904年由黄兴、宋教仁等在湖南长沙成立的华兴会；1904年由吕大森、刘静庵等在武昌成立的科学补习所；1904年由蔡元培在上海成立的光复会；1905年由刘静庵等在武昌成立的日知会等。

这些革命团体以及革命党人，从切身体验深刻认识到，经过八国联军侵华和《辛丑条约》的签订，“今日之政府官吏，为列强所擒之纵之威胁之工具，必不足恃以图存也”，在生死存亡的紧要关头，除了推翻腐朽已久的清政府别无他途。“支那欲立新国乎，则必自亡旧始。”[②]他们认为，历史经验已经证明，君主立宪是一条走不通的死胡同，必须另辟蹊径，走武装斗争的道路，推翻清

---

① 参见张枬、王忍之编：《辛亥革命前十年间时论选集》第2卷（下），生活·读书·新知三联书店，1960年版，第714—715页。

② 张枬、王忍之编：《辛亥革命前十年间时论选集》第1卷（上），生活·读书·新知三联书店，1960年版，第92页。

王朝的反动统治，用资本主义制度取代封建君主专制制度。

为此，这些革命团体普遍采取了武装暴动、暗杀等活动。孙中山曾深刻地指出，清王朝使“外国者欲取我土地，有予取予携之便矣”[①]，因此“即使是维护中国的完整与独立的善意与义侠行为，如果像我们所了解的那样是指对目前摇摇欲坠的满清王室的支持，那么注定是要失败的”，“必须以一个新的、开明的、进步的政府来代替旧政府”[②]，“不完全打倒目前极其腐败的统治而建立一个贤良政府……那么，实现任何改进是完全不可能的”[③]。邹容在其《革命军》中揭示：中国人民之所以处于奴隶般的境遇，不但是清王朝残酷统治的结果，而且也是几千年封建专制主义制度造成的。因此“扫除数千年种种之专制政体，脱去数千年种种之奴隶性质”[④]，只有革命。陈天华在《猛回头》和《警示钟》中指出：要抵抗侵略，就必须推翻清政府，因为当时的清政府已经变成“洋人的朝廷”，清朝权贵成了替侵略者统治中国的“守土官长”，因此“我们要想拒洋人，只有讲革命独立，不能讲勤王”[⑤]。这些思想的宣传和传播，极大地促进了人们思想的解放，推动了中国历史的进步与发展，也有效地扩展了爱国主义的内涵和深度。

实事求是地讲，在洋务运动、维新变法乃至清末新政的过程中，人们尚不能把推翻清王朝封建统治与反对帝国主义列强侵略、国家独立富强、爱国主义等联系起来，革命思想和革命党的活动并不突出，也不占主导地位。正是洋务运动、维新变法乃至清末新政的一步步启蒙，在鸦片战争、甲午战争、八国联军侵华等战争中的一次次失败，以及清王朝名曰新政实则专制的一次次欺骗，使得革命思想如徐徐而来的春风，点燃了星星之火，终有一天会烧得满天通红，造就一个全新的美好世界。

---

① 《孙中山全集》第二卷，人民出版社，2015年版，第54页。

② 《孙中山选集》上，人民出版社，2011年版，第71页。

③ 朱育和等：《辛亥革命史》，人民出版社，2001年版，第113页。

④ 张枬、王忍之编：《辛亥革命前十年间时论选集》第1卷（下），生活·读书·新知三联书店，1960年版，第651页。

⑤ 林增平等主编：《辛亥革命史》上册，人民出版社，1980年版，第453页。

以孙中山为代表的革命党人和以中国同盟会为代表的革命党，是在与改良主义进行斗争的过程中脱颖而出的。维新运动夭折后，康、梁逃亡日本。此时孙中山等人也在日本，即便亲往慰问，欲与康、梁商议合作。但是“康得清帝之眷顾，以帝师自居，目革命党为大逆不道，深恐为所牵累”[①]，只是组织保皇会，创办报刊，以期“勤王”“保皇”“谋改革”。义和团运动爆发，康、梁认为是反击慈禧、荣禄的大好时机，开始组织自立军北上勤王，“助外人攻团匪以救上”[②]，结果自立军被湖广总督张之洞以“纠众为乱，罪不容诛”为由捕杀。血的教训再一次唤醒人们，改良之路是行不通的。此后，一大批仁人志士放弃改良，走上革命之路。

革命、改良两派明确分家，相互论战，1903年的《苏报》案是一个重要标志。时年5月13日，苏报刊发《敬告守旧诸君子》，疾呼“居今日而欲救吾同胞，舍革命外无他术！非革命不足以破坏，非破坏不足以建设，故革命实救中国之不二法门也”[③]，从而树起革命救国的旗帜。为了进一步增加革命的色彩，十多天后，《苏报》改请章士钊为主笔，其首篇《论中国当道者皆革命党》让编辑都“一见大骇”。从此，《苏报》放言革命，一发不可收。与此同时，邹容的《革命军》、章太炎的《驳康有为论革命书》相继问世，又在《苏报》引起讨论狂潮。

《苏报》宣传排满，鼓吹革命，引起清政府的震怒，遂与上海租界当局勾结，封禁《苏报》，抓捕章太炎，邹容不愿置身事外，主动投案。《苏报》案发生后仅一个月，章士钊、陈独秀、张继等人在上海创办《国民日日报》，继续宣传民族民主革命。此时的中国，革命风潮已是风起云涌，光复会、华兴会等革命团体先后成立，并与兴中会合组为同盟会，成为中国最早的现代政党。同盟会创办了《民报》，宣传“排满”“反清”已成时代主流。随着革命派崛起，改良派也就日渐式微了。

---

① 《冯自由回忆录：革命逸史》下，东方出版社，2011年版，第903页。

② 《冯自由回忆录：革命逸史》下，东方出版社，2011年版，第917页。

③ 《敬告守旧诸君子》，《苏报》，1903年5月13日。

值得一提的是，这期间发生了声势浩大的拒俄运动，又进一步推动了革命派势头的增长。1903年4月，在八国联军侵华中武装抢占中国东北的俄国，撕毁《东三省交收条约》，提出侵占中国主权的七项要求，企图在拒不撤兵的前提下，把东三省变成它的殖民地，进而再吞并之。面对俄国的无耻行径，社会各界纷纷通电俄国政府和清政府，召开拒俄大会，坚决反对沙俄吞并计划。一时间，海内外爱国学生频繁集会，成立爱国组织，形成了强大的民间压力和声势。然而人民群众的爱国行为，却遭到了清政府的敌视和镇压。至此，人们更加看清了反动封建统治的卖国嘴脸，随着《苏报》案的发生，越来越多的人加入反清阵营，华兴会、光复会等革命团体相继成立，革命阵营进一步壮大。

革命党人在这一时期最具有代表性的思想，莫过于孙中山的革命思想。孙中山，名文，字载之，号逸仙，化名中山樵，出生于广东香山县（今中山市）一个贫苦农民家庭，长兄孙眉随亲戚到檀香山做工，孙中山十二岁时亦随母亲赴檀香山，在哥哥的资助下，完成了比较系统的西式教育。在香港西医书院肄业后，在澳门当过一段时间的医生。他目睹中华民族有被列强瓜分的危险后，弃医从政，期望能通过李鸿章进行自上而下的改革，实现国家的富强。1894年6月，孙中山到天津意欲拜见李鸿章，但未能如愿。看到清政府官员的腐败，促使其思想发生了重大转变。1894年11月，孙中山在檀香山创立兴中会，明确提出“驱除鞑虏，恢复中华，创立合众政府”的政治主张，这是革命党第一次提出推翻清王朝、建立民主共和国的纲领。

1905年，孙中山以兴中会、华兴会、光复会等革命团体为基础，在日本东京创建了同盟会，提出了“驱除鞑虏，恢复中华，创立民国，平均地权”的革命宗旨。在同盟会机关报《民报》发刊词中，孙中山首次提出民族、民权、民生三民主义。1911年10月10日，由同盟会骨干组织的武昌起义爆发，起义的胜利，揭开了推翻统治中国近三百年的清王朝，废除在中国实行两千多年的君主专制制度，建立民主共和国的光辉篇章。此后，孙中山被选举为中华民国临时大总统。

孙中山的“三民主义”，是其民主思想的精髓和高度概括。民族主义即

“驱除鞑虏，恢复中华”，反对清王朝封建专制统治，反对帝国主义列强的侵略，承认民族自决权，主张各民族平等。民权主义即“创立民国”，借鉴欧美的政治制度，实行为一般平民所共有的民主政治，人民有选举、罢免、创制、复决四权以管理政府，政府则有立法、司法、行政、考试、监察五权以治理国家。其核心理念是政府拥有治权，人民则拥有政权。民生主义即“平均地权”和节制资本，主张土地归于国家，为国民所共享，防止私人资本操纵国民生计。

第三章
社会主义思潮崭露头角

01 《不忍》杂志上的《大同书》

戊戌变法失败后，康有为流亡日本，后到世界多国考察游历。在这个过程中，他一直为君主立宪四处奔走，也为构建自己的理论体系而深入思考。这一理论体系即为《大同书》，乃康有为平生所学之集大成。可以说，这是一个旧时代的思想总结，又是一个新时代的思想启迪。只是康有为怎么也不会明白，君主立宪式的改革维新，在中国早已是“无可奈何花落去”，再也没有实践的土壤和可能了。

《大同书》既展示了康有为完整的思想体系，也反映了他对未来社会的美妙构想。据康有为自述，早在1884年他就开始“演大同之义”了。1885年，他“手定大同之制，名曰《人类公理》”。在广州万木草堂和其他地方讲学时，他曾向学生们讲过大同之学，但原稿秘不示人。1901年，梁启超在《南海康先生传》中说：“康先生之哲学，社会主义派哲学也。泰西社会主义，原于希腊之柏拉图，有共产之论。及十八世纪，桑士蒙、康德之徒大倡之，其组织渐完备，隐然为政治上一潜势力。先生未尝读诸士之书，而其理想与之暗合者甚多，其论据之本，在《戴记·礼运篇》孔子告子由之语。”[①]为此，梁启超等人

① 梁启超：《饮冰室合集·文集之六》，中华书局，1989年版，第73页。

多次提出，要把康有为的大同思想付梓传播，但都被康有为拒绝了。拒绝的理由是，大同思想不是短时期内能够实现的，公布太早可能会引起社会混乱。

康有为在日本期间，与日本政治家犬养毅过从甚密。根据犬养毅和康有为的有关记述，在康有为于1898年9月第一次去日本时，已经完成书稿的二十多篇，并向犬养毅等人出示过。1902年12月，他在印度完成全书的撰写工作。

《大同书》利用今文经学的公羊三世说和《礼记·礼运》中的“大同”思想，又汲取了欧洲空想社会主义、资产阶级民主主义和达尔文进化论，指出当时中国处于“据乱世”，必须向已进入“升平世”的欧美国家看齐，然后才能进入“太平世”，即大同世界。具体描写了“大同之世，天下为公，无有阶级，一切平等”的人类社会愿景。

《大同书》共三十卷，分为十部，约二十万字。甲部《入世界观众苦》，乙部《去国界合大地》，丙部《去极界平民族》，丁部《去种界同人类》，戊部《去形界保独立》，己部《去家界为天民》，庚部《去产界公生业》，辛部《去乱界治太平》，壬部《去类界爱众生》，癸部《去苦界至极乐》。

《大同书》完成后，并没有付梓出版，一直到1913年，康有为仅取书中的甲、乙两部分在《不忍》杂志上发表。1919年上海长兴书局将甲、乙两部合刊印成单行本，名为《大同书》。而全稿出版则是1935年的事了。可见人们当时看到的只是全稿的甲、乙两部。而康有为自己及出版商“不忍”将《大同书》全文刊出的原因，恐已不是怕过早公布会引起社会混乱了，令人不得不怀疑是与时过境迁，该书内容已经丧失使用和参考价值有关。

事实上，任何一段历史，都会留下些许尴尬和无奈。当时代的脚步已迈上另一条康庄大道时，徘徊在羊肠小道上的历史巨人只会给这里增添一抹风采，人们可以回忆和描写这一难得的历史际会，但始终没法改变羊肠小道的曲折及其终会消失的命运。在这时，康有为和其他许多中国近代史上的风云人物，都有过“老革命遇到新问题”的切肤之痛。他们或奋起，或沉沦，最后都被湮没在历史的滚滚洪流之中。

1894年的甲午战争是个分水岭。当时蜚声政坛和思想界并一起深刻影响中国历史进程的，主要有三个派别，以及各自代表的三股思潮：康有为、梁启超的维新派和君主立宪思潮，严复等人的启蒙派和启蒙主义思潮，孙中山、章太炎等人的革命派和三民主义思潮。

康有为、梁启超等维新派早期的批判对象是洋务派。当时，他们的批判往往能抓住事物的本质和重点，可谓一针见血、鞭辟入里。比如梁启超在回顾戊戌变法时谈道："我中国自同治后所谓变法者，若练兵也，开矿也，通商也，交涉只有总署使馆也，皆畴昔之人所谓改革者也。"[①]而曾国藩、李鸿章、左宗棠、张之洞之流，"不变其本，不易其俗，不定其规模，不筹其全局，而依然若此前之支支节节以变之"[②]，其变法必不能救中国。

到了后期，维新派主要针对革命派开展批判，这时的康有为、梁启超，尤其是康有为，时而强调人性、种族差异论，以此来为中国必须走君主立宪道路张目；时而坚持普遍人性论，为君主立宪是人类最完美的政体而造势，最终沦落为十足的"保皇派"。这种自相矛盾的思维充斥在《大同书》中。

尽人皆知的是，康有为、梁启超等维新派的思想理论，有一大特征就是"托古改制"，把自己打扮成中华传统文化的继承者。他们托孔子、慕三代、言三统、说三世、恶据乱、致小康、求大同，痛斥古文经学和秦制，把孔子塑造成民主改制的先驱、道德高尚的圣人，把尧舜禹三代描绘成天国神话、人间至境。但令人不解的是，康有为、梁启超等所持的衡量标准，又都是西方的民主、宪政等现代理念。

作为近代中国开启民智的一代宗师，严复是名副其实的启蒙派的代表性人物。他的命运及归宿虽不同于康梁，但也有异曲同工之处。

想当年，一部《天演论》使"物竞""天择""保种"等词汇风靡中国，使"物竞天择""优胜劣汰"成为几代中国人救亡图存的思想利器。由于严复的睿智和贡献，他不仅在戊戌变法、清末新政中备受关注，而且在辛亥革命后，被

---

① 梁启超：《饮冰室合集·专集》第一册，中华书局，1989年版，第81页。

② 梁启超：《饮冰室合集·专集》第一册，中华书局，1989年版，第84页。

任命为京师大学堂（也就是北京大学）的首任校长。此时，严复还把英国学者约翰·密尔的《论自由》译介到中国，译名为《群己权界论》，以示个人和社会的权利界限，被胡适称之为“自由的社会主义”。然而就是这么一个主张启蒙的风云人物，晚年却倒向袁世凯，被聘为宪法起草员，后又列名筹安会的发起人之一，支持袁世凯复辟，令人痛惜。

严复的晚年歧路，恐怕与他认为中西方社会的历史演进遵循着不同的规律、有着不同的道路这一认识有关。比如他指出：“尝谓中西事理，其最不同而断乎不可合者，莫大于中之人好古而忽今，西之人力今以胜古。中之人以一治一乱、一盛一衰为天行人事之自然，西之人以日进无疆，既盛不可复衰，既治不可复乱，为学术政化之极则。”[①]他还多次比较中学和西学的不同，指出：“中国最重三纲，而西人首明平等；中国亲亲，而西人尚贤；中国以孝治天下，而西人以公治天下；中国尊主，而西人隆民；中国贵一道而同风，而西人喜党居而州处；中国多忌讳，而西人重讥评。其于财用也，中国重节流，而西人重开源；中国追淳朴，而西人求欢虞。其接物也，中国美谦屈，而西人务发舒；中国尚节文，而西人乐简易。其于为学也，中国夸多识，而西人尊新知。其于祸灾也，中国委天数，而西人恃人力。若斯之伦，举有与中国之理相抗，以并存于两间，而吾实未敢遽分其优绌也。”[②]

严复的启蒙思想，是建立在社会是一个有机体，它的演进必然是渐进的而非突变的这一基础之上的。这在他的《原强》一文中得到了充分的表达，在其他论著中也一再加以强调。只不过《天演论》的风头太盛，以至于人们一谈到严复，就把他看作近代中国最激进的改革家之一。

殊不知，当1905年孙中山拜访赴英谈判的严复时，严复以长者的口吻教导说：“中国民品之劣，民智之卑，即有改革，害之除于甲者将见于乙，泯于丙者将发之于丁。为今之计，惟急从教育上着手，庶几逐渐更新乎。”[③]其反对激

① 《严复集》第1册，中华书局，1986年版，第1页。
② 《严复集》第1册，中华书局，1986年版，第3页。
③ 《严复集》第5册，中华书局，1986年版，第1550页。

进革命的心情溢于言表。其实，在戊戌变法以前，严复尽管严厉批判传统观念，倡导学习西学，但从未反对传统儒学，甚至视若至宝。戊戌变法后，更是强调新旧持中，倡传统儒学。

这样一来，晚年严复一改人们心目中激进改革家的形象，而成了竭力维护孔孟之道，反对革命、反对共和的守旧复古形象。而人们也似乎从他1913年发起成立孔教会，1915年又成为臭名昭著的筹安会的发起人之一，1919年更是明确反对五四运动等一系列行为中，找到了其思想和理论根源。有学者曾这样评价，严复在戊戌变法后的革命形势发展中，逐渐成为一个保守人物，辛亥革命后成了开历史倒车，与反动统治阶级连在一起的顽固分子，走上了可悲的歧路。[①]

再看一位革命派的代表人物——章太炎。戊戌政变后，章太炎遭到通缉，流亡日本。1903年，章太炎发表《驳康有为论革命书》，并为邹容的《革命军》作序，再次触怒了清廷，随即被捕入狱。1904年，在狱中与蔡元培等人组织光复会。1906年出狱后，在日本参加同盟会，主编同盟会机关报《民报》，被誉为晚清中国之“思想巨子”，是一个革命劲头十足的激进主义者。

然而就是这样一个激进的革命者，在思想深处仍然认为最紧要的是要做好两件事：“第一，是用宗教发起信心，增进国民的道德；第二，是用国粹激动种性，增进爱国的热肠。”其中宗教就是佛教，也就是要光大佛教，“佛教的理论，使上智人不能不信；佛教的戒律，使下愚人不能不信。通彻上下，这是最可用的”[②]。国粹指中国的语言文字、典章制度与人物事迹。他说：“近来有一种欧化主义的人，总说中国人比西洋人所差甚远，所以自暴自弃，说中国必定灭亡，黄种必定剿绝。因为他不晓得中国的长处，见得别无可爱，就把爱国爱种之心，一日衰薄一日。若他晓得，我想就是全无心肝的人，那爱国爱种的心，必定风发泉涌，不可遏抑的。”[③]因此章太炎的革命说到底是维护中国传统、抵制西学西化的革命，虽激进，但局限于“驱除异族”。改制也要视国情，

---

① 参见刘桂声等编：《严复思想新论》，清华大学出版社，1999年版，第47页。

② 《章太炎政论选集》上册，中华书局，1977年版，第272—273页。

③ 《章太炎政论选集》上册，中华书局，1977年版，第276页。

他甚至认为，在中国继续实行专制反而要比搞西方的代议制好。他说："代议政体者，封建之变相"，"去封建远"的中国，倒"不如王者一人秉权于上，规摹廓落则苛察不遍行，民犹得以纾其死"。①

正是在这些思想的支配下，章太炎认为，建立共和政体，是不得已而为之，理想的社会应该是，无政府、无聚落、无人类、无众生、无世界，也算是一种"大同"的思想。

章太炎在当时与孙中山、黄兴有着极为密切的关系，历史地位也比较接近。但是辛亥革命胜利后，他在担任中华民国总统府枢密顾问时，与孙中山分歧不断，甚至有分裂日益加深的倾向。民国初年，章太炎未经孙中山、黄兴等人同意，组建中华民国联合会、统一党，在同盟会和国民党之外，拉起另外一股政治势力。此举引起孙中山的强烈不满，两人关系也随之变冷。1913年宋教仁遇刺，在血的事实面前，章太炎、孙中山终于认清了袁世凯独裁专制的真面目，在反袁的共同目标下，重归于好，共同战斗。然而，当孙中山立志北伐，推翻北洋军阀统治时，章太炎又一次与孙中山意见相左，主张把联省自治当作统一的第一步。

对于自己与孙中山的关系与分歧，章太炎曾在《祭孙公文》中做了这样的辩解："天生我公，为世铃铎。调乐专一，吐辞为获。百夫雷同，胪句传诺。余岂异邮，好是谔谔。兰之同臭，石之攻厝。"②意思是我章太炎情愿被人误解，也要做孙中山的他山之石，用以攻错。

上述几位清末民初的风云人物，无论是其思想影响还是历史地位，都是众所公认和可圈可点的。之所以在本书中突出地予以介绍，主要是因为在学术界有人把他们的思想统统归为社会主义思想，比如洪秀全的农业社会主义、康有为的大同社会主义、严复的自由社会主义、章太炎的国粹社会主义，等等。这样的概括从历史角度来看，似乎缺乏严密的论证和大量史实支撑。实际上，社会主义思潮对于中国而言，首先是从外部引进和传入的，因为中国当时的社会

① 《章太炎论学集》，商务印书馆，2019年版，第240页。

② 《章太炎全集·太炎文录续编》，上海人民出版社，2014年版，第415页。

结构和经济基础，产生不了与资本主义相对立的意识形态——社会主义思想。其次是中国固有的均贫富、世界大同等思想，可以作为中国社会主义思想重要的依托土壤，就如同柏拉图的《理想国》之于莫尔的《乌托邦》，但是绝不能替代莫尔的空想社会主义思想。同时，外来的社会主义思想与本土传统文化相结合，属于社会主义中国化、中国特色社会主义的范畴，它将是社会主义思想在中国升华和飞跃的基础，也将有力地推动中国社会主义事业的蓬勃发展。

02 中国的文艺复兴

杨绛曾记录过一个清末官员被人偷剪辫子的故事:

> 这大约是一九〇二年的故事。原留日学生的监督任满回国，显然还要升官。接任的监督当然要设宴欢送。而这次接任的新监督，恰恰又是旧监督的亲信。这位亲信还和旧监督的如夫人有私情。筵席进行得十分酣畅，满堂欢声笑语。离任总督的如夫人忽盛装出场，当着满堂贵客，向离任总督叩了个头，说:“恭喜老爷高升了！小妾（我记不真她是否自称‘小妾’）跟老爷来此多年，习惯了当地的人情风俗，舍不得离去。求老爷就把小妾赏给新任老爷吧。”离任的监督虽很意外，毕竟是老官僚了，极为老练世故，立即满面笑容，命新任监督和他的如夫人双双对他叩头成礼。
>
> 留日学生得知此事，愤慨说:“他倒便宜，既得美缺，又得美妾，该给他点儿颜色看看。”他们开会策划，定下办法，分头执行。他们每组二人，共三组。第一组负责买一把锋利的大剪刀。第二组买一枝长竹竿，以便把新任监督的辫子系在竹竿顶上。第三组负责在天亮之前，把系着辫子的竹竿竖立在官邸大门前。
>
> 这三组学生当夜要混入官邸，想必事先贿赂了官邸的管事人

员。这件事最关键的是剪辫子。剪辫子由张继动手。我当时年幼，只记得张继一人的名字。……剪辫子的一组，先在新任监督卧房外脱了皮鞋、悄悄掩入卧室。新婚的一对新人香梦正浓，张继的同伴揪出长官的辫子，张继手拿锋利的大剪刀，一下子把辫子剪下。两人拿了辫子，赶紧溜出卧室……张继的同伴却很好奇，要回卧室再看一眼。他们……在寝室门外再看一眼，只见这位总督大人正照着镜子哭呢！①

男人剪辫子，妇女禁缠足，是辛亥革命后实施的两项新政。1912年3月，中华民国临时大总统孙中山令内务部分别晓示人民一律剪辫和劝禁女子缠足。《剪辫文》规定：“凡未去辫者，于令到之日，限二十日一律剪除净尽，有不遵者，以违法论。”②“禁缠足文”指出：“当此除旧布新之际，此等恶俗，尤宜先事革除，以培国本。”③类似的新政涉及方方面面，诸如颁布新历，改用西方各国通用的阳历；改革礼制，以官职、先生、君来代替老爷、大人之称；倡导女权，追求婚姻自由、男女同校、男女平等；改革服饰，西装、中山装逐步普及；等等。

总之，中华民国的建立，对于每一个中国人来讲，都是开天辟地的大事。对流行数千年的封建制度、观念、思想、习俗等，是一场摧枯拉朽的历史性冲击。资产阶级民主制度、民主自由思想已开始影响每一个中国人的心灵，并广泛渗透到宗教、经济、政治、文化、军事、科技、教育等各个领域之中。而其中起根本性作用的，就是荡涤数千年封建专制制度污泥浊水的新文化运动。

新文化运动堪称中国的文艺复兴。至此，就不能不说说胡适这位在20世纪的中国产生过重大影响的学者。

胡适，原名嗣穈，学名洪骍，字希疆，后改名适，字适之，安徽绩溪人。

---

① 杨绛：《杂忆与杂写：一九九二—二〇一三》，生活·读书·新知三联书店，2015年版，第155—156页。

② 《大总统令内务部晓示人民一律剪辫文》，《临时政府公报》二十九号令示1912年3月5日。

③ 《大总统令内务部通饬各省劝禁缠足文》，《临时政府公报》三十七号咨1912年3月13日。

三岁丧父，随叔父读私塾，接受过九年传统教育，自谦“学得了读书写字两件事”，打下了坚实的文史知识基础。十三岁时进入新式学堂——梅溪学堂读书，开始接触梁启超、邹容、严复等人的文章和著作，深受这些新思想的熏陶和影响。十七岁时开始在报刊上发表文章。十九岁赴美留学，先进入康奈尔大学农科，后转入文科。1915年考入哥伦比亚大学研究生院，师从实验主义哲学家约翰·杜威。在美留学期间，胡适不断寄稿回国内发表，提倡文学革命和国民素质改造。特别是1917年1月，其论文《文学改良刍议》刊登于《新青年》第2卷第5号，提出中国文学的主流并不是古典文体的诗文，而是白话文学，“文言”是半死的语言，而白话则是文学演变的自然结果。因其观点新颖、论述深刻，颇受读者瞩目。同年，经时任北京大学文科学长陈独秀推荐，胡适被聘为北京大学文科教授，英文教授会主任、英语系主任，时年二十六岁。

中国人在日常行文中废弃古文而使用现代白话文，首先应归功于胡适。胡适还是大力倡导民主自由新潮流、最早提出“打孔家店”口号的人。有人把陈独秀和他联称“陈胡”，与李大钊、鲁迅、蔡元培、钱玄同等一起被视为新文化运动的旗手，而“陈胡”意味着二人所起作用更大，是恰如其分的。

当然，中国文艺复兴概念的发端，应归功于被誉为“中国西学第一人”的严复。他在向国人推荐欧洲文艺复兴知识时，就用了“古学复兴”一词。他高度评价道：“欧之开化。始于古学复兴之十六世纪。西史谓之荷黎诺生思。自是之后，学问之事，普及庶民，格致哲学日精，而宗教神权日坠。又以印书肇行，民之事学，方古为易。文明之运，所由沛然莫之能御也。”[①]而梁启超可称得上是用文艺复兴阐释中国本土思想并探寻未来发展之路的第一人。他认为，希腊古学的复兴连同十字军东征一起，使“欧人得与他种民族相接近，传习其学艺，增长其智识”，人们在“疑中求信”“一洗奴性”“内返本心”，脱离了宗教迷信对自由思想的束缚。而当今中国的图存立世，必然始于学术的自新与自

---

① ［法］孟德斯鸠：《法意（1904—1909）》，严复译，北京时代华文书局，2014年版，第337页。

由，从思想上革除奴性。[1]为此，梁启超梳理了中国几千年的学术思想，提出："合泰西各国学术思想于一炉而冶之，以造成我国特别之新文明，以照耀天壤之一日。"[2]

但真正使文艺复兴在中国落地，成为一种新文化运动的，还属陈独秀和胡适等人。如果说欧洲文艺复兴是复兴古希腊、古罗马文明中的优良传统，陈独秀、胡适等所倡导的中国文艺复兴则是复兴春秋战国时代的"百家争鸣"。胡适曾非常期待通过描述中国文化的某些方面是如何发生变革的，来解释这些变革怎样采取其特殊的途径与方式，达到激起自然科学蓬勃发展、激发工业革命、带来近代物质文明与精神文明的目的。

那么，中国的文艺复兴到底是不是像胡适所说的那样，类似于欧洲的文艺复兴呢？曾经著述《胡适与中国的文艺复兴》一书的美国学者格里德说："大致回顾一下胡适的思想与愿望的记录，也许，人们更可能想到的是欧洲的启蒙运动，而不是欧洲的文艺复兴。"[3]诚然，胡适更直接是法国启蒙思潮的继承者，但更重要的是，当时中国面临的是文学革命而不是文学启蒙，是对几千年以儒学为主导文化理念的背叛，而不是对儒家传统文化的修修补补。这就是问题的实质。

正是在这一意义上，新文化运动的主要内容是：

其一，拥护"德先生"（民主）与"赛先生"（科学）。民国初年政学两界的尊孔复古思潮使陈独秀认识到：单纯的政治革命不足以救治中国，思想启蒙才是当时中国的核心问题。因为"今之所谓共和、所谓立宪者，乃少数政党之主张，多数国民不见有若何切身利害之感而有所取舍也。……立宪政治而不出于多数国民之自觉，多数国民之自动"[4]，与封建政治、奴隶政治并无二致。因此，陈独秀明确地指出："要拥护那德先生，便不得不反对孔教、礼法、贞

---

① 参见梁启超：《论学术之势力左右世界》，《新民丛报》第1号，1902年2月8日。

② 梁启超：《论中国学术思想变迁之大势》，《新民丛报》第3号，1902年3月10日。

③ ［美］格里德：《胡适与中国的文艺复兴——中国革命中的自由主义（1917—1937）》，鲁奇译，江苏人民出版社，1993年版，第265页。

④ 陈独秀：《吾人最后之觉悟》，《青年杂志》第1卷第6号，1916年2月15日。

节、旧伦理、旧政治；要拥护那赛先生，便不得不反对旧艺术、旧宗教。要拥护德先生又要拥护赛先生，便不得不反对国粹和旧文学。”“我们现在认定只有这两位先生可以救治中国政治上道德上学术上思想上一切的黑暗。”①

其二，“打孔家店”。新文化运动把批判的矛头对准以孔子和儒学为代表的旧礼教、旧道德，以及它们在当时的代表人物康有为等。陈独秀指出，中国人之所以在共和政体之下还要忍受专制政治的痛苦，就在于儒家伦理的禁锢与束缚。儒家三纲之说，是中国伦理政治小本原。在三纲的束缚下，中国人完全丧失了独立的人格，充斥头脑的是奴隶道德。中国人如想采用共和立宪制，就必须废除以三纲为主体的政治伦理。“伦理的觉悟，为吾人最后觉悟之最后觉悟。”②胡适等人的态度更为激烈，他们认为孔子之道与现代生活相悖，孔教与帝制、尊孔与复辟之间存在必然联系，“正因为两千年吃人的礼教法制都挂着孔丘的招牌，故这块孔丘的招牌——无论是老店，是冒牌——不能不拿下来，捶碎、烧去!”③

其三，改造国民思想之希望在青年。陈独秀、胡适等认为，在多数国民思想守旧、迷信盲从、无独立性、无自觉心的状况下，改造国民思想的希望在于青年。在《青年杂志》(后改为《新青年》)的创刊号上，陈独秀发表《敬告青年》一文，号召青年“利刃断铁，快刀理麻”，挣脱旧伦理的羁绊，进行彻底的思想革命，争做一个具有现代意识的新青年。他还提出了新青年应当具备的六大特质：自主的而非奴隶的，进步的而非保守的，进取的而非退隐的，世界的而非锁国的，实利的而非虚文的，科学的而非想象的。④正可谓切中时弊。

---

① 陈独秀：《本志罪案之答辩书》，《新青年》第6卷第1号，1919年1月15日。

② 陈独秀：《吾人最后之觉悟》，《青年杂志》第1卷第6号，1916年2月15日。

③ 胡适：《吴虞文录·序》，《晨报》副刊，1921年6月21日。

④ 参见陈独秀：《敬告青年》，《青年杂志》第1卷第1号，1915年9月15日。

03　陈独秀和《新青年》

在中国近代历史上，有一场与世界潮流逆行的复辟闹剧——袁世凯称帝。虽然袁世凯只当了八十三天皇帝就积郁成疾、溘然离世，但其前前后后的过程，或可成为陈独秀创办《新青年》的最好注脚。

袁世凯，字慰亭，号容庵，河南项城人。自幼喜爱兵法，为此常常不惜重金购买兵书。两度乡试未中。二十一岁投奔淮军从军，二十三岁因平定朝鲜壬午兵变有功，以帮办朝鲜军务身份驻藩属国朝鲜，协助训练新军。后因平定“开化党”人的甲申政变，强化了清朝和朝鲜的宗藩关系，受到李鸿章赏识。甲午战争爆发前夕，袁世凯离开朝鲜，回国后在天津小站训练新军，由袁世凯训练的北洋新军后来成为清末陆军主力。

戊戌政变后，袁世凯历任山东巡抚、直隶总督兼北洋大臣，成为李鸿章去世后，清王朝最有影响力的官员。辛亥革命爆发后，因“足疾”开缺回籍的袁世凯应诏出山，出任内阁总理并启动南北议和，意图在清廷实行君主立宪，统一南北。但清帝退位、实行共和势成必然。袁世凯凭借军权，对上频频逼宫，对外倡议共和，并在清廷被迫接受并颁布皇帝退位诏书后，成为新的临时大总统。

袁世凯在位时做了几件狠事：一是指使或授意刺杀国民党领袖宋教仁，镇压国民党由此发动的“二次革命”；二是在国会选举其为大总统后，旋即解散国会，成立“政治会议”；三是与日本签署卖国的不平等条约《中日民四条约》（“二十一条”的修正案）；四是通过《中华民国约法》，废除《中华民国临时约法》，改大总统任期为十年并可无限制连任；五是建立君主立宪制，复辟称帝。

袁世凯的倒行逆施使人们认识到，依靠旧官僚和旧军阀推行民主共和政治，是根本行不通的。在当时的中国，革命已经流产，复古思潮弥漫，甚至中小学校又都恢复了读经。面对这种情形，中国先进分子不得不开始寻找新的革命出路，强调救中国、建共和，首先要进行思想革命，尝试通过开展新文化运动，促进人们文化的觉醒和思想的启蒙。而拉开新文化运动序幕的重要标志是

《青年杂志》的创刊，创办者就是陈独秀。

陈独秀，原名陈庆同、陈乾生，字仲甫，号实庵，安徽怀宁人。自幼丧父，随祖父修习“四书五经”，十六岁时考中秀才，十八岁撰写论文《扬子江形势论略》。1901年因反清宣传活动被清政府通缉，逃往日本留学。1905年在安徽芜湖创立革命组织岳王会。在家乡参加过辛亥革命，曾任安徽都督府秘书长。1913年参加讨袁二次革命，失败后被捕。1914年再次逃亡日本，协助章士钊编辑《甲寅》杂志，反对袁世凯复辟帝制。1901年至1915年，先后五次东渡日本求学或避难。

1915年9月，从日本归国的陈独秀，在上海创办《青年杂志》。该刊以鲜明的政治抱负，紧扣时代脉搏，倡议思想解放之大论，而且根据国内外形势的发展变化，不断调整办刊宗旨。陈独秀在《社告》中指出：“国势陵夷，道衰学弊。后来责任，端在青年。”“我国青年，虽处蛰伏研求之时，然不可不放眼以观世界。”[①]在为《青年杂志》新写的发刊词《敬告青年》中提出了六句话：自主的而非奴隶的，进步的而非保守的，进取的而非退隐的，世界的而非锁国的，实利的而非虚文的，科学的而非想象的。[②]在《法兰西人与近世文明》中指出，“近世文明之特征，最足以变古之道，而使人心社会划然一新者，厥有三事：一曰人权说，一曰生物进化论，一曰社会主义，是也”[③]，提出要阐发近世文明，输入世界最新思潮，促进青年的自身觉悟和观念更新。他总结近代欧洲强盛的原因，认为人权和科学是推动社会历史前进的两个车轮，要高举科学与民主两面大旗，鞭挞封建专制思想，通过进行思想革命，实现救中国、建共和的目的。

1916年9月，《青年杂志》更名为《新青年》，陈独秀在《新青年》第一期上发表《新青年》一文，号召青年人做新青年，“以别夫旧青年也”。他提出“新青年”的标准是：在生理上要改变白面书生的“美其貌，弱其质”，要“求

---

① 陈独秀：《社告》，《青年杂志》第1卷第1号，1915年9月15日。

② 参见陈独秀：《敬告青年》，《青年杂志》第1卷第1号，1915年9月15日。

③ 陈独秀：《法兰西人与近世文明》，《青年杂志》第1卷第1号，1915年9月15日。

得一面红体壮，若欧美青年之威武陵人”；在心理上要斩尽涤绝做官发财思想，而内图个性之发展，外图贡献于其群；以自力创造幸福，而不以个人幸福损害国家社会。[①]正是从这个时候开始，胡适也开始参与《新青年》的撰稿。

1917年初，蔡元培聘请陈独秀出任北京大学文科学长，《新青年》杂志编辑部也随之迁往北京。《新青年》的编辑也由陈独秀一人改为编辑部同人共同负责，主要由李大钊、钱玄同、刘半农、胡适、鲁迅、沈尹默、高一涵、周作人轮流编辑。同年1月，胡适在《新青年》发表著名的《文学改良刍议》，主张以白话文代替文言文，详细阐述了白话文的优势："一曰，须言之有物。二曰，不摹仿古人。三曰，须讲求文法。四曰，不作无病之呻吟。五曰，务去烂调套语。六曰，不用典。七曰，不讲对仗。八曰，不避俗字俗语。"[②]鲁迅甚至临终前还念念不忘的是："汉字不灭，中国必亡。因为汉字的艰深，使全中国大多数的人民，永远和前进的文化隔离，中国的人民，绝不会聪明起来，理解自身所遭受的压榨，整个民族的危机。"[③]2月，陈独秀发表《文学革命论》，强调要推倒雕琢的阿谀的贵族文学，建设平易的抒情的国民文学；推倒陈腐的铺张的古典文学，建设新鲜的立诚的写实文学；推倒迂晦的艰涩的山林文学，建设明了的通俗的社会文学。[④]主张以新文学作为新政治、改造社会之途。

陈独秀正是以"白话文运动"为切入点，掀起了轰轰烈烈的新文化运动。《新青年》杂志从1915年9月创刊到1926年7月终刊，共出九卷五十四号。其中许多文章产生了广泛而深远的影响。如陈独秀的《驳康有为致总统总理书》，驳斥"定孔教为国教"的谬论；李大钊的《青春》，号召青年"冲决过去历史之网罗，破坏陈腐学说之囹圄"，期待"青春中国之再生"；李大钊的《庶民的胜利》，欢呼民主主义战胜，预须知今后的世界，变成劳工的世界；胡适的《建设的文学革命论》，指出唯一宗旨只有十个大字："国语的文学，文学的国

① 参见陈独秀：《新青年》，《新青年》第2卷第1号，1916年9月1日。
② 胡适：《文学改良刍议》，《新青年》第2卷第5号，1917年1月1日。
③ 芬君：《前进思想家鲁迅访问记》，《救亡情报》第4期，1936年5月30日。
④ 参见陈独秀：《文学革命论》，《新青年》第2卷第6号，1917年2月1日。

语”；毛泽东的《体育之研究》指出，身体犹如“载知识之车”“寓道德之舍”，“无体是无德智也”。另外，还有论贞操、女性解放、孩子教育等问题的文章。此时，陈独秀和李大钊等人还创办了《每周评论》，傅斯年等人创办了《新潮》，三者相互呼应，共同为新文化运动摇旗呐喊。

04　五四运动的升华

1919年1月18日，第一次世界大战的战胜国在巴黎召开和平会议。北洋政府和广州军政府联合组成中国代表团，以战胜国身份参加和会。在会上，中国代表提出取消列强在华的各项特权、撤出外国在中国的军队，收回山东主权、废除“二十一条”等正当要求。然而巴黎和会在帝国主义列强的操纵下，无视中国代表的一再反对，明文规定把战前德国在中国山东的特权，全部转让给日本。

“公理战胜强权”是中国人对巴黎和会的期许，也是鸦片战争以来几代人的梦想。然而弱国无外交，即便是再强烈、再合理的诉求，在强权政治下，也被碾压得无声无息。令人气愤的是，北洋政府竟准备指令代表团签字。这一消息被正在巴黎进行民间访问的梁启超知晓，立即电告北洋政府外交委员会的汪大燮和林长民，警告政府万勿署名，以示决心。林长民据此在5月2日的北京《晨报》上发表《外交警报敬告国民》一文，惊呼“胶州亡矣，山东亡矣，国不国矣”，呼吁“愿合我四万万众誓死图之”。[①]5月3日凌晨，汪大燮前往北京大学与蔡元培商议。蔡元培当即通知新潮社的傅斯年和国民社的许德珩等人召开紧急会议，商谈组织学生大游行事宜。5月3日晚，北京大学学生举行大会，北京高等师范学校、法政专门学校、高等工业学校等也有代表参加。会议最后定出四条办法：（一）联合各界一致力争；（二）通电巴黎专使，坚决不在和约上签字；（三）通电各省于1919年5月7日国耻纪念日举行游行示威运动；（四）

---

① 林长民：《外交警报敬告国民》，《晨报》，1919年5月2日。

5月4日上午，北京高等师范学校与北京大学、中国大学等十三所学校代表在法政专门学校开会，决议下午在天安门前举行集会和示威游行。

1919年5月4日下午，北京高等师范学校、北京大学、中国大学三所高校的三千多名学生代表冲破军警阻挠，云集天安门前。他们打出“誓死力争，还我青岛”“收回山东权利”“拒绝在和约上签字”“废除二十一条”“抵制日货”“宁为玉碎，勿为瓦全”“外争主权，内除国贼”等口号，并且要求惩办交通总长曹汝霖、币制局总裁陆宗舆、驻日公使章宗祥。学生游行队伍行进至曹宅，痛打了章宗祥。北京高等师范学校数理部的匡互生，第一个冲进去，并带头火烧曹宅，引发“火烧赵家楼”事件。随后，北洋政府出动军警镇压，逮捕了学生代表三十二人。

5月19日，北京各校学生同时宣告罢课，并向各省的省议会、教育会、工会、商会、农会、学校、报馆发出罢课宣言。天津、上海等地二十多所院校的学生纷纷罢课响应。6月3日、4日，北京学生讲演团分赴全市各主要街道演讲，北洋政府再次派军警镇压，逮捕八百七十多名爱国学生，激起全国各界的义愤，引发了新一轮的大规模抗议活动。

1919年6月5日，上海工人挺身而出，举行大规模罢工，响应学生。工人罢工总人数前后约有六七万人。自此，运动的主力由北京转向上海。

在上海工人罢工的影响下，沪宁铁路和沪杭铁路工人、京汉铁路工人、京奉铁路工人相继罢工，天津、汉口、长沙、芜湖、南京、济南等地都有工人罢工。全国二十二个省、一百五十多个城市掀起学生罢课、工人罢工、商人罢市“三罢”高潮，社会各阶层纷纷站出来支持学生运动。

以学生运动为主导、以工人为主体的五四爱国群众运动的迅猛发展，在社会上造成了强大的政治压力和舆论压力，迫使北洋政府不得不释放被捕学生，免除曹、章、陆的职务，总统徐世昌提出辞职，中国代表拒绝在《凡尔赛和约》上签字。至此，五四运动取得重大胜利。

五四运动之后，新文化运动进一步扩展，一大批带有浓厚时代气息的刊物应运而生，极大地拓展了新思想舆论宣传的阵地，如《每周评论》《新潮》《民国日报》《时事新报》《曙光》《少年中国》《新社会》《新中国》《进步青年》《新生》《奋斗》《湘江评论》《觉悟》等。这些期刊以饱满的政治热忱，主张青年以改造国家和社会为己任。

由几位山东籍大学生创办的《曙光》杂志，在创刊号上旗帜鲜明地提出，“（我们）不满于现在的社会，想着另创一种新社会”，要以“根据科学的研究，良心的主张，唤醒国人彻底的觉悟，鼓舞国人革新的运动”。[①]

由王光祈、曾琦、李大钊等人在北京发起成立的少年中国学会的机关刊物《少年中国》，宣称“本科学的精神、为社会的活动，以创造‘少年中国’”[②]。

由毛泽东主编和主要撰稿的湖南省学联刊物《湘江评论》，明确提出“以宣传最新思想为主旨”[③]。

由马骏、周恩来等组织的天津学生爱国团体觉悟社的社刊《觉悟》，提出其办刊宗旨：本“革心”“革新”的精神，求大家的“自觉”“自决”。[④]

早期共产主义者邵力子在《民国日报》刊出著名的《觉悟》副刊，开宗明义写道：“外国的新潮流，跟着我国的失败，一点一点的输进来，我们也就一点一点的觉悟起来。”[⑤]

不仅如此，各地知识分子和青年学生还积极成立各种社会团体与组织，积极服务大众，改造社会。这些团体和组织有中国哲学会、新教育共进社、共学社、讲学社、少年中国学会等。而新型舆论宣传阵地的拓展和新兴社团的涌现，又进一步激发了广大知识分子和青年学生改造社会的热情，一股致力于改造社会的思潮迅速兴起。

五四运动在中国近现代历史上具有极其重大的历史意义：

它是一次彻底的反帝反封建的爱国主义运动。鸦片战争以来，中国社会各阶层围绕救亡图存的历史任务，纷纷登上政治舞台，提出各自的主张和举措，

---

① 《曙光》，1919年11月1日。

② 《少年中国》，1919年7月15日。

③ 《湘江评论》，1919年7月14日。

④ 参见《觉悟》，1919年12月29日。

⑤ 《民国日报·觉悟》，1919年6月18日。

但都未能涉及彻底的反帝反封建的内容，因而不但不能完成救亡图存的历史任务，而且“坐视”中国在帝国主义和封建专制统治下的灾难日益深重。五四运动使人们认识到，如果不认清帝国主义和封建专制主义的本质，不采取坚决有力的措施打倒帝国主义和封建专制统治，中国的民族民主革命永远没有出路。在五四运动的推动下，中国民主革命逐步从旧民主主义转向新民主主义，发生了质的变化。

它是一次真正意义上的群众运动。中国近代以来的历次斗争，救亡图存一直只是个别阶级和派别肩负的历史使命，无论是洋务运动、戊戌变法还是辛亥革命，都把人民大众排斥在外。没有发动和依靠人民大众，最终只能以失败告终。而五四运动真正突破了阶级阶层和利益集团的界限，成为全国人民普遍关注和参与的政治运动。特别是在运动后期工人阶级的参与，标志着运动突破了知识分子、青年学生的狭小范围，发展成为工人阶级、小资产阶级、民族资产阶级广泛参加的全国范围的群众性爱国运动。五四运动参加群众之众多，区域之广泛，影响之深远，都大大超过了以往的改良和革命。这场空前的群众运动告诉人们，人民的力量一旦彰显出来，就再也没有任何力量能压倒。

五四运动是一场工人阶级以独立姿态登上历史舞台的运动，也是一场学习和宣传马克思主义的思想运动。在这场运动中，工人阶级开始摆脱资产阶级的影响和束缚，作为独立的阶级力量登上政治舞台，由“自在”阶级变为“自为”阶级，自觉地为中国的独立、民族的解放而斗争。其间，一批初具共产主义思想的知识分子成为中国革命的组织者和领导者，伟大的十月革命成为中国革命的方向和中华民族解放的希望。而马克思列宁主义因为十月革命的胜利成为全社会关注的焦点，翻译马列主义原著，研究马克思主义的社团，宣传社会主义思潮的刊物，如雨后春笋般，迅速在全国各地蔓延、生长。

五四运动是中国近代史上最具划时代意义的事件。从此，中国历史翻开了崭新的一页。

05 实证主义思潮的勃兴

1912年4月1日，南京同盟会的老战友们，为孙中山举办辞去临时大总统的饯行会，孙中山发表了热情洋溢但又意犹未尽的演说。他说：振兴中国的目的，是建立一个没有贫富对立的理想社会。“中华民国成立，民族、民权两主义俱达到，惟有民生主义尚未着手，今后吾人所当致力的即在此事。”①他将民生主义概括为平均地权、自报地价、国家照价收税和将来土地涨价归公等几个环节，指出：“仆之宗旨在提倡实业，实行民生主义，而以社会主义为归宿，俾全国之人，无一贫者，同享安乐之幸福，则仆之素志也。”②

这场演讲之后，孙中山开始周游各省，宣传民生主义和实业救国计划。

有一次孙中山在广州演讲时说：“兄弟著了一本书，叫做‘实业计划’。这本书的主张，是借用外资从事生利的事业。像开辟市场、兴办工厂、建筑铁路、修治运河、开发矿产。那些大生利的事业，都归公有，把各种新事业的利益都归之公家。”③这一计划包含六大计划：一是筑不封冻之北方深水大港于直隶湾，建筑铁路系统，移民蒙古、新疆，开浚运河，开发山西煤矿铁源；二是筑东方大港以使之成为世界级头等商港，整治扬子江水路及河岸，建设南京、武汉等内河商埠，改良扬子江运河、淮河、汉水、鄱阳湖系统、洞庭湖系统，创建大士敏土厂；三是改良广州为一世界港，改良广州水路系统，建设中国西南铁路系统，建设沿海商埠及渔业港，创立造船厂；四是建设中央、东南、东北、高原铁路系统，扩张西北铁路系统，创立机车、客货车制造厂；五是发展满足个人及家族生活所必需和生活安适所由得的粮食、衣服、居室、汽车及各种运输工具制造、印刷等工业；六是发展采矿工业，包括铁矿、煤矿、油矿、铜矿、特种矿之采取，矿业机器之制造，冶矿机厂之设立。此计划可谓规模宏

① 《孙中山选集》上，人民出版社，2011年版，第98页。

② 《孙中山全集》第二卷，中华书局，1981年版，第340页。

③ 陈劭先：《中山文选》，文化供应社，1948年版，第223页。

大，振奋人心。据说在武昌，孙中山望着奔腾不息的长江，面对露天会场涌动的人潮，提出修建长江大桥、挖掘长江隧道、建设世界最大最高的水坝等设想。如此宏伟的蓝图，令国人心潮澎湃。①

为了实现“实业计划”，孙中山自请出任铁路督办，计划十年内修筑二十万里铁路，即南、中、北三大铁路干线，总投资为六十亿元。南线自南海，经广东、广西、贵州、云南、四川，通入西藏，绕至天山之南；中线自扬子江口，经江苏、安徽、洞南、陕西、甘肃、新疆，至伊犁；北线自秦皇岛，绕辽东，折入内蒙古，直穿蒙古，到达乌梁海。1914年10月，中国铁路总公司在上海成立。袁世凯表面上特授孙中山以筹划全国铁路的全权，背地里却想方设法予以阻止。在参议院审议孙中山主持起草的《中国铁路总公司条例草案》时，大幅度削减铁路总公司的职权，将修路计划完全纳入北洋政府控制之下。而外国资本家囿于中国的政治环境，也无意帮孙中山实现修路计划。孙中山的修路计划乃至整个实业救国计划因此陷入困境。

实证主义思潮的勃兴，与辛亥革命后实业救国、民主共和两大主题密切相关。而最早引入中国的实证主义思想，是法国哲学家、社会学家奥古斯特·孔德的学说。

孔德在中学时代接受启蒙主义思想，并有极好的数学天赋。1818年，因为其严谨的思维方式和良好的数学修养，被著名空想社会主义者圣西门赏识并聘为秘书。在圣西门身边，孔德学到了很多东西，但也与圣西门发生意见分歧。六年后，孔德离开圣西门，立志建立自己的思想体系，并终生从事教育和著述。反映其思想体系的代表作是《实证哲学教程》，在这部著作中，孔德创建了“社会学”这一新学科，提出了社会学的研究范围、研究方法及其在各学科中的地位。孔德还提出了“社会静力学”和“社会动力学”思想，以此来探究人类社会的发展规律。在他眼里，“社会静力学”由个人、家庭、社会、国家四部分理论构成，主要研究社会的起源和秩序；“社会动力学”主要研究社会

① 参见尚明轩：《孙中山传》，文化艺术出版社，2008年版，第163页。

进化、变迁的规律，提出社会的发展是人类智慧发展的派生物，遵循军事阶段、过渡阶段、工业阶段的发展规律，工业阶段是人类最后的固定阶段。

中国实证主义思潮的代表人物是胡适、傅斯年等，并形成了一个重要的派别——科学方法派。他们认为，中国思想与中国历史虽有悠久的传统并取得过相当的成就，但方法陈旧，不甚科学和严密。因此要借鉴西方社会学的经验，大力推进方法的科学化。胡适撰写了大量讨论方法的文章，并一再表明自己的一份苦心："在这些文字里，我要读者学得一点科学精神，一点科学态度，一点科学方法。"[①]傅斯年提出必须严格按照自然科学的规律和精神进行学科建设，甚至提出"我们不是读书的人，我们只是上穷碧落下黄泉，动手动脚找东西"[②]，秉持一份证据说一份话的实证主义精神。与傅斯年有过多年密切合作的李济也认为，我们的"责任是用自然科学的手段，搜集人类历史材料，整理出来，供文学家采用"[③]。

概括起来，他们的主要观点有：（一）经验事实的实在性与验证在认识事物过程中具有突出意义。胡适指出，实证主义只是一个研究问题的方法，其要旨在于"注重事实，尊崇证验"[④]。进而言之，"科学态度在于撇开成见，搁起感情，只认得事实，只跟着证据走"。"没有证据只可悬而不断；证据不够，只可假设，不可武断；必须等到证实之后，方才奉为定论。"[⑤]（二）在治学过程中，方法与材料不可偏废。"同样的材料，方法不同，成绩也就不同。但同样的方法，用在不同的材料上，成绩也就有绝大的不同。""纸上的材料只能产生考据的方法；考据的方法只是被动地运用材料。自然科学的材料却可以产生实验的方法"[⑥]，且能不受现成材料的束缚，而开拓出新的研究领域或成果。

① 胡适：《介绍我自己的思想》，葛懋春、李兴芝编：《胡适哲学思想资料选》上，华东师范大学出版社，1981年版，第349页。

② 《傅斯年全集》第三卷，湖南教育出版社，2003年版，第10—11页。

③ 李济：《安阳》，河北教育出版社，2000年版，第312页。

④ 葛懋春、李兴芝编：《胡适哲学思想资料选》上，华东师范大学出版社，1981年版，第217页。

⑤ 葛懋春、李兴芝编：《胡适哲学思想资料选》上，华东师范大学出版社，1981年版，第349页。

⑥ 《胡适文集》治学卷，长春出版社，2013年版，第79页。

（三）要注重扩张研究的工具，自觉运用现代自然科学和其他科学的知识、研究成果和方法。

科学方法派从20世纪20年代末起，就不断遭到多方面特别是唯物史观派的挑战。郭沫若在《中国古代社会研究》中指出，胡适等人打出的旗号是“实事求是”，而我们的“批判”精神是要在“实事之中求其所以是”。[①]翦伯赞更从方法论的角度作了分析，指出：“实验主义是以极粗浅的形式逻辑为基础的玄学”，尽管他们也说因果律，但关注的不过是个别事物的外在关系，“他们就用着这样的方法去片面地、零碎地、孤立地解释历史上的诸现象，从而历史在他们眼前，便变为‘断烂朝报’”。[②]朱谦之也指责科学方法派存在三大缺陷：“他们不谈思想，不顾将来，其心理特征完全表现着对于眼前社会剧变之无关心，而只把眼光放在过去的圈套里面，此其一。还有他们主张历史为破罐子，不认有历史进化法则之存在；这样以历史事实为特殊的孤立东西，正是他们个人主义特性之充分的表现，此其二。还有考证及考古派对于史料依于贪多务得的心理，在行为上也是所以形成资产社会之御用的史家的原因。”[③]这种只注重实证，而不注重现实的社会思潮，随着社会革命的兴起与深入，逐渐偃旗息鼓、被人遗忘。

06　返本为人的新人文主义

在新文化运动这一浩浩荡荡的历史潮流中，也有一些唱对台戏的人物。在前期，主要是晚清最早的维新启蒙者“旧派中的新派”，如康有为、梁启超、严复、章太炎等。年轻一代视他们为已经过气的旧派人物，或是“半旧半新”的人物，甚至调讥道：“你说他旧么，他却像新，你说他新么，他却实在不

---

① 《郭沫若全集》历史编第一卷，人民出版社，1982年版，第7页。

② 《翦伯赞史学论文选集》第一辑，人民出版社，1980年版，第1、8页。

③ 《朱谦之文集》第六卷，福建教育出版社，2002年版，第97—98页。

配。”[①]而在后期，则是另一种类型的新古典主义者，人们称之为“新派中的旧派”，以学衡派最为典型。他们在美国名校受过系统的、良好的学术训练，知识系统是新的、西方的，然而他们却以守护中国文化本位为己任，与实证主义思潮为敌，代表人物有梅光迪、吴宓等。

同样是留美学生，为什么在政治理念上有如此大的区别呢？归根结底，与其崇拜的理论与师承不同有关。据考证，“五四”期间，留美学生中对后来中国文化最有影响的，当属两个群体。一是在哥伦比亚大学求学、拜杜威为师的中国学生，如胡适、蒋梦麟、马寅初、张伯苓、罗家伦等。二是在哈佛大学求学，拜白璧德为师的中国学生，如梅光迪、吴宓等。前者信奉实证主义，后者信奉新人文主义。当胡适以倡导文学革命一夜暴得大名，回国后更是与陈独秀在一起，掀起了白话文革命和新文化运动的大潮时，梅光迪、吴宓等自命不凡者大为不爽，因而在批评中比传统的保守主义者还要痛恨胡适。吴宓曾在《学衡》上发表《论新文化运动》一文，尖锐地批评道：“近年国内有所谓新文化运动者焉，其持论则务为诡激，专图破坏”，“利用国人一时之意气感，以自占地步而厚植势力，是则商家广告之术、政党行事之方，而非论究学理，培植文化之本旨”。[②]他们决意与胡适等人鏖战一番。梅光迪、吴宓回国后，前后受聘于东南大学，并与刘伯明、柳诒徵、胡先骕等志同道合者会合。他们创办《学衡》杂志，与新文化运动的《新青年》论战。自此，东南大学与北京大学一南一北唱对台戏，展开了一场争夺文化话语权的大战。

学衡派的观点主要有三：

其一，反对文化激进主义，主张发扬传统儒家思想。针对《新青年》倡导的新文化运动，梅光迪在《留美学生月刊》上连续发表《我们这一代的任务》《我们需要关切国家》《中国的新学者——学者的为人》三篇文章，指出在目前文艺复兴时代，仅以进化论作为评判标准，则必然与破坏性倾向相结合，从而

---

① 《杜亚泉文存》，上海教育出版社，2003年版，第401页。

② 吴宓：《论新文化运动》，《学衡》第4期，1922年4月。

否定一切价值标准，出现以打倒偶像、破坏传统为满足的激进行为，导致以暴制暴。他主张在现实条件下，以传统文化中的中庸、中和等圣贤思想和道德价值为标准，融合新旧，达成和谐。梅光迪到东南大学任教不久就创办了《学衡》杂志，并在第1期上发表《评提倡新文化者》，对新文化运动的主要人物进行抨击。吴宓发表的《论新文化运动》，表现出学衡派与新文化派思想争论之焦点。吴宓从白璧德物质之律与人事之律有别立论，指出："今欲造成中国之新文化，自当兼取中西文明之精华，而熔铸之，贯通之。吾国古今之学术德教，文艺典章，皆当研究之、保存之、昌明之、发挥而光大之。"认为国内新文化运动，"其持论则务为诡激，专图破坏"，与中国传统文化悖逆抵触而不相合，"此于造成新文化，融合东西文明之本旨，实南辕而北辙"。①

其二，反对一味效仿西方教育模式，主张坚守本国优良传统。学衡派非常反对新文化运动以来一味效仿西方、背弃本国传统的做法，认为中国传统教育素主人文，以潜修学术、砥砺德行为宗旨，致力于掌握各种文化知识和提高处事能力，尤其重视个人品德操守的修养，因此主张加强对中国教育史，尤其是孔子教育思想的研究，以汲取"古圣人教育大义"。认为孔子"不愤不启，不悱不发"和"举一隅不以三隅反，则不复也"等教学方法，与德国近代教育家赫尔巴特的五段教学法暗合。在学衡派看来，精神的陶铸是教育之本，而物质创造是教育之末，旧式教育的根本正义仍是可贵和宜为保存的。他们还认为，真正的学者不仅要有广博的知识、深厚的道德修养和高尚的人生理想，还要有社会道德责任感。

其三，反对独尊白话文，主张各种文体各行其是，各擅所长。学衡派认为，文学革命不能变成独尊白话文，对历史上的各种文体要有足够的继承和尊重。梅光迪指出："吾国文学，汉魏六朝则骈体盛行，至唐宋则古文大昌。宋元以来，又有白话体之小说、戏曲……夫革命者，以新代旧，以此易彼之谓。若古文白话递兴，乃文学体裁之增加，实非完全变迁，尤非革命也。诚如彼等

---

① 吴宓：《论新文化运动》，《学衡》第4期，1922年4月。

所云，则古文之后，当无骈体；白话之后，当无古文。而何以唐宋以来，文学正宗，与专门名家，皆为作古文或骈文之人？此吾国文学史上事实，岂可否认，以圆其私说者乎？盖文学体裁不同，而各有所长，不可更代混淆，而有独立并存之价值，岂可尽弃他种体裁，而独尊白话乎？”[①]他们还认为，文学演进是一个历史传承的过程，不能简单理解为旧死新生或破旧立新的过程，因而主张以“文学建设”和“文学自由”的口号来代替“文学革命”。

从科学的视角来看，学衡派的上述观点有许多可取之处，甚至对后世如何对待传统文化有积极的借鉴作用。但是，“五四”之后，一个平民的时代已经到来，白话文代替文言文、主义战胜学理、大众文化战胜精英文化，平民精神打败贵族精神，成为不可逆转的大趋势。然而面对这一历史潮流，学衡派看错了时代，他们有太强的精英意识，蔑视大众文化，因而在群众中始终找不到知音。胡适在《学衡》刊行之始，就在《五十年来中国文学》（1922）中轻松说道：“今年南京出了一种《学衡》杂志，登出几个留学生的反对论，也只能谩骂一场，说不出什么理由来。……《学衡》的议论，大概是反对文学革命的尾声了。我可以大胆说，文学革命已过了讨论的时期，反对党已经破产了。”[②]吴宓在日记中坦称：“宓不幸，则欲二者兼之。心爱中国旧日礼教道德之理想，而又思以西方积极活动之新方法，维持并发展此理想，遂不得不重效率，不得不计成绩，不得不谋事功。”[③]最后，随着时代的发展，学衡派被视为守旧势力而倍受冷落，其影响也就日渐式微了。

07 克鲁泡特金在中国的超高礼遇

无政府主义思想是最早传入中国并产生广泛影响的思想之一，而在中国传播无政府主义的人中，刘师复是不可不说的一位。

---

① 梅光迪：《评提倡新文化者》，《学衡》第1期，1922年1月。

② 《胡适文集》第3卷，北京大学出版社，1998年版，第262—263页。

③ 吴学昭整理：《吴宓日记》第3册，生活·读书·新知三联书店，1998年版，第355页。

刘师复出身广东香山一门望族，原名刘绍彬，字子麟，学名绍元，别名思复。1904年赴日本留学，1905年加入中国同盟会。1906年回国后至香港创办《东方报》，刘师复曾这样回顾："彼时可谓纯粹之政治革命党"[①]，致力于推翻清朝封建统治，建立民主共和的革命政权。1907年受组织委派回国，为配合同盟会举行钦州起义而策划行刺广东水师提督李准。但因秘密携带的炸弹提前爆炸，刘师复不仅把自己炸伤，切掉了左手，还被警察抓住，关在监狱两年多。在监狱的日子里，他看到弟弟给捎来的《新世纪》[②]杂志，深深被无政府主义思潮所吸引，认为无政府主义是崇高的，"经种种刺激及研究，而余之思想一变"[③]。

1909年底，刘师复出狱，随即在香港组织了"支那暗杀团"。刘师复说，从他组织暗杀团之日起，"吾人为欲实现无政府共产之社会，所用之唯一手段则曰'革命'。对于真理之障碍物，以'直接行动'铲除之，无所容其犹豫"[④]。刘师复组织了一系列暗杀活动，但历史一再跟他开着玩笑：他想亲自去行刺清朝重臣载沣，行至半途，武昌起义爆发，革命的最大敌人一下子变成了袁世凯；他打算刺杀袁世凯，当他到达上海的时候，又听到南北议和即将开始的消息，于是放弃了暗杀计划。看到自己的行动总比革命党慢半拍，而且又见闻辛亥革命后一些争权夺利的现象，刘师复感到一切政府和官吏都黑暗无比，毫无可取之处，因此决定要标揭无政府主张了。

1912年夏天，刘师复回到广州，创立了晦鸣学舍，取"风雨如晦，鸡鸣不已"之意，定位于"平民之机关"，以"令天下平民生活之幸福"为宗旨。该组织成员大多是刘师复亲友，一起劳动、一起生活、一起学习，刊印无政府主义小册子，创办《晦鸣录》（后改为《民声》）杂志，来联络、宣传和实践无政府主义，使无政府主义思想在民国初年呈现骎骎之势，得到很大发展。

---

① 《师复文存》，革新书局，1928年版，第225页。师复即刘师复。

② 《新世纪》是中国的无政府主义者在法国巴黎创办的一份杂志，专门弘扬无政府主义思想。

③ 《师复文存》，革新书局，1928年版，第225—226页。

④ 皮明庥：《辛亥革命与近代思想——近代历史探研录》，陕西师范大学出版社，1986年版，第368页。

两个月后，刘师复又设立心社，作为一个宣传道德修养的精神组织，与以“推翻政府及资本制度为目的”的晦鸣学舍截然不同。他还为“心社”制定了十二条社约：不食肉，不饮酒，不吸烟，不用仆役，不坐人力车、轿，不婚姻，不称族姓，不做官吏，不做议员，不入政党，不做海陆军人，不奉宗教等。并称其是根据人道主义、社会主义、无政府主义之真理制定的。①刘师复宣扬的无政府主义，主要是俄国哲学家克鲁泡特金的无政府共产主义思想，他在《晦鸣录》中宣称：“克鲁泡特金，吾党中泰斗。”“克氏学说，实不愧为吾党之经典。”②刘师复病逝后，黄凌霜、区声白继承了他的衣钵，继续宣扬克鲁泡特金的无政府共产主义。

彼得·阿列克谢耶维奇·克鲁泡特金，俄国革命家和地理学家，无政府共产主义的创始人及重要代表人物之一。克鲁泡特金出身于莫斯科一个贵族家庭，十五岁时由沙皇推荐进入圣彼得堡士官学校学习，阅读了大量具有民主革命色彩的书籍报刊，产生了改革社会的抱负和理想。军校毕业后，曾任沙俄军官，后离开军职，潜心于地理学研究，一度成为颇有声望的地理学家。19世纪70年代初，受西欧无政府主义思潮的影响，克鲁泡特金转变为无政府主义者。此后，他把毕生精力都倾注在无政府主义活动上。

克鲁泡特金在无政府主义思想发展史上占有极其重要的地位。他继承并发展了德国无政府主义者施蒂纳、法国无政府主义者蒲鲁东、俄国无政府主义者巴枯宁等人的观点，创立了一套完整的无政府共产主义理论体系，堪称无政府主义思想的集大成者。他的主要著作有《一个反抗者的话》《面包与自由》《田园、工厂、手工工场》《互助论》等。

其主要思想观点有：

第一，人类社会的发展要遵循伟大的互助原则。克鲁泡特金在《互助论》中指出：“必须区别生存竞争的两个不同的方面：物种对不利的自然条件与敌

---

① 参见师复：《编辑绪言》，《晦鸣录》第1期，1913年8月20日。

② 《克鲁泡特金为人及其言论》，师复译，《民声》第8号，1914年5月2日。

对的种的外部斗争和物种内部为争夺生活资料而进行的内部斗争。”[①]通过考察，他竭力让人们相信，生存竞争只存在于不同的物种之间，在同一物种内部则主要是联合、互助。“物竞天择，适者生存”的意义仅在于，内部互助能力强的物种在竞争中保存下来，不断进步，而互助能力差的物种则在竞争中失败，被淘汰。人作为最高级的动物，“在自然中不是例外，也要遵循伟大的互助原则”[②]。互助本能是人类社会发展的根本动力。在石器时代，人类结成氏族和部落生活；在蒙昧时期，人们创造了一系列社会组织，保留了公有制和高尚的社会道德；进入野蛮时代后，村落公社、行会制度、自由城市等使人们达到了互助和互卫的目的；只是到了近代，由于私有制和国家的出现，互助的倾向才受到压抑。

第二，国家是强权的产物。克鲁泡特金指出，国家既不是上帝的恩赐，也并非人民之间的自愿联合，而是强权的产物。他认为，人类社会存在两种对立的潮流，一种是人民的潮流，代表人类的互助倾向；一种是强权的潮流，极少数人总想高居人民之上，强迫人民为自己劳动。人类社会发展之初，人民的潮流占据统治地位，只有社会，没有国家，人民生活在自由联合的团体中，集体决定公共事务。后来，随着私有制的出现，强权的潮流逐步抬头，少数富有者联合起来，攫取了社会权力，建立起军队，于是便产生了专为少数人服务的国家。而国家扼杀了广大人民的自由意志和创造力，是频繁发动战争的根源，吞噬了一切社会的职能。因此占人口大多数的、生产一切的劳动人民再也不愿意维持国家的存在了，国家的末日就要到来了。[③]

第三，发动一场消灭国家的深刻的社会革命。克鲁泡特金认为，现存社会制度内部的持续性危机，预示着革命即将来临，这种危机一方面表现为平民的觉醒；另一方面则表现为统治阶级的道德、智慧和统治的破产，以及有闲阶级想阻止平民觉醒的徒劳无功和奄奄待毙。这两种倾向的进一步发展，必将引起

---

① ［俄］克鲁泡特金：《互助论：进化的一个要素》，李平沤译，商务印书馆，1984年版，第5页。

② ［俄］克鲁泡特金：《互助论：进化的一个要素》，李平沤译，商务印书馆，1984年版，第112页。

③ 参见［俄］克鲁泡特金：《一个反抗者的话》，毕修勺译，平明书店，1948年版，第9页。

革命的爆发。克鲁泡特金指出，这是一场深刻的社会革命。以往的所谓革命，仅仅是暴动或政治革命，因为它们没有改变政治制度。有些革命很不彻底，没有废除国家，也没有根本改变经济制度，消灭人剥削人的现象。因此他十分期待下次的革命是一次彻底的革命、一场社会革命：它“不是一国卷入漩涡而是欧洲的多数国家”[①]，它要摧毁少数人统治的政治体系；废除国家和政府；消灭私有制，实行公有制；以崇高的热情、伟大的兴奋，动摇社会的智慧与道德生活。

第四，建立一个无政府共产主义社会。社会革命胜利后，应当建立怎样的理想社会？克鲁泡特金称之为无政府共产主义社会。这个社会的特点是：无政府，共产制。“由无政府主义生出共产制；由共产制达到无政府主义。两者都是近代社会中的主要倾向的表现：即是对平等的追求。”[②]克鲁泡特金还描述了未来社会的政治、经济和道德原则。政治上废除国家和法律，代之以简单而复杂的组织，自下而上通过契约联合。经济上主张将全部财富、一切价值、所有生产资料和生活资料收归公有；主张实行按需分配，强调自由劳动的思想。在道德上强调互助、正义、自我牺牲，在这三要素的指导下，人类将自由、和谐地生活，整个社会将达到完美的团结统一。

第一次世界大战爆发，中国人对西方大失所望，达尔文的进化论也被认为不再适合中国。在这种背景下，人们的眼光开始投向克鲁泡特金的互助论，一大批克氏的论著被翻译引进中国，《国民公报》《民钟》《民风》《进化》等刊物纷纷设专栏连载克氏理论。克氏的《一个反抗者的话》《互助论》等在知识界和广大青年学子中间广为流传，使无政府主义影响日渐壮大。综观这一时期中国思想界和革命者的思想历程，大都留下过克鲁泡特金思想的印迹。

号称“中国无政府主义之父”的刘师培，以其妻子何震的名义出版《天义报》，称该报的宗旨，“在于破坏固有之社会，颠覆现今一切之政府，抵抗一切

---

① ［俄］克鲁泡特金：《一个反抗者的话》，毕修勺译，平明书店，1948年版，第30页。

② ［俄］克鲁泡特金：《面包与自由》，巴金译，商务印书馆，1982年版，第56页。

之强权，以实行人类完全之平等”[①]。国民党的四大元老张静江、吴稚晖、蔡元培、李石曾在法国期间，一度热衷于无政府主义思潮，创办《新世纪》，集中传播无政府主义思想。其他如梁启超、孙中山、章太炎、陈独秀、李大钊、毛泽东、瞿秋白、张国焘等，他们或走上不同的人生道路，或留下不同的思想轨迹，甚至道路方向南辕北辙，甚至思想敌对，但都深受这一思想的影响，则是不争的事实。

08 “西方的孔子”

1919年4月30日，正值新文化运动如火如荼之际，一位享誉全球，被蔡元培称为“西方的孔子”的教育家、思想家杜威应邀来华讲学。这一堪称近代中外学术交流史上的盛举，是胡适、郭秉文、陶行知、蒋梦麟等几位杜威的中国弟子促成的。杜威在中国一共待了两年多，到过江苏、直隶、山西、奉天、山东、浙江、湖南、湖北、江西、福建、广东等十余个省，演讲多达二百多场，并亲历了五四运动的全过程，在中国学术界产生了巨大影响。

约翰·杜威，美国著名哲学家、教育家、心理学家、实用主义的集大成者，出生于美国新英格兰地区。杜威从小就很喜欢读书，中学毕业后进入维蒙特大学就读，毕业后从事教职工作，并继续研读哲学史。1884年获霍普金斯大学哲学博士学位，后在密歇根大学教授哲学。1894年起在芝加哥大学任哲学系、心理学系和教育系主任，1902—1904年还兼任过该校教育学院院长。1896年创办芝加哥大学附属实验学校，作为他教育理论的实验基地。1904年前往哥伦比亚大学任教，协助创办了美国心理学联合会、美国大学教授联合会等组织。

杜威实用主义思想的主要观点有：

第一，提出教育本质的基本观点：“教育即生活”和“学校即社会”。他认

① 万仕国编著：《刘师培年谱》，广陵书社，2003年版，第118页。

为，教育就是儿童生活的过程，而不是将来生活的预备。因此最好的教育就是从生活中学习、从经验中学习。他还认为，既然教育是一种社会生活过程，那么学校就是社会生活的一种形式，学校应该“成为一个小型的社会，一个雏形的社会”。但是学校作为一种特殊的环境，应该具备几个重要功能，即“简化和整理所要发展的倾向的各种因素；把现存的社会风俗纯化和理想化；创造一个比青少年任其自然时可能接触的更广阔、更美好的平衡的环境”。①

第二，提出教学理论的基本原则：“从做中学”和唤起学生思维。他认为，由于人们最初和最牢固地保持的知识，是关于怎样做的知识。因此，教学过程应该就是做的过程。从做中学，也就是从活动中学，从经验中学。杜威指出，儿童所“做”或参加的活动并不同于职业教育，好的教育必须能唤起儿童的思维，形成明智的学习方法。他还提出“思维五步”的完整的思维过程，即：疑难的情境；确定疑难的所在；提出解决疑难的各种假设；对这些假设进行推断；验证或修改假设。②

第三，提出伦理学理论方法：以“零售的生意”推动人和社会进步。他认为，思想并不是一种消极的活动，不是从一些没有问题的绝对真理去作推论，而是一个有效的工具与方法，用以解决疑难，用以克服我们日常生活中所遇到的一切困难。他说，思想总是起于一种疑惑与困难的情境，经过“思维五步”而圆满解决疑惑与困难。但是这一过程靠的是积极地运用智慧，而不是什么主义或口号。“可不是那天演的进步，是东一块西一块零零碎碎的进步，是零买的不是批发的进步。”③杜威还说，在合理的思想过程中，所有的理论、学说都不能看作是绝对的真理，只能看作是有待考验的假设，有待于在实用中加以考验的假定；只能看作是帮助人类获取知识的工具和材料，不能看作是不成问题、不容考据的教条，因而窒息了人类的思想。

杜威是一个勤奋多产的学者，其主要著作包括《哲学之改造》《民主与教

---

① 赵祥麟、王承绪编译：《杜威教育论著选》，华东师范大学出版社，1981年版，第154页。

② 参见元青：《杜威与中国》，人民出版社，2001年版，第35页。

③ 元青：《杜威与中国》，人民出版社，2001年版，第77页。

育》《自由与文化》《我的教育信条》《教育哲学》《明日之学校》《心理学》《学校与社会》《经验和自然》等。

邀请杜威访华颇具有戏剧性。1919年2月，杜威携夫人到日本游历、讲学。这一消息被他的一些中国弟子知晓，便开始筹划邀请老师来华访问。当时在南京高等师范学校任教的陶行知致信胡适，谈到他的“又惊又喜”。惊的是自己想在未来两三年做的事（指邀请杜威来华讲学），却让日本抢了先去，让他心有不甘；喜的是杜威先生既到了东方，必定能帮助东方人建设新教育，日本和中国隔得很近，去得了日本也能来得了中国。因此陶行知认为若胡适致信邀请，加上其他同学也去信邀请的诚意，十有六七就能够实现了。

面对胡适等中国弟子的盛情，杜威愉快地接受了邀请，并致信胡适：“你问我能否在中国进行讲演，这是很荣誉的事，又可借此遇着一些有趣的人物，我想我可以讲演几次，也许不致于我的游历行程有大妨碍。”[①]当有同学询问能否在中国住一年做讲演时，杜威明确表示，只要中美两边大学方面商量妥帖了，他很愿意这样做。胡适、郭秉文、蒋梦麟、陶行知等人迅速就杜威访华讲学之事做了安排，北京大学、南京高等师范学校、江苏省教育会等共同发出邀请函。4月，杜威结束在日本的讲学活动，启程来华。

但是谁能料到，杜威刚到中国，即遇到了愁倒胡适等人的经费问题。事情大体上是这样的。就在胡适陪同杜威于上海、杭州两地风风火火游历、讲演之际，五四运动如火如荼地爆发了。作为新文化运动的风云人物，胡适一直关注着北京的形势发展，参加完上海国民大会后便急速北上。其时，北京大学是运动的中心，北洋军阀大肆搜捕学生，蔡元培校长一怒之下辞职离京。这样，杜威在华的一系列活动，以及北京大学与哥伦比亚大学之间的联系、杜威在华期间的经费、北京大学与杜威的契约及履约等，都面临意想不到的困难。面对如此困难，一方面，胡适对蔡元培的辞职颇有怨言，因为杜威请的是无薪俸的假，对北京大学能否继续履约很是焦虑；而另一方面，蔡元培认为契约是与北

① 《杜威博士致胡适教授函》，《北京大学日刊》第343号，1919年3月28日。

京大学签的，无论谁当校长都要履约，让胡适不要担心。当然此困难最后通过多方募集资金得以解决。

杜威于1919年4月30日到达上海，四天后五四运动爆发。在这一大背景下，杜威的到来，以及他的实用主义教育学说精深、通俗易懂，使之成为“德先生”与“赛先生”的化身，获得了极高的声誉。同时，杜威实用主义思想也借助五四运动这一群众性爱国救亡运动，迅速传遍全国。

同样，五四运动的爆发，中国知识分子为建立独立统一的民主国家而进行的斗争，深深地吸引了杜威。杜威在给其女儿的信中披露，他想留在北京观察研究五四运动一段时间。作为旁观者，杜威感受到民众觉醒的巨大力量，也看到了民主理念付诸实践的巨大可能。不仅如此，杜威还因其讲演，不自觉地成为五四运动的参与者，其学说成为“五四”思潮的重要组成部分。杜威评价五四运动是辛亥革命的扩展，是政治革命向思想启蒙的深入发展。他说，“民国之造成，不在于改头换面，而在于改革内容也”[①]。杜威还在美国的《新共和》《亚细亚》等刊物连续发表有关五四运动的文章，向国际社会传达中国民意，产生了广泛影响。

杜威在中国受到明星般的追捧和宣扬。杜威初到时，蒋梦麟发文欢迎道：“先生是一颗思想界教育界的大明星。先生来，我们大家都欢迎你。”[②]其在中国的讲演，不仅有一批中国学子相伴，而且所到之处，听者云集，产生了轰动效应。上至《晨报》《时报》《新闻报》《民国日报》等全国性大报，下至地方小报、学生刊物，纷纷报道杜威在华动态，连续刊载杜威讲演内容，与其在日本的游历、讲演形成极大的反差。特别是在其六十大寿那一天，由于与孔子农历生日为同一天，蔡元培先生热情致辞，赞誉杜威为“当代西方的孔子”，“我觉得孔子的理想，与杜威博士的学术，很有相同的点”。[③]两年后，胡适在欢送杜威的公饯会上颇有感触地说：“杜威博士来华，正值大学动手革新的时候，

① 《南高师欢迎杜威博士记》，《时报》，1920年4月9日。

② 蒋梦麟：《欢迎杜威先生》，《世界教育新思潮》，1919年5月5日。

③ 《杜威博士六十生日晚餐会的盛况》，《广益杂志》1919年第6期。

但是我们几个人提倡的力量太弱，一点小小的风光还不配照遍全国。这时候杜威博士来了，我们不知借了他多少光，因而照到多少地方。”①

杜威来华讲学，堪称中外教育交流的典范，不仅广泛传播了实用主义教育思想，而且给近代中国思想文化打上深刻烙印。但是杜威毕竟是外来人看中国，时间久了，其第一年的成功就很难再复制，而听众也渐渐有了“隔靴搔痒”之感。从1920年2月起，杜威的讲演开始受到青年学生的抱怨，比如杭州学生认为杜威所讲智识性不够，不能解决中国的实际问题。实际上这个时候，俄国革命和布尔什维主义正在全球蔓延，中国青年的热情已经转向社会革命，杜威在中国的使命也就完结了。

09　难有共鸣的基尔特社会主义

罗素来华讲学，是继杜威访华之后中国学术界的又一大盛事。然而由于其邀请者是当时旧派知识分子代表、有保守和反动之嫌的进步党领袖梁启超，故其访华被激进的新文化运动者视为旧派知识分子的反扑和谋划。

当时，梁启超等人聘请被称为“中国的爱因斯坦”的二十八岁的清华大学教授赵元任担任罗素的专职翻译。赵元任知名度不亚于胡适，又备受胡适敬佩，他对语言有特别的天赋，是会讲三十三种中国地方方言的语言大师。据说他惟妙惟肖的方言翻译，可以把艰深的哲学思维解读得通俗易懂，直至使听众如痴如醉。对比杜威来华讲学的翻译是胡适，梁启超等人的选择可谓用心良苦。

赵元任的日记记录了这一内情。他写道：“罗素将要来中国，我被（邀请方）接触，作为罗素的译员。”“他们说梁启超一派，是通过邀请著名学者来华讲演，以获取名望，我被朋友们警告不要让罗素被利用。”这里的“朋友们”，正是指胡适等人。当时，罗素的讲学被赋予了过多的政治色彩。赵元任有这样

① 《五团体公饯杜威席上之言论》，《晨报》，1921年7月1日。

的评价："这一想法的用意是，以广告宣传罗素，这是在学术界为罗素树敌。"[①]赵元任在晚年撰写自传时，仍提及当年罗素来华讲学时友人对他的告诫。他回忆青年时代的自己是一个"革命者"，持"激进"的立场，"反对满清政府、反对封建朝廷"。还表露了对邀请方梁启超一派人物的怀疑："进步党人想提高他们党的知名度，因为他们从国外邀请到了著名的知识分子。"[②]他写道，梁启超、张东荪等人的进步党，是比国民党更为保守的党派，进步党最近常谈论布尔什维克和无政府主义，不过是为了获取公众的支持。进步党邀请罗素来华讲学，其中的政治目的超过学术目的。[③]

赵元任刚接受翻译一职，就感受到国内不同派别之间的紧张关系。罗素的学术讲演尚未开始，就已经蒙上一层浓厚的政治阴影。

伯特兰·阿瑟·威廉·罗素，英国哲学家、数学家、逻辑学家、历史学家、文学家，分析哲学的主要创始人，世界和平运动的倡导者和组织者。罗素是杜威在《现代三个哲学家》中极力推崇的大师级人物。其他二位是，美国哲学家、实用主义哲学代表人物詹姆士，法国哲学家、生命哲学代表人物柏格森。罗素出身于英国蒙茅斯郡的一个贵族家庭，幼年父母双亡，由祖母监护。十八岁时就读剑桥大学三一学院，毕业后曾两度在该校任教。1908年凭借丰硕的研究成果和日益升隆的学术影响力，当选皇家学会会员。1914年撰写反对第一次世界大战的小册子和进行公开的反战讲演。其代表著作有《西方哲学史》《哲学问题》《心的分析》《物的分析》等。特别是他的社会主义思想独树一帜，在当时是有较大影响的一个思想流派。

罗素认为，国家权力是一种势在必行的恶，应该被限制。在他看来，世界上许许多多的社会主义流派，其主要分歧就在于国家学说。马克思派的国家社会主义很利于实行，但它赋予国家的权力太大，将成为不幸的根源；相比之下，无政府主义最符合人类理想，但它的实践意义非常有限。因而罗素主张基

① 《赵元任日记》，清华大学图书馆藏，1920年8月19日。

② ［美］列文森编：《赵元任传》，焦立为译，河北教育出版社，2010年版，第80、82页。

③ 参见《赵元任日记》，清华大学图书馆馆藏，1920年8月21日。

尔特社会主义，认为该主义一方面代表消费者利益的地缘组织——国家，另一方面代表生产者利益的产业组织——“基尔特”，整个社会形成一种国家和基尔特同时并存、各司其职而又相互制约、相互协调的体制。

罗素认为，在基尔特社会主义制度中，既有限制地保留了国家管理权力，又充分保留了产业团体的自治权力。全体工人依靠基尔特组织享有法律范围内最大的自由，又不会使社会陷于无政府状态。在这一制度中，每个人既是直接参与生产过程的生产者，又是充分享有产品及服务的消费者，人类将在物质生产方面获得前所未有的发展，在精神方面也将获得真正的解放。他提出：“我认为最好又切实可行的还是基尔特社会主义制度，它既考虑了国家社会主义者保留国家的主张，也考虑了工团主义者对国家的恐惧，它又参照国与国之间的联邦制度提出了企业与企业之间的联合制度。”①

罗素的这一社会主义思想，在当时的欧洲和中国都有一定影响。1919年间，中国的一些报刊陆续译载或介绍罗素的一些重要著作，特别是北京大学讲师张申府，写了三份很有分量的罗素传略，系统介绍罗素为世界和平与进步事业做出的贡献，以及罗素十余部著作的内容梗概。1919年4月，张东荪在《时事新报》副刊上发表题为《社会主义》的征文启事。罗素访华后更是创办《时事新报》副刊《社会主义研究》，宣称“我们怀抱基尔特社会主义的思想，树起基尔特社会主义的旗帜，在‘社会主义研究’发刊的第一天，宣言我们是基尔特社会主义”②。北京大学等高等学府还成立了“罗素研究会”。正因为如此，1920年10月，罗素刚到中国便收到一封自称为学生代表的信，信中毫不隐讳地表达了对杜威的不满：“杜威博士在这里虽然是成功的，但是我们大多数学生并不满意他的保守的学说。因为我们大多希望得到关于无政府主义、工团主义、社会主义等等的知识；一句话，我们亟欲求得关于社会革命哲学的知识。”③社会各界对罗素社会革命思想的期盼已跃然纸上。

---

① ［英］伯特兰·罗素：《自由之路》，李国山等译，文化艺术出版社，1998年版，第6—7页。

② 张东荪：《社会主义研究宣言》，《时事新报·社会主义研究》第2卷第1号，1921年9月16日。

③ ［英］伯特兰·罗素：《罗素自传》第2卷，陈启伟译，商务印书馆，2003年版，第199—200页。

罗素来华讲学，作为邀请者的梁启超并没有亲自去迎接，据说是为了避免罗素讲学被视为政治活动，免除门户之见。而当进步党的领导人张东荪、中国最推崇罗素的张申府和作为译员的赵元任赶到上海时，罗素的乘船已经在约定时间之前提前到达，致使罗素怀疑邀请他来华讲学是不是一个玩笑。不过，次日江苏教育总会等七个团体在上海举行的盛大晚宴，颇使罗素感受到迎接国宾般的待遇和热情，暂时的不快一扫而光。罗素的首场讲演为《社会改造原理》，加上他对基尔特社会主义的独特阐释，成为最能牵动当时知识界社会改造心理的讲座。随后他又做了《教育的效用》《教育的问题》《爱因斯坦的相对论》等讲演，受到听众的热情追捧与崇拜。特别是他关于布尔什维克俄国的数次讲演，引起不同思想流派的分歧和争论，甚至险些被北洋政府视为危险人物。

人们对罗素讲学十分期待，而事实证明其启蒙和引领作用也非常突出。

第一，罗素反对帝国主义侵略的立场深深打动着中国知识分子的心。面对巴黎和会给中国人带来的心灵创伤和十月革命对中国人的鼓舞，罗素都直言不讳地予以同情和支持。后经张申府翻译的《精神独立宣言》，就是由罗素、爱因斯坦等名人共同签署，意在谴责第一次世界大战和巴黎和会的。该宣言反思道："这一次战争把我们的侪辈既投入迷离骚乱之地。大多数的知识界的人都把他们的学、他们的术、他们的聪明才力，供他们的政府之用。我们现在并不要归罪那一个；也非要弄些什么谴责的话。我们晓得个人精力之薄弱；伟大的集合潮流之天然力量，这一次因为未预筹有抵拒之方，顷刻间遂被他们这种潮流扫荡一空。但是无论怎样，这一次的经验，对于我们将来，至少总要使他有用。"①

第二，罗素的社会改造理论被人们引为同道和导师。五四运动强烈激发了人们的政治热情，社会改造的呼声响彻全国。而在这个时候，罗素的社会改造理论提供了一个可资借鉴的社会改造方案，这是多么顺时应景。久旱逢甘霖，

---

① ［法］罗曼·罗兰、［英］伯特兰·罗素：《精神独立宣言》，张崧年译，《新青年》第7卷第1号，1919年12月。

罗素理所应当地被视为当时中国变革迫切需要的思想家。正如张申府所说："罗素是极能洞烛社会的根本、现代的病原的，所以他主张改造要从根本下手，绝不枝枝节节而为之。"[①]

第三，罗素刚正不阿、威武不屈的高尚人格，影响了中国正直的知识分子。罗素因反对英国政府的战争政策，被英国当局罚款判刑，解除教职，禁止出国讲学，但是，罗素并没有屈服。相反，"他的勇气却越发旺起来、他的智慧之光越发亮起来、他的头脑越发冷静心越发热起来、他的学者的良心也越显露出来、他的改革论越发盛起来、他的主张越加公正起来"[②]。

值得一提的是，罗素在中国的讲学引起了三次不小的争论，而这些争论，恰恰反映了当时中国思想界、知识界的现状。

第一次争论是因为罗素在欢迎自己的晚宴上做了简短讲演，强调要重视本国文化，结束长沙之行时，又撰写了《中国之乐》一文，记录了他在中国最初两周的经历与感受，向公众描述了中国的幸福生活。罗素写到，中国寺庙没有苦行的氛围，僧人非常安逸，虽然没有人真正信奉佛教，但寺庙香火鼎盛。中国的乡村美如画卷，一切事物为美而非舒适而生。[③]而这一认识遭到鲁迅之弟周作人的炮轰。周作人在《罗素与国粹》中批判道："罗素来华了，他第一场演说，是劝中国人要保重国粹，这必然很为中国的人上自遗老下至学生所欢迎的……但我却不能赞成……罗素初到中国，所以不大明白中国的内情。"[④]很显然，罗素此时对中国幸福生活的描述与中国人的实际感受大相径庭。

第二次争论是由于罗素对俄国布尔什维克的批判。罗素在长沙两天做了四次讲演，内容均为布尔什维克主义，如《布尔什维主义的理念》《在俄国的亲身经历》《布尔什维主义的工业失败》《成功的共产主义的必要因素》等。罗素

---

① 冯崇义：《罗素与中国：西方思想在中国的一次经历》，生活·读书·新知三联书店，1993年版，第96页。

② 冯崇义：《罗素与中国：西方思想在中国的一次经历》，生活·读书·新知三联书店，1993年版，第96页。

③ 参见［英］伯特兰·罗素：《中国之乐》，《祖国》第28期，1921年1月8日。

④ 周作人：《罗素与国粹》，《晨报》，1920年10月17日。

是一个社会主义者，他强烈谴责私有财产的祸害，反对国家对个人的压迫，反对帝国主义对弱小民族的压迫。但面对世界上第一个社会主义国家，他却持坚决的批判态度。因为经过一个多月的考察，他发现苏维埃并不是他想象的新型民主政治，布尔什维克在俄国建立起来的社会制度，离他所认知的社会主义相去甚远。他认为，布尔什维克只是把工人从资本家雇佣变为国家雇佣，并没有改变工人阶级的地位，因此西方人不能走俄国人的道路。但令人费解的是，他却热情地主张中国人跨过资本主义阶段而走俄国人的道路。张东荪一路陪同，在《时事新报》发表《由内地旅行而得之又一教训》一文，阐述了罗素上述思想，遭到陈望道、李达、邵力子、陈独秀等的严厉批驳，由此引发了五四时期著名的“社会主义论战”。

第三次争论是由于罗素在离开中国时，留下《中国往自由之路》的临别赠言，再次主张中国走国家社会主义道路，也就是俄国十月革命的道路。罗素对此的解释是，基尔特社会主义只适用于产业已发达的国家，而国家社会主义最容易促成实业和教育的进步，从而避免资本主义而发展实业。罗素的这一忠告，不仅没有在学界引起共鸣，反而遭之诸多不解和不满。张东荪发表《后言》，抱怨“罗素先生的这篇《中国往自由之路》上有许多地方和他向来的主张相矛盾”，无疑是在说“梦话”。[①]胡适甚至写了一首题为《一个哲学家》的诗来奚落罗素：“他看中了一条到自由之路，但他另给我们找一条路：这条路他自己并不赞成，但他说我们还不配到他的路上去。”[②]但是我们不得不佩服罗素作为一个理性的理论大家对中国革命前途的洞见。

10　读不懂的非理性主义

1951年7月16日，一代文学巨匠、“传奇文学隐士”、美国作家杰罗姆·大卫·塞林格的代表作《麦田里的守望者》问世。该长篇小说自问世以来，获得

---

① 张东荪：《后言》，《时事新报》，1921年7月31日。

② 《胡适的日记》，1921年7月16日。

了多个奖项，并被翻译成多种语言。

故事的主要情节是这样的：主人公霍尔顿是个中学生，虽然只有十六岁，但长得人高马大，很招女孩子喜欢。他整日穿着风衣，戴着鸭舌帽，游游荡荡，厌学逃学，不愿读书。又一个学期结束了，他因五门功课中四门不及格被学校开除，他丝毫不感到难受，在和同寝室的同学打了一架后，深夜离开学校，回到纽约城并住进一家小旅馆。他在旅馆看到的都是些不三不四的人，他们寻欢作乐，忸怩作态，使霍尔顿感到恶心和惊讶。他无聊至极，就跑去夜总会厮混了一阵，回到旅馆后，心里仍觉得十分烦闷，就糊里糊涂地让人叫来一个妓女。而妓女一到，他又紧张害怕，想按讲定的价格给五块钱打发走。但妓女不同意，找人把霍尔顿打了一顿，多拿走五块钱。第二天是星期天，霍尔顿和女朋友看了场戏，又去溜冰。看到女友那虚情假意的样子，霍尔顿很不痛快，两人吵了一架，分了手。分手之后的霍尔顿十分痛苦，和一个老同学在酒吧喝酒，喝得酩酊大醉。他把头伸到盥洗盆里用冷水浸了一阵，才逐渐清醒过来。决定冒险回家与妹妹诀别。他偷偷回到家，叫醒熟睡的妹妹，向她诉说自己的苦闷和理想。他说将来要当一名“麦田里的守望者”：“不管怎么样，我老是想象一大群小孩儿在一大块麦田里玩一种游戏，有几千个，旁边没人——我是说没有岁数大一点儿的——我是说只有我。我会站在一道破悬崖边上。我要做的，就是抓住每个跑向悬崖的孩子——我是说要是他们跑起来不看方向，我就得从哪儿过来抓住他们。我整天就干那种事，就当个麦田里的守望者得了。”后来父母回来了，他吓得溜出家门，到一个他尊敬的老师家中借宿，可睡到半夜，他发现老师有可能是个同性恋者，只好又偷偷逃走。他不想回家，想去西部谋生，但妹妹要跟他一起走。无奈，霍尔顿只好放弃西部之行，回到家不久就大病了一场。①

这部作品所展现的青少年心理活动细腻真实，是每一个青少年都可能遇到的心理困惑和成长问题。七十多年来，这部不朽的文学经典，已成为一个挥之不去

---

① 参见〔美〕J. D. 塞林格：《麦田里的守望者》，孙仲旭译，译林出版社，2018年版。

的文化符号。而小说围绕的严肃哲学命题，即人在成长过程中的本能和直觉，即非理性的作用，正是法国哲学家亨利·伯格森在其生命哲学体系——伯格森非理性主义中，早已进行过详尽阐述并产生巨大社会影响的命题。

伯格森出生于法国巴黎，中学时就因浓厚兴趣决心专攻哲学。大学期间有唯物主义倾向，对康德主义持猛烈的反对态度，逐步具有独立思考的精神。1889年，完成论著《论意识的即时性》，标志着他的学说——伯格森主义开始形成。后当选法兰西学院院士，凭借哲学著作《创造进化论》获得诺贝尔文学奖。在伯格森的哲学思想中，建立在直觉主义基础之上的生命哲学，在20世纪20年代产生过广泛的影响。

伯格森认为，在所有哲学体系中，最能长存又最丰盈的，就是从直觉诞生的哲学体系。他说，哲学的研究对象和自然科学不同，研究的是宇宙的本质。这种本质，实在是宇宙的一种生生不息、运动不休的“绵延”“生命之流”，靠理性、科学的理智是认识不到的。只有直觉才是认识宇宙的本质或绝对真理的唯一工具。

伯格森认为，生命哲学与直觉主义是密切相关、互为表里的。生命哲学为直觉主义提供了理论基础，而直觉主义又为生命哲学提供了方法。生命是一种盲目的、非理性的、永动不息而又不知疲倦的冲动，它不是物质的，人们能通过直觉感到自己生命的绵延，但不能用概念表达它。它像一条永流不息的意识长河，所以也称为“意识流”。

伯格森揭示，物质是堕落于记忆中的影像，宇宙间的一切都是由生命所派生的。现实世界事物的千差万别，表明生命冲动派生万物的方式千差万别。他说这种冲动如同一个顺时针方向旋转的永远不息的漩涡之流，生命向上冲，物质向下坠，而生物则是两者的结合。生命冲动地向上运动，总是企图克服物质事物的阻碍，不断地向知识的见解和无限的视界趋进。而物质的下坠，也必然牵制生命向上的喷发。

伯格森指出，创造与进化并不互斥，在很大程度上由本能和直觉，即非理性在起作用。而且，在人类那里，生命之流受到的阻力最小，进化的可能性最大。人的生命可以克服物质障碍而获自由，因此人的意志是自由的，灵魂可以不朽。

最早将伯格森非理性主义引入中国的，当属以张君劢为代表的玄学派。1923年2月，张君劢应邀为即将出国留学的清华学校的学生做了一场讲演，题目叫《大思想家的人生观》。他在演讲中指出，不要以为天下的事都受科学因果律的支配，科学并非万能，人生观问题更是如此。没想到，这么一次偶然的讲演，竟然引起轩然大波。

科学家丁文江连续在《努力周报》上发表两篇文章，即《玄学与科学——评张君劢的〈人生观〉》和《玄学与科学——答张君劢》，激烈批评玄学是"无赖鬼"，而科学方法是万能的，问题都是出在政治家和教育家身上。而张君劢的反击，众多精英人物的参与论辩，就造就了中国20世纪20年代的一场思想大论战，即"科玄论战"或"人生观论战"。

伯格森非理性主义在当时的中国产生了广泛影响，不同的思想流派都试图用它来为自己的思想注解。科学方法派的代表人物胡适指出，这次"科玄论战"并未讨论"科学的人生观"是什么，这是一个共同的错误。由于没有对"如何理解科学与玄学的关系"等问题进行深入的探讨，最终导致科学与玄学的截然对立，而未能建立改造社会的"科学的玄学"，这是很遗憾的。

以李大钊为代表的反传统主义者，利用生命哲学强调创造进化的特点，证明中国的现代化必然是反传统的。他在《新青年》杂志发表的《青春》一文中指出，中国正处于黑暗与黎明之交，鼓励青年为建设蓬勃朝气的国家而奋斗，"不在龈龈辩证白首中国之不死，乃在汲汲孕育青春中国之再生"①。

以梁漱溟为代表的新传统主义者（或称现代新儒家），则抓住伯格森对西方现实社会的批判，坚持认为生命哲学的出现，在未来世界必是中国文化复兴的信号。梁漱溟在《东西方文化及其哲学》中写道："尽宇宙是一生活，只是生活，初无宇宙。由生活相续，故尔宇宙似乎恒在，其实宇宙是多的相续，不

---

① 李大钊：《青春》，《新青年》第2卷第1号，1916年9月1日。

似一的宛在。宇宙实成于生活之上，托乎生活而存者也。”[①]除梁漱溟外，梁启超的“心力”观念也明显受到伯格森哲学的影响，熊十力亦吸取伯格森的创造进化论，确立了他的人类中心说与自由理想。

以章士钊、蔡元培为代表的中西调和论者，则试图利用伯格森的创造进化论，找到一条中庸之道，建立一个即中即西、不中不西的现代化。章世钊在他的《新思潮与调和》一文中指出，新旧之间不是截然分裂的，而是世世相承连绵不断的，所谓调和是指在“乍占乍蜕”的发展过程中新旧杂糅的状态，此乃“社会进化至精之义也”。[②]蔡元培在北京大学任校长时，极力主张“一民族之文化，能常有所贡献于世界者，必具有两条件：第一，以固有之文化为基础；第二，能吸收他民族之文化以为滋养料”[③]。正是基于这样的认识，蔡元培始终对中西文化抱有温和的沟通调和的态度，是中西文化调和论的坚定支持者和实践者。

11　托尔斯泰的泛劳动主义

这是一个流传在南美洲印第安人中间的故事。

那里的人们说，上帝最初造人时，不是非要他们劳动不可的。他们既不需要房屋，也不需要衣食。他们都能活到百岁而从来不知道什么是疾病。

过了一段时间，上帝想去看看人们生活得怎样，他看到的是人们生活得并不幸福，而且互相争吵，只顾自己，不仅感不到生活的乐趣，反而诅咒起生活来。

此时，上帝对自己说：“这是他们都能独立生活的缘故。”为了改变这种状况，上帝做了重新安排：人们要活下去，就不能不

① 梁漱溟：《东西文化及其哲学》，上海人民出版社，2006年版，第53页。

② 章世钊：《新时代之青年》，《东方杂志》第16卷第11号，1919年11月。

③ 《蔡元培全集》第5卷，浙江教育出版社，1997年版，第279页。

劳动，为了避免挨饿受冻，人们就不得不建造房屋，耕种谷物。

“劳动会把他们联系在一起的。”上帝心想，“要是他们不合作就造不了工具，伐不了树，盖不了房子，种不了地也收不了庄稼，纺不了纱，织不了布也做不了衣服。”

过了一些时候，上帝又来查看人间的生活情形，看看他们现在是否幸福了。可是他发现，人们生活得比以前更糟了。他们在一起劳动是出于不得已，而且也不是大家全在一起，而是一伙一伙的。每一伙都想把另一伙的活儿抢去干。他们互相倾轧，把精力和时间都浪费在争斗之中了，所以他们的生活还不如从前。

上帝看到自己的安排并没有使人们的生活好起来，于是便决定让人们都不知道自己的死期，人人随时都会死亡，并向他们宣布了这一安排。

“要是人们知道自己随时都会死亡，”上帝心想，“也许就不会为争夺那些身外之物而浪费自己的年华了。”

但是事情还是与上帝的预期相反，当他再次来视察时，发现人们的生活还是同以前一样的不幸。

那些强有力的人，利用了人随时会死的事实，降服了一些软弱无力的人，杀掉一些，用死亡去威胁另一些。结果，强者及其后代都不劳动，闲得百无聊赖，而弱者则不得不拼死劳动，终生不得休息，两种人互相害怕，彼此憎恨，人的生活变得更加不快活了。

看到这种情况，上帝决定用一种补救方法，他把千奇百怪的病魔打发到人间，上帝认为，当人们都受到疾病威胁时，他们就会懂得，强者应该怜悯并帮助那些弱者。

当上帝再次回来查看人们有了得病危险以后的生活情形时，他看到人们的生活甚至比以前更糟了。上帝的本意是要让疾病使人们能够互相同情关照，岂不知，如今疾病，反使人们陷入更大的分裂。那些强壮得足以强迫别人劳动的人，得病时就强迫他们来侍候自己，但临到别人生病时，他们就置之不理，那些被迫劳动、在别人生病时又得去侍候他们的弱者，其劳累程度便可想而知了，他们有了病就只能听天由命。为了不使病人影响健康人的精神状态，人们把病人和健康人的住宅远远分开。其实健康人的同情本来是会使那些可怜的病人的心情快活起来的，这些病人只好待在他们的房子里受煎熬，死在那里。那些雇来看护他们的人，不仅没有热情，反而还厌恶他们。此外，人们还认为有许多病是传染的，由于害怕传染，他们不仅躲着患者，甚至把自己同照看病人的人都隔离开来。

上帝自言自语道："如果连这样都不能使人们懂得他们的幸福所在，那就是咎由自取。"于是，他撇下人们不管了。

过了许久，人们逐渐明白，他们是应该而且也是可以过得幸福时。只是到了近代，才有少数的人懂得，劳动不应该成为人生中的苦事，也不应该认为是服苦役，而应该是使所有人联合起来的共同事业。他们开始懂得，死亡时刻威胁着每个人，人类唯一合乎理性的事，就是在团结和友爱中度过有生之年的每一分钟。他们也开始懂得，疾病不应该把人们分开，恰恰相反，它应该为人类相爱提供机会。①

在20世纪初期，托尔斯泰主义特别是其泛劳动主义，对中国进步知识分子和青年学生有较大的影响。

托尔斯泰主义的基本内涵包括三个要素：勿以暴力抗恶，道德自我完善，忏

① ［俄］列夫·托尔斯泰：《劳动、死亡和疾病》，宋韵声主编：《掌上玫瑰：世界微型小说佳作选》欧洲卷，春风文艺出版社，1998年版，第61—63页。

悔意识。这些都是建立在全人类仁爱精神基础之上的，听起来颇有点宗教的味道。事实上，托尔斯泰成长的时期，正是俄国东正教会与沙皇勾结迫害基督教徒的时期。接受了18世纪启蒙思想教育的他，迫切地想用先哲们的宗教观回归自然和平等博爱，由此形成了其具有浓厚悲观主义的宗教思想。而后在与俄国封建传统观念决裂的过程中，他又被东方古代哲学，尤其是老子、孔子、孟子等人的思想所吸引，获得了许多合乎道德的教益。正因为托尔斯泰主义形成的特殊历程，列宁曾一针见血地指出："托尔斯泰主义的现实的历史内容，正是这种东方制度的即亚洲式制度的思想体系。……也就有深沉的悲观主义调子，也就有'一切都是虚无，一切东西都是物质上的虚无'的信念，也就有对'精神'、对'万物本源'的信仰，而人对于这个本源不过是一个'被派来进行拯救自己灵魂的事业的''工作者'。"①

托尔斯泰认为，人通常具有两重性：精神的人和兽性的人。当人是精神的人时，表现为人性、善良；当人是兽性的人时，则表现为兽性、丑恶。理想的人生应该是一个弃恶扬善的过程。因此他主张，要用仁爱的力量获取人类的幸福。他说，幸福在于勿以暴力抗恶，宽恕和热爱他人。因为暴力就是主要的恶，以暴力对抗恶，必然产生新的恶，是根绝不了恶的。只有忍耐、爱、道德自我完善，包括不断地忏悔，才能感化和消除恶。然而托尔斯泰是从文学家的角度出发，设计了一条让俄国人民摆脱苦难的路径，有具象、生动的一面；但是它又缥缈、虚幻，有一种自始至终踩不到地的不切实际感。正如列宁所说："作为一个发明救世新术的先知，托尔斯泰是可笑的。"②

托尔斯泰的劳动观念也是具象和艺术化了的，不甚严谨，但很能蛊惑人和感染人。托尔斯泰主张人人劳动和放弃私有财产。他所说的劳动是一种泛劳动，既指具体劳动，也指抽象劳动。当然他也注重真正的体力劳动，比如他认为每个人都应该去种地或进工厂去做工等。在托尔斯泰的晚年，他还亲身体验

① 《列宁全集》第20卷，人民出版社，1989年版，第102页。
② 《列宁全集》第17卷，人民出版社，1988年版，第185页。

农耕生活，渴望通过自食其力而远离国家的钳制。在他眼里，自己不劳动而享用他人劳动成果的行为是一种罪孽。他主张人人放弃自己的财产，摆脱强权控制，投入手工劳动的生活中去。托尔斯泰说，若人人可以躬亲劳动，那么贵族与平民间的隔阂便不复存在，建设一个打破阶级壁垒、人人平等的无政府主义梦想就可以实现。

中国对托尔斯泰泛劳动主义，发表文章进行论证和介绍的，首推翻译家杜亚泉。1918年8月，他在《东方杂志》撰文《劳动主义》指出，我国社会重视劳动主义由来已久，孔子、孟子等是实行此主义的典范，而“近世俄国托尔斯泰氏，以宣传劳动主义闻于世界”。实施这一思想的结果，“阶级既除，特权自灭，较之过激之社会主义，以破坏特权要求平等者，难易安危，迥不同矣”。[①]瞿秋白在《多余的话》中承认，自己曾经“是一个近于托尔斯泰派的无政府主义者”[②]。1919年，晨曦翻译托尔斯泰的《泛劳动主义》，并发表在《解放与改造》杂志上。由此，托尔斯泰的泛劳动主义在中国开始兴起。陈独秀、邓中夏、蔡元培等人，都对托尔斯泰的劳动及劳动主义表达过由衷的钦佩。陈独秀认为，当下正提倡的劳动主义，有研究的价值。邓中夏在为《劳动音》所写的发刊词中深情地说：“我们相信‘劳动’是人类生存在世界上第一个要件……劳动就是进化的原动力，劳动就是世界文明的根源，劳动就是增进人生的幸福。”[③]1918年11月16日，蔡元培在天安门发表演讲时指出：“此后的世界，全是劳工的世界呵！……我说的劳工，不但是金工、木工等等，凡用自己的劳力作成有益他人的事业，不管他用的是体力、是脑力，都是劳工。所以农是种植的工，商是转运的工，学校职员、著述家、发明家，是教育的工，我们都是劳工。我们要自己认识劳工的价值。劳工神圣！”[④]

泛劳动主义在中国的兴起，极大地冲击了几千年来鄙视劳动，特别是鄙视

---

① 《杜亚泉文存》，上海教育出版社，2003年版，第216—218页。

② 瞿秋白：《多余的话》，北京联合出版社，2021年版，第4页。

③ 《邓中夏全集》上，人民出版社，2014年版，第77页。

④ 《蔡元培全集》第三卷，中华书局，1984年版，第219页。

体力劳动的文化传统和不良风气，也教育和塑造了新一代中国进步知识分子和青年学子，他们不仅在字里行间流露出对劳动者的同情，而且身体力行地表现出作为劳动者的自豪，纷纷投身社会实践和劳动。他们的坚韧与努力，促使整个社会逐渐形成崇尚劳动的风气，而“劳动主义”和“劳工神圣”的口号，亦成为中国近代民族民主解放运动的一个重要标识。

12 工读互助社实验

巴金是中国著名的文学家，其激流三部曲《家》《春》《秋》可谓家喻户晓，人人皆知。然而人们所不知的是，巴金还是一个狂热的克鲁泡特金的粉丝，他花费巨大心血和精力翻译了克鲁泡特金的《面包与自由》《国家论》《一个反抗者的话》《我的自传》等著作，甚至巴金这一笔名中的“金”，也取自克鲁泡特金的“金”。巴金曾谈道：“我当时正在翻译克鲁泡特金的《伦理学》，我看到了‘金’字，就在稿本上写下来。”[①]足见克鲁泡特金对巴金影响之深。

巴金从小成长在一个老式的封建大家族中，腐朽落后的家庭与动荡不安的社会让巴金无所适从，窒息的空气让他喘不过气来。一个偶然的机会，巴金看到了克鲁泡特金的一本小册子《告少年》，很快被书中精辟的思想和新颖的观点所打动，给他带来启迪般的影响。巴金这样回忆道：“我想不到世界上还有这样的书！这里面全是我想说而没法说得清楚的话。它们是多么明显，多么合理，多么雄辩。而且那种带煽动性的笔调简直要把一个十五岁的孩子的心烧成灰了。我把这本小册子放在床头，每夜都拿出来，用一颗颤抖的心读完它。读了流泪，流过泪又笑。那书后面附印着一些警句，里面有这样一句话：‘天下第一乐事，雪夜闭门读禁书’，我觉得这是千真万确的。从这时起，我才明白地意识到正义的感觉。这正义感把我的爱和恨调和起来。”[②]事实上，当时受克鲁泡特金启发的青年，何止巴金一个。人们热忱欢迎克鲁泡特金的思想，他的

---

① 巴金：《致彼得罗夫》，《巴金全集》第24卷，人民文学出版社，1994年版，第159—160页。

② 巴金：《我的幼年》，《中流》第1卷第1期，1936年9月5日。

书籍和理论被人们广泛接触；而受克鲁泡特金思想影响的人，又纷纷开办报社、发表言论、互助实践，把这一思想带给更多的人。

有趣的是，在宣传和实践克鲁泡特金思想的过程中，无政府主义与互助论产生了微妙的分离。就如同有些人没有记住克鲁泡特金的名字，但记住了无政府主义。同样地，有些人没有记住无政府主义，但记住了互助论。五四时期就是这种状况。人们讨论克鲁泡特金的无政府主义，讨论最多的是其互助论。更有甚者，人们完全抛开了克鲁泡特金的无政府主义，单独讨论其互助论。这就使得五四时期的互助论，并不是以无政府主义理论出现在人们面前，而是成为另外一个独立的思想体系。有资料显示，当时发行时间久、社会影响大的几个报刊，如《申报》《东方杂志》《新青年》等，都对克鲁泡特金、互助两个关键词进行了对比，结果发现，互助这一关键词始终要比克鲁泡特金的提及度高得多，说明互助一词已为国人广泛接受，使得工读互助社实验成为这一时期一道亮丽的风景。

互助论之所以在中国产生广泛影响，首先与达尔文的进化论遭到质疑有关。第一次世界大战中，德国军国主义一再拿进化论为自己背书，在这种背景下，人们放弃进化论，转而投向互助论。当然，互助论在中国的风行，还与中国人几千年来对大同社会的向往和追求，产生了某种契合有关。不少中国知识分子既把互助作为改造社会的手段，又把互助看作改造精神的手段。

梁启超率民间访问团游历欧洲时，互助论正在欧洲流行，呼声颇高。这与他之前对偏向竞争的进化论的担忧不谋而合，更坚定了他用互助论取代进化论的看法。回国后梁启超在演讲中陈述说，欧旅途中“唯有一件可使精神大受影响者，即悲观之观念完全扫清是已。因此精神得以振作，换言之即将暮气一扫而空”[①]。这一精神就是互助主义，就是“亲历战事最烈之地，亲见于斯役任绝大牺牲之各民族，藉以吸取此互助之新精神，领略此世界之新文化也”[②]。

---

① 梁启超：《在中国公学之演说》，《申报》，1920年3月10日。

② 梁启超：《在协约国民协会之演说词》，1918年12月24日。

由此也引发了一场“竞争”与“互助”的论战，使得互助论为世人广泛接受，并逐步付诸行动。

早期共产主义者陈独秀、李达、李大钊等，都曾在报刊上发表文章赞扬和支持互助论。1920年元旦，陈独秀在谈论新文化运动在出版物上应做怎样的改变时，指出：“像克罗马底资本论（即卡尔·马克思的《资本论》——引者），克波客拉底互助论（即克鲁泡特金的《互助论》——引者），真是我们持论底榜样。”[①]李达则认为，克鲁泡特金的互助论对抗达尔文的“相互斗争观，提供了相互扶助观，这实是学界中一个新贡献；是进化论的进步，是人类社会的福音”[②]。李大钊在《阶级竞争与互助》一文中说道，人类应该相爱互助，可能依互助而生存，而进化；不可依战争而生存，不能依战争而进化。这是我们确信不疑的道理。但是这最后的阶级竞争，是阶级社会自灭的途辙，是必须经过的，必不能避免的。[③]

国民党人也曾极力推崇过互助论。戴季陶在《协作制度的效应》中认为，无论什么团体，在活动中、作用上都存在竞争和互助两个方面，“因为‘为生存而竞争，为竞争而互助’是支配生物界的一个原则。一切人类的集团，都成为一种有机的组织，所以也不能免除这个原则的支配”[④]。而李石曾、吴稚晖等人发起旅法勤工俭学，更是互助论的一次伟大实践。

当然，还有不少学者把互助论引入科学研究领域、婚姻领域，有的观点在学生中还颇受欢迎，如娶妻不全是为生育，却有互助的意思在里面。说明互助论影响之大，已渗透到生活的方方面面。

互助论影响的另外一个重要方面，是以互助为宗旨的社团的兴起。1917年8月，恽代英等在武汉成立互助社，这是全国成立最早的进步社团之一。互助社在《互助社的第一年》中明确提出：“定名互助社，取克鲁泡特金新进化论

---

① 《陈独秀文集》第一卷，人民出版社，2013年版，第563页。

② 《李达全集》第二卷，人民出版社，2016年版，第12页。

③ 参见守常：《阶级竞争与互助》，《每周评论》第29号，1919年7月6日。

④ 季陶：《协作制度的效用》，《建设》第2卷第5号，1920年6月1日。季陶即戴季陶。

的意义。”[①]互助社通则中明确规定：“每次开会首静坐，数息百次，继续前会记录，继每人报告一日经过，并讨论一切事毕，诵《互励文》散会。”[②]在此影响下，武汉地区相继成立了辅仁社、新声社、健学会、诚社等互助团体。后来，这些互助团体联合起来，组成以“利群助人，服务群众”为宗旨的社团——利群书社。

五四时期最有影响力的互助社团，当属著名社会活动家王光祈等在北京创立的工读互助团。当时，家庭伦理革命被视为新文化运动的一项重要命题。人们普遍认为，封建家庭是束缚个体人格独立的一大桎梏。青少年要实现自身独立，就必须脱离家庭，但同时也必须解决精神、学术与经济问题，形成一边劳动一边学习的习惯。工读互助团的简章中第一条便是“本互助的精神，实行半工半读”[③]，以解决做工的穷人因为教育缺失而没有力量，以及读书的人不能做工而导致没有职业的流氓越来越多的问题。蔡元培、陈独秀、李大钊、胡适等都对工读互助团前期的预算进行了捐助，可见当时知识分子对工读互助团的支持和期待。

1918年毛泽东创建的新民学会，其宗旨是“商榷修学、立身与改造世界诸方法”[④]。三年后出版的《新民学会会员通讯录》明确指出：“本会同人结合，以互助互勉为鹄”[⑤]，并指出过去三年中，互助的精神是新民学会一以贯之的。几乎是同时，天津进步青年马骏、周恩来等组织了觉悟社，其刊物《觉悟》在第一期刊发的宣言中指出：“‘觉悟’社的目标——本着反省、实行、持久、奋斗、活泼、愉快、牺牲、创造、批评、互助的精神，求适应于‘人’的生活。”[⑥]由北京高等师范学校学生组织的觉社，成立于1920年，其《觉社新刊》

---

① 张允侯等编：《五四时期的社团》（一），生活·读书·新知三联书店，1979年版，第118页。

② 张允侯等编：《五四时期的社团》（一），生活·读书·新知三联书店，1979年版，第118页。

③ 张允侯等编：《五四时期的社团》（二），生活·读书·新知三联书店，1979年版，第373—374页。

④ 张允侯等编：《五四时期的社团》（一），生活·读书·新知三联书店，1979年版，第10页。

⑤ 张允侯等编：《五四时期的社团》（一），生活·读书·新知三联书店，1979年版，第11页。

⑥ 《“觉悟”的宣言》，《觉悟》第1期，1920年1月20日。

明确提到："我们社里的宗旨定的是：'本互助精神，研究学术，做实现真理社会的运动。'"[①]还有河南的青年学会，通过其《青年》杂志明确该社团入会标准为"（一）纯洁；（二）奋斗；（三）互助……"[②]浙江新潮社在其《浙江新潮》第一期发刊词中明确说道："本周刊第一种旨趣，就是'谋人类——指全体人类——生活的幸福和进化'。"[③]这里生活幸福与进化的定义是：自由、互助、劳动，等等。

互助社团除了兴办报刊、参与社会讨论、组织游行宣传外，还要花费很大精力去讨论社会问题，期冀改变当时的社会状态，解决存在的社会问题。全国各省学生组织在各地建立了联合会，以互助原则研究解决当地的社会问题。不少企业本着"团结同业，实行互助"的原则，成立了行业工人公会，同行业互助抱团，为自己争取利益，受到各界广泛关注。

13　田园诗般的新村主义

1920年春末的一天，河南省西华县孝武营村（今漯河市召陵区青年村）召开了一场事关村子发展前途的座谈会。主持会议的年轻人叫王拱璧，三十四岁，日本早稻田大学毕业生，本村人。参加会议的当然都是村里人，老中青都有，有五十来人。有意思的是，王拱璧请来开会的人，在阶级成分上也很考究，中农居多，也有两三个地主富农。大家商议的核心内容是乡村自治，以及围绕这一核心的若干事项，包括改组村事务所、改建村保卫团、减轻租息、改良学校、息讼禁烟、治理河渠、妇女放脚、团结息争、禁止赌博、组织青年自治会等。王拱璧编写了一个系统的建村计划，要求召开全体村民大会予以通过。就这样，刚从日本留学回来的王拱璧，怀揣梦想，雄心勃勃地在家乡开展起新村建设的实验。

---

① 张允侯等编：《五四时期的社团》（三），生活·读书·新知三联书店，1979年版，第115页。
② 《本会特别启示》，《青年》第5期，1920年4月4日。
③ 中共浙江省委党校党史教研室编：《五四运动在浙江》，浙江人民出版社，1979年版，第78页。

在中国农村，封建宗族统治已延续了几千年。如今要实验乡村自治，让每个村民都有发表意见的机会，体验当家作主的感觉。如此开新风之举，着实让每个村民都激动不已，建设村庄的积极性空前高涨。在王拱璧的带领下，原来的看家队被改组为保卫团；村事务所变成了村委会的一个办事机构，下设调解委员会，还民主选举出村委会；成立了青年自治会，督促推行不留发辫、不缠脚、不赌博、不吸鸦片烟等移风易俗事务；如此等等。

王拱璧的乡村自治实验，还有一项重要内容就是办学。他认为，当时中国的学校多集中在城市，广大农村缺学少教。要在农村普及现代教育，就必须成立公学，为农村培养各类人才。王拱璧在其父所办崇实小学的基础上，成立了青年公学，办学宗旨是以“劳动”“健康”为中心，实施人文教育。学校成立董事会，王拱璧任校长。先开办了小学部和农民补习班，后又增设了中学部，开办夏令学校，设立幼儿园等。

难能可贵的是，王拱璧依靠村民代表大会，通过强迫种地或帮工等形式，改造和教育村民中各种不务正业的人员。1921年，全村开始实行减租减息。不仅如此，王拱璧还约请省高等师范毕业生成立政治团体“素社”，作为乡村自治实验的指导核心。

王拱璧搞乡村自治实验和创办青年公学，引起社会广泛关注和强烈反响。北京《晨报》、山西《自治周刊》等媒体给予充分报道，不少学者和研究机构前来取经，南京大学教育学院的著名乡村教育家赵叔愚、陶行知等还邀请他去座谈农村教育问题。王拱璧因此获得不少荣誉，如省教育厅颁发的“惠嘉青年”匾额，北洋政府教育部颁发的二等金质奖章等。

1926年，一个意外事件毁掉了王拱璧五六年的心血，让他撕心裂肺、痛心不已。这年8月，河南股匪群起，几路股匪在毫无征兆的情况下杀进孝武营村，杀害保安团（原保卫团）队员及村民三十多人，老弱病残和寄居户二十多名，烧毁民房两百多间和青年公学的大半校舍。痛定思痛，王拱璧恍如一枕黄粱，他说：“不成熟的苦瓜，是自种自吃。何怨！何尤！‘到农村去’这条路是我自觉选择的。曾誓言‘宁到农村走绝路，不进都会求显通’。事实上，当时不少事的确是硬干傻干的，是‘知其不可为而为’的，而不是先‘立足不败之地’而后为。”[①]

王拱璧的乡村自治实验并不是率性为之，而是他在日本留学期间，深受新村主义思潮的影响，从中看到一些可借鉴之处的自觉行为。

新村主义始于法国和日本。法国无政府党人亨利·浮岱曾于1903年在法国与比利时接壤处试办“鹰山共产村”。日本白桦派文学家从1910年开始在《白桦》杂志上宣传新村主义，其代表人物是武者小路实笃。

武者小路实笃，日本小说家、剧作家、画家，出身于日本东京一个贵族家庭。年轻时醉心于托尔斯泰，提倡人道主义。曾在东京帝国大学社会科学习，中途退学。1910年与几位志同道合者创办《白桦》杂志，形成白桦派，并成为代表作家之一。第一次世界大战爆发后，武者小路实笃创作了两部反战主题的剧本，经鲁迅翻译在《新青年》发表，引起一定反响。1918年，武者小路实笃在日本日向市创办劳动互助、共同生活的模范新村，发表《关于新村的对话》一文，并创办杂志《新村》，对新村运动进行介绍、宣传与推广。

新村主义的基本主张有：

第一，提倡过“人的生活”，即新村的生活。武者小路实笃明确表示：“吾辈之愿望是协同全体人类，使凡是人都能过象人一样的生活。”而这种“人的生活”的一个特征是，“各人先尽了人生必要的劳动的义务，再将其余的时间，做个人自己的事”[②]；另一个特征是主张携力互助、公正平等。

第二，建立一个“各尽所能，各取所需”“协力与自由、互助与独立”相结合的理想社会。《日本的新村》一文指出：“提倡协力的共同生活。一方面尽了对人类的义务，一方面也尽各人对于个人自己的义务；赞美协力，又赞美个性；发展共同的精神，又发展自由的精神。”[③]主张脱离旧社会的恶势力，另辟一块小天地，建立没有压迫，没有剥削，没有脑力劳动和体力劳动对立，人人

---

① 窦克武主编：《王拱璧文集》，河南大学出版社，1991年版，第55页。
② 周作人：《日本的新村》，《新青年》第6卷第3号，1919年3月15日。
③ 周作人：《日本的新村》，《新青年》第6卷第3号，1919年3月15日。

平等，人人劳动，互助友爱的理想社会。倡导用点滴改良、示范感化的办法平和地建设新秩序，反对暴力及用暴力手段改造社会。

第三，主张个人主义的人间本位主义。武者小路实笃等人认为，人类具有“为我”与“兼爱”两种本能，只有遵循“人间本位主义”，才能做到二者的统一。他们的理解是，社会由集体和一个个独立的个体组成，只有彼此都承认对方的独立，我尊重你，你尊重我，个体才能变成小集体，小集体变成大集体，大集体变成大社会。

第四，强调“各人各尽了劳动的义务，无代价地能得健康生活上必要的衣、食、住”[①]。新村运动主张泛劳动，强调劳动是第一重要的人生义务，人人都参加劳动，只要参加劳动，人人都能得到生活必需的物质资料，不必有衣食住的忧虑。

武者小路实笃的新村主义最早被周作人介绍进中国，并很快在知识界广为传播，吸引了一大批像王拱璧这样的青年人的追捧和仿效。

新村主义传入中国并迅速流行起来，客观上与日本是当时中国学子留学的首选地，有大批中国青年赴日留学，学习新文化、接受新思想有关。

武者小路实笃也非常重视其新村理论在中国的实践，他在《与支那未知的友人》《寄一个支那的兄弟》等文章中认为，别的独立国都觉醒了，正在做“人类的”事业，但是中国的这个谜，还一点没有解决。就中国而言，青年的人所最应该喜欢的时候，正是现在的时候。诸君的责任愈重，也便愈值得做事，这正是现在了。[②]他说：“我的敲门的声音，或者很微弱；但在等着什么人的来访的寂寞的心里，特别觉得响亮，也未可知的……我敲门的微小的声音呵，要帮助这人的觉醒，望你有点效用。”[③]正因为如此，当王拱璧求教新村实验时，他寄去了《新村》杂志，并提供给他做新村实验的全部方案。当

---

① 周作人：《新村的精神》，《新青年》第7卷第2号，1920年1月1日。

② 参见［日］武者小路实笃：《与支那未知的友人》，周作人译，《新青年》第7卷第3号，1920年2月1日。

③ ［日］武者小路实笃：《与支那未知的友人》，周作人译，《新青年》第7卷第3号，1920年2月1日。

周作人给他去信，请他介绍新村的情况时，他不仅给予热情的回复，还亲自陪周参观新村。

对于武者小路实笃的“敲门”，蔡元培、陈独秀、李大钊等都给予了积极的回应。蔡元培认为，武者小路实笃他们尚且关心中国的觉醒，逮着机会，还要来敲我们的门，那么中国先进的知识分子，就更应该做出努力，使国人觉醒。[①]陈独秀这样告诫道：“我记得十几年前，托尔斯泰也有给中国朋友们的一封信，劝中国人不要抛弃农业，不要羡慕西洋富强，不要迷信立宪政治，不要取武力抵抗主义，当时中国人不曾理会他的金石良言，我希望现在的青年，对于武者先生底教训不再像从前那样冷淡。”[②]李大钊在《亚细亚青年的光明运动》一文中指出，对新村主义在中国，“只要能寻一个地方去实验，不把他作了纸上的空谈，也能发生些工具的效用，也会在人类社会中有相当的价值”[③]。

最后，不得不交代的一个情况是，武者小路实笃后来逐渐变成了一个狂热的军国主义分子。

14　雄鸡一鸣天下晓

19世纪末20世纪初，域外空想社会主义小说受到中国知识分子的青睐。《百年一觉》（一译《回头看》《回顾》）可以说是其典型代表。《百年一觉》是美国学者爱德华·贝拉米（一译毕拉宓）一本带有社会主义性质的小说，一经问世即风靡全球，至20世纪60年代初，已被译为德、法、俄、意、阿拉伯、保加利亚等国文字，销量更是高达一百万册以上，在全球产生了很大影响。《百年一觉》是英国传教士李提摩太的中译本名称，后又出过多个版本。

《百年一觉》的主人公是一位名叫威斯特的美国人，1887年他在波士顿家

---

① 参见蔡元培为《与支那未知的友人》所写的附注，《新青年》第7卷第3号，第52页，1920年1月1日。

② 陈独秀为《与支那未知的友人》所写的附注，《新青年》第7卷第3号，第52页，1920年1月1日。

③ 《李大钊文集》第三卷，人民出版社，1999年版，第2页。

中地下室入睡，一直到2000年被一个医生救醒。长睡一百多年，醒来时人间已发生历史性的巨变，资本主义制度在美国和欧洲一些大国已经消亡，社会主义已经在全球取得决定性胜利，美国居于社会主义的前列。威斯特看到：从前的生产以人力为主，现在均采用机械化操作；从前物资匮乏，现在社会产品已极大丰富；从前没有金钱寸步难行，现在货币已被废除；从前人们要用收入购买产品，现在由国家货栈统一分配产品；从前吃饭、洗衣都要自己动手，现在吃饭在公共饭店，洗衣等生活服务都有专门的洗衣店等服务机构；从前富人不从事生产劳动就能衣食无忧，贫穷的人们终日劳作仍衣食不保，现在人人都要参加生产劳动，平等享受劳动成果；从前工人受到资本家变本加厉的压榨，现在土地、矿物、制造、轮船等均归国有，劳资矛盾也不复存在；从前社会上尔虞我诈，犯罪频发，现在社会拥有高度的精神文明和道德水准，文化生活极为丰富。每个社会成员二十一岁之前读书学习，二十一至四十五岁做工做官，四十五岁退休，发展自己的兴趣爱好，过着幸福美满的生活。威斯特看到，新社会是一个自由、平等、文明，生产力高度发达的社会主义新社会，“真所谓大同之世也”[①]。

无独有偶，1902年，梁启超新创作的小说《新中国未来记》，也开始在《新小说》月刊上连载。这是一本类似于《百年一觉》的小说，介绍的是六十年后（1962）中国的盛况。他在书中描写道，彼时的中国已俨然成为超级大国，这一年正月，在南京隆重举行纪念维新变法五十周年的万国太平会议，列强纷来朝贺，在上海开设大博览会，吸引了全球数万学者参加。在博览会上，备受尊敬的学者曲阜先生——孔宏道——孔子的后裔，讲解了中国近六十年的民主缔造史。原本梁启超的这本书要仿照《百年一觉》的模式，畅想一下他亲自参与的维新变法如何把中国引向民富国强的康庄大道。但是只写了五回就戛然而止，没有再写下去。其实是实在写不下去了。因为从梁启超写这本小说的时候开始，中国政治的发展可以说是日新月异，所谓的孔孟之道已形近崩溃，

① ［美］毕拉宓：《百年一觉》，［英］李提摩太译，上海广学会，1894年版，第34页。

所谓的“师夷长技以制夷”“中学为体，西学为用”的梦想早已破碎，更何况他所钟情的君主立宪、维新变法也一败涂地，无可挽回。民众已经觉醒，革命已成必然，再在原来的梦境中畅想未来，无疑是自说自话、自取其辱。特别是梁启超最初觉得《百年一觉》中的社会主义，与自己的追求那么一致，发展的结果却大相径庭，无论如何《新中国未来记》是不能再继续写下去了。

不仅是梁启超，孙中山先生此时也正处在寻找中国出路的迷茫阶段。孙中山早年接受了欧美资产阶级政治学说，并以日本为主要基地，开展革命活动。然而随着国内革命斗争的一再受挫，他被迫流亡英国，也正是在这个时候，他接触到在欧美广泛传播的各种社会主义思想。从1896年起，孙中山就已经开始表达出对社会主义的向往。对此，梁启超这样评价：“孙逸仙（文）。他虽不是学者，但眼光极锐敏，提倡社会主义，以他为最先。”①当然，孙中山向往社会主义理论，主要目的还是想吸收借鉴其中的一些元素，丰富和完善其“三民主义”思想，使之能更为有效地运用于中国实践，解决中国问题。如果说在辛亥革命之前，孙中山通过考察欧美国家贫富悬殊的社会现实，坚定土地公有、节制资本的政治诉求，那么武昌起义胜利后，随着中华民国的建立，他认为民族、民主革命的任务已经完成，只剩下民生主义这一社会革命尚未着手。因此他开始四处奔走，积极宣传社会主义，斟酌如何利用社会主义来解决国计民生中存在的种种问题。但是，此时孙中山所追求的社会主义，是各种社会主义流派思想的大杂烩，既有空想社会主义的幻想，又有预防资本主义流弊的警惕；既想节制资本、土地归公，又想通过国家垄断搞“集产社会主义”。显然这是一条打着社会主义旗号，探索资本主义发展的道路，是肯定走不通的。

这一时期，受西方社会主义流派的影响，国内衍生出不少不同的社会主义流派。同时，代表不同阶级阶层利益的政客，为了争取民众、混淆视听，也不断用社会主义标榜自己。更有甚者，一些宣传社会主义的主要人物，其思想本身也摇摆不定、让人莫衷一是。

---

① 梁启超：《中国近三百年学术史》，东方出版社，2004年版，第32页。

这个时候形成传播热潮的社会主义思想，除了前面介绍的克鲁泡特金无政府共产主义、基尔特社会主义、托尔斯泰泛劳动主义、新村主义、工读主义和工学主义之外，还有欧洲的空想社会主义（傅立叶、圣西门、欧文的学说），施蒂纳无政府个人主义，蒲鲁东社会无政府主义，伯恩施坦、考茨基的议会主义等。连孙中山都曾引用一句外国俗语，发出这样的感慨："社会主义有五十七种，究竟不知哪一种才是对的。"①

瞿秋白有过这样的回顾和总结："社会主义的讨论，常常引起我们无限的兴味。然而究竟如俄国19世纪40年代的青年思想似的，模糊影响，隔着纱窗看晓雾，社会主义流派，社会主义意义都是纷乱、不十分清晰的。"②

这种思想状况，实际上广泛存在于当时进步青年，尤其是激进的革命青年之中。毛泽东曾这样回忆说："在这个时候，我的思想是自由主义、民主改良主义、空想社会主义等思想的大杂烩。我憧憬'十九世纪的民主'、乌托邦主义和旧式的自由主义，但是我反对军阀和反对帝国主义是明确无疑的。"③

然而，在多种思潮相互博弈的过程中，人们看到，最终得到热烈回应、脱颖而出的正是社会主义思潮。到了新文化运动后期，特别是工读互助团的实验失败后，社会主义已经成为最流行、最主流的一种思潮。此时的各种报刊，都把刊登宣传社会主义的文章当成一种时尚，像于右任创办的《民呼时报》《民吁时报》、梁启超创办的《新民丛报》、宋教仁创办的同盟会机关报《民报》、陆恢权等人创办的《天义报》等报刊，都成为传播和研究社会主义思潮的主要阵地。时为报人的潘公展（后任国民党中宣部副部长）就说："一年以来，社会主义底思潮在中国可以算得风起云涌了，报章杂志底上面，东也是研究

① 《孙中山选集》下，人民出版社，2011年版，第836页。

② 《瞿秋白文集·文学编》第一卷，人民文学出版社，1985年版，第26页。

③ ［美］埃德加·斯诺：《西行漫记》，董乐山译，东方出版社，2005年版，第139—140页。

马克思，西也是讨论鲍尔希维主义，这里是阐明社会主义底理论，那里是叙述劳动运动底历史，蓬蓬勃勃，一唱百和。社会主义在今日的中国，仿佛有‘雄鸡一鸣天下晓’的情景。”①

① 《近代社会主义及其批评》，《东方杂志》第18卷第4号，1921年2月25日。

第四章

马克思主义的黄钟大吕

01 来自使节、传教士和报刊的马克思

1873年，清代文学家王韬编译了一部《普法战纪》，详细记录了1871年的巴黎公社斗争。他认为，巴黎公社“乱党”被官兵戮杀者超过十万人，妇女、儿童均不能幸免，究其原因，皆为“自主”二字所害：“乱党分子”明知势不能敌，巴黎城不可守，但仍愿意与巴黎共存亡，都是“自主”一念所误。[①]

王韬的记述充分说明，社会主义、马克思主义这些概念传入中国，并非从十月革命才开始的。十月革命是一个爆发点，在这之前，社会主义、马克思主义已在中国零星传播，只不过人们的认识尚未摆脱正统与乱党的传统思维束缚，社会主义尚未成为引起民众关注的流行思潮或尚未成为中国选择革命道路之关键罢了。总的来说，中国对西方社会主义、马克思主义的了解，大致来自以下三种途径：一是来华传教士介绍，二是晚清驻外使节记述，三是中国知识精英办刊办报。

众所周知，鸦片战争轰开了中国的大门，传教士作为列强侵略中国的急先锋，足迹遍布中国大江南北。根据《剑桥中国史》所述，1864年在中国的传教士有一百八十九名，1874年为四百三十六名，1889年又翻三倍，由教会承办的

① 参见［清］王韬辑撰：《普法战纪》，张宗良口译，中华印务总局活字版排印本，1873年版。

书刊达三百六十一种。这一时期，出于传播西方思想和宗教、控制中国人精神的需要，西方传教士以傅兰雅（英国）、李提摩太（英国）、花之安（德国）等为代表，设立学堂、成立出版机构、刊发西学著作，既介绍了西方资本主义发展的情况，也引入了安民新学（马克思主义）、空想社会主义等思想。当时报刊上经常看到“乱党”“社会党”“暴徒”“欧罗巴”“平会”“康密尼士”“莎舍尔德玛噶里会”等词语，使得近代中国知识分子间接了解到社会主义、马克思主义的讯息。

《万国公报》是晚清时期传教士所办报刊中传播范围最广、影响最深远的一种，也是最早在中国介绍马克思、恩格斯的名字及其学说的报刊。1899年2月至5月，该报连载了由李提摩太翻译的《大同学》，节选自英国社会学家本杰明·颉德《社会进化论》的前四章。该文指出：“近代学派，有讲安民新学之一家，如德国之马客偲，主于资本者也。”[①]“百工领袖著名者，英人马克思也。”[②]文章还介绍了马克思、恩格斯的今世养民策，“德国讲求养民学者，有名人焉。一曰马克思。二曰恩格斯”[③]。“恩格斯有言，贫民联合以制富人，是人之能自别禽兽，而不任人簸弄也。”[④]

19世纪60年代，晚清政府成立同文馆培养西学人才，其学生大多数成为驻外公使，在他们的日记和游记中，也能看到对社会主义、马克思主义的介绍。如1880年，驻德公使汪凤藻节译出版了英国人法思德的论著《富国策》，其中对社会主义内容的考察，集中反映在“论制产主义与均富之说”的节译中，不仅揭露了欧美资本主义国家贫富差距现象，而且详细介绍了欧文和傅立叶的空想社会主义学说。

---

① 林代昭、潘国华编：《马克思主义在中国：从影响的传入到传播》上册，清华大学出版社，1983年版，第50页。

② 林代昭、潘国华编：《马克思主义在中国：从影响的传入到传播》上册，清华大学出版社，1983年版，第44页。

③ 林代昭、潘国华编：《马克思主义在中国：从影响的传入到传播》上册，清华大学出版社，1983年版，第55页。

④ 林代昭、潘国华编：《马克思主义在中国：从影响的传入到传播》上册，清华大学出版社，1983年版，第56页。

中国首位驻外使节郭嵩焘在其于1877—1878年所写的《伦敦与巴黎日记》中，表达了他对社会主义政体的见解，认为“泰西立国之势，与百姓共之。国家有所举废，百姓皆与其议”①。

1893年驻英的使臣宋育仁在《泰西各国采风记》中，对欧洲社会主义均贫富的主张进行了介绍，指出贫富悬殊加剧了社会矛盾，“遂有一党，洋语名鸭挪吉思，主废国法，均贫富，分布诸国，徒侣甚众”②。

作为第一批出使的学者，张德彝将游历之见闻，统一命名为“述奇”，他先后八次出使西洋，共写“述奇”八卷，涉及社会主义问题总计达一万字。尤其难能可贵的是，作为目击者，他还完整记录了巴黎公社起义乃至失败的过程，认为巴黎之事“有戴红帽之乡勇十万名为‘红头’者，齐赴外部，伪以击退德兵为名，欲籍改民政而作乱”③。

黎庶昌在出任驻德参赞时，详细考察了19世纪70年代在欧洲上演的社会主义革命运动，指出当时在德国民间广为人知的“索西阿利司脱会党”（即德国社会革命党，也可以称为“平会”），主要由贫穷人民组成，党的宗旨在于人人平等，均贫富。

李凤苞出使德国时的日记中写道：“莎舍尔德玛噶里会”（指社会民主党）所追求的乃是“一切平等”，故而可以称之为“平会”，社会民主党“各国皆有之”。④

受传教士创办报刊、传播西学做法的启发，19世纪的中国知识分子精英开始通过创办报刊，引用大量国外时事以支撑其变法维新思想。其主要代表是梁启超。而此时正值恩格斯亲手缔造的第二国际大放异彩、西方社会主义思潮不断高涨的时期，因此对社会主义相关活动予以关注，实属必然。

《时报》就刊载过这样一批时事和评论。1896年9月，刊登《社会党开万国

① 钟叔河：《走向世界：近代中国知识分子考察西方的历史》，中华书局，2000年版，第233页。
② 宋育仁：《泰西各国采风记》，岳麓书社，2016年版，第18页。
③ 钟叔河：《走向世界：近代中国知识分子考察西方的历史》，中华书局，2000年版，第180页。
④ 姜义华编：《社会主义学说在中国的初期传播》，复旦大学出版社，1984年版，第18页。

大会》一文，文章不仅以“万国社会党人”指代“共产主义者”，而且从学校教育平等、保护童工、设常备军等方面阐明了社会主义国家的规划和原则。《译书公会报》《北中国每日报》等也分别刊发了《弹压虚无党议》和《论英国机器制造各工匠停工事》，虚无党指工人联盟组织，以“破贵贱之区别，均分财产”作为社会主义党的主张，强调工人在反抗运动中“持志坚强，视死如归”。[①]

中日甲午战争后，梁启超凭借敏锐的洞察力，发现了西欧社会主义思想的价值。1896年，维新运动的喉舌《时务报》刊登了日本学者古城贞吉的译文《社会党万国大会》《硕儒讣音》，其中首次出现汉语“社会主义”一词。在目睹了海外社会主义运动的态势后，梁启超1899年10月在《清议报》刊发了《强权》一文，该文以康有为“三世说”为基本框架，运用马克思主义阶级斗争学说解释阶级矛盾、贫富对立。在阅读英国学者法思德的《富国策》、亚当·斯密的《国富论》等经典著作后，梁启超认识到，商品的交换标准，并不是由物决定，而是由人的劳动决定。只有人的劳动，才是价值的普遍尺度和正确尺度。

1902年10月，梁启超在《新民丛报》上发表《干涉与放任》一文，阐述了社会主义理论的特点与价值追求，将社会主义诠释为干涉主义，称社会主义必将磅礴于20世纪。[②]

同年，梁启超在《新民丛报》上发表《进化论革命者颉德之学说》，评价颉德是“独辟蹊径，卓然成一家言，影响于世界人群之全体，为将来放一大光明者”，文中四次提到马克思的名字，指出：“麦喀士，日耳曼人，社会主义之泰斗也。”[③]

1904年2月，梁启超在《新民丛报》上发表《中国之社会主义》一文，其中说道：“社会主义者，近百年来世界之特产物也。檃括其最要之义，不过曰土地归公，资本归公，专以劳力为百物价值之原泉。麦喀士曰：现今之经济社

---

① 《弹压虚无党议》，《译书会公报》第2册，1897年11月1日。

② 参见梁启超：《干涉与放任》，《新民丛报》第17号，1902年10月2日。

③ 梁启超：《进化论革命者颉德之学说》，《新民丛报》第18号，1902年10月28日。麦喀士即马克思。

会，实少数人掠夺多数人之土地，而组成之者也。”①

02 日本成为马克思主义的传播重镇

1920年的春夜，浙江义乌分水塘村一间久未修葺的柴屋里，两条长凳架起一块木板，既是床铺，又是书桌。桌前，有一个人在奋笔疾书。

母亲在屋外喊：“红糖够不够，要不要我再给你添些？”儿子应声答道：“够甜，够甜的了！”谁知，当母亲进来收拾碗筷时，却发现儿子的嘴里满是墨汁，红糖却一点也没动。原来，儿子竟然是蘸着墨汁吃掉粽子的！

他叫陈望道，他在翻译的册子是《共产党宣言》。

墨汁为什么那样甜？也许信仰也是有味道的，甚至比红糖更甜。正因为这种无以言语的精神之甘、信仰之甜，无数的革命先辈才情愿吃百般苦、甘受千般难。

据考证，陈望道翻译的《共产党宣言》，其蓝本是幸德秋水与堺利彦于1903年共同翻译的《共产党宣言》日译本。刘师培和何震夫妇创办的《天义报》于1908年2—5月第16—19卷登载过的《共产党宣言》第一章的中译本（民鸣译），也是根据幸德秋水与堺利彦的日译本转译而成。

陈望道对马克思主义的译介，实际上是这一时期中国留日学子和旅日革命家传播马克思主义的一个缩影。

19世纪中后期，日本通过明治维新“脱亚入欧”，走上资本主义现代化道路。从思想层面而言，日本大量引入西学，其中不乏社会主义学说。比如《世界》杂志刊载的介绍马克思生平与学说的《论近代社会主义政党》，日本学者撰写和翻译了《社会主义与共产主义》《古今社会党沿革说》《法国和德国的社会主义》《社会主义手册》等，系统介绍莫尔、圣西门等的空想社会主义，介绍世界社会主义流派与政党。日本激进知识分子还创办各种报刊，研究和阐发

---

① 梁启超：《中国之社会主义》，《新民丛报》第46—48号，1904年2月14日。

社会主义思潮。一批以研究社会问题、劳工问题为宗旨的社会主义社团及党派，如雨后春笋般涌现出来。比如以河上肇、片山潜、安部矶雄、幸德秋水为代表的激进知识分子成立了社会主义研究会，1901年正式更名为社会民主党。片山潜的《我的社会主义》、幸德秋水的《社会主义神髓》，成为这一时期日本社会主义研究的代表作。

明治维新的成功，使日本成为近代中国知识分子和青年学生留学的首选地。也正因为如此，日本对马克思主义的研究与传播状况，直接决定了马克思主义初入中国的整体样态。

据《日本留学中国学生题名录》记载：1900年中国派遣留日学生为159人次，1901年266人次，1902年突增至727人次，1903年达1243人次，呈逐年成倍增长趋势。[①]这里还不包括孙中山、朱执信等留日的革命者，以及像康有为、梁启超这样的避难的维新志士、革命先驱等。这一批留日人士中的许多人，把对社会主义、马克思主义的译介视为日本强盛的直接推动力。

在当时，最早研究并介绍马克思主义的是中国改良派领袖梁启超。他在日本接触到马克思主义后，在《新民丛报》上连续发表文章，赞叹马克思主义是当今德国“最占势力之二大思想”[②]，1904年在《中国之社会主义》一文中，概括社会主义最紧要之义是“土地归公，资本归公，专以劳力为百物价值之源泉”[③]，颇有些启蒙教育的味道。

中国民主革命派的代表人物，如孙中山、朱执信、胡汉民、马君武、宋教仁、廖仲恺等，大都有留日经历，出于推翻清政府的政治需要，也开始研究和传播马克思主义。1905年同盟会在日本成立后，其机关刊物《民报》就翻译介绍了大量马克思主义著作及观点。五四时期，更是以较大版面介绍、研究和传播马克思主义，内容涉及唯物史观、劳动问题、阶级斗争、政治经济学、资本

---

① 参见房兆楹辑：《清末民初洋学学生题名录初辑》（近代中国史料丛刊），台湾“中央研究院”近代史研究所，1962年版，第1—53页。

② 梁启超：《进化论革命者颉德之学说》，《新民丛报》第18号，1902年10月28日。

③ 梁启超《中国之社会主义》，《新民丛报》第46—48号，1904年2月14日。

论等。

辛亥革命后，自由民主氛围空前高涨，各种思潮竞相发展，亦呈现“盛言社会主义”的局面。[①]比如中国留日学生创办的《译书汇编》刊登了日本国际法学家有贺长雄的《近世政治史》，讲述了社会党的由来，说：“麦克司（即马克思——引者）与拉司来（拉萨尔——引者），均以1848年倡自由之说而两党之势以炽……麦克司始在可伦开设报馆，倡均富之说。后为政府所不容，窜于伦敦。”并讲到“万国工人总会”（第一国际）的主义是“合各国工人之势力，以求保护工人、脱资本家之束缚而已”，而麦克司曾“为参事会长，总理全体”。[②]还刊登了同盟会元老马君武的《社会主义与进化论比较》一文，文中说：“社会主义者，发源于法兰西人圣西门、佛礼儿（傅立叶——引者），中兴于法兰西人鲁意伯龙、布鲁东，极盛于德意志人拉沙勒（拉萨尔——引者）、马克司（马克思——引者）。”“马克司者，以唯物论解历史学之人也。马氏尝谓阶级竞争为历史之钥。”[③]其他如《新译界》《新民丛报》《浙江潮》《湖北学生界》《江苏》等，都热衷于推介马克思主义的著作和文章。

与此相应，中国国内一些出版机构也十分热衷于译介马克思主义经典著作的日文本和日本社会主义者的著述。除陈望道翻译《共产党宣言》外，还有郑次川翻译恩格斯《科学的社会主义》，李汉俊翻译《马格斯资本论入门》，陈溥贤翻译考茨基的《马克思经济学说》等。而日本社会主义者幸德秋水的《社会主义神髓》《长广舌》《二十世纪之怪物帝国主义》、河上肇的《贫乏物语》、山川均的《列宁传》、村井知至的《社会主义》、福井准造的《近世社会主义》、西川光次郎的《社会党》、久松义典的《近世社会主义评论》等，也相继在中国出版，均产生了广泛影响。

需要特别指出的是，中国早期共产主义者大多是从日本或日译著作中获知马克思主义的。比如李大钊、陈独秀、李达、李汉俊、高语罕、杨匏安等，都曾在

---

① 参见徐觉哉：《近代中国社会主义传播史图谱》，学林出版社，2019年版，第1页。

② 〔日〕有贺长雄:《近世政治史》，《译书汇编》杂志社员译，《译书汇编》第2期，1901年1月。

③ 君武:《社会主义与进化论比较》，《译书汇编》第11期，1903年2月。君武即马君武。

日本留过学，较为系统地接受过日本社会主义、马克思主义思想的熏陶，阅读过大量日译本马克思主义经典著作，以及河上肇、幸德秋水等日本社会主义者的马克思主义著作。其他如毛泽东、董必武等都直言，受到朱执信、李汉俊等传播马克思主义的影响。而李汉俊、施存统等人，又直接参与了东京共产党早期组织的组建，是为中国共产党成立前，中国共产主义者在海外的第一个组织。

当然，基于当时的社会大背景和自身认识的局限，留日青年对马克思主义的认识还较为模糊，对科学社会主义与其他社会主义流派的界限还不甚明确。他们所主张的社会主义，还不是或者还不完全是马克思的科学社会主义。尽管如此，早期留日青年做出的努力，为马克思主义在中国的早期传播所起到的先驱作用，仍是值得充分肯定的。

03　马克思主义传播的拓荒者

1920年9月，正值中国军阀混战之际。粤桂之间的战争已经打响，整个广东呈现一片紧张肃杀的氛围。陈炯明举起“粤人治粤”的旗帜，号召依附于桂系军阀的广东地方实力派起义反正，孙中山及其周围的重要人物纷纷响应并投入了这场战斗。受国民党中央委派，同盟会最早的盟员朱执信前往香港，负责采购军械及各种装备。

此时，孙中山推翻桂系军阀对广东统治的诉求，得到民众广泛响应和支持，粤军势如破竹，收复粤东。恼羞成怒的桂系军阀一方面将防线收缩至河源—惠州一带，一方面从广西调遣大量军队入粤，准备与陈炯明决一死战。而夹在广州与惠州中间的虎门要塞，就成为双方争夺的战略目标。拿下虎门，就打开了通往广州的门户，就可以直接威胁桂系军阀。

驻守虎门的桂军，与其他已经起义的地方军一样，同属广东籍。这支名为“肇军”的实力派司令，恰与朱执信关系颇深。于是，香港国民党机关部委派朱执信前去策反。经过努力，朱执信说动“肇军”司令放弃虎门要塞宣告独立。但没有想到的是，另一支被国民党人策动的东江民军也同时攻入虎门，在不知情的情况下，收缴了虎门降军的枪械，结果引发双方争执。此时，两军都请求朱执信到虎门调停。

明知此行危险重重，朱执信还是坚定地出发了。他先来到“肇军”驻地了解情况，随后到民军驻地与负责人会面，并与民军负责人一起赴“肇军”驻地调停。然而正当朱执信等人准备返回时，“肇军”突然对民军开火，朱执信不幸中弹倒地。

朱执信牺牲的消息传来，与他并肩作战的国民党人悲痛无比。孙中山称：“执信忽然殂折，使我如失左右手”[①]，“虽尽歼桂贼不足以偿也”[②]。在往后的日子里，孙中山多次感叹朱执信是革命中的圣人、中国有数的人才、最好的同志。陈独秀当时也曾写一挽联道：“失一执信，得一广东，得不偿失；生为人敬，死为人思，死犹如生。”[③]护法军政府与国民党为朱执信举行了隆重的葬礼，后由国民党创立执信学校，以作为永远纪念。

朱执信，原名大符，字执信，原籍浙江萧山，生于广东番禺的书香世家。十五岁丧父，遂从母舅学习。十七岁在广州教忠学堂学习，对西方社会政治学说表现出浓厚兴趣。二十岁考取广东官费生，赴日本法政大学学习。二十一岁参加孙中山领导的中国同盟会，被选为评议部评议员，兼任民报撰述。此后，朱执信先后在中国同盟会、广东军政府、中华革命党担任重要职务，也是《民报》《民国》《建设》等杂志的创建者和撰稿人。朱执信始终追随孙中山，在革命派与改良派的斗争中、在推翻清朝封建专制制度的斗争中、在反对袁世凯和封建军阀的斗争中、在探索挽救中国民主主义革命的道路中，都发挥了重要的作用，成为孙中山最亲密、最得力的助手。朱执信在中国近代历史上的贡献是多方面的，其中他对社会主义各流派的研究，对马克思主义的介绍和传播，使他成为同盟会和国民党中最早传播马克思主义的拓荒者。

---

① 毛思诚编：《民国十五年以前之蒋介石先生》第三编，1937年石刻本，第17页。

② 《孙中山全集》第六卷，人民出版社，2015年版，第448页。

③ 中国人民政治协商会议广东省委员会文史资料研究委员会编：《孙中山与辛亥革命史料专辑》，广东人民出版社，1981年版，第195—196页。

1906年初，朱执信在《民报》第二、三号上，片段式地介绍了马克思、恩格斯的革命活动，介绍了《共产党宣言》中的十大纲领，介绍了《资本论》中的一些内容。在介绍这些文章的引言中，朱执信阐述了自己的目的："所期者数子之学说行略，溥遍于吾国人士脑中，则庶几于社会革命犹有所资也。"[①]将这些学说作为促进社会革命的有力武器。朱执信认为："社会主义学者于德独昌，于政治上有大势力，而他政党乃却顾失势仰其援焉。"[②]在他看来，马克思的科学社会主义超过了以前的各种社会主义学说，他说："自马尔克以来，学说皆变，渐趋实行，世称科学的社会主义。"[③]

朱执信特别推崇马克思的阶级斗争学说和雇佣劳动学说。他说："马尔克素欲以阶级斗争的手段，而救此蚩蚩将为饿殍之齐氓。"[④]他认为"阶级斗争，本来是现存的事实，不是想出来的手段。社会主义者的主张阶级斗争，不是以为没有阶级斗争，也要用这手段"。"所以现在要绝灭阶级斗争，不能不先绝灭阶级。要绝灭阶级，还要借斗争的一个阶级的力量，所以现在要奋斗的时候，还得找一个破灭阶级的势力。"[⑤]他还指出："阶级斗争，成不成问题，是看资本家取得剩余价值的多少和劳动者生活工作条件的如何。"[⑥]阶级斗争的形式是很多的，不仅是武装斗争和杀人，而"用小册子，用演说台，也是阶级斗争""罢工、罢市、怠业，也是阶级斗争"。[⑦]因而"不斗争是永远没有的""斗争是永远没有了期的"。[⑧]他提出，作为革命者，要坚定站在劳动者一边，中国的劳动者虽然没有力量，他们所受的痛苦压迫，比别的国民要多几倍，要从国民着想，从人类的进步着想，正应该扶助劳动者，替他们想解决的办法。

朱执信还坚信，雇佣劳动使劳动阶级已经成为一支独立的政治力量，成为

---

① 朱执信：《德意志社会革命家列传》，《朱执信集》上，中华书局，1979年版，第10页。
② 朱执信：《德意志社会革命家列传》，《朱执信集》上，中华书局，1979年版，第8页。
③ 朱执信：《论社会革命当与政治革命并行》，《朱执信集》上，中华书局，1979年版，第55页。
④ 朱执信：《德意志社会革命家列传》，《朱执信集》上，中华书局，1979年版，第14—15页。
⑤ 朱执信：《新文化的危机》，《朱执信集》下，中华书局，1979年版，第879—880页。
⑥ 朱执信：《野心家与劳动阶级》，《朱执信集》下，中华书局，1979年版，第724—725页。
⑦ 朱执信：《新文化的危机》，《朱执信集》下，中华书局，1979年版，第879—880页。
⑧ 朱执信：《不合时宜之调和论》，《朱执信集》下，中华书局，1979年版，第528页。

当时革命斗争的主要依靠力量。他说:“国家之中最有力者为人民，人民所归向者，始谓之实力。”[①]他还把“人民”与“主义”联系起来进行考察:“试问主义如何而能有力乎? 人民之意志受其感化故也。而人民意志何以能发扬其力乎? 则又当曰: 有主义以指导之故也。”[②]

朱执信还研究和分析了苏俄红军，指出其之所以能战无不胜、攻无不克，关键在于他们是用“主义”武装了头脑的。这样的军队是有信仰的军队、有追求的军队，而中国革命就需要建立一支这样的军队。

朱执信十分敬仰革命导师列宁，称他是一个新世界的创造者，是每一个革命者都必须学习的榜样。朱执信不但对五四运动坚决支持，而且还发表了一些精辟的见解。比如他认为，“五四”学生罢课的事，已经“博一国之同情，生绝大之效果”[③]。学生在爱国运动中的作用是巨大的，但不是决定性的。因为“群众运动”的真实力量，是多数人的意志，“离开了农工的帮助，学界也没有真正的力量”。[④]这些见解，在当时的知识精英界是极为难得的。何香凝在《我的回忆》一文中曾深情地说道:“如果他（朱执信——引者）还健在，他很可能是坚决信仰马克思主义的。”[⑤]

04　游移不定的社会主义者

马克思主义在中国的早期传播中，有一个绕不过去的历史人物，即江亢虎。辛亥革命时期著名的无政府主义者刘师复就曾说过:“今日一般人之心目中，以为中国言社会主义者有二人焉: 即孙逸仙与江亢虎是也。”[⑥]毛泽东在五四时期也认为，“近数年来，中国的大势斗转，蔡元培、江亢虎、吴敬恒、刘

---

① 朱执信:《所谓实力派之和平》,《朱执信集》下，中华书局，1979年版，第479—480页。
② 朱执信:《民意战胜金钱武力》,《朱执信集》上，中华书局，1979年版，第377页。
③ 朱执信:《学生之后之态度》,《朱执信集》上，中华书局，1979年版， 第373页。
④ 朱执信:《野心家与劳动阶级》,《朱执信集》下，中华书局，1979年版， 第726页。
⑤ 何香凝:《我的回忆》,《回忆辛亥革命》，文史资料出版社，1981年版，第30页。
⑥ 《师复文存》，革新书局，1927年版，第21页。

师复、陈独秀等首创革新”，而“革新之说不止一端”[①]，足见江亢虎在当时的历史地位和社会影响。

江亢虎原名绍铨，号洪水、亢庐，别号康瓠，出身于江西弋阳一个官宦之家。他聪颖好学、过目不忘，能随口背诵《唐诗三百首》。有一次，号称博学之士的南昌府衙门文案师爷，让江亢虎背诵自己任点的十首唐诗，江亢虎竟然背得一字不差，惊得师爷连连称赞他是少年天才。从此，江亢虎的聪明好学便出了名。十八岁时，江亢虎经两江总督刘坤一举荐，作为各地推行“新政”的英才，赴日考察政治半年。在日期间，因其年轻潇洒、天赋过人，很快鼎鼎有名，还与孙中山先生有了交往。

江亢虎与孙中山彻夜长谈。事后，孙中山曾对人提及，江亢虎此人如若不投身革命，势必为反动势力所利用，即便身不由己卷入革命，亦极可能首鼠两端、朝三暮四。江亢虎在日考察政治期间，由于生活不检点，致使一日本女佣怀孕，不得不提前结束考察，申请回国。

江亢虎回国后，在天津受到直隶总督兼北洋大臣袁世凯的召见，并被破格提拔为北洋编译局总纂和《北洋官报》总纂，官居五品，此时，他还不到十九岁。江亢虎深知自己资历浅薄、学问太少，加之不谙官场交际，遂主动要求再到日本求学。但当听到女革命家秋瑾扬言要除掉清廷走狗江亢虎时，又承受不了巨大的心理压力，便辍学回国。

江亢虎回国后，担任刑部主事和京师大学堂日文教习。他一方面表示效忠朝廷，与袁世凯等权臣交往过密，另一方面又暗中与反清势力联系，接待过同盟会会员汪精卫、朱执信等人。1905年俄国爆发革命，十二月党人为反抗沙皇暴政不惜为信仰捐躯的精神，深深感动了江亢虎，使其对无政府主义思潮产生浓厚兴趣，于是如饥似渴地通读巴枯宁、克鲁泡特金的著作，深深陶醉于他们的理论之中。当他兴冲冲地把自己翻译的巴枯宁的《论国家的起源和消亡变异》转送给杨度等维新人士时，却遭到他们的冷嘲热讽。沮丧彷徨的江亢虎进

---

① 泽东：《湘江评论》临时增刊第1号，1919年7月21日。泽东即毛泽东。

而又迷上了科学社会主义思潮。当时国内并没有马列著作的中译本，凭借过人的英文基础，江亢虎直接研读马克思、恩格斯、考茨基、列宁、普列汉诺夫等人的著作，感到心中的疑惑找到了答案，于是和信奉社会主义的陈翼龙（日本留学生）、李大钊等人联系，想在中国创办一个新政党。然而当袁世凯明确表示对他与激进分子交往不满时，他又吓得辞去官职，再度赴日本留学。

在日期间，江亢虎又重归无政府主义，提出“无宗教、无国家、无家庭”的“三无主义”思想体系。但令人称奇的是，在鼓吹无政府主义的同时，他还去伦敦聆听社会主义活动家在马克思墓前的演讲，再次研读马克思主义经典著作。1911年，江亢虎发表《介绍地税归公之学说》一文，成为国内系统介绍科学社会主义思想的第一人。同年7月，江亢虎成立“社会主义研究会”，翻译出版社会主义理论著作《社会主义ABC》《马克思主义简说》等。10月，江亢虎在北京与陈翼龙、李大钊等人正式创建中国社会党，江亢虎任总书记。在中国社会党“没有剥削，民众当家作主的社会，对私有财产严加限制”口号的鼓舞下，不少追求进步的青年知识分子加入该党，并参与民国第一届国会选举。该党一度拥有党员五十二万三千余人，在全国各地建立起四百九十多个支部。江亢虎甚至还把长江口的崇明岛设计为“社会主义研究试验地”。1913年7月，中国社会党与日本、美国的社会党代表在上海成立“万国社会党俱乐部”，此举使中国社会党和江亢虎本人声名大噪。①中国社会党的蓬勃发展引起袁世凯的极度不安，他下令将陈翼龙逮捕处决、解散中国社会党。江亢虎被袁世凯的举动吓破了胆，辞去社会党总书记兼总代表职务，烧毁一切文件，独自跑到美国加利福尼亚大学讲学。

五四运动后，江亢虎回到北京，再次搞投机活动，但遭到冷遇。但是此时恰逢苏俄诞生，世界政治格局发生了新变化。江亢虎再度开始热衷科学社会主义的宣传和介绍，他连续撰写《列宁小传》《托洛茨基传略》《向赤俄政权屈服》等令人瞩目的文章，在北京大学、清华大学、北京师范大学、南开大学相

---

① 参见徐觉哉：《近代中国社会主义传播史图谱》，学林出版社，2019年版，第20页。

继开办社会主义讲座，再度声名鹊起。1921年5月，应苏俄政府邀请，江亢虎以中国社会党人和东方无产者代表的双重身份参加第三国际代表大会，受到列宁、托洛茨基、斯大林、布哈林等人的亲切接见。江亢虎的政治投机再一次取得成功。

在苏俄风光一番回国后，江亢虎重组了中国社会党，次年更名为中国新社会民主党。但以国民党人为首的清室善后委员会在调查中，发现大量清室密谋复辟的文证，其中就有江亢虎致逊帝溥仪的请求觐见书，以及他给一些支持复辟的前清遗老的信函。此事一经传开，全国哗然，江亢虎首鼠两端、朝三暮四的嘴脸充分暴露在全国人民面前，遭到人们的痛斥和唾弃。狼狈不堪的江亢虎不得不解散中国新社会民主党，逃到美国，再度进入加利福尼亚大学执教。

以后的事情几乎是家喻户晓的。在抗日战争时期，江亢虎加入汪精卫伪政府，出任考试院院长，撰写《“南京惨案”之我见》《国际的孔子与孔子的国际》等文章，为日本法西斯开脱，为“大东亚共荣圈”辩解。日本战败前，善于见风使舵的江亢虎跑到清凉古寺当起了和尚，后又潜往北京隐居，但很快被人识破被捕，关押入狱，于1954年2月病死狱中，结束了其朝三暮四、悲惨可耻的一生。

江亢虎的一生是可悲与可耻的，但是其在传播马克思主义方面的贡献，却是真实存在和不容忽视的。

首先，他有组织、成系统地向中国人介绍了社会主义学说。江亢虎创立中国社会党后，出版有机关刊物《社会党月刊》《社会党日刊》，各地党支部也均有相应的机关刊物发行。这种有组织、有刊物、网络式地宣传社会主义、介绍马克思主义的文章和译作，在民国初年并不多见，客观上起到了介绍和传播马克思主义的作用。

其次，他总结了以“地税归公”为核心的社会主义学说。在《介绍地税归公之学说》一文中，江亢虎对地税归公作了具体说明，即“产仍属本人，税则纳诸公用，有地皆课税，税率约当地价百分之五，每年核定而征收之，地面建筑栽种等物，凡人工所作者均不计”[①]。他说：“而对政治经济之意见，则明白宣布土地、资本、机器三者当归公有，教育、实业、交通三者当归公营，军备、赋税、刑罚三者当由免减以达于消灭。”[②]他认为，地税法在英国历史上大行其道并行之有效，其在中国的推行必将达到实现社会主义的目的。

最后，他强调社会主义要以言论鼓吹为先驱。他指出：“凡是实行，必以言论鼓吹为先驱，如鼓吹不能圆满，则不但不能实行，反生阻力，故言论愈有势力，思想愈能普及，各人之脑中日日含蓄此主义既深，自然水到渠成，必能一致实行。然尝未实行以前，万不可因无成绩而生退步之心，且宜更求培植其可以待时机之至。”[③]他强调必须在言论上大力鼓吹社会主义，并反复要求对社会主义要坐而论道，不能妄言立即在中国实行，并一再表示只能在现存的政府和法律许可范围内进行。这恰恰暴露了江亢虎鼓吹社会主义的虚伪性和不可实行性。

江亢虎的社会主义，一度受到孙中山赞赏并引为同道。孙中山在《复中国社会党崇明支部地税研究会书》中极力称赞道：“江亢虎先生峻才雅藻，卓荦一时，发起社会主义，深具救世之婆心。诸君子以志同道合，相与组织社会党支部于尊处，弘毅致远，我道为不孤也。”[④]江亢虎还写信给袁世凯、黎元洪，详呈社会主义主张，表明将在政府法律许可范围内活动，但都遭到取缔。江亢虎的社会主义，还受到无政府主义的批判。刘师复尖锐地指出“江氏则忽而推崇共产主义，忽而排斥共产主义，忽而以集产主义为共产主义，忽而以遗产归公为共产主义之真精神”[⑤]，翻来覆去，漂浮不定。

作为中国共产党创始人之一的李达，曾运用马克思主义观点，对江亢虎的

---

① 《介绍地税归公之学说》，《社会星》第2期，1911年8月。

② 《江亢虎文存初编》，第98页。

③ 江亢虎：《社会主义演说词》，《新世界》第2期，1912年8月25日，转引自李军林：《从“五W”模式看马克思主义在中国早期传播的特点》，《湖南师范大学社会科学学报》，2007年第1期。

④ 孙中山：《复中国社会党崇明支部地税研究会告无暇往演讲函》，《崇明报》第14期，1912年8月20日。

⑤ 刘师复：《孙逸仙江亢虎之社会主义》，《民声》第6号，1914年9月18日。

社会主义进行了剖析和批判，他在《社会主义与江亢虎》一文中指出，“大凡提倡一种主义必有理论的根据，和实行的方法，和具体的主张”[①]，而江亢虎的社会主义所列举的“资产公有”“劳动报酬”“教育普及”等，只是一个主张，却没有实行的方法和手段，如此空泛苍白的理论，又怎能有资格称得上社会主义？此可谓一语中的。

05　研究系里的马克思主义

1916年9月4日，李大钊在他任总编的《晨钟报》上，以“守常”署名，发表了一篇小说《别泪》，全文如下：

华氏，神京世族也。府第齐云，建筑极其壮丽，流衍日久，别为三支：甲支专好结交官僚豪霸子弟，因之浸染恶习甚深；乙支习与游侠者游，好问人间不平事，间有流于躁暴者，但其奋斗勇往之精神，盖百折而不挠；丙支则多文弱书生，尚清谈，喜批评是非，文人墨客，常近接之。三支中甲乙二支，势力相埒而不相睦，而以丙支之势力为最微，于是群相与谋，咸谓非亲近甲支，不足以自存。

一日，过丙支之门，院落沉沉，碧梧荫蔽牖户，恍闻有少女声，如怨如慕，如泣如诉，自繁叶丛枝中送出。微闻曰：“吾爱乎，行且与君子暂别矣！妾有满腹离愁。不知从何说起，妾今谨托于临别赠言之义，有所渎陈，愿君子勿拒，幸一垂听。明知此日已不足以回君子之心，异日者，倘有忏悔之机，万一忆及妾临别之语，于愿足矣……”以下喁喁细语，似互相应答者。少顷，又闻少女曰：“君子昔时，不曾一失足与彼辈为伍乎，助异姓之

① 李达：《社会主义与江亢虎》，《大公报》副刊《现代思想》，1923年8月。

豪强，以倾轧同辈，此事君子至今犹引为遗憾万千，君子不尝向妾自白矣乎！曾几何时，此伤心之痛史，君子遽欲从人以促其再演，妾固知非君子之初心，而一与彼辈交游，此种覆辙，绝无可逃，君子明达，奈何见不及兹耶？今兹絮絮之谭，在君子今日，或不一顾，然妾固逆料君子，终有思及妾言之一日也。妾今行矣，但祝君子此后之行动，勿过于随波逐流，于断崖绝壁之前，稍一自持，天不绝人，沉沉堕落之深渊，君子或能自崖而返，妾纵漂泊天涯，得闻君子忏悔之音讯，转徙穷途之身，仍当求所以效命于君子之前矣。今与君子别矣！珍重珍重！”少女言已，匆匆出门，与少年握手后，犹以泪眼频顾少年，始掉头去。

少女何人乎？盖华族丙支中一少年名迪穆者之未婚妻桐子也。桐子幼孤，与华家为姑表亲，因寄居华家，迪穆颇善视之，桐子亦以身许。嗣以迪穆仍欲亲近甲支，桐子不忍见同根相煎之惨，深以为不可，惟以云英未嫁之身，未便对于人之家事十分干预；且即干预之，恐亦无效，遂决然去而之他，业看护妇。临别对于迪穆之谏言，声泪俱下。厥后迪穆不至从甲支之败子，同为异姓之豪强所误，陷于可怜之境者，未始非桐子濒行之言，时回旋于其脑海中有以致之。而迪穆后日，于艰难困苦中，与桐子相遇，竟得其援助，相逢话旧，盖不胜今昔之感矣！①

民国初年，国民党在国会中占据多数席位。为了在国会中与国民党相抗衡，在袁世凯的支持和赞助下，共和党、民主党、统一党等几个党派合并成立了进步党。该党以黎元洪为理事长，梁启超、汤化龙等人为理事。袁世凯死后，梁启超等人将进步党改造为宪法研究会，该会被称为研究系。

李大钊与梁启超、汤化龙等研究系首脑的渊源颇深。1913年，在北洋法政

① 守常：《别泪》，《晨钟报》，1916年9月4日。

专门学校读书的李大钊，接受研究系的资助赴日留学。当时出国留学者，或为富家子弟，或有官宦推荐，李大钊家境一般，想要出国留学还是压力很大的。这时得到研究系的资助，李大钊当然是很感激梁启超、汤化龙等人的。而对梁启超、汤化龙等人而言，资助李大钊等青年才俊留学，无疑是一笔颇具远见的政治投资。李大钊留学期间，汤化龙还托付他关照其在日求学的长子，可见彼此关系之近。

在早稻田大学，李大钊以其刻苦的钻研精神和优异的学习成绩受到老师们的重视，左翼政治家和国内避难的革命者，也都与李大钊保持着密切联系。然而正当李大钊如饥似渴、广泛吸收西方先进思想的时候，国内爆发了二次革命，研究系参加讨袁护国运动。梁启超远赴云南与蔡锷的护国军联手，汤化龙在上海成立宪法研究会遥相呼应。当时一个紧迫的任务是创办报刊以宣传研究系对时局的主张，李大钊作为最佳负责人选被召回国。《晨钟报》随即创立，汤化龙任社长，李大钊任总编辑。也正是因为李大钊回国主持《晨钟报》，早稻田大学以缺课太多为由，将李大钊除名。

世事难料，《晨钟报》创刊还不到一个月，局势就发生了急剧变化。袁世凯暴死，以段祺瑞为首的北洋军阀控制了政权，研究系主要代表人物纷纷投靠北洋军阀，做起了政府的部长，如梁启超任财政总长、汤化龙做了参议院议长等。而对李大钊有知遇之恩的孙洪伊，却脱离研究系加入国民党。汤化龙指示李大钊，以《晨钟报》为阵地批判孙洪伊，李大钊不从，遂有了其著文《别泪》，离开《晨钟报》，与研究系彻底决裂的故事。

《别泪》中甲支指北洋军阀政府，乙支为国民党，丙支为研究系，迪穆比为梁启超、汤化龙等，李大钊自比为少女桐子。短短八百多字，就把当时的政治格局，以及研究系的幼稚、投机和没落刻画得栩栩如生、鞭辟入里。

研究系又称宪法研究会。为什么要称为“研究会”而不称“政党”？这是因为辛亥革命后发生了袁世凯称帝、张勋复辟等政治倒退现象，因此社会舆论诟病民国初年各政党只重党政、不能和衷共济。有鉴于此，在讨袁护国战争结束、旧国会恢复后，原进步党领袖梁启超、汤化龙等标榜“不党主义”，纷纷发表不党宣言，建议“从前党帜一律消除”①，并成立宪法研究会，积极组织力量，力图在国会恢复后与国民党一决高低。

梁启超作为戊戌变法的领袖之一和中国改良主义的主要代表，一直在探索救亡图存和富民强国的道路。他曾学习和介绍过社会主义，又觉得社会主义不可行，后热衷于议会民主。但是十月革命后，看到世界社会主义的蓬勃发展之势，梁启超等人又谈起了社会主义。1919年，梁启超率张君劢等以民间访问团的形式游历欧洲，目睹了帝国主义列强在巴黎和会上分赃的丑态，也看到西方资本主义国家“贫富两阶级战争……今日却渐渐到了不能不实现的时代”，从而相信“社会革命恐怕是20世纪史唯一的特色，没有一国能免，不过争早晚罢了”。②一度深信社会主义已成为必然之势，顺之者昌，逆之者亡。1919年9月，张君劢在给张东荪的信中说：社会党所谓“今方一切痛苦，皆发生于二大原因，一曰政治上之帝国主义，一曰社会上与资本与财产私有主义”之言论，“深入人心者垂数十年”。“吾于过激主义服膺者有二：一曰劳动为人人共有之义务……二曰排斥欧洲列强之侵略政策……此二端者，真人类平等之理想，而斯世大同之途辙也。”③

与此同时，他们又害怕俄国革命的过激行为，对于“集产”“国有”等主张，内心非常排斥。他们认为，“方今中国之受病，非私有财产制度也，非资本家压制也，非对外侵略也，非物质文明也，乃人人角逐其私之致耳”④，因此解救的方法一不是“建立一个全国工行”，二不是“组织一个无产者专制政治”，三不是“废弃一切机关”，四不是“把所有生产收归国有”；⑤而是“思想上道德上必定以社会为本位”“经济上必定以分配为本位”“制度上必定以世界为本位”“社会上必定没有阶级的等次”⑥，以至共同生活、普遍劳动、互相帮

① 《汤化龙宣言不党》，《申报》，1916年7月1日。
② 梁启超：《梁启超游记》，东方出版社，2006年版，第12、15页。
③ 张君劢：《解放与改造》第1卷第6号，1919年11月15日。
④ 张君劢：《俄罗斯苏维埃联邦共和国宪法全文》，《解放与改造》第1卷第6号，1919年11月15日。
⑤ 张东荪：《我们为什么要讲社会主义?》，《解放与改造》 第1卷第7号，1919年12月1日。
⑥ 张东荪：《第三种文明》，《解放与改造》第1卷第1号，1919年9月1日。

助和社会幸福。而现实的办法首先是“要提倡一种社会主义的人生观和宇宙观，先使中国人的精神革了命再说”，“因为精神方面的思想不解放，道德不改造，那物质方面的经济组织是不能改造的”。①

正是出于上述认识和方针，这一时期研究系大量引进和宣传马克思主义。其主张主要有三：

其一，主张贯彻社会主义精神，反对实行社会主义方法。研究系认为，社会主义不单是马克思等人的学说，而是新文明的总称。梁启超指出：“提倡这主义，精神和方法不可并为一谈。精神是绝对要采用的。”②在他看来，欧洲由于资本主义大工业的畸形发展，出现了种种弊端，社会主义是为克服资本主义弊端而产生的。他甚至庆幸中国学资本主义而未成，完全可以借鉴西方的经验教训，贯彻社会主义精神，“将来社会革命这个险关何尝不可以免掉”③。那么，如何对待马克思主义？梁启超说，对于这种“太过精辟新奇的学说，只好拿来做学问上解放思想的资料，讲到实行，且慢一步罢”④。梁启超只将其作为一种学说，做“输入学理”的考虑，不以其为改造社会的“精神主义”。

其二，主张先采取资本主义方式开发实业，然后分阶段实施社会主义。他们的观点是：精神改造是社会改造的前提，必须在现阶段改造精神生活，为下阶段改造社会制度奠定基础；资本主义发展是实现社会主义的前提，必须在现阶段发展资本主义，为下阶段实行社会主义奠定基础。研究系的阶段说，实际上是对罗素基尔特社会主义思想，尤其是对罗素“忠告”的直接引申。“他好像是说中国第一宜讲教育，使无知识的有知识，使有知识的更进一层。第二是开发实业救济物质生活。至于社会主义不妨迟迟。”⑤研究系还利用马克思主义原理，来为他们的资本主义和社会改良辩护。张东荪就曾指出：

---

① 张东荪：《我们为什么要讲社会主义？》，《解放与改造》第1卷第7号，1919年12月1日。

② 梁启超：《梁启超游记》，东方出版社，2006年版，第49页。

③ 梁启超：《梁启超游记》，东方出版社，2006年版，第51页。

④ 梁启超：《梁启超游记》，东方出版社，2006年版，第52页。

⑤ 东荪：《大家须切记罗素先生给我们的忠告》，《新青年》第8卷第4号，《关于社会主义的讨论》专栏，1920年12月。东荪即张东荪。

“这个阶段的原理本是马克思教我们的。马克思对于阶段的次第是‘预见’（自然的逆睹），不是‘约束’（人为的安排）。”[①]

其三，主张借鉴德国魏玛共和国模式，走基尔特社会主义道路。研究系在《时事新报》开辟《社会主义研究》副刊，其创刊号上发表的《社会主义研究宣言》宣称：“我们怀抱基尔特社会主义的思想，树起基尔特社会主义的旗帜，在‘社会主义研究’发刊的第一天，宣言我们是基尔特社会主义。”[②]虽然号称社会主义者，但是张东荪等人在政治上是矛盾的，他们一方面极为佩服苏俄以计划经济取得的非凡成绩，但又认为苏俄的无产阶级专政将危及民主；另一方面他们担心资本主义发展会带来种种弊端，但又倾心于英美式民主，主张采用德国魏玛共和国模式。

当然也不难看出，研究系鼓吹基尔特社会主义，目的在于阻挡马克思主义的传播，在于推销资本主义改良主义。

06　倒还是国民党在先

马克思主义在中国的早期传播中，国民党人发挥了至关重要的作用。毛泽东曾说过：“讲马克思主义倒还是国民党在先。”[③]这就不得不说说国民党的一个重量级人物——戴季陶。

戴季陶，初名良弼，后名传贤，字季陶，浙江吴兴（今湖州）人，生于四川广汉。他十四岁赴日本留学，十八岁回国，任江苏地方自治研究所教习。后辞职前往上海，在《中外日报》《天铎报》当记者，笔名天仇。戴季陶天资聪慧、文笔洗练，所著文章言辞犀利、针砭时弊，极具煽动力，在社会上引起巨大反响，一时间“穷达利眼识天仇”成为上海新闻界的名言，戴天仇成为妇孺皆知的“名记”。此时，戴季陶还不满二十岁。

---

① 张东荪：《现在与将来》，《改造》第3卷第4号，1920年12月15日。

② 《社会主义研究宣言》，《时事新报》副刊《社会主义研究》第3卷第1号，1921年9月16日。

③ 《毛泽东文集》第三卷，人民出版社，1996年版，第290页。

1911年4月，因撰文抨击清王朝，戴季陶遭通缉逃往南洋，主办《光华报》并加入同盟会。凑巧的是，孙中山的夫人和孩子们此时也在此地，戴季陶有幸受聘为孙中山两个女儿的国文老师。武昌起义后，戴季陶返回上海，和同人一起创办《民权报》，并因发表短论“熊希龄卖国，杀！唐绍仪愚民，杀！袁世凯专横，杀！章炳麟阿权，杀！”[①]被上海公共租界以“任意诽谤”的罪名逮捕，并以“鼓吹杀人罪”被提起公诉，后来被营救出狱。

1911年12月25日，听闻武昌起义胜利，孙中山从美国辗转回到上海，戴季陶以同盟会会员兼新闻记者的身份在码头迎接并采访孙中山。在交谈中，孙中山得知面前这位刚刚二十出头的青年人就是大名鼎鼎的戴天仇，而且还当过自己女儿的国文老师时，逐渐与戴季陶熟络起来，并对戴青睐有加。第二年10月，已卸任临时大总统的孙中山决心专办实业，在上海设立中国铁路总公司和铁路督办办事处，戴季陶就成了他的秘书。从此，戴季陶追随孙中山左右，成为炙手可热、万众瞩目的“小人物”。

戴季陶的人生，是匪夷所思、人格分裂的开挂人生。

首先，他曾被称为“中国第一批马克思主义者”。由戴季陶等人创刊的《星期评论》，与陈独秀、李大钊创办的《每周评论》一起，被誉为当时“舆论界最亮的两颗明星”。作为主要撰稿人，戴季陶连续发表《俄国的近况与联合国的对俄政策》《中国劳动问题的现状》《新年告商界诸君》等百余篇文章。《共产党宣言》就是《星期评论》约请陈望道翻译的。戴季陶本人还全文翻译了考茨基的《资本论解说》和李卜克内西的《马克思传》等。在协助孙中山组织“建设社”时，戴季陶又参与筹办《建设》月刊，该刊又以很重的分量介绍了马克思的《资本论》。戴季陶在该刊物上发表了《从经济上观察中国的乱源》《革命！何故？为何?》等文章。

戴季陶参与创办的这两个刊物发表的他的文章，对进步青年产生了极大影响。此时尚在天津读书的周恩来说：“当时戴季陶在上海主编的《星期评论》，

---

① 天仇：《杀》，《民权报》，1912年5月20日。

专门介绍社会主义，北平胡适主编的《每日评论》，陈独秀主编的《新青年》，都是进步读物，对我的思想都有许多影响。”[①]瞿秋白也表示：“五四运动之际，《新青年》及《星期评论》等杂志，风起云涌地介绍马克思的理论。我们的前辈：陈独秀同志，甚至于李汉俊先生、戴季陶先生，胡汉民先生及朱执信先生，都是中国第一批的马克思主义者。”[②]

其次，他曾参与了中国共产党的筹建。1920年初，为了躲避北洋政府的监视和逮捕，已被免去北京大学文科学长的陈独秀在李大钊的帮助下，乔装后乘骡车至天津，又由天津乘火车转抵上海。恰逢原安徽都督柏文蔚调任，就将租住的环龙路老渔阳里2号的柏公馆让给陈独秀夫妇居住。陈独秀将《新青年》编辑部、《劳动界》编辑部和社会主义研究社也设在了这里，使之很快成为具有全国影响力的马克思主义宣传中心。而戴季陶租住在老渔阳里6号，与陈独秀一见如故，经常会面。在老渔阳里，陈独秀、李汉俊、戴季陶、邵力子等人经常探讨在中国如何实现共产主义和如何进行中国社会改造等问题，并策划成立了马克思主义研究会。戴季陶是最早研究和介绍马克思主义的理论家，而且对马克思列宁主义基本观点研究得比较透彻。因此在中国共产党建党前夕，当李大钊派张国焘赴上海征询陈独秀意见时，陈独秀特别提到戴季陶对马克思主义的信仰甚笃，而且有过相当的研究。[③]但这个人在理论和信仰之间是分裂的，懂得马克思主义，但不信仰马克思主义。作为筹建中国共产党的参与者，他甚至还起草了《中国共产党党纲》。但他当时是孙中山的秘书，当孙中山得知戴季陶参与发起中国共产党时非常生气，骂了戴季陶一顿，戴季陶就没有再参加组织了。[④]

最后，他是最早反对国民党改组的代表人物。也正是由于戴季陶对马克思

---

① 中共中央文献研究室第二编研部编：《周恩来自述——同外国人士谈话录》，人民出版社，2006年版，第22页。

② 《中国近代哲学史资料选编》第4卷，上海社会科学院出版社，1989年版，第45页。

③ 参见张国焘：《我的回忆》第一册，东方出版社，1998年版，第97页。

④ 参见《“一大”前后——中国共产党第一次代表大会前后资料选编》二，人民出版社，1980年版，第7页。

主义研究得比较深、比较透，真正懂得马克思主义及政党的特性，所以在孙中山总结过去革命失败教训和借鉴苏俄革命成功经验，总结分析“本党分子此刻过于复杂，党内的人格太不齐”[①]等弊端，下决心改组国民党时，作为心腹秘书的戴季陶力谏不要让共产党参与改组国民党，认为让共产党加入国民党，必然“启他日之纠纷”。[②]由此可以看出，戴季陶是个典型的信仰与理论相割裂的人，宁愿揣着明白装糊涂，也要在末路上走到底、走到黑。正因为有了这样的性格，才有了其歧路徘徊、自相矛盾的人生。

除了戴季陶，宋教仁、胡汉民、朱执信、林云陔、陈炯明、徐苏中等国民党人，对马克思主义的研究和传播，也发挥了极其重要的作用。

关于社会主义学说的分类。宋教仁曾在《民立报》上发表《社会主义商榷》一文，将社会主义学说分为四种：一是无治主义即无政府主义；二是共产主义，包括“各国之共产党及科学的社会主义家皆属此派”；三是社会民主主义，“各国之社会民主党、劳动党、社会民主主义修正派皆属此派”；四是国家社会主义，“即所谓社会改良主义，亦名讲坛社会主义”。[③]这样的分类在当时不可谓不深刻，不可谓不精准。

关于唯物史观。胡汉民在《唯物史观批评之批评》中称：“唯物史观这个学说出，而社会学、经济学、历史学、社会主义同时有绝大的改革，差不多划了一个新纪元，许多人拿来比达尔文的进化论，确实是有同等的价值。”[④]他还节译了《神圣家族》《共产党宣言》《哲学的贫困》《法兰西内战》及《资本论》第三卷等八部著作中唯物史观的片段。徐苏中翻译了日本马克思主义研究的先驱河上肇的《见于〈资本论〉的唯物史观》《科学的社会主义与唯物史观》，系统介绍马克思主义唯物史观。

关于阶级斗争。胡汉民较为准确地介绍了阶级的定义：“所谓阶级，实质上

---

① 《孙中山选集》下，人民出版社，2011年版，第543页。

② 戴季陶：《致蒋介石先生书》，1925年12月13日。《中国现代思想史资料简编》第2卷，浙江人民出版社，1982年版，第612页。

③ 《宋教仁集》上册，中华书局，1981年版，第287—288页。

④ 胡汉民：《唯物史观批评之批评》，《建设》第1卷第5号，1919年12月。

是利害相反的经济阶级，大抵一方是经济上压服掠夺他人的，一方是被人压服掠夺的。”[①]林云陔则阐述了阶级斗争产生的原因，指出：“阶级斗争何自而起乎，起于阶级之权利与义务制之不均。阶级之权利与义务之不均，由于彼自称为上等阶级者之过于私利，而此之所成为下等阶级者又不甘于居压抑，故至演成彼此冲突。”此原理是“近代社会主义之最重要原理，亦最有研究之价值者也”。[②]

关于社会主义。林云陔指出：“各社会主义学子之思想，用以改造社会之方法，亦有前后之异，前者成为理想派以奥永（即欧文——引者）为最著，后者为科学派以马克思为领袖。”“后者以科学之眼光，考察社会情形而行改造，其方法或由政治上动作进行之，但其改造之意思，由以对于经济之状况为要。”[③]陈炯明认为，在将来的社会主义社会里，“打破束缚而为自由，打破阶级而为平等，打破竞争而为互助”，社会主义是“幸福的社会”，而“幸福必须普遍人群，永久享受，才可叫做幸福，才可叫做幸福的社会”。[④]

此外，国民党人对劳工问题、妇女问题等也有所研究。

国民党人之所以在传播马克思主义方面占先，首先是因为他们在日本、欧美居留期间受到社会主义思潮，特别是马克思主义的影响。孙中山等人长期在日本、欧美流亡和留学，目睹过日本、欧美在20世纪初所受到的社会主义思潮的冲击，因此顺理成章地开始探索与传播社会主义，而马克思主义以其鲜明的革命性和战斗性成为被关注的重点。

其次，处于迷茫和困顿中的国民党亟须用科学理论寻能解决中国问题。胡汉民在《阶级与道德学说》一文中转述了马克思唯物史观：“凡属人间意识的东西，都随人的生产关系，随其社会关系，随其社会的存在，一齐变化”，“物质的生活之生产方法，决定社会的政治的及精神的一切生活过程的观点”，并指出“无论关于道德的什么理想学说，都是社会的产物”。[⑤]朱执信也在《兵的

---

① 胡汉民：《唯物史观批评之批评》，《建设》第1卷第5号，1919年12月。

② 林云陔：《阶级斗争之研究》，《建设》第2卷第6号，1920年7月。

③ 林云陔：《近代社会主义之思潮》，《建设》第2卷第3号，1920年4月。

④ 陈炯明：《〈闽星日刊〉宣言》，《陈炯明集》上卷，中山大学出版社，1998年版，第426页。

⑤ 胡汉民：《阶级与道德学说》，《建设》第1卷第6号，1920年。

改造与其心理》一文中指出："现在我们想改造社会，自然要打破经济的阶级，建立社会主义的经济组织。"[①]这样的理论指导实践的自觉性和主动性，确实是难能可贵的。

最后，国民党试图以此团结和吸引志同道合者。《民国日报》《星期评论》《建设》等刊物在研究和传播马克思主义中发挥了重要作用，但是这些刊物的主要编辑和撰稿人并不都是国民党人，而是汇集着当时上海几乎所有进步知识分子，比如李汉俊、陈望道、李达、施存统、邵力子、沈仲九等。无论后来他们分属什么党派，但都有一个共同认识，即："马克思以前，许多社会主义的河流，都流到'马克斯'这一个大湖水里面"，"大家都承认这马克斯主义是社会主义的'集大成者'，是社会主义的'科学根据'的创造者"，"信奉马克斯主义的人，遍布全世界"。[②]甚至像研究系里的张君劢、张东荪等具有无政府主义倾向的知识分子和青年学生，也自觉不自觉地加入研究和传播马克思主义的行列。

当然，早期国民党人对马克思主义的传播，也有其明显的局限性。

比如，具有十分明显的实用主义色彩。国民党革命的目标，是要在中国建立独立的资产阶级民主共和国。他们研究并传播马克思主义的目的，在于完善其思想理论体系三民主义，在于吸收社会主义思想中的有益成分为自己服务，为实现建立资产阶级共和国寻找理论依据。因此国民党的阶级属性和奋斗目标决定了，他们虽然崇拜马克思的学问，但反对用马克思的方法实行社会革命。

比如，他们缺乏对马克思主义的整体把握。马克思主义是一个集哲学、政治经济学、科学社会主义为一体的科学的世界观和方法论。早期国民党人虽然对马克思主义的唯物史观、土地公有、劳工运动、阶级斗争、科学社会主义等均有所涉猎，但往往是就事论事，缺乏准确性、系统性、全面性。

另外，他们还用中国传统文化曲解马克思主义。孙中山就认为民生主义等同于社会主义，社会主义就是大同主义。"近来欧洲盛行的新文化和所讲的无

① 朱执信：《兵的改造与其心理》，《建设》第2卷第5号与第3卷第1号。

② 戴季陶：《"世界的时代精神"与"民族的适应"》，《星期评论》第17号，1919年9月28日。

政府主义与共产主义，都是我们中国几千年以前的旧东西”，“共产主义在外国只有言论，还没有完全实行，在中国，洪秀全时代便实行过了”。[①]像这种空想式或自欺欺人式的对马克思主义的理解，当然不可能对中国革命有所帮助。

07　历史长河中的中流砥柱

有些历史瞬间注定要凝结成永恒。因为在奔流不息的历史长河中，只有它们才可供后人反复思索。因为它们留给后世的，不仅仅是那历史的片段，更是其中折射出的思想光芒、人格魅力和民族脊梁！

1919年6月11日晚8时，一个身穿西服、头戴白帽、手提方包的学者出现在北京城南熙熙攘攘的新世界游艺场。这是一座仿照上海大世界修建的大型商贸大楼，有五层，约四千平方米，平常人流如织、热闹非凡。此时一身学者打扮的陈独秀，来到如此热闹的地方，显然不是为游玩逛街或是购物观赏。

陈独秀不是一个人来的，在这之前，他与高一涵等同人就商量好，要实施一项特殊任务，即散发《北京市民宣言》。当晚，他与胡适、高一涵等安徽同乡相约，在新世界游艺场的一家饭馆聚餐，就是为执行这一任务做掩护。晚饭后，他与老乡们分手，与高一涵分头去散发传单。

《北京市民宣言》是前一晚连夜印制出来的。五四运动虽然迫使北京政府拒绝在巴黎和会上签字，并最终罢免了曹汝霖、章宗祥、陆宗舆三个亲日分子，但是当局对学生示威游行则持强硬及镇压的态度，仅6月3日和4日两天，军警就逮捕了示威游行学生近千人。面对这种情况，异常敏感的陈独秀忧愤交加，预感到这将是一场殊死的搏斗。蔡元培深知陈独秀的性格和抱负，料他在京必多危险，于是函电促其南下。陈独秀回答道：“我脑筋惨痛已极，亟盼政府早日捉我下监处死，不欲生存于此恶浊之社会也。”[②]于是提笔撰写了振聋发聩的旷世奇文《研究室与监狱》，提出：“我们青年要立志出了研究室就入监

---

① 《孙中山选集》下，人民出版社，2011年版，第691—692页。

② 丁晓平：《硬骨头：陈独秀五次被捕纪事》，中国青年出版社，2014年版，第57页。

狱，出了监狱就入研究室，这才是人生最高尚优美的生活。”[①]号召青年学生与反动政府持续斗争、抗争到底。

6月9日，也就是《研究室与监狱》一文刊发次日，陈独秀又亲自起草了《北京市民宣言》，并请胡适译为英文，连夜印刷为传单，要将惩办卖国官员、收回山东权利等一系列民众呼声，更进一步向广大市民传播。宣言最后痛陈道：“我市民仍希望以和平方法达此目的。倘政府不愿和平，不完全听从市民之希望，我等学生、商人、劳工、军人等，惟有直接行动，以图根本之改造。”[②]

拾级走上新世界游艺场的台阶，陈独秀看到这确实是一个散发传单的好地方，如果趁人不注意，像天女散花一样，把传单抛撒出去……陈独秀一阶一阶地往上走，时间一点点在过去，到了晚上10点，他终于来到了新世界游艺场的最高层——五层屋顶的花园。但当他掏出传单，正要向楼下抛撒时，被埋伏跟踪的巡警扑倒在地。

实际上，散发传单的行动开始于6月10日中午。当时，陈独秀与高一涵等人来到中央公园，把一张张传单放在没有人的桌上，用茶杯压好，然后躲在一旁观察市民的反映。当看到人们阅读传单后大声叫好时，他们从心里感到高兴、受到鼓舞。6月11日参与发传单的也不是他一个人，而是北大文科的教授队伍。只不过他嫌一张一张散发太慢，才有了上新世界游艺场抛撒传单的计划。

陈独秀被捕后，当局和军警试图隐瞒消息，不料北京《晨报》得到消息，于6月13日率先披露。此消息一出，全国各大报刊争相转载，全国舆论顿时哗然。社会各界纷纷发表声明，要求当局即刻将陈独秀释放。北大同人以李大钊的名义，两次向著名学者、律师章士钊求援，章士钊连发两通公开电文，向上海各界披露陈案真相，呼吁各界人士行动起来全力营救。孙中山在上海会见了北洋政府代表，义正词严地说：你们逮捕了陈独秀，“做了好事，很足以使国人相信，我反对你们是不错的。你们也不敢把他杀死，死了一个，就会增加五

---

① 陈独秀：《研究室与监狱》，《每周评论》第25号，1919年6月8日。

② 转引自易竹贤：《胡适传》，人民出版社，2013年版，第104页。

十、一百个，你们尽管做吧！”[①]毛泽东在《湘江评论》创刊号上，以《陈独秀之被捕及营救》为题，高呼道：“我祝陈君万岁！我祝陈君至坚至高的精神万岁！”[②]

迫于强大的社会舆论压力，北洋政府最终还是释放了陈独秀，而此时陈独秀已经历了九十八天的牢狱之难。李大钊在《欢迎陈独秀出狱》的白话诗中这样写道：

> 你今出狱了，我们很欢喜！他们的强权和威力，终究战胜不了真理。什么监狱什么死，都不能屈服了你，因为你拥护真理，所以真理拥护你。
>
> 你今出狱了，我们很欢喜！相别才有几十日，这里有了许多更易。从前我们的“只眼”忽然丧失，我们的报便缺了光明，减了价值，如今“只眼”的光明复启，却不见了你和我们手创的报纸！可是你不必感慨，不必叹惜，我们现在有了许多的化身，同时奋起，好像花草的种子，被风吹散在遍地。
>
> 你今出狱了，我们很欢喜！有许多的好青年，已经实行了你那句言语，出了研究室便入监狱，出了监狱便入研究室。他们都入了监狱，监狱便成了研究室，你便久住在监狱里，也不须愁着孤寂没有伴侣。[③]

无数事实证明，虽然五四时期研究和传播马克思主义的政治派别、政治人物很多，但是真正称得上中流砥柱的，还是陈独秀、李大钊这样的早期共产主义者。

李大钊是中国早期共产主义运动的先驱，是最坚定的马克思主义者之一，

---

① 《胡适来往书信选》上，中华书局，1979年版，第77页。

② 泽东：《陈独秀之被捕及营救》，《湘江评论》创刊号，1919年7月14日。

③ 李大钊：《欢迎陈独秀出狱》，《新青年》第6卷第6号，1919年11月1日。

当然也是中国最早的马克思主义传播者之一。他的卓越贡献，首先体现在对十月革命的态度上，自始至终坚定不移，而且随着对俄国革命了解的深入，他对十月革命的认识也更加深刻和全面。从十月革命爆发开始，李大钊就密切关注着革命的进程和成果，连续发表《法俄革命之比较观》《庶民的胜利》《布尔什维主义的胜利》《新纪元》等文章，予以颂扬和欢呼。这些文章初步揭示了十月革命的社会主义性质，以及对中国革命的借鉴作用。李大钊鲜明地指出，布尔什维克的主义，“就是革命的社会主义；他们的党，就是革命的社会党；他们是奉德国社会主义经济学家马客士（马克思——引者）为宗主的；他们的目的，在把现在为社会主义的障碍的国家界限打破，把资本家独占利益的生产制度打破”，“他们的战争，是阶级战争，是合世界无产庶民对于世界资本家的战争”，他们要使“一切产业都归在那产业里作工的人所有”，他们要联合世界的无产庶民，“创造一自由乡土”，“做世界联邦的基础。这是Bolsheviki主义。这是二十世纪世界革命的新信条”。[①]他热情地欢呼：“从今以后，生产制度起一种绝大的变动，劳工阶级要联合他们全世界的同胞，作一个合理的生产者的结合，去打破国界，打倒全世界资本的阶级。”[②]特别是从1919年5月开始，李大钊主编的《新青年》以“马克思研究”专号的形式，组织不同政治倾向的研究者共同研讨马克思主义，历史性地奠定了五四运动后社会主义传播的基调。

标志着李大钊马克思主义世界观的形成与成熟的重要文章，当属1919年9月和11月，李大钊在《新青年》发表的《我的马克思主义观》一文。该文系统介绍了马克思主义的唯物史观、政治经济学和科学社会主义，是中国最早全面系统地介绍马克思主义基本内容的重要著作。李大钊说：“马氏社会主义的理论，可大别为三部：一为关于过去的理论，就是他的历史论，也称社会组织进化论；二为关于现在的理论，就是他的经济论，也称资本主义的经济论；三为关于将来的理论，就是他的政策论，也称社会主义运动论，就是社会民主主

① 《李大钊文集》第二卷，人民出版社，1999年版，第243—244页。

② 《李大钊全集》第二卷，人民出版社，2013年版，第377页。

义。”[①]阐释和概括极为犀利和精准。

标志着李大钊自觉促进马克思主义与工人运动相结合的重要举措，则当属1920年3月北京大学“马克斯学说研究会”的成立。在李大钊的倡导下，该研究会吸引了邓中夏、高君宇、何孟雄、罗章龙、张国焘等杰出青年，定期举行演讲会和学习讨论会，设立若干研究组，深入研究马克思主义理论和开展马克思主义宣传。不仅如此，该研究会还积极参加革命实践活动，声援工人运动，自觉走马克思主义与工人运动相结合的道路。

作为中国早期共产主义运动最主要的领导人，陈独秀的马克思主义世界观的形成，经历了一个艰苦磨炼的过程。在推动新文化运动过程中，陈独秀把民主和科学当作思想启蒙的两杆大旗，自觉站在民主主义的立场上来观察、分析社会问题。这表明，此时陈独秀接受的是近代西方政治学说，并由此形成了初步的民主主义思想。他认为，民主与科学，都是反帝反封建的锐利思想武器，高举这两面旗帜，一定能从灵魂深处革新中国文化，使国人脱离蒙昧时代，急起直追，赶上时代步伐。他做到了，也从此开启了中华民族划时代的思想启蒙。

但是自从在新世界游艺场散发传单被捕入狱后，他已经深刻认识到在中国建立精神支柱的极端重要性，遂逐步与革命的民主主义告别，开始站在马克思主义立场上去思考民主主义。他说：“我们相信世界上的军国主义和金力主义，已经造了无穷罪恶，现在是应该抛弃的了。”[②]他指出：“民主主义是什么？乃是资本阶级在从前拿他来打倒封建制度底武器，现在拿他来欺骗世人把持政权的诡计。”[③]“什么民主政治，什么代议政治，都是些资本家为自己阶级设立的，与劳动阶级无关。”[④]在《立宪政治与政党》《吃饭问题》等文章中，他告诫人们要把关注劳苦人民的生计问题看作20世纪劈头第一个大问题，提醒大家立宪政治马上就要成为历史上过去的名词了，不要被所谓的立宪民主所迷惑，

① 《李大钊文集》第三卷，人民出版社，1999年版，第18页。
② 任建树主编：《陈独秀著作选编》第二卷，上海人民出版社，2009年版，第130页。
③ 任建树主编：《陈独秀著作选编》第二卷，上海人民出版社，2009年版，第312页。
④ 任建树主编：《陈独秀著作选编》第二卷，上海人民出版社，2009年版，第298页。

而要看清资产阶级立宪政治的本质。

正是由于五四时期对“直接行动”“根本之改造”的思考，以及李大钊等人的影响，1920年初，陈独秀的思想开始迅速靠近马克思主义。在《新文化运动是什么》一文中，陈独秀强调：“应该令劳动者觉悟他们自己的地位，令资本家要把劳动者当做同类的‘人’看待，不要当做机器、牛马、奴隶看待。”[①]在《社会改造的方法与信仰》中，他坚决否定了以私有制为核心的阶级制度。明确提出改造中国社会的三个方法，即：“打破阶级制度，实行平民社会主义。”“打破继承制度，实行共同劳动工作。”“打破遗产制度，不使田地归私人传留享有，应归为社会的共产。”[②]在《劳动者底觉悟》一文中，陈独秀运用马克思主义关于劳动人民创造历史的观点，分析工人的状况和地位，揭示工人阶级的历史使命。他说：“社会上各项人，只有做工的是台柱子，因为有他们的力量才把社会撑住。”[③]在《答知耻》一文中，他运用马克思剩余价值学说揭示工人受剥削的现象：“工人劳力所生产的价值，远在他们每日所得的工资以上；这工资以上的剩余价值，都被资本家抢去，叫做‘红利’分配了；所以工人所得工资就是能够衣食保暖，就是衣服楚楚，而被抢的权利，仍然是绝大的损失，终久是要大声叫冤的。”[④]

1920年9月陈独秀发表《谈政治》一文，表明他已彻底转变为一个马克思主义者。在该文中他表示：“我敢说：若不经过阶级战争，若不经过劳动阶级占领权力阶级地位底时代，德谟克拉西必然永远是资产阶级底专用物，也就是资产阶级永远把持政权抵制劳动阶级底利器。”[⑤]其后，陈独秀发表的《国庆纪念底价值》《社会主义批评》《马克思学说》《马克思的两大精神》《共产党在目前劳动运动中应取的态度》《对于现在中国政治问题的我见》《关于社会主义问题》等一系列文章，是运用马克思主义观察和分析中国社会的重要成果。

---

① 任建树主编：《陈独秀著作选编》第二卷，上海人民出版社，2009年版，第221页。
② 张影辉、孔祥征编：《五四运动在武汉史料选辑》，湖北人民出版社，1981年版，第277页。
③ 任建树主编：《陈独秀著作选编》第二卷，上海人民出版社，2009年版，第226页。
④ 任建树主编：《陈独秀著作选编》第二卷，上海人民出版社，2009年版，第234页。
⑤ 任建树主编：《陈独秀著作选编》第二卷，上海人民出版社，2009年版，第256页。

陈独秀、李大钊身边还聚集了一批年轻的早期共产主义者，其放眼世界和解放思想的活力，其对马克思主义研究的程度，其对中国实际掌握的深度，其宣传群众、组织群众、动员群众的能力和水平，已是国民党人及其他一切政治势力所不能比拟的。比如，陈独秀在上海凝聚了像李汉俊、李达、沈玄庐、陈望道、施存统、李季等一批青年才俊，其中李汉俊、李达的马克思主义理论水平很高，在当时的中国，尤其是在同龄人中已属凤毛麟角。在李大钊身边，也聚集了高宇罕、高一涵、张申府、张国焘、邓中夏、刘静仁、罗章龙等积极分子。此外，湖北有恽代英、董必武等，湖南有毛泽东、何叔衡等，广东有陈延年、刘尔崧、杨匏安等，旅欧有赵世炎、蔡和森、周恩来等。可以说，在新文化运动启蒙下，在十月革命的引领下，在陈独秀、李大钊等人的全力宣传和引导下，在五四运动、工读互助、新村建设、旅欧勤工俭学等实践的历练下，一个抛弃了旧民主主义思想，转而信奉马克思主义的新生代已然诞生。他们坚信："用革命的手段建设劳动阶级（即生产阶级）的国家，创造那禁止对内对外一切掠夺的政治法律，为现代社会第一需要。"①

新生代对马克思主义的认识是突飞猛进的。

李汉俊不仅发表了大量宣传马克思主义的文章和译作，而且主持了马克思主义理论丛书的出版，帮助陈望道校对《共产党宣言》中文版，是《星期评论》的"三驾马车"之一，是《劳动者周刊》的创办者，1920年《新青年》杂志的实际主持者，是当时大家公认的马克思主义理论家。

李达此时也是一个非常活跃的人物。他不仅翻译了大量外国介绍马克思主义的著作，如《唯物史观解说》《从科学的社会主义到行动的社会主义》等，还在《觉悟》《共产党》《劳动界》《新青年》等报刊发表三十余篇宣传马克思主义的文章。特别值得一提的是1920年11月，上海共产党组织创办了《共产党》月刊，李达为主编兼主笔。该刊从第一期起，连续发表李达撰写的六篇《短言》，如檄文、似号角，对当时共产党的创立和建设发挥了重要指导作用。

---

① 《陈独秀文集》第二卷，人民出版社，2013年版，第39—40页。

杨匏安是太阳社的发起人，华南地区新文化运动和传播马克思主义的先驱。从1919年10月开始，他以“社会主义”为题，连续在《广东中华新报》发表一组文章，其中两篇长文引起广泛关注。一篇是连载七天的《社会主义》，把社会主义分为广义、普通广义、最狭义三类。另一篇是连载十九天的《马克斯主义》（亦称《科学的社会主义》），重点介绍了马克思的唯物史观、阶级斗争和剩余价值等三大理论。

高一涵是《新青年》的编者之一，曾与李大钊同办《晨报》，并协办《每周评论》。1920年10月，他撰写《欧洲政治思想小史》，谈到社会主义发生的原因，并对社会主义下了三种定义，即反对个人主义的、抗议放任主义的、把生产的工本归诸共有的。[①]

毛泽东后来回忆道：“记得我在一九二〇年，第一次看了考茨基著的《阶级斗争》，陈望道翻译的《共产党宣言》，和一个英国人作的《社会主义史》，我才知道人类自有史以来就有阶级斗争，阶级斗争是社会发展的原动力，初步地得到认识问题的方法论。”[②]而毛泽东所说的英国人作的《社会主义史》就是由北大学生李季翻译的，据说其中蔡元培、胡适都给予了帮助。

蔡和森是毛泽东在湖南省立第一师范学校的同学和挚友，曾和毛泽东等人组织新民学会，创办《湘江评论》，酷爱文史和善于思考理论问题。1920年9月，在给毛泽东的一封信中，他提出三个著名公式，即俄国社会革命的出发点=唯物史观、方法=阶级战争+阶级专政、目的=创造共产主义社会。[③]同年12月，毛泽东在致蔡和森、萧子升等人的信中说：“我看俄国式的革命，是无可如何的山穷水尽诸路皆走不通了的一个变计，并不是有更好的方法弃而不采，单要采这个恐怖的方法。”[④]

张国焘也曾回忆说，当时除了他本人受李大钊的启发，开始对马克思主义

---

① 参见高一涵编：《欧洲政治思想小史》，中华书局，1922年版，第125—135页。

② 《毛泽东文集》第二卷，人民出版社，1993年版，第378—379页。

③ 参见《蔡和森文集》上，人民出版社，2013年版，第68页。

④ 《毛泽东年谱（1893—1949）》上卷，人民出版社，2013年版，第73页。

做比较系统的研究外，其同窗如刘仁静“埋头读马克思的《资本论》”，还倡言“要根据马克思的学说来组织一个共产党”。[①]罗章龙也表示：“俄国革命的成功得力于俄国共产党的领导，中国马克思主义者也要抓住这一点前进。”[②]

08 “盗取圣火的普罗米修斯”

毛泽东说：“十月革命一声炮响，给我们送来了马克思列宁主义。十月革命帮助了全世界的也帮助了中国的先进分子，用无产阶级的宇宙观作为观察国家命运的工具，重新考虑自己的问题。走俄国人的路——这就是结论。”[③]这段话真实记录了中国走上社会主义道路的历史过程和历史必然。然而得出走俄国人道路这一结论，并不是心血来潮，也并不是刻意照搬，而是深入考察、认真比较得出的结论。当时不顾个人生死，排除万难，去苏联全面考察和比较俄国十月革命经验，“略尽一份引导中国社会新生路的责任”，给中国人民“辟一条光明的路”[④]，堪称中国的普罗米修斯，这个就是为中国“盗取”革命火种的瞿秋白。

瞿秋白，名本双，后改瞿爽、瞿霜，字秋白。他出生于江苏省常州府（今常州市）一个书香门第，中学时开始接触民主革命思想，1917年考入北京俄文专修馆学习俄文。1919年参加五四运动，因上街演讲被捕，五四运动后加入李大钊、张申府发起的马克思学说研究会。

当时，人们对社会主义和俄国十月革命的了解，只是局限于报刊上的只言片语；对马克思主义理论的研究，也大多没有涉及其产生的背景和实际。为了深入了解苏俄革命的真实情况，系统介绍苏俄社会的点点滴滴，给苦难深重的中国人民带来解放的希望和革命的圣火，瞿秋白决定利用北京《晨报》招聘特

---

① 张国焘：《我的回忆》上册，东方出版社，2004年版，第71页。

② 张国焘：《我的回忆》上册，东方出版社，2004年版，第71页。

③ 《毛泽东选集》第四卷，人民出版社，1991年版，第1471页。

④ 《瞿秋白文集·文学编》第一卷，人民文学出版社，1985年版，第8、5页。

派记者的机会，应聘去苏俄采访、考察。

从1921年1月到达莫斯科到1923年1月回到北京，瞿秋白在苏俄采访、考察了整整两年时间。在这期间，他以新闻记者的身份，采访和会见了革命导师列宁，以及加里宁等一批苏俄高级领导人和共产国际领导人。为了使采访真实、全面和深入，瞿秋白总是不辞辛苦，提前调研，查阅大量资料，设计各种提问，准备采访提纲，以期每一次采访都能达到最好的效果，都能给人以思想的启迪和实践的智慧。不仅如此，他还以普通人的身份，深入苏联各级机关、工厂、农村、城市社区、学校等，广泛接触干部、工人、农民、居民、学生，细致了解他们的思想、工作和生活状况，真实反映苏俄社会方方面面的成就和问题，力图对苏俄革命及其成效有一全面深刻的认识，对苏俄社会有一客观真实的反映。深入的工作和诚挚的品格，使瞿秋白在苏联交到了众多朋友，有的甚至与他成为终生知己。

瞿秋白体弱多病，加之旅途艰辛、工作劳累和生活困顿，到莫斯科工作还不到半年，就患了肺结核，经常咯血。经过诊断，医生说他的一片肺叶已经腐烂，生命至多维持三年。但瞿秋白将生命安危置之度外，仍然不停地学习、采访，笔耕不辍。他说："我一天不读，一天不'想'，就心上不舒泰。"[①]他还不断激励自己："还我为社会服务的精力来！"一秒钟也不能停息。据统计，从1921年6月到1922年11月，一年又五个月的时间，他仅在《晨报》就发表了三十五篇通讯报道，计十六万字。与此同时，他还写了《饿乡纪程》《赤都心史》《俄国文学史》等著作。

瞿秋白的这些通讯和著作，全面、深刻、形象地介绍了苏俄的社会实况，使中国人民冲破层层迷雾，真实了解十月革命的意义、无产阶级的历史使命、苏维埃俄国将来的前途，思考中国现在"是什么"，今后应该"怎么样"。他介绍了列宁的伟大思想，描绘了列宁和人民心连心的动人场景。瞿秋白深刻认识到，中国革命必须走十月革命的道路。他在《共产主义之人间化》这一长篇通

① 高冬梅：《瞿秋白："肯用脑子想问题"》，《学习时报》，2021年9月15日。

讯中说:“在俄罗斯这样一个国家里要实行共产主义,真是伟大而且艰巨的‘工程’呵!”“中国人亦应当用一用心,俄国革命史是一部很好的参考书呵。”[①]

瞿秋白在俄国的两年,不仅出色完成了全面考察学习的任务,还担任了莫斯科东方大学的翻译和助教,除了讲授俄文、唯物辩证法、政治经济学课程之外,还担任政治理论课的翻译。1921年5月,经张太雷介绍,瞿秋白加入中国共产党,成为当时中国为数不多的早期党员之一。

瞿秋白以牺牲自己的健康为代价,全身心地去“盗取”十月革命之圣火,高举这一熊熊火炬,投身中国革命,始终行进在革命铁流的前列,直至不幸被捕,从容就义。

对于大多数中国人来讲,十月革命的消息是在其爆发三天以后从媒体上看到的。《民国日报》《晨钟报》《大公报》等最有影响力的媒体相继转载《八日伦敦电》:俄国发生大政变——彼得格勒戍军与劳动社会已推倒克伦斯基政府[②],并不约而同地使用“俄乱”一词来描述扑朔迷离的俄国政局。[③]当时,中国人对“俄国革命”的认知还停留在推翻帝制、鼎定共和的俄国“二月革命”上,把十月革命看作俄国社会矛盾激化而引起的暴力政变,甚至认为是过激派依靠下等阶级掀起的夺权斗争。特别是当时正值第一次世界大战战事吃紧,人们普遍担心作为协约国的俄国发生政变,将对战事产生不可预测的消极影响。加之德俄签署《布列斯特-立托夫斯克和约》,有关俄国政变源于俄德两国特殊关系、列宁受贿于德皇等谣言不胫而走,致使中国驻俄公使关于“俄国内乱纯为阶级战争数百年酝酿之祸源”,实因土地问题而起的“社会大革命”,这一比较准确的说法被搁置一边。

---

① 瞿秋白:《共产主义之人间化——第十次全俄共产党大会》,《晨报》连载,1921年6月22日至9月23日。

② 参见《民国日报》1917年11月10日,《晨钟报》1917年11月11日,《大公报》1917年11月12日。

③ 参见《民国日报》1917年11月13、18、21日,《晨钟报》1917年11月26日,《大公报》1917年11月12日。

中国先进分子真正对十月革命产生浓厚兴趣，进而深入研究俄国革命道路，还受到两方面的触动：一是受到当时风靡全球的社会主义思潮影响，尽管隐隐约约感到马克思的社会主义与其他社会主义不太一样，革命性、战斗性更强；二是新兴的苏俄政权一再释放对中国的友好态度，与沙俄时期形成鲜明的对照。

1919年10月，匈牙利共产党执掌国家政权，将国名更改为匈牙利苏维埃共和国，仿效苏俄对国家进行社会主义改造，成为世界上第二个社会主义国家。

同年11月，德国爆发苏维埃工人团体起义，德国皇帝被推翻，在德国社会民主党领导下，建立了魏玛共和国。

俄国十月革命、匈牙利革命、德国革命等意义非凡，昭示着新的时代民主主义对专制主义的最终胜利。而由此席卷全球的社会主义思潮、高潮迭起的欧洲“社会党运动”，更使人们确信，原来以英美等西方国家为师的政治改革目标已失去意义，只有向俄国学习，实行彻底的平民社会革命，才能将中国引上富强的康庄大道。孙中山致电列宁及苏维埃人民委员会，对其社会革命的胜利表示祝贺。《民国日报》连篇累牍刊发文章，预言苏俄社会革命思潮“复波及东亚中国”，“此社会革命之不可免，而亦不能免也”[①]。甚至反对“极端社会主义”、崇尚英美政治的《太平洋》杂志也宣称：社会主义“方今如火如荼，有一日千里之势，欲摧天而遏折之，势固有所不能，非细心研究不可”[②]。

李大钊是中国最早为俄国十月革命欢呼、认定中国必须走俄国道路的“先知”，他兴奋地发现，“潜藏着极大社会进化”的“德国社会民主主义”新潮流，正通过俄国革命传向世界。[③]“誓看将来的环球，必是赤旗的世界。”[④]苏维埃不仅能广泛代表民意，而且能强化政府的动员能力，绝非所谓“独裁专

① 华林：《革命之趋势》，《民国日报》，1918年7月27日。

② 彭蠡：《民主主义与社会主义之趋势》，《太平洋》第1卷第10号，1918年7月15日。

③ 参见守常：《战后之世界潮流——有血的社会革命与无血的社会革命》，《晨报》，1919年2月7、8、9日。

④ 李大钊：《Bolshevism的胜利》，《新青年》第5卷第5号，1918年11月。

制”所能褒贬。[①]继李大钊之后，陈独秀也撰文说：“十八世纪法兰西的政治革命，二十世纪俄罗斯的社会革命，当时的人都对着他们极口痛骂；但是后来的历史家，都要把他们当作人类社会变动和进化的大关键。”[②]此外，毛泽东创办的《湘江评论》也欢呼十月革命的胜利，成为国内较早传播马克思主义的阵地。北京《晨报》副刊还开辟了国内第一个“马克思研究”专栏。

人们欣喜地看到，十月革命胜利后不久，刚刚成立的俄国苏维埃政府就发布《告俄国和东方全体穆斯林劳动人民书》，提出永远放弃沙俄殖民主义政策，废除违背东方各族人民利益的秘密条约，承认各民族的平等和主权，并将在平等、友好和互助的基础上，建立同东方各国的关系。1919年7月，苏维埃政府又发表致中国人民和南北政府的宣言，宣布废除沙俄与中国、日本、协约国签订的一切秘密条约，放弃沙俄在中国的领事裁判权和租界，放弃庚子赔款的俄国部分，放弃沙俄在中东铁路方面的一切特权。1920年，苏维埃政府再次发表《俄罗斯苏维埃联邦社会主义共和国政府对中国政府的宣言》，强调“以前俄国历届政府同中国订立的一切条约全部无效，放弃此前夺取中国的一切领土和中国境内的一切俄国租界，并将沙皇政府和俄国资产阶级从中国夺得的一切，都无偿地永久归还中国”[③]。当然，苏维埃政府上述承诺，后来并没有得到完全落实和履行，有些口惠而实不至。但是十月革命后，苏联对华政策较之以前的沙俄，有了前所未有的历史性进步，这也是有目共睹的。

由此可知，十月革命之于中国的意义在于：

第一，促进了马克思列宁主义在中国的传播和运用。十月革命的胜利，让中国人看到了马克思列宁主义的伟大力量，找到了中国可资借鉴的精神财富。不仅梁启超等老牌改良主义者开始关注马克思列宁主义，孙中山等民主革命派

---

① 参见峙水：《俄国新宪法之研究》，《民心周报》，1919年第1卷第2期。

② 只眼：《二十世纪俄罗斯的革命》，《每周评论》第18号，1919年4月20日。只眼为陈独秀笔名。

③ 薛衔天等编：《中苏国家关系史资料汇编（1917—1924）》，中国社会科学出版社，1993年版，第87页。

意欲效法苏俄建立一个坚强的政党，李大钊、瞿秋白、陈独秀、毛泽东等早期共产主义者更是以俄为师，将马克思列宁主义作为改变旧中国命运、争取民族独立和人民解放的锐利武器。

第二，指明了中国民族独立和人民解放的现实道路。十月革命以前，中国广大仁人志士为民族独立和人民解放，进行了无数探索，终因不符合中国国情，均未能取得实质性、根本性突破。而十月革命的胜利，使人们看到同为落后农业大国的俄国走出了一条成功之路，给正在黑暗中探索的中国先进分子以巨大的启发。坚持马克思列宁主义指导，走俄国人的路，这才是中国民族独立、人民解放的现实选择。

09 在勤工俭学的斗争中成长

晚清重臣李鸿藻有一个儿子叫李石曾，年仅三岁时就演绎了一段传奇。大约是1883年的某一天，李鸿藻为了让儿子见见世面，牵着他的小手踏入紫禁城，去向老佛爷慈禧太后请安。原以为小孩子没见过大场面，一定会吓得大吵大闹，不料见到慈禧后，这孩子行礼如仪，表现异乎寻常的好，慈禧大喜，当场收李石曾为义子，张口赐了一个三品官，并夸赞“此子将来必成大器”①。这段传奇的细节尚待考证，但李石曾被慈禧夸奖倒是历史事实。

李石曾二十岁时，八国联军攻入北京。李石曾看到政府的无能和官员的腐败，决计赴西方寻求强国富国之道。在父辈的安排下，他以随员身份跟随钦差大臣孙宝琦出使法国。随员中还有一人叫张静江，也是后来国民党的重量级人物。

李、张二人在使团里朝夕相处，相谈甚欢。他们不仅畅谈事业及理想，还极富浪漫地畅想，要在中国发起一场“世界旅行”运动，让大批青年学生有机会学习考察欧美及世界先进文化，以改造中国，拯救民族。有道是无巧不成书。正当李、张二人商议如何实施这一壮举时，另一个未来国民党的重

① 中国农业大学百年校庆丛书编委会编：《百年人物》，中国农业大学出版社，2005年版，第10页。

量级人物吴稚晖来到法国。吴稚晖十分赞同他们的想法，在相互的碰撞和讨论中，三人敲定先从宣传工作做起，成立世界社，创办刊物《新世纪》，宣传西方国家的先进政治、经济、文化，进一步唤醒广大民众。三人还按照各自的特长做了分工，吴稚晖负责《新世纪》的编辑及撰稿，李石曾负责处理日常行政和后勤事务，张静江负责资金筹措和设备采购。1907年6月，《新世纪》在巴黎正式创刊出版。

《新世纪》旨在以文字记载世界不断更新变化的“一方隅一事类”，推进社会进化之革命。该刊提出：“由公民自由组织扫除政府，此新世纪革命之要点；取财产置诸公共，此今日社会主义之方策。”很显然，这是一本中国早期无政府主义的刊物，以宣传克鲁泡特金等人的无政府主义思想为己任，反对君主立宪，倡导政治革命与社会革命，在留欧中国留学生及华侨中产生了很大影响。一共出版一百二十一期，后因经费不足，被迫停办。

为了筹集资金，李石曾以其在巴黎巴斯德学院学习生物化学、研究过豆腐制作的经历，成立了一家豆腐公司。当时，法国牛奶供应短缺，法国人第一次见到中国又白又嫩的豆腐，都觉稀奇，竞相购买，一时买卖兴隆。本着勤工俭学的原则，豆腐公司招聘生活困难的留法学生负责工厂的管理和生产，让他们一边工作，一边学习，靠微薄的工资维持生计和学业。李石曾还办了一个工艺技校，工人们可以利用工休和晚上时间，学习中文、法文、数理化和修身等课程，蔡元培还经常来此讲课。从此，勤工俭学的留法学生源源不断进入豆腐公司，再源源不断走进法国大学校园，实现了学习西方文明的愿望。

再后来，由于市场的变化，豆腐公司关门歇业。但由此打开了另一扇梦想的大门。1912年4月，李石曾与蔡元培、吴稚晖等在北京发起成立了留法俭学会，计划五年内将三千名左右的学生以勤工俭学的方式送到法国留学。

据说，1918年6月，毛泽东的恩师杨昌济到北京大学任教，得知李石曾、蔡元培、吴稚晖等人正在筹备赴法勤工俭学事宜，便把此消息告诉了毛泽东和蔡和森。当时毛泽东、蔡和森等人正面临毕业后如何发展的问题，留法勤工俭学无疑也是一个不错的选择。8月，毛泽东赴北京联络此事。在杨昌济的帮助下，李石曾、蔡元培等同意为湖南青年开办三处留法预备班。但留法勤工俭学每人所需费用要五六百元之多，如果没有外界资助，光靠一个家庭，很难成行。为此，毛泽东等人四处筹措经费。杨昌济更是持重病之躯，写信给因参加南北和平会议滞留在上海的章士钊，向他举荐毛泽东、蔡和森，称“吾郑重语君，二子海内人才，前程远大，君不言救国则已，救国必先重二子”①。章士钊发动上海各界人士捐款，筹集到两万银元，悉数交给毛泽东，以解湖南学子赴法勤工俭学之急。然而，在大家即将启程时，毛泽东却有了新的决定，不打算出国留学了。他说：“我觉得我们要有人到外国去，看些新东西，学些新道理，研究些有用的学问，拿回来改造我们的国家。同时也要有人留在本国，研究本国问题。我觉得关于自己的国家，我所知道的还太少，假使我把时间花费在本国，则对本国更为有利。”②

广大青年学生赴法勤工俭学之前，大多受到各种新思潮、新观念的影响，特别是无政府主义、基尔特社会主义、泛劳动主义、新村主义和工读主义，劳工神圣、工读互助、实业救国等思想也十分流行。到了法国后，起初大家尚未深入社会，感到一切都很新鲜，对所谓的自由、平等、博爱大加称赞，感到中国大可仿行之。然而等他们进入工厂，开始真正的勤工俭学时，才发现现实社会是十分残酷的。繁重的体力劳动、漫长的劳动时间、昂贵的生活成本以及工头的凶狠残暴，使他们认识到，在资本主义制度下，无产阶级生活在社会最底层，深受资本家的剥削和压榨，在繁华的资本主义世界背后，是各种贫富分化和种族歧视。资产阶级标榜的所谓民主、自由、公平、正义暴露出其虚伪的真实一面。由此他们开始思考，资本主义制度的本质是什么？国家和个人的出路何在？工人运动的历史意义是什么？如何追求社会主义的光明前景？等等。

当李石曾、蔡元培、吴稚晖等人策划旅法勤工俭学时，法国的经济和社会

---

① 《毛泽东年谱（1893—1949）》上卷，人民出版社，2013年版，第49页。

② 中国革命博物馆、湖南博物馆编：《新民学会资料》，人民出版社，1980年版，第399页。

还是一派欣欣向荣的景象，而当旅法勤工俭学开始时，欧洲恰好爆发经济危机，经济发展持续低迷，就业环境越来越差，原来所期望的半工半读生活行将化为泡影。广大勤工俭学生在日益严峻的形势下，经历了旅法以来不可避免的三大斗争。

一是争取生存权和求学权的斗争。面对低迷的经济形势和糟糕的就业环境，在勤工俭学生中形成了不愿意做工而愿意读书的蒙达尼派（大多居住在蒙达尼地区）和愿意边做工边读书的勤工派。蔡和森和赵世炎分别为两派的主要代表。为了争取生存权和求学权，在蔡和森、赵世炎组织下，1921年2月28日，四百多名留法勤工俭学生到中国驻法公使馆请愿，但被法国警察阻止并武力驱散，史称“二二八运动”。二二八运动后，法国政府与中国驻法公使馆成立法中监护旅法中国青年委员会，取代原来的华法教育会，对留法勤工俭学生的工作安排、生活补助等进行管理。

二是反对中法实业借款运动。为了挽救濒临倒闭的中法实业银行，中法两国政府秘密协议由中方向法国借五亿巨款。不料这一协议被媒体爆料，引发勤工俭学生的极大不满，一场“反对中法秘密大借款的斗争”由此爆发。这一斗争的结果，使中国向法国借款的草约不复履行，直接损害了法国在远东的利益，引起法国政府和大资本家的不满，他们断然拒绝再向所有在法的中国学生提供经济援助。周恩来在《益世报》上发表文章说：“七八百少年们，因为反对借款，妨碍了法国的远东利益，更影响了中法政界有关系人的升官发财的机会，在他们看来自然是罪无可恕。”[①]当然，法国财政困难也是停止经济援助的一大原因。

三是进占里昂中法大学运动。轰轰烈烈的赴法国勤工俭学催生了一所特殊的学校，这就是里昂中法大学。李石曾是其发起人，校长为吴稚晖。虽然办这所学校的初衷是为了保障勤工俭学，但是由于办学成本等原因，学校并不打算招收勤工俭学生。他们认为，“里昂中国大学海外部不是栖流所，不是大蔽天

① 《周恩来早期文集（一九一二年十月—一九二四年六月）》下卷，中央文献出版社、南开大学出版社，1998年版，第348页。

下寒士的广厦万间”[1]。面对生存和求学的困难，留法勤工俭学生在王若飞的带领下，成立“各地勤工俭学生联合委员会”，并对外宣告：“我们的目标是：为谋勤工俭学生全体的根本解决，以开放里昂大学为唯一目标。”[2]期望里昂大学能足额录取勤工俭学生。恰在此时，吴稚晖从国内带来一批学生，无疑对录取勤工俭学生造成威胁。于是，“各地勤工俭学生联合委员会”作出决定，抢先占领里昂中法大学，然后进行谈判。但是校方拒绝了学生的要求，并勾结军警包围学校，将进占的学生全部押解监禁起来。后虽经反复交涉，但进占的一百零四名勤工俭学生仍被中法政府以“过激党”的罪名押送回国。

三大斗争使留法勤工俭学生有了新的觉醒。

聂荣臻在回忆录中这样描述道：“勤工俭学生中的多次激烈辩论，以及我们一九二一年开展的几次大规模群众斗争的场面，经常浮现在我的面前。我翻来复去地思考着：中国是这样一个现实，你的科学技术学得再好，即便是成为工程师，回国以后又有什么用呢？总之，我的思想很矛盾，遇到的问题很多，觉得一切都同原来的设想不一样。就在这个时候，我接触马列主义的机会也多起来。”[3]

事实上，勤工俭学生通过三大斗争，认清了社会的现实，开始调整自己的信仰和志向。许多留学生正是因为原来期望的通过勤工俭学，实现“实业救国”“科技救国”“教育救国”等梦想的破灭，才逐渐认识到资本主义制度的虚伪、残酷，认识到国内政治的腐败和黑暗，才下决心抛弃原来的主张，转而接受了马克思主义。他们如饥似渴地阅读《共产党宣言》《国家与革命》《共产主义运动中的“左派”幼稚病》《共产主义ABC》等经典著作，对马克思主义有了进一步认识，逐步走上革命道路。

勤工俭学生不仅自己努力学习马克思主义，而且利用各种机会传播马克思

① 《周恩来早期文集（一九一二年十月——一九二四年六月）》下卷，中央文献出版社、南开大学出版社，1998年版，第352页。

② 《周恩来早期文集（一九一二年十月——一九二四年六月）》下卷，中央文献出版社、南开大学出版社，1998年版，第354页。

③ 吴少京主编：《亲历者忆——建党风云》，中央文献出版社，2001年版，第430页。

主义，成为中国马克思主义传播的重要力量。旅欧学生中的进步分子创办了《少年》杂志（后改为《赤光》），周恩来为主要撰稿人，李富春、邓小平、萧朴生等人负责具体编务工作。该刊物以宣传马克思主义为己任，运用马克思主义原理探寻中国革命的道路，向国内和在留学生当中宣传马克思主义，发挥了不可估量的作用。蔡和森等人以通信的形式，介绍对马克思主义的基本认识，以及对中国革命道路的思考，这也成为向国内传播马克思主义的重要方式。

中国共产党旅欧组织的建立，进一步凝聚和团结了勤工俭学生中的先进分子，扩大了马克思主义在同学中的影响。1921年2月，陈独秀致信赵世炎，要求他与张申府取得联系，建立党的组织。赵世炎持信接上组织关系，在张申府领导下，与周恩来等人共同创立旅欧中国少年共产党；同年底，又建立中国共产党旅欧支部。从此，旅欧勤工俭学生和华侨就有了一个坚强的政治核心。而在这之前建立的工学世界社也成为研究和传播马克思主义的重要社团。

勤工俭学运动实现了体力劳动和脑力劳动的结合，培养了他们坚韧不拔的意志和积极向上的革命作风。邓小平曾经多次回忆创办《赤光》的那段日子，说那时候他们身居陋室，条件艰苦，白天做工糊口，晚上通宵苦干，吃的是面包，喝的是白水，干的是革命工作，表现出了职业革命者的顽强斗争、乐观向上的饱满热情。①

更为重要的是，勤工俭学运动锻造了以马克思主义为信仰的革命力量，培育和锻炼出了一批革命骨干。参加领导进占里昂中法大学并被押送回国的蔡和森、陈毅、李立三、张昆弟、罗学瓒等，以及留在法国的周恩来、赵世炎、王若飞、李维汉、向警予、李富春、邓小平、聂荣臻、陈延年、陈乔年、刘伯坚、徐特立等，后来都为中国的民族独立和人民解放，为中国的社会主义、共产主义事业，做出了重要贡献。

---

① 参见邓榕：《我的父亲邓小平：激情年华》，中央文献出版社，2010年版，第120页。

10　三场不可避免的大论战

1918年11月11日，第一次世界大战结束。通过对第一次世界大战的认识，国人对资本主义和达尔文的进化论的关注骤然减弱，因十月革命胜利，马克思主义则受到热切追捧。在这个过程中，不可避免地发生了对马克思主义是否适合中国等问题的激烈论战，这显然不是简单的学理之争，而是道路之争、主义之争、前途和命运之争。面对这种形势，陈独秀、李大钊敏锐地意识到，《新青年》已经难以满足评论时政、关注政治的需要。同时也是为了尊重胡适的意见，坚持《新青年》只谈文化、不谈政治的办刊宗旨。陈独秀、李大钊决定，再办一个刊物《每周评论》，以满足评论时政之需，宗旨为“主张公理，反对强权”。核心人物除陈、李外，还有周作人、高一涵、张申府等，陈独秀任主编，主编了前二十五期。

后来，陈独秀因在新世界游艺场散发传单被捕，李大钊也在河北老家五峰山躲避当局的追捕，《每周评论》主编这个重担就落在了他们的好友胡适头上。如此一来，胡适再也难以回避政治问题了。

当时，北洋政府被控制在安福派①手中。在当时的形势下，安福派为了扩大影响力，也成立了民生主义研究所（亦称社会主义研究所）。1919年6月，《公言报》发表了一篇社论，称无政府主义、共产主义都属于俄国的过激派，其所倡导和实行的是一切破坏主义，是“危险思潮，过于共和，传播之道，速于风火”，引起了人们广泛关注。安福派政客王揖唐借机在安福派全体议员大会上指出，当局应该高度重视这些危险思想，首先不要回避，“为政者与将帅宜究心社会主义也”；其次要主动研究它们，只有如此才能找到应对之策，所谓“宜人究其书，乃可言取舍，乃可言因应也”。②

《公言报》的社论和王揖唐的发言触动了胡适的思绪，使他忍不住写了一

---

① 由段祺瑞亲信徐树铮等在北京安福胡同成立安福俱乐部，加入这个俱乐部的人被称为安福派。

② 《公言报》1919年6月27、28日社论。

篇《多研究些问题，少谈些主义》，并刊登在7月20日的《每周评论》上。他说："前几天北京《公言报》《新民国报》《新民报》（皆安福派的报——引者）和日本文的《新支那报》，都极力恭维安福部首领王揖唐主张民生主义的演说，并且恭维安福部设立'民生主义的研究会'的办法。有许多人自然嘲笑这种假充时髦的行为。但是我看了这种消息，发生一种感想。这种感想是：'安福部也来高谈民生主义了，这不是给我们这班新舆论家一个教训吗？'"[①]然而王揖唐并没有回应胡适，倒是《国民公报》的社长蓝公武以"知非"为笔名，发表了《问题与主义》一文反驳胡适。李大钊在老家看到胡适的文章，认为这是一个必须澄清的原则问题，于是写下《再论问题与主义》与胡适辩论。意犹未尽的胡适则写了《三论问题与主义》《四论问题与主义》作答。难能可贵的是，一年后，陈独秀也写了一篇《主义与努力》的随感录，算是对这场问题与主义之争的一个总结。

那么，问题与主义之争的实质是什么呢？

首先要回答的是，问题与主义之间的关系是什么？当时，中国社会需要解决的问题成堆，因此胡适在文章一开头就指出空谈主义的弊病："第一，空谈好听的'主义'是极容易的事，是阿猫、阿狗都能做的事，是鹦鹉和留声机都能做的事。第二，空谈外来进口的'主义'，是没有什么用处的。"胡适认为："我们不去实地研究我们现在的社会需要，单会高谈某某主义，好比医生单记得许多汤头歌诀，不去研究病人的症候，如何能有用呢？"他甚至担心，"偏向纸上的主义，是很危险的。这种口头禅很容易被无耻政客利用来做种种害人的事"。"一切好听的主义，都有这种危险。"[②]李大钊在《再论问题与主义》中，固然也承认胡适所讲的社会上空谈主义现象，但他和蓝公武一样，反对把问题与主义割裂开来。他首先旗帜鲜明地宣称："我是喜欢谈谈布尔扎维主义的。""我觉得'问题'与'主义'有不能十分分离的关系。""应该使这社会上可以

① 胡适：《问题与主义》，《每周评论》第31号，1919年7月20日。
② 胡适：《问题与主义》，《每周评论》第31号，1919年7月20日。

共同解决这个那个社会问题的多数人，先有一个共同趋向的理想、主义，作他们试验自己生活上满意不满意的尺度（即是一种工具）。那共同感觉生活上不满意的事实，才能一个一个的成了社会问题，才有解决的希望。”“一个社会主义者，为使他的主义在世界上发生一些影响，必须研究怎么可以把他的理想尽量应用于环绕着他的实境。所以现代的社会、主义包含着许多把他的精神变作实际的形式使合于现在需要的企图。”[①]

其次要问，用什么方法解决中国具体的社会问题？作为实用主义和进化论的信徒，胡适的主张是，中国的社会问题要一点一滴地改，如果现实太坏或者恶势力不允许改良时，才可以采取革命的办法。李大钊也并不完全反对改良，但是他认为当时的中国根本没有改良的可能，主张采取根本解决办法。李大钊指出：“经济问题的解决，是根本解决。经济问题一旦解决，什么政治问题、法律问题、家族制问题、女子解放问题、工人解放问题，都可以解决。”[②]可见，在解决方式上，胡、李还是有明显区别的，即李大钊的根本解决方式是阶级斗争，而胡适则不认同阶级斗争，但也没有提出更好的方式。

陈独秀在《主义与努力》中对这场争论作了小结，指出马克思主义好比行船的方向，“改造社会和行船一样，定方向与努力二者缺一不可”[③]。

问题与主义之争，对促进人们进一步解放思想，积极探索改造中国社会的道路，发挥了重要而积极的作用，扩大了社会主义的影响，特别是吸引一大批青年学子学习和接受马克思主义，影响极其深远。

第二场论战是历时一年多的社会主义论战。对阵双方为：以梁启超、张东荪、张君劢为代表的研究系成员，以陈独秀、李大钊、李达为代表的早期共产主义者。

面对十月革命胜利后，马克思主义在中国迅速传播的情形，研究系为了扩大影响，邀请基尔特社会主义者罗素来华讲学，以期达到像实用主义哲学家杜

---

① 李大钊：《再论问题与主义》，《每周评论》第35号，1919年8月17日。

② 李大钊：《再论问题与主义》，《每周评论》第35号，1919年8月17日。

③ 《陈独秀文集》第二卷，人民出版社，2013年版，第93页。

威访华讲学的效果。张东荪陪同罗素先后在杭州、南京、长沙等地演讲，并写成时评文章《由内地旅行而得之又一教训》，发表在《时事新报》上，由此引发了论战。

研究系一方面承认社会主义是大势所趋，另一方面又认为在中国发展资本主义有充分的理由，从而得出在中国发展社会主义缺乏经济基础和阶级基础，社会主义只适合拿来做学问上的解放思想的资料，“讲到实行，且慢一步罢”[①]。张东荪指出：“这次大战（指第一次世界大战——引者）把第二种文明（指资本主义文明——引者）的破罅一齐暴露了；就是国家主义与资本主义已到了末日，不可再维持下去。”[②]中国需顺应时势，“专从第三种文明（指社会主义文明——引者）去下培养工夫”[③]。然而尽管如此，中国还是要先实行并发展资本主义，其理由有三：一是“最大好处，就是瓜代军阀而免去内乱”[④]；二是搁置社会主义，开发实业以求富，使大多数中国人过上人的生活；三是中国不能实行社会主义的“总原因在于无劳动阶级”[⑤]，大多数人民“无知识，和原始人类的状态所差未必甚大”[⑥]。张东荪的《现在与将来》、梁启超的《复张东荪论社会主义运动》和张君劢的《中国之前途：德国乎？俄国乎?》，可以说是研究系比较有代表性的文章，系统阐明了他们的上述思想观点。

对于打着社会主义、马克思主义的旗号，却行遏制社会主义、马克思主义在中国发展之实的研究系，以陈独秀、李大钊、李达、陈望道为代表的早期共

---

① 蔡尚思主编、朱维铮编：《中国现代思想史资料简编》第一卷，浙江人民出版社，1982年版，第234页。

② 蔡尚思主编、朱维铮编：《中国现代思想史资料简编》第一卷，浙江人民出版社，1982年版，第614页。

③ 蔡尚思主编、朱维铮编：《中国现代思想史资料简编》第一卷，浙江人民出版社，1982年版，第615页。

④ 蔡尚思主编、朱维铮编：《中国现代思想史资料简编》第一卷，浙江人民出版社，1982年版，第630页。

⑤ 蔡尚思主编、朱维铮编：《中国现代思想史资料简编》第一卷，浙江人民出版社，1982年版，第245—246页。

⑥ 蔡尚思主编、朱维铮编：《中国现代思想史资料简编》第一卷，浙江人民出版社，1982年版，第617页。

产主义者纷纷撰文写信给予了有力的驳斥。《新青年》专门开辟《关于社会主义的讨论》专栏，展开了历时一年多的有关社会主义的辩论。

在《独秀复东荪先生底信》中，陈独秀几乎逐观点、逐字句地批驳了张东荪，中国遭受帝国主义侵略和掠夺的现状，“除了中国劳动者联合起来组织革命团体，改变生产制度，是无法挽救的”，“只有劳动团体能够达到中国独立之目的”。[①]在《社会主义批评》一文中，陈独秀从为什么要讲社会主义、为什么能讲社会主义、应讲何种社会主义三个方面阐述了自己的观点，明确指出，基尔特社会主义也非一种特别独立的学说，这种调和的理想是英国人的特性，并不适合于中国，他坚信“只有俄国底共产党在名义上，在实质上，都真是马格斯主义”，“因此阶级战争的观念确是中国人应该发达的了”。[②]

与此同时，李达在《讨论社会主义并质梁任公》的文章中认为，“梁任公本文的旨趣，约为五层”，即误解社会主义、提倡资本主义、高唱爱国主义、提倡温情主义、误会社会主义运动。因此，文章从社会主义是什么、社会主义运动又是怎么开始，阐发了支持社会主义、反对资本主义、支持劳农主义直接行动等观点，强调中国劳动者、社会主义运动的世界性，从而系统批判了梁启超的观点。

在这场大论战中，李大钊、陈独秀、蔡和森、李达、陈望道、施存统等人还从不同角度驳斥了研究系一些似是而非的观点，阐发了早期共产主义者以下三个精辟论断。

首先，资本主义是否可以免去军阀内乱？张东荪等人基于对中国现状的考察，提出解决贫困问题的根本方法是利用资本主义生产方式发展实业，通过新兴的资产阶级消灭封建军阀，最终稳步过渡到社会主义。[③]而早期共产主义者驳斥说，中国资产阶级“只能够帮着外国资本家来掠夺中国人，只望他们发达

---

① 《陈独秀文集》第二卷，人民出版社，2013年版，第88页。

② 《陈独秀文集》第二卷，人民出版社，2013年版，第133页。

③ 参见张东荪：《现在与将来》，《改造》第3卷第4号，1920年12月。

起来能够抵制外国资本家，能够保全中国独立，再过一两世纪也没有希望”[①]。陈望道撰文《评东荪君底“又一教训”》，强调社会主义与开发实业并不相悖，用社会主义发展实业，正可避开资本主义的覆辙，具有“曲突徙薪”[②]之效。

其次，社会主义道路与发展经济是对立关系吗？张东荪等人认为，当时的中国生产力低下，阶级基础不够完备，并不具备实现社会主义的条件。因此只能走发展实业、增加富力、发展资本主义这条道路。早期共产主义者一针见血地指出，这一论调的实质是反对走社会主义道路，而要走资本主义道路，因为“不讲主义只讲发达实业，结局自然要归到资本主义上面去。”[③]陈独秀十分鲜明地指出，只有“在生产方面废除了资本私有和生产过剩，在分配方面废除了剩余价值，才可以救济现代经济的危机及社会不安的状况，这就是我们所以要讲社会主义之动机”[④]。

最后，中国无劳动阶级、无实行社会主义的阶级基础吗？张东荪等人认为，在中国这样一个农业国，工业极度落后，劳动者数量必然不足，劳动阶级也不会强大，一个不够强大的劳动阶级必然不能领导社会革命，因此社会主义制度也无法建立起来。李达则针锋相对地申明：“中国境内的资本家是国际的，全国四万万人——由某种意义说，都可以算是劳动者。”[⑤]而中国的无产者在遭受封建地主、军阀势力、外国资本家及中国官僚买办资本家的多重压迫，必须唤醒他们的阶级觉悟，将他们组织起来开展阶级斗争。陈独秀指出：“中国劳动者没有组织，没有阶级的觉悟，不能作阶级的争斗来抵抗资本家，所以生活极苦而工价极贱，造成外国资本家群来掠夺底好机会……除了中国劳动者联合

---

① 蔡尚思主编、朱维铮编：《中国现代思想史资料简编》第一卷，浙江人民出版社，1982年版，第78页。

② 陈望道：《评东荪君底〈又一教训〉》，《民国日报》副刊《觉悟》，1920年11月9日；邵力子：《再评东荪君底〈又一教训〉》，《民国日报》副刊《觉悟》，1920年11月10日。

③ 《中国共产党重要文献汇编》第一卷，人民出版社，2022年版，第339页。

④ 《陈独秀文集》第二卷，人民出版社，2013年版，第120页。

⑤ 蔡尚思主编、朱维铮编：《中国现代思想史资料简编》第一卷，浙江人民出版社，1982年版，第714页。

起来组织革命团体，改变生产制度，是无法挽救的。”[①]

可见，中国早期共产主义者已经基本掌握了马克思主义世界观和方法论，已经清醒地认识到，在国家还没有获得完全独立的条件下，企图通过阶级调和走向社会主义是根本不可能的，劳工阶层只有建立自己的政党，通过阶级斗争夺取政权，才能彻底摆脱资本家的剥削和压榨。

第三次论战是与无政府主义的论战。如前所述，马克思主义和无政府主义几乎同时传入中国，十月革命之前，无政府主义的风头甚至超过任何社会主义流派，在广大民众中，特别是广大青年学生中影响极为广泛。像吴稚晖、李石曾、蔡元培、陈独秀、毛泽东等，都深受无政府主义的影响。那个时候，人们认为马克思主义与无政府主义还只是社会主义的两个流派，在反对封建专制和帝国主义的共同斗争中，经常在一起组织集会活动，创立的社会团体也往往是成分相互掺杂、难以区分，创办报纸刊物也是异口同声、不求甚解。在上海、北京等地的共产党早期组织中，也有相当数量的无政府主义者。李大钊任总编的《晨报》介绍过无政府主义和蒲鲁东等人的文章，陈独秀创办的《新青年》也发表过吴稚晖、黄凌霜、区声白等无政府主义者的文章。

十月革命胜利后，走俄国人的路成为一些先进知识分子改造中国的理想目标，建立新型无产阶级革命政党的任务已提上日程。在这一大背景下，无政府主义者深感危机，为了论证他们的信仰才是中国革命的根本出路，便开始向马克思主义发起挑战。1919年2月，黄凌霜率先在《进化》月刊上发表《评〈新潮〉杂志所谓今日世界之新潮》，对马克思主义进行公开批评。该文认为，马克思主义的国家观是“以国家为万能，所以蔑视个人，故变成极端干涉主义”[②]，把马克思主义的经济学称为“玄想的经济学”[③]。1920年2月，易家钺在《奋斗》杂志上发表《我们反对“布尔札维克”》，文章称：“我们知道布尔札维克是马克思主义的实行者”，所以“从原理上反对布尔札维克主义（Bol-

---

① 《陈独秀文集》第二卷，人民出版社，2013年版，第87—88页。

② 沙健孙主编：《中国共产党通史》第一卷，湖南教育出版社，1995年版，第344页。

③ 沙健孙主编：《中国共产党通史》第一卷，湖南教育出版社，1995年版，第342页。

shevism），换一句话，就是反对马克思主义”。[①]

面对无政府主义的凌厉攻势，早期共产主义者纷纷撰文、奋起反击。1920年9月，陈独秀在《新青年》发表《谈政治》一文，把国家的出现与强权联系起来，认为“若是没有强权便没有法律，没有法律还有什么政治国家呢？”还用唯物主义历史观概括了人类社会出现的多种国家形态，对无政府主义绝对不要国家、“闭起眼睛反对一切强权”的观点予以批判。[②]1921年8月，陈独秀将他与区声白之间的辩答，辑录成《讨论社会主义》的长文，发表在《新青年》上，用一系列设问批驳了无政府主义者主张个人绝对自由的思想，指出：“要绝对自由就不能联合，要联合就不能绝对自由”，“因为联合无论大小，都要有一部分人牺牲自己的意见，才能够维持得比较的长久一点。若常常固执个人或小团体的绝对自由，自由退出，自由加入，东挪西变，仍是一堆散沙，这种散沙的现象，至少也不适宜于大规模的生产事业”。[③]《新青年》杂志还组织了一批文章，集中火力向无政府主义开火，如李达的《社会革命底商榷》《无政府主义之解剖》、陈独秀的《国家政治法律》《社会主义批评》《下品的无政府党》、李大钊的《自由与秩序》等。

在这场论战中，早期共产主义者的主要观点有：

其一，建设无产阶级的国家代表了无产阶级和广大劳动者的利益。针对无政府主义者反对一切强权、废除国家的观点，陈独秀在《谈政治》一文中指出：“强权所以可恶，是因为有人拿他来拥护强者无道者，压迫弱者与正义。若是倒转过来，拿它来救护弱者与正义，排除强者与无道，就不见得可恶了。由此可以看出强权所以可恶，是他的用法，并不是他本身。”[④]李达则指出，说资产阶级的国家是特权阶级的国家是可以的，若是说无产阶级的国家也是特权阶级的国家便不对了。“若嫌特权阶级的国家不好，只好把特权阶

① 沙健孙主编：《中国共产党通史》第一卷，湖南教育出版社，1995年版，第342—343页。
② 参见陈独秀：《谈政治》，《新青年》第8卷第1号，1920年9月1日。
③ 陈独秀：《讨论无政府主义》，《新青年》第9卷第4号，1921年8月1日。
④ 《陈独秀文集》第二卷，人民出版社，2013年版，第32页。

级打倒建设无特权阶级的国家就好了。”[①]施存统指出：“我们共产主义者，主张推翻有产阶级的国家之后，一定要建设无产阶级的国家；否则，革命就不能完成，共产主义就不能实现。”[②]

其二，主张有计划、有组织的生产和各尽所能、按需分配的原则。针对无政府主义者生产自由化和立即实现按需分配的观点，陈独秀提出五连问：“无政府主义者用这种没有强制力的联合来应付最复杂的近代经济问题，试问怎么能够使中国底农业工业成为社会化？怎么能够调节生产只使不至过剩或不足？怎么能够制裁团体使不至互相冲突？怎么能够转变手工业为机器工业？怎么能够统一管理全国交通机关？”[③]可以说让无政府主义者哑口无言。李达则指出：“无政府派不主张有集中的权力，那么生产力怎能调济呢？社会各员的消费生活不是有受侵害的危险吗？所以我是主张共产主义派的生产组织的。”[④]而各尽所能、按需分配在社会生产力高度发达、社会财富十分充裕的前提下才能实现。“只是在生产力未发达的地方与生产力未发达的时期内，若用这种分配制度，社会的经济的秩序就要弄糟了。”[⑤]

其三，强调个人的绝对自由是不存在的。针对无政府主义者强调个人绝对自由，反对民主集中制的观点，李大钊设问：“试想一个人自有生以来，即离开社会的环境，完全自度一种孤立而岑寂的生活，那个人断没有一点的自由可以选择，只有孤立是他唯一的生活途径。这种的个人，还有什么个人的意义！”[⑥]陈独秀在与区声白的信函往来中指出：“现代工业发达，一个工厂往往有数千数万人；而无政府主义要保护人人绝对自由，不许少数压多数，也不许多数压少数，九十九人赞成，一人反对，也不能执行。”[⑦]他还指出：“劳动团

① 《李达文集》第一卷，人民出版社，1980年版，第83页。
② 施存统：《我们要怎样干社会革命?》，《共产党》第5号，1921年6月7日。
③ 陈独秀：《社会主义批评》，《新青年》第9卷第3号，1921年7月1日。
④ 江春：《社会革命底商榷》，《共产党》第2号，1920年12月。江春为李达的笔名。
⑤ 江春：《社会革命底商榷》，《共产党》第2号，1920年12月。
⑥ 李大钊：《自由与秩序》，《少年中国》第2卷第7期，1921年1月15日。
⑦ 陈独秀：《社会主义批评》，《新青年》第9卷第3号，1921年7月1日。

体底权力不集中，想和资本阶级对抗尚且不能，慢说是推倒资本阶级了；因为权力不集中各团体自由自治起来，不但势力散漫不雄厚，而且要中资本阶级离间利用和各个击破的毒计，我所以说：权力集中是革命的手段中必要条件。”①

这一场论战基本划清了马克思主义与无政府主义之间的思想界限，极大地提高了中国早期共产主义者的理论水平。

11　并非天外飞来的高调

要讨论中国共产党的建立，杨明斋是一个必定要涉及的重要人物。然而这样一个重要人物，却在很长时间里鲜为人知，甚至连他的出生地、葬身地都无人知晓。那么，这到底是一个什么样的人物呢?

杨明斋，名好德，字明斋，出生于山东平度一个农民家庭。巨野教案后，德国舰队强行进入胶州湾，并占领青岛，清政府被迫签订《胶澳租借条约》。青岛被德军占领后，人心惶惶、社会动荡，人民生活更加艰难。而平度紧邻青岛，也深受德军占领的影响。杨明斋虽生性聪慧、沉思好学，但也不得不中断在私塾的学习，十六岁时辍学回家务农。

怀揣梦想的杨明斋决心走出去寻找新的生活。当时，青岛一带流传着“死逼梁山上关东，走投无路下崴子（海参崴）”的顺口溜。走投无路的杨明斋辗转来到海参崴，先是在工厂当工人兼记账员，后来又到顿巴斯和库兹巴斯矿区半工半读。在这里，他受到马克思主义理论熏陶，结识了不少布尔什维克党人，并在他们的引领下加入布尔什维克党。十月革命后，杨明斋进入莫斯科东方劳动者共产主义大学学习，毕业后回海参崴工作，任“华侨负责人”。

杨明斋命运的变化，发生在共产国际决定在反帝统一战线的大目标下，组建中国、日本、爪哇等东方国家的共产党这一重大决策上。五四运动后，共产国际决定派一个小组到中国，一方面了解情况，另一方面与中国的进步力量取

① 陈独秀：《讨论无政府主义》，《新青年》第9卷第4号，1921年8月1日。

得联系，为建立中国共产党做前期准备。这个小组的负责人是共产国际远东书记处的维经斯基，杨明斋当时的身份是新闻记者，也加入该小组做翻译。

维经斯基小组1920年4月来到北京，先是与李大钊等多次见面和会谈，还与罗章龙等进步青年举行座谈，并且捐赠了如《国际》《红旗》《国际通讯》《震撼世界的十天》等宣传十月革命的书刊。后来，经李大钊介绍，维经斯基等持信到上海拜访陈独秀，又通过陈独秀与聚集在《新青年》《每周评论》周围的先进分子进行了会晤，为中国共产党的建立带来了实质性的推动。

在这个过程中，杨明斋扮演了什么角色呢？我们简单罗列一下如下历史事实：维经斯基与李大钊见面和会谈时，杨明斋是翻译；与北大进步青年座谈，杨明斋现场翻译并与维经斯基一起赠书；与陈独秀会面，杨明斋是翻译；和上海先进分子会晤，杨明斋是翻译和组织者；1920年5月上海马克思主义研究会成立，杨明斋负责该研究会工作；8月共产党上海发起组，也就是上海共产党早期组织成立，杨明斋为成员；等等。可见，杨明斋在这个特殊时期所起的作用，远不止于作为一个翻译。

后面的建党筹备工作，以及诸如培训、工人运动等工作的迅速开展，充分证明了杨明斋的地位和作用。

他参与上海共产党早期组织组建，与陈独秀、李汉俊、李达、沈玄庐、陈望道、俞秀松、施存统等共同为小组成员，此外，杨明斋还陪同维经斯基前往北京、山东，推动北京共产党早期组织①、济南共产党早期组织②成立。

在维经斯基小组的推动和上海共产党早期组织的努力下，长沙共产党早期组织③、武汉共产党早期组织④、广州共产党早期组织⑤，以及两个海外共产党

---

① 成员有李大钊、张申府、张国焘、罗章龙、刘仁静、邓中夏、高君宇（原名高尚德）、何孟雄、张太雷、缪伯英、范鸿仙等。

② 成员有王尽美、邓恩铭、王翔千、王复元、王象午、王天生（原名王用章）、贾乃甫等。

③ 成员有毛泽东、何叔衡、易礼容、夏曦等。

④ 成员有董必武、张国恩、刘伯垂、包惠僧、陈潭秋、郑凯卿、赵子健等。

⑤ 成员有陈独秀、谭平山、陈公博、谭植棠等。

早期组织——东京共产党早期组织[①]、巴黎共产党早期组织[②]相继成立。

上海共产党早期组织成立后，还做了几件大事：一是成立社会主义青年团，由俞秀松担任书记，杨明斋负责指导。二是创办外国语学社，专门负责培训进步青年赴俄深造，杨明斋担任校长。三是开展工人运动。杨明斋经常深入工厂，了解工人需求，在他的组织推动下，上海机器厂、上海造船厂等企业共同发起组建上海机器工会。此后，还成立了印刷、纺织等工会组织，以及跨行业的工人联合组织——工人游艺会，为推动中国共产党领导下的工会组织和工人运动做出了杰出贡献。

此外，杨明斋还负责《新青年》《共产党》的印刷出版工作，在繁忙的日常工作之余，他还笔耕不辍，亲自为刊物撰稿，先后发表《苏维埃的平民教育》《俄国职工联合会发达史》《劳农政府召集经过情形》等文章。1920年，杨明斋作为中国共产党代表参加了共产国际第二次代表大会，随后参加了中共二大，并担任苏联顾问团的翻译。李大钊由衷地赞叹他是“万里投荒，一身是胆”。

作为共产国际派出的工作小组的翻译，杨明斋的所作所为并不代表他自己，他的身份是共产国际战略方针和路线在中国的实施推动者。那么，在这一具有划时代意义的特殊时期，共产国际又是怎样指导帮助中国早期共产主义者建立中国共产党的呢？

第一，共产国际二大提出的民族和殖民地问题战略为中国革命指明了方向。1920年7月19日—8月7日，共产国际召开第二次代表大会，民族和殖民地问题成为最重要的议题。会上提交并讨论了列宁起草的《民族和殖民地问题提纲（初稿）》，列宁作了《民族和殖民地委员会的报告》，以此为基础，形成了共产国际的东方战略。这一战略的核心出发点是，当欧洲无产阶级革命遇到严重困难时，共产国际应该“使各民族和各国的无产者和劳动群众为共同进行革命斗争、打倒地主和资产阶级而彼此接近起来”[③]。列宁指出，在当时的世

① 成员为施存统、周佛海。

② 成员有张申府、赵世炎、陈公培、刘清扬、周恩来等。

③ 《列宁选集》第四卷，人民出版社，2012年版，第217页。

界政治形势下，“世界政治中的一切事变都必然围绕着一个中心点，就是围绕世界资产阶级反对俄罗斯苏维埃共和国的斗争”。[①]因此苏俄与民族解放运动的联盟可以通过共产国际加以推进，“用建立‘劳动者苏维埃’的方法把苏维埃制度的基本原则应用到资本主义前的关系占统治地位的国家中去”[②]。由此形成了一系列重要原则和思想：要把压迫民族和被压迫民族区别开来，“任何民族运动都只能是资产阶级民主性质的”，应该组织能独立进行斗争的基干队伍，由无产阶级“担负起领导者的作用”，等等。[③]这些重要原则和思想，客观上也回答了中国早期共产主义者所关心的中国革命的性质、任务、前途等问题，很有些及时雨的味道。

第二，列宁建党思想为中国共产党的建立奠定了坚实的思想理论基础。列宁为大会起草了《加入共产国际的条件》，其中规定：申请加入共产国际的政党和组织，必须积极宣传无产阶级专政理论，并在实际活动中为建立苏维埃政权而斗争；必须坚决揭露和彻底批判各种右倾机会主义的政策和策略，并要立即在组织上同他们划清界限；必须把秘密活动和公开工作结合起来，积极为无产阶级夺取政权创造条件；必须全力支持每一个苏维埃共和国，坚决同一切反革命势力做斗争；必须毫无保留地支持殖民地人民的民族解放运动，无情地揭露帝国主义的殖民政策；必须按照民主集中制的原则建党，在党内实行无产阶级的铁的纪律等。这些精辟的思想，对于经过五四运动的磨炼、三大论战思想洗礼的中国早期共产主义者来说，无异于雪中送炭。

第三，共产国际对中国共产党建立的前期准备工作给予了大力指导。如前所述，维经斯基、杨明斋等来华考察，推动建立了上海共产党早期组织和各地的共产党早期组织，成立了中国社会主义青年团，指导建立了上海工会组织，物色了一批进步分子到莫斯科东方大学学习等，较好地完成了共产国际交给的重要任务。当然，这些重要任务的完成并不是一帆风顺的。比如，维经斯基认

---

① 《列宁选集》第四卷，人民出版社，2012年版，第217页。

② 《列宁选集》第四卷，人民出版社，2012年版，第220页。

③ 《列宁选集》第四卷，人民出版社，2012年版，第276、277页。

为中国建立共产党的时机已经成熟，但张东荪、戴季陶等少数人不同意，并相继退出了党的筹建活动。在党的经费问题上，陈独秀等以党的独立自主为由，不赞成接受共产国际的资助。其他如在中国共产党与共产国际的关系等问题上，也都产生过激烈的争论。1921年春，维经斯基回苏俄向共产国际汇报中国建党筹备情况，远东书记处还多次召开会议讨论中国建党问题。

第四，共产国际代表具体指导了中国共产党第一次全国代表大会的召开。为了进一步推动中国革命尤其是中国建党，共产国际委派执行委员、民族殖民地委员会秘书马林为驻中国代表。1921年6月3日，马林抵达上海，立即与共产党上海发起组的李达和李汉俊取得联系，听取汇报。当得知上海、北京、长沙、武汉、济南、广州等大中城市都已建立共产党早期组织，并积极开展马克思主义研究和宣传以及工人运动等实际情况时，马林认为建党条件已经成熟，建议“及早召开全国代表大会，宣告党的成立”①。于是李达、李汉俊写信通知北京、长沙、广州、济南及日本留学生中的共产党早期组织，各派两名代表到上海出席党的全国代表大会。

1921年7月23日晚8时，中国共产党第一次全国代表大会在上海法租界望志路106号（今兴业路76号）召开，出席会议的代表有：李达、李汉俊、张国焘、刘仁静、毛泽东、何叔衡、王尽美、邓恩铭、董必武、陈潭秋、陈公博、包惠僧、周佛海共十三人，共产国际代表马林和尼克尔斯基也出席了会议。大会由张国焘主持，马林致辞，尼克尔斯基讲话。大会起草了《中国共产党第一个纲领》和《中国共产党第一个决议》草案，对党在当前的斗争目标和策略进行了热烈讨论，并通过了《中国共产党第一个纲领》和《中国共产党第一个决议》。接着讨论通过《中国共产党成立宣言》，最后选举产生了以陈独秀为书记的党的中央局。7月31日下午6时左右，中国共产党第一次全国代表大会基本上完成了预定议程，胜利闭幕。

---

① 中国社会科学院现代史研究室、中国革命博物馆党史研究室选编：《“一大”前后——中国共产党第一次代表大会前后资料选编》二，人民出版社，1980年版，第10页。

中国共产党的成立，不仅仅是共产国际帮助的结果，更是中国革命发展的迫切需要，是陈独秀、李大钊等早期共产主义者不懈努力的结果。经过新文化运动的思想启蒙，经过五四运动的“直接行动”，特别是经过十月革命胜利的时代呼唤，促进了民族意识的觉醒，推动了马克思主义的广泛传播，实现了马克思主义与中国工人运动的结合，陈独秀、李大钊等一批先进分子实现了世界观的根本转变，为中国共产党的建立创造了思想条件，做了干部准备。

早在1920年2月，在护送陈独秀经天津转赴上海的途中，李大钊就与陈独秀商议了建立中国共产党的问题，这就是“南陈北李，相约建党”。此后，李大钊在北京大学成立了马克思学说研究会，陈独秀在上海也做了一些相应的准备工作。4月，维经斯基一行拜访李大钊和陈独秀。5月，陈独秀在上海成立马克思主义研究会。8月，共产党早期组织在上海的《新青年》编辑部成立，陈独秀任书记。11月，上海共产党早期组织拟定了《中国共产党宣言》，宣告“共产主义者的目的是要按照共产主义者的理想，创造一个新的社会”①。其他各地早期共产党组织的成立，主要也是陈独秀、李大钊等人努力的结果。由此可见在当时的中国，中国共产党的成立，可谓万事俱备，只欠东风。而共产国际代表的相继到来，就是这一星星之火得以燎原的浩荡东风。

中国共产党的成立是一个历史大事件。从此，中国革命的面貌焕然一新。

12　醍醐灌顶的顿悟

1920年9月28日至10月2日，《民国日报》连续刊登外国语学社的公开招生广告：“本学社拟分设英、法、德、俄、日本语各班，现已成立英俄日本语三班。除星期日外，每班每日授课一小时，文法读本由华人教授，读音会话由外国人教授，除英文外各班皆从初步教起。每人选习一班都月纳学费银二元。日内即行开课，名额无多，有志学习外国者请速向法界霞飞路新渔阳里六号本

① 中央档案馆编：《中国共产党第一次代表大会档案资料（增订本）》，人民出版社，1984年版，第2页。

社报名。此白。”[①]

1920年5月，陈独秀等人在法租界霞飞路新渔阳里6号成立中国共产党上海发起组，党的公开、半公开的工作机构，如中俄通讯社、社会主义青年团、教育委员会等都设在这里。为了不引人注目，掩护建党等活动，同时也是为进步青年留学苏俄、培养革命骨干做准备，遂开办了这所公开的外国语学社。

虽然本意是为掩人耳目，但是外国语学社办学还是正规认真的。学校有明确的学习目标，就是学好俄文，到俄国取革命之真经。萧劲光曾回忆说："我们的学习目的很明确，就是要到俄国去，学习革命道理，回来搞革命，改变落后黑暗的旧中国。”[②]开设的课程主要为俄语和马克思主义著作。以学习俄语为主，进行语言训练。学校师资很强：李汉俊讲法文，李达讲日文，袁振英、沈雁冰讲英文，杨明斋、共产国际代表维经斯基的夫人库兹涅佐娃和刚刚十八岁的王元龄等三人讲俄文；陈望道等教授马克思列宁主义；杨明斋任校长。

有学员回忆在外国语学社的学习和生活："各地来的穷学生，分散居住，集中学习，除外语外，还可阅读《新青年》、《共产党宣言》、《时事新报》的副刊《学灯》、《民国日报》的副刊《觉悟》，以及介绍苏联、宣传马克思主义的小册子，我如饥似渴地接受新思想的熏陶。更叫我感到新鲜的是，不但没有照招生广告上说的‘月纳学费银二元’，而且管吃、管住，大家劳动，扫地，干活，参加社会活动，开展批评和自我批评，到时开饭，过着全新的公社生活。”[③]

虽然外国语学社面向社会公开招生，但大多数学生还是经早期共产主义组织或早期共产主义者介绍来的。比如任弼时、萧劲光是长沙俄罗斯研究会介绍来的，刘少奇是船山学社介绍来的，蒋光慈是高语罕推荐来的，王一飞

① 中共中央党史资料征集委员会编：《共产主义小组》上，中共党史资料出版社，1987年版，第107页。

② 余世诚、张升善编著：《杨明斋》，中共党史资料出版社，1988年版，第131页。

③ 《一束洁白的花——缅怀曹靖华》，文化艺术出版社，1988年版，第228页。

是陈独秀介绍来的，等等。学员主要来自湖南、浙江、安徽三省，最多时达五六十人。

从1921年初起，外国语学社选派几十名学生分批到苏俄学习，这些学员不少成为中国革命的主要领导人和骨干，有的成为学有专长的专家、教授，还有的成为著名作家、翻译家等，很好地完成了自己的历史使命。

十月革命促使中国先进分子把眼光转向苏俄，转向马克思主义。在人们心目中，苏俄是学习社会主义思想和救国道路的最好学校，赴苏留学是考察苏俄社会、学习革命经验的最好途径。正如瞿秋白所言："在中国这样黑暗悲惨的社会里，人人都想在生活的现状里开辟一条新道路，听着俄国旧社会崩裂的声浪，真是空谷足音，不由得不动心。因此大家都要来讨论研究俄国。"①而此时成规模地到苏俄留学，大体有两条途径：一是通过外国语学社的选拔推荐；二是旅欧勤工俭学生中被法国当局遣送回国的一部分人转赴苏俄留学。

要说到留苏，就不能不先说说莫斯科东方大学；而要说莫斯科东方大学，就不能不再次提起共产国际第二次代表大会。这次会议通过了《关于民族与殖民地问题的决议》，提出要帮助东方各国推进民族解放运动，而建立学校帮助培训革命干部就是其中一项重要举措。1921年4月，全俄中央执行委员会通过建立东方劳动者大学（后更名为东方劳动者共产主义大学，即莫斯科东方大学）的决议，斯大林为名誉校长。学校位于莫斯科的高尔基大街上，地理位置优越。学校班级分为两大类：一类是国际部（也称A字部），用于培训东方各国学生，按照民族和语言开设中国班、日本班、朝鲜班、蒙古班、印度班等；一类为国内部（也称B字部），用于培养苏俄国内少数民族干部，开设乌兹别克班、哈萨克班、格鲁吉亚班等。学校开设课程有哲学、政治经济学、科学社会主义、国际共产主义运动史、中国革命运动史、东方革命运动史、俄语等，学制为七个月、三年、四年不等。

中国共产党第一批赴苏留学学生均为外国语学社选派，1921年5月左右分

① 《瞿秋白文集·文学编》第二卷，人民文学出版社，1986年版，第248页。

三批出发，经过长达两个月的长途跋涉，于7月初到达莫斯科。1921年8月3日正式入学莫斯科东方大学，成为第一届中国班学员。这批学员仅在外国语学社补习过一段俄语，大多数人俄语水平不能满足听课需要，学校就聘请瞿秋白等担任课堂翻译，瞿秋白回国工作后，由任弼时接替做课堂翻译。学校还组织俄语较好的学生将教材翻译为中文，方便留学生学习。这批学生在学习之余，还参加了半工半读活动，白天学习，晚上在街上站岗，星期天做工。1922年12月7日，陈独秀在参加共产国际第四次代表大会期间，看望了留苏学生并主持了中国共产党旅莫斯科支部大会，由罗亦农任支部书记，罗亦农、彭述之、赵世炎三人组成支委会。

在莫斯科东方大学留学的这批学生，接受了系统的马克思主义革命理论教育，增长了才干，磨砺了意志，也更加坚定了走无产阶级革命道路的信念。根据国内工作需要，这部分学生有的奉调提前回国工作，大部分均在1924年完成学业归国，不少人曾担任党内重要职务，为推动马克思主义在中国传播，推动中国革命发展做出重大贡献。如刘少奇1922年奉调回国，先后在中国劳动组合书记部、中共湘区执行委员会工作；任弼时1924年奉调回国，先后在团江浙皖区委和上海地委工作；罗亦农1925年回国，赴广东主持粤区党校工作等。

为了加强马克思主义的传播，中国共产党旅莫斯科支部制订的《旅莫党团训练具体方案》要求，每位学员都应在唯物史观、殖民地、社会主义流派等问题中，选择一到两项深入研究，鼓励大家向国内《新青年》《向导》等刊物投稿。部分留苏学生归国后，通过授课向广大青年宣传马克思主义，比如蒋光慈、瞿秋白、任弼时等曾在上海大学任教，专门教授马克思主义经典著作、社会运动史、唯物史观等课程，为中国革命培养了许多骨干。不仅如此，这批学生还投入火热的工农运动实践中，将马克思主义从书本带到车间、带到田间地头，让革命理论转化成巨大的物质力量，进而汇聚成强大的革命洪流。比如刘少奇、李立三组织领导安源路矿工人大罢工，开办工人夜校、工人补习学校，为工人订阅报纸，定期印刷传单宣传革命思想，用通俗的语言讲解革命道理等。截至1925年，安源地区的共产党组织发展到十五个，拥有党员三百多名。

赴苏留学的另一支重要力量是一部分留法勤工俭学生。在共产国际第四次代表大会期间，留法留学生萧三向陈独秀汇报了旅欧党团工作，介绍了留法勤工俭学生的艰难处境，表达了来苏学习的迫切愿望。陈独秀当即表示，让旅欧的党团员都转到莫斯科东方大学来，并亲自给赵世炎写信。从1923年至1924年，共有三批四十九名旅欧学员转到莫斯科东方大学学习。第一批有赵世炎、陈延年、陈乔年、王若飞等十二人，第二批有刘伯坚、李合林等十人，第三批有傅烈、朱琪等二十七人。也有自己从欧洲其他地方来到莫斯科东方大学的，如李富春、蔡畅等。

与此同时，中国共产党继续选派进步青年赴莫斯科东方大学学习。1923年选派二十人，1924年选派百余人。1925年至1927年，赴苏留学掀起高潮，但这已是国共合作后的情形了。

这一时期的留苏学习与前一段的赴法勤工俭学，既有相同之处，也有不同之处。相同之处是，学生们均是为了寻找革命真理以拯救中华民族，谋求中国的独立富强；不同之处是，留苏的广大进步青年认定唯有走十月革命的道路，唯有以马列主义为指导，中国革命才有可能取得成功。留苏学习成为为新民主主义革命培养干部的重要途径，也是当时最优越、最便捷的途径。正如冯玉祥所说，中国“在别国留学多学机械、学工程、学矿务、学医药等等，苏俄留学生则专学革命”①。这是因为中国革命任务极为艰巨，亟须一大批以马列主义理论为指导，以俄国革命为借鉴，懂得中国革命实际的革命干部。事实也是这样，经过在苏俄的培训，不少同志回国后承担了中国革命的重要任务，有的英勇牺牲了，有的成为重要领导和骨干。冯玉祥曾赞叹道：“这般有骨头、有血性的知识青年，后来回国后，流血汗、拼性命，为国家、为民族而英勇地奋斗，有的已光荣牺牲，有的方为国家的栋梁，那时我想到他们的责任与使命，即为之十分兴奋。”②

---

① 冯玉祥：《我的生活》，中国青年出版社，2015年版，第385页。

② 冯玉祥：《我的生活》，中国青年出版社，2015年版，第385页。

第五章
国共合作的政治思想基础

01　国民党的困境

1913年初，国民党在国会“两院”大选中独得三百九十二席，力压其他政党，组阁胜券在握。

踌躇满志的国民党代理理事长宋教仁从湖南老家桃园出发，沿长江而下，一方面赴上海给孙中山、黄兴汇报大选情况，另一方面一路视察党务、宣传共和。

3月初，袁世凯发电邀请宋教仁“速赴北京，商讨国是”。在途经杭州时，宋教仁登上西湖旁北高峰脚下的韬光寺，不禁诗兴大发，作诗抒发北上组阁、登上政府总理之位的豪情。诗曰：“日出雪蹬滑，山枯林叶空。徐寻屈曲径，竟上最高峰。村市沉云底，江帆走树中。海门潮正涌，我欲挽强弓。”[①]时年，宋教仁三十二岁。

3月20日晚10时许，宋教仁一行抵达沪宁车站。大约10点40分，在黄兴、陈其美、廖仲恺、于右任等人陪同下，宋教仁走出候车室，走向检票口。当宋教仁伸手去取检票员剪过的车票时，身后响起一声沉闷的枪声，子弹击中了宋教仁的腰部。据当时媒体报道：“突于宋君背后闪出一人，出手枪连发

---

① 向春光：《民国军政名人大刺杀案始末》，甘肃人民出版社，1993年版，第24页。

三出。第一出中宋君右胁，斜入腹部；第二出向黄君克强身边掠过；第三出从吴君颂华胯下而过，幸未伤人。”①

宋教仁中枪后，立即被送往临近的沪宁铁路医院救治。途中，宋教仁拉住护送的于右任的手说：“我痛，痛极了！恐将不起。现有三事拜托于兄：我在南京、北京及东京等地寄存了一些图书，我死后请你替我全部捐献给南京的图书馆；我家中贫寒，我死后，老母孤独无靠，还望克强与兄等，替我照顾；大家对国事仍要勉力向前，不要因我之死而灰心并放弃责任！”②

据一位目击者后来向警署报告称，凶手身材矮小，着黑色军衣。他开第一枪击中宋教仁后，即匍匐于地，随后左右连开两枪，以吓唬追捕之人。

凶手在地上爬起来，从月台往外狂奔，由于阴雨连绵，路面湿滑，慌急之下刺客连跌两次，终于消失在车站之外。有目击者还注意到，当时车站没有巡警，并且案发前一直在水果摊前的两名男子，也神秘消失。

宋教仁被送到医院后，黄兴按宋教仁口授致电袁世凯，称：“仁自受教以来，即束发自爱，虽寡过之未获，从未结怨于私人。清政不良，起任改革，亦重人道，守公理，不敢有一毫权利之见存。今国本未固，民福不增，遽尔撒手，死有余恨。伏冀大总统开诚心，布公道，竭力保障民权，俾国家得确定不拔之宪法，则仁虽死之日，犹生之年。”③

22日晨，宋教仁逝世。

宋教仁遇刺身亡，国内外舆论大为震惊。3月23日下午，国民党为宋教仁举行了隆重的送葬仪式，其规模之大、场面之隆重，为上海前所未有。

不幸中的万幸，根据知情者提供的线索，国民党很快查知刺客名为武士英，一个老兵油子。23日，英租界巡捕还抓获了武士英的幕后主使、上海青洪帮的首领之一应夔丞。而随着线索越挖越深，案件直接牵连内务部秘书洪述祖、内阁总理赵秉钧与临时大总统袁世凯。

---

① 《申报》，1913年3月22日。

② 向春光：《民国军政名人大刺杀案始末》，甘肃人民出版社，1993年版，第2页。

③ 《申报》，1913年3月23日。

暂且不讨论应夔丞为什么要雇武士英刺杀宋教仁，应夔丞与内务部秘书洪述祖是什么关系，内阁总理赵秉钧是否有授意，袁世凯、赵秉钧为什么要召见应夔丞等，但有一点是肯定的，宋教仁被刺与民国初年施行议会民主和政党政治有关。对此，在黄兴为宋教仁所撰的挽联中说得最明白："前年杀吴禄贞，去年杀张振武，今年又杀宋教仁；你说是应桂馨，他说是洪述祖，我说确是袁世凯。"①

辛亥革命后，按照《中华民国临时约法》规定，人们普遍认为，此后的中国也将像西方国家一样，实行议会民主、政党政治。社会上兴起一股为参加议会而组党的热潮，据不完全统计，先后成立的各式各样的政党计有三百多个，其中有明确纲领、较为正式的现代政党三十多个。而此时，作为辛亥革命首义的同盟会渐趋瓦解，已严重不适应民国初年党派林立、政争日烈的形势，联合具有革命倾向的党派，合并组建国民党，就成为当务之急。

1912年，共和国草草登场亮相，看上去已经换了一番新天地，实际上却是暗流涌动、危机四伏。孙中山任临时大总统时，实行的是总统制。后来为了尽早达成清帝退位、全国统一，孙中山同意辞去临时大总统职务，让位于袁世凯。而为了制约袁世凯独裁专制，修改了《中华民国临时约法》，将总统制改为内阁制。虽然袁世凯亲自选拔了自己在朝鲜结交的莫逆唐绍仪任内阁总理，但不到三个月即告倒台，唐绍仪因惧袁世凯暗杀，匆匆逃离京城。后经陆徵祥内阁组建失败，国家出现没有政府两个月的政治真空期，在各方妥协下，赵秉钧内阁才组建起来。内阁制的实施并不顺畅。

同盟会原为秘密的革命政党，武昌起义后，在国内已趋公开化。孙中山等认为，辛亥革命胜利，中华民国成立，议会民主、政党政治应该昌行，"中国和所有其他的国家一样，不管政府是民主的或是君主的，政党是经常存在的，而且政府转变的方向是从此一党到彼一党"，"中国的党、社，已经过多了，最

---

① 高占祥主编，席金林著：《黄兴传》，北京时代华文书局，2016年版，第82页。

好他们能联合为两个或三个有力的大党”。[①]因此，孙中山、黄兴、宋教仁等共同作出将同盟会改组为国民党的决定。宋教仁在北京谈判政党合并事宜，孙中山、黄兴遥控指挥。终于同盟会与统一共和党（蔡锷等任总干事）、国民共进会（伍廷芳为会长）、国民公党（夏廷桢等发起）、共和实进会（李爱黄组建）、全国联合进行会（李万铨、李安陵领导）达成协议，实行六党合并，组建国民党。孙中山出席国民党成立大会，并发表了热情洋溢的演说。

国民党成立后，孙中山任理事长，宋教仁代理理事长。为什么让宋教仁代理理事长？孙中山的解释是，中华民国成立，民族、民权两主义目的已达，实现民生主义成为首要任务，自己的主要精力应该放在办实业上。而国民党政党政治的事务就交由宋教仁全权处理。当然，也是考虑到既然让位于袁世凯，孙中山就不便出现在一线搞政党政治。

1913年初，国民党在国会选举中以压倒性优势获得胜利。孙中山非常兴奋，并于当年1月19日在上海国民党茶话会上慷慨宣布政见："本党今既得占优胜地位，第一应研究者，即为政党内阁问题。……劈头第一事，须研究一部好宪法。”[②]

然而这种大好的局面，很快因宋教仁遇刺案荡然无存。宋教仁遇刺，也刺破了孙中山等对袁世凯的幻想。于是，孙中山再次站到了领导国民党斗争的第一线，开展了反对袁世凯的二次革命。当然，这次革命由于国民党内准备不足、思想不统一，而且势单力薄，归于失败。1913年11月，袁世凯下令解散国民党。

二次革命失败后，亡命日本的革命党人“谈及将来事业，意见纷歧，或缄口不谈革命，或期革命以十年，种种灰心，互相诟谇，二十年来之革命精神与革命团体，几于一蹶不振，言之不胜慨叹”[③]，国民党“自精神上言之，面目

---

① 《孙中山全集》第八卷，人民出版社，2015年版，第206页。

② 《孙中山全集》第三卷，中华书局，1984年版，第5页。

③ 蒋世弟、吴振棣编：《中国近代史参考资料》，高等教育出版社，1988年版，第405页。

全非，分子复杂，薰莸同器，良莠不齐！”[①]宋教仁的鲜血和二次革命的失败使孙中山认识到，国民党缺乏行之有效的领导，是革命一败涂地的根本原因。因此1914年7月，他下决心抛弃名存实亡的国民党，从整顿党务入手，另建中华革命党，明确规定“以实行民权、民生两主义为宗旨，以扫除专制政治、建设完全民国为目的”[②]。中华革命党采用党魁制，赋予总理独裁的权力。“凡进本党者必须以牺牲一己之身命、自由、权利而图革命之成功为条件，立约宣誓，永久遵守。”[③]新入党者必须宣誓“附从孙先生”，并在誓约后加盖指模。还把党员分为“首义党员”“协助党员”“普通党员”三等。[④]党魁制虽有一定的合理性，但与现代政党自由、平等、民主等价值观是背道而驰的，因而黄兴等人坚决反对，并断然拒绝加入中华革命党。

1915年12月，袁世凯正式宣布恢复帝制，自称“中华帝国皇帝”。袁世凯的倒行逆施激起全国人民的愤怒与反对。蔡锷、唐继尧、李烈钧等南方将领在云南宣布独立，举起反袁护国的旗帜。这就是当时最引人注目的护国运动。从此，中华民国进入北洋军阀执政时期。这一年，黄兴病逝、蔡锷病逝，陈独秀创办《青年杂志》，引发影响深远的新文化运动。随后就是府院之争、张勋复辟，继而爆发了席卷全国的五四运动等，孙中山的中华革命党因为力量弱小，未能发挥中流砥柱的作用。曾经叱咤风云、引领中国革命潮流的孙中山，除了领导反对段祺瑞北洋军阀政府的第一次护法运动并很快失败外，似乎再也难以发挥领袖和领导的作用。

面对前所未有的困境，孙中山急于寻找新的道路，而十月革命的胜利和五四运动的爆发，使他看到了中国革命的希望和人民群众的作用，给了他极大的启示，并且使他有了研究苏俄布尔什维克主义和布尔什维克党，效法十月革命，走俄国革命道路的意愿和冲动。在此情形下，孙中山主动将中华革命党改

① 《孙中山选集》上，人民出版社，2011年版，第192页。
② 张同新：《中国国民党史纲》上册，人民出版社，2012年版，第73页。
③ 《孙中山全集》第三卷，中华书局，1984年版，第98页。
④ 参见张同新：《中国国民党史纲》上册，人民出版社，2012年版，第72—73页。

组为中国国民党，宣布以“巩固共和，实行三民主义”为纲领，开始了第二次护法运动。

但是，积弊已久、松散软弱的国民党很难成为革命的中坚和引领。特别是陈炯明的叛变，第二次护法运动归于惨败。国民党的前途在哪里？如何使濒临深渊的国民党浴火重生，孙中山及国民党在漫漫歧路上正面临历史性的重大抉择。

02　中国共产党初露锋芒

在中国共产党成立初期，有一本书重印十五次，共计十五万册，先后在北京、上海、广州分区发行，畅销南北，远及日本、南洋等地，并对国共合作产生过积极影响。这本书叫《京汉铁路工人流血记》，其作者笔名为“文虎”，正是中国共产党北京区委及中国劳动组合书记部北方分部负责人罗章龙。

《京汉铁路工人流血记》记录的是中国历史上十分著名的一个事件——“二七惨案”。1923年2月，中国共产党刚刚成立一年半，在中国劳动组合书记部的领导下，京汉铁路工人高举反帝反封建的旗帜，为争取成立京汉铁路总工会和工人阶级的政治权利，举行了震惊世界的京汉铁路工人大罢工，即“二七大罢工”，使中国工人运动第一次高潮达到了顶点。

根据中国劳动组合书记部的部署，京汉铁路总工会在完全公开及报备的情况下开始筹备，开会宗旨及地点均登载在各大报纸上。但是驻守洛阳的北洋军阀吴佩孚看到，京汉铁路三万多名工人的团结及活动将形成与北京政府的有力对抗，于是早已做好了镇压的准备，下令对京汉铁路总工会的成立大会“预为防范，设法制止”。1月31日，总工会筹委会代表前往洛阳与吴佩孚交涉，据理力争。2月1日上午10时，项英带领各路、站代表和各工团代表从五洲大旅馆向会议地点花地岗普乐园剧场进发，和军警相持约两小时后，冲破军警拦阻线，撕去门上的封条，砸开大门进入会场，在大批军警层层包围中宣布：“京汉铁路总工会成立了！”大会选举杨德甫为总工会委员长，凌楚藩、史文彬为副委员长，项英为总干事。下午4时许，京汉铁路总工会成立大会在军阀的武力高压下被迫宣布散会。

面对军警的包围和监视，当晚总工会召开秘密会议，决定发动全路总罢工，以抵抗军阀的武力压迫。罢工决议表明罢工是“为争自由作战，争人权作战”。1923年2月4日，震惊中外的京汉铁路大罢工开始了，全路客车、货车、军车全部停驶，车站、桥梁、道棚、工厂一律停工。长达一千二百多公里的京汉铁路上，三个小时内，三万多名工人一致施行全路总同盟罢工。

2月5日晚起，郑州全城戒严，罢工负责人陆续被捕。2月6日，吴佩孚指令军队包围总工会，开枪屠杀罢工工人。守卫在总工会门前的工人纠察队员有三十二人牺牲，两千余人受伤，六十余人被捕。江岸分工会委员长林祥谦虽被捆绑在电线杆上，仍断然拒绝敌人的复工命令，在被敌人连砍三刀后，仍铮铮宣言：“决不上工！”临刑前，他切齿大骂军阀：“可怜一个好好的中国，就断送在你们这般混帐王八蛋的军阀走狗手里！”6日晚，长辛店分工会委员长史文彬等十一人被捕。7日，长辛店、正定、顺德、彰德、信阳等地的罢工运动都遭到残酷镇压。在军警的血腥屠杀下，京汉铁路工人先后有五十二人英勇牺牲，三百多人负伤，四十多人被捕入狱，一千多人被开除流亡他乡。整个京汉铁路血泪斑斑，尸骨不准收殓，伤者不许医治，工会遭封锁，领导人被通缉。①

罗章龙在领导长辛店罢工的战斗中负伤，后经工人纠察队员奋力救护才得以脱险。脱险后，罗章龙继续负责中共北京区委工作，处理“二七大罢工”善后事宜。工作之余，他综合京汉铁路全线各站的报告，写成《二七大屠杀经过》一文，在中共中央机关报《向导》第20期上发表。文章发表后，引起党中央高度重视，指示他编成一本书，详细记述事件始末。于是，罗章龙组织长辛店党支部和北京大学党支部，到京汉铁路沿线各站搜集资料和照片，在此基础上日夜不停地撰写，终于完成这部十余万字凝血泣泪的书稿。

---

① 参见罗章龙编著：《京汉铁路工人流血记》，河南人民出版社，1981年版。

《京汉铁路工人流血记》出版后，中共中央机关刊物《新青年》给予高度评价，称这本重要的革命历史文献“记载详明，分析精到，一字一句，可歌可泣。凡留心中国新兴势力发展的人，皆不可不人手一篇”[①]。

出乎罗章龙意料的是，共产国际代表马林将这本书送给了孙中山。孙中山读完后，深深为共产党的组织力、战斗力而震撼，也因共产党拥有雄厚的群众基础备受鼓舞，从而更加积极主动地推动国共合作。

需要交代一句的是，由于罗章龙在1927年大革命失败后有过分裂党的行为，这本书从20世纪30年代起被列为禁书，一直到1981年才得以重版。

一种新生的革命力量登上历史舞台必然要历尽艰辛，饱经风雨，进而凝结智慧。1921年7月，破茧而出的新型无产阶级政党——中国共产党，开始自觉地运用马克思列宁主义来分析和解决中国面临的实际问题。

首先，提出了中国共产党的纲领和建立民主的联合战线的思想。经过深入的研究和思考，年轻的中国共产党得出一个结论：如果不先推倒祸国殃民的大小军阀及帝国主义，一切美好理想的实现都无从谈起。[②]于是，陈独秀在《广东群报》上发表《共产党在目前劳动运动中应取的态度》，指出：“在中国，从事劳动运动的党派，像共产党、无政府党底势力都还微弱；其他政党，只有国民党对于劳动运动表示同情，而且颇有力量。”“在劳动运动的工作上，应该互相提携，结成一个联合战线，才免得相互冲突，才能够指导劳动界作有力的战斗。”[③]1922年6月，中共中央发表《中国共产党对于时局的主张》，提出“中国共产党的方法，是要邀请国民党等革命民主派及革命的社会主义各团体，开一个联席会议，在上列原则的基础上，共同建立一个民主主义的联合战线，向封建式的军阀继续战争。因为这种联合战争，是解放我们中国人受列强和军阀两重压迫的战争，是中国目前必要的不可免的战争”[④]。

---

① 《新青年》季刊创刊号，1923年6月15日。

② 参见《中国共产党简史》，人民出版社、中共党史出版社，2021年版，第16页。

③ 《陈独秀文集》第二卷，人民出版社，2013年版，第251页。

④ 中国社会科学院近代史研究所编：《五四运动文选》，生活·读书·新知三联书店，1959年版，第601—602页。

正是基于上述认识，中国共产党第二次全国代表大会旗帜鲜明地提出，党的最高纲领是实现社会主义、共产主义。现阶段的革命纲领即最低纲领是打倒军阀、推翻国际帝国主义的压迫，统一中国为真正的民主共和国。提出了“民主的联合战线”方针，通过了《关于“民主的联合战线”的议决案》，开了党的统一战线工作的先河，也为今后与国民党等实现合作奠定了理论和策略基础。

其次，致力于开展工人运动，并取得空前成功。早在五四运动前后，陈独秀、李大钊、邓中夏等早期共产主义者就开始有计划、有组织地在工人群众中宣传马克思主义，促进工人运动和马列主义的结合。1918年2月，李大钊就提出了“非把知识阶级与劳工阶级打成一气不可”①的口号。1920年夏，上海共产党早期组织出版《劳动界》，用通俗的语言和生动的事实材料，启发工人的阶级觉悟。1920年4月，北京马克思学说研究会派邓中夏等到长辛店宣传马克思列宁主义，邓中夏在长辛店举办劳动补习学校，并成立了长辛店工人俱乐部。李大钊还派人在郑州建立了工人夜校。

《中国共产党第一个决议》确立了党组织领导工人运动的原则。几乎与此同时，成立了中国劳动组合书记部，把主要的工作精力放到工人运动中。在党的领导下，中国劳动组合书记部的各地分部迅速建立起来，全国范围的工会组织像雨后春笋般涌现，罢工斗争也轰轰烈烈开展起来了。比如，京汉铁路沿线先后组织起十六个工会；天津、唐山、开滦、洛阳、开封等路矿也建立起工会组织。

1921年3月，香港海员工会成立。在苏兆征、林伟民等领导下，积极为增加工资、改善待遇而斗争。1922年1月爆发的香港海员大罢工历时五十六天，十万人参加，震惊中外。毛泽东三次来到安源路矿，帮助建立中共安源支部和工人俱乐部；李立三、刘少奇领导了安源路矿工人大罢工，取得胜利。1922年10月23日，罗章龙等人领导并组织了开滦五矿同盟大罢工，参加者近五万人。

① 《李大钊文集》第二卷，人民出版社，1999年版，第287页。

1923年2月1日，京汉铁路总工会成立大会在郑州召开，反动军阀吴佩孚下令武力阻挠。在中共党组织和总工会领导下，京汉铁路全线举行大罢工，遭军阀残酷镇压，酿成“二七惨案”，这次罢工虽然以失败告终，但却把第一次工人运动推向高潮。

据统计，从1922年1月到1923年2月的十三个月里，全国共举行大大小小的罢工一百三十余次，参加罢工人数超过三十万人，形成了中国历史上第一次全国性的工人运动高潮。因此，1922年被称为“中华劳动运动纪元年”，充分彰显了中国共产党的组织动员能力和战斗力。

03　受到鼓舞的传奇人物马林

1921年7月30日，在上海法租界望志路106号，中国共产党第一次全国代表大会第六次会议正在举行。除周佛海恰巧因拉肚子不在场之外，与会代表们围坐在一起，热烈地进行着讨论。正在这个时候，一个陌生人推门闯了进来。房屋的主人李汉俊起身问道：“你找谁？”陌生人环视会场一圈后回答：“我找社联的王先生。”李汉俊不耐烦地说：“这里没有社联，也没有王先生！”“对不起，我找错地方了。”陌生人鞠躬后离开了会场。

正在大伙纳闷的时候，一个身材高大的外国人站了起来，很有经验地用俄语说：“那人是特务，我们得赶紧离开。”于是，除了屋子的主人李汉俊和陈公博留下外，其他人迅速转移。他们前脚刚走，后脚就来了一大帮法国巡警围住了望志路106号……

那个挺身而出站起来说话的外国人叫马林，一个在共产国际与中国革命关系史上举足轻重的人物。

党的一大代表李达曾回忆说：“这真危险，假设没有马林的机警，我们就会被一网打尽了。”①

---

① 中国社会科学院现代史研究室、中国革命博物馆党史研究室选编：《“一大”前后——中国共产党第一次代表大会前后资料选编》二，人民出版社，1980年版，第12页。

马林，本名为亨德利库斯·约瑟夫斯·弗朗西乌斯·玛丽·斯内夫利特，笔名马林，这也是其俄文译名的中译名。马林1883年出生于荷兰鹿特丹，在荷京大学读书期间就开始从事荷兰的工人运动。他先是在荷美铁路工会任职员，表现出杰出的组织能力，1902年加入荷兰社会民主工党，1913年被派往荷兰的殖民地爪哇岛从事革命活动，在三宝垄一家贸易公司担任书记。他在爪哇的主要报纸《泗水商报》当过编辑，还兼任过三宝垄铁路电车工会机关刊物《坚韧报》的主编。1914年5月，在马林的帮助下，当地工人创立了印度尼西亚社会民主同盟（印度尼西亚共产党的前身），他依靠这个组织，领导爪哇的民主革命。1915年马林创办了荷文的《自由呼声报》，1918年又创办印度尼西亚《人民呼声报》，这两份报纸都是宣传革命的重要阵地。

马林在爪哇的最大贡献在于：当时爪哇有一个名叫伊斯兰教联盟的群众组织，影响力很大。如何利用伊斯兰教联盟的影响，在群众中开展革命宣传和组织动员工作？马林主张与其合作，印度尼西亚社会民主同盟成员可以不放弃自己的党员身份加入伊斯兰教联盟，伊斯兰教联盟成员也同样可以加入印尼社会民主同盟。在马林的指导下，这两个组织密切合作，使印度尼西亚的民族革命运动得到迅速发展，甚至在伊斯兰教联盟1918年代表大会宣言中，还出现了“同罪恶的资本主义”做斗争的思想。

在马林的领导和推动下，印度尼西亚社会民主同盟的影响力迅速提升，“其影响之大，甚至在军队里也建立了联合会”①。马林的革命活动，引起荷兰殖民统治者的注意，爪哇当局把他视为危险分子驱逐出境。1920年，马林以印度尼西亚社会民主同盟代表的身份参加共产国际第二次代表大会，并被选为共产国际执行委员会委员和由列宁担任主席的共产国际民族和殖民地委员会的秘书。

马林成为民族和殖民地委员会秘书实属偶然中的必然。当时，在共产国际的舞台上，真正就民族和殖民地问题有实践经验并有发言权的，只有印度的罗

---

① 《马林在中国的有关资料（增订本）》，人民出版社，1984年版，第27页。

易和爪哇的马林。

罗易是印度革命家，墨西哥共产党创始人，他在会上提出《补充提纲》，认为“为了使殖民地民族解放运动的社会性质在组织起来的工农压力之下实现革命化，必须组织共产党”，“民族资产阶级由于害怕革命，将会与帝国主义妥协”，“工人阶级必须准备在紧要关头把民族解放斗争的领导权接收过来”[①]，从原则上反对资产阶级对殖民地半殖民地国家革命的领导。

而马林则以他在爪哇的成功经验否定了罗易的意见，他指出：“同革命的民族主义分子合作的必要性是不言而喻的，因而假若我们轻视这个运动，并采取教条主义的马克思主义者的态度，那我们也只能做一半工作。”[②]并且旗帜鲜明地赞同了列宁关于殖民地半殖民地国家的共产主义者，必须支援帮助这些国家的资产阶级民族解放运动的观点。

列宁对马林的丰富经历和在爪哇领导殖民地革命斗争的出色成绩十分赞赏，同时对他在共产国际第二次代表大会上的发言表示支持，而且亲自选择马林做民族和殖民地委员会的秘书。列宁的赏识和器重是对马林极大的鼓舞，也是他作为共产国际代表到中国指导中国共产党成立和中国革命的资本。

有资料显示，1921年暮春，马林在维也纳申请前往中国时，被奥地利警察以“赤色分子”的罪名逮捕后驱逐出境。4月21日，马林登上意大利的阿奎利亚号轮船，驶向上海。马林尚在途中，荷兰驻东印度总督府就已三度致函荷兰驻沪总领事，密报马林行踪，并寄去了他的照片。5月30日，荷兰驻沪总领事致函上海公共租界工部局，通报斯内夫利特（即马林）和阿瑟尔巴尔斯（马林的同事，印度尼西亚共产党人）偕其十七岁的爪哇妻子正前往上海，要他们务必密切注意马林等人的行动，同时还通知了中国警察局和公共租界捕房。1921年6月3日，马林刚踏上上海码头，密探的眼睛便盯上了他。虽然他化名“安

① ［印度］M. N. 罗易：《罗易回忆录》下册，山东师范学院外文系、福建师范大学外语系合译，南开大学外文系、山东师范学院外文系校订，商务印书馆，1978年版，第396页。

② 中共中央党史研究室第一研究部编：《共产国际、联共（布）与中国革命文献资料选辑（1917—1925）》，北京图书馆出版社，1997年版，第136页。

德烈森"[1]，并声称是日本《东方经济学家》杂志记者，但仍处于被监控的状态。所以那个闯进中国共产党一大会场的陌生人，显然是冲着马林等人来的。

凡是参加过党的一大的代表，都对马林印象深刻。毛泽东对他的评价是"精力充沛、富有口才"[2]。张国焘回忆说："说起话来往往表现出他那议员型的雄辩家的天才。"[3]包惠僧在回忆录中说，马林"声若洪钟，口若悬河，有纵横捭阖的辩才……我们在他的词锋下开了眼界"，甚至深有感慨地说："如果不是他（马林）来，我们党的'一大'会议可能要推迟一两年，或更多一点酝酿时间。"[4]

马林是一位伟大的国际共产主义战士，还是一位富有远见的政治家。他意志坚强，立场坚定，具有超群的组织能力。他对人民的满腔热忱，尤其是对中国劳苦大众的同情溢于言表。有一次在上海路上，马林看到一名外国巡捕故意刁难中国苦力，本来苦力身上就背着重物，但巡捕故意不让他走，成心让苦力被重物压着，眼看苦力脸红脖子粗，快要支持不住了，巡捕还没有放人的意思，马林见状，上去就跟巡捕吵了起来。马林身材高大，疾恶如仇，跟巡捕呛了几句后就动了手。鉴于他是荷兰人，双方冲突后也没有深究，马林就离开了。而因为他的仗义出手，那名中国苦力得以脱身，免遭一场横祸。

在马林等帮助中国共产党组建的关键时候，受组织委派前往共产国际远东书记处工作的张太雷作为中国共产党正式代表，出席了共产国际第三次代表大会。1921年8月，张太雷奉命回国，任马林的助手和翻译，并给马林带来一大包会议材料，马林如获至宝。

共产国际第三次代表大会着重研究了斗争策略调整的问题，列宁在会上作了关于俄共（布）的策略的报告，指出共产党最重要的任务之一，就是争取群众。列宁提出："为了取得胜利，必须取得群众的同情。……我们不仅应当把

① 《马林在中国的有关资料（增订本）》，人民出版社，1984年版，第260页。
② 《马林在中国的有关资料（增订本）》，人民出版社，1984年版，第92页。
③ 《马林在中国的有关资料（增订本）》，人民出版社，1984年版，第117页。
④ 《马林在中国的有关资料（增订本）》，人民出版社，1984年版，第97、106页。

工人阶级的大多数争取到我们这边来，而且应当把农村居民中被剥削劳动群众的大多数争取到我们这边来。”①“到群众中去……参加无产阶级的全部日常的和细小的斗争……不倦地宣传无产阶级专政的思想。”②据此，大会发出了“到群众中去”的口号，号召各国共产党必须加强在群众中的工作，以争取大多数和消除社会民主党的影响。

1922年1月至2月，远东各国共产党及民族革命团体第一次代表大会召开。这次大会的主要任务是贯彻落实共产国际第三次代表大会精神，在落后国家实行无产阶级与资产阶级民主派的联合，共同建立反帝联合战线。马林同样未能参加这次大会。而马林从这几次会议的文件中体会到，争取群众大多数和建立统一战线，是共产国际确定的新方针，也是中国共产党未来努力的方向。这给马林以极大鼓舞，他下决心依据自己在印度尼西亚爪哇岛从事革命活动的经验，寻找与中国共产党合作建立统一战线的最佳对象，从而开创中国民族解放运动的新局面。

马林是一个雷厉风行的人，他决定亲自接触孙中山和国民党，了解其政治态度和成分构成，为在中国建立反帝联合战线破冰。马林在中国共产党和中国国民党相关人士的支持和帮助下，考察各方力量，做了大量工作，最终促成了国民党和共产党合作统一战线的建立。

04 孙中山被选定为合作对象

袁世凯逝世后，中华民国历经了张勋复辟、直系首领冯国璋代理大总统、皖系首领段祺瑞总揽北洋政府大权等过程。孙中山本来认为经过袁世凯称帝、张勋复辟等一系列教训，能够期待政府恢复民国初年的国会和《中华民国临时约法》，但没想到遭到掌握实权的段祺瑞政府的拒绝。怀揣民主共和梦想的孙

① 《列宁全集》第32卷，人民出版社，1958年版，第464页。

② ［苏］季诺维也夫：《论共产国际》，中共中央马克思恩格斯列宁斯大林著作编译局国际共运史研究所编译，人民出版社，1988年版，第206页。

中山不得不下决心在广州组成护法军政府，与北洋军阀政府对抗。这就形成了一个国家、两个政府的局面。手握重兵的段祺瑞当然不能坐视护法军政府的存在，遂派曹锟率兵南下讨伐，企图凭借武力统一中国。而此时南下讨伐的前敌总指挥，即为曹锟军第三师的代理师长吴佩孚。

吴佩孚率军入湘，连克岳阳、长沙等军事要地，形成与护法军对峙的局面。遂按兵不动，与护法军代表商谈停战，公开通电主张南北议和，反对武力统一。尤其让国人欣喜的是，吴佩孚提出“文官不要贪污，武官不要争地盘”的口号，宣誓自己今生今世“不做督军、不住租界、不结外人、不借外债”，以此“四大自律”标榜自己、警告他人①，在民众心目中树立起良好的军人形象。

五四运动期间，吴佩孚连发电文，反对在《巴黎和约》上签字，主张取消中日密约，力劝政府立即释放被捕的学生。他在电文中说：“大好河山，任人宰割，稍有人心，谁无义愤？……彼莘莘学子，激于爱国热忱而奔走呼号，前仆后继，以草击钟，以卵击石……其心可悯，其志可喜，其情更有可原。”“军人卫国，责无旁贷，共作后盾，愿效前驱！”②吴佩孚的这些举动，得到了国人的赞许和钦佩，当时的舆论称颂吴佩孚为“爱国将军”“革命将军”。

不仅如此，吴佩孚的对外政策也引起了国内外的关注。他主张，既要与英美等国家密切合作，也要与苏俄等邻国密切合作，从而改变了以往北洋军阀政府对苏俄的敌对态度。国民党机关报《民国日报》发出时评称：军人吴佩孚具有“卫国御侮”的决心。毛泽东发起的新民学会曾派代表赴衡请愿，称赞吴佩孚：“自将军以战胜之师，首倡和义，次争外交，继斥安福之祸国，信义昭于中外，威望洽于全湘。”③

1920年7月，直皖战争正式爆发。面对实力远超于直系的皖系，吴佩孚兵行奇招，集中精锐力量，闪电出击，直捣皖军前敌总部，皖军前敌指挥部高级将领几乎尽数被俘，皖军从此一蹶不振。

---

① 参见郭剑林主编：《北洋政府简史》（下），天津古籍出版社，2000年版，第646页。

② 郭剑林主编：《北洋政府简史》（上），天津古籍出版社，2000年版，第643页。

③ 中国革命博物馆、湖南博物馆编：《新民学会资料》，人民出版社，1980年版，第208页。

但让人不解的是，军功赫赫、如日中天的吴佩孚并没有选择留在京城做官，而是主张召开国民大会，实现民主共和。当这一理想无法实现时，他回师洛阳，招兵买马，埋头练兵，从而掌握了一支训练有素的精兵。不少研究成果称，吴佩孚虽远避豫西，却又让人不得不仰其鼻息，北京政府的大事小情，无不频繁请教于他。一直想与中国建立新关系的苏俄也十分看好他。

1920年4月，共产国际远东局代表维经斯基来到北京，“决定联合吴佩孚，发动民主运动”[①]，并于同年10月到洛阳拜访了吴佩孚的幕僚白坚武。1922年5月，苏俄驻北京外交使团顾问威廉斯基亲自到洛阳访问吴佩孚，说吴佩孚欣赏苏俄红军，计划按照集中制的原则统一中国，并同意举行中德俄联盟。[②]威廉斯基在于1922年3月给列宁的信中评价道：“只要稍微浏览一下附上的中国示意图，就可以发现，直隶派占有最有利的战略地位，它几乎统治了人口稠密，具有巨大经济意义的整个华中和长江流域。与各竞争派别相比较而言，直隶派是最强大的，而且吴佩孚元帅作为军事领导人所取得的成就，为他进一步扩大影响和实力，创造了非常有利的局面。”[③]在他给苏俄外交人民委员契切林和苏俄军事委员会主席托洛茨基的电报中，也有“中国政治中的主要人物是吴佩孚将军，他掌握着军队、财政、交通以及内政部”[④]这样的评价。

在共产国际影响下，中国共产党认为吴佩孚是一个较进步的军阀，对吴佩孚也采取了合作的态度，在吴佩孚保护劳工的招牌下，争取工人运动的合法条件，推动劳动立法，建立工会组织和开展建党活动。中国共产党领导人李大钊曾奉远方（共产国际）之命，数次充任使者，与之联络和合作。一直到“二七惨案”充分暴露了吴佩孚的军阀本质，共产党与吴佩孚的合作才算中止。

在与吴佩孚积极联络的同时，共产国际还对护国军政府内的实力派陈炯明

---

① 《包惠僧回忆录》，人民出版社，1983年版，第13页。

② 参见向青编著：《共产国际和中国革命关系史稿》，北京大学出版社，1988年版，第28页。

③ 《联共（布）、共产国际与中国国民革命运动（1920—1925）》，中共中央党史研究室第一研究部译，北京图书馆出版社，1997年版，第74页。

④ 《联共（布）、共产国际与中国国民革命运动（1920—1925）》，中共中央党史研究室第一研究部译，北京图书馆出版社，1997年版，第97页。

给予了相当的关注，主要原因有三:

一是陈炯明是广东军政大权的实际控制者。陈炯明1917年参加孙中山领导的护法运动，任援闽粤军总司令，1920年8月打败盘踞广东的桂系军阀，被孙中山任命为广东省省长兼粤军总司令，后又任军政府陆军部长、内务部长等要职。在孙中山的大力扶持下，陈炯明成为广东的实力派。

二是陈炯明在福建漳州主政期间积极支持五四运动。运动爆发后，他公开电报支持:“今北京诸生本爱国之热诚，为诛奸之义举，正本清源，人神共快，此诚浩气所钟，国魂所托。”①在漳州，他采取了一些民主改革措施，极大地改良了当地的社会风气，稳定了社会秩序，获得人民群众热烈拥护。

三是陈炯明自我标榜“社会主义者”，频频对苏俄示好。1919年，陈炯明电贺俄国十月革命，并自称“社会主义者”，创办《闽星报》，积极宣传马克思主义学说和俄国十月革命的胜利。他在《闽星报》上发表文章宣称，资产阶级的“共和民主政治不是我们的终局，世界大革命是决不可免的”②，“社会主义是现时和将来的人类共同的思想”③。陈炯明在致列宁的函中表示:“新的中国和新的俄国将以兄弟般的友谊携手共进”，坚信“布尔什维主义将会给人类带来幸福”，将“想尽一切力量在世界上推行这一制度”“我的使命不仅是改造中国，而且要改造整个东亚”。④

这时的陈炯明对社会主义、俄国十月革命的信仰或许是有些真诚的，他不仅邀请共产党领袖陈独秀任广东教育委员会委员长，允许在工人中宣传社会主义思想，而且大力支持广州共产党人的报纸《社会主义者》，并派出他的三个代表参加编辑部的实际工作。正因为如此，在相当长一段时间里，广东共产党组织都是支持陈炯明的。

由于上述等原因，陈炯明被共产国际视为中国的资产阶级民主主义者，

---

① 《民国日报》，1919年6月2日。
② 《闽星》第2卷第8号，1920年1月26日。
③ 《闽星》第1卷第5号，1919年12月15日。
④ 《陈炯明集》上卷，中山大学出版社，1998年版，第457页。

是共产党人与资产阶级民主派组成联盟的最佳对象。苏俄远东问题专家威廉斯基在给列宁的汇报信中说，陈炯明是“解放了的年轻的中国的最著名的活动家之一”，“按从政年限、对革命思想的忠诚和组织才干，陈炯明与孙逸仙博士可以相提并论”，甚至有人认为他的“治国谋略”比孙中山“略胜一筹”。[①]加之陈炯明手握军队，是中国首屈一指的实力派人物。如果把陈炯明与孙中山分开，“孙逸仙就将孤立无援，不能给军阀集团造成任何威胁”[②]。因此在共产国际寻找在华政治盟友的最初阶段，陈炯明曾是除吴佩孚外最重要的关注对象。

1920年12月中旬到1921年1月初，共产国际代表维经斯基和陈炯明进行了会面，维经斯基说：“陈炯明给人的印象是意志坚强，很能自我控制。就其谈吐和举止看，他是一个清教徒。他敬重孙中山，但认为孙是理想家和脱离实际的人。”[③]苏俄《外交人民委员会公报》还全文刊登了陈炯明1920年写给列宁的信，认为陈将军是中国民族资产阶级中最受欢迎的人物。直到1921年底，威廉斯基还在《共产国际》杂志上撰文称：“陈炯明本人已经和正在把中国进步的学生与工人组织起来，如果要在中国建立共产党，那么就应该以他为依靠对象，因为他，陈炯明的‘大同党’已经是共产主义组织了。”[④]然而后来陈炯明反对北伐，并于1922年6月发动武装叛乱，炮轰孙中山的总统府，共产国际代表才认清了他的真面目，结束了与他联盟的尝试。

实事求是地讲，共产国际在中国寻找政治联盟的初期，对孙中山的重视不够，并没有把孙中山视为政治联盟的最佳选择。这主要是因为共产国际认为，孙中山手中没有一支属于自己的力量强大的可靠军队，且不重视宣传革命和发

---

① 《联共（布）、共产国际与中国国民革命运动（1920—1925）》，中共中央党史研究室第一研究部译，北京图书馆出版社，1997年版，第77页。

② 《联共（布）、共产国际与中国国民革命运动（1920—1925）》，中共中央党史研究室第一研究部译，北京图书馆出版社，1997年版，第79页。

③ 《维经斯基在中国的有关资料》，中国社会科学出版社，1982年版，第111页。

④ 《共产国际》，1921年第16期，第3589—3591页，转引自李玉贞：《国民党与共产国际（1919—1927）》，人民出版社，2012年版，第104页。

动群众，是一个不切实际的幻想家；同时还担心，与孙中山的联合会影响正在与北京政府进行的改善中俄关系的外交斡旋。

当然，苏俄与孙中山的交往并没有因此中断。俄国十月革命胜利后，孙中山曾致电列宁，表达“中国革命党对贵国革命党所进行的艰苦斗争表示十分钦佩，并愿中俄两党团结共同斗争”①。1920年秋，孙中山在上海会见了共产国际代表维经斯基，希望建立大功率无线电台相互联系，这是共产国际代表同孙中山的首次会面；苏俄外交人民委员契切林曾两次与孙中山通信；而共产国际执委会远东部负责人在写给上级的绝密信中，强调“同广州政府尽快建立联系，这是我们远东政策中的最迫切任务”②。

真正使共产国际对孙中山的印象发生根本变化，还是在列宁委派共产国际代表马林来到上海后。

1921年底，马林在上海会见了孙中山的助手张继，随后又在张太雷陪同下来到北伐前线广西桂林，广泛接触国民党上层人士，并与孙中山进行了三次长谈。孙中山饶有兴趣地听取了马林对苏维埃共和国、布尔什维克党和红军的介绍，并惊奇地发现，苏俄的新经济政策与他的实业计划、三民主义有不少不谋而合之处。而马林听了孙中山对国民党革命历程的介绍后，也惊奇地发现孙中山等都赞同俄国革命，高度关注布尔什维克党和红军的建设模式，热切期盼实现中俄联盟。马林在会谈中向孙中山建议，要下大力气建设国民党，开办军官学校，训练新型革命军队的骨干力量。

除马林外，苏俄政府还正式授权前来参加中国社会主义青年团第一次代表大会的青年共产国际代表达林与孙中山商谈合作事宜。达林在给共产国际的报告中说：“1922年孙中山出于军事上和策略上的考虑，与中国东北的统治者张作霖签订了关于张作霖参加反对当时执政的北洋军阀集团斗争的协定。原设想，张作霖在北方的行动能够牵制直系的力量，使孙中山更顺利地进行

① 张磊、张苹：《孙中山传》，人民出版社，2011年版，第380页。

② 《联共（布）、共产国际与中国国民革命运动（1920—1925）》，中共中央党史研究室第一研究部译，北京图书馆出版社，1997年版，第63页。

北伐。”[①]所以孙中山表示：“今仅能与苏联作道义上之联络。一俟义师北指，直捣黄龙，再谋具体合作，未为晚也。”[②]

需要交代一句的是，有一些研究将吴佩孚与苏俄联盟的破裂解释为苏俄侵占蒙古的野心被吴佩孚看穿，并以越飞的密电为证，给吴佩孚戴上民族英雄的桂冠，这是与历史事实不相符的。

05　给共产国际的报告

国共合作模式的思想源泉来自共产国际二大。1920年6月，列宁草拟了《民族和殖民地问题提纲初稿》，提出：为了确保世界上第一个社会主义国家胜利的巩固和发展，为了援助殖民地和落后国家的民族民主运动，“共产国际应当同殖民地和落后国家的资产阶级民主派结成临时联盟”[③]。在这一思想指导下，共产国际把在远东各国建立反帝联合战线作为当务之急。

为此，1920年4月，俄共（布）远东局派出维经斯基小组，推动中国各主要城市建立共产党早期组织，完成联络和组织中国先进分子的任务，并先后接触考察了吴佩孚、孙中山、陈炯明等。

1921年1月，召开了远东各国共产党及民族革命团体第一次代表大会。这次会议的目的是贯彻共产国际二大精神，建立殖民地和落后国家的反帝联合战线。中国共产党、中国国民党、工会、妇女等界别的代表参加了会议。会议期间，列宁接见了中国共产党代表张国焘、中国国民党代表张秋白、中国铁路工人代表邓培等人，直接询问了国共两党是否可以合作等问题。

1921年4月，维经斯基回国后，共产国际又派出代表马林来到中国，力图加强与远东各国革命运动的联系，建立中国共产党。马林的任务完成得非常出

① ［苏］C. A. 达林：《中国回忆录（1921—1927）》，侯均初等译，中国社会科学出版社，1981年版，第76页。

② 《孙中山全集》第八卷，人民出版社，2015年版，第473页。

③ 《列宁选集》第四卷，人民出版社，1995年版，第221页。

色，在帮助成立中国共产党之后，又马不停蹄地贯彻共产国际二大精神，在中国建立了民主革命联合战线。

1921年底，马林与孙中山在广西桂林的历史性会见，为国共合作开创了良好的开端。

1922年3月，马林向共产国际提交了一份介绍中国共产党和国民党，建议推动国共合作的工作报告。

1922年4月，马林同国民党领导人进行会晤，提出中国共产党和中国国民党以党外合作的形式合作，遭到孙中山的拒绝。孙中山提出容共政策，即让共产党员加入国民党，实行“党内合作”。马林考虑到国共两党的历史状况，结合自己在爪哇的经验，建议接受孙中山的主张，要求中国共产党放弃对于国民党的排斥态度，到国民党中去进行政治活动。①

同时，中国共产党内部的统一思想工作也在紧锣密鼓地进行。中共中央在广州召开党团员负责干部会议，绝大多数同志赞同国共合作，但反对共产党员加入国民党的联合形式。1922年6月，中共中央发表《中国共产党第一次对于时局的主张》，邀请“国民党等革命民主派及革命的社会主义各团体，开一个联席会议，在上列原则的基础上，共同建立一个民主主义的联合战线”②。1922年7月，中国共产党第二次全国代表大会通过了《关于民主的联合战线的决议案》，指出殖民地国家的无产阶级同资产阶级联合的必要性，“必须暂时联合民主派才能够打倒公共的敌人——本国的封建军阀及国际帝国主义——之压迫”③，这表明全党已通过国共合作及合作形式。

1922年7月，马林向共产国际执委会提交了一份详细报告，分析了国民党的性质，汇报了与国民党联络的情况，根据国共两党和南方工人罢工斗争情况，论证了国共合作的必要性，并提出共产党员加入国民党的建议。马林的报告得到了共产国际的支持和肯定。

---

① 参见《马林在中国的有关资料（增订本）》，人民出版社，1984年版，第20—21页。
② 《中共党史参考资料》一，人民出版社，1979年版，第341页。
③ 《中共党史参考资料》一，人民出版社，1979年版，第345页。

可以看出，国共合作是依据列宁关于民族和殖民地问题的理论，结合中国共产党和中国国民党的实际，最早是由共产国际代表马林提出来的。而共产党员加入国民党的所谓党内合作形式，主要是根据孙中山的“容共”思想和国民党的要求，是以马林在爪哇卓有成效的工作实践来支撑的。

马林在给共产国际的报告中指出，中国国民党是知识分子、侨民、士兵和工人组成的政党，是一个各阶级联盟的组织，而不是纯粹的资产阶级政党。该党信奉的孙中山的“三民主义”，是致力于反对外来统治，主张民主，让国人受到尊重、过上幸福生活的。这一理论和纲领，为不同派别的人加入国民党提供了可能性。因此马林确信，在中国实施“斯内夫利特战略”[①]是一定能够成功的。

马林还将中国与爪哇、印度、土耳其等国家进行了比较，将国民党与伊斯兰教联盟做了比较。他认为，当时的中国相比于爪哇、印度、土耳其等国家，在政治和经济上甚至要更落后些。而国民党与伊斯兰教联盟相比，两者性质相同且都成分复杂、影响广泛。因此，共产党员只有加入国民党，才能有效地改造国民党，也才能在中国的政治舞台上发挥重要作用。

马林推动国共合作的功夫下得很深。他在向共产国际执委会汇报时，详细比较了上海和广州的情形。他说，上海虽然是中国最大的工业中心城市，但工人运动与他所理解的有很大差距，整个中国也鲜有现代工会组织，工人数量少且文化水平低，工人阶级势单力薄，工人运动也没有形成气候。在这种情况下，让刚刚诞生不久、党员人数不多的中国共产党在独立开展工人运动中孕育出一个共产主义的群众性政党来，脱离了中国实际，“只能是一种乌托邦”[②]。他认为，中共只是一个小团体，更适合于建立一个宣传性质的小组，“只要他们不愿与国民党联合，这些小团体开展宣传工作的前景是暗淡的”[③]。

而广州的情形大为不同。马林看到，在南方地区国民党与工人的联系十分紧密，已吸收了数以万计的工人加入国民党。国民党经常组织和资助工人参加

---

① 即马林在爪哇推动印度尼西亚社会民主同盟与伊斯兰教联盟合作，取得巨大成功的战略。

② 李玉贞主编：《马林与第一次国共合作》，光明日报出版社，1989年版，第196页。

③ 《马林在中国的有关资料（增订本）》，人民出版社，1984年版，第21页。

民族民主主义游行。国民党不仅同情和支持工人的罢工斗争，而且对工人运动进行了有益的指导。那里有不同行业的工会组织，有工人夜校，且其教学计划中要求讲授社会主义理论等。在与孙中山的交流中，马林感到孙中山具有“以俄为师”的强烈愿望，国民党领袖的大多数都倾向于社会主义，国民党与苏俄结盟的可能性很大，“引导广州已经组织起来的工人与职工国际发生联系……是可能的”[①]。他认为孙中山领导的国民党才是中国民主革命的领导力量。

因此马林说道:“我曾向我们的同志建议放弃我们对于国民党的排斥态度，到国民党中去进行政治活动，通过这一切，会获得通向南方工人和士兵的更方便的门径。党则不需放弃独立。与此相反，同志们必须统一他们在国民党中所采取的策略。”[②]

经过反复的讨论甚至争论，最后共产国际执委会认定马林提出的国共合作方式符合中国实际。为了将共产国际的决定及时完整地传达到中国共产党内部，共产国际执委会起草了给中共中央的命令，并将该命令用打字机打印在白色丝绸上，然后缝进马林的衬衣内。不久，马林和苏俄驻中国全权代表越飞一起来到中国。

06 中国共产党内部的激烈争论

1921年7月，中共一大在李汉俊兄长李书城的居处召开，然而仅仅不到一年，李汉俊便离沪返乡。大家十分惋惜李汉俊的不辞而别，不仅是因为李汉俊与陈独秀共同发起上海共产党早期组织，创办《劳动界》周刊，帮助武汉筹建共产党早期组织，也不仅是因为他对马克思主义理论造诣很深且译著颇丰，甚至被董必武称为“我的马克思主义老师”[③]，而是不解党内意见的分

① 《马林在中国的有关资料（增订本）》，人民出版社，1984年版，第20页。

② 《马林在中国的有关资料（增订本）》，人民出版社，1984年版，第268页。

③ 中国社会科学院现代史研究室、中国革命博物馆党史研究室选编:《“一大”前后——中国共产党第一次代表大会前后资料选编》二，人民出版社，1980年版，第292页。

歧、作风的粗暴，竟让这么一群才华横溢、激情飞扬、以天下为己任的人，断然离去。

到底是什么原因呢？李达回忆道："一九二一年二月，陈独秀起草了一个党章，寄到上海，李汉俊看到草案上主张党的组织采中央集权制，对陈独秀甚不满意，说他要党员拥护他个人独裁，因此他也起草了一个党章，主张地方分权，中央只不过是一个有职无权的机关，陈独秀看了李汉俊这个草案，大发雷霆，从广州来信责备我一顿，说上海的党员反对他。其实我当时并不知道这事件。从此以后，陈独秀和李汉俊二人之间的裂痕愈来愈深。"①

李汉俊回到湖北后找了份教书的工作，但他毕竟是一位革命者，三尺讲台又岂能禁锢他的思想和行动？在这之后，李汉俊仍然密切关注党的成长，积极投身于革命洪流之中，如写文章推动学潮、参加"二七大罢工"领导工作、参加武汉国民政府工作等，直至1927年被反动军阀杀害，年仅三十七岁。

如果说李汉俊是因为意见分歧离开的，那么李达、陈望道则是被陈独秀"骂"走的。李达后来回忆道："陈独秀……文笔好，文章写得流利……胡适也推崇他，青年人很崇拜他。他的威望很高，党内叫他老头子，中国的列宁。他的领袖欲很强，恶霸作风，动辄拍桌子骂人。……当时我说：你这个家伙要有了权，一定先杀了人以后，再认错。"②

幼年中国共产党的不成熟，还反映在怎么处理与共产国际及其代表的关系上。比较典型的事例是，中国共产党成立后，马林认为党的领袖长期不在党中央主持工作，而在广东省政府任职是不合适的，因此建议陈独秀辞去官职，回上海主持党中央工作。陈独秀听从了这一建议，但是回来第二天就与马林发生了争吵，谈了两次，也吵了两次。争吵的焦点为，中国共产党应不应该接受共产国际的领导？应不应该接受共产国际的经济支援？中俄两党应该是一个什么

① 中国社会科学院现代史研究室、中国革命博物馆党史研究室选编：《"一大"前后——中国共产党第一次代表大会前后资料选编》二，人民出版社，1980年版，第9页。

② 中国社会科学院现代史研究室、中国革命博物馆党史研究室选编：《"一大"前后——中国共产党第一次代表大会前后资料选编》二，人民出版社，1980年版，第54页。

样的关系？等等。马林强调，共产国际是全世界共产主义运动的总部，各国共产党都是它的支部，中国共产党的工作必须在共产国际的统一领导下进行。而陈独秀坚称，中国有中国的国情，中俄共产党应该是平等的兄弟关系，中国共产党目前还很弱小，不需要共产国际的经济支援，等工作开展起来后，必要时再请国际援助。这丝毫没有妥协的迹象。

马林为此十分犯愁，而作为翻译的张太雷也觉得自己有责任找陈独秀沟通，他说："全世界的共产主义运动，都是在第三国际领导之下……中国不能例外。"陈独秀把桌子一拍，说："各国革命有各国国情，我们中国是个生产事业落后的国家，我们要保留独立自主的权力，要有独立自主的作法，我们有多大的能力干多大的事，决不能让任何人牵着鼻子走，我可以不干，决不能戴第三国际这顶大帽子。"说完，拿起皮包很气愤地走了。[①]

于是马林、张太雷与陈独秀的沟通陷入僵局，心有不甘的马林以第三国际代表的名义，写了一封长信给陈独秀，恳切地请陈独秀三思。当天下午，法租界巡捕房突然逮捕了陈独秀及其夫人高君曼，以及包惠僧、杨明斋、柯庆施等几个客人，罪名是所谓的"过激党"。中国共产党的领袖被捕，立即在上海闹得满城风雨。而此时的马林则表现出一个老布尔什维克的坚毅和灵活。他竭尽所能，四处奔走，倾力营救。先是聘请法国律师辩护，后又花重金买铺保。因此陈独秀只被关了两天就获保出狱，最后法庭也仅以"违背禁令"，罚款了事。

或许是马林的长信说服了陈独秀，或许是马林的行为感动了陈独秀，在陈独秀出狱后与马林的会谈中，以往的矛盾不再成为障碍。1922年7月，中国共产党第二次全国代表大会正式通过了中国共产党加入共产国际的决议。

马林面临的下一个更为艰巨的任务，就是前文提到的如何建立与资产阶级民主派的联合战线。

对于马林主张的"斯内夫利特战略"，陈独秀、张国焘、李达等中共负责人表达了明确的反对意见。他们认为国民党和共产党是两个性质完全不同的政

---

① 参见《包惠僧回忆录》，人民出版社，1983年版，第430—431页。

党。国民党虽然有一定的革命性，但现在已毫无生气，更无严密的组织纪律；而共产党是无产阶级的政党，应独立进行工人运动，不能与国民党搞什么合作，特别是以共产党员加入国民党的方式来实现国共合作，更是难以接受。

双方发生意见分歧后，不约而同地想到向共产国际去寻求支持。陈独秀写信给曾经有过密切合作的维经斯基，阐明反对中国共产党及社会主义青年团均加入国民党的理由。而马林则直接返回莫斯科，向共产国际汇报去了。

让中国共产党倍感压力的是，在远东各国共产党及民族革命团体第一次代表大会上，不仅共产国际东方部主任萨法罗夫提出了与国民党合作的任务，而且列宁接见中国代表团时，也亲自过问国共合作问题，这显示出非同一般的意义。

共产国际在促进国共合作方面的动作是如此密集。马林刚刚抵达莫斯科，来华参会的达林就被授予苏俄正式全权代表，要求“同孙中山建立直接联系；弄清楚孙中山的国内外政策；他对苏俄的态度；他近期内的计划，以及作为积极因素的国民党在广州政府的政策中所起的作用”①。于是，陈独秀委派瞿秋白、张太雷以翻译身份陪同达林前往广州。此时的陈独秀已深刻地体会到，与国民党建立联合战线已摆在面前而不得不做出选择了。

就这样，1922年7月，中国共产党第二次全国代表大会根据共产国际第二次代表大会精神，制定了党的最高纲领和最低纲领，大会通过了《关于民主的联合战线的决议案》，进一步提出了建立民主联合战线的具体计划：“（A）先行邀请国民党及社会主义青年团在适宜地点开一代表会议，互商如何加邀其他各革新团体，及如何进行。（B）运动倾向共产主义的议员在国会联络真正民主派的议员结合民主主义左派联盟。（C）在全国各城市集合工会农民团体商人团体职教员联合会学生会妇女参政同盟团体律师公会新闻记者团体等组织‘民主主义大同盟’。”②

这样的国共合作模式还是一种松散的党外合作。在马林携“尚方宝剑”回

---

① ［苏］C. A. 达林：《中国回忆录（1921—1927）》，侯均初等译，中国社会科学出版社，1981年版，第65页。

② 《中共党史参考资料》一，人民出版社，1979年版，第346页。

来后，又有什么样的改变呢？

正当马林和越飞还在前往中国的路上时，共产国际发出了《给共产国际驻中国特派代表的指示》，指出共产国际驻中国特派代表的所有活动“必须以共产国际第二次代表大会关于殖民地问题决议为基础”，“国民党是一个革命的政党，这个政党坚持辛亥革命的使命，并渴望建立一个独立的中华民国”，“共产党人为完成他们的任务，必须在国民党内部和在工会中组成从属于他们自己的团体。在这些团体之外，建议成立一个宣传机构，宣传与外国帝国主义作斗争、创建民族独立的中华民国以及组织反对中外剥削者的阶级斗争的主张”，“这一机构的建立要尽可能地得到国民党的同意，当然，它应保持完全的独立性”。①

中国共产党在短短三个多月中的变化，让刚到上海的马林吃惊不已，他发觉确定国共合作的模式已是一个不可回避的问题，于是在他的主张下，召开了具有深远历史意义的西湖会议。中央执委会成员陈独秀、李大钊、张国焘、瞿秋白、高君宇，以及共产国际代表马林和翻译张太雷出席。会议上，经过激烈争论，最终中国共产党接受了“党内合作”的模式。陈独秀表示，如果党内合作是共产国际不可改变的决定，我们表示服从。但共产党人加入国民党是有条件的，这就是“只有孙先生取消打手模及宣誓服从他等原有入党办法，并根据民主主义的原则改组国民党，中共党员才能加入进去。否则，即使是共产国际的命令，他也要反对”②。

1923年1月，共产国际执委会通过了《共产国际执行委员会关于中国共产党与国民党的关系问题的决议》，指出：“一、中国唯一重大的民族革命集团是国民党，它既依靠资产阶级民主派和小资产阶级，又依靠知识分子和工人。二、由于国内独立的工人运动尚不强大，由于中国的中心任务是反对帝国主义者及其在中国的封建代理人的民族革命，而且由于这个民族革命问题的解决直

① 《马林在中国的有关资料（增订本）》，人民出版社，1984年版，第65页。
② 《马林在中国的有关资料（增订本）》，人民出版社，1984年版，第127页。

接关系到工人阶级的利益，而工人阶级又尚未完全形成为独立的社会力量，所以共产国际执行委员会认为，国民党与年青的中国共产党合作是必要的。三、因此，在目前条件下，中国共产党党员留在国民党内是适宜的。四、但是，这不能以取消中国共产党独特的政治面貌为代价。党必须保持自己原有的组织和严格集中的领导机构。中国共产党重要而特殊的任务，应当是组织和教育工人群众，建立工会，以便为强大的群众性的共产党准备基础。在这一工作中，中国共产党应当在自己原有的旗帜下行动，不依赖于其他任何政治集团，但同时要避免同民族革命运动发生冲突。五、在对外政策方面，中国共产党应当反对国民党同资本主义列强及其代理人——敌视无产阶级俄国的中国督军们的任何勾搭行为。六、同时，中国共产党应当对国民党施加影响，以期将它和苏维埃俄国的力量联合起来，共同进行反对欧洲、美国和日本帝国主义的斗争。七、只要国民党在客观上实行正确的政策，中国共产党就应当在民族革命战线的一切运动中支持它。但是，中国共产党绝对不能与它合并，也绝对不能在这些运动中卷起自己原来的旗帜。”①

至此，第一次国共合作开始了。

07　正在堕落中死亡的国民党获得新生

民国初年，军阀割据，辛亥革命的成果被瓜分蚕食。为了护法和统一全中国，孙中山决定北伐，1921年底进军广西，在桂林设置北伐大本营。但身为粤军总司令的陈炯明却只想“联省自治”，对北伐异常消极。为了防止出现意外，孙中山将行营迁至靠近广州的韶关，以观局势发展。而听闻陈炯明勾结湖南军阀赵恒惕企图阻挠北伐时，孙中山立即决定率领部分警卫队南下，亲自坐镇广州。返回广州后，孙中山迅速掌控了驻黄埔港的海军舰队。此时碰巧又发生了粤军参谋长邓铿遇刺事件，陈炯明有口难辩，自请辞去广东省省长职务。

---

① 《共产国际有关中国革命的文献资料（1919—1928）》第一辑，中国社会科学出版社，1981年版，第76—77页。

有研究表明，孙中山与陈炯明矛盾的爆发，与孙中山在护法运动中发表的政治宣言有关。在孙中山北伐的同时，强势的直系也一直在敦促北洋政府总统徐世昌下台。孙中山曾在护法运动中发表政治宣言，承诺只要徐世昌下台，他亦将同时下野。1922年6月2日，徐世昌宣布辞职，蔡元培、胡适、高一涵等两百多位各界名流联名致电，要求孙中山履行下野承诺，给中国一个和平统一的机会。但北伐尚在进行之中，各路军阀仍很猖狂，从民主共和的大局出发，孙中山拒绝下野。

对此，陈炯明用行动表达了自己的不满。6月14日，陈炯明诱捕了廖仲恺。15日，陈炯明部下通电，要求孙中山下野。16日晚，陈炯明部下一位营长密报，粤军约定今晚2时围攻总统府，如杀孙中山，赏银二十万。得此密报，孙中山化装后转移到海珠海军军部，登上永丰舰。

孙中山离开总统府后，陈炯明部把总统府和越秀楼重重包围，先以机枪扫射，后以大炮轰击，在叶挺、薛岳等坚守下，警卫团保护宋庆龄等突围。

经此一变，孙中山元气大伤。他总结失败的教训：依靠军阀干革命，终究是没有出路的。

需要交代一句的是，在这一事变中，蒋介石从外地赶来“救驾”，由此被孙中山倚为心腹。蒋介石还写了一本《孙大总统广州蒙难记》。

或许，此时孙中山的思绪已经在飞腾，遥想他领导的同盟会一次次举行武装起义，一次次归于失败，牺牲了多少仁人志士，唤醒了多少迷茫麻木的心灵。直到辛亥革命胜利，中华民国建立，才真正开启了中国近代史上的民主进程。但是这一进程竟是如此地坎坷，从讨袁战争、二次革命、护法运动、北伐战争……用孙中山自己的话讲：“十年来名虽民国，实为官僚国。革命主义未行，革命目的未达，仅有民国之名，而无民国之实。”①面对如此境况，曾追随孙中山革命的人回忆：“我回首遥望苦难深重的祖国，依然是风雨如晦。多少年来梦寐系之的一次革命，就这样失败了。……我也深感前途渺茫，一时还找

---

① 黄彦编：《孙文选集》下册，广东人民出版社，2006年版，第74—75页。

不到一条救中国的道路。”[①]鲁迅也说“民国的来源，实在已经失传了”[②]。

可以说，在孙中山一再遭受重创，特别是在其遭到自己曾百般扶持和信任的陈炯明的叛乱与炮轰的严峻时刻，国共合作的提出，无疑像一剂强心针，给了孙中山以极大的鼓舞。他说：“在这些日子里，我对中国革命的命运想了很多，我对从前所信仰的一切几乎都失望了。而现在我深信，中国革命的唯一实际的真诚的朋友是苏俄。”[③]“以俄为师”，首先要建立一个有凝聚力、战斗力的革命党。可是自辛亥革命以来，国民党内有相当一部分党员为了升官发财，争权夺利、思想腐败。“国民党正在堕落中死亡，因此要救活它就需要新血液。”[④]因此孙中山下决心要把共产党人作为新的血液，吸收到国民党里来，促进革命事业发展和国民党的新生。

对处于困顿当中的孙中山来说，中国共产党的帮助让他十分感动，于是他承诺废除打手模及宣誓效忠领袖等繁文缛节、改组国民党等。孙中山还亲自主持仪式，欢迎陈独秀、李大钊、蔡和森、张太雷、张国焘等加入国民党。

与此同时，越飞也来到上海，向孙中山伸出了援助之手。

需要说明的是，越飞此前是来与北洋军阀政府谈判恢复两国外交关系的，但外交总长顾维钧坚持苏俄先从蒙古撤军的要求，因此谈判没有结果。张继和张国焘都向越飞建议，让他不要相信北洋军阀政府，应该去和孙中山合作。这时时机正好，越飞就来到了上海。

1923年1月26日，《孙文越飞联合宣言》发表，主要内容是：（一）孙中山认为，“共产组织，甚至苏维埃制度，事实均不能引用于中国。因中国并无使此项共产制度或苏维埃制度可以成功之情况也”[⑤]，越飞完全同意孙中山的见

---

① 何达、王苗主编：《何遂遗踪：从辛亥走进新中国》，人民出版社，2012年版，第35页。

② 沈洁：《民国的“失传”——清末民初中国革命再阐释》，上海社会科学院出版社，2019年版，第4页。

③ ［苏］C. A. 达林：《中国回忆录（1921—1927）》，侯均初等译，中国社会科学出版社，1981年版，第126页。

④ 《孙中山全集》第八卷，人民出版社，2015年版，第643页。

⑤ 姚金果：《解密档案中的孙中山》，东方出版社，2011年版，第190页。

解，并且以为中国最紧要的问题是实现民国的统一，获得国家的独立。俄国则可以给予援助。（二）为明确中俄外交的平等地位，孙中山要求越飞重申1920年9月27日俄国对中国通牒列举的原则，即俄国政府准备且愿意根据俄国抛弃帝政时代中俄条约之基础，另行开始中俄交涉。（三）中东路维持现状。（四）越飞正式向孙中山宣称："俄国现政府决无亦从无意思与目的，在外蒙古实施帝国主义之政策，或使其与中国分立。孙博士因此以为俄国军队不必立时由外蒙古撤退。缘为中国实际利益与必要计。"[①]《孙文越飞联合宣言》的发表是苏俄真正联孙的开始。

为了建设一个团结的、有战斗力的政党，创建一支忠诚于革命事业的军队，孙中山下决心要改变以往依靠军阀的方针，重新改组国民党。为此，成立了国民党改组委员会，成员有廖仲恺、汪精卫、张继、戴季陶、李大钊。而共产党也将工作重心从上海转移到广州，马林和陈独秀、李大钊、毛泽东等都留在广州配合孙中山工作。1923年6月，中国共产党第三次全国代表大会在广州召开，大会作出《关于国民运动及国民党问题的决议案》，正式确定"党内合作"的国共合作方针。

幼年的中国共产党做事情想问题是非常赤诚的，一旦确定了国共合作的意向，就要按照双方商定的原则行事。也就是共产党人必须以个人名义加入国民党，实现与国民党的党内合作；但同时从改组国民党的需要出发，给加入国民党的共产党人以批评、改造国民党的权力。于是就出现了这样一种现象：马林和中国共产党的负责人纷纷在刊物上发表文章，揭露国民党的缺点和错误，力图帮助国民党走上依靠工农进行革命的道路。

1922年11月，马林以"孙铎"的笔名在《向导》上发表文章，指出："国民运动领袖人物的观念上，必有许多错误。他们历来单偏重于军事活动一方面，或者是一个大错误。他们的方法只是要获得一块地盘，树立他们的势力，再练一支革命军来实行他们的计划。跟着中国革命鼻祖孙中山的真实的国民运

---

① 姚金果：《解密档案中的孙中山》，东方出版社，2011年版，第190页。

动者们，确实只见着革命活动就是组织军队，再没有别的方法了。”[①]

马林进一步指出，军事行动在革命斗争中是非常重要的，但只有真正革命的军队，才能为中华民族的解放做出贡献。而要建立一支革命军，必须在城市的劳动群众中宣传，因为群众是革命军队的根基，这就需要有一个能够接近群众的革命党。[②]

张太雷甚至发表《羞见国民的中国国民党》一文，尖锐犀利地指出：“国民党应当是国民的党，是领导国民群众的政党。”“中国国民党辛亥革命以来十二年的奋斗一无所成，因为他完全和国民断绝关系，而只知道和军人政客交际。无怪乎国民不愿认国民党为他们的党，实际上国民党没有做他对于国民应做的事情，没有和国民接近，没有尽一点鼓起国民精神的责任。”“如果大家不相接近，愈离愈远，那末国民党将变成无国民的政党。”“如果国民党能把以前错误的政策改过来，注意于国民群众运动，注意于国民的宣传，国民非特如现时的怕惧国民党将欢迎之不暇。”[③]如此坦诚、深刻、一语中的、一针见血的批评还有很多。

有道是：“良药苦口利于病，忠言逆耳利于行。”然而此时的孙中山和国民党虽已走上联俄联共扶助农工的道路，但是要求党员绝对忠诚和服从的传统，以及见不得公开批评和争论的“老子党”作风，仍没有多少改变。加之当时的孙中山和国民党都处在内外交困、孤立无援、心力交瘁的困顿时期，看到共产党人的一系列公开批评，特别是港英政府利用共产党的批评挑拨两党关系时，孙中山再也按捺不住了，他毫不掩饰地对马林说：“共产党既加入国民党，便应该服从党纪，不应该公开的批评国民党，共产党若不服从国民党，我便要开除他们；苏俄若袒护中国共产党，我便要反对苏俄。”[④]

当然，考虑到国共合作的大局，孙中山并没有采取极端措施。共产党人也

---

① 《马林在中国的有关资料（增订本）》，人民出版社，1984年版，第146—147页。

② 参见《马林在中国的有关资料（增订本）》，人民出版社，1984年版，第145—149页。

③ 《张太雷文集》，人民出版社，1981年版，第14—15页。

④ 《马林在中国的有关资料（增订本）》，人民出版社，1984年版，第91页。

不得不从维护团结出发，放下了批评的武器。

此时的孙中山尚未摆脱以往的经验，依旧热衷于军事工作，致使国民党改组工作陷入停顿。为了推动国民党改组工作，改变消极等待的局面，陈独秀、李大钊、蔡和森、谭平山、毛泽东等联名致信孙中山，建议在上海或广州建立强有力的执行委员会，建议放弃用武力夺取政权、攻占地盘的方针，“联合商民、学生、农民、工人并引导他们到党的旗帜下。从人民中建立的新军队将用新的方法和新的友好精神捍卫民国”[①]。多年后，马林还这样回顾道：“孙中山直到临死的时候，从来没有真正吸取群众运动的思想。他接受它，但并不真正热心。一九二三年时，他对发展群众运动是冷淡的，只关心军事问题。”[②]

最后，马林带着遗憾的心情离开了中国。与此同时，孙中山的大元帅府迎来了一位非同寻常的客人，他就是共产国际新任代表鲍罗廷。俄共（布）中央政治局以特别决议的形式采纳了斯大林的意见，给鲍罗廷的指令是：“在与孙逸仙的工作中遵循中国民族解放运动的利益，决不要迷恋于在中国培植共产主义的目的。”[③]作为一个颇具影响的、政治经验极其丰富的老布尔什维克，鲍罗廷敏锐地捕捉到改组国民党，并在军队中建立政治工作制度的极端重要性和紧迫性。

鲍罗廷与孙中山良好愉快的沟通，终于使改组国民党提上议事日程。11月25日，孙中山在《人民心力为革命成功的基础》的讲演中指出：“今后奋斗的途径，必先要得民心，要国内人民与吾党同一个志愿，要使国内人民皆与吾党合作，同为革命而奋斗。必如此方可以成功；且必有此力量，革命方可以决其成功。”[④]同样，孙中山的信任和支持，也使鲍罗廷能够放开手脚、积极谨慎地改组国民党。

在与鲍罗廷的深入交流中，孙中山逐渐总结出俄国革命成功的三条秘诀：

---

① 《李大钊全集（修订本）》第五卷，人民出版社，2013年版，第523页。

② 《马林在中国的有关资料（增订本）》，人民出版社，1984年版，第30—31页。

③ 《联共（布）、共产国际与中国国民革命运动（1920—1925）》，中共中央党史研究室第一研究部译，北京图书馆出版社，1997年版，第266页。

④ 《孙中山选集》下，人民出版社，2011年版，第561页。

一是要有一个强大的革命党和一批为党的目标奋斗的党员；二是要与民众结合，“得其心者得其民，得其民者得其国”；三是要有革命的军队，“就是由于我们革命，只有革命党的奋斗，没有革命军的奋斗；因为没有革命军的奋斗，所以一般官僚军阀便把持民国，我们的革命便不能完全成功”。①

国共合作在共产党内部曾经引起过轩然大波，但当这一风波在共产党内部烟消云散时，却又在国民党内部引得狼烟四起。

首先是国民党广东支部负责人邓泽如等十一人以“国民党广州支部”名义上书孙中山，反对国民党改组，反对国共合作。在他们看来，鲍罗廷为国民党改组制定的政纲政策，全为共产党所议定。国共合作是共产党的阴谋，其方略是“借国民党之躯壳注入共产党之灵魂”，使国民党“丛国际之仇怨”，“在国内断绝实力派之协助”等。

紧接着在国民党一大上，许多国民党代表对共产党人加入国民党问题持反对意见，形成一股强烈的排斥共产党的情绪。为了反击这股情绪，李大钊提议：“我们应当发表一项声明，说明我们加入国民党，是为了帮助国民党改组和发展国民革命运动。我们不是要从国民党攘窃什么。如果国民党不需要我们帮助，那就不要。如果有任何怀疑，那就要讲明。”②最后决定组成一个由李大钊负责的三人小组，起草一个声明，准备在大会上进行反击。

后来李大钊代表共产党在会上发言，向大会发布了意见书，并且批驳了国民党右派的谬论。李大钊说道：“我等之加入本党，是为有所贡献于本党，以贡献于国民革命的事业而来的，断乎不是为取巧讨便宜，借国民党的名义作共产党的运动而来的。因为在今日经济落后沦为帝国主义下半殖民地的中国，只有国民革命是我民族惟一的生路，所以国民革命的事业，便是我们的事业，本党主张的胜利，即是我们的胜利。我们以此理由，不但自己愿来加入本党，并愿全国国民一齐加入本党。这种发展本党的责任，是要先进诸同志与我们共同

① 《孙中山选集》下，人民出版社，2011年版，第952页。

② 李玲、戴红叶：《北京代表李大钊意见书的由来》，《党的文献》，1989年第5期。

担负的。

“总之，我们加入本党，是几经研究，再四审慎而始加入的，不是胡里胡涂混进来的，是想为国民革命运动而有所贡献于本党的，不是为个人的私利，与夫团体的取巧而有所攘窃于本党的。……我们加入本党的时候，自己先从理论上、事实上作过详密的研究。本党总理孙先生亦曾允许我们仍跨第三国际在中国的组织，所以我们来参加本党而兼跨固有的党籍，是光明正大的行为，不是阴谋鬼祟的举动。”①

这一番表态，清楚地讲明了中国共产党的宗旨、情怀、目标和奉献。同时，也折射出此前国民党“在堕落中死亡”的残酷现实。

事实上，正是以中国共产党人加入国民党的形式实现国共合作，才使国民党从濒临死亡中获得新生，发展壮大。

首先，国民党的党组织获得空前发展。在国共合作前，国民党把主要精力放在联络帮会和实力派、从事武装斗争上。虽然历经同盟会、国民党、中华革命党、中国国民党等不同阶段，也采取过打手模、宣誓效忠领袖等极端手段，但其组织从来没有真正统一过，缺乏广泛的群众基础。国民党组织只是在广东、上海、四川、山东、湖北等少数几个省区和海外存在。而国共合作之后，通过依靠加入国民党的共产党员，得以在全国范围内创建和发展国民党组织，其组织体系获得快速发展。截至中国国民党第二次全国代表大会召开时，已成立的省党部有十一个，特别市党部四个，正在筹建的省党部八个，国民党党员人数也迅猛增长。周恩来曾说：“当时，国民党不但思想上依靠我们，复活和发展他的三民主义，而且组织上也依靠我们，在各省普遍建立党部，发展组织。”“当时各省国民党的主要负责人大都是我们的同志”，“国民党组织得到最大发展的地方，就是左派最占优势的地方，也是共产党员最多的地方”。②

其次，国民党制定了民族民主革命纲领。在国共合作之前，国民党或是依

---

① 《李大钊全集》第四卷，人民出版社，2013年版，第507页。

② 《周恩来选集》上卷，人民出版社，1980年版，第112—113页。

靠会党、军阀搞武装起义，或是沉溺于议会民主、政党政治，不仅没有制定出一个明确的反帝反封建党纲，也没有召开过一次全国代表大会。以致外界一度视其为没有远大理想、只知争权夺利的党。国共合作后，在共产国际和中国共产党人帮助下，召开了中国国民党第一次全国代表大会，通过了《中国国民党第一次全国代表大会宣言》，提出了以打倒帝国主义和国内封建军阀为奋斗目标的革命纲领。

再次，国民党通过改组获取了大量富有活力的新鲜血液。在国共合作前，孙中山痛陈国民党之弊病，指出国民党组织涣散，党内成员动机不纯，“民国以来，‘反对革命之人均变成赞成革命之人’，此辈之数目，多于革命党何啻数十倍，故其力量大于革命党。乃此辈反革命派即旧官僚，一方面参加革命，一方面破坏革命，故把事业弄坏”，“大多数党员，都是以加入本党为做官的终南途径”，党员革命性很差，人格不齐，自然战斗力不强。孙中山曾尖锐地指出：“国民党里有中国最优秀的人，也有最卑鄙的人。最优秀的人为了党的理想与目的而参加党，最卑鄙的人为了党是升官的踏脚石而加入我们这一边。假如我们不能清除这些寄生虫，国民党又有什么用处呢？”①改组国民党，就是要吸收新鲜血液。而共产党正是这样的新鲜血液，他们立场坚定、思想活跃、富有纪律性和战斗力；他们善于做群众和宣传工作，是联系和动员广大人民群众的基本力量；他们顺应世界潮流，崇拜新思想、新主义，是国民党民生主义的最佳实践者。当然，孙中山的“容共”思想中也还有“防共”的成分。

最后，通过国共合作，国民党得到了共产国际和苏联大量的资金和军事援助。在国共合作前，孙中山国民党的革命活动，主要靠海外捐款和国内实力派、财团的支持，时丰时歉，难以长久，甚至出现过依靠的实力派给一分钱、打一分钱的仗的情形。而在共产国际和苏联的帮助下，国民党不仅创办了黄埔军校，组建了自己的军队，而且接受了苏联提供的数百万卢布的武器装备，以及力量强大的顾问团，做实际操作的指导、基础理论的培训，他们还制订出成

---

① 《孙中山全集》第八卷，人民出版社，2015年版，第643页。

套的培训计划和方案，帮助建立起一套完整的政治工作制度和政治教育制度，并抽调青年骨干到苏联留学等，使国民党及其军队的面貌焕然一新。

08 三大转变带来三大政策

彭湃，原名彭汉育，出生于广东省海丰县一个工商地主家庭，却被毛泽东称为中国农民运动大王，是历史上中国共产党农民运动的领袖，殊不知，他领导的许多农民运动都是在国共合作时，以中国国民党的名义发动的。

彭家的富裕程度放到今天，恐怕也会让不少人咋舌。据彭湃自己所讲："我的家庭，在海丰县可以算做个大地主，每年收入约千余石租，共计被统辖的农民男女老幼不下千五百余人。我的家庭男女老少不上卅口，平均每一人有五十个农民做奴隶。"[①]可见，彭湃从小的生活条件极其优渥。

然而，童养媳出身的母亲经常给彭湃讲述"农民耕田的艰辛，不可随便浪费粮食；穷人饿肚子的凄苦，要尽快分饭给上门的乞丐；要同近邻乡亲的孩子友好，切不可摆富家子弟的架势"[②]，这对彭湃的思想和生活产生了积极影响。加之陪着大哥到乡下收租，看到佃户家徒四壁、困苦不堪，而大哥面对愁容满面和畏怯无奈的农民毫无同情之心，依旧声色俱厉、催租索谷，便说："像你那样粗糠榨出油似的收租，我学不来。"[③]由此，彭湃立下了解放农民、还世道以公平的宏愿。

中学期间，彭湃参加进步学生组织的群进会，参与了"择师运动"，学习革命思想，反对封建统治。二十一岁时赴日本留学。在日期间，听闻段祺瑞执政府不顾国人的反对和抗议，与日本签订了《中日陆军共同防敌军事协定》，为了记住这一耻辱，彭湃与两位同学到照相馆照了一张三人照，并在背面写明："民（国）七年中国军事亡国协定被迫签订之日，特合摄此'国丧纪念'，

---

① 《彭湃文集》，人民出版社，1981年版，第111—112页。

② 王曼、杨永：《彭湃传》，广东人民出版社，2002年版，第4页。

③ 王曼、杨永：《彭湃传》，广东人民出版社，2002年版，第5页。

以示国仇之不忘。”[①]勤奋好学的彭湃很快克服了语言障碍，考入早稻田大学政治经济科。他认为，“政治经济学对将来改造中国的社会会有直接的帮助，所以应该不失时机地攻研这方面的问题”[②]。在日本留学期间，他初心不改，先后加入了建设者同盟、劳动者同情会，不久又发起组织赤心社等。特别是参加了进步团体可思母俱乐部，进一步加深了对马克思主义的理解，认识到“人类之痛苦是由于经济制度造成的”，要解放全人类，就必须“推翻不合理的经济制度，建立社会主义的经济制度”。[③]

1921年5月彭湃回国，加入中国社会主义青年团，随后发起组织了劳动者同情会。他深入农村进行调查研究，并得出了在中国农民运动比工人运动更具优势的结论，从此立志专心从事农民运动。1922年7月29日晚，彭湃与另外五位农民组成全国第一个农民协会——六人农会。当时，广东省省长陈炯明邀他去省城发展，但被他断然拒绝。他在给友人的信中说：“湃也不愿和现在最有生机的农会及亲切可爱的农民离开了！”[④]

对于彭湃的举动，彭家人更是极力反对，甚至把彭湃视为仇人。“除了湃的子或妻之外，余的都讨厌湃的行为。”[⑤]当他表示要拿出家产支持农民时，家里人想尽办法进行阻挠，当看到一切都无济于事后，他的大哥提出分家。[⑥]

这些都不能动摇彭湃开展农民运动的决心。六人农会成立两个多月后，人数增至五十余人。当时，一些农民对运动持有戒心，态度冷淡，为了赢得更多农民群众的信任，他当众烧毁了属于他自己的全部田契。1923年元旦，海丰总农会成立，会员有两万户达十万人。从此，广东的农民运动此起彼伏、迅速发展，并水到渠成地成立了广东省农会。

1924年7月，国共合作期间，彭湃等共产党人创办了广州农民运动讲习

---

① 王曼、杨永：《彭湃传》，广东人民出版社，2002年版，第29—30页。

② 王曼、杨永：《彭湃传》，广东人民出版社，2002年版，第31页。

③ 广东省地方史志办公室编：《父辈的足迹》，岭南美术出版社，2009年版，第366页。

④ 《彭湃文集》，人民出版社，1981年版，第12页。

⑤ 《彭湃文集》，人民出版社，1981年版，第12页。

⑥ 参见广东省地方史志办公室编：《父辈的足迹》，岭南美术出版社，2009年版，第367页。

所，目的是培养农民运动骨干，共办了六届，第一届至第五届都是彭湃主持，第六届由毛泽东主持。讲习所开设的课程有基本理论知识，主要是马克思主义理论和科学方法、三民主义、中国国民党史、农民运动等；有社会实践活动，主要是农民运动实习、市郊农民协会调查以及宣传组织等；学员还要按照军事编制进行严格的军事训练，训练时间占全课程时间的三分之一。中国共产党和中国国民党的一些著名人士，除毛泽东、彭湃外，谭平山、阮啸仙、廖仲恺、陈公博、汪精卫等都到讲习所讲过课。学员主要来自湖南、江西、广东，这也是这些地方农民运动蓬勃开展的重要原因。毛泽东的《湖南农民运动考察报告》、彭湃的《海丰农民运动报告》，都堪称这一时期农民运动理论的经典之作。瞿秋白称毛泽东和彭湃是“农民运动的王”，是恰如其分的。

国共两党合作举办农民运动讲习所并推动农民运动，是孙中山革命实践与理论实现三大转变的重要体现。这三大转变为：学习榜样由资本主义转变为社会主义，革命联合力量由大军阀、大财团转变为中国共产党，革命的基本动力由资产阶级转变为工农民众。

以往，孙中山将欧美尤其是美国资本主义共和国作为奋斗目标，追求议会民主、五权分立。然而，经历了二次革命、护法运动的失败，特别是受十月革命的启发后，他确定了新的奋斗目标，即建立最新式的共和国。他认为，十月革命后，欧美共和国都已是旧式的了，“惟俄国为新式的。吾人今日当造成一最新式的共和国”①。

国民党自成立之日起，就以大资本家、大军阀、各地实力派作为自己依靠的对象和生存的社会基础，然而这些阶层与帝国主义、封建专制主义有着千丝万缕的联系，既然革命对象是帝国主义和封建专制主义，就不能不涉及其切身利益，这也正是孙中山领导的国民党革命一再失败的根本原因。而把联合力量转变为中国共产党，也就是转变为广大工农群众，从而使革命者抛弃利益纠葛，义无反顾地推进国民革命。

---

① 《孙中山选集》下，人民出版社，2011年版，第526页。

国民党成分比较复杂，有资产阶级、知识分子、华侨、工人，也有一些大资本家、大财阀、大军阀，而且长期走依靠会党、军阀、实力派进行武装暴动的路子，发动群众、宣传动员的工作十分薄弱。而国共合作后，建立了工人、农民、小资产阶级、民族资产阶级参加的统一战线，无论是武装斗争，还是工人运动、农民运动，都不再是少数人的冒险暴动，也不再是军阀之间的权力博弈，而是真正把工农群众动员起来，所以迅速兴起了大革命的高潮。毛泽东感慨地说："孙中山先生致力国民革命凡四十年还未能完成的革命事业，在仅仅两三年之内，获得了巨大的成就。"①

三大转变对应着三大政策，即联俄、联共、扶助农工。据考证，"三大政策"的提法最早见于黄埔军校的杂志《黄埔潮》。当时，蒋介石借"中山舰事件"向共产党发起攻势，而中共中央关于北伐的方针又十分混乱，在这种状况下，黄埔军校的共产党员们试图用体现三民主义思想的词汇，来体现共产党人的政治态度，于是概括出联俄、联共、扶助农工"三大政策"。《黄埔潮》发表了共产党员吴善珍的文章《我们对总理的联俄联共政策怀疑吗?》，文中指出："自总理决定'联俄''联共''农工'三大政策以后，党内新旧右派，无时不表现其摧残破坏的野心。如西山会议、上海伪中央、孙文主义学会——他们的宣言决议完全以反对此三大政策为骨干。……但是黄埔学生有始终拥护此三大政策的精神，并且以此作评判革命反革命的依据。"②同期杂志还刊登了余洒度、游步瀛二位共产党员的文章，明确提出"确遵总理对革命的三大政策。A.联俄，B.联共，C.拥护农工利益"，为了扩大反帝战线，完成国民革命运动，必须接受"孙文主义和孙中山先生所手定的'联俄''联共''农工'三政策"。③1926年11月4日，陈独秀在中共中央会议上做报告时，明确了"三大政策"的提法。几乎同时，时任中共广东省委宣传部部长的任卓宣（即叶青）在《人民周刊》上刊发文章，公开使用"三大政策"一词。

---

① 《毛泽东选集》第二卷，人民出版社，1991年版，第364页。

② 吴善珍：《我们对总理的联俄联共政策怀疑吗?》，《黄埔潮》，第11期，1926年10月3日。

③ 杨天石：《关于孙中山"三大政策"概念的形成及提出》，《近代史研究》，2000年第1期。

联俄、联共、扶助农工三大政策的正式命名虽有上述历史渊源，但其实际是在国共合作后，由孙中山及国民党提出并实施的政策。

首先，孙中山对社会主义的向往是三大政策确立的认识根源。他说："共产主义就是最高的理想来解决社会问题的。我们国民党所提倡的民生主义，不但是最高的理想，并且是社会的原动力，是一切历史活动的重心。"[①]"民生主义究竟是什么东西呢？民生主义就是共产主义，就是社会主义。所以我们对于共产主义，不但不能说是和民生主义相冲突，并且是一个好朋友，主张民生主义的人应该要细心去研究的。"[②]

其次，孙中山对三民主义的重新解释是三大政策确立的理论依据。1923年11月，共产国际通过决议，建议国民党对三民主义作如下解释，以表明国民党是一个符合时代精神的党："民族主义，就是国民党依靠国内广大的农民、工人、知识分子和工商业者各阶层，为反对世界帝国主义及其走卒、为争取中国独立而斗争。""民权主义，不能当作一般'天赋人权'看待，必须看作是当前中国实行的一条革命原则。""应使其有利于中国劳动群众，即只有那些真正拥护反帝斗争纲领的分子和组织才能广泛享有这些权利和自由。""民生主义，如果解释为把外国工厂、企业、银行、铁路和水路交通收归国有，那它才会对群众具有革命化的意义。""至于中国的民族工业，国有化原则在现在也可适用于它，因为这将有助于进一步发展国家的生产力。""必须向缺乏土地的广大农民群众说明，应当把土地直接分给在这块土地上耕种的劳动者，消灭不从事耕作的大土地占有者和许多中小土地占有者的制度。"[③]而孙中山对上述合作建议不但真诚欢迎，而且原则上全盘接受。

最后，孙中山国民革命的实践是三大政策确立的实践基础。从国共合作前后，特别是国民党一大后采取的一系列举措来看，三大政策是贯穿始终的。国民党改组是在苏联顾问鲍罗廷的主持下完成的；创办的黄埔军校则照搬了苏联

① 《孙中山选集》下，人民出版社，2011年版，第860—861页。

② 《孙中山选集》下，人民出版社，2011年版，第867页。

③ 《共产国际与中国革命资料选辑（1919—1924）》，人民出版社，1985年版，第283—285页。

军校的培训课程和政治指导员制度；苏联军事顾问团参与了北伐战争、镇压反动商团、东征陈炯明、平定广西云南军阀叛乱等一系列军事行动；放手发动工人运动，组织五卅运动和省港大罢工；放手发动农民运动，举办农民运动讲习所；开展国民会议运动，结束军阀统治，反对帝国主义侵略等。以上种种，充分说明联俄、联共、扶助农工已成为国民党政策的核心。

当然由于各方面条件的限制，孙中山对共产主义、社会主义的理解有许多不全面、不准确的地方。比如，他承认共产主义、社会主义，但是不赞成唯物史观、阶级斗争、无产阶级专政，也不赞成作为科学社会主义理论基石的剩余价值学说，而仅仅是把共产主义、社会主义看作解决人们的吃饭、穿衣问题的某种经济理论，因此“虽然是很崇拜马克思的学问，但是不能用马克思的办法到中国来实行”①。同时，孙中山三民主义思想建立的经济基础、依靠力量、领导骨干等，在实践中并没有按照三大政策的要求进行根本性的改变，在碰到实质利益冲突时，很难一以贯之。

令人遗憾的是，孙中山在思想理论上不够成熟，这为他去世之后的国民党右派歪曲三民主义并逐渐走向反动埋下了可怕的种子。

09 愉快而卓有成效的合作

1922年10月，《民国日报》上刊载了一则启事：“本校原名东南高等师范专科学校。因‘东南’二字与国立东南大学相同。兹从改组会议议决变更学制，定名‘上海大学’，公举于右任先生为本大学校长。此布。”②

上海大学原为私立东南高等师范专科学校，因创办者借学敛财、携款私逃而引发学潮，学生成立自治会要求改组校务，欲请陈独秀或于右任为校长。从启事可看出，于右任已接受邀请。当时，中共中央也正在考虑创办一所高等院校，以培养更多的党的干部，于右任也力邀共产党人参与办学。于右任的邀请成为国共

① 《孙中山选集》下，人民出版社，2011年版，第872页。

② 《民国日报》，1922年10月23日。

两党合办上海大学的重要契机。于是，与国民党上层有着密切联系的李大钊推荐了邓中夏出任总务长，实际主持学校的行政工作；瞿秋白、恽代英、邵力子、沈雁冰、施存统、陈望道等共产党员也都参加了学校的校务工作。

邓中夏的设想是，要让上海大学成为名家学者齐聚、八方学子慕名而来的红色高等学府。为此，他始终坚持“传播革命理论，培养建国人才，推动革命运动”的理念，制定章程、规划发展、聘请名师、完善组织，不仅实现了校园迁址和规模扩大，而且实现了教学科研和社会影响的快速提升。

据上海大学的学生回忆，当时的一批教师不仅富有革命激情，而且眼界开阔、学富五车，教学极富个性。蔡和森讲授“社会进化史”，“每讲到关键章节，总是旁征博引，做到详尽明确”[①]。恽代英讲授心理学，以心理学学者郭任远的《人类的行为》为课本，讲课时“热情洋溢，声若洪钟，往往汗流浃背”[②]。邓中夏讲授“中国劳工问题”课程，不仅讲工人阶级与资产阶级斗争的历史，而且讲十月革命、巴黎公社、各国工人运动和中国工人运动情况，大开大合、视野宏大。张太雷讲授列宁的《帝国主义论》，常常组织课堂讨论，有时激烈争论，引得大家废寝忘食。

上海大学还鼓励学生成立各类社团组织，如社会问题研究会、三民主义研究会等，学习研究马克思主义和三民主义。主办《中山主义》周刊，宣传国共两党的政策。进步师生还在上海几个工人集中的地方，创办工人补习学校，将学校教育与工人运动结合起来。

正是在邓中夏等人的领导下，在国共两党一大批优秀教职工的努力下，上海大学的教学质量和对外影响力迅速提升，不仅培养了数以千计的人才，而且享有“文有上大，武有黄埔”和“北有五四的北大，南有五卅的上大”的美誉。

上海大学是国共合作的一个缩影。实际上，正是因为国共合作，中国革命的状况才发生了天翻地覆的变化，迎来一个生机勃勃的崭新局面，其合作成效

---

① 张元隆：《上海大学与现代名人（1922—1927）》，上海大学出版社，2011年版，第249页。

② 张元隆：《上海大学与现代名人（1922—1927）》，上海大学出版社，2011年版，第250页。

是全方位的，也是日新月异的。

第一，两党的组织发展突飞猛进。在第一次国共合作期间，一盘散沙的国民党获得新生，初出茅庐的共产党日益壮大。

共产党成立时只有五十多名党员，党的二大时有一百九十五人，党的三大时有四百二十人；而国共合作后仅一年，即1925年1月，党员人数就达到九百九十四人；1926年12月，党员人数增至两万多人；1927年4月党的五大时，党员人数就达到五万七千九百六十七名。党员成分发生重大变化，工农人数占党员的绝大多数，党员和党的组织已遍布全国大部分省区市，农村、学校、工厂和军队等都有党的基层组织和党员骨干。

在国共合作之前，国民党虽然号称有几十万名党员，但实际上是乌合之众。国共合作促使国民党以俄为师，仿照苏共模式改组国民党，取得了显著成效。1923年1月，国民党一大通过《中国国民党总章》，要求设立从中央到地方再到基层的五级组织体系，即中央党部、省党部、县党部、区党部和区分部。经过一个时期的发展，除新疆、云南、贵州外的其他地方，都建立了国民党的党部或分部。到了1927年，国民党已有六十多万名党员。

第二，马克思主义广泛传播。第一次国共合作改善了马克思主义在中国传播的环境，无论是国民党还是共产党，都可以在实践中促进马克思主义与中国革命的结合，都可以在理论上进行深入的探索和创新，并且取得了显著的进展和成效。

就共产党而言，宣传工作始终被视为重中之重。党的三大、四大先后通过《教育宣传问题决议案》《党内组织及宣传教育问题决议案》《对于宣传工作之决议案》等，对做好马克思主义宣传教育工作、办好党的机关报、编辑理论通俗读物、翻译出版马克思主义经典著作等提出了明确要求。共产党不仅自身设有宣传教育委员会，下设编辑部、通讯部、印刷部和图书馆等，而且善于通过各种纪念日和重大活动学习和传播马克思主义。

国民党在这一时期也非常重视马克思主义的宣传教育工作。比如黄埔军校明确规定：“关于社会主义、共产主义、马克思主义等书籍……除责成政治部随时购置外，本校学生皆可购阅。”[①]上海大学、农民运动讲习所也都明确把马克思主义作为教学基本内容，设置了详细的课程安排，通过形式多样的政治教育和课堂训练宣传马克思主义、三民主义等革命思想，引导革命青年走上信仰马克思主义和三民主义的道路。

第三，工农运动风起云涌。国共合作对国民党最深刻的影响就是扩大了其阶级基础，使其由原来的资产阶级的政党，转变为工人阶级、农民、小资产阶级和民族资产阶级的革命联盟，这就从根本上改变了中国革命的前途和命运。国民党一大宣言指出："国民革命之运动，必恃全国农夫、工人之参加……以谋农夫、工人之解放。质言之，即为农夫、工人而奋斗，亦即农夫、工人为自身而奋斗也。"[②]

当然，在实际工作中，工农运动基本上还是由共产党员主导。一方面是因为相较于共产党，国民党不太擅长做群众工作；另一方面国民党把主要精力放在党务和军事上。以广东为例，国共合作前，共产党人阮啸仙、刘尔崧、梁复燃等就已经在广州、佛山、顺德等地建立工会，开展工人运动，国共合作后，更得以巩固和发展，成为推动广东工人运动蓬勃发展的基础。为了反对沙面租界限制中国人自由进出的"新警律"，1924年7月，广州沙面数千工人举行罢工并取得胜利，史称"沙面罢工"，是"二七大罢工"失败后，中国工人运动由低潮再次兴盛的重要起点。

在共产党人彭湃等人的积极努力下，这一时期的广东农民运动也是有声有色。海陆丰、广宁、南海、顺德和广州郊区等地陆续建立起区、乡农民协会，后来还成立了广东省农会，有组织地开展减租减息和反对地主恶霸的斗争。

与此同时，在中国共产党的领导和推动下，广东的青年、妇女运动也迅速发展。1923年6月，成立社会主义青年团的外围组织新学生社，社员达两千多人。1924年3月8日，召开国际劳动妇女节纪念大会，开了中国妇女纪念这一

---

① 广东革命历史博物馆编：《黄埔军校史料（1924—1927）》，广东人民出版社，1985年版，第79页。

② 《孙中山全集》第九卷，中华书局，1986年版，第121页。

国际节日的先河。

广东是国民革命运动的大本营，工农运动的兴起是国民革命运动发展的必然结果。不仅在广东，只要是国共合作的地方，工农运动都毫无例外地轰轰烈烈开展起来，成为国共合作推动中国国民革命的标配。

第四，军事合作深度推进。第一次国共合作的重要历史成果就是北伐战争，目的是统一被反动军阀割据得四分五裂的中国。而取得这一历史成果的重要前提，就是国共合作创办了黄埔军校，组建起一支不同于一切旧式军队的革命军队——国民革命军。

实际上，即使我们用现在的眼光来看，出版于1948年、由凌则民撰写的《国民革命军北伐》，其中关于北伐的意义和背景的描述，也还是非常清醒和比较客观的。比如书中说："中国的革命，虽然在1911年推翻了满清的统治，成立了民国。但是国家的政权，始终落在军阀及官僚的手中。如袁世凯、张勋、段祺瑞、冯国璋、徐世昌、曹锟等人，他们的所作所为，对内以腐败的政治，加重人民的痛苦；对外则勾结帝国主义者，出卖国家民族。""国家沉沦在次殖民地的状态中，人民呻吟在苛税、骚扰、失业、贫穷、疾病、天灾等重压下。要把国家民族从苦难中解救出来，除先用武力来转移政权，再没有别的方法。要获得了政权，才能从事革命的建设。""北伐，就是这个建设的开始。"①

书中分析了社会一般情况和帝国主义，指出民国以来，因连年的变乱，全国人民生活在水深火热之中。加之中国受不平等条约之束缚，领土、主权、经济、文化无一不受严重的侵略，举国惶惶不安。在这种情况下，胡适、陈独秀等提倡文学革命及时代精神，与孙中山的三民主义思想相汇合，进而成为中国革命精神之柱石。在国际方面促成这种思想发展的，就是1918年第一次世界大战的终结，以及1917年俄国的十月革命。五四运动爆发后，全国的民众运动风起云涌，渐渐由散漫趋向有组织。工会、农会、学生会及各种职业团体都组织

---

① 凌则民：《国民革命军北伐》，大成出版公司，1948年版，第1页。

起来，民众已知道政治是大家的事，已知道自己应如何站立起来，反帝国主义、反军阀、反封建主义的呼声日益具体化。改组国民党与创办军校既是情势所迫，也是历史必然。①

关于黄埔军校创办过程中著名的共产党人，如周恩来、恽代英等发挥的作用，已是广为人知，毋庸赘言。实际上，当时作为黄埔军校主要负责人的蒋介石、廖仲恺，也是把国共合作、政治委员制、思想政治工作等作为北伐战争的制胜法宝来看待的。共产党员在北伐战争中发挥了中流砥柱的作用，像以“铁军”威震天下的叶挺独立团，就是其中的杰出代表。而北伐沿线，中国共产党人组织的广大民众对国民革命军的支持、支援，更是令人钦佩和感念。

10 抹不去的阴影

第一次国共合作中，关于国民党与共产党的关系曾爆发过一场精彩的辩论。辩论的双方，一方是孙中山的近臣、曾经牵线搭桥国共合作的张继，另一方是中国共产党重要领导人、时任中国国民党常委的谭平山。

> 张继：“国民党内的共产党员会控制国民党的事业和行动。”
>
> 谭平山：“如果张继同志认为共产党员在加入国民党以后所发挥的积极性是不可接受的，那么这个问题倒是应该加以解决。解决的办法只能是这样的：1.解散整个中国共产党，2.遣散所有在国民党中登记的共产党员。然而，因为中国共产党加入了共产国际，所以没有共产国际的认可，这个问题是不可能得到解决的。国民党可能从共产国际那里得到这个认可，但我并不认为它会这样做。关于这个问题我还想说几句。还在我们加入国民党之前，它的主席曾允许我们保留原来的组织，后来他经

① 参见凌则民：《国民革命军北伐》，大成出版公司，1948年版，第6—7页。

常对我们全体成员讲这一点。我们在国民党中应该具有积极性，但是共产党员的这种积极性不属于我们党的积极性。需要解决的问题是，共产党员在国民党中工作是否有利。我敢说，在最近几个月内我们的活动给国民党带来了好处，如果我们有什么过错的话，可依照章程处罚我们。”

张继：“自共产党员加入我党以来，他们只给我们带来了麻烦。”

谭平山：“国民党内发生的麻烦事并不是因为共产党员加入的缘故，而是因为缺乏组织性。一个由各阶级组成的党，不可避免地要发生麻烦事。至于混乱，我认为恰恰相反，正是共产党员与国民党的合并给党带来了许多好处，而不是麻烦。事实胜于雄辩。我请张继先生拿出事实来证明共产党员给国民党造成了许多麻烦。”

谭平山停顿片刻，但张继没有回答。

谭平山：“如果您没有证据，您怎么能说这样的话呢？我可以举出许多事实证明我所讲的话。自国民党改组以来，它进步了，对此共产党员作了许多促进工作。每个有共产党员工作的区党部，很快成立了委员会，工作进行得有条不紊和正确无误。另一方面，在没有共产党员的地方，工作进行得不顺利，什么任务都没有完成。……我没有看到共产党员给国民党制造任何混乱。如果张继先生仍然坚持自己的意见，那么他可能认为下列情况是混乱，即我们与你们党合并之后，军阀曹锟、吴佩孚停止了进攻，帝国主义的压迫不那么残酷。如果是这样的话，那么国民党最好不要宣布革命，因为有朝一日革命开始，我们必然要经受许多混乱。”

张继：“在我们国民党中没有右派和左派，但是在共产党与国民党之间存在着反对派。”

谭平山:“国民党内有两种人,即共产党员与非共产党员,但外部我们有两个党,即国民党与有着自己独立组织的共产党。”

张继:“鲍罗廷说过,再过一百年后才能在中国实现共产主义。如果是这样,那么现在就不需要它。”

谭平山:“现在在中国需要有共产党,因为它是一个无产阶级的党。虽然在中国无产阶级还很少,但终究是有,因此应该有共产党。”①

我们不得不佩服年幼的共产党,她积聚了那么多优秀的人才,无论是理论功底、思辨能力、认识水平,还是工作业绩,即使放到科学技术已有空前进步的今天,也让人赞叹不已。而国民党元老的顽固、腐朽,以及他们对形势发展和新生事物的盲目打压,也是让人唏嘘不已的。

事实上,张继和谭平山之间的辩论只是国共两党在合作中斗争的一个缩影,而造成这种斗争乃至日后分裂的,却是从合作伊始便埋下的隐患。

首先,以党内合作的模式实现国共合作是一种不得已的、不平等的选择。当时中国共产党刚刚成立,力量还非常弱小,连帮助中国共产党成立的共产国际代表马林都认为,中国共产党适合做一个宣传性质的小组。而国民党已是纵横中国政坛十多年的大党、老党,而且拥有孙中山这样具有崇高威望的领袖,头顶着推翻几千年封建统治、建立中华民国的丰功伟绩,号称有三十万党员。这样的两个党进行合作,如果没有十月革命胜利的国际大背景和国民党一路坎坷的国内小背景,如果没有共产国际的调和、帮助,是绝无可能的。

在中国共产党内,以陈独秀为代表的绝大多数领导人并不认同国民党是中国唯一的资产阶级民主派,在党的一大纲领中坚持对其他一切政党采取进攻的和不合作的策略。在共产国际的引导下,年幼的共产党开始放弃幻想、脚踏实

---

① 《联共(布)、共产国际与中国国民革命运动(1920—1925)》,中共中央党史研究室第一研究部译,北京图书馆出版社,1997年版,第500—502页。

地时，他们想得最多的，还是政党的独立性和先进性，还是在这一基础之上的党与党之间的合作，即党外合作。

然而孙中山和国民党并不这样想。事实上，马林在与孙中山的交谈中，曾经提出过党外合作的模式，但被孙中山当场拒绝了。孙中山认为国民党是个大党，共产党是刚刚成立的小党，后者没有与前者平等合作的资格。同时孙中山有强烈的容共思想，认为共产党员在国民党内所占比例很小，只可能是国民党同化共产党员，而共产党员不可能影响到国民党。

因此，马林在杭州西湖会议上力主党内合作时谈道，孙中山先生决不会与中共建立一个平等的联合战线，只容许共产党员加入国民党的“容共”式合作。

这种不平等模式下的国共合作，使得共产党（员）一直处于被检查、被举报、被指责的境地，无论牺牲多少、奉献多少，都脱离不了从属的地位和被动的局面。

其次，国民党内复杂的成分导致国共合作风波不断。这与孙中山建党时的思想认识有关。在同盟会建立前，孙中山把政党视为集聚政治精英、谋求革命大业的手段，无纲领无纪律。这样的组织虽然不同于旧式会党的个人极权，但又留有旧式会党的遗风。同盟会建立后，才开始有了三民主义作为资产阶级民主革命纲领，并成为推动中国资产阶级民主革命、缔造中华民国的有力武器。

中华民国成立后，又照搬欧美议会民主政治模式，搞政党竞争。当时的众多政党经过分化组合，也形成了国民党和共和党两大主要政党。然而，依附于地主买办阶级的共和党本身就是袁世凯篡权窃国的工具，根本不可能与国民党进行“文明党争”。此时的国民党则成分复杂、纲领废弛，醉心于议会民主，已毫无革命精神。后来虽有中华革命党，强调服从和权威，但其人数很少，社会影响不大，难以有所作为。

国民党改组后，其社会基础扩大了，共产党人、工农分子等加入进来，但是并没有因此改变国民党的政治追求。尤其是其核心领导层，仍然醉心于在中国建立资本主义制度的共和国。共产党人虽然参加了某些方面的领导工作，但不可能改变国民党的政治追求，也不可能持续影响国民党的大政方针。

再次，国民党松懈的组织形式和共产党严密的组织纪律形成严重冲突。对于中国共产党而言，与国民党合作的动机是利用“国民党松懈的组织形式使得在党内很容易促进群众运动的思想”[①]，也就是共产党员通过加入国民党，通过开展政治活动来影响国民党；同时要通过对“三民主义”的重新解释，努力把国民党改造成为“符合时代精神的民族政党”[②]。对于国民党而言，虽然共产党员以个人身份加入国民党，但他们仍属于共产党组织的成员。而共产党是组织纪律十分严密的政党，中国共产党又是共产国际的一个支部，所以共产党员在国民党内的一举一动，都是在共产国际和共产党组织的指挥下进行，都是有预谋的。这就如同一个原本乱糟糟的机构，吸收了几个精干的员工，这些员工夜以继日地勤奋工作，终于使单位的面貌有所改观，但是单位的老员工们都不干了，指责新员工打破了单位原有的平衡，甚至有取代原有的组织和成员的图谋。

最后，国民党在思想理论上的含糊和不彻底为国共冲突埋下伏笔。虽然国民党的新三民主义与共产党的民主革命纲领具有一定的一致性，促成国共合作的孙中山本人也反复强调所谓民生主义即社会主义，但不幸的是，国民党在这些思想理论问题上的认识转变并不彻底，很多时候是为了消除党内思想分歧而采取的权宜之计，随着合作的深入和实践的推进，潜藏在其中的各种利益冲突和思想理念上的不一致等，都暴露了出来，为国共合作的发展带来了严重威胁。

---

① 《马林在中国的有关资料（增订本）》，人民出版社，1984年版，第26页。

② 王宗华主编：《中国大革命（1924—1927）》上册，人民出版社，1990年版，第80页。

第六章

分道扬镳引发的思想大裂变

01 “我就抛开国民党，自己去加入共产党”

冯自由，在清末民初绝对是个革命的名字。

冯自由，祖籍广东南海，原名懋龙，字健华。出身于日本华侨家庭，其父冯镜如是日本横滨知名的爱国华侨。

据说，有两位久未剃发、身着长衫的客人曾拜访冯镜如，冯镜如将客人引至楼上会客室，密谈许久。如此神秘的人物到访，自然引起了刚满十四岁的冯自由的好奇，后来得知来访的客人是孙中山、陈少白，是当时革命党中响当当的人物。大约是兴中会横滨分会成立的一个星期后，孙中山、陈少白又来冯家吃午饭，冯自由也陪同在侧，其间孙中山问冯自由：平常最爱读什么书？冯自由答道：《三国演义》。孙中山又问：在《三国演义》中你最喜欢哪个人物？冯自由答道：最喜欢诸葛孔明。孙中山笑道：你知道喜欢孔明，那就证明你已懂得古今历史发展变化的道理。于是对冯镜如说：令郎既然能够熟读《三国演义》，为何不让他加入兴中会呢？冯镜如大喜，遂命冯自由填写入会的誓约。就这样，年纪尚小的冯自由在孙中山的提议下，加入了革命党——兴中会。

这是冯自由在其回忆录的自序中，对其加入革命党一事做的详细介绍。[①]

冯自由还作了一首诗，表达了自己少年入会的激动心情，其中写道："总理重阳唱大风，予生十四便从公。兴中会设横滨日，我是马前一小童。"[②]

加入兴中会后，在孙中山的关怀下，冯自由的思想进步很快。他不仅熟读西方文艺复兴和法国启蒙运动的著作，而且对运用其中的学说和思想反抗清朝专制统治、追求民主自由的共和国表现出极大的自觉和主动。也正是这个时候，冯自由参与了诸如创办《开智录》、组织广东独立协会、合办《国民报》、召集"支那亡国二百四十二年纪念会"等革命活动，并担任了《中国日报》记者。

辛亥革命后，冯自由担任临时大总统孙中山的机要秘书，也在中华革命党、中国国民党中担任一些职务，为反清革命、民主共和做出了积极贡献。但是冯自由真正出名，却是在第一次国共合作前后，他集聚串联了一批持不同意见的国民党人，成为公开反对国共合作的急先锋。这是怎么回事呢？

国民党一大完成党的改组，宣布实行国共合作，一批优秀的共产党人加入国民党并担任了一些领导职务。一些反对国共合作的国民党人开始举行集会，煽动国民党人起来反对共产党人。较严重的一次，是冯自由等人提出"警告李大钊等不得利用跨党机会以攘窃国民党党公案"，妄图让共产党员从中央执行委员会及执行部中撤出。孙中山对此予以严厉斥责："反对中国共产党即是反对共产主义，反对共产主义即是反对本党之民生主义，便即是破坏纪律，照党章应当革除党籍及枪毙！"[③]在孙中山的压力下，冯自由等人违心做了"检讨"，孙中山在他们的检讨书上批示："以后不得再起暗潮。"[④]

但是冯自由等对孙中山的批示阳奉阴违，仍四处积极活动，与所谓志同道合者联合署名，不断向国民党中央提交反对国共合作的提案，毫不收敛。冯自由甚至致函孙中山，指责孙中山偏袒共产党人，要求孙中山"向党员引咎道

---

① 参见《冯自由回忆录：革命逸史》上，东方出版社，2011年版，第166页。
② 《冯自由回忆录：革命逸史》上，东方出版社，2011年版，第166页。
③ 《孙中山全集》第八卷，人民出版社，2015年版，第659页。
④ 《孙中山全集》第五卷，人民出版社，2015年版，第511页。

歉，以平多数党员之公愤”，同时“将共产党员一律除名，并将引狼入室之汉民、仲恺、精卫等严重惩办”。①

对此，孙中山在国民党一届二中全会闭幕式上的讲话中指出：“最初，当决定改组党这一问题的时候，冯自由没有反对，他当中央执行委员会委员的两个月里，也没有说过一句反对党改组的话。但是中央委员会刚一选出，仅仅就是因为他本人没有当选,他就把他掌握的所有关于改组工作情况和党的情况，通通出卖给我们的敌人——香港《大公报》。就这样，冯自由就是因为自己没有当选为中央执行委员会委员,便掀起了反对共产派的运动。我相信，尽管这样大规模的运动不是冯自由一个能够煽惑起来的，可是他毕竟是20年党龄的党员,在同志们中间有一定的威信，这些人无意识地跟着他‘叫嚷’。现在我以党主席的身份宣布开除冯自由！”②

可见，孙中山对国共合作是坚定和支持的，为此他不惜开除曾经和自己关系很近的冯自由出党。但是孙中山对党内出现排共浪潮的认识却是十分肤浅的。他认为，“我们进行革命已经30余年。革命失败的主要原因就是同志们不了解党的主义”，“同志们说，我的民生主义不是共产主义。他们不明白，民生主义与共产主义没有任何根本区别，区别仅仅在于实现的方法”。③

在谈到为什么能实现国共合作时，孙中山指出：“开始，共产派反对民族主义和民权主义，但是俄国革命的经验向他们说明，俄国革命在民族主义上做了大量工作。所以，中国共产党才根据共产国际的决定，承认了民族主义和民权主义并决定加入我党。另一方面，民生主义和共产主义从原则上说是一致的，所以我们决定容共。”④

但是对于孙中山的解释，国民党内许多人并不理解，甚至张继等人因为与冯自由持有同样的立场，坚决要求孙中山处罚自己。直到这个时候，孙中山才

---

① 冯自由：《致孙中山先生函稿》，《档案与历史》，1986年第1期。

② 《孙中山全集》第八卷，人民出版社，2015年版，第697页。

③ 《孙中山全集》第八卷，人民出版社，2015年版，第697页。

④ 《孙中山全集》第八卷，人民出版社，2015年版，第697页。

痛心疾首地说："党员应该绝对服从党的领袖和他的领导。所以我们过去建立了中华革命党。那时候每个党员都宣誓，到后来一看宣誓归宣誓，每个党员都根本不听我的命令。我们的同志，我们的军队也一样，只有命令对他们有利可图时，才服从，否则向来就拒不执行。如果所有的国民党员都这样，我就抛开国民党，自己去加入共产党。"①

但是孙中山没有想到的是，国民党内出现如此激烈的排共浪潮绝不是偶然的，也不是简单的服从与不服从的问题。从根本上说，与国民党内成分复杂，党内各派及其所代表不同阶级之间的利益斗争有关。当然，与第一次国共合作模式本身的缺陷也是分不开的。

02 戴季陶主义出笼

1924年，孙中山应冯玉祥电邀，北上共商国是，但不幸中途病倒。随着孙中山病情日益加重，国民党内无论是左派还是右派，都不禁为国民党的未来而担忧。

第一个迫不及待跳出来的，还是冯自由。早在孙中山病重期间，冯自由就联络一批人成立了国民党海内外同志卫党同盟会，并上书孙中山，提出七项解决共产党问题的要求：中央执行委员会及各部会的共产党员一律免职；与共产党有关的党内印刷所、学校、杂志的津贴一概停止发放；有关一切现阶段的政治问题，请在共产党员以外指定三人处理并经办之；派往各省的宣传员，属于共产党籍者，一律撤换；国民党第二次全国代表大会应在北京召开，时间越早越好，剔除共产党员代表；各地国民党员提出的弹劾共产党案件，应由纯粹国民党党员组成特别裁判委员会予以裁决；国民党一切事情，今后不许外国人干涉。②3月8日，冯自由在北京大学成立中国国民党同志俱乐部，以图取代国民党中央执行委员会。章太炎、唐绍仪等人也通过组织辛亥同志俱乐部，支持冯

① 《孙中山全集》第八卷，人民出版社，2015年版，第698页。

② 参见《晨报》，1925年1月14日。

自由。

1925年3月12日，孙中山逝世。

11月，中国国民党中央执行委员会、中央监察委员会中的右派分子决定在北京西山召开国民党一届四中全会，由此形成西山会议派，真正成为与国民党中央分庭抗礼的组织。

这里有一个小插曲：11月18日，西山会议派召开预备会，参加会议的戴季陶表示，现在分共时机尚不成熟，建议采取缓和态度。未承想，这一主张引起冯自由等的强烈不满。会后，冯自由率数位国民党同志俱乐部成员，手持棍杖涌入西山香云旅社，绑架、殴打戴季陶等人。戴季陶受此凌辱，愤而不再参加会议。临走时给会议主席吴稚晖留下一封信，要求主持正义，为人间稍留正气。

11月23日，西山会议派不顾国民党中央的反对，在北京西山碧云寺孙中山灵前召开了非法的国民党一届四中全会，通过了《取消共产派在本党之党籍案》《总理逝世后关于反对共产派被开除者应分别恢复党籍案》《顾问鲍罗廷解雇案》《开除汪精卫党籍案》《开除中央执行委员会之共产派谭平山等案》《取消政治委员会案》等多项提案。有意思的是，刚被冯自由等毒打的戴季陶还是被选为宣传部部长。

戴季陶主义是1925年五卅运动以后在国民党内公开出现的。孙中山逝世后不久，国民党一届三中全会在广州召开。会议通过了《中国国民党关于共产党员加入本党之训令》，重申孙中山“容共政策”。三中全会结束后，戴季陶连续发表《民生哲学系统表》《孙文主义之哲学的基础》《国民革命与中国国民党》等，力图建立“纯正的三民主义”，使国民党员重新“回复其信仰力”，在组织上重新“生出一种好现象”。[①]

戴季陶主义的核心和基础是反对阶级斗争，宣扬阶级调和。特别是打着中国伦理和中国文化的幌子阐释三民主义，从而从根本上动摇国共合作的思想理论基础。

---

① 陈红民辑注：《戴季陶1925—1926年间致胡汉民等几封信》，《民国档案》，2005年第4期。

其一是提出“纯正三民主义”的“道统说”。戴季陶认为，中华民族之所以能生生不息，长盛不衰，主要得益于孔子思想（儒家思想）。而孔子思想的哲学基础就是民生哲学，“他这一个民生哲学的理论，就是二千数百年后创造中华民国的孙中山先生所继承的理论”。这就为“三民主义”理论找到了中华文化的根和魂。戴季陶在“把孙先生的全部著作，作一个总研究”“把孙先生的一生的言行，作一个总观察”之后，写出《孙文主义之哲学的基础》，把孙中山的思想分为“能作”和“所作”两部分。“能作的部分，是先生关于道德的主张；所作的部分，是先生政治的主张。能作的部分，是继承古代中国正统的伦理思想；所作的部分，是由现代世界的经济组织国家组织国际关系种种制度上面着眼，创制出的新理论。”而“中山先生的思想，完全是中国的正统思想；就是继承尧舜以至孔孟而中绝的仁义道德的思想”“是二千年以来中绝的中国道德文化的复活”。“先生全部的思想，可以用几句简单的话来完全表明他，就是‘天下之达道三，民族也，民权也，民生也；所以行之者三，智也，仁也，勇也。仁，智，勇，三者，天下之达德也，所以行之者一也；一者何？诚也，诚也者，择善而固执之者也’。”他还列了一个《民生哲学系统表》，把“诚”作为民生哲学的出发点和革命的原动力，把“仁爱”作为民生哲学的基础，从而形成其“孔孙道统”说。①

其二是提出“共信不立、互信不生”的思想原则和组织原则。戴季陶认为：“凡是一个主义，必定具有独占性和排他性，同时也一定具有统一性和支配性。假如这几种性质不具备，这一个主义，一定生不出信仰，生不出力量，一定只能成为一种消极的思想，而不是一个主义。”“信奉一个主义的团体，更是如此。”正所谓“共信不立，互信不生；互信不生，团结不固；团结不固，不能生存”。从这一论点出发，他要求以“纯正的三民主义”作为国民党的中心思想，要求所有国民党员包括加入国民党的共产党员都只应信仰三民主义。

---

① 参见戴季陶：《孙文主义之哲学的基础》，《中国现代政治思想史资料选辑》上册，四川人民出版社，1984年版，第399—433页。

他说："我苦心孤诣，希望你们要真把三民主义认为唯一理论，把国民党认为唯一救国的政党。"由此指责中国共产党"借中国国民党的躯壳，发展他自身组织"，是"老子的残忍策略"，是"齐天大圣对牛魔王的策略"，是"纵横家的手腕"，是"埋伏战术"等。①

其三是提出中国社会不存在阶级对立的社会矛盾理论。戴季陶认为："中国社会，就全国来说，既是不很清楚的两阶级对立，就不能完全取两阶级对立的革命方式，更不能等到有了很清楚的两阶级对立才来革命。中国的革命与反革命势力的对立，是觉悟者与不觉悟者的对立，不是阶级的对立；所以我们是要促起国民全体的觉悟，不是促起一个阶级的觉悟。"因而，"先生所主张的国民革命，在事实上，是联合各阶级的革命"。让人不可理解的是，此时的戴季陶全然不顾工农运动蓬勃发展的现实，指责中国共产党操纵了工农运动，偏离了"仁爱性能"的轨道。他指出："我们的仁爱，要如何应用才是真的呢？就是处处要以爱最受痛苦的农夫工人和没有工作的失业者为目的；要能够爱他们，才是仁爱；不能够爱最大多数受痛苦的平民，就是不仁；不仁，就是反革命！"甚至强调人类是具有仁爱性能的，可以仁爱之心感动资本家和地主，"要治者阶级的人觉悟了为被治者阶级的利益来革命，在资本阶级的人觉悟了，为劳动阶级的利益来革命！要地主阶级的人觉悟了为农民阶级的利益来革命。"②

其四是提出国家和民族需要的超阶级革命观和国家观。戴季陶强调："我们非得到国家的自由，民族的平等，便甚么问题都无从说起"，"我的心目中，只有一个'中国国家和民族的需要'"。他认为，中国共产党不关心国家民族的需要，只承认阶级斗争，这就是"不把中国国家和民族的真实需要认清楚，单是一味的盲进"，"忘记了中国民族是衰弱一千几百年的古文化民族，忘记了一切民族在世界革命的努力上面都是以自己的民族存在和发展为基础的事实"。

---

① 戴季陶：《国民革命与中国国民党》，《中国现代政治思想史资料选辑》上册，四川人民出版社，1984年版，第441—489页。

② 戴季陶：《孙文主义之哲学的基础》，《中国现代政治思想史资料选辑》上册，四川人民出版社，1984年版，第416—418页。

因此，共产主义并不适合于中国，只有各阶级联合的“三民主义”适合于中国。建立“三民主义的民国”、民族的全民主的国家才是正确的奋斗目标。[①]

其五是提出中国国民革命的民族主义精神。戴季陶认为，“先生（孙中山——引者）的三民主义原理，全部包含在民生主义之内，其全部著作，可总名之曰民生哲学”，“民生主义与共产主义目的相同，而哲学的基础，和实行的方法，完全不同”。[②]他强调，“我们今天在国民革命进程中为农民工人而奋斗，绝不须用唯物史观做最高原则。争得一个唯物史观，打破了一个国民革命，绝不是革命者所应取的途径”[③]，“我们平心的审查，马克思的唯物史观，究竟价值在那里，就是在他的革命性，应用唯物史观说明社会革命，很容易使劳动阶级的人，生出革命的觉悟来……但是马克思的唯物史观，能够说明阶级斗争的社会革命，不能说明各阶级为革命而联合的国民革命”[④]。事实上，戴季陶在理论上非常清楚，坚持唯物史观就要发动农工群众、做农工运动，而农工革命必然会触动所谓国民革命所维护的利益，必然要导致所谓的“国民革命”的失败。于是他质问中国共产党：“我们何以偏要抛弃了自己今天最需要而且将来也需要的民族主义的精神，去将就一个强国的社会主义者的‘不完全的理论’？”[⑤]

很显然，戴季陶貌似维护“三民主义”的纯洁性，但他的理论从根本上否认了“三民主义”的包容性，抽掉了其中联俄、联共、扶助农工等革命成分，从而停滞了“三民主义”理论的生机和活力，也动摇了国共合作的政治思想基础。戴季陶主义出笼后，中国共产党人立即认识到其危害性，陈独秀、瞿秋白

---

① 参见戴季陶：《国民革命与中国国民党》，《中国现代政治思想史资料选辑》上册，四川人民出版社，1984年版，第471—485页。

② 《中国现代政治思想史资料选辑》上册，四川人民出版社，1984年版，第430页。

③ 戴季陶：《国民革命与中国国民党》，《中国现代政治思想史资料选辑》上册，四川人民出版社，1984年版，第472页。

④ 戴季陶：《孙文主义之哲学的基础》，《中国现代政治思想史资料选辑》上册，四川人民出版社，1984年版，第428页。

⑤ 戴季陶：《国民革命与中国国民党》，《中国现代政治思想史资料选辑》上册，四川人民出版社，1984年版，第482页。

等人连续发表文章，进行系统驳斥和批判。

陈独秀在《给戴季陶的一封信》中，以铁的事实为依据，一一驳斥了戴季陶对中国共产党的攻击：

> 你说我们："只借中国国民党的躯壳，发展自己组织"，你又说我们："只尽量在中国国民党当中扩张C. P. 或C. Y. 组织，并且尽力的使非C. P. 非C. Y. 的党员，失却训练工作的余地。"我不知你这些话从何说起？在理论上，C. P. 和C. Y. 之发展，须以有阶级觉悟并真能实际参加阶级争斗的分子为合格，决不是随便在国民党员中可以扩张的；如果像你所说，未必能够破坏国民党，实际却是破坏C. P. 和C. Y. 。在事实上，据我所知，年来由国民党员加入C. P. 的很少很少，比较C. P. 加入国民党的大约不及百分之二，比较由C. P. 介绍加入国民党的大约不及千分之五。究竟是国民党帮助C. P. 发展，还是C. P. 帮助国民党发展呢？……
>
> 你说我们："只单纯的利用国民党政治的保护力和经济的维持力，扩张自己的生命。"除广东以外，我们不知这国民党在何处有政治的保护力？如果说在帝国主义者反动军阀势力之下，国民党不至和C. P. 同受压迫，并且对于C. P. 还有政治的保护力，恐怕这不是国民党名誉的事！至于说经济的维持力，我们更不懂解了，我现在负责向社会声明：中国共产党各级党部向来不曾和中国国民党发生过经济的关系！①

瞿秋白的批驳更是一针见血。针对戴季陶主张阶级调和，他指出："戴季陶虽然理论上反对阶级斗争，主张资本家的仁慈主义，然而他在实践方面，发行那《国民革命与中国国民党》的小册子，自己就实行思想上的阶级斗争——

---

① 陈独秀：《给戴季陶的一封信》，《向导》，1925年，第129、130期。

不过是资产阶级压迫无产阶级的一种斗争罢了，并且他一点也不‘仁慈’。”[①]“一切剥削者压迫者的手段是一样的残忍、狠毒、狡诈，决不能等待戴季陶先生等去诱发他们‘仁爱的性能’，也不能等戴季陶先生等去运用‘回东方来’的策略，劝日本对中国亲善，而只能坚决地实行斗争。”[②]针对戴季陶撇开广大工农群众的利益，妄谈国家民族利益，瞿秋白尖锐地指出，这实际上“是资产阶级蒙蔽愚弄农工阶级的政策”[③]。针对戴季陶反对唯物史观指导的论调，瞿秋白指出，只有用唯物史观才能正确分析中国状况，制定出正确的政纲，从而把中国的国民革命引向胜利的道路。此外，毛泽东、恽代英、施存统、萧楚女等人也发表文章进行了批判。

值得一提的是，1925年6月，以黄埔军校学生为主体成立的中山主义学会，后正式定名为孙文主义学会，也是一个国民党在青年学生中的极右组织。曾是该学会核心人物之一的曾扩情有过这样的回忆：“孙文主义学会……专门对付青年军人联合会[④]而起，并不是为了要学什么孙文主义，所以一经发动起来，就千方百计地找共产党员同学惹事生非，寻衅肇祸；种种蛮不讲理的情形，真是举不胜举。”[⑤]孙文主义学会成立之后，气焰十分嚣张，做了许多辱骂打砸的事情，还提出了诸如凡国民党员不准加入其他政党、跨党党员应无被选举权；凡国民党员不能宣传其他主义及政党等政治主张。这在日后国共两党的纷争中，起到了十分恶劣的作用。

03　廖仲恺遇刺与国民党派系

孙中山去世五个多月后，1925年8月20日上午8时许，廖仲恺和时任国民党中央妇女部部长的夫人何香凝，乘车去参加定于9时召开的中央执行委

① 《瞿秋白选集》，人民出版社，1985年版，第195页。
② 《瞿秋白选集》，人民出版社，1985年版，第223页。
③ 《瞿秋白选集》，人民出版社，1985年版，第188页。
④ 同样是以黄埔军校学生为主体的进步青年军人组织，骨干分子绝大多数是共产党员。
⑤ 曾扩情：《黄埔同学会始末》，《文史资料选辑》第19辑，1961年9月。

员会议。

途中，廖仲恺夫妇遇到国民政府监察委员会委员、《广州国民日报》编辑陈秋霖，便邀其一同乘车前往。

到达惠州会馆前，三人下车向大门走去。这时，何香凝看到妇女部的一个熟人，便停住脚步与其交谈，而廖仲恺、陈秋霖则步入大门，先后走上会馆的台阶。

突然，两名凶手现身会馆走廊，向廖仲恺开枪。与此同时，另两名凶手也从会馆门后现身，一起向廖仲恺射击。顿时，枪声响成一片，而廖仲恺、陈秋霖已扑倒在台阶上。

听到枪声的何香凝开始以为是鞭炮声，当留在她身边的护卫也中枪倒地时，她才意识到这是刺杀。她一边大喊“快些捉人”，一边跑到已经倒在地上的廖仲恺身边。

负伤的护卫与凶手发生枪战，一名凶手当场被击毙，一名叫陈顺的凶手负伤被抓获，另两名凶手逃脱。

廖仲恺在被送往医院的途中就停止了呼吸，几天后陈秋霖也医治无效死亡。

是谁在光天化日之下，竟有能力和胆量在国民党总部门前刺杀其领袖？案情重大，国民政府火速成立了由朱培德、陈树人、周恩来、陈公博等九人组成的“廖案检查委员会”，追查案件的幕后黑手。其后，在苏联顾问鲍罗廷的指示下，成立了由汪精卫、许崇智、蒋介石三人组成的“廖案特别委员会”，应对可能形成的动荡局面并负责案件的处理，三人组被“授予政治、军事、警察全权”。

案件的审理比较顺利，很快查明胡汉民的堂弟胡毅生、老部下林直勉是廖案的主谋，粤军将领也有人参与其中。胡毅生早年追随孙中山，是胡汉民加入同盟会的介绍人；林直勉则是经胡汉民介绍加入同盟会的，做过孙中山的秘书，是老资格的国民党员。他们二人都反对国共合作，仇恨与共产党亲近者，于是密谋组织刺杀行动，并将谋杀的第一个目标选定为廖仲恺。

受廖案影响，胡汉民被迫出国考察，许崇智被迫辞去粤军总司令职务，汪精卫如愿成为国民党主席，蒋介石则取代许崇智成为粤军总司令。

此案虽然以国民党右派对左派的暗杀而结案，但胡汉民等是否知情和参与，粤军将领参与程度有多深、是否与广东商团有关等，仍然是未解之谜。但是何香凝在《回忆廖仲恺》一文中的描述，很值得深思："1925年7月初，右派在胡汉民家里开会，参加的人有孙科、邹鲁、伍朝枢、邓泽如、傅秉常、吴铁城、林直勉、胡毅生、林丞民、余和鸿等人。在这次会议上，右派集中攻击仲恺……孙科也参加这次会议，不过孙科却说了这样的话：'倒廖仲恺的台是要的，但是万万不能采用暗杀手段。'由此可见当时这些会议讨论的是什么内容了。"[①]

廖仲恺遇刺绝不是一个偶然事件。在此之前，还有两次广东商团暗杀蒋介石的行动。这就充分说明，孙中山逝世后，国民党内部的派系斗争日益显现。而广东革命使国民党左派与右派之间、粤军与黄埔军校的党军之间、广东国民政府与广东商团之间的矛盾日益加深。特别是国民党右派和广东商团觉得廖仲恺、蒋介石在联俄容共方面出力极多，均想置之死地而后快，而暗杀行动就是其中一个方案。而这一切，将对国共合作的前景产生极为深刻的影响。

实事求是地讲，对于孙中山逝世后国民党内部会发生什么样的派系斗争，共产党应该采取什么样的举措，陈独秀是最早警觉并提出相应对策的人。他敏锐地认识到，由于国民党右派已经失去了压制，其反扑一定会更加猖狂。为此，他在给共产国际的信中指出，国民党"成立所谓国际联络委员会"只是一个阴谋，中共中央执行委员会绝对不能同意，并批评鲍罗廷"从不同我们党协商，好像在中国不存在共产党"，他的这种行为使中共"无法对国民党施加影响"，同时使"我们在国民党内的工作也面临很大威胁"。[②]陈独秀强调，中国共产党要维护自己的独立性，在国民党内不受组织形式、合作形式的限制，并随时准备退出国民党。但是这一策略与共产国际指示相违，因此遭到严厉批评和纠正。在这种情况

---

① 何香凝：《回忆孙中山和廖仲恺》，生活·读书·新知三联书店，1978年版，第68—69页。

② 《联共（布）、共产国际与中国国民革命运动（1920—1925）》，中共中央党史研究室第一研究部译，北京图书馆出版社，1997年版，第539页。

下，陈独秀又强调，要大力发展先进分子，尤其是工农群众加入国民党，以扩大国民党左派的力量，这是共产党的当务之急。

于是，如何使共产党人更多地进入国民党中央领导机构，以联合国民党左派与国民党右派做斗争，就成了中国共产党在国民党二大上致力实现的战略任务。陈独秀在给全党的通告中指出："乘此将左派数量扩充了，我们在第二次国民党全国代表大会中才有和右派竞争选举的可能。此时我们在国民党中还是极少数，倘不能乘此时机将左派扩充有力，不独第二次选举要失败，即平时亦无法压迫中派使其必须与我们合作。"①

然而这一积极政策，又遭到鲍罗廷的否决。鲍罗廷在给莫斯科的报告中说："国民党代表大会议事日程已排定，新的中央委员和候补委员的初步名单已拟定，代表大会筹备活动计划也已制订。我们将制定决议案和宣言，并向国民党中央委员会提出。对右派的态度依然如故，这决定了代表大会上的力量对比。关于在将来的国民党中央委员会中的共产党员人数问题曾一度发生争执，中央提出7人，我表示反对，为的是不吓跑中派和不无谓地刺激右派，一致同意最低限额——4人，其余的根据代表大会期间中国整个局势而定。"②

作为老资格的布尔什维克，鲍罗廷显然已经看到孙中山逝世后国民党右派的猖狂进攻，看到国共合作面临的现实威胁。但是为了避免国共合作的破裂，以及贯彻斯大林"决不要迷恋于在中国培植共产主义"的指示，他决定在形势没有明朗的情况下，不直接提出反对右派的口号，不赞成共产党人多占国民党的领导位置，甚至准备在共产党员问题上向国民党右派让步。中国共产党尽管有自己的成熟想法，但是作为共产国际的支部，最终还是服从了鲍罗廷的意见。

一味退让、妥协的结果是不言而喻的。中国共产党、国民党左派与国民党右派的关系并没有缓解，中共中央与鲍罗廷之间反而产生了意见分歧，严重影

---

① 《中国共产党重要文献汇编》第五卷，人民出版社，2022年版，第191页。

② 《联共（布）、共产国际与中国国民革命运动（1920—1925）》，中共中央党史研究室第一研究所译，北京图书馆出版社，1997年版，第613页。

响到共产国际对华政策的落实。为此，共产国际不得不再次派维经斯基来到中国，以化解中共中央与鲍罗廷之间的矛盾。

1925年9月底，陈独秀在中共四届二次执行委员会上检讨了中共中央在认识国民党派别上的失误，并分别就谁是左派、谁是右派、谁是反动派做出了界定：

左派：1.反对一切帝国主义到底；2.为革命而赞助工农运动；3.为民主政治而反对军阀；4.联络苏联与共产党；5.肃清一切反动势力。

右派：1.反对一派帝国主义且因工农奋进而与帝国主义妥协；2.主张劳资妥协；3.为保育政治（指所谓仁政和贤人政治）而反对军阀；4.联络苏俄排斥共产党；5.保存反动势力抵抗左派。

反动派：1.勾结帝国主义；2.摧残工农运动；3.勾结军阀；4.反对苏俄与共产党；5.自身即是反动势力。①

通过以上分析，会议确定了对国民党的政策："反对右派而与左派结合密切的联盟，竭力赞助左派和右派斗争。"为此，要"到处扩大巩固我们的党，尤其在国民党势力的所在地。我们的党应当积极的跑到政治舞台上去，到处实行我们自己的思想斗争和策略"："（一）中国共产党的政治宣传及组织之独立与扩大，尤其是在广东；（二）工农群众之获得；（三）非必要时，我们的新同志不再加入国民党，不担任国民党的工作，尤其是高级党部（完全在我们势力支配之下的党部不在此限）；（四）在有国民党左派势力的地方（尤其是广东），我们应竭诚与之合作，逼迫他们积极的用全力参加民族运动，不可有意的避开他们，让他们立在消极的旁观地方；但同时在一切运动中关于阶级争斗的理论与行动，我们对他们丝毫不能让步"。②

这次会议所确定的对国民党的政策无疑是正确的。据陈独秀后来回忆，在会上他曾提出与国民党分裂的建议，但受到指导会议的维经斯基和其他人的一

① 参见《中国共产党重要文献汇编》第六卷，人民出版社，2022年版，第256—257页。

② 《中国共产党重要文献汇编》第六卷，人民出版社，2022年版，第255页。

致反对。但是事实很清楚，就是国民党与共产党党内合作的模式显然是出了问题的，不仅给了国民党新老右派以口实，而且严重地束缚了共产党人的手脚。退出国民党以彻底实现中国共产党的独立是一个必然的选择，只不过选择的方式是急进还是缓进，尚待共产国际的答复。不幸的是，陈独秀的建议并没有得到共产国际的认可，共产国际还是幻想通过国民党领导的国民革命推翻北京军阀政府，因此主张一切以国共合作为重。

可想而知，此时作为共产国际代表的维经斯基的压力是巨大的。他通过分析国共两党的现状和中国政治形势，敏锐地察觉到国民党右派和国内反动势力有“南北呼应”“共同推进”的可能，十分担心国民党内部分裂会导致广东的革命毁于一旦。

为此，1925年12月24日，在维经斯基安排下，共产党代表陈独秀、瞿秋白、张国焘与西山会议派代表孙科、邵元冲、叶楚伧在苏联驻上海总领事馆进行会谈。会谈以孙科等早已拟好的提纲进行，双方围绕党务、宣传、国共关系及国民党与共产国际、苏联的关系等问题进行了广泛讨论。

双方商定，孙科等人与广州国民党中央言归于好，共同反对右派；共产党同意停止攻击西山会议派的宣传，同意在新的国民党中央执委会中共产党员人数不超过三分之一等。双方最后决定，分别由维经斯基致电鲍罗廷，陈独秀等致电谭平山，孙科等致电汪精卫，要求延期召开国民党二大，以待孙科等人返回广州。①

对此，共产国际执委会远东局在广东的调查报告中给予高度评价：“在国民党第二次代表大会前夕，为了瓦解从上海‘国民党中央’那里对广州和共产党人发动进攻的国民党右派，中共中央同部分右派的代表孙科（孙逸仙的儿子）等人举行一次会议，建议他们在谴责右派行为、开除少数右派和公开斥责其他右派的基础上同国民党中央言归于好。孙科派接受了这个建议，在报纸上向国民党中央发表声明，表示他们愿意参加代表大会。这一行动当时在右派人

---

① 参见姚金果：《陈独秀第一次大让步之辨析》，《上海党史与党建》，2003年第4期。

士中产生了强烈影响，对右派队伍起了一定的瓦解作用。”①

在一系列努力下，1926年1月1日至20日，中国国民党第二次全国代表大会在广州召开。会议通过决议，继续执行孙中山遗嘱和联俄、联共、扶助农工三大政策，还通过了《弹劾西山会议决议案》和《处分违犯本党纪律的党员决议案》，对西山会议派的首脑进行了纪律制裁。会议通过的《中国国民党第二次全国代表大会宣言》，深刻分析了“世界之现状”和“中国之现状”，精辟地指出：“中国之国民革命，实为世界革命之一大部分；中国人民从事于国民革命，决非孤军转战。若苏俄，若世界上一切殖民地半殖民地的民族，若帝国主义本国内之被压迫民众，皆与中国之革命民众，立于同一战线者也。”因此，“中国之国民革命，对于革命先进之苏俄，固共同奋斗，而对于一切被压迫之民族，亦共同奋斗”。由此得出重要结论，中国之生路在于：“其一，对外当打倒帝国主义。其必要之手段，一曰联合世界革命之先进国，二曰联合世界上一切被压迫之民族，三曰联合帝国主义者本国内大多数被压迫之人民。其二，对内当打倒一切帝国主义之工具。首为军阀，次则官僚、买办阶级、土豪。其必要之手段，一曰造成人民的军队，二曰造成廉洁的政府，三曰提倡保护国内新兴工业，四曰保障农工团体，扶助其发展。”②

国民党二大是一次成功的大会，中共中央发出通告指出：“这个成功是表示中国民族运动的成功，是证明中国的民族运动不因中山之死、不因帝国主义者军阀买办阶级勾结党中右派反动派捣乱而消灭。”③对于国民党二大的成就，共产国际也给予高度评价，称国民党第二次全国代表大会谴责了西山会议派，肯定了国民党必须同共产党人结成战斗联盟，从而确定了国民党和广州政府的革命活动方针，使国民党能够得到无产阶级的革命支持。④

1924年6月，共产国际第五次代表大会召开，大会着重研究了殖民地国家

① 《联共（布）、共产国际与中国国民革命运动（1926—1927）》上，中共中央党史研究室第一研究部译，北京图书馆出版社，1998年版，第451—452页。

② 《恽代英全集》第八卷，人民出版社，2014年版，第249、253、259页。

③ 《中国共产党重要文献汇编》第七卷，人民出版社，2022年版，第316页。

④ 参见《共产国际有关中国革命的文献资料》第一辑，中国社会科学出版社，1981年版，第137页。

的统一战线和无产阶级的领导问题。共产国际领导人在谈到中国共产党与中国国民党的合作问题时，认为中国共产党加入中国国民党，能够加速民族革命运动的开展，参加国民党的共产党人是真正的革命先锋队。但同时强调，在同国民党上层谈判时，共产党必须保持彻底而绝对的独立性。①此时，共产国际对中国共产党与中国国民党的合作还是充满信心的。

04　中山舰事件与整理党务案

国民党二大的胜利召开，似乎预示着国共关系走出了孙中山逝世带来的阴霾，孙中山生前确定的三大政策仍将把中国国民革命推向前进。

然而仅仅两个月后的中山舰事件，便彻底击碎了这一梦幻般的泡影。

1926年3月18日，广州国民政府海军局代理局长、共产党员李之龙接到命令派中山舰到黄埔听候调遣，当中山舰开到黄埔后，蒋介石否认有过调令。这时，又传出苏联顾问和共产党员要劫持蒋介石的谣言。3月20日，蒋介石在广州实行紧急戒严，逮捕李之龙，监视和软禁大批共产党人，解除省港罢工委员会工人纠察队的武装，包围苏联领事馆，监视苏联顾问。这就是让国共两党均感到费解的“三二〇事件”，又称中山舰事件。

为什么会发生这样的事呢？后据详细调查，事情的经过大体是这样的：

3月18日午后6时30分，黄埔军校接到报告，由上海开到广州的商船安定轮因在海上被劫，停泊于黄浦江上游，请求黄埔军校速派巡逻艇一艘、卫兵十六名来保护商轮。但是当时军校内没有巡逻艇可派，接电话的管理科工作人员擅自做主，请求黄埔军校驻省办事处予以协调，以应急需。

办事处主任欧阳钟得到报告后，立即到国民政府海军局协调。不料海军局代局长李之龙外出，欧阳钟便留下公函，称奉校长命令，着即通知海军局迅速派得力兵舰两艘开赴黄埔，听候差遣。李之龙回来后，签署了两张命令，要求

① 参见《中国共产党历史大事记（1919.5—1990.12）》，人民出版社，1991年版，第24页。

宝璧舰、中山舰开往黄埔，听候校长调遣。次日上午，两舰抵达黄埔。中山舰舰长向黄埔军校教育长邓演达报告，请指示任务。但邓演达并不知此事，说等一会儿请示蒋介石。同日上午，李之龙接到海军局通知，以联共（布）中央委员布勃诺夫为团长的苏联使团正在广州考察，要参观中山舰。李之龙遂打电话请示蒋介石，得到同意后，中山舰返回广州市供使团参观。

另据《蒋介石年谱初稿》记载，3月19日上午，蒋介石前往会晤汪精卫，然后回到寓所会客，他“痛恨共产党挑拨离间与其买空卖空之卑劣行动，其欲陷害本党、篡夺革命之心，早已路人皆知。若不于此当机立断，何以救党，何以自救，乃决心牺牲个人，不顾一切，誓报党国。竟夕与各干部密议，至四时，诣经理处，下定变各令。公曰：‘权利可以粪土，责任岂可放弃乎；生命可以牺牲，主义岂可敝屣乎。此时再不决心，尚待何时，此时若不殉党，何颜立世。今日事只有直前奋斗，以期毋忝所生，不负初衷。’”[①]此处的“公曰”不见得是蒋介石的原话，但他疑心共产党和汪精卫勾结，以“陷害本党、篡夺革命”，却也是“早已路人皆知”。中山舰事件只是蒋介石起事的一个借口而已。

于是，3月20日凌晨，蒋介石以所谓共产党人与汪精卫勾结“阴谋暴动”为借口，在广州实行紧急戒严，调集军警占领中山舰和海军舰队，逮捕海军局局长李之龙等五十余人。指挥军队包围省港大罢工委员会，下令收缴工人纠察队的枪支。派部队监视汪精卫住处，不准其踏出屋门一步。甚至派部队包围苏联顾问团驻地，断绝交通，切断顾问团与外界的一切联系。为了防止黄埔军校和军队中共产党人的异动，拘捕了军校和第一中心全体共产党员，还密令监视黄埔军校教育长邓演达等国民党左派领袖。

对这一扑朔迷离的事件，后世做了多方面的考证和研究。基本可以肯定的是，这是由孙文主义学会分子一手导演的，他们散布了很多诸如共产党要暴动，苏联顾问季山嘉和汪精卫、共产党人要合谋倒蒋等谣言，而被蒋介石利

---

① 中国第二历史档案馆编：《蒋介石年谱初稿》，档案出版社，1992年版，第547页。

用，以和左派争夺领导权、排俄排共。

中山舰事件发生后，出于贯彻共产国际的中国政策和防止国共合作破裂的需要，苏联使团团长布勃诺夫将此定性为“小规模准暴动”，而所针对的目标是苏联顾问和在军队中从事政治工作的共产党人。

对于这么一个如此荒唐又胆大妄为的举动，汪精卫和各军事首领原本指望苏联使团会作出打击蒋介石的决定，不料布勃诺夫决定向蒋介石让步，采取了缓和政策，同意召回与蒋介石不睦的苏联顾问，以期尽快使广州恢复到事变前的状态，将国共关系继续维持下去。此后，汪精卫便称病不起，不久便出国休养。

原本对中山舰事件毫不知情、一直到4月中旬才得到详细报告的中共中央，也经历了从以退让求团结，到计划积极主动反击，又遭苏联顾问反对而计划落空的艰难过程。

总之，蒋介石通过这次“小规模准暴动”，不仅排挤掉党内唯一的对手汪精卫，瓦解了国民党左派与中国共产党人合作掌权的局面，而且也测试出了国民党左派、共产党和共产国际顾问的底线，为日后肆无忌惮地运用流氓手段反共增添了底气和胆气。

果然，蒋介石很快就把矛头对准了中国共产党。

1926年4月，蒋介石向国民党中央委员会提出“整军肃党准期北伐”的建议，严格限制共产党员和苏联顾问的言行：“甲.共产党在本党内应注意之点：（一）不能诬蔑总理之人格；（二）尽忠于三民主义之工作；（三）共产党在国民党内一切秘密团体及一切秘密行动，完全取消（如犯此条者，轻则开除党籍，重则另予制裁）；（四）共产党对其党员一切之训令及其策略，应通知国民党最高干部；（五）在国民党之共产党员，其名册应通知国民党最高干部；（六）国民党与共产党应设联席会议，处置一切困难问题；（七）共产党员在中央执行委员会内之人数，不得过三分之一，除指明委员为共产党员外，如有跨党不报之委员，应另定条例，处以严刑；（八）中央党部组织、宣传二部长，其入党年限，须在五年以上。乙.苏联顾问之权限：（一）使共产党员在国民党内之工作，不分界限，注重于精神上之团结；（二）不宜把持要职，与希图集中权力于顾问之举；（三）使我中国革命有自动的能力，不限于被动的地位为宗旨；（四）辞去行政官职权，以顾问之资格，辅助中国革命之成功；（五）对于国民党及革命军条例，如有供献，应以中国革命全体之利害为立足点。”①

面对蒋介石如此猖狂的进攻，中共中央再次向共产国际提出改变国共合作的方式，由党内合作改为党外联盟。联共（布）中央政治局和共产国际远东局虽然也认为“蒋介石3月20日武装示威不是蒋介石和中派集团的孤立的偶然的行动”，“蒋介石取得这一胜利后在全国范围内确立的制度同以前的制度有很大差别，暴露出‘三二〇事件’的真正实质”②，但是仍然拒绝了这一请求，并重申了中国共产党留在国民党内的方针，以及在国民党内通过加强其左派和建立共产党人与国民党左派联盟的办法，改变国民党促使其激进化的策略。

1926年3月，共产国际第六次代表大会通过了《关于中国问题的决议》，这是共产国际专门就中国问题作出的第一个决议。决议指出，“在中国，即将来临的革命高潮将重新提出和准备进行武装起义作为党的当前的实际任务”③，这显然与中共面临的实际情况极不相符。一再地让步，终于使蒋介石这个所谓的国民党左派在实质上成为新右派首领并乘势坐大。

蒋介石对中国共产党的全面限制表现在国民党二届二中全会上，他与他人联名提出《整理党务案》《选举中央执行委员会主席案》，并单独提出《国民党与共产党协定事项案》《全体党员重新登记案》。以上四个议案统称“整理党务案”。其主要内容是：（一）凡其他党党员加入国民党的，对孙中山及三民主义不得加以怀疑和批评；（二）加入国民党的共产党员的名单应交国民党中央执行委员会主席保存；（三）加入国民党的共产党员在高级党部任执行委员时，其数不得超过该党部执行委员总数的三分之一；（四）共产党员不得担任国民党中央的部长；（五）共产党给加入国民党的共产党员的训令应先交国共联席

---

① 中国第二历史档案馆编：《蒋介石年谱初稿》，档案出版社，1992年版，第557页。

② 《联共（布）、共产国际与中国国民革命运动（1926—1927）》上，中共中央党史研究室第一研究部译，北京图书馆出版社，1998年版，第435—436页。

③ 《联共（布）、共产国际与中国国民革命运动（1926—1927）》下，中共中央党史研究室第一研究部译，北京图书馆出版社，1998年版，第593页。

会议通过。

有资料表明，中国共产党的领导人事先对《整理党务案》的内容一无所知。据张国焘回忆："在此时期内（即国民党中央全体会议以前的5月上旬），一切重要问题都在蒋、张、鲍（指蒋介石、张静江、鲍罗廷——引者）三巨头秘密商谈之中。鲍罗廷遵守三巨头之约，不向我吐露实情。"[①]可见作为中共中央派往广州的代表，张国焘对蒋介石与鲍罗廷协商的限制共产党活动的《整理党务案》并不知情。但是这一系列完全针对共产党的议案，在鲍罗廷的支持和运作下，都顺利通过了。蒋介石十分得意地说："这是我们中国国民革命成败的关键，也就是本党与共党消长的'分水岭'。"[②]

面对国民党《整理党务案》带来的冲击，陈独秀在中共中央第三次扩大执委会上提出，中国共产党只有摆脱国民党的控制，才能真正执行独立地领导工农的政策。而共产国际通过《中国共产党与国民党关系问题议决案》，再次批评了中国共产党退出国民党的想法，重申加强国民党左派和推进民众运动的方针。如此一来，中国共产党人不得不继续在与国民党合作的坎坷之路上艰难前行。

05　极力否认的对话

在国共合作的艰难道路上，有一段被吴稚晖反复传播的对话，他将此作为中国共产党阴谋破坏国民党的证据，提出《致中央监察委员会请查办共产党文》，请大会表决。此前，吴稚晖联络了蔡元培、李石曾、张静江、古应芬等国民党元老，在与会人员不过半数的情况下召开中央监察委员会，由蔡元培担任主席，通过了吴稚晖提出的弹劾共产党文告。会上，蔡元培还出示了两份材料：一份是中共自二大以来"阴谋破坏国民党"的种种决议和通告；另一份是

---

① 《联共（布）、共产国际与中国国民革命运动（1926—1927）》第五卷，中共中央党史研究室第一研究部译，中共党史出版社，2020年版，第170页。

② 沙健孙主编：《中国共产党史稿》第二卷，中央文献出版社，2006年版，第284页。

《浙江共产党破坏本党之事实》。会议形成了一个议案，称:“公推蔡元培为主席，由吴敬恒（吴稚晖——引者）提出共产党连结容纳于国民党内之共产党员同有谋叛证据一案……姑将所开各人，及各地共产党首要危险分子，经党部举发者，就近知照公安局或军警，暂时分别看管监视，免予活动，致酿成不及阻止之叛乱行为……”①

这一议案随后成为蒋介石发动四一二反革命政变的依据。在这场残酷血腥的政变中，三十多万颗人头落地。当时全国的共产党员不足六万人，有二万六千人被杀，其余被杀的都是国民党左派人士。

那么，这一段对话到底是什么呢?

据吴稚晖自述:“本委员于本年三月六日晚间八时，偕同钮委员及上海特别市党部执行委员杨委员铨，晤见中国共产党首领陈独秀，中国共产党上海首领罗亦农，于上海环龙路二十六号钮委员办公处，谈话甚多，其要点本委员告陈首领，‘研究共产学说，自为共产党之责，若实行共产，五六年前苏俄代表越飞，在广州语孙总理，当在二百年之后，以我理想，二百年尚嫌不足’，陈首领笑我太迂……本委员遂知中国共产党欲实行伪共产，意在言外，因突然根问，陈首领:‘你定中国实行列宁式共产主义是若干年?’彼不迟疑而答曰:‘二十年。’余作骇极之情状……乱以闲话曰:‘如此国民党生命止剩十九年了。……若你们共产党急迫至此，未免取得国民党的生命太快了一点，应当通融商量才好!’因其强笑而罢。”②

1927年3月26日，蒋介石到达上海，即与蔡元培、吴稚晖等人相聚商谈。4月1日汪精卫回到上海，蒋介石、蔡元培、吴稚晖等上门拜访，主要商量两件事:解除鲍罗廷的苏联顾问身份和分共。当然，吴稚晖再次给汪精卫讲了陈独秀与他的对话。汪精卫当即表示，这两件事事关全局，需要召开国民党中央委员会讨论。

---

① 刘长徽等选编:《四·一二反革命政变资料选编》，人民出版社，1987年版，第118—119页。
② 刘长徽等选编:《四·一二反革命政变资料选编》，人民出版社，1987年版，第105—106页。

随后，汪精卫找陈独秀直接谈话，陈独秀不仅否认与吴稚晖有过那样的对话，而且表示中国共产党继续与国民党合作是既定方针。为了表明心迹，陈独秀还起草了《国共两党领袖联合宣言——告两党同志书》（亦称《汪陈宣言》），经汪精卫同意，于4月5日在《申报》等各大报纸刊发。

《宣言》称："中国共产党坚决的承认，中国国民党及国民党的三民主义，在中国革命中毫无疑义的需要，只有不愿意中国革命向前进展的人，才想打倒国民党，才想打倒三民主义。"汪精卫则代表国民党宣告：国民党领袖将驱逐共产党，将压迫工会与工人纠察队。这类谣言，不审自何而起。[①]似乎一切都是误解，国共两党还会继续合作下去。

然而，这一切都是假象。早在1927年除夕，蒋介石就邀张静江、黄郛（蒋介石盟兄）到庐山相聚，"密商大计"。从庐山下来后，张静江即在南昌接见了来自上海西山会议派中央党部的代表桂崇基，"晤谈数次，至为融洽，并定下腹案，一俟北伐军攻克上海即将实行清党"。3月，张静江透露："介石对于共产党分离正具决心，南京定后即当来宁共商应付。"而吴稚晖一再贩售所谓与陈独秀的对话，乃至国民党中央监察委员会决议，主张"取消共产党人在国民党党籍"，并美其名曰"护国救党运动"，都是落实蒋介石分共决心的具体行动而已。[②]

至于汪精卫与陈独秀发表联合宣言，实在是已经逐渐被边缘化的汪精卫借蒋介石与共产党的矛盾，意欲"鹬蚌相争，渔翁得利"，没想到到头来却是竹篮打水一场空，还被吴稚晖辱骂为"一个兔子白面书生和横眉竖眼的陈独秀吊膀子"。[③]

其实，蒋介石对孙中山联俄联共政策早有怀疑。在1923年率"孙逸仙博士访苏团"访问苏俄后，蒋介石坦露了其心路历程，在给孙中山的《游俄报告书》中，也表达了类似的心情。他说："在我来往苏俄之前，乃是十分相信俄

① 参见《陈独秀文集》第四卷，人民出版社，2013年版，第66—67页。
② 参见陈国强：《评大革命时期的张静江》，《江海学刊》，1994年第6期。
③ 刘统：《共产党的崛起与国民党的"清党"（上）》，《同舟共进》，2011年第4期。

共对我们国民革命的援助，是出于平等待我的至诚，而绝无私心恶意的。但是我一到苏俄考察的结果，使我的理想和信心完全消失。”

经过考察，在蒋介石眼里，苏维埃制度乃是专制和恐怖的组织，与国民党的三民主义是根本不能相容的。因此，他反复向孙中山建言，对共产党加入国民党提出异议。其反对联俄联共的理由，是认为共产党革命的动机出于阶级斗争，其方法也是阶级斗争，这与中华民族和平、宽厚等特性不相符合。因此，蒋介石断定了本党联俄容共的政策，虽可对抗西方殖民地主义于一时，决不能达到国家独立自由的目的；更感觉到苏俄所谓“世界革命”的策略与目的，比西方殖民地主义，对于东方民族独立运动，更是危险。①

对于汪精卫而言，作为孙中山联俄联共政策的主要执行者，他深知国共合作对国民党起死回生的至关重要，因而对继续坚持这一政策应该说是真诚的。但是面对羽翼日益丰满的蒋介石，汪精卫不甘心从党的主席沦落为蒋介石的配角，而把坚持国共合作看作为聚集力量与蒋介石抗衡的一个手段。如果形势发生重大变化，汪精卫也必然会倒向国民党右派，这是由汪精卫的性格和本质决定的。

而对中国共产党而言，《中国共产党第一个纲领》就明确规定：“本党承认苏维埃管理制度，把工人、农民和士兵组织起来，并承认党的根本政治目的是实行社会革命；中国共产党彻底断绝同黄色知识分子阶层及其他类似党派的一切联系。”②以陈独秀为代表的中国共产党人有理想、有追求，更有领导未来中国革命的雄心壮志。无奈当时中共的力量还十分弱小，所以共产国际代表马林提出的“斯内夫利特战略”，既给了中国共产党一个发展的机会，又让陈独秀等人充满担忧。

当然，实践证明，这样的合作模式不仅使国民党从“堕落中死亡”到获得新生，也避免了中国共产党“壮志未酬身先死”，而且极大地推动了中国的国

---

① 参见李蓉、叶成林：《中共三大轶事》，人民出版社，2015年版，第191页。

② 中央档案馆编：《中国共产党第一次代表大会档案资料（增订本）》，人民出版社，1984年版，第6页。

民革命，迎来了民主共和的新曙光。

但是，国民党是一个成分复杂、派系林立的政党，孙中山在世时，无论蒋介石有怎样的想法，吴稚晖等人有如何的动作，都能够很好地予以辖制。而当孙中山逝世后，国民党右派一波又一波地反共排共浪潮，预示着国民党内右派力量在逐渐加强，左派和共产党人不断地受到打压。在这种情况下，原来的国共合作模式显然已不再适应新的形势的要求。然而陈独秀等多次提出的改变国共合作模式的建议，均被共产国际拒绝。因此，中国共产党是在极端矛盾和困难的情形下，维持着国共合作的运行。

对于共产国际而言，思路是清晰的，但同时也是很复杂的。

首先，国共合作是在共产国际第二次代表大会精神指导下，探索建立反帝反封建民主联合战线的成果。共产国际通过对国际形势的分析认识到，为推翻国际资产阶级而斗争的共产国际，“应当与目前政治上和经济上被压迫各国参加推翻帝国主义的革命力量保持密切的接触”[①]。因此，殖民地革命的第一步，应该是反帝、反封建以及与资产阶级民主派的合作。国共合作正是在这一思想的指导下提出的。

其次，列宁、维经斯基、马林、达林、鲍罗廷等都坚持国共合作这一思想，认为这是符合中国实际的，但是对以什么方式实现国共合作，只有马林做过系统研究，并提出了共产党员加入国民党的党内合作模式。共产国际执委会经过认真研究，批准了马林的建议。作为共产国际一个支部的中国共产党，从组织纪律的角度讲，必须服从共产国际的决策。

最后，以党内合作模式为特征的国共合作，在孙中山逝世后，随着国民党右派势力的不断聚集和强大而出现了某些问题。究其根源，此时苏联共产党正在经历一场斯大林与托洛茨基在路线问题上的殊死斗争，而对中国革命的政策，正是托洛茨基与斯大林争论的一个重点。尽管鲍罗廷、布勃诺夫等人已经

① 中共中央党史研究室第一研究部编：《共产国际、联共（布）与中国革命文献资料选辑（1917—1925）》，北京图书馆出版社，1997年版，第145页。

认识到蒋介石“言行不一却是一贯的。政客的唯利是图和冷酷的如意算盘，发迹致富的欲望和强烈的权势欲，这就是他的本能”[①]，却仍然从维护斯大林在中国的政策出发，一再对蒋介石缓和让步。

06 无可挽回的破裂

中山舰事件之后，蒋介石的权力得到空前的集中和巩固。在此时，蒋介石力行北伐，一路势如破竹，这为他捞取了更多政治资本。同时，在国共合作的基础上，主要是在中国共产党的努力下，不仅北伐战争做足了宣传和组织动员工作，工人运动、农民运动也风起云涌，掀起了翻天覆地的大革命。其中最具有代表性的是上海工人的三次起义。

上海工人三次起义的重要负责人汪寿华，也是在四一二反革命政变中牺牲的第一位共产党人。

汪寿华，原名何纪元，字介尘，浙江诸暨人。十六岁时考入浙江省立第一师范学校，在校期间便阅读了《新青年》《星期评论》等大量进步书刊，开始接受马克思主义。1920年9月，经俞秀松介绍，参加上海社会主义青年团。1923年，加入中国共产党，并作为远东职工代表，赴莫斯科出席国际反帝同盟会议。1925年初，汪寿华奉命回国，参加中国共产党第四次全国代表大会，做关于职工运动的报告。

从1926年5月开始，作为上海区委军事特别委员会成员，汪寿华多次发动上海各行业工人进行大规模罢工斗争，并参与领导了上海工人的第一次、第二次武装起义。在上海工人第一次武装起义时，汪寿华作为主要领导人之一，就曾与上海的国民党上层和商界人士广泛接触，进行统战联络工作。在领导第二次武装起义时，汪寿华一再强调：起义的目标是对付军阀，而非对付资本家。然而由于准备不足和缺乏经验，前两次武装起义均遭失败。

---

① ［苏］亚·伊·切列潘诺夫：《中国国民革命军的北伐——一个驻华军事顾问的札记》，中国社会科学院近代史研究所翻译室译，中国社会科学出版社，1981年版，第110页。

但是，失败并没有使汪寿华等共产党人屈服，他们揩干身上的血迹，掩埋好同伴的遗体，又着手发动上海工人第三次武装起义。1927年2月23日，中共中央决定组织特别委员会作为武装起义的最高领导机关，该委员会以陈独秀为首，主要成员有周恩来、罗亦农、赵世炎、汪寿华等，汪寿华负责联络上海国民党及各方人士共同反对北洋军阀。

1927年3月21日，上海工人第三次武装起义爆发。起义开始时，汪寿华曾派人请北伐军东路总指挥白崇禧派部队配合工人起义，但遭到拒绝。汪寿华十分气愤地说："你们不来，我们自己干！"最终在中国共产党的正确领导下，经过二十八小时的血战，起义军最终消灭了敌人，占领了除租界以外的整个上海地区，起义取得了胜利。此后，上海工人运动迅速发展，至3月底，工会达五百零二个，会员达八十二万人。工人纠察队经过整编，成立了十四个大队，共两千七百多人，拥有机枪二十多挺，步枪四千余支。

上海工人运动的迅猛发展和工会力量的不断壮大引起了帝国主义的恐慌。他们对抗总工会的命令，阻挠工人复工，并非法逮捕工人。由于汪寿华领导工人进行了坚决的斗争，帝国主义被迫答应工人复工，并同意改善工人待遇。

但是进入上海的蒋介石又与青红帮相互勾结，冒充工人纠察队招摇撞骗、敲诈勒索并诿罪于工人纠察队，在社会上散布工人纠察队要冲击租界等谣言。面对种种污蔑和挑衅，汪寿华领导上海总工会采取了一系列反击措施。3月27日，汪寿华不顾个人安危面见蒋介石，但蒋介石对上海工人运动并无赞扬之意，而是要求工会方面听从军事当局指挥。

1927年4月11日，杜月笙邀汪寿华晚上去其府上赴宴。当时党内有人劝汪寿华不要去，但他表示，为了缓和目前的紧张局势，赴汤蹈火，也在所不辞，愿为党牺牲。进入杜宅后，汪寿华被敌人打昏后装入麻袋，运至枫林桥活埋①，牺牲时年仅二十六岁。

第二天凌晨，蒋介石即发动了四一二反革命政变。

---

① 参见周尚文、贺世友：《上海工人三次武装起义史》，上海人民出版社，1987年版，第272页。

事实上如前所述，分共清党早已是蒋介石的既定方针。1927年3月6日晚，中共赣州特别支部书记、赣州总工会委员长陈赞贤因拒绝签字解散赣州总工会而被国民党残忍杀害。之后，蒋介石所到之处，都要以“打倒赤化分子”为名大开杀戒。而吴稚晖、蔡元培等人发起的所谓护党救国运动，为蒋介石发动反革命政变提供了理论依据。

面对蒋介石及国民党右派的猖狂进攻，共产党和国民党左派也进行了一些反击和制约。陈独秀在特别委员会的讲话中指出：“中国革命如不把代表资产阶级的武装打倒，中国就不想要革命，同时只要把此武装打倒，资产阶级就可以服从革命的力量。……我们现在要准备一个抵抗，如果右派军队来缴械，我们就与之决斗。”①

在这个时候，中国共产党十分希望共产国际能有明确的指示，然而几次报告都只换来不准中国共产党主动进攻的电文。比如3月28日联共（布）中央政治局给中共中央的电文称：“请你们务必严格遵循我们关于不准在现在举行要求归还租借的总罢工或起义的指示。请你们务必千方百计避免与上海国民军及其长官发生冲突。”②3月31日共产国际给中共中央的电报内容是：“（1）在群众中开展反对政变的运动；（2）暂不进行公开作战；（3）不要交出武器，万不得已将武器藏起来；（4）揭露右派的政策，团结群众；（5）在军队中进行拥护国民政府和上海政府，反对个人独裁和与帝国主义结盟的宣传；（6）请每日通报情况。”③

这无异于把中国共产党置于缴械和自杀的境地。即使是这样，中国共产党仍在艰难地寻找继续推进国共合作的“灵丹妙药”。《汪陈宣言》就是在这一背景下出台的。

蒋介石发动反革命政变，对国民党左派无疑也是一个沉重的打击。

---

① 马连儒：《陈独秀思想论稿》，人民出版社，2010年版，第333页。

② 《联共（布）、共产国际与中国国民革命运动（1926—1927）》下，中共中央党史研究室第一研究部译，北京图书馆出版社，1998年版，第169页。

③ 《联共（布）、共产国际与中国国民革命运动（1926—1927）》下，中共中央党史研究室第一研究部译，北京图书馆出版社，1998年版，第167页。

蒋介石另立中央后，中国一时形成了北京军阀政府、武汉国民政府、南京国民政府三个政权对峙的局面。处在风雨飘摇中的武汉国民政府为求得一条生路，在苏联顾问鲍罗廷的支持下，举行了第二次北伐誓师大会。然而，这种放纵蒋介石而去孤军攻击张作霖的所谓北伐，却因夏斗寅叛乱，四川军阀杨森进逼汉阳，特别是何健、许克祥等人发动马日事变，而被迫中止，归于失败。

这次北伐的失败，最终却被汪精卫等归咎于工农运动“过火”，致使一些地主豪绅家庭出身的军官的造反。汪精卫在武汉国民党中央会议上公开声言：“农民协会是‘一个空前的错误’，农产品被摧残完了，工商业家都打得跑光了，上不要中央，下不要人民，像这样逼得人无路可走，也难怪许克祥他们要起来造反。”①武汉北伐军总指挥唐生智也把马日事变的责任完全推到共产党和工农运动上。作为国共合作重要基础的农工政策，在刚刚经历了国民党右派的指责后，又被国民党左派的汪精卫、唐生智等谴责，这不能不说是国共合作的历史性悲剧和历史性误会。

在如此混乱的局面中，以汪精卫为首的武汉国民政府想在既反蒋、又反共的道路上拼死一搏，拉拢冯玉祥就成了其重中之重。因为当时冯玉祥的兵力已扩张到四五十万人，他支持谁，谁就拥有更大的话语权。以汪精卫为首的武汉国民党集团，几乎倾巢出动，前往郑州会见冯玉祥。会谈的结果是，冯玉祥只反共不反蒋，并表示愿意做武汉和南京之间的调和人。同样地，蒋介石也高规格地在徐州与冯玉祥进行了会晤，重点讨论了北伐问题、清党问题和武汉政府问题，冯玉祥坚决主张宁汉之间消除分歧，并愿意负调停之责。事已至此，由于国民党的阶级本性，武汉政府七一五分共清党，宁汉合流已势成必然。鲍罗廷十分感慨地说：“当一切都顺利时，他们听我们的话，而现在，当他们感到自己的处境没有出路时，先是惶恐不安，尔后为了拯救自己，逐步摆脱群众运

---

① 沙健孙主编：《中国共产党史稿（1921—1949）》第二卷，中央文献出版社，2006年版，第466页。

动和共产党人的影响。”①

在这个过程中，最为尴尬的当数共产国际。斯大林和共产国际一直很看重蒋介石，对其长期采取扶持的策略，即便在四一二反革命政变后，也迟迟下不了决心与蒋介石决裂。有意思的是，这时的蒋介石军中仍有大量的苏联顾问，甚至还邀请他们参加了庆祝南京国民政府成立的宴会，而宴会的主题竟然是大骂共产党和苏联顾问。直到4月底，苏联才决定召回苏联顾问，并全力支持武汉国民政府。

然而在如何支持武汉国民政府，解决生存和发展问题并采取正确有力的军事行动方面，共产国际又昏着频出，日陷被动。二次北伐是鲍罗廷等人作出的重要决定，虽然中共中央表示明确反对，新派来的共产国际代表罗易也不赞成。但是斯大林认为，中国北方有苏联扶持的冯玉祥军队，只有北上与冯玉祥形成夹击张作霖、吴佩孚的态势，才是武汉唯一正确的选择。直到大革命失败后，鲍罗廷才反思到，当时放弃东征蒋介石而北伐张作霖，是犯了一个大错。②

马日事变后，共产国际和鲍罗廷从维系与武汉国民政府的关系出发，要求共产党采取退让政策，用共产党人的良好行为改变混乱的局势。于是，中共中央做出了种种限制工农运动的举措，主持农民工作的谭平山受到严厉批评。但是当看到一再退让之后反而出现大规模的清党和“礼送”共产党人的行动时，共产国际和斯大林才又于5月30日、6月3日连发两封密电作出紧急指示，主要内容为：不进行土地革命，就不可能取得胜利；只没收大、中地主的土地，不要触及军官和士兵的土地；国民党中央的一些老领导人害怕发生事件，他们会动摇和妥协；应从下面多吸收一些新的工农领导人加入国民党中央；应当消除对不可靠将领的依赖性，动员共产党员和革命工农组建几个新军；要成立以

① 《联共（布）、共产国际与中国国民革命运动（1926—1927）》下，中共中央党史研究室第一研究部译，北京图书馆出版社，1998年版，第506页。

② 参见《联共（布）、共产国际与中国国民革命运动（1926—1927）》下，中共中央党史研究室第一研究部译，北京图书馆出版社，1998年版，第501—502页。

著名国民党人和非共产党人为首的革命军事法庭，惩办迫害人民、迫害工农的军官等。①这就是著名的“五月指示”。

平心而论，共产国际和斯大林上述指示是非常有针对性的，然而为时已晚。在汪精卫政府已经明显右转的前提下，所谓国共合作中的土地革命、更新国民党中央、组建工农新军都无异于空想。无奈之下，陈独秀代表中共中央告知莫斯科，其指示现在已无法执行。

还有一个令人不可思议的小插曲：罗易竟将这一密电拿给汪精卫看，试图让汪精卫同共产党一道搞土地革命。汪精卫看了电文后，倒吸一口凉气，认为随便实行这些指示中的任何一条，国民党都会完蛋。汪精卫拒绝了罗易的要求，却将电文留了下来，并将此作为必须分共清党的重要证据。汪精卫分共已实属必然，而罗易此举，无疑加快了汪精卫分共的步伐。

07 正确而痛苦的抉择

1927年6月30日，目睹汪精卫已无可挽回地步蒋介石后尘反共，邓演达写了一封《告别中国国民党的同志们》的信，7月13日又公开发表《辞职宣言》。当天，他化装成查电线杆的工人，秘密离开武汉。

《告别中国国民党的同志们》全文如下：

中央执行委员会钧鉴：

党员同志们！

我今天要以十二分痛切沸热的意思贡献给中央执行委员会及各位同志们！我以为总理的三民主义是我们革命的张本，照着总理的三民主义做去，必然可以得到大多数民众——尤其是农工群众的拥护，可以完成国民革命。不幸到了今日，总理的三民主义

---

① 参见《联共（布）、共产国际与中国国民革命运动（1926—1927）》下，中共中央党史研究室第一研究部译，北京图书馆出版社，1998年版，第298—300页。

受了不少的曲解和背叛。前时有了蒋介石的屠杀农工群众、屠杀忠实党员，藐视总理的主义和政策，所以我及一般的同志们都主张讨伐他。现在正在进行北伐黑暗的奉天军阀及东征蒋逆介石的封建背叛者工作当中，我们的中央各同志也发生了不幸的变动。前时主张讨伐蒋介石的，现在忽然有投降妥协的要求；前时主张联合一切革命分子去革命的，现在忽然有与共产党分裂的主张；前时主张拥护农工利益的，现在忽然反而要去屠杀农民和嫉恶工友。政治工作本是党的权威，现在也是无理的受尽一切屈辱和遭值意料外的蹂躏。我自己在工作当中固然是不能执行责任，我更为我们的中央危。我始终认为三民主义如果受了曲解，农工如果受了摧残，革命分子如果被摈斥，政治工作如果被威胁，则不独党的革命意义和权威消灭，而且必然招致反革命的结果。讨伐蒋介石，如果不认为讨伐他的纲领，他的反革命的封建的行动，而只着眼在私人关系，结果只有循环不已的军阀私人争斗或某种领袖的私人争斗，我们的党如果不决定而且承认农工政策及有决心解决土地问题，则革命的意义完全消失，结果必难免第二次辛亥年的失败。我因为这个，所以离开了目前的工作，而且希望我们党的领袖们的反省。

我现在离开工作了，同志们！我并不是就永远离开了工作。我一面准备着争斗，一面准备着如果我们的中央确固了革命的纲领，三民主义革命的纲领，坚守着总理的策略，那我必立时受中央的命令立刻回来工作。

同志们！革命是我们的职业，三民主义的国民革命是我们的立场。同志们！大家奋斗！我一定在最近的将来来和大家再见！

邓演达

六·三十，于汉口①

---

① 《邓演达文集》，人民出版社，1981年版，第121—122页。

邓演达是国民党内少有的理论上清醒坚定、行动上果敢彻底的革命者。邓演达秘密离开汉口后，辗转到达莫斯科。1927年11月1日，他接受宋庆龄、陈友仁的委托，起草《对中国及世界革命民众宣言》，并以他们三人名义发表，提出组建中国国民党临时行动委员会。12月离开苏联，抵达德国柏林，并与侨德的部分中国国民党人组织了一个学会，讨论有关中国问题。随后在西欧、东欧、中东和印度进行考察。1930年5月，秘密抵达上海。返回祖国后，他积极联络有关方面人士，进行预备成立中国国民党临时行动委员会的活动。8月9日，该委员会宣告正式成立，提出“解放中国民族、建立平民政权、实现社会主义”的政治主张，号召推翻蒋介石反动政权，继续完成孙中山的革命事业。邓演达被选为总干事。1931年8月17日，邓演达在上海愚园路为江西起义干部训练班做结业讲话时，因叛徒告密，被上海租界巡捕逮捕。后蒋介石下令将邓演达押解至南京，在威逼利诱失败后秘密处决，邓演达时年三十六岁。

国共两党的第一次合作及其破裂，在中国近代历史上具有划时代的意义。对于国民党而言，孙中山逝世后，右派逐步汇聚整合，通过排共、反共的戴季陶主义、西山会议派、孙文主义学会，到蒋介石借中山舰事件发难，《整理党务案》出台，再到发动四一二反革命政变和汪精卫的七一五分共清党，国民党似乎瞬间掌握了中国国民革命的主动权，排除了共产党这一异己分子，消除了心腹大患。然而，蒋介石和国民党反动派并没有认识到，将共产党人清除出国民党和对共产党人进行残酷杀戮与无情镇压，正是国民党性质发生质变的时刻，也是国民党不可逆转地走向反动和失败的时刻。

首先，国民党从“一盘散沙”“堕落中死亡”获得新生，根本原因是国共合作形成了新三民主义的政治纲领和联俄、联共、扶助农工三大政策。反共分共也就是从根本上抛弃了上述政治纲领和政策。

其次，国民党的更新曾依赖于新鲜血液的输入和组织系统的建立，其中，共产党人不仅是新鲜血液中最优秀、最活跃、最富有战斗力的部分，而且是国民党组织体系，特别是基层组织体系的构建者和执行者。国民党的反共分共，实际上是将那些最先进、最优秀、最勇敢、最能联系群众的精英剔除了，其组织体系，特别是基层组织体系也因之瞬间坍塌。

最后，国共合作期间国民党的政策开始向劳工群众倾斜，主要由共产党人组织领导的工人运动、农民运动风起云涌，深受工农群众的拥护和支持。而国民党反共分共后，工农群众已经获得的切身利益得而复失，以前站在国民党对立面的大地主、大买办阶层反而开始成为其经济支柱和社会基础。

国共合作的破裂使得中国的反帝反封建国民革命运动再一次遭受严重挫折。同时这也成为国共两党命运的转折点。国民党开启了自毁长城、最终走向失败的历史进程。

对于共产党而言，好不容易凭借国共合作发展起来的党的组织，轰轰烈烈的工农运动，一派大好的国民革命形势，因蒋介石四一二反革命政变和汪精卫七一五分共清党，瞬间急转直下，白色恐怖笼罩全国。共产党大伤元气，损失了一大批优秀的党员骨干和年轻有为的领导人。好不容易能够公开活动的共产党，再次被迫回到秘密状态，撤到偏僻的农村和山区，广大农工群众的革命热情受到巨大的压制和伤害。

然而正是因为国民党的反共分共，中国共产党人才有机会回顾和反思以陈独秀为代表的右倾机会主义的形成及危害。实事求是地说，中国共产党遭受如此严重的挫折和失败，以陈独秀为首的中共中央领导集体难辞其咎。面对蒋介石反革命势力借助北伐战争的胜利日益膨胀，面对汪精卫集团的日益右转并最终“宁汉合流”，中共中央不仅拿不出切实可行的应对举措，而且在右倾道路上愈走愈远，很难适应复杂多变的形势。

比如，随着北伐战争的胜利，共产党员和工农代表是否参加革命政权问题历史性地摆在了党的面前。但是，中共中央一方面委托参加共产国际执委会第七次扩大会议的谭平山请示；一方面严厉批评和制止共产党员加入政府，强调共产党在国民革命中必须彻头彻尾地表示独立的在野党态度。1927年9月，陈独秀在《我们现在为什么争斗?》一文中指出，现在的胜利归诸国民政府、国民军，只有到那时，真正中国的资本主义才能够自由发展。而共产党取得政权，乃是无产阶级革命时代的了。[①]直到1926年底共产国际给予明确答复后，才意识到共产党参加政府的必要性和紧迫性。

又比如，对于建立共产党领导下的革命武装问题，始终重视不够。不仅如此，在北伐战争开始后，还不能要求凡从事工运、农运的同志，“绝对不可令之抛弃工作前去”[②]军校。甚至要求在国民革命军中从事政治工作的党团员，“只是注意政治宣传的事，而不可干涉到军事行政上事”[③]，致使我们党在关键时候没有一支可靠的军队，甚至工农武装也被缴械。

在革命危机的紧急关头，中共中央于1926年12月在汉口召开特别会议，研究国民党日益反动情形的对策。但是结果没有拿出任何有效解决问题的办法。在会议通过的《关于国民党左派问题议决案》中，提出“防止党外右倾，同时反对党内‘左’倾”的方针，不仅把责任推给工农运动“过火”“左”倾，还主张把党权、政权、军权、群众运动的组织权等，一股脑都给汪精卫所谓的“左”派。

正是由于国民党的反共分共，中国共产党人才认识到建立一个真正为国家和民族利益而奋斗的独立政党的极端重要性，认识到“枪杆子里面出政权”的真谛和建立党领导的人民武装的极端重要性，认识到和人民群众建立鱼水联系的极端重要性，认识到一切从实际出发、实事求是、坚定不移走自己的路的极端重要性。

有道是：“祸兮福所倚，福兮祸所伏。”中国革命的前途正是因为国共第一次合作的破裂而走向了正确的方向！

也有人把国共合作的破裂归咎于共产党领导的工农运动，认为“左”的过火行为吓跑了同盟者，这种说法是失之偏颇的。实事求是地讲，当时的工人运动、农民运动确有“左”的过火行为，也有一些损害同盟者利益的事情发生。但是在明确国共合作后，国民党实际上就已经认识到：要成为中国国民革命的

---

① 参见《中国共产党重要文献汇编》第九卷，人民出版社，2022年版，第223—225页。

② 《中国共产党重要文献汇编》第九卷，人民出版社，2022年版，250页。

③ 中央档案馆编：《中共中央文件选集》第二册，中共中央党校出版社，1989年版，第455页。

实际领导者，就必须紧紧依靠工农群众，如果不做工农运动就意味着要葬送国民革命事业。因此随着北伐战争轰轰烈烈地进行，工农运动也轰轰烈烈地开展起来，二者是相辅相成的。另外，虽然工农运动的实际推动者基本是共产党人，但也都是以国民党的名义组织开展的。因此只拿共产党领导的工农运动来为国共合作破裂担责，是极其狭隘和错误的。

08　打响武装反抗第一枪

七一五反革命政变后，国共合作正式破裂。中共中央决定，一部分人组织南昌起义，一部分人召开八七会议。周恩来、谭平山等人就去组织南昌起义了。其间，谭平山因特派员张国焘阻挠起义按时进行，愤然扬言要杀了他，结果谭平山因此被开除党籍。不过这也间接推动了谭平山另组中国民主党派。

谭平山，广东高明人。在广州读书期间，深受孙中山革命思想的影响，懂得了不少革命道理，仇恨封建社会制度。两广优级师范毕业后，任中学教员，后又担任校长。其间，他参加过同盟会，后又加入国民党，曾当选广东省参议会代议士（即议员）。在北京大学学习期间，受《新青年》的影响，参加了“新潮社”，又参加了五四运动，和谭植棠、陈公博等人创办《政衡》小报，学习宣传社会主义思想、马克思主义理论。1920年夏，谭平山等在广州发起建立广东社会主义青年团组织。1921年1月，在陈独秀指导下，成立广东共产党早期组织，谭平山成为中国最早的共产党员之一。中共一大后，任广东区执行委员会书记。

谭平山在国共两党合作期间地位很高，在中国共产党第三次全国代表大会上当选中央委员，在中国共产党第五次全国代表大会上当选政治局委员；在国民党一大、二大上历任中央执行委员会常务委员、中央组织部部长、武汉政府委员和农政部长，以及中共中央驻国民党中央党团书记等。

七一五反革命政变后，根据中共中央指示，谭平山与李立三、恽代英、邓中夏、叶挺、聂荣臻等人于7月20日在江西九江召开会议，提议抛弃原来依靠国民革命军第二方面军总指挥张发奎的政策，并决定独立开展军事行动。这一提议得到中共中央临时政治局常务委员会会议批准。7月23日，谭平山代表共产党组织与贺龙谈话，十分严肃认真地交代了这一机密大事。谭平山说："汪精卫7月15日公开叛变之后，中央派临时政治局常委李立三、秘书长邓中夏和我们几个人来到九江同叶挺研究对策。……决定在南昌举行暴动，并派恩来领导暴动。云卿，我们希望你率领二十军和我们一致行动！"贺龙激动地回答："平山同志，我贺龙非常感谢党中央对我的信任。感谢你代表党把这样重大的机密告诉我。共产党不把我当外人，我只有两个字：'赞成！'我完全听从共产党的指示，我的部队服从党的指挥！"①

经过紧张的准备，起义即将进入行动阶段。正当前敌委员会的同志们反复推演，即将下达指令时，中央特派员张国焘于29日上午连续发来两封密电要求"暴动要慎重"。30日，张国焘赶到南昌，前敌委员会立即召开紧急会议，张国焘仍对张发奎抱有幻想，提议起义要征得张发奎同意。31日继续开会辩论，前敌委员会周恩来、贺龙、朱德、刘伯承等坚决反对张国焘的提议，谭平山更是强调，不管什么人的指示，事到如今一定要暴动。甚至愤怒地对一位师长说："张国焘若反对起义就把他杀掉。"②

在南昌起义中，谭平山是前敌委员会成员、革命委员会主席，是主要领导人之一和具体实施负责人。1927年11月，中共中央在上海召开临时政治局扩大会议，"会议对八七会议后各地武装起义所遭受的失败和挫折不作具体分析，片面地指责起义领导人'犹豫动摇'、'违背中央政策'、犯了'机会主义'的错误"③，给南昌起义、秋收起义的领导人以不同的政治纪律处分，其中对谭平山的处分最重。会议通过的《政治纪律决议案》指出："谭平山同志自第五次大会后当任国民政府农政部长，一直到南昌暴动前后的行动与主张，

---

① 顾永忠：《贺龙与共和国元帅》，人民出版社，2007年版，第16—17页。

② 中共中央文献研究室、中国延安干部学院编：《延安时期党的重要领导人著作选编》下，中央文献出版社，2014年版，第509页。

③ 中共中央党史研究室：《中国共产党历史》上卷，人民出版社，1991年版，第230页。

完全反对土地革命的政策。其行动更多离开党而自由行动，最著者如当今年七月武汉国民党及政府开始排共之际，曾秘密与邓演达等联络主张取消中国C. P. 而另组织第三党，并向智识分子同志中作反对中央另组织第三党之宣传；同时忽视党的决议，不得中央许可私向汪精卫请假，在请假呈请书内复大骂农运之棘手；与汪精卫代表陈春圃谈话，更大骂本党中央及农运；最后中央政治局决定其赴莫，亦未遵命前去；及至九江、南昌更充分发展其个人行动，在九江因为他和贺龙谈话之投机和贺可反张，便在负责同志会议中，鼓动不管中央不管党而自干的反党空气，至南昌仍继续其第三党的宣传；在同志中、在国民党员中，其后在革命委员会中更多先做而后通知或径不通知前委的举动，其于屠杀豪绅和没收等政策，亦时妨碍其行动。这些表示都是违背本党组织的行动，应即开除党籍。”①

以上处分决定，经专家学者多方考证，大多数为不实之词。周恩来于1944年3月在延安党校做《关于党的“六大”的研究》的报告时称：谭平山“被开除党籍的原因，是张国焘反对南昌起义，谭平山对一位师长说，张国焘若反对起义就把他杀掉。当时我任前委书记，这位师长来征求我的意见，我说党内斗争不能这样做。后来有人把这事告诉了共产国际代表，共产国际代表就决定把谭平山开除了”②。这可以作为一个证明。实际上，共产国际在检讨中国大革命失败的原因时，早已盯上了中共中央所谓的机会主义错误，而谭平山就是他们认为的机会主义的总代理人之一，他被开除党籍也就成为不可避免的事情了。

作为一个坚定的共产主义战士，国民党开除他时，谭平山只是一笑了之，根本不屑一顾；而共产党开除他时，谭平山则像一只在大海中失去了指南针的小船一样痛苦。

南昌起义只是八七会议确定土地革命和武装斗争总方针的一个前奏，而谭

① 《中国共产党重要文献汇编》第十二卷，人民出版社，2022年版，第285—286页。

② 中共中央文献研究室、中国延安干部学院编：《延安时期党的重要领导人著作选编》下，中央文献出版社，2014年版，第508—509页。

平山等重要领导人被处分，则意味着中国共产党将被迫走上一段极其艰难曲折的道路。

八七会议是为总结大革命失败的经验教训，纠正右倾机会主义错误，确定党今后的斗争方针和任务而紧急召开的。原定于7月28日举行，由于形势紧张，交通困难，被迫延至8月7日才在湖北汉口原俄租界三教街41号秘密举行。出席会议的有中央委员十人，候补中央委员三人，中央监察委员二人，青年团代表三人，以及湖南、湖北和中央军委代表各一人和中央秘书一人，共产国际代表罗明纳兹等参加了会议。这一秘密紧急会议，是在南京国民政府和武汉国民政府同流合污，全国一片“宁可枉杀千人，不可使一人漏网”，要和共产党“决一死战”的肃杀恐怖气氛中进行的，足见其悲壮和沉重。

会议正式确定了实行土地革命和武装反抗国民党反动派的总方针，通过了《中共八七会议告全党党员书》《最近农民斗争的议决案》《最近职工运动议决案》和《党的组织问题议决案》等重要通告和决议。会议在总结大革命失败的经验教训时，不可避免地着重批评了党中央右倾机会主义错误，撤销陈独秀的总书记职务。会议指出：“中国革命的发展已经到以土地革命为中枢的时期”①；“现时最主要的任务是有系统的、有计划的、尽可能的在广大区域中准备农民的总暴动…… 中国共产党及中国共产主义青年团应当在极短期间，调最积极的、坚强的、革命性稳定的、有斗争经验的同志，尽量分配到各主要的省份做农民暴动的组织者。”②

会议选举了新的临时中央政治局，由瞿秋白主持中央工作。在这次会议上，毛泽东提出了“须知政权是由枪杆子中取得的”③重要论断。

八七会议是在中国革命危急关头召开的，会议确定的实行土地革命和武装反抗国民党反动派的总方针，使全党没有在白色恐怖面前惊慌失措，重新鼓舞

---

① 中共中央文献研究室、中央档案馆编：《建党以来重要文献选编》第四册，中央文献出版社，2011年版，第459页。

② 中共中央文献研究室、中央档案馆编：《建党以来重要文献选编》第四册，中央文献出版社，2011年版，第442页。

③ 《毛泽东文集》第一卷，人民出版社，1993年版，第47页。

起与国民党反动派斗争的勇气，指明了今后革命斗争的正确方向，为挽救党和革命作出了巨大贡献。中国革命从此开始了由大革命失败到土地革命战争兴起的历史性转变。

南昌起义、八七会议、秋收起义乃至其他遍及大江南北的暴动起义，可以看作是在国共合作破裂新的历史条件下，对共产国际“五月指示”的贯彻落实。无论是共产国际还是中国共产党，其坚决程度都是前所未有的。

首先，改组中共中央，结束了右倾机会主义在党中央的统治。根据共产国际的指示，7月12日，鲍罗廷主持召开中央政治局会议，接受陈独秀辞职，指定张国焘、张太雷、李维汉、李立三、周恩来五人组成中共临时中央常委会。可以说，张国焘等人是临危受命。

其次，按照“五月指示”要求，有系统、有计划、尽可能地在广大区域准备农民的总暴动。实行土地革命和组织民众武装起义的新政策，着手制定湘、鄂、粤、赣四省秋收起义的计划，并且直接决定并领导了南昌起义，打响了武装反抗国民党反动派的第一枪，创建了中国共产党独立领导的革命军队。

再次，公开发表《中共“八七会议”告全党党员书》，增强了斗争的勇气和信心。八七会议强调指出，中国共产党将继续绝不妥协地反对帝国主义、反对军阀、反对一切封建余孽，努力实现并巩固中国革命与世界无产阶级被压迫民族及苏联之真正联盟，更将继续增进工人利益的斗争，将继续解放农民的斗争，亦将为城市小资产阶级的利益而斗争，为兵士的利益而斗争。这对于频遭反动势力迫害、打压的中国共产党人和广大工农群众来说，不啻一针精神上的强心剂。

最后，需要简要提一下共产国际执委会第七次扩大会议对中国问题的决议和中国共产党第五次全国代表大会。

1926年11月22日至12月16日，共产国际执委会第七次扩大会议召开，专题讨论了中国革命问题。斯大林作了《论中国革命的前途》的报告，通过了《关于中国问题决议案》。会议指出，中国大革命的形势迫使帝国主义采取分化革命阵营的新策略，大资产阶级不可避免地脱离革命；目前，中国民族革命运动的发展重点是土地革命；中国革命的前途应该是非资本主义前途，而是社会主义方向，无产阶级应竭力争取革命的领导权；革命军队是中国革命极重要的因素，中国革命具有以武装的革命反对武装的反革命的特点与优势等。

1927年4月27日至5月9日，中国共产党第五次全国代表大会召开，它是在共产国际执委会第七次扩大会议精神的指导下进行的，共产国际代表维经斯基、罗易等给予了悉心指导。大会通过了《中国共产党接受〈共产国际执行委员会第七次扩大全体会议关于中国问题决议案〉之决议》《政治形势与党的任务议决案》《土地问题议决案》《职工运动议决案》《组织问题议决案》《对于共产主义青年团工作决议案》等六个决议案和《中国共产党第五次全国代表大会宣言》，对中国革命发展的现阶段所面临的一系列重要问题进行了探索，指出了中国革命发展的非资本主义前途、建立工农小资产阶级民主政权的目标，提出了争夺无产阶级领导权、实行土地革命、加强党的组织建设等任务。这可以说是一个全新的思路。

09　在莫斯科召开的中共六大

1928年5月初，周恩来、邓颖超夫妇由上海乘日本轮船去大连，然后前往苏联参加中共六大。为安全起见，周恩来留起了长须、穿上长袍，打扮成一个古董商人。在船上，他们很少走动，更不和其他乘客交谈，但船经过青岛时有短暂的停留，周恩来夫妇买了青岛市的各种报纸带回船上，这一行动引起了日本人的注意。他们在大连码头下船时，被警察拦住了，将他们带到日本设在大连的水上警察厅。警察问周恩来是干什么的，周恩来回答："做古玩生意。"警察又问："你们做生意为什么要买那么多的报纸？""在船上没事可以看看。"周恩来淡定地回答。狡猾的警察拿出照片对比了半天，突然说："你是周恩来！"机警的周恩来并没有慌张，而是沉着地说："你认错人了，我姓王。"警察们继续盘问职业、学历、工作等情况，周恩来都一一做了回答。警察盘问半天，也抓不到什么把柄，只好把他们放了。为了不留破绽，周恩来把到苏联接头的证件也毁掉了。

经过这么一番盘查，日本警察仍然没有完全消除怀疑。在周恩来夫妇乘火车到长春途中，仍有日本便衣警察跟踪。上车后周恩来夫妇发现，坐在对面的乘客是日本人，却用中国话和他们攀谈，周恩来夫妇早已识破他是来跟踪的，便也同他聊天。在长春站下车时，那个日本人拿出名片给周恩来，日本人有交换名片的风俗，周恩来应立即回片。一般人名片都放在西装小口袋里，但周恩来实际上没有名片。周恩来装着要找的样子，说："噢！我的名片没有装在口袋里，还在箱子里呢！很对不起！"并做出要去取的手势，对方说："不必，不必了！"终于对付过去了。①

当时临时中央决定，参加六大的代表，除一小部分由上海乘船经海参崴前往外，其余大部分由上海乘船至大连，走中东铁路到哈尔滨，再由哈尔滨经满洲里或绥芬河前往莫斯科，事实上凡走这一路的中共六大代表，都经历了类似的盘问。瞿秋白夫人杨之华带着六岁的女儿瞿独伊和罗亦农的夫人李文宜，以及另外两个代表抵达大连时，也受到日本警察的扣押和追问。日本警察看她带个小孩，问她是不是贩卖人口的。杨之华这才放心下来，从容地说："这是我的女儿，你们不信，可以验血型。"据罗章龙回忆，他的前一组五名代表在大连登岸后，日本警察认为他们形迹可疑，带他们到警察局问话。日本警察劈头问道："你们是上海来的共产党吗？你们来关东州干什么的？"代表们镇定地按预先准备好的回答，并拿出表明正当身份的证件给日本警察看。日本警察询问了半个小时，毫无破绽，于是便停止询问，随即还说："你们就是共产党，我们大日本政府也不管，只要你们不在南满地带活动。希望你们不要在南满多停留，迅速离开这里。"就这样，日本警察把五位代表送到火车站，监督他们登上火车离开大连。②

国共合作破裂后，共产国际先是免除了陈独秀总书记的职务，成立了以张

---

① 参见邓颖超：《我们一次遇险与脱险的经过》，《人民日报》，1985年8月14日。

② 参见李蓉：《中共六大代表与海参崴、绥芬河》，《中共党史资料》，2008年第3期。

国焘为首的临时中央常委会。新的中央组织了南昌起义和八七会议，应该说从7月12日到8月7日的过渡时期，做了大量卓有成效的工作。但是共产国际对这一段的工作并不满意。在共产国际罗明纳兹的具体指导下，中央紧急会议即八七会议召开，又选举产生了以瞿秋白为首的临时中央政治局和临时中央政治局常委。张国焘等因为犯有所谓的机会主义、“软弱的军事投机”等错误，离开中央领导岗位。八七会议的一大历史功绩是确定了土地革命和武装反抗国民党反动派的总方针，相继组织了湘赣秋收起义、海南琼崖起义、广东海陆丰起义、湖北黄麻起义、广州起义等。但由于准备不足，加之敌我力量悬殊，这些起义虽然英勇回击了国民党反动派的屠杀和围攻，但最终都遭受挫折和失败。八七会议的另一重要成果，就是无情揭露和批判了陈独秀右倾机会主义错误。

然而，在1927年11月召开的中央临时政治局扩大会议上，临时中央对八七会议后遭受失败和挫折的各地武装起义不做具体分析，均给予批判和否定，实行惩办主义。指责南昌起义前敌委员会执行的是“机会主义的旧政策”，“在政治上及策略上并未能真正代表工农”，是“软弱的军事投机”，因此给予周恩来、李立三、张国焘、恽代英、彭湃等警告处分，强令将谭平山开除党籍；秋收起义遭到优势敌人围攻，损失惨重，毛泽东当机立断，放弃攻打长沙，率队上井冈山当“山大王”，由此开创了中国共产党领导下的第一个农村革命根据地，而临时中央指责毛泽东等“临阵脱逃”，“违背中央政策”，犯了机会主义错误，给予毛泽东撤销临时中央政治局委员处分，给予彭公达撤销临时中央政治局候补委员和中共湖南省委书记处分，等等。

11月会议还对形势进行了分析，对下一步任务做了安排。会议通过的《中国现状与党的任务决议案》指出，国民党新军阀的统治已经处于崩溃的边缘，党要实行全国武装暴动总策略：农村暴动与城市暴动相结合，以城市暴动为中心，形成城乡武装总暴动，一举推翻国民党反动统治，建立全国苏维埃政权。这次会议再一次严厉批判了陈独秀右倾机会主义错误。

面对当时极端复杂的国际形势和恐怖严峻的国内形势，年轻的中国共产党人明显缺乏战略思维和斗争经验。尤其是中共中央高层内部在中国社会性质、中国革命性质、面临形势和任务等一系列重大问题上，存在普遍的迷茫和认识上的严重分歧。而此时共产国际“左”倾理论的指导，更致使中国共产党对革命形势的估计过于乐观，认为革命潮流持续高涨，全面夺取革命胜利的客观条件已经具备，致使党内的“左”倾情绪严重滋长起来，遍及城乡的暴动层出不穷，不仅暴露了中国共产党的力量，也给国民党反动派武装镇压提供了机会。这期间，一大批优秀的中国共产党的领袖人物，如罗亦农、夏明翰、郭亮、向警予、许白昊、郑复地、陈乔年、周文雍等英勇牺牲。刚刚积蓄起来的革命力量再次遭受重创。

中国共产党第六次全国代表大会正是在这一大背景之下召开的。由于当时国内白色恐怖严重，难以找到一个安全的地方开会，再加上赤色职工国际第四次代表大会和共产国际第六次代表大会分别于1928年春天和夏天在莫斯科召开，青年共产国际也将在莫斯科召开第五次代表大会，考虑到这些会议中国共产党都要派代表参加，而且中共中央也希望能够得到共产国际的及时指导，遂将中共六大放在莫斯科召开。这也是中国共产党唯一一次在国外召开的代表大会。

出席这次大会的代表共一百四十二人，其中有表决权的代表八十四人。会议由向忠发主持，瞿秋白代表第五届中央委员会作政治报告，周恩来作组织报告和军事报告，李立三作农民问题报告，向忠发作职工运动报告，布哈林代表共产国际作《中国革命与中国共产党的任务》的政治报告和关于政治报告的结论。会议筹备期间，苏联和共产国际领导人斯大林、布哈林等分别予以指导，使中国共产党领导人澄清了在革命性质和革命形势上的模糊认识。共产国际东方书记处派出大量人员参加了大会各项决议案的起草工作。

大会通过了政治、军事、组织、苏维埃政权、农民、土地、职工、宣传、民族、妇女、青年团等问题的决议，以及经过修改的《中国共产党章程》。大会选举了六届中央委员会，六届一中全会又选举产生中央政治局和中央政治局常委，向忠发为中央政治局主席兼中央政治局常委会主席。

中国共产党的六大是一次具有重大历史意义的会议。它认真总结了大革命失败以来的经验教训，对有关中国革命的一系列存在严重争论的根本问题，做出了基本正确的回答。它集中解决了当时困扰党的两大问题，即中国社会性质和革命性质问题、革命形势和党的任务问题，认为当时的中国仍是半殖民地半封建社会，中国革命依然是资产阶级性质的民主主义革命；明确了中国革命正处在两个高潮之间的低潮，党的总路线是争取群众，党的中心工作不是千方百计地组织暴动，而是做艰苦的群众工作，积蓄力量。这两个重要问题的解决，基本上统一了全党的思想，对中国革命的复兴和发展，起了积极的作用。

但是党的六大对中国社会的阶级关系缺乏正确的认识，认为民族资产阶级是最危险的敌人，仍然把党的工作重点放在城市，对中国革命的长期性估计不足，认为革命虽然处于低潮，但高潮很快到来。同时在组织上片面强调党员成分无产阶级化和“指导机关之工人化”。尽管存在着上述缺点，但党的六大确定的路线基本上是正确的。

10　无情的大浪淘沙

1931年3月，中央决定，时任中共中央政治局常委的张国焘、沈泽民、陈昌浩等人，到鄂豫皖革命根据地开展工作。基于张国焘的职务和肩负的重任，中央要求必须由一名经验丰富且熟悉通过长江进入鄂豫皖根据地的地下交通线的同志负责，顾顺章正好负责这条交通线。就这样，顾顺章和号称“红色牧师”的董健吾奉命护送张国焘等从上海出发，经武汉去鄂豫皖革命根据地。

顾顺章，上海宝山人。早年在南洋烟草公司的制烟厂当工头，从小好勇斗狠，曾参加青帮并当选小头目，在上海滩的帮会、流氓斗殴中表现非凡。他曾留学德国，回国后加入中国共产党。顾顺章在厂里领导工人罢工，于五卅运动中崭露头角。五卅运动后，调到上海市总工会工作，参与训练工人纠察队。1926年，顾顺章与陈赓等人一起去苏联，短期学习政治保卫工作和武装暴动经验。1927年，顾顺章回国，参加上海工人第三次武装起义，被推举为工人武装纠察队总指挥。

四一二反革命政变后，顾顺章主持中央特科日常事务。转移到武汉后，担任中共中央军委特务工作处负责人，兼任鲍罗廷的卫士长。八七会议上，顾顺章被选为中共中央临时政治局委员。在党的六届三中全会上，顾顺章被增补为政治局候补委员。

顾顺章酷爱魔术表演，在和董健吾完成护送任务返沪途经武汉时，魔术表演的瘾头犯了，不顾党的秘密工作纪律和董健吾的多次劝说，用魔术大师“化广奇”的艺名到新市场游艺场公开表演魔术。

1931年4月下旬的一天，顾顺章由武昌乘渡轮回到汉口，下船到汉江关门口时，正好被叛徒撞见。该叛徒暗中跟踪盯梢，确定顾顺章的住处后，马上报告国民党特务机关，将顾顺章逮捕。

顾顺章被逮捕后，提出了三个要求：第一，赶快送他到南京去，他要面见蒋介石；第二，要保密，不要打电报给南京；第三，要保证他的安全。但是国民党武汉特务机关邀功心切，接连给南京的国民党中央组织部党务调查科负责人徐恩曾发了六封电报，报告顾顺章被捕和叛变的情况，以及押往南京的计划。恰巧打入中统内部并担任徐恩曾机要秘书的中共地下党员钱壮飞及时获取了该情报，急派女婿连夜乘火车赶往上海向李克农汇报，李克农又辗转汇报给陈赓，才抢在特务动手之前通知党中央机关转移。于是在上海的党中央及江苏省委才未被破坏，周恩来等党中央主要领导得以幸免于难。

顾顺章一到南京就受到陈立夫、徐恩曾召见，还见到了蒋介石，也供出了所知一切中共机密。然而当徐恩曾带领特务、军警按照顾顺章的交代进行大搜捕时，他供出的地址却早已人去楼空。

此后，顾顺章指认和捕杀了恽代英、蔡和森等中共领导人，帮助国民党举办特务训练班，并设伏抓获了向忠发（也随即叛变），成为中国共产党历史上最凶恶的叛徒。

从党的六大到六届四中全会，再到顾顺章、向忠发叛变，中共中央领导机构遭受重创，党内思想斗争异常激烈，党一直在反右然后行左，反左然后在更左的道路上徘徊，最终给王明等人攫取中央最高领导权提供了机会，导致了长达四年的王明路线统治。

1929年6月25日至30日在上海召开的党的六届二中全会，提出了加强反帝反军阀斗争、继续深入土地革命、开展游击战争、扩大苏维埃区域、建立和扩大红军等十五项任务，对全党进一步贯彻六大路线，推动各项工作起到了重要作用。但会议夸大了当时党内右倾的危险倾向，错误地认为主要是"反右防左"，从而忽视并助长了党内"左"倾危险的抬头。

1930年9月24日至28日在上海召开的党的六届三中全会，批评了以李立三为代表的"左"倾错误：片面夸大国内统治阶级的危机，过高估计革命力量的发展，不切实际地提出"会师武汉""饮马长江"的口号，导致中心城市总同盟罢工和各地武装暴动相继失败。奉共产国际之命，瞿秋白、周恩来回国后纠正了李立三的错误。但共产国际认为，这次会议犯了调和主义错误，瞿秋白、周恩来成为主要责任人。在得知共产国际态度的情况下，王明、罗章龙等强烈要求排斥瞿秋白、周恩来，全盘换班。

1931年1月7日召开的六届四中全会，严厉谴责了立三路线及其后中央的"调和主义"。《中共四中全会决议案》指出："中国共产党的领导，在李立三同志的路线占着统治地位的情形之下，不顾共产国际的这些指示，而走到冒险盲动和反共产国际的政策的道路上去。现在人人都明白立三同志反共产国际的路线，给了党极大的损害。"[①]《中央政治局报告》指出："三中全会是站在调和主义立场之上来接受国际决议案，结果使三中全会的路线成为调和路线。"因此，"三中全会决议案决不能成为反对立三路线执行国际路线的基础"。[②]全会在反对"党内目前主要危险是右倾"的纲领下，实际上批准了王明的"左"倾冒险主义纲领《两条路线》。在共产国际代表米夫的策划下，部分地改组了中央及政治局，王明"左"倾教条主义者得以控制党中央领导权。

---

① 《中共党史教学参考资料》一，人民出版社，1957年版，第313页。

② 中共中央党史研究室第一研究部编：《共产国际、联共（布）与中国革命文献资料选辑（1927—1931）》下，中央文献出版社，2002年版，第519页。

而在六届二中全会以来，一直坚定反对立三路线和调和主义的罗章龙、何孟雄等，则因组织中央非常委员会进行分裂党的活动，最终被开除党籍。罗章龙另立中央后曾给好友毛泽东写过一封信，信中说："如果说当时作为堂堂之党，正正之旗的中共中央及全党，对此竟万马齐喑嘿无声，不加评论，不加抨击，不仅宁非咄咄怪事！如果这样下去，不仅是中国革命蒙上奇耻大辱，而且适足以证明全党无人了！这难道是无关轻重的小事可以坐视不理吗?!"希望毛泽东"对此小撮坏人篡夺行径，毁党叛革命奸谋"，"奋起反击，树之风声则群小慑服，全体党员闻风响应"。[①]但是毛泽东不但没有支持罗章龙，反而批评罗章龙过分在意"鸡虫得失小节"，强调"决不预闻个人恩怨门户之私"。[②]在后来回忆时还十分惋惜地说："不管那时的中央怎么不行，有话可以讲嘛，你也在中央嘛！你搞两个中央，不是多了一个嘛?"[③]

那么，罗章龙、何孟雄反对派是怎样出现的呢？

1930年5月，蒋介石、冯玉祥、阎锡山新军阀之间的中原大战爆发，主持中共中央工作的李立三等认为革命时机已在全国范围内成熟，要求各地采取进攻路线，在各地举行武装暴动，立三路线进入最狂热的时期。何孟雄当时是江苏省委主要领导人之一，又一直是具有独立思想并敢于表达的领导干部。当李立三宣称"工人要大干，不要小干，只要有领导，一呼百应，罢工就能罢起来"[④]，何孟雄当即反驳，认为"实际情况并不是这样"[⑤]。罗章龙、王克全等人也大都与何孟雄持同样的观点。在瞿秋白、周恩来准备召开六届三中全会的时候，罗章龙、何孟雄周围聚集起一批人，要求对立三路线带来的失误进行检讨，反对派逐渐形成。但是李立三不仅没有接受意见，反而对这些同志粗暴压

---

① 罗章龙：《亢斋文存·罗章龙回忆录》下，美国溪流出版社，2005年版，第502页。

② 罗章龙：《亢斋文存·罗章龙回忆录》下，美国溪流出版社，2005年版，第501页。

③ 王立华：《早年毛泽东称誉为"管鲍之交，后无来者"的罗章龙》，《炎黄春秋》，2021年第4期。

④ 黄理文：《一九三〇年江苏省委和闸北区委的一些情况》，《党史资料丛刊》，上海人民出版社，1981年第3辑，第26页。

⑤ 黄理文：《一九三〇年江苏省委和闸北区委的一些情况》，《党史资料丛刊》，上海人民出版社，1981年第3辑，第26页。

制乃至撤职，坚称自己大体正确，只是策略失误。

瞿秋白、周恩来为了维护中央的权威，接受了李立三的看法。全会决议案认为中央政治局的路线“是正确的，是和共产国际的路线是一致的”[1]，只是有一些策略失误，比如“忽略苏维埃根据地的重要，忽略工业区域日常斗争和政治问题的联系”[2]等。决议还用相当篇幅批评右倾分子利用中央政治局策略上、组织上的个别错误，“不但造谣诬蔑挑拨离间，进行小团体的活动，而且宣传中央的路线和国际是不一致的”[3]，把矛头直指何孟雄等人。

中共中央11月16日接到共产国际来信后，瞿秋白、周恩来虽然表示接受批评，但同时继续压制反对派。

共产国际远东局新任书记米夫正在这个时候来到中国。一开始，为缓和党内关系，党中央作出了一系列对反对派让步的决议。然而，这不仅没能缓和党内矛盾，反而激发了反对派斗志，他们要求从根本上改造政治局。很显然，这已经远远超出了共产国际所允许的范围。正是在上述复杂的斗争中，米夫确定并实现了由旧中央成员、留苏学生、反对派中工人干部三方结合的领导集体。

在这种情况下，没有达到目的的反对派召开反对四中全会的代表团会议，通过了罗章龙起草的《力争紧急会议反对四中全会的报告大纲》，成立了所谓的“临时中央干事会”，开始在组织上准备分裂。罗章龙等分裂党组织的活动，在全党影响很大，许多党组织，如江苏、上海、全总、天津、华北、东北等，都受此影响，甚至发生了分裂。面对这种危急情况，中央政治局果断开除了罗章龙等人党籍。罗章龙等人被开除党籍后，反抗更加激烈，成立“中国共产党非常委员会”而另立中央。

罗章龙作为最早期的党员、和毛泽东等共创“新民学会”的元老，就因为这小资产阶级的冲动，一生都离开了党组织。在其晚年，曾多次申请重新加入中国共产党，但因其曾经有过分裂党的行为，未能如愿，不能不说是一大遗憾

① 《中共党史教学参考资料》一，人民出版社，1957年版，第297页。
② 《中共党史教学参考资料》一，人民出版社，1957年版，第298页。
③ 《中共党史教学参考资料》一，人民出版社，1957年版，第310页。

和悲剧。

回顾陈独秀被解除职务后，中国共产党内部的人事更迭，其中有多少辛酸和无奈，同时也折射出人性的光辉和暗淡。先是谭平山被开除出党，一个革命者的满腔热血无以倾注，只能另辟蹊径，组建第三党，探索第三条道路。接着是踌躇满志的张国焘，顶着军事投机主义的帽子黯然离场，后曾冲动地找到陈独秀，想另组织一个工农党，以摆脱瞿秋白和共产国际政治路线的约束。瞿秋白则因需对八七会议之后的“左”倾盲动主义负责，加之要进一步推进中央领导机关的工人阶级化，只能离开中央主要负责人的位置，留在苏联从事共产国际工作。再后来是李立三实际主持工作，其“争取一省或几省首先取得胜利”的进攻战略，给刚刚积蓄起来的党的力量以沉重打击，从而也遭到了罗章龙、何孟雄等共产党元老的反对。共产国际派瞿秋白、周恩来试图解决立三路线问题，但由于其调和主义立场，不仅使顾顺章等李立三政策的拥护者心存不满，而且使罗章龙、何孟雄等务实的革命者备受打压、难以接受。尤其令人大跌眼镜的是，一批刚刚从苏联留学回来、毫无实际革命斗争经验的青年人占据了中央领导机关的重要位置，依仗共产国际代表的支持，颐指气使，发号施令，造成党内思想和组织上的混乱。

11 王明路线统治中共中央

王明在中国共产党历史上是一位举足轻重的人物。他何以能影响中国革命那么长时间，造成那么多损失呢？这还要从王明其人说起。

王明，原名陈绍禹，出生于安徽六安金家寨镇。十五岁时考入安徽省第三甲种农业学校。中学毕业后，考入国立武昌商科大学预科学习，在这里，他结识了一些中共党员和青年团员，学习和宣传马克思主义理论，开始了其思想转变的重要阶段。也正是在这个时候，王明为争取到苏联留学，上演了富有传奇色彩的一幕。

为了支持国共合作，培养国民革命的政治理论骨干，苏联创办“中国孙逸仙劳动大学”，又称“莫斯科中山大学”。从1925年开始一共招收了两期学员，主要由国民党和共产党分别选派。

作为商大学生，王明能够进入莫斯科中山大学，确实颇费周折。他既不是在广州考试录取的，也不是由湖北党组织或上海党组织选派的，而是由于他的执着和反复不懈的努力被特批的。

第一期留学莫斯科中山大学的学生名额有三百余个，分配给湖北省的名额只有十个。王明虽然在商大很活跃，但是湖北省选送的十人中并没有王明。

在湖北省党组织选出的赴苏联留学的名单中榜上无名，无疑对王明是一个沉重的打击，也是令他无法接受的。争强好胜的王明绝对不会放过这次出国深造的绝好机会。于是，这个小个子青年开始了争取去苏联留学的奔波。

湖北省没有名额，王明就跑到南昌，找到他在商大时的入党介绍人许凌青，希望许凌青能让他占江西的名额去苏留学。然而不巧得很，江西分配的名额也已满员。王明只好直接来到学生去苏联的中转地上海，并找到已经来到上海的湖北省党部的负责人，湖北省的负责人见王明态度坚定，不辞奔波，便来找专门负责留学事务的江苏省党部秘书长姜长林，望其通融。

但姜长林坚持分配的名额不能突破，并向中共江浙区委做了通报，中共江浙区委也同意不能突破名额让王明去苏联留学。

没有名额，不被批准，怎么办呢?

王明并没有气馁，“软磨硬泡皆为功”，吵闹不行就哭泣，强求不准就恳求。王明三番五次地来到江苏省党部，向姜长林反复陈述自己的愿望，恳求批准他去苏联留学。王明的执着和恳求，终于感动了姜长林。姜长林再次把这一情况反映给中共江浙区委。区委和姜长林商量，如果别的省有空缺名额，可以考虑让王明去。姜长林他们回去查了查各省的名额，正好有空缺，于是就批准王明去苏联学习。这样，湖北省就去了十一人。

费尽周折、终被批准的王明，大为欣喜，遂赋诗一首：

我们是革命青年

（一）

我们是革命青年，我们要覆地翻天。

学习马克思主义，学习共产党宣言。

学习列宁主义，学习革命的苏联。

（二）

我们是革命青年，我们要裕后光前。

打倒帝国主义，打倒军阀汉奸。

实行马列主义的光辉理想，

创建富强幸福的中华乐园。

（三）

我们是革命青年，我们是党员团员。

接受党和团的任务，走上革命的各个战线。

我们要勇敢、勇敢、再勇敢！

我们要向前、向前、再向前！①

王明就是在莫斯科中山大学初露锋芒，成为校长米夫的翻译兼亲信，并由此问鼎中国共产党最高权力的。其成功之路主要是由一场辩论、一场派系之争、一起事件和一本小册子串联起来的。

一场辩论，即关于到莫斯科中山大学的主要任务是什么的辩论。辩论双方的代表，一为任卓宣，一为王明。莫斯科中山大学开办后，成立了中国共产党中山大学莫斯科支部，简称旅莫支部，负责人是任卓宣。任卓宣根据在旅欧支部工作的经验，认为同学们的主要任务是改造思想，因而要开展积极的党内斗争。而王明认为，同学们的主要任务是系统学习马列主义理论和科学文化知识。旅莫支部要求党员之间要互相揭发、互相批判，引起了同学们的反感和不

---

① 戴茂林、曹仲彬：《王明传》，中共党史出版社，2008年版，第30—39页。

满。而王明紧紧抓住大家要读书和反对开检讨会的心理，辩论中讲得有条有理，富有煽动性，获得大家拥护，并当选学生公社（学生会）主席。

一场派系之争，即学校内为争夺领导权而展开的派系斗争。1927年，米夫率联共（布）宣传家代表团访华，并参加中共五大，王明有幸成为米夫的翻译。七一五反革命政变后，王明跟随米夫回到莫斯科中山大学。当时正值学校内发生党务派、教务派之争，作为党务派代表的副校长米夫采纳王明的建议，联合以王明为首的支部局派打击教务派，取得成功，升任为中山大学校长，不久又担任共产国际东方部副部长。从此，王明成为米夫心腹。

一起事件，即江浙同乡会事件。虽然教务派被打败了，但是形成这一派系的中国学生的核心人物，如俞秀松、董亦湘等还在莫斯科中山大学。王明等借口他们组织了一个江浙同乡会，以组织这种团体违背了党的组织原则为由，对这些同学进行残酷斗争、无情打击。同时也利用米夫和向忠发的支持，形成了王明小宗派。

一本小册子，即《两条路线》。王明得知共产国际对立三路线和瞿秋白、周恩来调和主义立场不满，同时他还得到了共产国际的相关文件，意识到自己的机会来了，于是就利用组织上停止他工作的空闲时间，写成了六万多字的《两条路线》。在当时党内众多批判立三路线的文章、意见书、信件中，《两条路线》批判得最为有力，阐述得最为详尽，主要解决了三个问题：

一是给立三路线定性。本来立三路线是地地道道的“左”倾冒险主义，而且与共产国际“左”倾理论关系匪浅。但是王明偏偏将其定性为一贯的右倾机会主义。显然这里面大有玄机。因为当时共产国际正在批判布哈林的右倾错误，要求各国共产党同右倾和对右倾的调和态度做斗争。把立三路线定义为右倾错误，不仅高举了共产国际反右倾的旗帜，而且从根本上划清了国际路线与立三路线之间的界限，很好地保全了共产国际的脸面。

二是批判党的六届三中全会的调和主义错误。王明十分清醒地认识到，瞿秋白、周恩来本来是来纠正立三路线错误的，但是党的六届三中全会不仅没有解决问题，反而加剧了党内矛盾，犯了调和主义的错误。而将这一错误上升到

“反国际路线”的高度，无疑就给瞿秋白、周恩来等人判了政治上的死刑，也为王明等上台夺权创造了机会和可能。

三是提出一套新的理论与纲领。既然李立三是右倾机会主义，瞿秋白、周恩来是对右倾机会主义搞调和，必须彻底清除掉，那么王明提出的一套理论与纲领就是正确的和必须实行的。王明指出，当时“革命主要动力是工人阶级、雇农和贫农，中农是巩固的同盟军，加上城乡的广大的半无产阶级成分和小资产阶级的下层”，为此，“党的主要任务是：在日益增长的革命新高潮的条件下，彻底保障实行无产阶级的领导权，在彻底实行无产阶级领导权的条件之下，去动员、组织、发展与汇合苏维埃区与反动统治区域的革命运动，以促进革命形势的成熟，虽然不能够包括到全中国的地域，至少也要包括几个主要的省份”。①

对于王明的新理论和纲领，党的六届七中全会通过的《关于若干历史问题的决议》评价说：“在当时发表的陈绍禹同志的《两条路线》即《为中共更加布尔什维克化而斗争》的小册子中，实际上是提出了一个在新的形态下，继续、恢复或发展立三路线和其他‘左’倾思想‘左’倾政策的新的政治纲领。这样，‘左’倾思想在党内就获得了新的滋长，而形成为新的‘左’倾路线。”②这是恰如其分的。

在米夫的坐镇下，反对立三路线和调和主义的王明等夺取了党中央领导权，而同样是反对立三路线和调和主义的罗章龙、何孟雄等却一直被边缘化。如何处理这批格格不入的老同志，成为四中全会后王明等要解决的重要问题。他们采取的办法就是发动“反右倾”斗争，对罗章龙等人实施制裁：凡是反对四中全会的党、团、工会等一律改组与重建；凡是反对四中全会的党员立即停止发放生活费、开除党籍。甚至何孟雄等二十多位同志被捕牺牲、罗章龙等人被开除出党，都被认为是反右倾斗争“进展顺利”“成果显著”的重要标志。

---

① 王德锋、傅炳旭主编：《中国近代史参考资料》，吉林人民出版社，1993年版，第336—337页。

② 《毛泽东选集》第三卷，人民出版社，1991年版，第962页。

从此，王明"左"倾教条主义在党内畅行无阻。需要提一句的是，此时党的总书记虽然是向忠发，但实际掌握领导大权的却是王明。

那么，王明"左"倾错误是怎样推向全党，并影响中国共产党四年之久的呢？

首先，把王明"左"倾错误标榜为国际路线。王明的"左"倾错误的确都来源于共产国际。作为教条主义者，王明对于共产国际的指示，不管是不是正确，不管是不是符合中国实际，一概照抄照搬。王明自己也承认，成为"左"倾错误纲领性文件的《两条路线》，"所提出的对当时中国革命运动的许多意见，是从何而来呢？是从分析当时中国的具体情况和根据当时中国人民的具体要求而来的吗？绝不是的。它是从抄袭各种决议而来的"[①]。但是他认为，中国共产党作为共产国际的一个支部，对共产国际的一切决议都必须不折不扣地执行，这是铁的纪律。因此作为国际路线的王明"左"倾错误，全党只能服从和执行。

其次，在《两条路线》精神指导下形成了一系列中央文件。如《由于工农红军冲破敌人第三次"围剿"及革命危机逐渐成熟而产生的紧急任务决议》《关于日本帝国主义强占满洲事变的决议》《关于争取革命在一省与数省首先胜利的决议》《关于"一·二八"事变的决议》《在争取中国革命在一省与数省的首先胜利中中国共产党内机会主义的动摇》《革命危机的增长与北方党的任务》，等等。这些文件夸大了国民党统治的危机和革命力量的发展，忽视了"九一八"以后中日民族矛盾的上升和中间阶级的抗日民主要求，并判定中间派别是中国革命最危险的敌人；主张打倒一切，提出一省与数省首先胜利等冒险主张，无论是工人运动、农民运动等，都实行所谓的"进攻路线"。

再次，用宗派主义的组织路线保证"左"倾错误的贯彻执行。王明等提出，为了保证中央政策的落实，要选用"斗争干部""新生力量"，改造和充实

---

① 《王明给六届七中全会的信》，1945年4月20日，转引自刘德军主编：《中国革命史教学与研究（一）规律与启示》，天津人民出版社，1994年版，第144页。

党的各级领导机关。要向各苏区派中央代表或中央代表机构，选择忠诚于国际路线的干部就地指导、监督地方党组织执行进攻路线。如派夏曦任湘鄂西中央分局书记；派任弼时、王稼祥、顾作霖为中央代表团到中央革命根据地；派张国焘、陈昌浩到鄂豫皖苏区，由张国焘任鄂豫皖中央分局书记等。

最后，开展“反右倾”斗争，对有不同意见的同志实施无情斗争、残酷打击。中央不断发出指示，责令各级党组织开展反右倾斗争，把反右倾斗争与反托陈取消派、反罗章龙右派，甚至与肃反联系起来，把党内问题和党外问题，甚至和敌我问题联系起来，用极不正常的手段强迫全党执行“左”倾路线。

王明“左”倾教条主义错误导致中国革命遭到空前严重的挫折，党在白区的组织几乎全部丧失，红军和革命根据地损失十分之九，直接导致中央红军第五次反“围剿”的失败，不得不开始二万五千里长征。

第七章
围绕国情和抗日的思想嬗变

01　日本侵华终成心腹大患

1931年9月18日，日本关东军独立守备队第二大队第三中队所属的河本末守中尉，经过长时间密谋和精心策划，率其部下炸毁了沈阳北郊柳条湖附近的一段南满铁路，并栽赃嫁祸给中国守军。日本关东军以此为借口，向中国守军发起猛烈攻击，炮轰沈阳北大营和兵工厂。这就是震惊中外的九一八事变。

九一八事变后，东北锦绣山河很快沦陷于日本人手中。东北军官兵、东北百姓被迫流亡关内，心头都郁结着悲苦怨愤。1936年，日军侵占东北已有五年，蒋介石一纸命令，东北军官兵被迫前往西北“剿共”，远离家乡，携老带子，布满西安街头。有家不能回，有仇不能报，还要打内战，东北军官兵的心情极度郁闷。

同样由于九一八事变被迫从河北定县（今定州）来到西安的中学老师张寒晖，看到东北同胞困苦艰难的生活状况，听到他们背井离乡的痛苦倾诉，心中泛起了层层波澜，久久不能平复。恰在这时，一位在东北军工作的同乡带给他一本东北军六十七军军部出版的《东望》杂志，封面上印有爱国将领王以哲军长的亲笔题词：“我们何时能返那美丽的田园？何时能慰我们的祖宗于地下？

又何时能救我亲爱的父老兄弟姊妹们于水火之中？”[①]

此情此景，张寒晖再也按捺不住早已起伏不定的心情，一股悲情喷涌而出，“我的家在东北松花江上”，这歌词伴着悲壮铿锵的旋律，久久萦绕在他的脑海，他的居室，他的课堂，他所走过的每一个地方……

我的家在东北松花江上，
那里有森林煤矿，
还有那满山遍野的大豆高粱。
我的家在东北松花江上，
那里有我的同胞，
还有那衰老的爹娘。
九一八，九一八，
从那个悲惨的时候！
九一八，九一八，
从那个悲惨的时候，
脱离了我的家乡，
抛弃那无尽的宝藏，
流浪！流浪！
整日价在关内，流浪！
哪年，哪月，
才能够回到我可爱的家乡？
哪年，哪月，
才能够收回那无尽的宝藏?!
爹娘啊，爹娘啊，
什么时候，才能欢聚一堂?!

① 梁茂春：《张寒晖传》，陕西人民出版社，1985年版，第116页。

多少年后，他的一位学生还清楚地记得张寒晖第一次试唱的情景："那是1936年一二·九运动一周年，张老师上课时，怀着深厚的感情完整地给我们唱了这支歌。当他唱到'从那个悲惨的时候'时，已经以泪洗面了，以后简直是字字血泪，唱到'爹娘啊'时，他竟呜咽地唱不下去。泪花伴着歌声，感动了全班同学。唱完之后，他还一句一句地教会了我们。当唱到'爹娘啊，爹娘啊'时，大家恸哭……"此后，张寒晖经常带领同学们到西安街头演唱。

据说，1936年西安事变前夕，西安城到处可以听到《松花江上》的歌声。西安爱国青年到临潼请愿时，张学良将军去劝导，有人唱起这首歌。歌声悲怆，令人断肠。张学良含着热泪请同学们相信自己："请大家相信我，我是要抗日的……我在一周之内，用事实来答复你们。"①

毛泽东曾感慨一首抗日歌曲能抵得上两个师的兵力。1937年全民族抗战开始后，周恩来在给武汉大学学生演讲时这样说道："成千成万的青年人无家可归，无学可求，尤其是东北的青年朋友，一再地飘泊流浪，一再地尝受人世间的惨痛。一支名叫《松花江上》的歌曲，真使伤心的人断肠。"②

日本凭借明治维新跻身世界帝国主义强国之列在甲午海战中大败北洋水师，迫使清政府签下丧权辱国的《马关条约》，夺得台湾和澎湖列岛。在八国联军侵华中，日本也获利丰厚。

1904—1905年的日俄战争后，日本将中国东北南部和整个朝鲜纳入自己的势力范围，1910年更是直接兼并了朝鲜。日俄战争对于中国而言，直接的后果除了丢失了东北南部的控制权外，关东州租借地（大连、旅顺）和东清铁路长春以南段（即南满铁路）也均改属日本，日本还在中国东北开始驻军，也就是臭名昭著的关东军。

一战爆发后的1914年8月23日，日本借日英同盟之名突然向德国宣战，出

---

① 何显斌：《歌醒神州——革命歌声中的中国共产党》，人民出版社，2011年版，第15页。

② 《周恩来选集》上卷，人民出版社，1980年版，第88—89页。

兵占领胶济铁路和青岛。这显然是一场力量悬殊的战争，仅有几千守兵的德军战败，日本由此获得中国山东的控制权。

上述行动的成功极大地激发了日本侵略中国，进而吞并中国的狼子野心。这就是清政府和北洋政府留给中国国民党政府的遗产，也是中国一切政治势力都必须面对和解决的历史性课题。

日本丧心病狂地推进对中国的侵略：

1931年的九一八事变是中国抗日战争的开端，也是第二次世界大战的开端，更是日本侵略、吞并中国计划的开始。

1932年1月，日本蓄谋在上海制造事端，造成中国三友实业社被烧，人员亦有伤亡。日军借机进犯上海，一·二八事变爆发，驻守上海的十九路军与日军激战三十三天，中国军民死伤达一万六千人。

1932年2月，中国东三省沦陷，日本扶持傀儡政权“东北最高行政委员会”，随后由该委员会决议成立伪满洲国，年号“大同”，国家元首称为“执政”，国旗为红蓝白黑满地黄五色旗，首都设在新京（今长春）。

1933年1月，日本侵占热河省。

1934年3月，被日本特务挟持潜逃至东北的末代皇帝登基称帝，国号“大满洲帝国”，年号康德。

1935年11月，日本特务唆使河北蓟密行政区督察专员殷汝耕在通县（今通州）宣布独立，成立“冀东防共自治委员会”，冀东二十二个县宣告脱离中国政府管辖，实际上成为受日本控制的伪政权。

1935年，日军先后制造“察哈尔事件”“河北事件”和“张北事件”，迫使日军与国民党政府签署《何梅协定》《秦土协定》等，日军还提出《华北高度自治方案》，推动华北五省自治运动，使冀察两省实际上脱离中国行政管辖，史称华北事变。

1936年5月12日，日本唆使蒙古德王成立伪“蒙古军政府”，实现“日蒙携手，亲密合作”。

1937年7月7日，日军以军事演习为由，蓄意制造卢沟桥事变，开始全面侵华。

同年8月13日，日军大举进攻上海，由此爆发了淞沪会战。

同年12月13日，日军攻下国民政府首都南京，进行了惨绝人寰的大屠杀。

……

面对日本的侵略行径和吞并政策，中国国民党、中国共产党，以及全国各种政治势力，提出了不同的战略和策略，形成多种思潮和政策。这些思潮和政策相互影响、相互斗争，最终在民族利益至上的大格局下，形成了广泛的抗日民族统一战线。

先说国民党。总的来看，在华北事变以前，国民党政府寄希望于“国际联盟”出面干涉，对日本侵略采取不抵抗主义，对内则以“攘外必先安内”为由，压制人们的爱国情怀，为世人所诟病。

九一八事变爆发前，日本发动侵华战争的迹象已十分明显，而蒋介石于1931年8月16日密电张学良：“无论日本军队此后如何在东北寻衅，我方应予不抵抗，力避冲突。吾兄万勿逞一时之愤，置国家民族于不顾。”①9月18日，东北驻军以十万火急的电报向上级请示对策，东北边防司令官公署参谋长荣臻竟下令：“全取不抵抗主义，缴械则任其缴械，入占营内即听其侵入。”②23日，国民政府发表告全国国民书说：“政府现时既以此次案件诉之于国联行政会，以待公理之解决，故已严格命令全国军队，对日军避免冲突，对于国民亦一致告诫，务必维持严肃镇静之态度。”③

结果很快造成了满目疮痍、不可收拾的局面：日本占领东北三省，在中国土地上建立了伪满洲国。不仅对于十九路军抗战坐视不援，还和日本签订了《上海停战协定》；签订《塘沽协定》，默认日军侵占东北三省和热河的合法性，承认冀东为“非武装区”；等等。

---

① 中国人民政治协商会议全国委员会文史资料研究会编：《文史资料选辑》第六辑，中华书局，1960年版，第24页。

② 邹韬奋：《无可掩饰的极端无耻》，《生活》周刊第6卷第41期，1931年10月3日。

③ 《国府告全国国民书》，《民国日报》，1931年9月24日。

1934年12月，官方《外交评论》杂志发表长文《敌乎？友乎？——中日关系的检讨》，表示："日本人终究不能作我们的敌人，我们中国亦究竟须有与日本携手之必要。"如果日本以为中国国民党是发动排日势力的中心，"以为非打倒中国国民党则中日问题无法解决，日本不能安枕"，这是"根本的错误"。"日本若再欲以武力威胁中国而得到屈服的结果，可说是不能达到目的"，希望日本当局"不要为感情而牺牲理智"。① 据说这是由蒋介石口授，陈布雷记录，以法律学者徐道邻的名义发表的，期望通过对日妥协，使日本满足于有限度的侵略。

然而，不把日本人当敌人，同时也希望日本不把国民党当敌人，只是一个不切实际的愿望。日本并没有因此停止侵略的步伐，反而在"友好""亲善"的烟幕下，加紧为全面侵华做准备。1935年签订的《秦土协定》和《何梅协定》，实际上把包括北平、天津在内的河北、察哈尔两省大部分主权奉送给了日本。而在万般无奈之下设置的"冀察政务委员会"，虽然名义上隶属南京中央政府，但实际上具有相当大的独立性。

再看共产党。九一八事变后，共产党虽然在王明"左"倾路线指导下，临时中央采取了"左"倾关门主义的错误指导方针，一开始也没有将上层小资产阶级、民族资产阶级、国民党军队中的爱国将领及地方实力派等纳入抗日民族统一战线。但是基于民族矛盾已上升为主要矛盾的形势和各阶层群众抗日的要求，共产党立即提出了"以民族革命战争驱逐日本帝国主义出中国"的口号。中共中央发表的《关于日本帝国主义强占满洲事变的决议》强调对下层人士的关注及联合，"实行反帝运动中的下层统一战线，和吸收广大的小资产阶级的阶层参加斗争"，同时也提出"在某种程度和范围或能实行上层统一战线"等要求。②

真正使这一政策发生重大改变的，是《为抗日救国告全体同胞书》（即

① 徐道邻：《敌乎？友乎？——中日关系的检讨》，《外交评论》第3卷第11、12期合刊，1934年。

② 中共中央文献研究室编：《文献和研究（一九八五年汇编本）》，人民出版社，1986年版，第474、482页。

《八一宣言》）的发表。面对日益深重的民族危机，中国共产党认识到，摆在中国人民面前的迫切任务是联合尽可能多的力量共赴国难，实行“左”倾关门主义是没有前途的。1935 年 8 月 1 日，中共驻共产国际代表团起草并发表了《八一宣言》，提出要建立更为广泛的抗日民族统一战线，“共产党愿意立刻与中国一切愿意参加抗日救国事业的各党派，各团体（工会、农会、学生会、商会、教育会、新闻记者联合会、教职员联合会、同乡会、致公堂、民族武装自卫会、反日会、救国会等等）、各名流学者、政治家、以及一切地方军政机关，进行谈判共同成立国防政府问题”[①]。《八一宣言》成为抗日民族统一战线在理论政策上发生转变的基本依据，标志着中国共产党对中间势力的态度有了新的转变。

1935年，在中国共产党领导的一二・九运动中，爱国学生首次喊出“援助绥远抗战”“各党派联合起来”等口号。

需要指出的是，1927年四一二反革命政变、七一五分共清党后，形成国共对峙的格局，第三党、改组派、人权派等派别作为第三种政治力量（中间势力）开始登上中国政治舞台。1931年九一八事变发生后，中间势力逐渐改变对国民党当局的批评或附和态度，积极投入抗日救亡运动，表现出高涨的救国热情，联合各方吁请国民党当局停止内战、共御外侮，直至凝聚成为抗日战争时期引人注目的重要力量。

另外，在中日民族矛盾激化的背景下，国民党与国民党军队内部发生了分化，有的从积极“剿共”转向联共抗日，这也为以后抗日民族统一战线的建立奠定了一定的基础。

02　蒋介石亲自登台讲经[②]

在出身行伍却又对中国传统文化高度重视并有一定研究的政治家中，蒋介

① 中央档案馆编：《中共中央文件选集》第十册，中共中央党校出版社，1991年版，第522—523页。

② 指“四书五经”之《大学》《中庸》。

石算是比较突出的。尤其是其1934年9月和1936年3月的两次讲经，开了民国史上政府首脑讲经的先河。蒋介石给庐山军官训练团、南京陆军大学师生演讲的内容，一为“大学之道”，二为“中庸要旨”。后来，两次演讲内容合刊出版为《科学的学庸》。

蒋介石认为，《大学》《中庸》是中国历史上最重要的哲学著作，《中庸》是本体论，它是“我国四千年来一贯的传统哲学，亦就是总理所说的‘中国道统’，自尧、舜、禹、汤、文、武、周公、孔子以来最精微而亦最实际的人生哲学”，是“我们个人修己立身、成德立业之要道”[①]。《大学》是方法论，它“将一切做人做事的道理，都包罗无遗，发挥尽致。可以说是由内在的德性之修养，到外发的事业之完成，为一贯不断进取开展的过程，乃是本末兼赅、惟精惟一、修己治人、明体达用之道……可以说政治上基本的原理全在于此”[②]。

蒋介石讲《大学》《中庸》，并不仅仅是因为喜爱和重视，更重要的是要借此挖掘三民主义的本源之所在。他说：“大学之道，乃是我们中国最基本的政治哲学，是孔子继承尧舜禹汤文武的道统的真谛，亦就是我们总理思想学术的本源”，孙中山正是“根据这个系统发扬光大，发明了今日博大精深救国救民救世的三民主义”。[③]因此要研究三民主义，必须首先明了大学之道，“今日我们要信仰三民主义，要研究三民主义，更须要了解三民主义的根本思想之渊源，是在《大学》之道——‘治国平天下的政治哲学’”[④]。

蒋介石还认为，“大学之道在明明德，在亲民，在止于至善”构成大学之道的三个要则。“修明‘明德’，以去人欲而存天理。”显然在当时，就是要明三民主义于天下，实现三民主义于天下。所谓亲民，就是新民，是“将一般民众一切腐旧的不良的不适于时代环境的思想、风习、生活都能铲除，使其造成一种新的思想、风习与生活，俾能与时代要求相适应，以确保其生存与发展”。

---

① 梁世和编注：《蒋介石讲国学》，河北人民出版社，2011年版，第65页。
② 梁世和编注：《蒋介石讲国学》，河北人民出版社，2011年版，第14页。
③ 梁世和编注：《蒋介石讲国学》，河北人民出版社，2011年版，第32页。
④ 梁世和编注：《蒋介石讲国学》，河北人民出版社，2011年版，第32页。

所谓止于至善，“就是要做到于理已无所不穷，于事已无所不尽，万物皆能各得其所，千古而不易其道，到这时候方得为止”，止于至善“不只是为学、处事、开物、成务、做人的第三要则（纲领），而实是总括以上‘明德’与‘亲民’两大要则（纲领）实践笃行的准则，而为格、致、诚、正、修、齐、治、平八者的总纲领”。[①]蒋介石认为，止于至善的善就是三民主义，止于至善就是止于三民主义。

宁汉合流后，蒋介石被逼下野，但在继续北伐的旗帜下，再次被请回任北伐军总司令。至1928年6月，奉军被赶出关外，京津地区渐次落入蒋介石之手，全国统一即告完成。8月，国民党二届五中全会在南京召开，蒋介石任国民政府主席兼海陆空军总司令，领袖地位凸显。而后张学良宣布东北易帜，标志着南京国民政府在形式上统一了中国。综上，蒋介石在国民党中央的领袖地位也进一步巩固，国民政府的蒋氏色彩日渐浓厚。

蒋介石本一介武夫，随着集党政军大权于一身，他突然热衷起讲经来，这到底是因为什么？

众所周知，蒋介石是通过军事政变建立起南京政府的。在1928年2月召开的国民党二届四中全会上，蒋介石虽然取得了“正统”的地位，但是并没有真正统一国民党，这就使得他从一开始就面临着如何巩固自己合法化统治的问题，而紧紧抓住三民主义这面大旗，极力维护三民主义在思想文化领域的至尊地位，排斥其他思想文化，特别是共产主义思想文化在中国的传播，就是蒋介石找到的解决办法。

1929年3月21日国民党第三次全国代表大会确定孙中山主要遗教为训政时期中华民国最高根本法，指出：“总理创造中国国民党，同时创造三民主义……是故总理之全部教义，实为本党根本大法；凡党员之一切思想、言论、行动及实际政治工作，悉当以之为规范而不可逾越。”[②]南京政府成立后，蒋介

---

① 梁世和编注：《蒋介石讲国学》，河北人民出版社，2011年版，第17、18、20、21页。

② 荣孟源主编：《中国国民党历次代表大会及中央全会资料》上册，光明日报出版社，1985年版，第654页。

石厉行以三民主义为核心的文化专制主义，宣称三民主义为救中国之唯一途径，要求全国人民“必须以三民主义为自救救国之中心思想，凡关吾国民之个人生命、社会生活、民族生存不相容认之赤匪思想言论，乃至其所传播之文艺学说，悉当群策群力自动禁绝之”[①]。因此“本党今后必须确定整个教育方针与政策，其根本原则，必须以造成三民主义的文化为中心。换言之，必须以三民主义之精神，融化东西文化之所长，使全国人民在‘人民之生活，社会之生存，国民之生计，群众之生命’上具备三民主义之实际功用，以达民族独立，民权普遍，民生发展之目的”[②]。各级学校要实施三民主义教学，全部课程的编制应以三民主义为中心，“各级学校三民主义之教育，应与全国课程及课外作业相连贯；以史地教科阐明民族真谛；以集合生活训练民权主义之运用；以各种之生产劳动的实习培养实行民生主义之基础；务使知识道德融会贯通于三民主义之下，以收笃信力行之效”[③]。

三民主义作为孙中山的核心思想，被国民党奉为指导思想，这并无不妥之处。但是蒋介石信奉并倡导的三民主义，已经是抛弃了联俄、联共、扶助农工三大政策的三民主义，已经是以防范“赤匪”思想为己任的三民主义，已经是容不得任何有革命意义文化意识形态的三民主义。甚至像新文化运动这标志着中国文艺复兴、思想启蒙的伟大运动，在蒋介石眼中也一无是处。他连续发出责问，以从根本上否定新文化运动的成果。他说：“是不是提倡白话文就是新文化运动！是不是零星介绍一些西洋文艺就是新文化运动！是不是推翻礼教否定本国历史就是新文化运动！是不是打破一切纪律，扩张个人自由就是新文化运动！是不是盲目崇拜外国，毫无选择地介绍和接受外来文化，就是新文化运动！如果是这样，那我们所要的新文化，实在是太幼稚、太便宜，而且是太危

① 荣孟源主编：《中国国民党历次代表大会及中央全会资料》上册，光明日报出版社，1985年版，第955页。

② 荣孟源主编：《中国国民党历次代表大会及中央全会资料》上册，光明日报出版社，1985年版，第645页。

③ 陈青之：《中国教育史》，东方出版社，2008年版，第618页。

险了!”[1]他认为，新文化运动所倡导的“民主”与“科学”，“其本身简直是完全失败；不仅失败，而且将我们中国固有高尚的民族道德与伦理哲学，完全鄙弃。由是不三不四的思想，与各种异端邪说，一齐传布出来，反而使中国真正的文化，有陷于无形消灭的危险”[2]。

很显然，蒋介石要从儒化孙中山的三民主义开始，极力把孙中山当作中国传统文化的代表和化身，“我们追溯总理创立三民主义与知难行易学说，他这个革命的哲学，从何而来呢？总理曾说明他自己的革命思想基础，是继承中国尧、舜、禹、汤、文、武、周公、孔子的正统思想，而加以发扬光大的……是由中国固有的哲学而来的，是集三代以来中国固有哲学之大成的”[3]。这样一来，蒋介石就把孙中山的三民主义变成了“完全继承了中国五千年历史文化的正统”，使三民主义成了中国儒家文化的集大成者。

于是，就有了读经、力行哲学、新生活运动等一系列操作。

在蒋介石儒化孙中山的三民主义的过程中，戴季陶“功不可没”。这一方面是因为戴季陶堪称国民党头号理论家，其《孙文主义之哲学的基础》等著作就曾对三民主义做过儒化的尝试，在当时颇具影响力。另一方面，蒋、戴二人有代养子女的情谊，戴季陶在日本留学期间做出荒唐事，和一女子生有一子，因国内妻子不满，遂将孩子交给好友蒋介石代养。蒋介石上台后，戴季陶死心塌地地扶持他，儒化三民主义就是其非常用心的一招。这一点，从蒋、戴二人这一时期的系列讲话和表态中可以看得一清二楚。蒋介石在各种场合都毫不吝惜对戴季陶的赞赏，并将其《孙文主义之哲学的基础》推至很高的地位。他在《军人的精神教育》中说：“我们研究总理的主义，要从哪里起首？就先要看孙文主义之哲学的基础”“这本孙文主义之哲学的基础，统统讲得很明白”。[4]在

① ［美］周策纵：《五四运动：现代中国的思想革命》，周子平等译，江苏人民出版社，2005年版，第347页。

② 蒋介石：《哲学与教育对于青年的关系》，转引自沈寂主编：《陈独秀研究》第一辑，东方出版社，1999年版，第315页。

③ 梁世和编注：《蒋介石讲国学》，河北人民出版社，2011年版，第127页。

④ 《中国现代政治思想史资料选辑》上册，四川人民出版社，1984年版，第587—589页。

《研究总理遗教之结论》中又说："总理全部遗教系以'民生'为中心，以'仁爱'为基础。……大家再去看戴先生所著孙文主义之哲学的基础一书，便很清楚。"[①]而戴季陶在国府纪念周上公开提出："读经，实为急宜注意之问题。经书为我国一切文明之胚胎，其政治哲学较之现在一般新学说均为充实。吾国之所以能维持数千年历史于不坠者，实赖此政治哲学尚有一线之存在也。"[②]在新生活运动、力行哲学的推动中，戴季陶还亲自操刀，为蒋介石写演讲稿，来阐述儒化孙中山三民主义的思想。

然而事实证明，任何想通过文化的倒退来获得政治资本的企图，都必定是要失败的。蒋介石亲自倡导的读经活动，亲自发动的新生活运动，亲自推行的力行哲学等，开始时都轰轰烈烈，时日不久便偃旗息鼓，未能达到预期效果，当然更没有达成压制和消除社会主义、共产主义思潮的初衷。

03　不可阻挡的苏联热

在20世纪30年代，著名历史学家蒋廷黻因受到蒋介石的青睐弃学从政，成为国民党南京政府要员，在政坛上显赫一时。令人想象不到的是，蒋廷黻在当时其实是一个力挺苏联社会主义特别是计划经济的学者。

蒋廷黻出生于湖南，辛亥革命后赴美留学，在哥伦比亚大学获博士学位。20世纪20年代初归国，先后在南开大学、清华大学任历史系主任，著有《近代中国外交史料辑要》和《中国近代史大纲》，成为国内著名的历史学家。

九一八事变后，为了探讨挽救民族危亡之法，蒋廷黻和胡适、丁文江等著名学者创办了《独立评论》杂志，向国人传播他们对时政的看法。

蒋廷黻通过《独立评论》等媒体，表达了他对当时内政和外交的看法："那些想以武力统一中国者，虽曾一时的名震天下，一个一个的都失败了。他

---

① 蒋介石：《研究总理遗教之结论》，河南省训练团编：《总理遗教六讲》，河南省训练团，1947年版，第153页。

② 罗玉明、陈新征：《蒋介石与20世纪30年代的读经运动》，《怀化学院学报》，2008年第4期。

们的遗迹就是遍地的军阀和饥寒交迫的民众。”他说，人们讨厌国民党的程度，“不在讨厌军阀程度之下”，“一般人民见党就头痛”。[①]虽然对现实不满，对国民党不敬，但他对蒋介石“攘外必先安内”的政策却表示理解和支持：“以武力收复失地这条路，我看是走不通，是死路。热河未失以前，努力抗日尚有一线之望；热河失守以后，这一线之望都没有了。”“惟一的出路在于未失的疆土的整理，而整理的初步就是共党的肃清。”所以，“先剿匪，后抗日，这是当然的步骤”。[②]另外，在外交上蒋廷黻主张南京国民政府与苏联恢复邦交：“联络邦交是常态，断绝邦交是病态”，中国一面与日本处于生死的对抗之中，同时与苏联彼此不通音信，这是违反了外交法则的。中苏复交虽不是联盟，但他希望这能成为联盟的初步，并认为从复交到合作是可能的。[③]

或许是被国人要求武装抗日、恢复失地的呼声挤压得太甚，或许是在周边阿谀奉承的氛围中很难找到诤臣，蒋廷黻的这些主张和言论立刻引起了蒋介石的关注和欣赏。于是在1933年至1934年短短一年之中，蒋介石三次召见蒋廷黻，当面听取他对内政、外交的意见。据说，每次见面两人都要议论一些重大问题，如如何削弱各地方实力派，真正实现全国的统一；如何看待宪法草案，在实行总统制的同时，确保蒋介石的军队最高统帅的地位；如何促进中苏两国合作，共同对付日本帝国主义等。每次召见都有数次交谈，而每次交谈，都是相谈甚欢，足见蒋介石对其的尊重和信赖。

1934年8月，蒋廷黻衔命访苏，转达中国政府对修复中苏两国关系的关切，以消除蒋介石四一二反革命政变导致两国关系破裂的阴影。蒋廷黻代表蒋介石郑重表态：“在任何时候、任何情况下，中国绝不会站在日本一边与苏联作对，在一定条件下，中国会同苏联肩并肩地抵御来犯敌人。”[④]而苏联也表示会把蒋介石看成友好国家的领导人。从此，蒋介石很快采取措施，加快联苏步

---

① 蒋廷黻：《南京的机会》，《独立评论》，1932年第31号。

② 蒋廷黻：《中俄复交》，《独立评论》第32号。

③ 参见蒋廷黻：《未失的疆土是我们的出路》，《独立评论》，1933年第47号。

④ 张玉龙：《关于抗战前蒋廷黻秘密访苏的探讨》，《漳州师范学院学报（哲学社会科学版）》，2004年第3期。

伐，实施联苏制日方针，而蒋廷黻被选入内阁，先后担任行政院政务处长、驻苏大使等职。

为什么当时会有不少中国学者支持学习苏联社会主义的计划经济呢？这还得从1929年资本主义世界的那场经济危机说起。

1929年10月24日，是近代欧洲历史上难以忘却的“黑色星期四”。这一天上午，纽约股票交易所股票指数急剧下跌，成交量数倍增长，1300万股股票被一抛而光，各大银行和金融机构的救市行动宣告失败。一场波及欧洲资本主义世界的全球性经济大萧条就此拉开帷幕，一直持续到1933年，历经四年之久。股灾发源地美国首当其冲，有关资料显示，危机期间，美国工业生产缩减50%左右，汽车和钢铁行业生产更是下降95%和80%。国内生产总值下降46.2%，外贸下降至1913年水平。[①]整个资本主义世界企业倒闭、市场萎缩、工人失业，一片萧瑟和哀鸣。

与资本主义世界这场经济大危机相对应的，是苏联第一个五年计划的巨大成功。据苏联政府1933年宣布，第一个五年计划期间，共建设一千五百个大企业，工业产量在国民经济中的比重由计划之初的48%增至70%，实现了由农业国向工业国的过渡，工人人数上升近一倍，而且工资也几乎翻了一番，人民的物质生活与精神生活都有了很大改善。[②]

面对社会主义与资本主义经济发展的巨大反差，《申报月刊》组织了一次题为“中国现代化问题”的笔谈会，一期刊载有七篇文章，以对苏联计划经济的态度为标准来划分，赞成的有四篇，模棱两可的有两篇，反对的只有一篇。这篇文章反对的理由是苏俄统计数字不尽可靠，以及中国国情特殊。这次笔谈会从一个侧面反映出中国思想界对计划经济的看法。

以《独立评论》为例，尽管胡适等人秉持传统的自由主义，对已甚嚣尘上的计划经济颇有微词，认为私人经济是过去经济进步的源泉，国有化或公经济

---

① 参见谭黎阳：《大剧变：影响世界经济格局的重大经济事件》，文汇出版社，2001年版，第2—3页。

② 参见黄岭峻：《激情与迷思——中国现代自由派民主思想的三个误区》，华中科技大学出版社，2001年版，第161页。

在生产上是低效的，在政治上是有害的。但是面对资本主义世界的经济危机与苏联第一个五年计划的巨大成功，他们也不得不重新审视计划经济，在认识上也有了微妙的变化。比如胡适不止一次地声明："我不反对有为，但我反对盲目的有为；我赞成建设，但我反对害民的建设。"[①]不仅如此，《独立评论》的主要人物，如蒋廷黻、丁文江等人，纷纷赴苏考察，写下了大量游记性文章。从这些文章的字里行间，能够充分反映出中国知识界对苏联奋发图强、一日千里建设氛围的褒奖和赞许。

苏联之行对这批学者的思想所起的作用是不容低估的，起码在两个方面起到了强有力的推动作用。

一是进一步坚定了政治上实行"新式独裁"的信念。20世纪30年代，中国面临内忧外患，究竟实行什么样的政治制度才能迅速挽救民族危亡，成为思想界关注的焦点，"民主与独裁"的争论在所难免。以蒋廷黻、丁文江为代表的知识分子提出了"新式独裁"的主张。他们认为，西方社会均由专制走向民主，专制是走向民主的必经之路。中国虽经几千年封建专制，但不幸的是，我们的专制君主因为环境的特别，没有尽到他的历史职责。因此要在中国补上"真正的专制"这一课。他们认为，独裁是一种最有力的制度，"对内可以消除各职业及各阶级间无谓的纷扰及自相抵制，如罢工、停业及竞卖等等，而对外则可以举全国的力量以应付国际间的经济斗争"，所以"中国所需要者也是一个有能力、有理想的独裁"。[②]这正是蒋介石所乐见的。

二是进一步激发了效仿苏联实行计划经济的愿望。大多数学者赞成学习苏联计划经济模式，认为第一次世界大战和资本主义世界经济危机表明，以营利经济为基础、依靠国家权力为保障的资产阶级统制经济已经失败；而苏联以国家统一计划、依共同意志总辖的经济统制取得了胜利。因此，效仿苏联实行计划经济是中国经济发展的必由之路。丁文江自苏联回国后甚至宣称，国家除了科学研究之

---

① 胡适：《建设与无为》，《独立评论》，1934年第94号。

② 钱端升：《民主政治乎？极权国家乎?》，《东方杂志》，1934年第31卷第1号。

外，“甚么东西都可以统制”[①]。有少数人赞同法西斯统制经济的观点，也有一部分人主张从中国实际出发，借鉴社会主义计划经济的经验，对国家经济行为合理统制。

总之，正是因为资本主义世界的经济危机与苏联第一个五年计划的骄人业绩形成的鲜明对照，给国人以巨大刺激，在整个20世纪30年代，实行国家统制经济已是朝野的一致呼声。有学者指出：“自一九二九年世界经济恐慌发生以后，各国经济状况，一年坏一年……于是各国人士一面回想到欧战时期各该国所行之大规模的计划的统制……一面鉴于苏俄第一五年计划之实行，就想把战时的计划经济，适用到平时，把社会主义的计划经济，适用到资本主义上来，以求恢复经济的繁荣。”[②]1933年，国民政府要员宋子文在参加世界经济会议后，在国内率先提出“以国民经济为中心，厉行经济统制”的主张。[③]这里的统制经济并不完全等同于社会主义的计划经济，而是借鉴社会主义的经济制度，实行部分的计划，对资本主义进行经济改良。

为了使统制经济的政策得以畅行，从官方到思想界，不惜动用极大的精力和笔墨，反复挖掘和阐释孙中山在20年代所提出的共产主义与民生主义“两种主义没有什么分别”[④]的思想，把国有化与节制资本看作“国人个个能够安乐享受现代的生活，以达到人类共存共荣”的康庄大道。国民党机关报《中央日报》也称：“我们可以说：苏俄是世界上一个神秘的国家。全球认为乌托邦式的五年计划，居然能在四年零三个月内，能在财政竭蹶、人才缺乏的环境下完成；全世界都被卷入经济恐慌的狂流中，而苏俄独无失业问题；不久以前，举世皆视其为洪水猛兽，且欲毁灭之以为快，而今又竟予承认；金元帝国主义者意愿与其携手合作；不问我们对于苏俄的态度如何，这些这些，皆是值得我们加以研究的。”[⑤]字里行间，充满了仿效苏联社会主义计划经济做法的倾向。

---

① 丁文江：《中央研究院的使命》，《东方杂志》，1935年第32卷第2号。

② 张素民：《统制经济的意义》，《经济学》，1934年第5卷第2期。

③ 参见滕雪和：《中国统制经济问题》，《行健月刊》，1933年第3卷第5期。

④ 《孙中山选集》下，人民出版社，2011年版，第861页。

⑤ 金文豪：《苏俄的集体农场》，《中央日报》，1934年8月3日。

总的来看，这时的思想界和政界，都不约而同地把经济危机的爆发归咎于资本主义的生产方式，“此一生产方式的特征就是生产手段的私有性和生产本身的社会性”[①]，并认为要适应生产本身的社会性，就应该实现生产手段的公有化，实行社会主义的计划经济。这应该说是国民党统治时期的一大经济悖论。

04　旷日持久的大论战

1929年7到8月，已经因大革命失败而担责卸任的中共中央原总书记陈独秀连续给中共中央写了几封信，集中阐述了他对大革命失败后中国社会转变的认识。

这就不得不再次说到中共六大。在莫斯科召开的中共六大指出，中国在政治上、经济上封建残余仍占优势，并保持统治地位，因此中国革命应该是资产阶级民主革命，总的任务是建立反帝反封建的工农民主专政。会议提出了建立红军、建立农村革命根据地、实行土地分配等任务，指出革命高潮不可避免，但当时的政治形势是两个革命高潮之间的革命发展不平衡，党的总任务不是进攻，不是组织起义，而是争取群众。六大的路线基本上是正确的。

但是，沉寂了一年多之后，陈独秀突然连续给中央写信，陈述他对六大决议和大革命失败的意见，确实是耐人寻味的。陈独秀认为，“第六次大会，不仅对于将来的革命性质，仍旧犯了机会主义的错误，并且对于目前的革命形势也估量不正确，遂至陷中国党在目前现实的政治斗争上无出路”，他提出要以“无产阶级贫农专政”，来代替六大确定的“工农民主专政”，宣称必须“建设无产阶级贫农专政的工农兵代表会议（苏维埃），统一全国的政权，才能够一面完成民主革命的任务，一面走到社会主义的道路”。要求党接受“国民会议”的口号，把“为召集国民会议而奋斗”作为现阶段党的中心任务，“只有这一口号，这一运动，方能调动群众，才能够推动群众向前斗争，才能够动摇统治

---

① 《评统制经济运动》，《申报月刊》，1933年第2卷第10号。

阶级的威权”。他还在信的开头坦称：大革命之失败，“其主要原因，是党整个的根本政策是机会主义的”，认为“这个错误的机会主义政策发生之根由，乃是因为不曾洞察资产阶级的发展对于革命之作用及其危险性，尤其是对于国民党的阶级性之错误的观察，遂至不自觉的削弱了无产阶级的力量，过分助长了资产阶级的军事势力，造成了革命失败资产阶级胜利之前提”。①

陈独秀对六大决议、大革命失败原因的看法与中央是如此的不同，必然导致他对一系列实际问题的看法也与中央分歧。

对于革命形势，陈独秀认为，当时是反革命势力全盛时代，大众的革命运动没有高涨的时代，国民党政权不会很快地崩溃，群众虽有些斗争，而拿它当作革命高潮到来的象征，还不太够。

对于革命策略，陈独秀认为，当时从任何角度来看，武装暴动和建设苏维埃的客观条件都是没有成熟的。没有客观条件的随便暴动，只会更加削弱党的力量，更加离开群众，这时应该进行一般的合法运动，采取最民主主义的口号，如为召集国民议会而斗争等。

对于中东铁路问题，他认为以“拥护苏联”作为动员群众的中心口号不实际，“我觉得我们的宣传，太说教式了，太超群众了，也太单调了”②。

在党的组织路线问题上，陈独秀指出，将发表不同政治意见的同志大批地开除党籍，有意制造党的分崩离析，是罪恶以上的罪恶。他主张在群众面前公开地自我批评，党员进行勇敢的自我批评，方能获得群众，不致失掉群众。

基于中国半殖民地半封建的社会条件，共产国际对中国革命制定的策略总体上是符合中国国情和正确的。但在对待国民党的具体问题上，确有右的倾向；在对待中国革命形势和革命策略等问题上，又有“左”的倾向。同样的，陈独秀在中国革命形势及策略问题上，有正确和理性的一面，但对大革命失败后中国革命性质的分析和论断都是错误的，这也成为中央作出《中共

---

① 《陈独秀文集》第四卷，人民出版社，2013年版，第240、231、240、241、197、197页。

② 《陈独秀文集》第四卷，人民出版社，2013年版，第194页。

中央政治局关于反对党内机会主义与托洛斯基反对派的决议》、开除陈独秀等人党籍的根本原因。

实际上，对于中国社会性质的争论并不仅仅局限在共产党内部。国民党和思想理论界也在深入思考这一根本问题，具体表现在马克思主义者与新生命派、国民党改组派、资产阶级改良派的斗争中，这三派的代表人物分别是陶希圣、汪精卫和胡适。当然从总体上看，论战的主要交锋双方还是中共领导下的新思潮派与托洛茨基派（或简称托派）分支组织动力派。

1928年11月，蔡和森在总结大革命失败的教训时，撰写了《中国革命的性质及其前途》一文，指出中国革命性质问题“在理论上从未获得解决”，“中国革命是资产阶级革命呢，还是资产阶级性的民权革命，或已转变到无产阶级社会主义革命？这一根本问题将决定今后革命之一切战术与策略”。①

1929年1月，李达利用丰富的统计资料，撰写了《中国产业革命概观》，书中分析道：“现代中国的社会，已经踏入了产业革命的过程，渐渐脱去封建的衣裳，穿上近代社会的外套了，一切政治和社会的变动，都是随着产业革命进行的。”②因此，“打倒帝国主义的侵略，廓清封建势力和封建制度，是中国革命的唯一对象，同时又是发展产业的唯一前提”③。

1930年3月，李立三在党中央机关刊物《布尔什维克》上发表长篇文章《中国革命的根本问题》，力图引导论战走向深入。同年4月，《新思潮》第5期出版“中国经济研究专号”，发表了王昂、潘东周、吴黎平等一批共产党人的文章，深入探讨中国社会半殖民地半封建的经济政治关系及其特点，对各种错误观点进行了有力驳斥（因而称为“新思潮派”）。

而托派分子创办的《动力》杂志则频频发表文章，对李立三和《新思潮》杂志上发表的文章进行反驳。动力派认为：“帝国主义破坏中国纯粹民族工业，只是相对的，但他在中国势力的发展要绝对的破坏封建势力和关系，促使中国

---

① 《蔡和森文集》，人民出版社，1980年版，第783页。

② 汪信砚主编：《李达全集》第五卷，人民出版社，2016年版，第3页。

③ 汪信砚主编：《李达全集》第五卷，人民出版社，2016年版，第91页。

走向资本主义进化的过程。”[①]他们通过列举一系列数据判定中国资本主义已经取得突飞猛进的发展，“中国毫无疑议地是资本主义关系占领导的地位”[②]。而新潮派则认为，帝国主义的入侵“不但不能帮助中国资本主义的独立发展，而且阻止中国资本主义的独立发展；他不但不消灭乡村中间的封建式的剥削，而且加紧了这种剥削”[③]，在帝国主义的压榨下，土地关系的新变化不是封建地主的资本主义化，而是资本家的封建地主化，帝国主义经济在中国经济中居于支配和领导地位，民族资本主义并无独立发展的前途。新思潮派通过论战，深化了对帝国主义、封建主义和民族资本主义三者关系的认识，捍卫了中共六大关于中国半殖民地、半封建社会性质的基本结论。

史学界的加入，把论战重点从现实转向历史，主要围绕亚细亚生产方式、中国历史上是否存在奴隶社会、鸦片战争以前中国社会性质等问题展开，从而引起更大规模的中国社会史问题论战。以郭沫若、吕振宇、翦伯赞等为代表的唯物史观学派坚持以马克思主义历史唯物主义观点研究中国社会史，取得了一系列重大成果。1930年1月，郭沫若将其运用马克思主义历史唯物主义研究历史的成果辑成《中国古代社会研究》一书。该书一经出版，立刻被新生命派、动力派及其他学派学者们群起而攻之；吕振宇、翦伯赞等人则旗帜鲜明地支持郭沫若的观点。这场论战十分激烈，呈现出错综复杂的局面。

关于亚细亚生产方式，唯物史观学派认为，按照马克思主义关于人类社会发展演进的一般规律，亚细亚生产方式即为“古代的原始共产社会”或“东方国家的奴隶制度”；反对者认为，亚细亚生产方式是东方特有的一种社会经济形态，他们反对机械套用马克思所说的人类社会演进的四种形态。

关于中国是否存在奴隶制社会，唯物史观学派认为西周属于奴隶社会，从而肯定了中国存在奴隶社会，并有古文物为证；反对者认为中国根本不存在奴隶社会，或认为奴隶社会只是中国历史上一种过渡阶段。

---

① 高军编：《中国社会性质问题论战（资料选辑）》上，人民出版社，1984年版，第367页。
② 高军编：《中国社会性质问题论战（资料选辑）》上，人民出版社，1984年版，第360页。
③ 高军编：《中国社会性质问题论战（资料选辑）》下，人民出版社，1984年版，第529页。

关于鸦片战争前中国社会性质，唯物史观学派认为，秦统一天下以后，在名义上虽然废封建而设郡县，但中国的封建制度却一直延续到最近百年，始终存在，因此鸦片战争前中国社会的性质是封建的；反对者认为，中国的资本主义社会由来已久，并且相对应地提出“前资本主义社会”“商业资本主义社会”“资本主义化的社会”“专制主义社会”等概念。

除此之外，中国农村社会性质问题等也成为各方各派争论的焦点。

共产党人利用这一长达十年的论战，广泛开展社会调查，吸收借鉴其他学派的资料和观点，正是在这个过程中，毛泽东等对国情问题的认识逐渐成熟。

关于深刻认识国情问题对中国革命的极端重要性，毛泽东在《中国革命和中国共产党》一文中明确指出：“只有认清中国社会的性质，才能认清中国革命的对象、中国革命的任务、中国革命的动力、中国革命的性质、中国革命的前途和转变。所以，认清中国社会的性质，就是说，认清中国的国情，乃是认清一切革命问题的基本的根据。”①

关于深刻认识研究方法对国情研究的极端重要性，毛泽东在《矛盾论》中指出，马克思主义“这个辩证法的宇宙观，主要地就是教导人们要善于去观察和分析各种事物的矛盾的运动，并根据这种分析，指出解决矛盾的方法。因此，具体地了解事物矛盾这一个法则，对于我们是非常重要的”，“中国共产党人必须学会这个方法，才能正确地分析中国革命的历史和现状，并推断革命的将来”。②

关于深刻认识农村问题对中国革命的极端重要性，中国共产党认为，中国是一个农业国家，准确认识中国农村的社会性质对中国革命具有全局性意义。因此要坚决把目光投向农村，注重农村社会调查，采取有效措施激发农民的革命积极性、主动性、创造性。

---

① 《毛泽东选集》第二卷，人民出版社，1991年版，第633页。

② 《毛泽东选集》第一卷，人民出版社，1991年版，第304、308页。

05 拼死抗争的战国策

《战国策》是一部记述战国时期纵横家的政治主张和外交策略的国别体史书，宋代李文叔作《书战国策后》总结说："《战国策》所载，大抵皆纵横捭阖谲诳相轻倾夺之说也。"

而在抗日战争时期，中国出现了一个名为"战国策派"的学术流派，尽管存续时间不长，前后大约只有不到两年时间，但其影响颇为巨大，在历史上留下了引人注目的足迹，乃至当下仍有不少学者孜孜不倦地研究这一学派的思想。

1940年4月，正值抗日战争处于相持阶段，一本名为《战国策》的半月刊横空出世，以其激进、热烈的文风和观点名噪一时，成为思想文化领域的一抹亮色。而编辑这一刊物的，是当时云南大学、西南联大的一批教授。这一学术群体人数并不多，号称"战国策派"。他们先是编发刊物《战国策》，维持了一年零三个月，共出版十七期，稍后又在重庆《大公报》开辟《战国》副刊，维持了七个月时间，共出版三十一期。

林同济在《战国策》创刊号讲道："如果我们运用比较历史家的眼光来占测这个赫赫当头的时代，我们不禁要投龟决卦而呼道：这是又一度'战国时代'的来临！"[①]战国时代的最显著特征在于"战为中心""战成全体"或"战在歼灭"，即通过弱肉强食的大规模战争，逐步形成"一种大陆式的若干'区域霸团'的对峙，最后乃在火并而成为全世界的'大一统'"。当此之际，任何国家和民族，绝无他路可走，唯有以"战"求生存。据此，他们要求中国人重树"战国时代的立场，一方面来重新策定我们内在外在的各种方针，一方面来仔细估量我们二千多年来的祖传文化"[②]。

战国策派的主要观点如下：

一是宣扬"尚力"哲学，主张唤醒国人的"力人"意识。"尚力"哲学产

---

① 林同济：《战国时代的重演》，《战国策》，1940年创刊号。

② 林同济：《战国时代的重演》，《战国策》，1940年创刊号。

生于战国时期，代表作《商君书》是一部反映商鞅变法思想的著作，其中的“力”既表现为具体的“兵力”“民力”“地力”等，也包括抽象的“生力”“抟力”“功力”等。前者指土地潜力、民众能力、社会物力等，它们是构成“国力”的客观基础；后者指培育能力、调控能力、集聚能力、投放能力等，它们是提高国力的主观条件。

战国策派借鉴“尚力”概念，从“物竞天择”“适者生存”的进化论出发，提出当时中国正处在大战国时代，唯有融入这个时代，以“力”求生，而且唯有“力”者得生。在他们看来，中国文化无疑是一种“诅力”的文化，强调“法”与“德”，充斥着奴性。因此在大战国时代，中国要占据一席之地，要认清最重要的是“力”，而非所谓的“法”与“德”，“有力才配说理。如何趁这个苦战求生的时刻，把力的真正意义认清，建立一个‘力’的宇宙观，‘自力’的人生观。这恐怕是民族复兴中一桩必须的工作”[①]。故必须唤醒国人湮没已久的“力人”意识，“培养它，使它生长、开花、结种、繁殖，这样，幽暗世界才会变成一片光明”[②]。

二是强调国家集权，反对民治主义。国家集权是欧洲国家主义思潮的重要观点，其初衷在于激发民族主义精神，增强民族凝聚力，用国家的力量来抵御外敌入侵、维护国家主权。但是在两次世界大战中，这一思潮被独裁者所利用，成为帝国主义对外扩张、对内独裁的重要思想理论基础，希特勒的国家社会主义就属于这个范畴。在西学东渐过程中，国家主义思潮进入中国，中国青年党的成立也标志着中国国家主义派的正式形成。战国策派的一些主张明显受到国家主义派的影响。他们极力鼓吹“国家至上，民族至上”，认为它“不只是一种抗战期内的口号，乃是一种世界时代精神的回音”[③]。但是战国策派与国家主义派在本质上还是有明显差异的。战国策派主张对外实行民族的国家主义，以求发展；对内力倡统一精神和意志，采用专制和集权的手段，求得国家

① 林同济：《廿年来思想转变与综合》，《战国策》，1941年第17期。

② 陶云逵：《力人——一个人格型的讨论》，《战国策》，1940年第13期。

③ 林同济：《第三期的中国学术思潮》，《战国策》，1940年第14期。

统一。这与国家主义派主张以法治的民主主义来求得国家统一还是大不一样的。因此认为战国策派奉行法西斯主义，是不恰当的。

三是崇拜英雄，信奉唯意志论。在中国抗日战争时期，尼采哲学在欧美颇为流行，这也引起了战国策派的高度重视。他们认为，人类与自然的生命一样，都有强弱之分，强者总是少数，弱者是多数。历史与文化是少数强者创造的，“英雄”理所当然地统治世界，因此主张抛开形形色色思想的束缚，一切服务和服从于战争，用战争的胜利确立中国区域霸主的地位。

四是用文化形态观理论，阐释坚持中国文化的重要性。战国策派深受德国历史哲学家斯宾格勒文化形态史观的影响，主张用比较形态学方法来研究中国文化。雷海宗在清华大学开设“西方史学名著选读”课程，就系统讲授过斯宾格勒的《西方的没落》一书。同派学人还大量撰文，用文化形态史观来说明中国文化具有顽强旺盛的生命力，完全可以应对西方文明的挑战。

总之，战国策派作为一个非理性爱国主义知识分子群体，其学术观点具有明显的功利主义色彩，也缺乏理论的系统性和逻辑性，有时显得有些偏激，这也是当时备受学人诟病的主要原因。但无论如何，其爱国主义的出发点仍然值得我们尊敬。

06 邯郸学步和东施效颦

在中国近代历史中，“中国化”是一个反复被提及的词。有学者说：“在1938年10月毛泽东提出‘马克思主义中国化’之前，亦即上个世纪二三十年代，‘中国化’这个词是非常流行的。不管人们从什么角度都可以随口说出来，就像今天大家常说‘以人为本’‘和谐社会’似的。”[①]实际上，在中国博大精深的思想文化中，针对近代以来有人将中国古代或国外理论、经验不做任何分析比较，就盲目套用到当代中国的做法，人们总结了两个词语，叫作“食古不

---

① 张静如：《关于“中国化”》，《党史研究与教学》，2006年第5期。

化”或“食洋不化”，还是非常形象的。

中国化就是有针对性地批判食洋不化这种现象的产物。有学者认为，五四运动后的十余年间，“中国总逃不出‘模仿’的工作。例如张君劢不过想做中国的柏格森，胡适不过想做中国的杜威，陈独秀不过想做中国的马克斯，郭沫若不过想做中国的恩格尔，甚至最近梁漱溟提倡中国文化的文章，也不过是‘模仿’罗素的理论吧！”[①]如果用两个古有的成语来概括，那就是邯郸学步和东施效颦。

近代中国，西方思想不断涌入。但人们在学习、效法的过程中，逐渐发现这些理论和观点，以及由此引申的许多想法和做法，并不适合中国国情，有些不仅不怎么管用，反而适得其反。这就引起了人们的思考，无论引进国外何种学说，都要力求与中国实际相结合，即首先要中国化。五四运动之后，胡适、王光祈、李大钊、陈独秀、毛泽东等都提出过这样的观点。胡适曾批判一种奴性逻辑：“现今的人，往往拿西洋的学说来做自己的议论的护身符。……不去研究中国今日的现状应该用什么救济的方法，而去引那些西洋学者的陈言来辩护自己的偏见。”[②]王光祈则提出：“这种主张如果没有适当的名词，就叫他为中国式……主义。”[③]这里的中国式实际上就是中国化的意思。李大钊是马克思主义中国化的首倡者。1919年8月，他在给胡适的复信中指出：“大凡一个主义，都有理想和实用两面。我们只要把这个那个的主义，拿来作工具，用以为实际的运动，他会因时、因所、因事的性质情形生一种适应环境的变化。”因此，“一个社会主义者，为使他的主义在世界上发生一些影响，必须要研究怎么可以把他的理想尽量应用于环绕着他的实境。所以现代的社会，主义包含着许多把他的精神变作实际的形式使合于现在需要的企图”。[④]陈独秀则认为，输入学说应以需要为标准，“马克思的学说和行为有两大精神”，即“实际研究的

---

① 伍启元：《中国新文化运动概观》，现代书局，1934年版，第179页。

② 胡适：《旅京杂记》，《新青年》，1918年第4卷第3号。

③ 《王光祈致君左》，《少年中国学会会务报告》，1919年第4期。

④ 《李大钊全集》第三卷，人民出版社，2013年版，第51页。

精神”和“马克思实际活动的精神”。[①]毛泽东是立足中国实际研究马克思主义的典范，1920年他就曾指出：“吾人如果要在现今的世界稍为尽一点力，当然脱不开‘中国’这个地盘。关于这地盘内的情形，似不可不加以实地的调查，及研究”，故“似应先研究过吾国古今学说制度的大要，再到西洋留学才有可资比较的东西”。[②]

在抗日战争时期，中国化思潮再度兴起，并接连引发了一系列的文化中国化运动，如新启蒙运动、中国本位文化建设运动、延安革命文化运动等。

新启蒙运动亦称新理性主义运动，是20世纪30年代为适应抗日民族斗争的需要，由中国共产党人发起的一场思想文化运动。1936年9月至10月，以陈伯达、张申府为代表的中国共产党人先后发表《哲学的国防动员》《中国目前的新文化运动》等文，提出共同发扬“五四”的革命传统精神，号召一切爱国分子发动一个反对异族奴役，反对旧礼教、复古、武断、盲从、迷信及一切愚民政策的大规模的新启蒙运动，唤起广大人民的抗战和民族觉醒意识。新启蒙运动的实质是“文化上的救亡运动”。张申府指出：“今日是中国团结救亡、民族解放、争取自由、民主政治的时代。今日的新启蒙运动，就是适应这个时代的思想方面、文化方面的运动。”[③]陈伯达等人认为，为了文化救亡，构筑起中国民众强大的精神国防，必须“反对对异民族的奴役，反对礼教，反对独断，反对盲从，破除迷信，唤起广大人民之抗敌和民主的觉醒”。[④]

正是在新启蒙运动的进程中，中国化诉求被一再提及。新启蒙运动者指出，要建立现代中国新文化，这种新文化必须具有显著的民族性和大众性。那么，如何建立现代中国新文化呢？在他们看来，就是要运用马克思主义的

---

① 《陈独秀文集》第二卷，人民出版社，2013年版，第249—250页。

② 《毛泽东年谱（1893—1949）》上卷，人民出版社、中央文献出版社，1993年版，第55页。

③ 张申府：《什么是新启蒙运动》，《实报·星期偶感》，1937年5月。

④ 陈伯达：《哲学的国防动员——新哲学者的自己批判和关于新启蒙运动的建议》，《读书生活》，1936年第4卷第9期。

唯物辩证法，“使唯物辩证法在中国问题中具体化起来，更充实起来”[①]。

新启蒙运动历时较短。1937年全民族抗战爆发后，新启蒙运动者纷纷离开北平、上海等地，奔赴抗日救亡前线。他们的离开，使新启蒙运动没有来得及形成一场大规模的思想文化运动，尽管如此，它对“马克思主义中国化”命题的提出及展开，依然发挥了十分积极的奠基和促进作用。

中国本位文化建设运动即“中国文化出路到底是中国本位还是全盘西化”的论战。1935年1月，王新命、何炳松、陶希圣等十位知名教授联合署名发表了《中国本位的文化建设宣言》，提出要加强“中国本位的文化建设”，对西洋文化“吸收其所当吸收，而不应以全盘承受的态度，连渣滓都吸收过来”，旗帜鲜明地反对“全盘西化”。[②]其核心观点为：每个国家和民族都有权利和义务保存和发展自己的传统文化；都有权利自主选择接受、不完全接受或在某些领域完全不接受外来文化因素；同时也有权利对人类共同面临的文化问题发表自己的意见。他们提出的文化建设方针是：不守旧，不盲从；根据中国本位，采取批评态度，应用科学方法来检讨过去，把握现在，创造未来。[③]该宣言引发大讨论，这也是近代中国思想文化界对中西文化最集中的一次大讨论。

在这场大讨论之前，就有过国粹与欧化、新人文主义与新文化运动等思想交锋。其结果是那些主张欧化和“打孔家店”的人获得了广泛支持，而中国社会存在的诸多问题似乎都找到了源头。到了1929年，作为全盘西化论者的胡适发表《文化的冲突》一文，指出中国人对待西方文化有三种态度：“第一种态度是抗拒，第二种态度是全盘接受，第三种态度是有选择性的采纳。”[④]他武断地宣称，在中国文化折中论不可能，只有像日本那样全盘西化才是出路。此文经陈序经在中山大学的演讲引用，并公开发表在1934年1月15日的《民国日报》上，由此揭开了“中国文化出路大辩论”的序幕。

---

① 陈伯达：《哲学的国防动员——新哲学者的自己批判和关于新启蒙运动的建议》，《读书生活》，1936年第4卷第9期。

② 王新命等：《中国本位的文化建设宣言》，《文化建设》，1935年第1卷第4期。

③ 参见王新命等：《中国本位的文化建设宣言》，《文化建设》，1935年第1卷第4期。

④ 《胡适文集》第11卷，北京大学出版社，1998年版，第167页。

1937年7月，全民族抗日战争爆发后，为了动员全民族抗战救亡，积极配合中共中央关于建立抗日民族统一战线的政治要求，以毛泽东为代表的中国共产党人，向全国发出了进行革命文化运动的号召，提出建立民族文化统一战线的要求，开展了延安革命文化运动。毛泽东明确指出："革命文化，对于人民大众，是革命的有力武器。……革命的文化工作者，就是这个文化战线上的各级指挥员。……一切进步的文化工作者，在抗日战争中，应有自己的文化军队，这个军队就是人民大众。"①

在延安革命文化运动中，中国共产党强调"要使这运动真正成为中国广大民族的文化运动，要使我们的文化运动充分中国化"②。为此，在多方面进行了努力，形成了极具特色的革命文化运动。比如创造性地提出并实践人民代表会议制度、协商民主制度、中国共产党领导的多党合作制度等，以此确立了新中国政治建设的方向。比如，强调中国共产党"是由全体党员按照一定规律组织起来的统一的有机体，而是党的领导者被领导者的结合体，是党的首脑（中央）、党的各级组织和广大党员群众依照一定规律结合起来的统一体"③，全心全意为人民服务是党的根本宗旨。又比如，强调民族独立、人民解放的政治目标，为工农兵服务的文化灵魂，着力构建民族的、科学的、大众的新社会文化。还比如，强调塑造新人、弘扬革命理想的价值取向，造就一批具有崇高理想的革命新人，为实现新民主主义社会奠定坚实基础，等等。如此一来，马克思主义中国化命题的提出就势在必行了！

07　声势浩大的学术中国化

抗战时期，中国共产党和中国国民党的两位旗帜性理论家艾思奇与叶青之间，有过一场关于马克思主义中国化的激烈论争。

---

① 《毛泽东选集》第二卷，人民出版社，1991年版，第708页。

② 从贤：《现阶段的文化运动》，《解放》第1卷第23期，1937年11月。

③ 《刘少奇选集》上卷，人民出版社，1981年版，第358页。

艾思奇原名李生萱，1930年考入日本福冈高等工业学校，1934年任职于《申报》。1935年加入中国共产党，1937年奉调延安工作，先后任教于陕北公学、中国人民抗日军政大学、延安马列学院，后任《解放日报》副总编、总编。在抗日战争时期，艾思奇尚不满三十岁，正是才思敏捷、豪情勃发的年纪。

叶青原为中共早期领导人和理论家之一，1927年大革命失败后叛变并积极反共，有“反共第一人”之称，抗战时期曾任国民党中央宣传部副部长及代理部长。在抗日战争时期，叶青也是跃跃欲试，意欲在理论上给共产党以致命一击。

艾思奇在《抗战以来的几种重要哲学思想评述》一文中，详细叙述了这场论争的源起。一方面，“由于过去的某些痛苦的经验教训，由于抗战的艰巨任务当前，也由于新的条件（理论研究者与实际斗争的结合有了更便利的机会）。马克思主义中国化与辩证法唯物论实际应用的问题之被提起，被强调，是很自然的；这不外是要号召我们，有意识地进一步在实际斗争中应用辩证法唯物论的方法和理论罢了”[①]；另一方面，由于过去的革命实践已经证明马克思主义的正确运用是中国革命发展和胜利的必要保证，因此要更强有力地提出中国化的口号，使中国化的努力成为一个有意识的普遍的行动，使更多更广泛的人能够学习掌握马克思主义，促使中国革命“更能够不因为遭遇到错误和挫折而延迟了发展的进程，更能够迅速地完成”[②]。

而叶青站在维护国民党统治的立场上，以所谓曾经的正统马克思主义者的身份，组织文章攻击和歪曲马克思主义中国化运动。他说，中国化的化“是带有改作和创造之性质，理解、精通、继承、宣传、应用、发挥……都不是化，当然也都不是中国化了”，因此，“依照中国特点去应用马克思主义，生动地、通俗地、用中国写作方法去宣传马克思主义，这样，马克思主义还是马克思主义，并没有中国化”。[③]他认为，马克思主义虽然反映了无产阶级革命的一般规

① 《艾思奇文集》第一卷，人民出版社，1981年版，第552页。

② 《艾思奇全书》第三卷，人民出版社，2006年版，第52页。

③ 叶青：《论学术中国化》，《时代精神》，1939年创刊号。

律，但中国具有特殊性，因而马克思主义是适合西方的学问，并不适合中国，中国“不需要共产主义，不需要马克思主义”，“因此也就不需要共产党”，当然也就不需要学术中国化了。[①]他还认为，孙中山已经完成了欧美政治思想、经济思想、社会思想的中国化，“马克思主义的中国化，也为孙先生所完成”，“因此，在孙先生外另求中国化……是不可能的”。[②]

针对叶青的谬论，艾思奇给予了坚决的反击。艾思奇指出：“马克思主义之所以能中国化，就因为马克思主义有一般的正确性，正因为它是‘放之四海而皆准’的，是‘万能’的。……马克思主义之所以能够中国化，是由于中国自己本身早产生了马克思主义的实际运动，中国的马克思主义是在中国自己的社会经济发展中有它的基础，是在自己内部有着根源，决不是如一般的表面观察，说这是纯粹外来的。”[③]“当我们在中国的社会里来应用来实践马克思主义的时候，也必须注意到中国社会的特殊性，也必须要具体地来了解中国的社会。”[④]但是中国并不能因特殊性而例外。“在中国应用马克思主义，或使马克思主义中国化，就是要坚决地站在马克思主义的观点上，在马克思主义基本原则和基本精神上，用马克思、恩格斯所奠定了的、辩证法唯物论的和政治经济学的科学方法，来具体地客观地研究中国社会经济关系，来决定中国无产阶级在中国民族革命斗争中的具体任务及战略策略。”[⑤]

艾、叶之争，只是中国共产党所倡导的学术中国化运动中的一朵浪花。

全民族抗战爆发后，民族危机日益加剧。运用外来思想为中国现实服务，首先不能水土不服，而必须符合中国实际，由此，中国化意识不断加强。中国共产党在中国化问题上是最自觉和最主动的。1938年，毛泽东代表党中央在《论新阶段》的报告中，首次提出马克思主义中国化的命题，指出：“使马克思主义在中国具体化，使之在其每一表现中带着必须有的中国的特性，即是说，按照中国

① 叶青：《马克思主义中国化问题》，《中央周刊》，1941年第3卷第43期。
② 叶青：《论学术中国化》，《时代精神》，1939年创刊号。
③ 艾思奇：《论中国的特殊性》，《中国文化》，1940年创刊号。
④ 《艾思奇文集》第一卷，人民出版社，1981年版，第477页。
⑤ 《艾思奇文集》第一卷，人民出版社，1981年版，第480页。

的特点去应用它，成为全党亟待了解并亟须解决的问题。”[①]为了响应中共中央的号召，广大进步的社会科学工作者自觉把马克思主义的科学方法运用于学术研究领域，兴起了声势浩大的学术中国化运动。

学术中国化运动的目的是要解决如下问题：要用马克思主义的唯物论和辩证法来整理中国的一切学术，包括社会科学和自然科学；要充分吸收世界先进文化，但又绝不是照搬别国的文化；要在吸收世界先进文化的同时，继承中华民族优秀文化遗产，把二者结合起来，创造一种中国自己的新文化；学术中国化既是一种理论活动，同时也是一种实践活动。

许多研究成果表明，虽然在1938年才正式提出马克思主义中国化命题，但这并不意味着直到1938年中国共产党才具有了中国化意识。其实，在十月革命胜利或五四运动之后，以李大钊、陈独秀、恽代英、毛泽东为代表的中国早期共产主义者就已经有了浓厚的中国化意识，为抗战时期马克思主义中国化思想的提出奠定了坚实的思想基础和理论准备。1924年，恽代英在《列宁与新经济政策》一文中认为：“解决中国的问题，自然要根据中国的情形，以决定中国的办法。”[②]1927年，瞿秋白在其文集自序中指出：“革命的理论永不能和革命的实践相离”，“应用马克思主义于中国国情的工作，断不可一日或缓”。[③]1930年5月，毛泽东在《反对本本主义》一文中提出“马克思主义的‘本本’是要学习的，但是必须同我国的实际情况相结合”[④]。

中国共产党提出马克思主义中国化的命题，并组织引导学术中国化运动，是有深刻的社会历史背景的。

这是复杂政治环境和斗争实践的迫切需要。正如艾思奇所指出的，自五四运动之后，马克思主义已经在中国进行了十多年的革命实践。在共产国际的帮助和指示下，在中国共产党的积极推动下，或是独立自主，或是国共合作，中

① 《毛泽东选集》第二卷，人民出版社，1991年版，第534页。
② 《恽代英文集》上卷，人民出版社，1984年版，第480—481页。
③ 《瞿秋白选集》，人民出版社，1985年版，第310—311页。
④ 《毛泽东选集》第一卷，人民出版社，1991年版，第111—112页。

国人民已经经历了轰轰烈烈的北伐战争和土地革命战争，实现了马克思主义与中国实际的初步结合。但是由于种种原因，这一结合的过程，很不自觉、非常曲折、十分艰难。在这种情况下，如何应对抗日战争时期更加复杂的国际环境，应对已发生显著变化的国内阶级关系，应对中国共产党自身建设面临的种种突出问题，都必须进一步运用马克思主义这一思想武器，在实践中探求符合中国国情的答案。

这是提升全党理论素养的迫切需要。毛泽东曾痛彻心扉地讲："如果我们党有一百个至二百个系统地而不是零碎地、实际地而不是空洞地学会了马克思列宁主义的同志，就会大大地提高我们党的战斗力量。"①历史经验表明，在以往的革命实践中，中国共产党曾经因为不能全面准确地运用马克思主义理论，使中国革命遭受重大损失。因而迫切需要提高全党的马克思主义理论水平，以利于正确认识中国革命的规律、明确抗日战争的战略策略。这一时期，中国共产党还翻译、介绍和出版了大量马克思主义著作，大力加强马克思主义理论队伍建设，创办了一大批各类学校，以加强干部的马克思主义教育，可谓成绩斐然。

这是独立自主指导中国革命的迫切需要。中国共产党作为共产国际的一个支部，长期受到共产国际的直接干预和具体指导，这既是中国革命得以迅速发展的一个重要外在支持，也是中国革命遭受巨大挫折的重要内在原因。抗战爆发前夕，随着国际形势的动荡变化，共产国际也开始审时度势，改变一些不合时宜的做法和战略策略。特别是共产国际七大明确提出，各国共产党要独立自主地制定符合本国国情的行动纲领和路线，并作出不再干涉各国共产党内部事务的决定。为适应这一重大变化，中国共产党及时作出"马克思主义中国化"的决策，无疑是一大历史性进步。尤其是中国共产党在抗战最困难的相持阶段，开展了著名的延安整风运动。而正是通过这一场史无前例的全党范围内普遍的马克思主义教育运动，中国共产党清算了建党以来历次"左"和右的机会主义错误，确立了一切从实际出发、实事求是的思想路线，走上了一条马克思

① 《毛泽东选集》第二卷，人民出版社，1991年版，第533页。

主义中国化的正确道路。

08　中共再次高举统一战线旗帜

据说在延安时期，毛泽东曾问胡耀邦，什么叫政治？胡耀邦说了很多，毛泽东说："政治就是，把支持我们的人搞得多多的，把反对我们的人搞得少少的。"政治就是人心，做政治工作就是做争取人心的工作。

中国共产党在做争取人心的工作时有很多发明创造，其中最重要的法宝叫"统一战线"。最能体现统一战线成效的莫过于红军在历经艰难险阻到达陕北后，只用很短时间就与东北军、西北军达成了建立抗日民族统一战线的共识。

1935年9月，在九一八事变中因执行蒋介石"不抵抗"政策而备受诟病的张学良突然被调往西北"剿共"。蒋介石特意在西安设立了西北剿匪总司令部，张学良被任命为副总司令、代理总司令，东北军也一同开往西北。

1935年10月中旬，在毛泽东带领中央红军躲过敌机的狂轰滥炸，突破数十万敌军的围追堵截，战胜人类几乎难以生存的恶劣环境，长驱两万五千里，纵横十一个省后，胜利到达陕北吴起镇。这里既是中共中央和中央红军长征的落脚点，又是党中央保卫与扩大西北苏区，领导全国革命走向胜利的出发点。

跋山涉水到达陕北的中央红军无疑是一支疲惫之师，红军战士脚穿草鞋、身着单衣单裤，个个瘦骨嶙峋，缺少弹药等必要的装备。然而面对这么一支"弱旅"，东北军连续作战却均遭惨败。初到陕北的红军犹如下山猛虎，接连在榆林桥、劳山、直罗镇打了几个大胜仗，歼灭东北军近三个师的兵力。特别是直罗镇战役，八百多名红军俘虏了近六千名东北军。张学良原希望国民党能对战损给予补充，没想到蒋介石反而直接撤销了这三个师的番号。这使张学良深深感到蒋介石在借红军之手削弱自己的力量，也深感"剿共"之路行不通，必须另谋出路。

从1935年底开始，张学良通过多种渠道主动与共产党联系，在东北军和红军对峙的前线，还密令六十七军军长王以哲与红军联系。中国共产党及时抓住这个有利时机，采取上下层结合、对内两相配合的方法，积极开展政治宣传、教育和释放俘虏、建立部队间的友好关系、上层领导人直接会谈等工作，促使东北军走上联共抗日的道路。

而争取西北军杨虎城的工作要更直接一些。1935年10月，中共北方局派人向杨虎城转达中国共产党关于建立抗日民族统一战线的主张，希望红军与西北军订立抗日友好互不侵犯协定。12月又派人携毛泽东的亲笔信商谈，杨虎城表示同意毛泽东在信中提出的西北大联合、共同抗日的主张，双方商定了互不侵犯、互派代表、建立红军交通站、共同为抗日进行准备等。

在1936年三四月间，中国共产党分别与东北军、西北军建立了联系，且在“停止内战，逼蒋抗日”的方针下秘密结成联盟，史称“三位一体”的联合。至此，西北抗日民族统一战线终于形成。

抗日民族统一战线的建立既是中国共产党日益走向成熟的标志，也是当时国际国内形势发展的必然。

马克思主义经典作家的统一战线思想给中国共产党以正确有力的指导。无产阶级在与资产阶级的斗争中，必须最大限度地谋求本阶级内的团结和统一，必须最大限度地谋取联盟阶级间的联合协作，这是马克思、恩格斯的一贯思想。他们甚至指出：“在政治上为了一定的目的，甚至可以同魔鬼结成联盟，只是必须肯定，是你领着魔鬼走而不是魔鬼领着你走。”[①]列宁不仅坚持了马恩的这一思想，还结合实际，创造性地提出“两条战线”和“两个联盟”的思想，即：西方国家的“工人阶级统一战线”和东方国家的“反帝国主义统一战线”；工农联盟和“党与非党”的联盟。[②]中国共产党的抗日民族统一战线主张，正是以此为基础提出的。

中国共产党积极主动地纠正和克服党内关门主义错误。随着日本的大举入侵，中日民族矛盾上升为主要矛盾，而国内阶级矛盾、政党矛盾则下降为次要

---

① 《马克思恩格斯全集》第八卷，人民出版社，1961年版，第443页。

② 参见《列宁全集》第32卷，人民出版社，1958年版。

矛盾。面对这一重大转变，1935年12月，中共中央召开瓦窑堡会议，提出建立抗日民族统一战线的主张。1936年5月，中共中央发出《停战议和一致抗日通电》，公开放弃反蒋口号。8月，又致信国民党中央并转全体国民党党员，倡议在抗日的大目标下，实行第二次国共合作。

1935年12月27日，毛泽东在瓦窑堡党的活动分子会议上做《论反对日本帝国主义的策略》的讲演，旗帜鲜明地批判把民族资产阶级当作敌人的"左"倾关门主义的错误，指出"关门主义的所谓'纯粹'和'笔直'，是马克思列宁主义向之掌嘴，而日本帝国主义则向之嘉奖的东西"。关门主义认为："革命的力量是要纯粹又纯粹，革命的道路是要笔直又笔直。圣经上载了的才是对的。民族资产阶级是全部永世反革命了。对于富农，是一步也退让不得。对于黄色工会，只有同它拼命。如果同蔡廷锴握手的话，那必须在握手的瞬间骂他一句反革命。哪有猫儿不吃油，哪有军阀不是反革命？知识分子只有三天的革命性，招收他们是危险的。"[①]毛泽东指出，"左"倾关门主义已经成了党的主要危险。

客观地说，中国共产党抗日民族统一战线的理论和实践，完全顺应了当时建立国际反法西斯统一战线的迫切需要。第二次世界大战爆发后，对于如何制止德国、意大利、日本法西斯集团的战争图谋，引发了人们对建立世界反法西斯统一战线的思考。斯大林明确提出，要建立反法西斯统一战线，而资本主义世界的分裂与对立为苏、美、英及其他爱好自由的国家建立反法西斯同盟提供了可能性。[②]

1935年7月，共产国际第七次代表大会提出要在无产阶级统一战线的基础上，建立广泛的反法西斯人民战线。会议指出："我们赞同英勇的兄弟的中国共产党这一倡议：同中国一切决心真正救国救民的有组织的力量结成反对日本

---

① 《毛泽东选集》第一卷，人民出版社，1991年版，第154—155页。

② 参见《斯大林选集》下卷，人民出版社，1979年版，第488—489页。

帝国主义及其走狗的广泛的反帝统一战线。”[①]

根据国际形势的变化，以王明为团长的中共驻共产国际代表团起草并发表了《为抗日救国告全体同胞书》，即《八一宣言》，提出建立抗日民族统一战线的政策，同时组织全国统一抗日联军和全国统一的国防政府。共产国际七大和《八一宣言》精神传达到中共中央后，促成了瓦窑堡会议的召开，也推动了中国共产党抗日民族统一战线政策的最终形成。

当然，中国共产党走向政治成熟，也为抗日民族统一战线的实践创造了有利条件。遵义会议确立了毛泽东在党中央的核心地位，标志着中国共产党逐步从“幼稚”走向成熟。毛泽东《论反对日本帝国主义的策略》的讲演，从人心归属、民族团结、战争态势和国际援助等四个方面论证了统一战线的实际效果，指出“统一战线的发展，将使中国走向一个光明的伟大的前途”[②]。

为了推动抗日民族统一战线的发展壮大，中国共产党还提出了一系列重要原则和方法。毛泽东认为，在统一战线中，资产阶级是与生俱来就软弱的阶级，农民阶级和城市小资产阶级有其阶级固有的局限性，唯有无产阶级是反帝反封建的先锋，因此“共产党的这种绝对的领导权，是使革命战争坚持到底的最主要的条件”[③]。另外，“除了人民的利益之外，党再无自己的特殊利益”[④]，要在统一战线中，不断筑牢自身的群众基础，坚持全心全意为人民服务。抗日民族统一战线不能只讲团结统一，还应提倡独立自主，以更好地克服投降主义、迁就主义。统一战线本身就是矛盾体，“既联合又斗争”是为巩固统战大局以维持革命全面而采取的重要策略，“斗争是团结的手段，团结是斗争的目的”。[⑤]

---

① 《共产国际有关中国革命的文献资料（1929—1936）》第二辑，中国社会科学出版社，1982年版，第392页。

② 《毛泽东选集》第二卷，人民出版社，1991年版，第365页。

③ 《毛泽东选集》第一卷，人民出版社，1991年版，第184页。

④ 《毛泽东思想基本问题》，人民出版社，2002年版，第328页。

⑤ 《毛泽东选集》第二卷，人民出版社，1991年版，第745页。

09　国共再度携手的思想基础

1936年12月12日，为挽救民族危亡、劝谏蒋介石改变“攘外必先安内”的既定国策，停止内战一致抗日，张学良、杨虎城毅然在临潼对蒋介石实行兵谏，扣留了来陕督战的蒋介石，这就是震惊中外的西安事变。

西安事变的爆发不是突然的。

1935年9月，张学良及所属部队被调往西北“剿共”。在全国人民抗日爱国运动和中国共产党抗日民族统一战线主张的感召下，他和杨虎城力劝蒋介石联共抗日，均被拒绝。

1935年，北平爆发一二·九运动，西安城内也有一万多名学生请愿游行。蒋介石指令张学良实行武力镇压，张学良却为学生们的爱国热忱所感动，并于12月10日、11日两次向蒋介石进谏，都被蒋介石斥为“犯上作乱”。

1936年10月22日，蒋介石由南京飞抵西安，严令“进剿”红军。张学良当面表示反对，并提出停止内战、一致抗日的要求，遭蒋拒绝，两人大吵。

10月29日，张学良飞抵洛阳龙门为蒋介石祝寿，再次劝蒋联共抗日，又遭蒋拒绝。蒋介石还坚决拒绝张学良北上抗日的主张，仍强令其“剿共”，否则就把他的部队撤到东边去。

11月23日，国民党制造“七君子”事件，逮捕抗日救国会负责人。11月27日，张学良上书蒋介石，请缨抗战，遭蒋拒绝。12月2日，张学良飞抵洛阳面见蒋介石，要求释放抗日救国会“七君子”，他还向蒋介石面报，说自己部下不稳，势难支撑，再三请求蒋介石前往西安训话。

蒋介石抵达西安后驻华清池，张学良再三苦谏，要求停止内战、一致抗日，又一次遭蒋拒绝。10日，蒋介石正式发布对共产党和红军的第六次“围剿”计划。11日晚，蒋介石邀请张学良、杨虎城和蒋鼎文、陈诚等参加晚宴。晚宴期间，蒋介石宣读了以蒋鼎文为西北剿匪军前敌总司令、卫立煌为晋陕绥宁四省边区总指挥的任命书，决计换将并命令中央军接替东北军、西北军完成

“剿共”任务。

处于抗日不能、“剿共”不愿、苦谏无效的境地，张学良、杨虎城当晚达成一致，决定实行兵谏。12日5时，东北军奉命到华清池捉拿蒋介石，蒋介石从卧室窗户跳出，摔伤后背，躲在一块大石头后面，后被发现。同时，十七路军扣留了陈诚、邵力子、蒋鼎文、陈调元、卫立煌、朱绍良等国民党军政要员，邵元冲等人遇难，西安事变正式爆发。

12月12日，张学良和杨虎城向全国发出通电，提出八项救国主张：“改组南京政府，容纳各党各派，共同负责救国；停止一切内战；立即释放上海被捕的爱国领袖；释放全国一切政治犯；开放民众爱国运动；保障人民集会结社一切政治自由；确实遵行孙总理遗嘱；立即召开救国会议。”

12月25日，在多方斡旋和中国共产党的积极努力下，最终迫使蒋介石做出改组国民党和国民政府，驱逐亲日派，容纳抗日分子，停止“剿共”政策，联合红军抗日等承诺，西安事变成为中国从内战转向抗战的转折点。

西安事变的和平解决为什么能促成国共第二次合作，这次合作的共同思想基础又是什么？如果我们从国民党方面做一考察，就能清晰勾勒出抗日民族统一战线形成的历史必然。

国民党“攘外必先安内”政策的提出，有一个酝酿和演变过程。最初提出这一政策是在1931年7月23日，蒋介石公开发布《告全国同胞一致安内攘外电》。此时面临的形势是，日本为了侵占我国东北，频频在边境制造事端。中国共产党领导的苏维埃根据地，以江西为中心发展到长江中下游地区。国民党内部派系斗争频发，汪精卫在广州成立与南京相对立的国民政府。因此，“安内”主要指“剿共”和平定反蒋势力，“攘外”则主要指对付日本侵略。九一八事变爆发后，蒋介石对外采取“不抵抗政策”，对内集中力量对付反蒋势力和“围剿”红色根据地。1932年1月28日，蒋汪合作政权成立，标志“攘外必先安内”作为“基本国策”得以确立。

“攘外必先安内”的思想蒋介石是根深蒂固的。他在讲话中反复强调，安内的对象“第一是赤匪，第二就是一般反抗中央的军阀”①，还有“就是我们内部的政见不一致”②，因此要以“硬干、实干、快干”的精神剿灭共产党，剿抚兼用对付一般反抗中央的军阀，采取“修明内政与整饬吏治”的方法解决党内政见不一。显然，“反共”是蒋介石“安内”的核心内容，“攘外”则主要强调依靠英美力量抑制日本对华侵略。

然而上述“基本国策”实施的结果是，红军虽然被迫长征，人数大为减少，但会宁会师宣告了蒋介石围追堵截的失败，想用军事手段解决共产党和红军问题已成迷梦。相反，日本得寸进尺，先是发动九一八事变，后是打响一·二八战役，进而侵占华北，接着策划卢沟桥事变，等等。事实证明，“攘外必先安内”的“基本国策”彻底失败。

停止内战、一致抗日已成大势所趋。在这国难之时，中国共产党最先响应民众的呼声，高举抗日救国旗帜。宋庆龄、蔡元培等爱国民主人士主张“停止内战，一致抗日”；国民党爱国将领马占山等率部奋起抗日；冯玉祥、蔡廷锴、蒋光鼐等爱国将领主张“立即停止进攻苏区，立即保证民众的民主权利和立即武装民众”，与中国共产党和工农红军合作抗日。察哈尔抗日同盟军的建立、福建事变的发动，都是这种炽热的爱国热情与“攘外必先安内”基本国策激烈冲突的产物。更有甚者，奉命攻打红军的国民党将领有的提出停止“剿共”、北上抗日，有的临阵起义率部参加红军。国民党的一些元老也纷纷表态，反对蒋介石的“不绝交、不宣战、不讲和、不订约”的政策，要求蒋介石改弦更张，团结抗日。国内各党派也纷纷表示，愿意联共抗日。

当然，作为“停止内战，一致抗日”的重要一方，中国共产党抗日民族统一战线的政策、红军坚决顽强地抵抗及其强大的战斗力、各级党组织卓有成效的宣传动员工作也发挥了不可估量的作用。一二·九运动要求保全中国领土的完整，掀起全国抗日救国新高潮。西北“三位一体”的建立和西安事变的

---

① 张其昀主编：《蒋总统集》，台湾“国防研究院”、中华大典编印会，1968年版，第710页。

② 张其昀主编：《蒋总统集》，台湾“国防研究院”、中华大典编印会，1968年版，第606页。

和平解决，都是中国共产党的杰作。

实际上，当蒋介石“剿共”政策已成强弩之末，“攘内必先安外”更是力不从心时，国际形势也发生了巨大变化，建立反法西斯统一战线已成为当务之急。内外形势的变化促使国民党开始调整相关政策，尤其是调整对苏联、共产国际和中国共产党的政策。

1935年12月，中华民国驻苏大使邓文仪回国述职，带来了重要的国际情报：共产国际七大调整战略，主张建立国际反法西斯统一战线。蒋介石意识到，利用苏联抗衡日本是一个好办法。因此急使邓文仪返回莫斯科，同苏联密谈军事互助问题，而苏方建议国共两党先谈谈。于是就有了潘汉年、王明与邓文仪的见面，宋子文与中共华北联络局、中共西北宁夏地下党的联系，宋子文还委托二姐宋庆龄与共产国际和中共保持联系，国民党中央甚至派密使在张学良的护送下，抵达延安和苏区等。有史料记载，当张学良得知国民党中央派密使抵达延安时，就认为蒋介石可以通共，自己为何不能？于是就有了张学良与共产党的直接会谈。同样，蒋介石也清楚地知道张学良与共产党暗通款曲、密切联系，这也是他坚决改组西北“剿总”，下决心调离东北军、西北军的原因。

不仅苏联和共产国际的政策发生了重大变化，美、法、英等国的国际战略也开始发生重大变化。此时，法西斯国家瓜分世界的图谋已经昭然若揭，成为世界和平的最大威胁。联合世界爱好和平自由的国家共同开展反法西斯斗争，成为各大国关系准则的核心内容。

以1931年九一八事变为起点，中国打响了抗日战争的第一枪，也打响了世界反法西斯战争的第一枪。特别是西安事变后的国共合作，全面抗战和持久抗战战场的开辟，无形中给苏联和英、法、美等国以宝贵的支持。这也是西安事变爆发后，苏联和英、法、美等国第一时间表态，力促事变和平解决的根本原因。当然在这个过程中，苏联等国对西安事变性质的判断有的不太符合实际，但最终采取的措施无疑是符合这些国家根本利益的。

实事求是地说，蒋介石及国民党政府对日本一直抱有不切实际的幻想。比如蒋介石在《告全国同胞书》通电中强调：“……不先剿灭赤匪，恢复民族之元气，即不能御侮；不先剿平叛逆，完成国家之统一，即不能攘外。……外对帝国主义者之侵略则以有纪律之行动，誓死抗议之，内对赤匪、叛徒之叛乱，则以有组织之努力，共同扑灭之。”[①]有研究者将其称为“日强我弱”前提下，蒋介石以时间换空间的抗日谋略，实际上是很难说服人的。对此，张学良曾有这样的评价：“人家批评他吧，说他买办政治。他确实是这样，投机呀，就是我能利用我就利用，现得利呀！”“他哪有抗日，他没有抗日！他的日记都是假的。”[②]无论是希望以英美力量扼制，还是口头的誓死抗议，抑或对共产党的“围剿”，蒋介石的目的只有一个，就是在以他为中心的基础上实现国家的统一。

真正给蒋介石以镇静、猛醒作用的，还是日本在西安事变中的强硬态度。事变刚刚爆发，日本就认为“实在是可喜的现象”[③]，立即召开政府内阁会议，会见南京政府外交官员，要求“监视事变之进行”，表示“帝国仍然坚持既定的对华方针和政策，力求其实现”[④]。敦促南京政府“绝对不能与张学良妥协。否则，日本政府将不能坐视”[⑤]，甚至勾结正在德国养病的汪精卫，意图令其回国与何应钦共组卖国政府，以取代蒋介石。宋美龄正是抓住这一点，反复强调讨伐者“戏中有戏”[⑥]，才使蒋介石从梦中惊醒，态度由此转变。从这个意义上说，日本狼子野心的大暴露，在一定程度上促成了西安事变的和平解决，也将蒋介石推向了停止内战、联共抗日的道路。

10 两种不同的抗战路线

实现第二次国共合作后，工农红军改编为八路军、新四军开赴抗日前线。

---

① 天津《大公报》，1931年7月27日，第3版。

② 张友坤：《西安事变前后张学良与蒋介石的纷争》，《学问》，2017年第1期。

③ 杨中州：《西安事变》，河南人民出版社，1986年版，第140页。

④ 杨中州：《西安事变》，河南人民出版社，1986年版，第139页。

⑤ 杨中州：《西安事变》，河南人民出版社，1986年版，第140页。

⑥ 申伯纯：《西安事变纪实》，人民出版社，2008年版，第139—140页。

如何在对日作战中充分发挥八路军、新四军的优势和作用，毛泽东和张闻天殚精竭虑、反复研究，提出："在整个战略方针下执行独立自主的分散作战的游击战争，而不是阵地战，也不是集中作战，因此不能在战役战术上受束缚。只有如此才能发挥红军特长，给日寇以相当打击。"[①]此后，几乎每隔几天毛泽东都要提到这一问题，特别是在洛川会议上，毛泽东强调，红军作战方针是"应一贯运用游击战、运动战，还有红白军共同作战"[②]，在作战中要发挥红军的特长，实行"独立自主的山地游击战争，包括有利条件下消灭敌人兵团与在平原发展游击战争，但着重于山地"，作战原则是"分散发动群众，集中消灭敌人，打得赢就打，打不了就跑"[③]，以期引起全党全军的高度重视。

然而1937年10月8日，华北军分会（中央军委前方分会，后称华北军分会）颁发了一个训令，即《军分会对目前华北战争形势与我军任务的指示》，在该训令的第六部分提出了"运动游击战""民族失败主义"和"宿命论"三个提法，特别是后面两个提法受到毛泽东、张闻天批评，并指示训令"有原则错误，望停止传达"[④]。毛泽东在1937年12月12日的中央政治局会议上指出："公开批评中央是失败主义是不对的，因怕中央不同意而不报告中央是不好的。"[⑤]彭德怀后来回忆："当时军分会的同志，都没有把敌后游击战争提到战略上来认识。""这个指示有轻敌速胜观点。"[⑥]对此，在延安整风时，作为当时八路军主要负责人的任弼时也做过自我批评，承认当时"对国民党进步估计过高"，"对自己力量估量过大"，本质是"轻敌"。[⑦]

实际上，这样的轻敌观点在八路军、新四军中是普遍存在的，或者说大家对正规战、阵地战与运动战、游击战的关系缺乏清醒的认识，对日军、国民党

---

① 《毛泽东年谱（1893—1949）（修订本）》中卷，中央文献出版社，2013年版，第8页。
② 王焰主编：《彭德怀年谱》，人民出版社，1998年版，第178页。
③ 金冲及主编：《周恩来传（1898—1949）》，人民出版社、中央文献出版社，1989年版，第370页。
④ 田玄：《彭德怀与华北抗战初期的"运动游击战"问题考析》，《军事历史研究》，1999年第1期。
⑤ 田玄：《彭德怀与华北抗战初期的"运动游击战"问题考析》，《军事历史研究》，1999年第1期。
⑥ 《彭德怀自述》，人民出版社，2019年版，第189—190页。
⑦ 夏明星：《毛泽东与抗日游击战略方针的最终确立》，《党史纵横》，2010年第5期。

军队以及红军本身的力量、装备和特点缺乏清醒的认识。在国共合作的形势之下，在抗日激情的鼓舞下，大都主张与侵略者面对面地真刀真枪大战一场。

而在这样的氛围中，毛泽东、张闻天等领导人头脑异常清醒，他们指出，八路军、新四军只适合独立自主的山地游击战争。这就使有些同志认为中央过高地估计了日本侵略者的力量，同时过分地贬低了八路军、新四军，包括国民党军队的力量，是灭自己志气，长敌人威风，甚至认为是“民族失败主义”和“宿命论”。

1937年10月25日，毛泽东在《和英国记者贝特兰的谈话》中就曾指出：“投降主义根源于民族失败主义，即民族悲观主义，这种悲观主义认为中国在打了败仗之后再也无力抗日。”[①]可见，毛泽东、张闻天的指示是为了更好地发挥八路军、新四军的优势，更有力地打击日本侵略者，与所谓的“民族失败主义”，以及预言抗日失败的“宿命论”格格不入。华北军分会公开批评中央方针，特别是指责中央是“民族失败主义”“宿命论”，显然是极其错误的。

随后，一场名垂史册的战斗结束了这场争论，也证明了毛泽东的远见卓识。这场战斗就是林彪率115师在平型关打的一场战役，对象是途经平型关的日军板垣征四郎的辎重部队。在这场战役中，林彪充分发挥八路军适合近战和山地战的特长，首次集中较大兵力，对日军进行了一次成功的伏击。一战下来，收获甚多，击毙日军一千余人，击毁汽车一百余辆，马车二百余辆，缴获步枪一千余支，机枪二十余挺，火炮一门，以及大量军用物资。但八路军伤亡也达六百余人，还未能抓获一个俘虏。此战是在日军长驱直入、国民党军节节败退的形势下取得的大捷，打破了日军不可战胜的神话，使全国人民看到了希望，振奋了民心士气，也提高了共产党及其武装的威望。但是，此战也使林彪等指挥员深刻认识到我军与日军在火力装备上的巨大差距，认识到打击日军远不如打国民党军队那么容易，绝不能等闲视之。通过总结，彭德怀、林彪等军事指挥员对日军的战斗力和我军的优劣长短有了更清醒的

① 《毛泽东选集》第二卷，人民出版社，1991年版，第382页。

认识，认识到倘若采用运动战方针，毙敌一千自损八百，红军那点家底早晚是会被消耗光的。若想取得对日作战的最终胜利，必须采用毛泽东主张的“独立自主的山地游击战”。

这一段历史公案所反映的不仅仅是作战方针的问题，更引申出中国共产党与国民党抗战路线的迥异。

那么国民党的抗战路线是什么呢？毛泽东在和英国记者贝特兰的谈话中提及国民党的抗战，指出：“从参战的成分来说则是片面的，因为抗战还只是政府和军队的抗战，不是人民的抗战。”①1937年11月12日，毛泽东在延安中国共产党的活动分子会议上的报告中，第一次完整地使用了国民党“片面抗战”②的提法。

蒋介石和国民党片面抗战路线的形成，既有其代表大地主、大资本家利益的历史局限性，也有其不能正确认识敌我双方力量而产生的动摇性和摇摆性。抗战一开始，蒋介石就曾幻想利用其几百万正规军，依靠英美势力和苏联的国际援助一举击败日军，迅速取胜。周恩来曾提及蒋介石错误地认为：“只要打几个胜仗，就可以引起国际的干涉。最大的希望是苏联出兵，次之就是英美在上海干涉。所以他们就打阵地战，把一二百万军队都调到上海，拿去拚，牺牲极大。”③同时，蒋介石又害怕人民起来抗战，害怕中国共产党领导下的抗日武装力量发展壮大，千方百计加以限制。蒋介石政府抗战的两面性，决定了其不可能坚决，肯定会出现左右摇摆。

抗战一开始，就形成了正面和敌后两大战场。抗战初期，国民党军队担负着正面战场的作战，八路军则在敌后配合正面战场作战。需要特别指出的是，国民党军队在这一阶段的抗战积极性很高，同共产党的关系也比较好，取得了一系列重大战果，极大地鼓舞了全国人民抗战的信心和决心。比如平绥线上的南口战役，杀伤大量日军有生力量；上海会战中的八百壮士，死守四行仓库二

---

① 《毛泽东选集》第二卷，人民出版社，1991年版，第375页。

② 《毛泽东选集》第二卷，人民出版社，1991年版，第387页。

③ 《周恩来选集》上卷，人民出版社，1980年版，第196—197页。

十余天；忻口会战中，敌人虽以全力猛攻，但遭到忻口抗战部队的猛烈打击；特别是台儿庄战役，国民党军队共集结四十万大军与日军展开大规模的激战，其规模之大、战况之激烈、国民党军队作战之英勇、战果之辉煌，都是抗战以来少有的。

但是，这样大规模的阵地消耗，再加上军队之间相互倾轧、将领腐败无能等复杂因素，国民党军队很快在正面战场损失惨重，出现大规模溃退等不利态势。日本发动全面侵华战争仅一年多，华北大部分地区失守，11月12日上海失守，11月20日迁都重庆，12月23日南京沦陷，国民党抗战信心开始动摇。武汉失守后，中国抗战形势发生了新的变化，一股妥协投降的氛围笼罩中国大地。

在这个时候，日本也调整了其相关对华政策。对共产党日益重视，并逐步将侵华主力用来对付八路军、新四军和人民抗日武装；对国民党则采取以政治诱降为主、以军事打击为辅的政策。

同时，国民党的抗日政策也开始发生变化。1939年1月的五届五中全会通过了《限制异党活动办法》，确定了政治反共的方针。1939年10月的五届六中全会，又确定了对共产党以军事进攻为主的方针，国民党在消极抗日、积极反共、妥协动摇三者之间徘徊。不过国民党军队仍担负着“抗击不到百分之四十的日军和不到百分之十的伪军”[①]的任务，还涌现出张自忠将军这样可歌可泣、为国捐躯的英烈。

总之，国民党片面抗战路线的重大缺陷在于，未能解决依靠什么力量抗战这一根本问题，不敢放手发动群众、组织群众，掀起全民抗战的热潮，只重视依靠国民政府和正规军抗战，同时在阵地战、阻击战中战术单一，缺乏游击战、运动战等机动灵活的战术。

中国共产党全面抗战路线因抗日战争全面爆发而形成，并随着抗日战争形势的发展变化不断丰富发展，对指导全国人民浴血奋战并最终取得彻底打败日军侵略者的胜利，发挥了极其重要的作用。

---

① 《毛泽东选集》第三卷，人民出版社，1991年版，第944页。

1935年的《八一宣言》和瓦窑堡会议确立了中国共产党抗日民族统一战线的原则和方针。西安事变和平解决、国共合作局面形成，又为抗日民族统一战线的建立和壮大创造了条件。1937年七七事变爆发后的第二天，中共中央就发出了《中国共产党为日本进攻卢沟桥通电》，提出“全民族实行抗战”的方针。中国共产党认为，卢沟桥事变后，中国的政治形势已进入一个不同以往的“新的阶段”，即“实行抗战的阶段”。这场战斗由于敌我力量的对比等诸多因素，将是一场艰苦的持久战。在这一新阶段内的最中心的任务，是动员一切力量争取抗战的最后胜利。而争取抗战胜利的关键，就在于使国民党发动的抗战发展为全面的全民族的抗战。怎样才能做到这一点呢？

1937年7月23日，毛泽东在《反对日本进攻的方针、办法和前途》中提出抗日救国“八大纲领”：全国军队的总动员；全国人民的总动员；改革政治机构；抗日的外交；宣布改良人民生活的纲领，并立即实施；国防教育；抗日的财政经济政策；全国人民、政府和军队团结起来，筑成民族统一战线的坚固的长城。由此形成了全面抗战路线的雏形。

8月，中共中央召开洛川会议，通过了两个文件，即《中共中央关于目前形势与党的任务的决定》和《中国共产党抗日救国十大纲领》，以“驱逐日本帝国主义出中国”为中心，从军事、政治、经济、文化、社会、外交诸方面提出了具体措施：打倒日本帝国主义；全国军事的总动员；全国人民的总动员；改革政治机构；抗日的外交政策；战时的财政经济政策；改良人民的生活；抗日的教育政策；肃清汉奸卖国贼亲日派，巩固后方；抗日的民族团结。①至此，中国共产党全面抗战路线正式形成。

不仅如此，中国共产党进一步明确了自身在抗战中的地位和作用：共产党员及其所领导的民众与武装力量，应该最积极地站在斗争的最前线，应该使自己成为全国抗战的核心，应该用极大力量发展抗日的群众运动，广泛宣传群众、组织群众、武装群众，组织千百万群众进入抗日民族统一战线，实现党对

---

① 参见《毛泽东选集》第二卷，人民出版社，1991年版，第354—357页。

抗战的领导。

针对抗战初期在思想认识上的一系列模糊认识，1938年5月26日至6月3日，毛泽东在延安召开的抗日战争研究会上作了《论持久战》的讲演。讲演的内容经毛泽东整理修改后，先在延安油印出来在党内传阅；1938年7月1日在《解放》杂志正式刊出；随后，延安解放出版社出版了单行本。在这部著作中，毛泽东深刻揭示了抗日战争的基本规律，将抗战分为三个阶段，即防御阶段、相持阶段和反攻阶段，并指出运动战和游击战是夺取抗日战争胜利的主要战略战术。同时他指出："抗日战争的政治目的是'驱逐日本帝国主义，建立自由平等的新中国'。"必须坚持人民战争的抗战路线，动员和依靠群众进行抗战。"兵民是胜利之本"，"战争的伟力之最深厚的根源，存在于民众之中。日本敢于欺负我们，主要的原因在于中国民众的无组织状态。克服了这一缺点，就把日本侵略者置于我们数万万站起来了的人民之前，使它像一匹野牛冲入火阵，我们一声唤也要把它吓一大跳，这匹野牛就非烧死不可"。①毛泽东还通过分析回答人们对战争前途的疑虑，批驳了亡国论和速胜论。该书出版后，不仅在国内产生强烈反响，也受到日本政府、军方和媒体的高度关注，其前瞻性和预见性受到敌我双方的充分肯定和赞叹。

11 昆仑山上下来的不一定是神仙

1937年11月29日，经共产国际批准，王明、康生、陈云等一行乘坐苏联飞机，经新疆迪化（今乌鲁木齐市）和兰州飞抵延安，受到毛泽东、张闻天、周恩来、博古等中央领导和党政军各部门负责人，机关、学校、部队及延安各界群众的热烈欢迎。毛泽东在欢迎集会上发表了《饮水思源》的欢迎词。他充满热情地说："欢迎从昆仑山下来的'神仙'，欢迎我们敬爱的国际朋友，欢迎从苏联回来的同志们。你们回延安来是一件大喜事。这叫做'喜从天降'。"在

① 《毛泽东选集》第二卷，人民出版社，1991年版，第481、509、511—512页。

欢迎会上王明也讲了话，他说："我们是共产国际派来的，是斯大林同志派来的。我们几个人都是我党驻共产国际的代表，没有什么地方值得欢迎，应当欢迎的是毛泽东同志。"①大有反客为主的味道。

毛泽东等期待王明的归来能带来马克思列宁主义的"真经"。然而，王明后来的一系列做法，很快给延安原本清朗的天空带来浓浓的迷雾，造成党内思想混乱，也使毛泽东、张闻天等中央领导同志产生了深深的隐忧。

当然，此时的王明是趾高气扬、咄咄逼人的。因为他手捧"尚方宝剑"，受共产国际和斯大林委派回国，被认为是熟悉国际形势的新生力量，是百分之百的布尔什维克，只有他才能帮助中国共产党中央委员会。这也反映了斯大林和共产国际对毛泽东统一战线中的独立自主原则不太放心。说是帮助，实是监督。

有资料显示，临行前，斯大林和共产国际负责人季米特洛夫会见了王明，主要强调统一战线的问题。斯大林说："不要害怕共产党会淹没在民族解放战争中，共产党人应该积极参加到民族解放斗争中去。"季米特洛夫说得更直截了当，他说，由于共产党力量弱小，所以在统一战线中不要刺激国民党，应当像法共那样，一切服从统一战线，不要过分强调独立自主。②同时也提醒王明，回去以后要谦逊，不要自封领袖。王明对共产国际的指示一贯是无保留地拥护和执行的，但是头顶共产国际执委和政治书记处候补书记的头衔，王明很难做到谦逊和尊重。

果不其然，王明到达延安十天之后，便急切地提议召开中央政治局会议（十二月会议）。在会上，王明做了《如何继续全国抗战与争取抗战胜利呢?》的专题报告。在整个报告过程中，王明以传达圣旨的口吻传达着共产国际和斯大林的指示，其态度咄咄逼人、不可一世，俨然以领导者自居。

王明在报告中批评了中央洛川会议的方针和政策，认为在抗日民族统一战线的前提下，不能再提改造国民党政府的口号；反对公开批评国民党的片面抗

---

① 张家康：《昆仑山下来的"神仙"兴风作浪记》，《福建党史月刊》，2010年第9期。

② 参见张家康：《昆仑山下来的"神仙"兴风作浪记》，《福建党史月刊》，2010年第9期。

战路线，认为太尖锐，使人害怕；不赞成毛泽东提出的国民党营垒中有左、中、右三派；否认统一战线中的独立自主原则；不应提国民党与共产党谁吸引谁，不应空喊领导权等。同时他又提出，抗日高于一切，一切服从抗日，一切经过统一战线，一切服从统一战线。在这次会议上，“唯有毛泽东作了实质上抵制王明错误的发言”[①]，但这种抵制也是有限度的。彭德怀在回忆这次会议时曾说：“我认真听了毛主席和王明的讲话，相同点是抗日，不同点是如何抗法。……回去传达就只好是，毛主席怎么讲，王明又怎么讲，让它在实践中去证明吧。”[②]张闻天事后回忆，许多同志在一时难以分辨是非的情况下，不同程度地同意和拥护了王明的主张。[③]毛泽东本人后来在谈到这次政治局会议时说：“十二月会议上有老实人受欺骗，作了自我批评，以为自己错了。”“而我是孤立的。当时，我别的都承认，只有持久战、游击战、统战原则下的独立自主等原则问题，我是坚持到底的。”“遵义会议以后，中央的领导路线是正确的，但中间也遭过波折。抗战初期，十二月会议就是一次波折。十二月会议的情形，如果继续下去，那将怎么样呢？有人说他奉共产国际命令回国，国内搞得不好，需要有一个新的方针。所谓新的方针，主要是在两个问题上，就是统一战线问题和战争问题。在统一战线问题上，是要独立自主还是不要或减弱独立自主；在战争问题上，是独立自主的山地游击战还是运动战？”[④]而李维汉回忆，十二月会议后毛泽东曾对他说：“我的命令不出这个窑洞。”[⑤]

当时，中共党内对王明奉斯大林和共产国际之命回国帮助中共中央工作有所顾忌，加之王明肆意张扬的做派，迷惑了相当一批领导干部，致使一些出格的行为一再上演。在十二月会议的最后一天，王明未经与中央报告和讨论，突然提出一份中央政治局委员、候补委员的名单，并将张闻天由中央总书记降至第七位；利用陈独秀等要求恢复合作问题大做文章，批评毛泽东当时已准备同

---

① 张培森主编：《张闻天年谱（修订本）》上卷，中共党史出版社，2000年版，第365—366页。
② 《彭德怀自述》，人民出版社，2019年版，第190—192页。
③ 参见张培森主编：《张闻天年谱（修订本）》上卷，中共党史出版社，2000年版，第365页。
④ 金冲及：《毛泽东传（1893—1949）》，中央文献出版社，2004年版，第524—525页。
⑤ 李维汉：《回忆与研究》上册，中共党史资料出版社，1986年版，第443页。

帝国主义反动派的积极帮凶——托派分子勾结起来。十二月会议后，王明到武汉主持召开中共代表团和中共长江局联席会议，将长江局凌驾于中央书记处之上，擅自以党中央和毛泽东名义发号施令，成了事实上的“第二政治局”；肆意扣压党中央起草的《中共中央致国民党临时全国代表大会电》，甚至发表《答复子健同志的一封公开信》，与党中央唱反调；拒绝在《新华日报》上刊登毛泽东的《论持久战》，认为该文的主要倾向是消极抵抗日本侵略、等待日本进攻苏联等。

更有甚者，当王稼祥带回共产国际对中国共产党的新指示，召开中央政治局会议传达，筹备召开六届六中全会时，王明竟回电让王稼祥到武汉先行给他汇报，并让毛泽东等中央领导和中央委员到武汉或西安召开六中全会。实在是狂妄至极。也正是王稼祥带回来的共产国际负责人季米特洛夫的指示，要求“王明不要再争了”，“在领导机关中要在以毛泽东为首的领导下解决”，王明才被摘掉头上的光环，打回原形。

1938年9月29日至11月6日，中共六届六中全会召开。这是在中国共产党历史上具有重大意义的会议，也是一次决定中国共产党命运的会议。会议基本上纠正了王明的右倾错误，进一步巩固了毛泽东在全党的领导地位，统一了全党的思想和步调，增强了党的团结统一，确保了党的正确路线的贯彻执行。

全会的中心议题是，毛泽东代表党中央做《论新阶段》的政治报告。报告指出：“坚持民族统一战线才能克服困难，战胜敌人，建设新中国，这是毫无疑义的。但是在同时，必须保持加入统一战线中的任何党派在思想上、政治上和组织上的独立性。”[①]一方面，统一战线中独立性不能超过统一性，而是服从统一性，不这样做，就不算坚持统一战线，就要破坏团结对敌的总方针；另一方面，决不能抹杀这种相对的独立性，如果被人抹杀或自己抛弃这种相对的独立性或自由权，也同样将破坏团结对敌，破坏统一战线。

为了保证党的团结统一，毛泽东在报告中特别提到了党的纪律问题，指

---

① 《毛泽东选集》第二卷，人民出版社，1991年版，第524页。

出："必须重申党的纪律：（一）个人服从组织；（二）少数服从多数；（三）下级服从上级；（四）全党服从中央。谁破坏了这些纪律，谁就破坏了党的统一。"[①]这是在中国共产党历史上第一次完整地提出"四个服从"。

11月5日和6日，毛泽东为全会作结论报告，认为必须处理好民族斗争与阶级斗争的关系问题，使阶级斗争服从于抗日的民族斗争，这是统一战线的根本原则。在此原则下，保存党派和阶级的独立性，保存统一战线中的独立自主。毛泽东还第一次对"一切经过统一战线"的提法提出批评，他指出："国民党是当权的党，它至今不许有统一战线的组织形式。""如果所谓'一切经过'就是经过蒋介石和阎锡山，那只是片面的服从，无所谓'经过统一战线'。"[②]

在结论报告中，毛泽东还集中讲到了抗日游击战争的战略地位问题。毛泽东指出："在抗日战争的全体上说来，正规战争是主要的，游击战争是辅助的，因为抗日战争的最后命运，只有正规战争才能解决。""但游击战争是在全战争中占着一个重要的战略地位的。没有游击战争，忽视游击队和游击军的建设，忽视游击战的研究和指导，也将不能战胜日本。""游击战争虽在战争全体上居于辅助地位，但实占据着极其重要的战略地位。抗日而忽视游击战争，无疑是非常错误的。"[③]

为了增强全党的组织纪律性，加强党中央的集中统一领导，全会制定并通过了《关于中央委员会工作规则与纪律的决定》《关于各级党部工作规则与纪律的决定》等重要党内法规文件。前者强调："各中央委员不得在中央委员会以外对任何人发表与中央委员会决定相违反的意见，亦不得有任何相违反的行动。""各中央局、中央分局须完全执行中央委员会、中央政治局、中央书记处的决议和指令，并不得有任何违反中央委员会、中央政治局、中央书记处的文字与行动。"后者则再次强调"四个服从"，指出"党的一切工作由中央集中领

① 《毛泽东选集》第二卷，人民出版社，1991年版，第528页。
② 《毛泽东选集》第二卷，人民出版社，1991年版，第539页。
③ 《毛泽东选集》第二卷，人民出版社，1991年版，第552页。

导，是党在组织上民主集中制的基本原则，各级党的委员会的委员必须无条件的执行，成为一切党员与干部的模范”[①]。

12 和平建国昙花一现

1945年在重庆谈判期间，毛泽东的一首以“重庆谈判”为题的七律诗传抄甚广。诗曰：“有田有地吾为主，无法无天是为民。重庆有官皆墨吏，延安无屎不黄金。炸桥挖路为团结，夺地争城是斗争。遍地哀鸿满城血，无非一念救苍生。”[②]形象生动地描述了重庆谈判的惊心动魄。

1945年8月14日，日本宣布接受《波茨坦公告》。同一天，国民党政府同苏联政府签订了《中苏友好同盟条约》。第二次世界大战以法西斯国家的惨败而告终，中国抗日战争胜利在即，蒋介石不禁喜形于色、踌躇满志。也是在这一天，蒋介石致电毛泽东，邀请他到重庆进行谈判，共商国是。在双方的相互试探中，蒋介石连发了三次电报，以示邀请之诚意。

面对如此局面，中共中央于8月23日召开政治局扩大会议，讨论同国民党进行谈判的问题。毛泽东在会上说：“今天的会议决定还是去，而不是不去。但去的时机由政治局、书记处决定。”[③]随后，中共中央向党内发出《中共中央关于同国民党进行和平谈判的通知》。28日，毛泽东、周恩来、王若飞等乘机离开延安，同日下午抵达重庆。毛泽东赴重庆谈判，引起全国关注和轰动，驻重庆的各国新闻记者几乎倾巢出动。人们热切地期盼国共双方能在和平、民主、团结的基础上，摒弃成见，定出一种能为大多数人所接受的政治方案，共同建设独立、自由、富强的新中国。

然而美好的愿望与冰冷的现实总是有不小的距离。谈判刚刚开始，蒋介石

---

① 中共中央文献研究室、中央档案馆编：《建党以来重要文献选编》第十五册，中央文献出版社，2011年版，第766、770、773页。

② 吴正裕：《毛泽东在重庆谈判期间创作的一首七律政论诗》，《党的文献》，2016年第6期。

③ 《毛泽东文集》第四卷，人民出版社，1996年版，第9页。

就拟定了三条原则：不得于现在政府法统之外来谈政府改组问题；不得分期或局部解决问题；一切问题必须以政令、军令之统一为中心。此外并无具体方案或要点。反而，中国共产党在《谈话要点》提出了拥护蒋介石，承认蒋介石在全国的领导地位等十一条实际的论点，既有停止一切武装冲突、抗日军队参加受降工作、严惩汉奸、解散伪军等当下的任务；也有实现政治民主化、军队国家化、党派平等合法的内容。从安排干部的诉求看，共产党只要求了陕甘宁边区和热河、察哈尔、河北、山东、山西五省省府主席，其他均为副职。不难看出，中国共产党一开始还是诚意满满的。之后的深入磋商，包括国民党《对于中共九月三日提案之答复案》，基本上是围绕中共《谈话要点》进行的，核心问题是军队数量和解放区政权问题。谈判进行至10月上旬，双方大体上达成了协议。10月10日，双方代表签订《政府与中共代表会谈纪要》，亦称“双十协定”。签字后，毛泽东应邀到场，蒋介石也亲临现场，向毛泽东面致祝贺，并邀约毛泽东参加国庆招待会。

《双十协定》主要内容如下：

一、关于和平建国的基本方针，双方一致认为中国抗日战争业已结束，和平建国的新阶段即将开始，必须共同努力，以和平、民主、团结、统一为基础，并在蒋主席领导之下，长期合作，坚决避免内战，建设独立、自由和富强的新中国，彻底实行三民主义。

二、关于政治民主化问题，双方一致认为应迅速结束训政，实施宪政，并应先采取必要步骤，由国民政府召开政治协商会议，邀集各党派代表及社会贤达协商国是，讨论和平建国方案及召开国民大会各项问题。

三、关于国民大会问题，中共方面提出重选国民大会代表，延缓国民大会召开日期，修改《国民大会组织法》《选举法》《五五宪法草案》三项主张；国民政府方面表示国民大会已选出之代表，应为有效，其名额可使之合理地增加和合法地解决，《五五宪法草案》原曾发动各界研讨，贡献修改意见。

四、关于人民自由问题，双方一致认为政府应保证人民享受一切民主国家人民在和平时期应享受的身体、信仰、言论、出版、集会、结社的自由，现行法令当依此原则，分别予以废止或修正。

五、关于党派合法问题，中共方面提出政府应承认国民党、共产党及一切党派的平等合法地位；国民政府方面表示各党派在法律之前平等，本为宪政常轨，今可即行承认。

六、关于特务机关问题，双方同意政府应严禁司法和警察以外机关有拘捕、审讯和处罚人民之权。

七、关于释放政治犯问题，中共方面提出除汉奸之外之政治犯，政府应一律释放；国民政府方面表示政府准备自动办理，中共可提出应释放之人的名单。

八、关于地方自治问题，双方同意各地应积极推行地方自治，实行由下而上的普选，国民政府方面还希望不以此影响国民大会的召开。

九、关于军队国家化问题，中共方面提出政府应公平合理地整编全国军队，确定分期实施计划，并重划军区，确定征补制度，以谋军令统一。在此计划下，中共愿将其所领导的抗日军队由现有数目缩编至二十四个师（至少二十个师）的数目，并表示可迅速着手将其所领导而散布在广东、浙江、苏南、皖南、皖中、湖南、湖北、河南（豫北不在内）八个地区的抗日军队复员，并从上述地区逐步撤退应整编的部队至陇海路以北及苏北、皖北的解放区集中。国民政府方面表示全国整编计划正在进行，此次提出商谈的各项问题如果真能全盘解决，则中共所领导的抗日军队缩编至二十个师的数目可以考虑。关于驻地问题，可由中共方面提出方案讨论解决。

十、关于解放区政府问题，中共方面提出政府应承认解放区各级民选政府的合法地位；国民政府方面表示解放区名词在日本无条件投降以后，应成为过去，全国政令必须统一。

十一、关于奸伪问题，中共方面提出应严惩汉奸，解散伪军；国民政府方面表示这在原则上自无问题，只是惩治汉奸要依法而行，解散伪军亦须妥慎办理，以免影响当地安宁。

十二、关于受降问题，中共方面提出要重划受降地区，参加受降工作；国民政府方面表示在中共接受中央命令之后，自可考虑让其参加受降工作。①

张治中在欢送毛泽东的晚会致辞中总结道："在谈判进行中，双方不免有若干的距离，但是这个距离已经一天天接近了。到了今天，我们可以告慰大家的，就是谈判的成功已经存了百分之七十的希望，而且这剩余百分之三十的距离，我们相信也会有方法使它逐渐接近，终于得到圆满的解决。"②

对于重庆谈判及《双十协定》的历史价值，毛泽东曾这样说道："这次谈判是有收获的。国民党承认了和平团结的方针和人民的某些民主权利，承认了避免内战，两党和平合作建设新中国。这是达成了协议的。""谈判的结果，国民党承认了和平团结的方针。这样很好。国民党再发动内战，他们就在全国和全世界面前输了理，我们就更有理由采取自卫战争，粉碎他们的进攻。"③

早在1944年9月，随着抗日战争初现胜利的曙光，为了正确处理国共关系，寻求更为光明和实际的国家前途，国民参政会第三次会议在重庆召开。中共代表林伯渠正式提出成立"联合政府"的主张。他说："我坦白的提出希望国民党立即结束一党统治的局面，由国民政府召开各党各派、各抗日部队、各地方政府、各人民团体的代表，开国事会议，组织各抗日党派联合政府。"④

然而对于在重庆谈判之初就毫无准备的蒋介石来说，谈判不是为了和平、团结、民主、统一，也不是为了组建联合政府，而是为了收编中共，为了进一步巩固国民党一党专制，或者为国民党赢得准备内战的时间。

因此在重庆谈判期间发生了阎锡山部进攻中国共产党晋冀鲁豫解放区事件。根据中共中央军委"坚决彻底消灭来犯之敌"的指示，晋冀鲁豫军区发动了上党战役，歼敌三万五千人，使阎锡山损失总兵力的三分之一。1945年10月8日，一架蒋军运输机迷航，在河南太行山麓焦作附近降落，八路军某部缴获了这架飞机，从飞机上搜出了编号为3521的蒋介石的代电密件和两册《剿匪

① 参见《胡乔木回忆毛泽东》，人民出版社，2003年版，第408—412页。

② 卓兆恒：《重庆谈判资料》，四川人民出版社，1980年版，第164页。

③ 《毛泽东选集》第四卷，人民出版社，1991年版，第1156、1159页。

④ 《中共党史参考资料》五（下），人民出版社，1979年版，第270页。

手本》。这一偶发事件，泄露了蒋介石利用重庆谈判做掩护，加紧部署国民党军抢占战略要地之险恶用心。

为了督促《双十协定》的落实，1946年1月10日，在美国总统特使马歇尔的调停下，国共两党达成关于停止国内军事冲突的协定。同一天，政治协商会议在重庆开幕，来自国民党、共产党、民主同盟、青年党和无党派人士的三十八人出席会议。会议进行了二十二天，通过《宪法草案》《政府组织案》《国民大会案》《和平建国纲领》《军事问题案》。国民党在政府中占有明显优势。毛泽东在颁布停战令时曾乐观地认为:“中国和平民主新阶段，即将从此开始。”[①]并在中共党内作出“中国革命的主要斗争形式，目前已由武装斗争转变为非武装的群众的议会斗争，国内问题由政治方式来解决”[②]，党的全部工作必须适应这一新形势的指示，甚至就人事问题做了安排。然而蒋介石根本就没有实行协议的诚意，在随后召开的国民党六届二中全会上通过《对于政治协商会议之决议案》，提出五条宪法修改原则，从而以党中央全会的方式全盘推翻了政协已达成的协议。和平建国昙花一现，全面内战已不可避免。

---

① 《毛泽东文集》第四卷，人民出版社，1996年版，第88页。

② 《毛泽东年谱（1893—1949）（修订本）》下卷，中央文献出版社，2013年版，第56页。

第八章
两个“中国之命运”

01 《中国之命运》

1943年3月10日，正中书局推出蒋介石著作《中国之命运》。全书共分八章，分别是中华民族的成长与发达、国耻的由来与革命的起源、不平等条约的影响之深刻化、由北伐到抗战、平等互惠新约的内容与今后建国工作之重点、革命建国的根本问题、中国革命建国的动脉及其命运决定的关头、中国的命运与世界的前途。该书的基调是宣扬中华民族的“固有的德性”“中国人的思想、中国人的精神、中国人的情感、中国人的品性”，反对西方文化对中国优越伦理和宗族社会组织的破坏，该书提出，“中国从前的命运在外交”，“而今后的命运，则全在内政”，强调“攘外必先安内”，强调“一个主义”“一个党”，认为三民主义是“国民革命不变之最高原则”“民族复兴唯一正确之路线”，中国国民党是“领导革命建设国家的总机关”，“永为中国唯一的革命政党”，公开反对共产主义和自由主义，指责中国共产党领导的武装力量和敌后抗日根据地是“新式封建与变相军阀”。

此书出版后，一时洛阳纸贵，其初版印了二十万册，至1943年5月，发行了一百三十多万册，正中书局发行的影印版已至第245版。①

---

① 参见王震邦：《蒋著〈中国之命运〉的传播与反响》，《民主与科学》，2016年第3期。

有关资料显示，大约在1942年10月，从美国率先放弃不平等条约起，蒋介石就萌生了写书的愿望，最初书名定为《国民革命风》，蒋亲自拟定了要旨大纲，强调“《国民革命风》应叙述我民族光荣之历史与高尚之德性，以及优秀文化，应为世界被压迫民族共同负解放之责，而不计其权利”，“《国民革命风》之草案，再加研究，特别注重教育与生活”。对于此书的要旨，蒋介石总结道：“一、勖勉国民，恢复我国固有之文化道德与技能；二、鼓励国民建国之信心和决心；复兴汉唐之规模和气魄。”①书名后改为《中国之命运》，取自孙中山所言“国家之命运在国民之自决”。该书自1942年10月10日动笔，历经五个月的“呕心沥血”，于1943年3月10日正式出版。

《中国之命运》引发争议和最引人注目的部分，一是对五四运动和外来文化的评价，二是大肆批判共产主义。书中批判五四新文化运动以来的“个人本位的自由主义”和“阶级斗争的共产主义”，“至于所谓自由主义与共产主义之争，则不外英美思想与苏俄思想的抄袭和附会，这样抄袭附会而成的学说和政论，不仅不切于中国的国计民生，违反了中国固有的文化精神，而且根本忘记了他是一个中国人，失去了要为中国而学亦要为中国而用的立场”②。他在书中断言，共产主义在中国虽然能流行于一时，也能鼓动一些民众，但终将归于失败。他还歪曲历史事实，污蔑共产党是第一次国共合作的背信弃义者和破坏者，是“汪共同谋”才导致了第一次国共合作的破裂和大革命运动的失败；他顽固坚持一党专政，指责中国共产党“割据地方，企图破坏抗战，妨碍统一”，是“变相的军阀和新式的封建”，这种障碍留存一日，则“国家政治生活就一日不能上轨道，军政时期亦就一日不能终结。不惟宪政无法开始，就是训政亦无从推行”。③

蒋介石为什么要在抗战胜利曙光初现，中国抗战正处于艰难的由相持阶段向反攻阶段转变的关键时刻，出版发行这本书呢？据该书的主笔人时任蒋介石

---

① 王震邦：《蒋著〈中国之命运〉的传播与反响》，《民主与科学》，2016年第3期。

② 吴汉全：《中国现代政治史》下卷，人民出版社，2015年版，第936页。

③ 张同新：《中国国民党史纲》下册，人民出版社，2012年版，第428页。

侍从秘书的陶希圣回忆，这是因为“日本战败只是迟早的事情，由此，蒋介石已经不把外患当作当务之急。当时中共领导的革命力量和抗日根据地已经渡过了难关，得到恢复和发展，这使得蒋介石火热的心头又生发了一丝寒意”[①]。蒋介石不愿意改变自己一党独裁的法西斯专政，更不能容忍其他党派与自己平起平坐、分享权力，在他看来，1943年就是最恰当的时机，“中国今后的前途和我们今后的作法，是我们每一个国民，当此国家民族的生命在存亡绝续关头，盘旋于心中而不能释的问题”[②]。

《中国之命运》出版发行后，极少数政客、御用文人大唱赞歌，认为该书是“古今中外唯一的伟大著作”。但是，国内各界乃至国外绝大多数有识之士，都从不同角度予以质疑和批判。特别是知识分子群体对《中国之命运》顽固反对自由主义的立场表达了普遍的不满。客观地说，经过近代以来的一系列启蒙和斗争，中国大多数知识分子都认同孙中山先生的民主共和理念，反对封建专制统治。直到20世纪40年代初，虽然他们对国民政府和蒋介石有诸多不满，但基本立场并没有变。《中国之命运》出版后，知识分子普遍从这本书中读出了封建法西斯专制主义的内容和坚持独裁统治的立场，更加对国民政府和蒋介石感到失望乃至绝望。知名学者闻一多就说过，他的思想变化是从《中国之命运》一书在昆明发售开始的，他说《中国之命运》一书的出版“是一个很重要的关键”，“我简直被那里面的义和团精神吓一跳，我们的英勇的领袖原来是这样想法的吗？五四给我的影响太深，《中国之命运》公开的向五四宣战，我是无论如何受不了的”。[③]

一直到1943年6月，中国共产党对《中国之命运》的反应，总体上都比较平淡。一方面是因为抗战正处于关键时刻，为了国家民族的整体利益，中国共产党一直坚持国共合作达成的“和平建国”方针，不在报刊上公开批评国民党，避免刺激国民党；另一方面是因为延安整风运动正在深入开展，中共中央

---

① 陶希圣：《潮流与点滴》，中国大百科全书出版社，2009年版，第197页。

② 陶希圣：《读“中国之命运”》，《中央周刊》，1943年第5卷第33期。

③ 王震邦：《蒋著〈中国之命运〉的传播与反响》，《民主与科学》，2016年第3期。

当时的注意力完全集中于此，并没有对蒋介石的著作给予重要关切。当然，在《中国之命运》出版之初，毛泽东就已经安排有关专家进行研究和批判，并将有关稿件批转政治局成员征求意见，还在几次政治局会议提请大家注意研究。

然而，树欲静而风不止。国民党利用《中国之命运》发行宣传之机，大肆攻击共产党及其武装，导致其反共政策不断升级。面对这种情况，中国共产党不得不重视起来，于是在毛泽东亲自领导和部署下，开展了对《中国之命运》全面、持续、猛烈的批判。

中国共产党的反击是立体式的，既有陈伯达、范文澜、吕振羽、齐燕铭、艾思奇、何思敬等专家学者写作批判文章，也有《解放日报》《新华日报》等主要报纸刊发相关社论、评论及资料，同时广泛印发由陈伯达撰写、毛泽东亲笔修改的《评〈中国之命运〉》，产生了极为广泛的影响。

1943年7月21日，《解放日报》全文发表陈伯达的署名文章——《评〈中国之命运〉》。这篇文章把批判的重点对准《中国之命运》的第七章，即“中国革命建国的动脉及其命运决定的关头”，认为这是全书的核心。因为蒋介石在书中讨论的是哪个党才能救中国的问题，通过不平等条约的废除是国民党的功劳、三民主义的功劳、蒋总裁的功劳，“自然而然”地得出只有国民党才能救中国，没有国民党就没有中国的结论。陈伯达一针见血地指出，《中国之命运》“其中心思想，在实质上说来，即‘一个党、一个主义、一个领袖’。其中心思想，就是国民党即中国，中国即国民党”[①]。

《中国之命运》所宣扬的核心是将中国与国民党捆在一起，论证方式是以不平等条约的废除为依据，自设范围、自定依据、自做结论。而陈伯达的文章跳出了这一框架，以国共抗战成绩比较为论证方式，把问题的提出与回答放在抗战上，既是人们所关注的，又是有坚实实践基础的，然后再在此基础上回答哪个党才能救中国的问题。

有趣的是，8月24日的《解放日报》头版全文刊载了新华社编辑的两份材

---

① 陈伯达：《评〈中国之命运〉》，《解放日报》，1943年7月21日。

料:《国共两党抗战成绩的比较》《共产党抗击的全部伪军概况》,以翔实的数字作了如下比较:“共产党抗击了全部侵华敌军共三十六个师团六十万人的百分之五十八（三十五万人），国民党仅仅抗击百分之四十二（二十五万人）。共产党又抗击了全部伪军六十二万人的百分之九十以上（五十六万人），国民党仅仅牵制伪军不足百分之十。”两党成绩比较之后，新华社在结束语中肯定地表示:“由此可知，蒋介石先生说‘没有国民党就没有中国’，是完全没有根据的……很明显的，不是‘没有国民党就没有中国’，而是没有共产党就没有中国。”[①]这就是问题的结论。

《中国之命运》提出一个论断:“中国从前的命运在外交，就是操在外国的帝国主义之手。而今后的命运，则全在内政，就是操在我们全国国民自己的掌上。”并且踌躇满志地说:“中国命运的分水岭，其决定应即在此抗战时期，而不出于这二年之中。”[②]对此，陈伯达抨击道:“这是一本对中国人民的宣战书，是为着发动内战的思想准备与舆论准备，‘二年决定命运’，原来在书中已写得明明白白了。”[③]这也是重庆谈判后，蒋介石撕毁《双十协定》，悍然发动内战的一个注脚。

1945年4月，中国共产党召开七大。毛泽东将其在七大上的开幕词定名为“两个中国之命运”。毛泽东在讲话中毫不含糊地指出:“中国之命运有两种，一种是有人已经写了书的；我们这个大会是代表另一种中国之命运，我们也要写一本书出来。”[④]当然，中国共产党和毛泽东本人并没有专门写这么一本书，而是用自己的行动完满地回答了“哪个党才能救中国”的历史课题。

---

① 《国共两党抗战成绩的比较》,《解放日报》，1943年8月24日。
② 蒋中正:《中国之命运（增订本）》，台湾正中书局，1970年版，第200—201页。
③ 陈伯达:《评〈中国之命运〉》,《解放日报》，1943年7月21日。
④ 《毛泽东选集》第三卷，人民出版社，1991年版，第1025页。

02 解散共产党的闹剧

在蒋介石《中国之命运》的出版发行及宣传期间，发生了一个爆炸性的历史事件——共产国际执行委员会决定共产国际正式宣告解散。在蒋介石和国民党看来，这正是国内解决共产党问题的大好时机，因此一场“解散共产党”的闹剧就急火火地上演了。

1943年5月22日，《真理报》发布了共产国际执委会主席团《关于提议解散共产国际的决定》。此消息传至重庆，立即引起不小的震动。5月23日，蒋介石便与其“文胆”陈布雷讨论。24日，陶希圣草拟了宣传四要点呈蒋介石，认为共产国际解散后，中国共产党只能作为“中国国内政党”而存在，又因脱离了与共产国际的关系，其内部必将“分化”；国民党应对此展开持久、渐次的宣传，并对中国共产党采取“一面压迫、一面开导”的政策，促使中国共产党分裂。谨慎多疑的蒋介石虽对陶希圣这么快就拿出了宣传要点感到欣慰，但提醒他共产国际解散只是一种“方式的改变”，绝非事实上的“真正解散”，因此对宣传要点保留评论。①

共产国际解散毕竟是重大历史事件，对蒋介石内心的冲击还是非常强烈的。在当天的日记中，他写道：第三国际宣布解散为“中国民心与内政之一大事”，是“世界思想之一大转变”，“无论其内容真假如何，但共产主义，尤其是苏俄对其主义上之精神及其信用必根本动摇，乃至完全丧失”。②因而他主张应对“共产党之方针与计划”重加研讨。经过对过去一个时期外交形势的考察和分析，蒋介石认定共产国际的解散是苏联与美国积极合作的表现，而苏联和英美关系的靠近，无论从哪个方面来讲，都将有利于中国。蒋介石这一判断无疑是准确的，也是客观的。然而蒋介石对国际形势的判断越积极，就越增强其解决国内问题的自信心。他认为，强化与盟国的关系是苏联政策

① 参见《蒋介石日记》，1943年5月24日，美国斯坦福大学胡佛研究院档案馆藏，43.4。

② 《蒋介石日记》，1943年5月24日，美国斯坦福大学胡佛研究院档案馆藏，43.4。

之转变。这样一来，苏联在外交政策上会比以前更加妥协，或将减少对中国国内事务的干涉。基于上述判断，他确信解决中国共产党问题的时机已经成熟。

于是，国民党借共产国际解散之机，掀起了第三次反共高潮。蒋介石亲自指示，要利用《中国之命运》再版之机，将以前表述比较隐晦的党派明确修改为中国共产党；制订进攻陕甘宁边区计划，国民党中央宣传部要求舆论界大力宣传“共产党应该解散”论调，全面对中国共产党进行舆论和军事进攻，妄图否定中国共产党存在的合法性，甚至要“解散中国共产党”，“取消陕甘宁边区”。

在舆论上，国民党中央宣传部的《言论界应注意的几点》明目张胆地说：“从世界局势言，中共已因共产国际之消灭而失其领导机构，从中国环境言，中共实无存在之必要。”[①]在国民党中央宣传部的煽动下，中国共产党应该解散的舆论甚嚣尘上。有人认为：“中共的产生，没有时代需要，没有社会背景，没有工人基础，没有自发理论，没有奋斗历史，完全是第三国际用‘人工方法’炮制出来的。”[②]有人认为，中共的产生不是“历史的必然定律”，而是由于共产国际的帮助，是一个“历史的误会”。[③]中共并非国货，而只是“舶来品”。[④]中共成立后，作为共产国际的一个东方支部，一直都是“一个不能断乳的婴儿”，在理论上实践上均受共产国际的指挥。还有人认为，共产国际解散了，虽然各国共产党还存在，但“只是一个支部遍于世界的共产党解散后所剩下的残余，正如受车裂之刑的人，虽然死亡了，其各部分肢体还是存在一样……各国共产党还有什么前途可言呢？当然没有”[⑤]。让人忍俊不禁的是，西安文化界、皖省临时参议会、黔省文化界、兰州记者公会、鲁山记者公会、屯溪各法团、长沙失学失业青年座谈会、洛阳文化界座谈会、立煌各业公会等

---

① 《言论界应注意的几点》，《宣传通讯》第115期，1943年。

② 王一士：《第三国际与中国》，胜利出版社，1943年版，第15页。

③ 参见《第三国际解散问题专辑》，统一出版社，1943年版，第88页。

④ 参见罗敏：《第三国际解散与中国共产党》，《文化导报》，1943年第3期。

⑤ 叶青：《从共产国际底解散展望世界各国共产党底前途》，《中央周刊》，1943年第5卷第51—52期。

“民意机关”或“社会团体”，一致呼吁解散中国共产党，而其口径却是国民党中央社的。甚至有人发电要求“毛泽东解散共产党及边区政府，即返湘潭原籍，做一个乡社自治员”[①]。重庆《商务日报》社论甚至说：共产党“一党私有之武力，及应交出其军权，贡献为国家所用，一党割据之地盘，及应交出其政权为国家所治”[②]。

国民党根据再三研究的反共基本思路拟定了两个方案：“一是要中共交出军权、政权以取得党的合法化，一是国共两党合一。”[③]国民党军统特务头子戴笠为此还秘密制订了四个反共方案，核心内容均为八路军完全国军化，取消边区政府，正式解散中国共产党等。6月9日，何应钦、白崇禧、胡宗南等人召开会议，研究确定反共作战部署，会后国民党六十万军队频繁调动，对陕甘宁边区展开包围之势，还修筑九处飞机场，准备分九路闪击边区，占领延安。至此，国民党发动的第三次反共高潮达到了顶点。

面对国民党咄咄逼人的攻势，中国共产党沉着应对，采取多种举措，既成功击退了国民党的进攻，又统一了党内思想，增强了组织力和凝聚力。

其一，在对国内外形势进行正确判断的基础上正面发声。对于共产国际的解散，共产国际执委会事先与各国共产党进行了沟通。1943年5月20日，季米特洛夫便电告毛泽东，共产国际执委会主席团将于22日公布关于解散共产国际的提议，请中共中央讨论后将意见告知。[④]22日，苏联《真理报》正式发布《共产国际执行委员会主席团关于提议解散共产国际的决定》。26日，中共中央召开政治局会议，一致通过《中国共产党中央委员会关于共产国际执委会主席团提议解散共产国际的决定》，指出：中国共产党中央委员会完全同意这一提议，在现在的各种条件下，各国共产党更加需要根据自己民族的特殊情况和历史条件，独立地解决一切问题。中国共产党的创立是近代中国历史发展的结

---

① 《国民党当局利用共产国际解散之机，策动特务机关，叫喊解散共产党》，《解放日报》，1943年8月5日。

② 姜季辛编：《中外舆论对第三国际解散之回响》，国民图书出版社，1943年版，第20页。

③ 《毛泽东年谱（1893—1949）（修订本）》中卷，中央文献出版社，2013年版，第465页。

④ 参见《毛泽东年谱（1893—1949）（修订本）》中卷，中央文献出版社，2013年版，第439页。

果，中国共产党在革命斗争中曾经获得共产国际许多帮助，但很久以来，中国共产党人已经能够完全独立地根据自己民族的具体情况和特殊条件，决定自己的政治方针、政策和行动。“中国共产党人必将继续根据自己的国情，灵活地运用和发挥马克思列宁主义，以服务于我民族的抗战建国事业。”[①]当晚，中央书记处召开延安干部大会，毛泽东向大会作关于解散共产国际问题的报告，重申中国共产党人要更加懂得自己的历史责任，发挥高度的创造力。他说：“有两种团结是绝对必要的，一种是党内的团结，一种是党和人民的团结，这些就是战胜艰难环境的无价之宝。全党同志必须团结在中央的周围，只要共产党人团结一致，同心同德，任何强大的敌人，任何困难的环境，都会向我们投降的。”[②]

其二，针锋相对地揭露国民党军事进攻的图谋。1943年7月，中共中央获悉国民党欲乘共产国际解散之机，部署胡宗南部密谋闪击延安的情报，毛泽东当即致电周子健转周恩来：“此事请在西安加以探询，并向胡商谈军事冲突对抗战团结之利害。”[③]身处重庆的董必武则根据中共中央指示，“将七·七宣言、朱德总司令致蒋介石胡宗南电、延安新华社揭穿西安特务假造民意的新闻及延安民众大会通电，秘密印发各报馆、各外国使馆、各中间党派及文化人士，并设法寄往成都、桂林、昆明各界及地方实力派”[④]。同时，中国共产党积极展开军事部署，做好全面迎战的准备。7月9日，毛泽东致电彭德怀：“我已调晋西北四个团渡河南开准备作战，晋西北现仅留六个小团，颇为空虚，同时事变有可能发展至两党破裂，我党不能不事先有所筹划。如至那种局面，拟实行前年春季所定计划，从五台、太行抽调十个大团（约两万人）西开应变。”[⑤]7月12日，《解放日报》发表毛泽东撰写的社论《质问国民党》，对国民党极力反共、破坏抗战大局和准备进攻陕甘宁边区的行径，提出严正质问和抗议。

---

① 《毛泽东年谱（1893—1949）（修订本）》中卷，中央文献出版社，2013年版，第441页。
② 《毛泽东年谱（1893—1949）（修订本）》中卷，中央文献出版社，2013年版，第441页。
③ 《毛泽东年谱（1893—1949）（修订本）》中卷，中央文献出版社，2013年版，第449页。
④ 《董必武年谱》，中央文献出版社，2007年版，第181页。
⑤ 《毛泽东年谱（1893—1949）（修订本）》中卷，中央文献出版社，第453页。

其三，集中驳斥要求解散中国共产党的言论。毛泽东在延安干部会议的讲话中指出："共产国际的解散，不是为了减弱各国共产党，而是为了加强各国共产党，使各国共产党更加民族化，更加适应于反法西斯战争的需要"，解散共产党的"议论缺乏任何起码的常识"。[①]随后，中共中央组织了一系列批驳文章和讲话。朱德撰文指出："中国共产党的产生，既非外来的，也不是几个人凭空制造出来的。它的所以发生，所以发展，所以没有人把它取消得掉，那是因为中华民族的历史发展要求有这样一个政党，犹之乎中华民族的历史发展要求有一个革命的资产阶级政党一样。谁要想取消共产党，就同谁要想取消革命的国民党一样，都是违反历史发展的笑话奇谈。"[②]周恩来在讲演中指出："应该解散的倒不是中国共产党，而是那些法西斯化的中国特务组织。"[③]《解放日报》还发表文章指出，中国共产党从成立起，就肩负着民族解放和社会解放的历史任务，第一次提出反帝反封建的纲领，并与国民党合作进行大革命；大革命失败后，中国共产党为求三民主义的实现，单独撑起革命旗帜，领导群众进行土地革命；九一八事变后，中国共产党首先发动人民开展抗日爱国运动；抗战以来，中国共产党始终坚持坚决抗战的方针，一言一行都是为着坚持抗战、坚持团结、坚持进步。对这样一个"为国家尽大忠、为民族尽大孝"的党，竟然有人说它是"奸党"，誓死想来取消它，这是何等无耻的"颠倒是非，混淆黑白"。[④]

其四，集中火力批驳《中国之命运》一书。毛泽东指出，发表文章驳斥《中国之命运》一书，"以便在中国人民面前从思想上理论上揭露蒋之封建的买办的中国法西斯体系，并巩固我党自己和影响美、英各国，各小党派，各地方乃至文化界各方面"[⑤]。如7月18日，《解放日报》发表社论《再接再厉，消灭内战危险》，不点名地批判《中国之命运》是"中国法西斯主义的'经

① 《毛泽东同志关于共产国际解散问题的报告》，《解放日报》，1943年5月28日。
② 《社论：中国共产党与中华民族》，《解放日报》，1943年7月1日。
③ 《周恩来同志在延安欢迎会上的演说词》，《解放日报》，1943年8月6日。
④ 吕振羽：《国共两党和中国之命运》，《解放日报》，1943年8月7日。
⑤ 《毛泽东年谱（1893—1949）（修订本）》中卷，中央文献出版社，2013年版，第459页。

典’”[①]。中国共产党还开展了“反中国的法西斯主义运动”。1943年6月14日,《解放日报》发表社论《抗战与民主不可分离》,指出:“现在所进行着的世界战争,乃是两个政治原则之间的战争,就是法西斯主义的政治原则与民主的政治原则之间的战争。在这个战争中,自由主义与共产主义共同在民主的旗帜之下反对法西斯主义。”社论旗帜鲜明地批判了“中国式的法西斯主义”,指出它打着“三民主义”的幌子,赤裸裸地主张“盲从领袖”“全民政治”“全民经济”的独裁,反对共产党,压迫人民大众,一切民主自由被它摧毁无遗。[②]矛头直指国民党反动派。

03 一场深入的马克思主义教育运动

1942年1月26日至1943年3月3日,在中共六届六中全会之后主动让贤,分管宣传、干部教育、理论研究工作的张闻天,响应中共中央大兴调查研究之风的号召,率领“延安农村调查团”,到延安周边几个县市进行调查研究。这次调查研究是经党中央同意的,人员由中央几个部门抽调的干部、张闻天的夫人刘英和秘书组成。调查团从延安出发,深入陕北、晋西北广大农村地区,着重调查当地的生产力与生产关系。

张闻天等在米脂县河岔区杨家沟村调查时发现一个罕见的现象。这个村一共集中了大、中、小马姓地主五十五户,构成了一个完整的马氏地主集团经济。这些地主的子女有的参加了国民党,有的参加了共产党,有的经商,也有的当教授。

为了弄清楚其中的缘由,张闻天选中该村最大的一户地主马维新家作为调查的切入点。马维新是个开明绅士,积极拥护共产党抗日政策,一听张闻天到他家调研,毫不犹豫地拿出了自家保存的、自清道光二十五年(1845)以来买地、典地、收租、放债、雇工、经商和日常生活收支等各种账簿。账簿之多,

① 《再接再厉,消灭内战危险》,《解放日报》,1943年7月18日。

② 参见《抗战与民主不可分离》,《解放日报》,1943年6月14日。

堆满了半间屋子，是一个难得的好典型。看到这保存如此完整、前后跨越将近一百年的资料，张闻天如获至宝，他风趣地说："马克思在伦敦图书馆里算资本家的'账本子'，写了《资本论》，我们要弄明白中国的经济，也不能不研究马太爷家的'账本子'啊！"①

为了获得更多的第一手资料，张闻天多次召集各阶层人士开座谈会，听取他们对马氏地主集团的意见，并多次走访该村及其邻村的农民与干部，与他们促膝长谈，他还个别走访租种地主土地的农民，详细了解他们的家庭生活和租种情况。除马维新之外，张闻天等还搜集了其他地主家的"账本子"。对这些"账本子"，张闻天不仅一本一本地翻阅，而且还亲自动手与调查团秘书一道核算。甚至拿出五天时间，与马维新深入交流，详细了解其家世和发家的秘密。

通过调查，张闻天等写出了《米脂县杨家沟地主调查》的报告，该报告剖析了马维新管家以来三十九年的经济活动，分析了马家兼并土地、租佃关系、借贷关系和雇佣关系及商号经营等情况，统计出1912—1941年马家的收支情况等，还参照其他材料统计出1894年以来杨家沟一带近五十年的收成。调查报告以翔实可靠的材料说明，封建地主阶级如何以地租剥削为基础，同高利贷和商业剥削结合在一起，对农民残酷剥削和掠夺，以及大地主如何对中小地主进行弱肉强食的土地兼并的情况，以确凿的资料揭示了中国农村地主经济的实质。这是一份具有很高学术价值的调查报告，这么具体而翔实的调查报告在当时是很少见的。②

实际上，这份调查报告只是张闻天这次历时一年零两个月调研的成果之一。其间，张闻天还整理出了《贺家村八个自然村的调查》《碧村调查》《兴县十四个自然村的土地问题研究》《杨家沟地主调查》，以及其他一些没有完全整理完毕的调查研究文章，并于1943年3月27日以书面形式向中央提交了正式的工作报告，这就是著名的《出发归来记》，全文有两万余字，由十部分组成。

---

① 《刘英自述》，人民出版社，2005年版，第135页。

② 参见程中原：《张闻天论稿》，河海大学出版社，1990年版，第363页。

张闻天率队到乡下调研，与当时轰轰烈烈开展的延安整风运动有关，也与贯彻落实《中共中央关于调查研究的决定》有关。1941年5月，毛泽东在延安做了《改造我们的学习》的报告，由此拉开了延安整风运动的序幕。不久，党中央又发布了关于加强调查研究的决定，要求各中央局、中央分局、独立区域的区党委或省委、八路军、新四军之高级机关及各根据地政府均需设立调查研究机关。中央下设调查研究局，毛泽东兼任局长。张闻天率领的调查团是众多中央领导调查团之一，但其取得的成果无疑是最为翔实和有影响的。

张闻天的《出发归来记》自始至终贯穿着马克思主义的思想路线和方法，即理论联系实际、实事求是。张闻天同志说："这次出发使我深切的感觉到，我知道中国的事情实在太少了"，"过去那种不调查研究或很少调查研究的脱离实际的作风，实是我的大毛病"，而"毛泽东同志所指出的方向（深入群众——引者）是我应该努力的唯一正确的方向，而且决心循着这个方向工作下去"。[①]张闻天为全党树立了勇于追求真理，通过调查研究的方法来鉴别真理、坚持真理的榜样。据说，张闻天还是中国共产党内传播列宁新经济政策，并将之用于根据地经济政策分析的第一人。而这些，正是延安整风运动所要达到的目的。

1941年前后，抗日战争已经进入相持阶段，局势相对平稳，特别是中共中央所在地陕甘宁边区的形势比较稳定。与此同时，党内经历了多次失败和挫折之后，逐渐形成了一批在政治上比较成熟的领导骨干。尤其是毛泽东在探索中国革命规律的过程中，创造性地提出了工农武装割据、农村包围城市的革命道路理论，并在40年代初形成了新民主主义理论体系，这标志着毛泽东思想的正式形成。这一时期，毛泽东思想还经受了各种复杂斗争实践的检验，日益显现出其高瞻远瞩的正确性，逐步赢得了同志们的信任，毛泽东的领袖地位也因此得到了进一步的确立和巩固，并获得了共产国际的承认和支持。

---

① 《张闻天文集》第3卷，中共党史出版社，1994年版，第190页。

但是，中国共产党的历史性进步也使全党清醒地认识到，在中国新民主主义革命的第一个时期中，虽然中国共产党在共产国际的指导下，在中国革命史上写下了极光荣的一章，但也出现了以陈独秀为代表的右倾机会主义错误，并发展为投降主义路线，最终导致大革命的失败。

从1927年大革命失败至1937年全民族抗战爆发的十年间，中国共产党不仅有了伟大的成就，同时也在某些时期犯过一些错误。其中以从六届四中全会到遵义会议之间所犯的政治路线、军事路线和组织路线上的“左”倾错误最为严重。这个错误给中国共产党和中国革命造成了严重的损失。毛泽东曾想在1940年12月的政治局会议上彻底否定六届四中全会以后的错误路线，但是由于张闻天等不承认当时路线上有错误，就使得这番努力没有取得应有的效果。

尤其是1937年11月，王明受共产国际之命回国，他教条地搬用共产国际指示，提出“一切服从统一战线，一切经过统一战线”的“右”倾口号，主张对国民党让步。他还一再反对洛川会议以来中共中央在统一战线中坚持独立自主的路线、方针、政策，在建立抗日民族统一战线的关键时期在党内造成严重的思想混乱。

与此同时，受制于主客观环境及条件，党员的文化水平和理论素养普遍比较低，很多党员虽然在组织上入了党，但思想上并没有完全入党。在当时的党中央所在地陕甘宁边区，以及其他革命根据地，都存在着严重的主观主义、宗派主义和党八股的“三风”问题，严重影响了党的团结统一，也严重影响了党的事业发展。

因此，毛泽东和党中央决定，在全党范围内开展一次普遍的马克思主义教育运动，也就是延安整风运动，从根本上解决思想路线、工作作风、领导方法等问题，真正把中国共产党引上成功的道路。

延安整风运动大体上经历了三个阶段：

一是思想动员阶段，大约为1942年2月至4月。这期间，毛泽东先后在中央党校开学典礼和宣传工作会议上作了《整顿学风党风文风》和《反对党八股》的报告，全面系统地提出了反对主观主义以整顿学风、反对宗派主义以整顿党风、反对党八股以整顿文风的任务，阐明了整风的宗旨和方针是“惩前毖后、治病救人”，达到“既要弄清思想，又要团结同志”的目的。这两个报告实际上是发动全党整风的动员报告。

二是整顿三风阶段，大约为1942年4月至1943年10月。1942年4月3日，中宣部发出《中共中央宣传部关于在延安讨论中央决定及毛泽东同志整顿三风报告的决定》，从此开始了以整顿三风为中心内容的全党整风。4月至8月初，重点是反对主观主义以整顿学风，这是延安整风的中心内容。8月至12月中旬，重点是反对宗派主义以整顿党风。12月中旬至1943年3月中旬，重点是反对党八股以整顿文风。3月中旬至10月，是总结学习阶段，各单位就自己的工作和整风学习进行总结。

三是总结历史经验阶段，大约为1943年10月至1945年4月。1943年10月，中共中央决定高级干部进一步研究和讨论党的历史问题，延安整风由此转入第三阶段。这一阶段的主要任务是在整顿三风的基础上，对党的历史经验特别是党史上几次大的路线错误进行全面、系统的总结并做出结论。毛泽东曾指出：“如果不把党的历史搞清楚，不把党在历史上所走的路搞清楚，便不能把事情办得更好。”[①]当时，广大干部主要围绕《六大以来》《六大以前》《两条路线》等党史文件汇编展开了热烈的学习和讨论，同时还先后召开了多次座谈会，毛泽东也作了《学习和时局》的报告，针对党员中存在的一些疑惑提出了自己的看法。

通过这些学习和讨论，大家普遍提高了马克思主义理论水平，端正了思想方法和政治路线，从而使中国共产党在政治上、思想上、组织上达到空前团结和统一，为夺取抗日战争和中国革命的最终胜利奠定了坚实的基础。

整风运动的一个重要成果，就是在反复讨论和反复修改的基础上，于1945年4月20日中共六届七中全会讨论通过了《关于若干历史问题的决议》，系统总结了党在各个时期的经验教训，对党史上的若干重大问题作出结论，并且高

① 《毛泽东文集》第二卷，人民出版社，1993年版，第399页。

度评价了毛泽东对马克思主义中国化的杰出贡献。至此，延安整风顺利结束。

值得一提的是，1938年5月5日，中共中央在马克思诞辰一百二十周年纪念日这一天成立了马克思列宁主义学院，下设理论培训部和编译部，其中编译部专门负责马克思主义经典著作的编译工作。1939年9月，成立了中共中央发行部，其所属的解放社专司马克思主义经典著作的出版发行工作。延安整风运动开始后，为了适应全党理论工作的需要，毛泽东提议成立了翻译部，大批量地翻译马恩列斯著作。1943年5月27日，中共中央作出《关于加强翻译工作的决定》。至此，一批高质量的马克思主义经典著作陆续出版。

运动进行的同时，党中央重新编审了一套干部必读书目：《社会发展简史》《政治经济学》《共产党宣言》《社会主义从空想到科学的发展》《帝国主义是资本主义底最高阶段》《国家与革命》《共产主义运动中的“左派”幼稚病》《论列宁主义基础》《苏联共产党（布）历史简要读本》《列宁斯大林论社会主义建设》《列宁斯大林论中国》《马恩列斯思想方法论》等，有力推动了延安整风运动的深入，也增强了理论培训和理论学习的系统性、针对性。

鉴于有领导同志对六届四中全会后的路线错误认识不清，毛泽东还用了半年时间，主持编辑了党史资料集《六大以来》，其用意是让过去执行过“左”倾路线的领导同志，面对大量确凿的历史材料，能够自我反省。结果也正如毛泽东所料：“党书一出许多同志解除武装，才可能召开一九四一年九月会议，大家才承认十年内战后期中央领导的错误是路线错误。”①毛泽东所讲的九月会议，是指当时召开的中央政治局扩大会议，中央领导层的整风从此正式拉开帷幕，毛泽东在会上作了主旨报告，指出现在的任务是“集中力量反对主观主义和宗派主义”，“打倒两个主义，把人留下来。反对主观主义和宗派主义，把犯了错误的干部健全地保留下来”。②很显然，中央给整风定的调子是只整思想不整人。正因为如此，绝大多数犯过错误的人在对照检讨时都很真诚和深刻，本

---

① 《毛泽东年谱（1893—1949年）（修订本）》中卷，中央文献出版社，2013年版，第469页。

② 《毛泽东文集》第二卷，人民出版社，1993年版，第375页。

节所讲的张闻天率团调研就是很好的例证。其他如博古、李维汉、邓发、任弼时等也都做了诚恳的检讨，达到了澄清思想是非，更好地工作的目的。

然而，王明的发言却显得格格不入，他不仅像过去一样居高临下地指责博古、张闻天等人，把自己当作正确路线的代表，还借共产国际执委会主席季米特洛夫发来措辞严厉的电报之机，指责中央目前的政策太“左”，要求中央表态不实行新民主主义，并表示自己始终与共产国际站在一起，决心跟毛泽东争论到底。王明拉大旗作虎皮的做法，被先后从共产国际衔命归来的王稼祥、任弼时戳穿，结果他突发休克，住进了医院。九月会议虽然遇到王明的干扰，但是中央领导层就整风的相关问题基本达成了共识。会议期间，中共中央发出《中央关于高级学习组的决定》，高级干部的整风运动随之展开。毛泽东后来指出：“一九四一年九月会议是一个关键，否则我是不敢到党校去作整风报告的，我的《农村调查》等书也不能出版，整风也整不成。”①

1943年9月，中共中央政治局召开会议，重启中央领导层的整风，最终在一系列重大问题上达成高度统一，并写入《关于若干历史问题的决议》。

04　20世纪反共第一人

中国共产党在积极开展党内思想斗争、政治上日趋成熟的同时，与国民党在中国革命前途和命运上的斗争仍在持续。而国民党中与共产党论辩得最活跃、最激烈的，当数号称“20世纪反共第一人”的理论家叶青。

叶青，原名任君彰，字卓宣，笔名叶青，四川南充人。早年家庭生活贫苦，少年时在乡间私塾读书，1915年考入南充县立中学，毕业后在小学教书，深受梁启超著作和《新青年》影响，思想激进。1919年考入北京高等法文专修馆，1920年赴法勤工俭学，先后在里昂、巴黎的工厂做铁工和锉工。在劳动一线的摸爬滚打中，他了解了工人们的疾苦和诉求，遂由同情工人转而信仰马克

① 《毛泽东年谱（1893—1949年）（修订本）》中卷，中央文献出版社，2013年版，第469页。

思主义。

1922年6月，叶青与周恩来、陈延年等人发起组织旅欧中国少年共产党，创办《少年》杂志。1923年2月，旅欧中国少年共产党更名为旅欧中国共产主义青年团，叶青为中央委员会执行委员。1925年3月，中国共产党旅欧支部成立，叶青为支部书记。他还与周恩来等人主办《赤光》杂志，写了许多介绍马克思主义的文章。

叶青在旅法勤工俭学期间，国内爆发五卅运动，他因组织华侨示威、声援而被捕入狱，并被逐出法国。后在党组织安排下入莫斯科中山大学就读。中共旅莫支部成立时，叶青是三个负责人之一，也是中共莫斯科中山大学支部书记。1926年5月，叶青离开莫斯科回国，任中共广东区委宣传部部长等职。

1927年大革命失败后，叶青被调往湖南任省委书记兼宣传部部长。是年冬天，因叛徒出卖被捕，并被判处死刑。然而在行刑时，叶青并没有被击中要害，侥幸活了下来，后在好心人的帮助下，住进外国教会开办的长沙湘雅医院医治。这成为当年国民党“清共”时在长沙留下的一则奇闻。

叶青在养伤期间，很快与党组织取得联系，还领导了长沙、平江、浏阳、醴陵等地的暴动，但不久又被国民党当局发现，再次入狱。叶青第二次被捕后，失去了先前的英勇和壮烈，很快叛变革命。

叶青自称是“反共的马克思主义者”。他说，研究中国政治问题不能对共产党的主张置之不理，检讨它的结果应该是批判。晚年他在《我反共经验底总结》一文中总结道：“我反共约有四十五年之久，已分成我在上海反共、在武汉反共、在重庆反共、在南京上海广州反共、在台北反共五期……可以说，用笔墨唇舌反共，在中国究竟有几人如此，而且又历时四十五年未尝停止或间断呢？”[①]叶青反共近半个世纪，著述逾千万字，堪称20世纪反共第一人。

叶青的反共，按照他自己的说法，集中在两个方面：哲学反共、思想反共和政治反共、实际反共。

---

① 转引自散木：《叶青：中共历史上最决绝的叛徒》，《同舟共进》，2010年第8期。

哲学反共、思想反共，是指从哲学高度、学理层面批判马克思主义，批判毛泽东思想，批判共产国际和中国共产党的路线方针政策。同时研究和完善“三民主义”理论，使之成为中国救国建国的唯一指导思想。为此，叶青提出了物心综合论、哲学消灭论等新的观点，企图从根本上动摇马克思主义的哲学基础。叶青认为，把自然科学的方法引入社会科学和思想领域，必然会导致传统哲学被新的科学理论取代。比如把达尔文的进化论引入社会科学，就消灭了传统的哲学，而代之以马克思的辩证唯物论等新的科学理论。但是，马克思的辩证唯物论并不能“真的结束了唯心唯物之争”，只有建立新的唯物论和唯心论的新物质论，亦即“物心综合论”，才能“吸收了观念论之长而扬弃了物质论之短”，实现物心的对立和统一。

叶青立志要把三民主义当成一份事业来做，但他的做法却是用所谓的新观点分析和评判马克思主义，认为中国共产党不能把握中国特殊的历史发展，因而不可能理解中国革命和马克思主义的性质。而就中国特殊的历史发展而言，马克思主义和苏联社会主义道路都从根本上不适合于中国，只有三民主义理论才是适合中国的理论。可见，叶青从哲学高度、学理层面提出新的观点，构建新的理论体系，其目的就在于反共，在于从理论基础上动摇马克思主义的根基，从而抹杀中国共产党的地位和作用。

比如，叶青认为，社会主义以发达的资本主义社会为基础，而中国处于资本主义社会初期，不具备实现社会主义的物质条件和人力条件。所以，无产阶级还不到需要和组织共产党的时候，也就用不着共产党。“共产党是国外的力量用人工炮制出来的一个简单的莫斯科共产国际支部。”[①]还比如，叶青认为，当时的中国社会是半封建社会，资本主义不发达，苏维埃革命“只是一个空名，与它的内容不符……共产党没有把社会革命建立于工商业的资本主义制度之改变上。这是铁的事实”[②]。又比如，叶青认为，中国共产党的历史任务是

① 叶青：《中国底现阶段及其将来》，抗战出版社，1938年版，第135页。
② 叶青：《中国共产党的分析》，华夏书局，1939年版，第29页。

在将来中国资本主义发达后，进行推翻资本主义、建立社会主义社会的社会主义革命。因此，当时的中国没有中国共产党要完成的任务，将来采用国家资本主义方式可以消灭有产阶级，而由国家资本主义到社会主义，也不需要共产党，等等。所以“不论怎样，共产党的前途始终是渺茫和黯淡的，不是不能发展，便是不能同样存在”，或者“可以干脆地说，共产党没有前途”。[①]

政治反共、实际反共，是指从维护国民党统治地位出发，从建立“三民主义共和国”的愿望出发，不遗余力地攻击中国共产党的一系列政策，明目张胆地为国民党和蒋介石的反动政策张目。

对于中国共产党建立抗日民族统一战线，各党派团结一致联合抗日的主张，叶青有针对性地提出“统一救国论”。他无不得意地说：“大概是在二十五六年间，共产党推行人民阵线运动，因而有救国会的崛起。”“当时共产党底口号是‘联合抗日’，不好反对。而联合各党各派各界各军共同抗日，显然有利于共党共军，不利于国党国军。于是我主张发表宣言，展开‘统一救国’。这是共产党不能反对的，但又有损于共产党，因要其将‘边区’军政大权交于国民政府也。”[②]他的这一主张深得国民党的认可，国民党宣传部立即组织了“统一救国”十万人签名运动。

对于《双十协定》签署后政协会议通过的一揽子“和平建国”方案，叶青强烈反对，要求国民党坚持五院分权的宪法，实为尊崇国民党的一党专政。这一举动，客观上对国民党六届二中全会提出五条宪法修改原则，全盘否定政协会议“和平建国”一揽子方案，起到了推波助澜作用。

对于毛泽东提出的新民主主义理论，叶青视之为洪水猛兽，期望通过“三民主义文化运动”消除其影响。他说，中国共产党内部有三个理论家。第一个是瞿秋白，瞿秋白对于马克思主义及共产国际政策“懂得甚多”，“著作宏富”。第二个是陈绍禹，陈绍禹在莫斯科的时间很长，对于马克思列宁主义的书籍阅

---

① 叶青：《中国共产党的分析》，华夏书局，1939年版，第87页。

② 《任卓宣评传续集》，帕米尔书店，1975年版，第9—10页。

读得不少，并于抗战之初创作了几本阐释中共政策的小册子。第三个是毛泽东，他“有胜过瞿秋白和陈绍禹的地方”，体现在他把马克思主义与中国革命相结合，做出了一个完全而系统的说明，即新民主主义理论。[①]叶青认为，毛泽东创立的新民主主义理论对中共意义甚大，自从有了新民主主义理论，中国共产党就不必再讲三民主义，它成为反对国民党的旗子。

对于国共关系破裂、内战一触即发的严峻形势，叶青显示出对国民党超乎常人的赤胆忠心和死心塌地，在反共路上毅然决绝、不留后路。他明目张胆地指出，共产党是“作乱”的一方，是反动的；而国民党是“平乱”的一方，是正义的。特别是在国民党军队节节败退、共产党胜利在望的重要时刻，叶青不仅坚决反对和平谈判，更反对共产党“废除伪法统”“废除伪宪法”等谈判条件，叫嚣要加强戡乱，在战场上有所作为。如此等等。

有关研究表明，叶青反共是有一个过程的。在第二次被捕叛党后不久，他多次提出申请，请求恢复与共产党组织的关系，表示愿意继续在党的领导下工作，但这些请求都遭到了党组织的拒绝。此后，他先是在国民党第二十一军当政治教员，这期间没有过反动言行。几个月后，进入成都大学创办《科学思想》旬刊。1930年冬，经中共四川党组织的同意，到上海参加辛垦书店的工作。辛垦书店是共产党一个重要的宣传出版机构，让叶青参加书店工作，主要是考虑到他有研究和写作的特长，但条件是他只能写作和翻译，不能参与政治活动。客观地说，叶青遵守了诺言，写出《胡适批判》《张东荪哲学批判》等颇受青年学生欢迎的著作，主编《二十世纪》杂志，提出了综合逻辑论、物心综合论、哲学消灭论等一系列新观点，在学术界引起很大争论。

叶青反共也是从其学术研究产生广泛影响时开始的。国民党或许是看到了他的利用价值，不惜下本钱暗中收买，而且很快见到了效果。1937年初，叶青主动与反共人士在上海筹办真理出版社，开始了公开的反共宣传。1939年，在叶楚伧、潘公展的介绍下，加入国民党。

---

① 参见叶青：《反共问题与共党理论批判》，帕米尔书店，1983年版，第448页。

鉴于叶青反共的出色表现，特别是在几次事关国民党生死的重要时刻少有的忠诚和坚定，在1949年蒋介石败退台湾之前，他被任命为国民党中央宣传部副部长，后代理部长。叶青的反共贯穿其余生。曾任国民党湖北省主席的万耀煌，在给叶青七十寿辰的祝寿诗中写道："名以叶青显，文因反共多。"可谓一语中的，精辟至极！

叶青的理论主张和反共活动，自然引起了中国共产党注意，中共也对其开展了大力批判。1945年中共七大上，毛泽东点名批判了叶青，指出："一个托派分子，过去是共产党员，名叫叶青，他说毛泽东这个人一点马列主义也没有，只有一个主义叫做毛泽东主义，代表农民小资产阶级的主义。这我不赞成。好像我这里没有，他那里倒有很多马列主义，甚至都在他那里。"①毛泽东还指出："叶青说中国共产党没有存在之必要，那是反动派的提法，我们不赞成。……世界上需要共产党，就是为了团结大多数人，组织军队，打倒敌人，建设新中国。"②

与叶青的反共宣传相对应，中国共产党对他的批判也集中在学理和实际两个层面。

在学理层面，集中批判了叶青的哲学新观点和"一次革命论"。

对于叶青的哲学观点，艾思奇指出，叶青的哲学消灭论是把哲学"消散在各种学科部门里"，这就导致哲学没有独立的领域。叶青的"物质论"也只是"各种科学部门的理论的综合"。因此，叶青实际上犯了唯心主义的、机械论的错误。③张季同认为，在"哲学与科学之合"中，"远乎科学或自命为超乎科学的哲学消灭了，而合乎科学与科学相辅互益的哲学，不但不消灭，且将大有发展"。因此，叶青的所谓哲学新观点，无疑是"由其机械论而导出的谬误见解"④。杨柏恺指出，叶青的哲学观点，力图对马克思、恩格斯的观点和俄国机械论者的观

---

① 《毛泽东文集》第三卷，人民出版社，1996年版，第299页。

② 《毛泽东文集》第三卷，人民出版社，1996年版，第348页。

③ 参见艾思奇：《几个哲学问题》，《读书生活》，1935年第2卷第12期。

④ 张季同：《评叶青〈哲学问题〉及〈哲学到何处去〉》，《国闻周报》，1936年第13卷第25期。

点“兼收并蓄”，岂不知反而变成了一种“杂拌式的矛盾异常的东西”。[①]

对于叶青的“一次革命论”，特别是他认为在中国现阶段，“三民主义”能够“毕其功于一役”，可以通过国家资本主义的方式和平过渡到社会主义的观点，吴玉章讥嘲道，叶青“以一步要当两步跨，结果他把中国历史上，‘由封建主义到资本主义的阶段’，和世界历史上‘从资本主义到社会主义的阶段’一脚踏成了平面，再像孩子捏泥娃娃一样，把他们捏成一团”[②]。王稼祥一针见血地指出，叶青的一次革命论，“显然是为了反对共产主义的学说，而制造的歪曲的‘理论’”[③]。陈伯达则指出，叶青对“三民主义”的解释和修正，使三民主义失去了革命性，成为反共的旗帜。毛泽东对叶青的三民主义观点也持批判态度。在《新民主主义论》中，毛泽东指出：“有些恶意的宣传家，故意混淆这两个不同的革命阶段，提倡所谓‘一次革命论’，用以证明什么革命都包举在三民主义里面了，共产主义就失了存在的理由；用这种‘理论’，起劲地反对共产主义和共产党，反对八路军、新四军和陕甘宁边区。其目的，是想根本消灭任何革命，反对资产阶级民主革命的彻底性，反对抗日的彻底性，而为投降日寇准备舆论。”这种理论是“空想，而为真正的革命者所不取的”。[④]

在实际层面，则主要批判了叶青的“统一救国论”、国民党“法统论”，以及反对国共和谈的立场。

对于“统一救国论”，吴亮平撰文指出，所谓的统一救国运动，实质是让国民党攻打共产党，制造内战，制造民族的分裂，根本上是在破坏抗日民族统一战线。从这个意义上说，“只要统一，何必抗日。这样一来，抗日就被勾去了”[⑤]。因此，叶青实际上是内战的歌颂者、挑拨者。毛泽东指出，中国人民

---

① 杨柏恺：《哲学消灭论的检讨》，《研究与批判》，1937年第2卷第7期。

② 《吴玉章文集》上，重庆出版社，1987年版，第167—169页。

③ 王稼祥：《关于三民主义与共产主义》，《解放》，1939年第86期。

④ 《毛泽东选集》第二卷，人民出版社，1991年版，第684—685页。引文中提到的“两个不同的革命阶段”指的是新民主主义和社会主义阶段。

⑤ 亮平：《斥叶青张涤非任一黎王学稼诸托洛茨基派》，《解放》，1937年第1卷第3期。亮平即吴亮平。

之所以能够团结起来抗日，根本前提“便是以国共两党合作为基础的各党派形成的抗日民族统一战线的建立——即是国共两党不仅相互抛弃了过去互不承认和相互对立的立场，而且在抗日救国基础上实行携手合作：即是国民党放弃过去否认共产党和其他党派的立场，实行一切抗日党派团结御侮的方针；共产党和其他反日的党派也放弃过去反对国民党的立场，实行与国民党合作，去进行抗日救国的共同事业”①。

对于叶青反对政治协商会议决议，鼓吹所谓国民党“法统论”的观点，新华社发表社论《总统独裁制呢？责任内阁制呢?》，旗帜鲜明地指出：“反对以一党专政、中央集权为基础的总统独裁制，乃是我们一贯的肯定的主张，绝对不能让步。”②

中国共产党还指出，政治协商会议的召开“是中国民主革命一次伟大的胜利。从此中国即走上了和平民主建设的新阶段”，中国共产党“准备为坚决实现这些决议而奋斗”。③

对于叶青在国民党一再溃败、中国新民主主义革命即将取得胜利之际，不顾民族大义，反对国共和谈的立场和行为，中国共产党一步到位，直接将其作为重要的战争鼓动者，列为第二批战犯，钉到了历史耻辱柱上。④

05　张君劢的一封公开信

1938年底，中国国家社会党的机关刊物《再生》重庆版的创刊号，刊发了张君劢《致毛泽东先生的一封公开信》，要求毛泽东、共产党必须交出自己的军队，结束自己的政权，放弃自己的信仰，服从国民党蒋介石的领导。在刚刚实现国共两党第二次合作，中国工农红军整编为八路军、新四军奔赴抗日前线

---

① 毛泽东、陈绍禹、洛甫：《关于团结救国问题》，解放社，1938年版，第8页。

② 《总统独裁制呢？责任内阁制呢？》，重庆《新华日报》，1946年5月19日。

③ 中央档案馆编：《中共中央文件选集》第十六册，中共中央党校出版社，1992年版，第62页。

④ 本节部分内容参考尹涛：《叶青思想批判》，南京大学2014年博士学位论文。

的关键时刻，张君劢唱这么一出戏，顿时在社会上掀起一场轩然大波。国民党顽固派如获至宝，将这篇文章到处翻印散发，产生了极坏的政治影响。

张君劢是原梁启超研究系的骨干人物。辛亥革命后，发起组建民主党，任常务委员。段祺瑞驱除张勋“再造共和”后，因为研究系襄助有功，张君劢出任总统府秘书。由于北洋军政府派系斗争不断，研究系的政治主张难以实现，张君劢开始转向学术研究。1918年底，在梁启超的力邀下，张君劢开始了历时三年的赴欧考察，这段经历对他的思想和人生都产生了重要影响。1921年10月，他写成《国民政治品格之提高》一文，提出要拯救中国，必须以西方的“理性政治”取代中国的“武力政治”，而要做到这一点，首先必须建立一个理想的政党，“理想的政党成，则理想的政治之实现必矣”。自20世纪30年代起，他先后组建或参与组建了中国国家社会党（简称国社党）、中国民主政团同盟和中国民主社会党（简称民社党）。

张君劢最大的贡献是起草了1946年《中华民国宪法》，因此获称“中华民国宪法之父”。但是他的一生又充满着矛盾和争议。早年他因秘密创办杂志抨击国民党的一党专政，遭匪徒绑架，在保证不再从事政治活动后才获释。1941—1942年，有关北平沦陷区国社党人与敌伪接触的情况让蒋介石大为光火，加之昆明发生疑似国社党人鼓动的倒孔学潮，张君劢被软禁在重庆两年。但同时，他又是蒋介石的座上宾，支持国民党的反共内战政策，并使国社党和青年党一样，与国民党互换函件，成为最早公开合法活动的政党。国社党与共产党的关系也很微妙，因为都反对独裁、追求民主，两党曾有过很不错的关系，张君劢六十一岁生日时，周恩来还送过他“民主之寿”的寿匾；同时他又与共产党人势不两立，1949年被毛泽东宣布为战犯而遭通缉。他是中国民主同盟的创建人之一，长期担任民盟中央常委，又违背民主同盟的政治原则，率民社党参加国民党单方面召开的国大和政府，被民主同盟责令退盟。

张君劢的公开信，对中国共产党进行了全面的攻讦，主要观点有三：

一是认为影响中国抗战的第一因素就是中国共产党有自己的军队。毛泽东认为，国共两党都有自己的军队，这是特殊历史造成的结果。在国共合作、一致抗日的大前提下，国共两党的军队依各自优势分工合作，不是缺点而是优点。而张君劢对此表示强烈不满，认为军队不应当为特殊的主义所左右，成为主义之争的工具，而只能属于国家。因此要求毛泽东“更望毅然首倡以八路军之训练任命与指挥，完全托之于蒋介石先生手中”[①]。

二是认为中共领导下的陕甘宁边区是影响全国抗战的第二个障碍。他说：“而今则特区之内，俨然自成一天地，自立官制，自立税制，自立学校”，这无异于封建割据，因此希望毛泽东“先生等与其同志以打破割据相号召，更望取消特区之制，以增进全国之团结而利于抗战之持久”。[②]

三是认为马克思主义不适于中国，必须暂搁一边，以免扰乱国人的思想，妨碍三民主义的思想统一。他指出，既然共产党是在抗战爆发后开始以民族战争相号召的，那就说明“公等悟阶级斗争之不适合中国”，这“诚为国家大幸”，但共产党“应表而出之者也”，“不应更有阶级之成见”。张君劢认为，这是“能否使国人思想走上彼此黑白是非分明之一途”的根本问题。[③]

公开信是以张君劢为代表的中国国家社会党与中国共产党在意识形态上原则分歧的大暴露，它表达了中国民主社会党的意识形态原则。

中国民主社会党成立于1946年8月15日，由中国国家社会党和侨美的中国民主宪政党合并而成，张君劢是该党的灵魂人物和主席。早年张君劢信奉基尔特社会主义，并且接受了罗素关于中国可以搞国家社会主义的建议。1931年，张君劢自德国回国，在继承研究系根脉基础上，先成立了再生社（寓再生中华民国之意），极力推行“民主宪政”运动。1932年4月，中国国家社会党秘密成立，次年4月在天津召开第一次全国代表大会，正式通过党章和党纲，并创办《再生》杂志作为党的机关刊物。中国国家社会党的名称，是效仿德国纳粹党而来，但从其章程和纲领来看，与法西斯纳粹党并无实质联系。该党在经济上主张国家社会主义，倡导统制经济与计划经济；在政治上反对共产主义、反

① 张君劢：《致毛泽东先生一封公开信》，《再生》，1938年第10期。

② 张君劢：《致毛泽东先生一封公开信》，《再生》，1938年第10期。

③ 张君劢：《致毛泽东先生一封公开信》，《再生》，1938年第10期。

对苏俄、反对暴力革命，主张民主社会主义，走民主宪政的道路；在文化上主张民族文化，强调通过吸收西方文化的优长，通过儒学的现代改造，实现民族的复兴、国家的复兴。

值得一提的是，1959年11月，张君劢在《自由中国》第21卷第10期发表《社会主义之方向转变》一文，高度赞赏德国社会民主党通过的《哥德斯堡纲领》，指出：“此种中正和平之社会主义，值得吾人向往。”[①]其国家社会主义思想已发生转变。

而中国民主宪政党（简称民宪党），是由美洲华侨于1945年11月组建的政党。其历史久远，最早可以溯源至戊戌变法失败后，康有为、梁启超在海外组织的保皇会，后更名为宪政会，再后来又改称民主宪政党。其政治主张有四项：在民主政治之下，不应以任何一党主义为建国最高原则；《五五宪法草案》权责不分，宜另起草；否认任何党派签订对外断送国家主权之条约；华侨对祖国贡献甚大，应在国防最高委员会中占得席位。

由国社党和民宪党合并成立的中国民主社会党，提出四大主张：奠定和平，拥护统一，要求民主，实现社会主义。换言之，就是要求民主主义的政治，社会主义的经济，反对暴力革命，拥护政协决议，反对国民党一党专政，要求共产党停止军事行动。在中国建立超阶级、超党派的民选政府，其目的就是要在抗战胜利后的和平建国过程中，使自己成为不可忽视的政治力量，影响当时中国民主宪政的历史进程。

从表面上看，中国民主社会党也是支持社会主义的，似乎与中国共产党的追求有某些相似之处，但事实上二者有着本质区别。中国共产党认为，在半殖民地半封建的中国进行民主革命，武装斗争是不可避免的；而中国民主社会党则明确反对暴力革命和社会革命，认为在中国实行的社会主义，应该是欧美的民主社会主义。中国共产党认为，中国的民主政治应该是苏联式的无产阶级专

---

① 张君劢：《社会主义之方向转变——为“自由中国”十周年纪念作》，《自由中国》，1959年第21卷第10期。

政，中国的宪政应该是“新民主主义的宪政”。中国民主社会党认为，中国的武力政治是导致政治腐败、民主政治未能建立的重要原因，主张以西方的理性政治取代之，而作为理性政治组织形式的政党，并不代表某个阶级的利益，也不是阶级斗争的工具，而是以政见、主义相结合的“国民政治教育机关”。

在满怀热情地推动中国宪政运动的过程中，张君劢等人起草了《中华民国宪法草案之修正草案》，但这一草案未经大会表决，便被国民党束之高阁。残酷的现实让张君劢等人认识到，单凭中国民主社会党的力量，根本无法改变中国的政治格局，更不用说促进宪政的实施了。此后，张君劢原来在公开信中的那种态度有所改变，他甚至向中国共产党表示：“写致毛泽东的公开信是受了国民党的利用，假如没有共产党的力量，国社党这些小党也是不会存在的。”① 当时，董必武也讲道：“我们自一九三九年来，慢慢和张接近，解释我党政策，他的态度已不敌视我们”，“他受国民党打击，我们寄以同情”，“他现在不但不反对我们扩充军队，成立边区，他还怕军队的力量不够强大和边区遭受袭击”。②但是随着时局的变化，中国民主社会党开始主张有条件地出席国民党的制宪国大，虽然承认共产党是有生气的党派，但仍认为共产党会给国家带来极大的破坏，因此宁愿与国民党进行政治合作，也不愿意民盟同共产党合作。也正是在这一重要分歧下，中国民主社会党被民盟劝退。中国民主社会党1947年参与制宪国民大会，1949年随国民党一起去台湾，其间几次分裂，成为陪衬国民党一党专政的“政治花瓶”。

06　中国第三大政党——青年党

1923年5月5日凌晨，由南京开往天津的第二次特快列车在山东境内的沙沟、临城之间被土匪拦劫。乘客多为中国社会上流人士或是在中国旅行、工作的外国人。土匪对乘客进行了抢劫，打死一名英国人，除部分乘客逃走外，全

---

① 孔繁政主编：《中国民主党派》，解放军文艺出版社，2001年版，第110—111页。

② 《中共党史参考资料》五（下），人民出版社，1979年版，第369页。

车三十个华人、三十九个外国人被劫持至匪巢抱犊崮，是为临城劫车案。

劫持人质的这支土匪有数千人，由鲁豫苏皖等地的贫苦农民及军阀部队的散兵游勇组成，自称“山东建国自治军”。因人质大半是金发碧眼的洋人，劫匪认为“奇货可居”，于是向政府提出：“（一）不派军队剿攻；（二）收抚改编军队，给饷一年；（三）以被掳西人为质，剿则撕票。”[①]

劫案发生后，中外震惊。由于被俘人质中以美侨最多，劫案发生的津浦铁路主要是英国的势力范围，美英反应尤为强烈，遂提出由外国人共同管理中国铁路及管理护路警察等粗暴践踏中国主权的主张。

经过数轮谈判，土匪释放全部人质，同意接受政府改编。虽然劫车案得以和平解决，但驻京外交使团却不依不饶，并发出由十六国公使代办签署的外交照会，史称“临城通牒”，要求：（一）赔偿外侨损失；（二）设立警察护路；（三）惩办不力官员。同时声称：“倘中国政府继续姑容或放任此种扰害，并不主剿，除此项损害在华外人权利与利益之匪患，外交使团不得不采用何种办法，以保护外人在华之生命财产权利与利益。”[②]此照会的口气，就如同人们在两次鸦片战争、义和团运动等历史事件中所看到的，恐怕接下来便是丧权辱国的不平等条约，故而照会内容一经公布，立即招致国内外民众的强烈反对。

消息传到法国，旅法勤工俭学的学子纷纷举行各种形式的集会、游行，抗议列强的强盗行径。1923年7月15日，在巴黎召开的旅法各团体联合会成立大会上，共产主义者与国家主义者两大派别之间产生了严重分歧。中共旅欧支部领导人周恩来提出以“打倒军阀、推翻国际帝国主义”为联合会的宗旨；而以曾琦、李璜为代表的国家主义派则提出以“内除国贼、外抗强权”作为联合会的宗旨。国家主义派深感无严密组织不足以应付反对党有组织的长期进攻，从而加快了组建国家主义政党的步伐。[③]1923年12月2日，中国青年党成立大会在巴黎召开，会议讨论通过了《中国青年党建党宣言》和党纲，表决通过了

① 《临城土匪大掠津浦东》，《东方杂志》，1923年第20卷第8期。

② 《枣庄文史资料》第21辑《临城劫车案》，枣庄市政协文史委员会，1996年版，第15页。

③ 参见段炼：《临城劫车案与中国青年党的成立》，《历史教学问题》，2009年第5期。

《中国青年党章程》，定《先声》周报为党的机关报。1924年10月10日，该党在上海创办《醒狮》周报，故也称为“醒狮派”。1929年4月对外公开党名。

因此有不少人认为临城劫车案促进了中国青年党的建立，这只能说是机缘巧合吧！

仔细研究中国青年党历史上的风云人物就会惊奇地发现，其中多人曾参加过王光祈、曾琦、李大钊等人发起的少年中国学会。而中国共产党的不少早期领导，也出自少年中国学会。这说明什么？说明在中华民族面临生死存亡、决定中国发展将向何处去的重大历史关头，一大批热血青年聚集在一起，共同寻找救国的道路、独立的道路、民主的道路、复兴的道路，而在这一系列艰难困苦的探索和实践中，又因选择不同、主义不同，最终分道扬镳了。

中国青年党一成立，就充满着不同选择带来的对立和斗争。1921年上半年，旅法共产党早期组织成立；1922年6月，旅欧中国少年共产党成立，并于1923年改名为旅欧中国共产主义青年团；1923年11月，中国国民党旅法支部成立。面对这种态势，曾琦、李璜等人“渐次警觉共产主义运动亟宜设法预防，因而提出国家主义与之对抗”①。从这个意义上说，中国青年党的成立，矛头是直指中国共产党、共产主义，以及共产国际和苏联的。

如前所述，国家主义虽然也号称社会主义，但它与科学社会主义、共产主义的分歧还是很明显的。国家社会主义者尤其反对马克思主义的阶级斗争理论，认为中国工人人数很少，要想实行无产阶级专政根本就不可能，从而宣扬超阶级的国家观。国家主义者还极端仇视马克思主义的世界革命理论，将苏联和共产国际支持下的中国共产党诬为“苏俄之鹰犬实我国之国贼”②。在他们眼中，凡是依附于外国势力的都是“国贼”，不仅中国共产党是“国贼”，实行联俄联共政策的中国国民党也早已腐朽，即将滑入“国贼”行列，因此一定要有新的政治力量介入中国的政治斗争。这才是中国青年党建党的真正目的。

---

① 陈启天：《寄园回忆录》，台湾商务印书馆，1965年版，第137页。

② 中国第二历史档案馆编：《中国青年党》，档案出版社，1988年版，第161页。

中国青年党曾号称是继中国国民党、中国共产党之后的中国第三大党。1932年12月，中国青年党发表告全国国民书称：“中国现在的政党，虽已将近十数，然举其大者，则中国青年党与国民党、共产党实鼎足而三。”

中国青年党之所以能成为中国第三大党，一是与其组织规模有关。曾琦、李璜等人非常重视组织建设和整体布局。青年党最早发端于欧洲，于是总部设在巴黎，在德、奥、比、瑞、荷、英等地均设立了支部；后来发展到美洲，在纽约成立青年党驻美总支部，出版《侨声日报》；在香港也成立了支部；在内地则致力于在各省市建立省级党支部和基层党支部，如在湖南、四川、湖北、广东、福建、广西、云南、贵州、安徽、山西、山东、江苏、天津、武汉等，均建立了省（市）党支部和基层党支部。

二是有庞大的外围组织。中国青年党不仅在其党内有完整的组织体系，还有一个党、团、社三级组织的整体设计，也就是说，入党者须先入团，入团者须先入社。团、社组织也相当发达，有诸如国魂社、狮声社、自强社等二三十个团体。在这一点上，青年党有些类似共产党，但要明显强于国民党。

三是曾努力发展过自己的武装。中国青年党虽然被称为“书生集团”，但也有浓厚的尚武情结。其领导人李璜说：“如以武力而论，则国家主义者在国内外虽有万余人，而半皆学生，所谓‘秀才’是也；而共产党国民党皆有军阀为之后盾，十万雄兵，威震海内；藐尔书生，焉能抵抗。”[①]从1926年下半年开始，青年党领导人便积极谋划，分头行动，力图发展自己的武装，在党内掀起了一场“从军运动”，积极向国内外军校派遣党员担任教官和学习军事。一时间，孙传芳所办的金陵陆军军官学校、张学良所办东北讲武堂等，聚集和发展了一大批青年党学生和教官。金陵陆军军官学校几乎成了青年党的党校，以至于青年党领导人认为“整个学校都是我们的，用不着个别吸收”[②]。1928年夏，孙传芳败退河北，金陵陆军军官学校被东北讲武堂接收，在张学良的默许

① 李璜：《咄咄共产党的反国家主义周》，《醒狮》，1926年总第115期。

② 曾辉：《“毛锥”焉能当“宝刀”？——中国青年党武装问题初探》，《军事历史研究》，2014年第1期。

下，青年党在整个东北发展至两千余人，在东北军中的发展尤其迅速。不仅如此，云南军阀唐继尧、直系军阀吴佩孚，以及四川等地的地方实力派、会党、土匪武装等都与青年党人交相往来。双方并非简单地“依附”或“勾结”，而是青年党想为发展营造一个良好环境，进而发展各头目成为党员，使其军队“国家主义化”，从而为青年党所用。

当然，中国青年党的发展并不是一蹴而就的，也有一个复杂的过程。

由于中国青年党成立时将帝国主义、封建军阀、共产党作为主要敌人，青年党也成为中国最早的反共先锋，其主要负责人曾琦、左舜生、李璜是著名的反共人士，两党之间的斗争一度发展至你死我活的白热化境地。1923年以后，孙中山实行“联俄容共”政策，开始第一次国共合作。这对欲除共产党而后快的青年党而言，不啻晴天霹雳。他们不断劝诫国民党放弃“联俄容共”政策，抓紧“清党”。日后，在国民党右派制造排挤共产党人的系列事件中，都有曾琦等青年党领导人的影子。

北伐开始后，国民革命由粤入湘，势如破竹。1926年底，主要战场转向江西，以军阀孙传芳为总司令的五省联军不断挫败，而依附孙传芳的青年党则成为国民党和共产党共同打击的对象。北伐军所到之处，青年党所办报纸、刊物被查禁，所办学校被关闭，其财产被没收，其党员或被拘禁，或被枪杀，青年党遭受重大打击。为了挽救颓势，曾琦等计划采取非常手段来阻止北伐军和共产党的进展，这就是——刺杀蒋介石。

有趣的是，正当刺杀计划紧锣密鼓地展开，寻找刺蒋机会的时候，蒋介石开始暴露出其反共真面目。曾琦敏锐地察觉到变化，果断中止了刺蒋计划，转而开始联蒋反共，并开始部署刺杀苏联顾问鲍罗廷的行动。同样没有想到的是，鲍罗廷先是被南京国民政府下令通缉，后又被国民党中央政治局会议解除顾问合同，继而又被电令离开中国。曾琦想干的事，国民党一步一步率先都干了。足见这两党在反共反苏上是完全一致的。

如前所述，青年党是较早认识到武装极端重要性的政党之一，但青年党刚刚成立时，并不看重武装斗争，主要领导人曾琦甚至认为这是旧日政客策士的老办法，中国的问题很多，并不能全靠武力获得政权。因此主张先大力宣传，在士农工商中撒播革命种子，再引导各阶层自行建立各种组织，“等到小组织大联合之后，革命的期间便成熟了，革命成功便不成问题了”①。但是，当青年党看到国民革命军北伐，国民革命一路凯歌，国民党“联俄容共”渐成气候，而自己成为国民革命的打击对象时，便开始了对武力的向往。

经过一个阶段的努力，青年党取得了不小的成绩。除了在孙传芳部和张学良部扎下了根，在唐继尧部、吴佩孚部多有斩获外，在一些地方实力派、会党、土匪武装中也有其骨干成员。特别是在湖南农民运动如火如荼之际，青年党党员为了与之对抗，回乡创办民团，积极搜捕中共党员及“土匪”。青年党人还到四川组织四川省安抚委员会，从事救济难民、组织民团以及协助川军“剿共”事宜。如此等等，给共产党和革命群众以极大威胁，给工农运动造成重大损失。

当然，事物总有两面性。抗日战争时期，在民族大义的感召下，青年党以自己的军事武装为基础，进行了一系列的革命和抗日活动，表现出比较强烈的爱国主义热情。在1932年一·二八淞沪抗战中，第19路军156旅旅长、青年党人翁照垣率先率部抵抗；李璜在天津成立中国青年党抗日义勇军总部，组织力量深入热河、绥化、北宁、南满、新民等地骚扰和打击日军。在民族矛盾上升为中国社会主要矛盾后，青年党在国内的革命对象也开始指向国民党当局。但自1933年5月《塘沽协定》签订后，国民党政府开始控制、取缔抗日活动，青年党单独抗日和革命的活动遂归于沉寂。

从1933年下半年起，青年党决定克服党内的反蒋情结，改变对国民党的批评和反对态度。他们认为，在与日本帝国主义、中共、国民党三者的矛盾中，与日本帝国主义的矛盾是最主要的，与国民党的矛盾则是第三位，要抵抗日本帝国主义的侵略，必须与国民党共赴国难，必须与掌握国家政权的国民党在政

---

① 李璜：《时局的教训与吾人的工作》，《醒狮》，1926年总第81期。

治上保持一致。[①]1935年7月召开的青年党“八大”，正式确定与国民党缓和关系的新方针。经过多轮会谈，国、青双方达成事实上的完全合作，青年党放弃武装、撤销军事专门机构。

抗日战争全面爆发后，青年党参加了抗日民族统一战线，承认国民党和蒋介石的领导地位，主张持久抗战、全面抗战，反对速胜论，反对片面战争。但同时又制定抗日、“剿共”、立宪三原则，将中国共产党排除在抗日阵营之外。1938年4月蒋介石正式承认中国青年党作为合法存在。汪精卫降日投敌后，青年党的一部分成员公开投靠日本，参加傀儡政权。1941年，作为“三党三派”[②]的重要一员，青年党发起并加入中国民主政团同盟，迷恋于国民党统治之下的宪政运动。抗日战争胜利后，青年党一度以第三者身份调解国共关系。1946年1月，青年党违背民盟章程，擅自以独立单位参加政治协商会议，4月被民盟开除；11月其进一步依附国民党政权，参加其国民大会和政府。1949年随国民党去往台湾。

07 此路不通——第三条道路

1947年10月20日，民盟在南京的总部机关被国民党军警包围。27日，国民党政府宣布民盟为非法组织。29日，中央社发表所谓民盟参加叛乱活动的报道。国统区各地军警机关陆续公布取缔民盟活动的办法，限令民盟成员登记自首。

面对如此紧张的情势，民盟总部派黄炎培、叶笃文、罗隆基与国民党交涉。在解散已是不可避免的情况下，民盟领导人主张可以接受由政府下令解散，而不自行解散。然而让他们意想不到的是，由蒋介石指定的陈立夫只与黄炎培谈判，拒绝与罗、叶接洽。国民党的态度就是，强迫解散民盟，但又不愿承担解散民盟的责任。当黄炎培提出不自行解散要求时，陈立夫说：“要政府

① 参见周淑真：《中国青年党在大陆和台湾》，中国人民大学出版社，1993年版，第136—138页。

② 三党即中国青年党、国家社会党、中华民族解放行动委员会，三派即救国会、职教社、乡建派。

下令解散，就要逮捕民盟全体中央委员，并勒令全国盟员登记自首。”黄炎培与陈立夫的交涉，最后形成了一份书面文件，陈立夫说：“按照文件稿由主席张澜名义发表，文件上的字一字不能改动。”

11月5日，民盟在沪的中央委员召开紧急会议，讨论黄炎培带回来的文件。出席这次会议的中委有七人，分别是张澜、黄炎培、沈钧儒、罗隆基、史良、叶笃义、张云川。当时召开会议的张澜寓所外警特云集，气氛异常紧张。最初，张澜、沈钧儒等人尚表示犹豫或不同意，但经黄炎培等人陈说利害，最后大家勉强同意下来。叶笃义含泪下楼将公告散发给等候的记者们。彻夜未眠的张澜次日又发表了一份个人声明：“余迫不得已，忍痛于十一月六日通告全体民主同盟盟员，停止政治活动，并宣告民盟总部解散，但我个人对国家之和平民主统一团结之信念，及为此而努力之决心，绝不变更。我希望以往之全体盟员，站在忠诚国民之立场，谨守法律范围，继续为国家之和平民主统一团结而努力，以求达到目的。”①

民盟迫于压力自行解散，一度还引起了中国共产党的误解。毛泽东曾在一个内部文件中关于有民主人士“认为第三条道路尚有存在可能”一句话旁注释道：1947年10月，国民党反动政府下令解散民主同盟。在国民党反动派的压力下，民主同盟中的一些动摇分子发表了解散民主同盟，停止活动的公告。②周恩来在1948年1月起草的《关于当前民主党派工作的意见》中也说：民盟“被迫并由其一部分领导人接受国民党的命令自行宣布解散……国民党威胁一来，民盟有的领导人就表态宣布解散，这又使民盟在人民中赢得的信任跟着丧失”③。后来在张澜后人的努力下，这一误解终于消除。

民盟，即中国民主同盟，前身是中国民主政团同盟。当时由于皖南事变，国共合作危机四伏，抗日民族统一战线遭到破坏。在这种情况下，一些主张抗日的党派希望联合起来，以增强中间党派的力量，不仅可以有效调解国共冲

---

① 民盟上海市委员会编：《民盟总部在沪活动纪实》，群言出版社，2012年版，第254页。

② 参见《毛泽东选集》第四卷，人民出版社，1991年版，第1303页注释。

③ 《周恩来选集》上卷，人民出版社，1980年版，第283—284页。

突，而且可以积极推动民主宪政运动。于是，中国民主政团同盟成立。

最初参加民主政团同盟的有：中国青年党、国家社会党、中华民族解放行动委员会、中华职业教育社、乡村建设协会及无党派人士。公推黄炎培为中央委员会主席，黄炎培辞职后，推举张澜为主席。1941年10月10日，民盟机关报《光明报》发表了《中国民主政团同盟成立宣言》和《中国民主政团同盟对时局主张纲领》。

本来沈钧儒领导的全国各界救国会是中国民主政团同盟的发起方之一，但是因为左舜生、张君劢、梁漱溟、黄炎培等人认为沈钧儒和救国会同共产党关系密切，如将救国会吸收进来，这个新组织可能被国民党看成“中共外围的扩大”，因而加以反对。同时担心如沈钧儒参加，对共产党将不能保守秘密，因此决定暂时不让其参加。[①]直到1942年1月，救国会方才加入，中国民主政团同盟遂成为“三党三派”的松散联盟。

中国民主政团同盟最初的政治主张是：贯彻抗日主张，恢复领土主权之完整，反对中途妥协；实践民主精神，结束党治，在宪政实施以前，设置各党派国事协议机关；加强国内团结，所有党派间最近不协调之点，亟应根本调整，使进于正常关系；军队属于国家，军队忠于国家，反对军队中之党团组织，并反对以武力从事党争。需要指出的是，中国民主政团同盟一开始没有自己的中央执行机构，日常事务由中国青年党总部派人代行，致使中国青年党一度把持了中国民主政团同盟的盟务。

1944年9月19日，民主政团同盟在重庆召开了全国代表会议，决定将名称改为“中国民主同盟”，由团体会员制改为个人申请参加。这是因为随着民盟社会基础和政治影响的日益扩大，其内部成分和结构发生了重大变化，各党派所占比例中，无党派成员占到70%以上。为了更好地团结中间阶层的知识分子，更好地发挥民主政团同盟的作用，改变名称已势在必行。

1945年10月，中国民主同盟在重庆召开临时全国代表大会，亦即其第一

---

① 参见周天度：《救国会》，中国社会科学出版社，1981年版，第37页。

届全国代表大会。大会围绕建设一个什么样的国家的主题，通过了《政治报告》《临时全国代表大会宣言》《中国民主同盟纲领》，主张民主国家以人民为主人，其主权永远属于人民全体，国家应实行宪政，厉行法治，任何人或政党不得处于超法律的地位；主张实行议会制、责任内阁制、司法独立制、地方自治制等。这从一定意义上反映了战后广大人民要求民主、和平、统一的迫切愿望，是对国民党一党专政和个人独裁的有力否定。

中国民主同盟是应抗日战争的历史大背景而生的，由于其组织较为完备、纲领较为明确，号召力和影响力超过了历史上任何一个中间党派，成为一支民主运动的生力军。特别是在抗日战争后期，民盟积极与中国共产党配合，对于推进中国革命的历史进程、争取抗日战争的最后胜利发挥了特殊的重要作用，对于中国民主进程的走向，也发挥了不可或缺的推动作用。

宪政运动是抗日战争时期全国瞩目的一件大事。1938年3月，国民党临时全国代表大会通过《抗战建国纲领》，提出“组织国民参政机关，团结全国力量，集中全国之思虑与识见，以利国策之决定与推行”①；同时《国民参政会组织原则之确定》决议明确规定“在非常时期，应设一国民参政会，其职权及组织方法，交中央执行委会详细讨论，妥订法规”②。这样，在中国的政治舞台上出现了一个新的政治机构——国民参政会，成为各民主党派参与中国政治的主要平台。国民参政会的设置，直接推动了抗战以来第一次民主宪政运动，被邹韬奋称为“晴天霹雳的宪政运动”③。这场运动发端于国民参政会一届四次会议参政员们提出的七个议案，其核心诉求是，要挽救危局，坚持持久抗战，必须结束国民党一党专政，实施民主宪政，并由此推动了《中华民国宪法草案修正草案》（简称为《期成宪草》）的起草，这一草案由于国民党的反对，最终被搁置。

---

① 郑文仪著述：《中国国民党之建设》，黄埔出版社，1930年版，第178页。

② 中国第二历史档案馆编：《国民党政府政治制度档案史料选编》上，安徽教育出版社，1994年版，第732页。

③ 邹韬奋：《抗战以来》，生活·读书·新知三联书店，2018年版，第133页。

皖南事变后，为了维护团结抗日的局面，挽救面临破裂的国共合作，民盟领导人一面抨击国民党顽固派的反共活动，一面不辞辛苦地奔走于国共两党之间，从此拉开了调解国共争端的序幕。实事求是地讲，调解国共矛盾、沟通国共歧见、平息内部纷争是民盟在抗日战争后期做出的特殊贡献，是其他任何党派所无法替代的。虽然民盟的一些主张和建议并未被蒋介石和国民党采纳，但也起到了沟通国共歧见的作用，对争取抗日战争的最后胜利和争取战后民主和平，以及国共两党的重庆谈判奠定了基础。

1943年9月，国民党五届十一中全会许诺，在战争结束后的一年内即召开国民大会，制颁宪法。1944年1月，第三届国民党政会第二次大会第九次会议决定建立的宪政实施协进会发起《五五宪法草案》研究，由此开始了第二次宪政运动。中共中央发出《关于宪政问题的指示》，周恩来在《关于宪政与团结问题》的演讲中，全面阐述了中国共产党对宪政运动的意见，即“保障人民的民主自由，开放党禁，实行地方自治”[①]。民盟主席张澜出版《中国需要真正民主政治》的著述，在三届二次国民参政会期间还致书蒋介石，要求国民党政府立即结束训政，还政于民。这一举动给各界人士以极大鼓舞，极大地推进了民主宪政运动的进程。

第二次宪政运动的一大目标是建立各党派的联合政府。1944年9月15日，中共参政员林伯渠，代表中国共产党正式提出：“希望国民党立即结束一党统治的局面，由国民政府召开各党各派、各抗日部队、各地方政府、各人民团体的代表，开国事会议，组织各抗日党派联合政府。”[②]1944年9月24日，各民主党派领袖、国民党民主派及爱国民主人士共五百余人在重庆集会，要求结束国民党一党专政，响应中国共产党建立联合政府的主张。民盟主席张澜说：“民国已经三十三年了，我们还是有名无实，这是多年来一党专政的结果。……我

① 中共中央文献研究室编：《周恩来年谱（1898—1949）（修订本）》，中央文献出版社，1998年版，第585页。

② 《中共党史参考资料》五（下），人民出版社，1979年版，第270页。

们将来要民主，而目前为了挽救危亡，尤其需要民主。”[①]民盟领导人章伯钧说：“中国今天有强有力的共产党，有强有力的民主同盟，只有立即召开国民会议，实行联合政府，才能挽救危机。”[②]10月10日，民盟中央发表《对抗战最后阶段的政治主张》，再次提出：“立即结束一党专政，建立各党各派联合政权，实行民主政治。”[③]民盟及各民主党派、各阶层人士的呼声和活动，将民主宪政运动推向了一个新的高潮，即以建立联合政府为中心的爱国民主运动。

然而，对于各党派结束一党专政、成立联合政府的强烈要求，蒋介石却打着自己的算盘。1945年3月1日，蒋介石在宪政实施协进会上发表演讲说：“在国民大会召集以前，政府不能违反建国大纲，结束训政。”还宣布“预定于本年11月12日，国父80诞辰召集国民大会，以实现宪政”[④]，企图玩弄民意于股掌之中。蒋介石的演讲当然引起了各党派和各界人士的不满和谴责，他们呼吁停开国民大会，立即召开政治会议，组建举国一致的民主联合政府。然而国民党又断然拒绝了这一建议，民主宪政运动的目标未能达成。

国民党的态度逐渐使中国民主同盟及各民主党派、各阶层人士，在“贯彻抗日主张”与“实践民主精神”两大原则的前提下，与中国共产党密切合作，成为中共的诤友。它们开始旗帜鲜明地配合、支持中国共产党的斗争和立场，对蒋介石集团的幻想越来越少，要求变革的倾向越来越强烈，为日后与中国共产党采取一致行动奠定了坚实基础。

有道是：“道不同，不相为谋。”随着国民党政府对民主党派的利诱打压，先是青年党在国民党的诱使下，以独立单位参加政治协商会议，引起民盟广大盟员的极大愤慨，遂被民盟开除。后是民社党决定以独立单位参加国民大会并退出民盟。而民社党其中的一些左翼人员，如张东荪、叶笃义等都宣布退出民社党，留在了民盟。

---

① 《重庆五百人集会：各党派各阶层代表一致要求改组政府》，《解放日报》，1944年10月17日。

② 《重庆五百人集会：各党派各阶层代表一致要求改组政府》，《解放日报》，1944年10月17日。

③ 中国民盟中央：《对抗战最后阶段的政治主张》，《新华日报》，1944年10月10日。

④ 王丰华编写：《1945年的故事》，中国少年儿童出版社，2001年版，第35—37页。

青年党和民社党退出民盟后，民盟同共产党的关系更加密切。国民党政府对此十分不满。1947年10月，国民党中央社正式宣布民盟勾结“共匪”，参加叛乱，煽动学潮和工潮，企图颠覆政府，命令各地方治安机关对民盟严加取缔。这就有了开篇民盟总部被迫解散的故事。好在一部分民盟中央领导秘密离开上海到达香港，与原来在香港的中央委员一起，召开民盟一届三中全会，公开宣布：“为彻底摧毁南京反动独裁政府，为彻底实现民主、和平、独立、统一的新中国而奋斗到底”[①]，“中国共产党为民主事业而奋斗的历史，日寇投降以来他们为实现国内和平的努力，值得每个爱国的中国人赞佩，本盟今后要与他们携手合作”[②]，彻底站到中国共产党一边。这也说明，中间党派试图走第三条道路的努力归于失败，此路着实不通！

08 住在窑洞里的共产主义先知

1945年8月至9月初，第二次世界大战中国战区局势发生了重大变化。8月6日，一架美军B-29轰炸机飞临日本广岛市区上空，投下一颗代号为“小男孩”的原子弹。8月8日，苏联宣布从8月9日0时起与日本进入战争状态，一百五十万苏联红军由西、北、东三个方向进入中国东北地区，向日本关东军发动大规模进攻。8月9日，美军B-29轰炸机向日本长崎投下了第二颗原子弹，代号为“胖子”。8月15日，日本裕仁天皇向全日本广播，决定接受美、中、英三国首脑7月26日联合签署的《促令日本投降之波茨坦公告》，实行无条件投降，结束战争。8月21日，侵华日军陆军少将今井武夫飞抵湖南芷江洽降。8月25日，苏军占领库页岛南部。9月1日，苏军占领千岛群岛等岛屿。9月2日，同盟国在美国密苏里号战舰上举行受降仪式。

原子弹的横空出世及其造成的日本大规模的人员伤亡，一时间成为国际社

---

① 陈竹筠、陈起城选编：《中国民主党派历史资料选辑》上册，华东师范大学出版社，1985年版，第297页。

② 《中国民主同盟历史文献》，文史资料出版社，1983年版，第376页。

会关注的焦点。中外媒体有关原子弹的宣传铺天盖地，对原子弹巨大威力和破坏力的渲染不绝于耳，大有谈“原子弹”色变的味道。与此同时，美国扶持蒋介石反对共产党的政策已初现端倪，中国内战危险空前加剧，如何应对时局的巨大变化，考验着中共领导人的政治智慧和勇气。

经历了重庆谈判签订《双十协定》后的短暂和平岁月，以及在美国调解下国共双方达成停火协议带来的最后一丝和平建国的微光之后，全国人民的和平期待终于破灭。志在武力消灭共产党的蒋介石，利用这一段时间，调兵遣将、周密部署，在他认为万无一失、胜券在握时，于1946年6月26日撕毁停战协议，调集国民党30万大军，分四路大举进攻中原解放区，从此开始了对解放区的大规模进攻。全面内战爆发。

当时，国民党总兵力达到430万人，解放军总兵力只有127万人。国民党在军队数量、军事装备、后备资源及外来援助等方面，都明显超过中国共产党。国民党政府还统治着约占全国面积76%、拥有3.39亿人口的地区，控制着几乎所有的大城市和绝大部分铁路交通线，拥有全国大部分工业和人力、物力资源；而解放区控制的土地面积只占全国的24%，人口约1.36亿，基本上依靠传统农业经济。再考虑到美国对国民党政府的军事援助，原子弹的威慑力量，等等，对处于劣势的中国共产党及其领导的人民军队能否抵御国民党的进攻，许多人心存疑虑。在这情势严峻的危急时刻，如何动员解放区军民，让人们认清和揭露美蒋反动派的虚弱本质，坚决粉碎国民党军事进攻，已刻不容缓地历史性地摆在了毛泽东和中国共产党面前。

恰在此时，美国著名记者安娜·路易斯·斯特朗女士第五次访华并正在延安参观访问。1946年8月6日下午5时，毛泽东在延安杨家岭接见了斯特朗，发表了他在第二次世界大战结束后不久，关于国际形势和国内形势的一篇重要讲话。当时，大家围坐在窑洞前半山坡平台上一个小石桌旁，谈到了第二次世界大战后的世界格局和中国战局。毛泽东列举俄国沙皇、德国希特勒、意大利墨索里尼和日本天皇的例子说：“看起来，反动派的样子是很可怕的，但是实际上并没有什么了不起的力量。从长远的观点看问题，真正强大的力量不是属于反动派，而是属于人民”，从而提出了“一切反动派都是纸老虎”的著名论断。

当斯特朗问到如何看待美国使用原子弹时，毛泽东一语中的：“原子弹是美国反动派用来吓人的一只纸老虎，看样子可怕，实际上并不可怕。当然，原子弹是一种大规模屠杀的武器，但是决定战争胜败的是人民，而不是一两件新式武器。”最后说到蒋介石发动全国规模的内战，毛泽东严正声明：“就我们自己的愿望说，我们连一天也不愿意打。但是如果形势迫使我们不得不打的话，我们是能够一直打到底的。”对于内战的前景，毛泽东充满信心地说：“拿中国的情形来说，我们所依靠的不过是小米加步枪，但是历史最后将证明，这小米加步枪比蒋介石的飞机加坦克还要强些。虽然在中国人民面前还存在着许多困难，中国人民在美国帝国主义和中国反动派的联合进攻之下，将要受到长时间的苦难，但是这些反动派总有一天要失败，我们总有一天要胜利。这原因不是别的，就在于反动派代表反动，而我们代表进步。”①

“一切反动派都是纸老虎”的论断一经提出，立刻传遍国内外，深入人心，产生了意想不到的巨大力量，从思想上武装了中国共产党和中国人民，极大地增强了人民同帝国主义支持的国民党反动派斗争的勇气和信心。而对于这场中国共产党不想打又不得不打的战争，毛泽东在不同阶段对其进程和结局作了准确预判，充分展现了以毛泽东为核心的中共中央把握战争全局的卓越能力。

1946年6月28日，中共中央发出《关于时局近况的通报》，指出：“我解放区自日本投降后十个月以来，比较日本投降以前发生了如下各项变化：第一，地区扩大了两倍至三倍，特别是创造了东北战略区域，这是过去没有的；第二，人口增加一倍半，现在有人口一万万三千万，而在去年八月以前，一面负担人口实际上只有五千万左右；第三，军队主力由分散变为集中，技术条件提高了，我军开始能攻城，能守城；第四，解决了或正在解决土地问题，农村面目改观，根据地更加巩固，干部信心提高；第五，没有了日本人，代替日本人

① 《毛泽东选集》第四卷，人民出版社，1991年版，第1192—1195页。

位置的中国反动军队，不管美国怎样帮助，总比日军战斗力要差。"[①]这些分析判断可谓鞭辟入里、透彻到位，同时也透着一种自信的调侃。

1946年11月21日，中共中央召开会议，进一步统一全党的思想。毛泽东指出，由于蒋介石铁了心打内战，原来设想的以半年时间打痛蒋介石，使其回到和平轨道的可能性已不存在。"中国人民中间以及我们党内都有打不打的问题，但这个问题现在是解决了，剩下的问题便是胜不胜。现在揭破蒋的阴谋、清除和平幻想已退为第二位的问题，第一个问题就是要建立坚定的胜利的信心。"[②]因此毛泽东提出：一方面，要藐视他们，非此不足以长自己志气，灭他人威风；另一方面，又要重视他们，每一仗都要谨慎。[③]在"战略上藐视敌人，战术上重视敌人"思想指导下，1946年11月至1947年2月这四个月中，解放军歼灭国民党军四十一万人，收复和占领八十七座城市，国民党军队向解放区的全面进攻已经被打破，能不能打败蒋介石的答案已经开始明朗。即便是这样，中共中央《迎接中国革命的新高潮》的党内指示仍然清醒并谨慎地认为："解放区人民解放军的胜利和蒋管区人民运动的发展，预示着中国新的反帝反封建斗争的人民大革命毫无疑义地将要到来，并可能取得胜利。"[④]毛泽东在讲话中提出：革命胜利的时间，还要准备相当长，五年到十五年。[⑤]值得注意的是，为了保有一丝的和平建国希望，内战爆发后相当一段时间内，中国共产党一直未提"打倒蒋介石"的口号，后来也只是在内部提。一直到1947年4月11日，在新华社发表《中国人民伟大斗争的二十年（为四一二惨案二十周年纪念作）》的社论中，共产党才第一次公开号召推翻蒋介石反动统治。

1947年6月30日，晋冀鲁豫野战军南渡黄河，发起鲁西南战役，经过近一个月作战，歼灭国民党军九个半旅的六万余人，揭开了人民解放军由战略防御转入战略进攻的帷幕。8月上旬乘胜南下，跨越陇海路，横穿黄泛区，渡涉沙、

---

① 《毛泽东年谱（1893—1949）》下卷，中央文献出版社，2013年版，第101页。
② 《毛泽东年谱（1893—1949）》下卷，中央文献出版社，2013年版，第150—151页。
③ 参见金冲及：《毛泽东传（1893—1949）》，中央文献出版社，2004年版，第811页。
④ 金冲及：《毛泽东传（1893—1949）》，中央文献出版社，2004年版，第817页。
⑤ 参见金冲及：《毛泽东传（1893—1949）》，中央文献出版社，2004年版，第818页。

汝、淮诸河流，冲破重兵追堵，胜利进抵大别山区。与此同时，晋冀鲁豫野战军陈、谢大军进入豫西，华东野战军陈、粟大军挺进豫皖苏边界地区。三路大军成“品”字形阵势，驰骋于广阔的中原战场，把战线从黄河两岸推进到长江之滨，战争形势日益朝着有利于中国共产党的方向发展。

在这种情况下，毛泽东以战略家的眼光开始预计战争的进程，并首次作出五年解决国共战争问题的估计。毛泽东在中共中央召开的小河村扩大会议上提出，对蒋介石的斗争，计划用五年的时间（从1946年7月算起）来解决，从过去一年的作战成绩来看是有可能的。毛泽东还进一步说道，说五年，用不着讲出来，还是要准备长期奋斗，五年到十年甚至十五年，不要像蒋介石那样，先说几个月消灭我们，不能实现又说再过几个月，到了现在又说战争才开始。[①]9月11日新华社发表《人民解放军大举反攻》的社论，深刻阐述道：“再打一年两年，蒋介石匪帮就离全军覆灭不远了。”“打倒蒋介石才有和平，打倒蒋介石才有饭吃，打倒蒋介石才有民主，打倒蒋介石才有独立，已经是中国人民的常识了。”[②]

1947年12月，中共中央召开扩大会议，毛泽东作《目前形势和我们的任务》的书面报告，指出：“中国人民的革命战争，现在已经到达了一个转折点。”“这是一个历史的转折点。这是蒋介石的二十年反革命统治由发展到消灭的转折点。这是一百多年以来帝国主义在中国的统治由发展到消灭的转折点。”[③]1948年3月20日，毛泽东在《关于情况的通报》中提出，“我们的方针是稳扎稳打，不求速效”，“估计再打一个整年……敌我两军在数量上可能达到大体上平衡的程度”。[④]并且进一步提出，在当年不准备成立中央人民政府，而是要在蒋介石当了总统，他的威信更加破产之后，在共产党取得更大胜利、扩大更多地方之后，便有完全的必要成立中央人民政府，其时机大约在1949

---

① 参见《毛泽东年谱（1893—1949）》下卷，中央文献出版社，2013年版，第207页。

② 《毛泽东年谱（1893—1949）》下卷，中央文献出版社，2013年版，第229页。

③ 《毛泽东年谱（1893—1949）》下卷，中央文献出版社，2013年版，第259页。

④ 《毛泽东选集》第四卷，人民出版社，1991年版，第1302页。

年。[①]这是首次提出新中国成立的时间表。

形势的发展比预料的还要快。1948年9月12日，东北野战军发动规模巨大的辽沈战役，至11月2日，共歼敌人四十七万人，东北全境解放。11月14日，毛泽东给新华社撰写评论，满怀信心地指出：“中国的军事形势现已进入一个新的转折点，即战争双方力量对比已经发生了根本的变化。人民解放军不但在质量上早已占有优势，而且在数量上现在也已经占有优势。这是中国革命的成功和中国和平的实现已经迫近的标志。”“原来预计，从一九四六年七月起，大约需要五年左右时间，便可能从根本上打倒国民党反动政府。现在看来，只需从现时起，再有一年左右的时间，就可能将国民党反动政府从根本上打倒了。”[②]之后，随着淮海战役、平津战役的胜利，毛泽东和朱德发布向全国进军的命令。1949年4月23日，解放军占领南京，宣告统治中国二十二年的国民党政府覆灭。

09　斯大林的错误与毛泽东的抗争

国内外一直都有一种说法，认为在中国解放战争时期斯大林曾劝说毛泽东不要打内战，甚至在解放军高歌猛进时，希望中国共产党与蒋介石“划江而治”，建立“南北朝”。主要依据有三：其一，毛泽东于1956年在《论十大关系》的报告中回忆过，“斯大林对中国作了一些错事……解放战争时期，先是不准革命，说是如果打内战，中华民族有毁灭的危险。仗打起来，对我们半信半疑。仗打胜了，又怀疑我们是铁托式的胜利，一九四九、一九五〇两年对我们的压力很大”[③]；其二，逻辑学家、中国人民大学教授王方名在《人民日报》撰文回忆，毛泽东在一次谈话中说：“直到1949年，我们眼看要过长江的时候，还有阻止，据说千万不能过长江，过了就会引起美国出兵。”其三，中国原驻苏联大使刘晓在《出使苏联八年》一书中写到，1955年1月周恩来与即将赴任

---

① 参见《毛泽东选集》第四卷，人民出版社，1991年版，第1299页。

② 《毛泽东选集》第四卷，人民出版社，1991年版，第1360—1361页。

③ 《建国以来重要文献选编》第八册，中央文献出版社，1994年版，第263页。

驻苏联大使的他在谈话中提到过，“1948年5月米高扬从莫斯科来到西柏坡，他是代表斯大林来的，主要是为了解中国革命形势和听取我方的意见。当时军事、政治形势都很好，我们准备南下过长江，解放全中国。苏联对此有看法，要求我们停止内战，实际上是搞‘南北朝’，两个中国”[①]。

那么，斯大林真的希望国共双方能握手言和、“划江而治”吗？

1958年夏天，毛泽东曾经同苏联驻华大使尤金作过一次长谈，其中谈及斯大林在中国革命问题上犯过的各种令人痛心的错误，包括在中国革命的最紧要关头不准中国革命，特别是1945年他曾经要中国共产党交出军队，加入蒋介石的政府。毛泽东甚至认为斯大林这是犯了同季诺维也夫当年反对举行十月革命一样的大错误。

事实上，在中国新民主主义革命的伟大进程中，苏联给予了中国巨大而真诚的帮助，中国国民党因此而崛起，中国共产党因此而壮大，北伐战争因此而有了底气，抗日战争因此而加速胜利，这是任何时候都不能否认的。但同样不可回避的是，无论是第一次国共合作，还是第二次国共合作之中，苏联实际给予国民党的支持，要远远大于给共产党的支持。而造成这一反差的根本原因，就在于苏联是要从本国利益出发，试图依靠力量更为强大的国民党，牵制日本帝国主义对苏联的进犯，建立南部安全屏障，进而减轻苏联对抗西方帝国主义包围和反法西斯战争在不同阶段的外部压力。这也是无可厚非的。

斯大林曾这样表述：“照理，中国共产党人要比蒋介石对我们来说更亲近些。照理，主要援助应该给予他们……但是，这种援助看起来像是向一个我们与之保持外交关系的国家输出革命。中国共产党和中国工人阶级要成为反侵略斗争的领导者，还是显得太孱弱。”[②]

曾著有《中苏冲突简史》的戴维·弗洛伊德这样评价道：“斯大林这种同时利用国民党和共产党以推进俄国在中国目的的两面政策，给中国共产党造成

---

① 刘晓：《出使苏联八年》，中共党史出版社，1998年版，第3页。

② ［苏］瓦·伊·崔可夫：《在华使命——一个军事顾问的笔记》，万成才译，新华出版社，1980年版，第35页。

了有害的结果。”戴维·弗洛伊德这个观点，出自由符拉基米尔·戴迪热编辑、伦敦威登菲尔德和尼科尔森出版社1953年出版的《铁托言论》一书。书中记载，当时，斯大林还把中共领导人召去莫斯科，告诉他们，他们不可能夺得政权，应该解散自己的军队并加入蒋介石的政府。原南斯拉夫国民议会议长米洛凡·吉拉斯在回忆录中也记录道，斯大林对南共代表团成员说：“在对日战争结束后，我们曾邀请中国的同志们来就如何能同蒋介石订立一项暂时性条约的问题达成了协议。他们在口头上同意我们的意见，但实际上，他们回去后却自行其是：他们集中兵力发动进攻。事实证明他们是对的，我们不对。”

斯大林的失误是由于对中国革命进程了解不够，对中国共产党的力量估计不足，害怕他们重蹈大革命和土地革命失败的覆辙。那一次失败对斯大林来讲是刻骨铭心的，因为托洛茨基曾经以此为重要依据，向他发起猛烈的进攻。因此，在没有十足把握的前提下，斯大林宁愿希望中国共产党走法共和意共缴枪参加联合政府的道路。然而斯大林没有料到，“冷战”开始之后，缴了枪的法共和意共均被资产阶级政党踢出了政府，而中国解放战争却赢得了重大的胜利。这让斯大林认识到了自己的失误，并坦率地把这个教训提供给南斯拉夫共产党人。

1949年1月，在蒋介石请求美、苏、英、法等国出面调停内战，以挽救其被围困在淮海、平津两地区的主力部队时，围绕如何答复国民党南京政府请求苏联居中调停、订立和平协定的问题，斯大林与毛泽东通过密码电报频繁交换意见。

1月10日，斯大林一收到国民党政府来函，立即将俄文原件和苏联政府草拟的复文一并转给了中共中央和毛泽东，征求中国共产党的意见，并说如果中共中央不同意他们给国民党政府的答复，就由中共中央代他们拟一个妥善的复文。斯大林说：“如果征询你们的意见，大致可以如此答复：中国共产党向来赞成中国国内和平，但中国的内战不是由中国共产党开战（挑起）的，而是南京政府开始的，它应当承担战争后果的责任。中国共产党赞成与国民党谈判，但是不要那些挑起中国内战的战犯们参加。中国共产党主张直接与国民党谈判，而不要任何外国的调解者，中国共产党特别认为这样的外国调解——即它们自己以其武装力量与海军参加中国内战而反对中国人民解放军——是不可能消除中国的战争，不能被认为是中立的和客观的。”

国民党请求国际调解正同它提出的其他和平倡议一样，是为了争取喘息时间，以便卷土重来。为防止出现其他意外，毛泽东第二天立即回电给斯大林：“我们认为苏联政府对南京政府要求苏联调停中国内战的照会应作如下之答复：苏联政府从来是，现在仍然愿意看见一个和平的、民主的和统一的中国，但是以何种方法达到中国和平、民主与统一，这是中国人自己的事，苏联政府根据不干涉他国内政的原则，未便参加中国内战双方之间的调和工作。”毛泽东还告诉斯大林，中共倾向于要南京无条件投降，他还充分揭露了敌人的阴谋，阐明革命已胜利在望，不必再作迂回战术，推迟取胜时间。

斯大林同意按中共草拟复文答复南京政府，为了不引起误解，斯大林在回电毛泽东时解释说，他认为：“没有外国的调解，特别是没有美国的调解”，没有蒋介石及其他战犯参加，“国民党是不会进行和谈的”。

在1月14日，毛泽东以中共中央主席的名义发表《关于时局的声明》，提出了与南京和谈的八项条件，其中没有一条是蒋介石可以接受的，他除了下野，无路可走。同日，毛泽东在给斯大林的电报中写道：“我们与贵方在基本方针上是完全一致的。”至此，毛泽东与斯大林在和谈的策略和手段上已经达成一致。[①]

在此之前，1948年4月，中共中央机关东渡黄河，到达阜平县城南庄。此时的毛泽东急于想让苏联了解中国共产党的立场，从发展与苏联全面关系的需要出发，多次提出访问苏联的要求，以争取苏共的支持。4月26日毛泽东致电斯大林提出访苏，4月29日斯大林回电同意，但十天之后斯大林又建议毛泽东缓行。7月4日毛泽东致电斯大林，又一次提出访苏的要求，7月14日斯大林复

---

① 参见《俄罗斯公布的一九四九年一月毛泽东与斯大林的一组往来函电》，王福曾译，《党的文献》，2013年第5期。

电毛泽东称，苏联领导人当时正在全国各地征粮，11月才能返回莫斯科。对苏联领导人借口征收粮食推迟访问一事，毛泽东颇为不满。

9月，中共中央在西柏坡召开政治局扩大会议。东北解放军集中主力七十万人，发动了声势浩大的辽沈战役。会后，毛泽东向斯大林通报了会议内容，并于10月16日和12月30日两次致电斯大林，要求11月底或1949年初访问苏联。此时辽沈战役已经胜利结束，平津、淮海战役也胜利在即，斯大林认为在邀请毛泽东访苏之前，有必要了解中国形势及中共对当前时局发展的对策。于是，他派遣苏共中央政治局委员米高扬访华，来听取中国共产党的意见和决定。1949年1月31日，米高扬来到中共中央所在地西柏坡，与毛泽东和中共中央政治局委员进行了多次会谈。

在毛泽东提出访问苏联要求时，斯大林还在国民党和共产党二者的利益平衡中犹犹豫豫，尚没有放弃将国民党作为苏联在华的最大利益目标，当然也没有足够的信心完全支持共产党。只是共产党在战场上的胜利来得太快，才有了米高扬访问西柏坡。以此为标志，1949年1月，苏联对华政策才完成了最终的转轨。

事实上，到了1949年，当中国共产党在军事上已取得绝对优势时，斯大林是迫切希望中共早日建国的。当年8月，刘少奇所率领的中共中央代表团向斯大林作回国告别时，斯大林提醒他们：“无政府的时间不能长了，否则外国可能利用这个机会进行干涉，甚至联合干涉，那样就被动了。”中国共产党在斯大林的提醒下，加快了建国步伐，并于10月1日宣告中华人民共和国成立。开国大典的消息刚刚发出两个小时，苏联政府就来电视贺并宣布承认中华人民共和国，其他的社会主义国家也迅速地宣布承认中华人民共和国。

当然，在这个过程中，一直伴随着一些不和谐的声音。从1948年7月起，苏联驻华大使罗申就不断散布，苏联不信任中共，中国将出现“南北朝”的言论。正如有学者所说：“这是因为，在斯大林的观念里，苏联在关外无论怎样支持中共，即使为美国人所侦知……都不在美国的干涉范围以内。而在关内，中共如此顺利地开展推翻国民党的军事斗争，却很可能招致美国的干涉。显然，如果刚刚撤离中国的美国军队再度大规模进占中国，打着反共的旗号参加对中共的作战，苏联势必会面临美军长期占据中国、威胁苏联的危险局面。因此，老谋深算的斯大林，一面秘密地积极援助中共，一面却指派驻华外交官员主动向国民党官员，包括向美国驻华外交官提议，调处国共内战。”①

以上恐怕是斯大林对中国革命和中国共产党关心指导的真实场景。

10　张申府的忏悔

1948年10月23日，在著名报人储安平编的《观察》杂志第3卷第9期上，刊载了一篇题为“呼吁和平”②的政治文章，作者是民盟中央常委、在学界和政治界均颇有影响的张申府。

张申府在文章中开门见山：“我们现在最要紧的事，消极地说，就是打破现状；积极地说，就是恢复和平。假设战事还不设法结束，和平还不速谋恢复，必致全国人，至少东北人与华北人，或至少在东北华北大城市住的人，都不得活；国家更将丧尽了元气，丢尽了脸。”“和战决于有利作战的两方，而两方现在显然还无要收兵的模样。在此情形下，呼吁和平，适足于招犯嫌忌，惹场无谓，非但于事无补，更且于己有损。”但是“不管一时怎样受尽了误会，但在理完全对”。“假使以民心为裁断的标准，那么，今日呼吁和平，更是有百是而无一非。”

张申府认为：“这些年来，国人，尤其是读书人，已犯了一个绝大的毛病。就是把是非与成败利害混在一起。且常常是只管眼前成败利害，而不管是非。其实为国家打算，只应辨是非，而不应该计较个人的成败利害。凡事，但令其是，就应该说，就应该作。”“也许有人认为，现在有一方正打得顺手，正打得起劲，正要一劳永逸，一举而成功。在此时呼吁和平，也许会转移他们的战

① 沈志华：《中苏关系史纲（1917—1991年中苏关系若干问题再探讨）》，社会科学文献出版社，2011年版，第101页。

② 参见张申府：《呼吁和平》，《观察》，1948年第5卷第9期。

志，必为他们所不快，必为他们所不睬。那么，打得不甚顺手的一方是不是也不理不睬？其实，不管谁睬谁不睬，这样说法，究竟仍是只顾成败利害，而没注意到是与非。这绝非看到一般人民生活实况的说话。”

张申府强调：“无论如何，作战于一国之内，不管胜也罢，败也罢，遭受死伤的，遭受涂炭牺牲的，既是同一祖宗的子孙，穷兵黩武，总要不得，总不应该。凡真为人民的，就令不得已而事内战，也必反对内战。不管胜败，总必哀矜勿喜。”

文章最后，张申府还不忘写上几句：“呼吁和平，要求恢复和平，也必是为国为民，出于真情、实感、仁心；而不是别有动机，别有背景，而不是为那一作战方面谋取喘息整补空隙时间。”

在蒋介石发动内战，共产党不得不以战争应对战争，并且胜负格局已基本确定的情况下，张申府这篇不合时宜的文章必然要遭到国共两党乃至各界人士的批判和唾弃。国民党方面说他扰乱民心；民盟在香港召开会议开除了张申府的盟籍；《人民日报》发表《民盟发表时局声明，重申为民主奋斗决心——痛斥叛徒张申府等卖身投靠》的报道；而已在华北解放区的张申府的妻子刘清扬，看到张申府的文章，毅然在《人民日报》刊登题为“张申府背叛民主为虎作伥，刘清扬严予指责”的启事。

张申府虽几番辩解，但《呼吁和平》造成的消极影响已无可挽回。

张申府是中国共产党的重要创建者之一，是北京共产党早期组织创建人之一和北京最早的三名共产党员之一，中共旅法共产党早期组织、中共旅欧支部创始人，周恩来、朱德的入党介绍人，还是著名的一二·九运动的发起人之一。但是其小资产阶级的文人气质，导致其在政治生涯中发生了数次被开除或退党的情形。最早是因目中无人，将个人凌驾于组织之上而被旅欧少年共产党开除；然后是在1925年中共四大上，因与蔡和森意见不合，愤而退党；再就是此次被民盟开除，被共产党视为叛徒。

适逢解放军在战场上节节胜利，蒋家王朝根基动摇，全国局势已经明朗之时，张申府不识时务地呼吁和平，绝不是偶然的。它实际凸显了亟待解决的一个重大历史性课题——如何将革命进行到底。当时人们面临的现实情况是：

第一，国共双方军事力量对比发生质的变化。1948年，中国共产党领导人民解放军相继展开三大战役，歼敌一百五十余万人，各地战场捷报频传，中国人民解放军已发展壮大至三百万人，国民党军队则下降至二百九十万人。中国人民解放军在数量上由长期的劣势转为优势，战场上的敌我力量对比发生了根本性转变。

第二，美蒋合谋，试图划江而治。国民党政府虽然在战场上频频失利，但由其反动本性决定，绝不会自动退出历史舞台。明知大限将至，仍想做垂死挣扎，甚至想通过所谓"和平谈判"，实现划江而治。眼看国民党政权江河日下、摇摇欲坠，英美法等帝国主义国家从自身在华利益出发，一方面支持国民党负隅顽抗，一方面诱导革命阵营出现和平声音，欲图制造现代版的"南北朝"。甚至苏联和斯大林也一再劝导中国共产党在不停止军事行动的同时，积极谋求与国民党的有条件的和平谈判。

第三，革命阵营内部部分人士思想动摇，对和平产生幻想。一些民族资产阶级、城市小资产阶级担忧革命发展损害切身利益，希望国共两党迅速达成全面和平；部分右翼分子竭力劝说共产党停止军事进攻，接受蒋介石、国民党的"和谈条件"；民主党派个别人士主张走"中间路线"，防止革命深化等。张申府的《呼吁和平》，可以说是这种大背景下的必然产物。

面对如此形势，1948年12月30日，毛泽东为新华社撰写了新年献词《将革命进行到底》，全面分析了上述形势，精辟回答了将革命进行到底的一系列重大理论和实践问题。

毛泽东在这篇献词的开头不容置疑地宣告："中国人民将要在伟大的解放战争中获得最后胜利，这一点，现在甚至我们的敌人也不怀疑了。"[①]人们注意到，1949年元旦，蒋介石在南京举行了新年团拜会。在团拜会上，蒋介石还宣读了乞和的《新年文告》，暗示自己将下野。但是人们读了这篇文告后，无不

---

① 《毛泽东选集》第四卷，人民出版社，1991年版，第1372页。

大失所望。文告说：“和战问题盘旋于每一同胞的心胸之间，而政府为战为和亦更为每一同胞所关注。”“但是今日时局为和为战，人民为祸为福，其关键不在政府，亦非我同胞对政府片面的希望所能达成，须知道这个问题的决定，全在于共党。”[①]文告不仅毫无和谈之诚意，而且把责任推给共产党。毛泽东一针见血地指出，中外反对派看到了中国人民解放战争在全国范围内的胜利，已经不能用单纯的军事斗争的方法加以阻止，就一天比一天地重视政治斗争的方法。是将革命进行到底，还是使革命半途而废呢？对于这个尖锐的问题，每一个民主党派，每一个人民团体，都必须作出自己的选择。毛泽东号召全国人民、各民主党派、各人民团体真诚合作，采取一致的步骤，粉碎美帝国主义和国民党反动派的政治阴谋，将革命进行到底，并引用古希腊的寓言《农夫与蛇》，阐明除恶务尽的道理。毛泽东还在《目前形势和党在一九四九年的任务》的决议中指出：“一九四九年至一九五〇年将是中国革命在全国范围内胜利的两年。我们必须将革命进行到底，而不容许半途而废。”[②]

毛泽东在献词中揭露，以蒋介石等人为首的中国反动派是满身鲜血的杀人不眨眼的刽子手，依靠美国帝国主义把四亿七千五百万同胞投入了空前残酷的大内战，他们用其“主子”所供给的杀人武器，屠杀了成百万的男女老少。而美帝国主义则通过其忠实的走狗掠夺中国领土权、领海权、领空权、内河航行权、商业特权、内政外交特权，直至打死人、压死人、强奸妇女而不受任何处罚的特权。因此，将革命进行到底，就是要消灭干净国民党反动派及其背后的美国帝国主义侵华势力，使“三座大山”彻底土崩瓦解。不仅如此，毛泽东还强调，中央政府“将指挥人民解放军将革命战争进行到底，消灭残余敌军，解放全国领土，完成统一中国的伟大事业。它将领导全国人民克服一切困难，进行大规模的经济建设和文化建设，扫除旧中国所留下来的贫困和愚昧”[③]。

将革命进行到底是人民的意愿，必须为了人民、依靠人民，由人民检验革

① 蒋介石：《新年文告》，《民国日报》，1949年1月1日。

② 《毛泽东文集》第五卷，人民出版社，1996年版，第230页。

③ 《毛泽东文集》第五卷，人民出版社，1996年版，第348页。

命成效。“如果要使革命半途而废，那就是违背人民的意志。”[①]毛泽东指出，中国人民革命阵营必须扩大，必须容纳一切愿意参加目前的革命事业的人们。中国人民的革命事业需要有主力军，也需要有同盟军，没有同盟军的军队是打不胜敌人的。中国人民的革命阵营必须巩固，必须不容许坏人侵入，必须不容许错误的主张获得胜利。中国革命的怒潮正在迫使各社会阶层决定自己的态度。中国阶级力量的对比正在发生着新的变化，大群大群的人民正在脱离国民党的影响和控制而站到革命阵营一方面来，反动派完全陷入孤立无援的绝境。毛泽东强调：“人民解放战争愈接近于最后胜利，一切革命的人民和一切人民的朋友将愈加巩固地团结一致，在中国共产党的领导之下，坚决地主张彻底消灭反动势力，彻底发展革命势力，一直达到在全中国范围内建立人民民主共和国，实现统一的民主的和平。”[②]

毛泽东指出，如果要使革命进行到底，那就是用革命的方法坚决彻底地消灭一切反动势力，不动摇地坚持打倒帝国主义，打倒封建主义，打倒官僚资本主义，在全国范围内推翻国民党的反动统治，在全国范围内建立无产阶级领导的以工农联盟为主体的人民民主专政的共和国，使中华民族来一个大翻身，由半殖民地变为真正的独立国，使中国人民来一个大解放，将自己头上的封建的压迫和官僚资本（即中国的垄断资本）的压迫一起掀掉，并由此造成统一的民主的和平局面，造成由农业国变为工业国的先决条件，造成由人剥削人的社会向着社会主义社会发展的可能性。毛泽东还指出，1949年将要召集没有反动分子参加的以完成人民革命任务为目标的政治协商会议，宣告中华人民共和国的成立，并组成共和国的中央政府，这个政府将是一个在中国共产党领导之下的有各民主党派各人民团体的适当的代表人物参加的民主联合政府。这些就是中国人民、中国共产党、中国一切民主党派和人民团体在1949年所应努力求其实现的主要的具体的任务。中国共产党将不怕任何困难，团结一致地去实现这些

---

① 《毛泽东选集》第四卷，人民出版社，1991年版，第1375页。

② 《毛泽东选集》第四卷，人民出版社，1991年版，第1378—1379页。

任务。

中华人民共和国成立后，张申府被新政府安排在北京图书馆工作。此时他已不再坚持自己的观点，而是开始不断地对自己当年所犯的错误进行反思，乃至忏悔。

1955年3月9日，张申府在《北京日报》发表了《忏悔》，文中写道：“我最不该在一九四八年十月间，在北京就将解放，蒋介石卖国反动政权崩溃之势已成的时候，荒唐地写出一篇足以迷惑人心，扰乱阵营，动摇士志，阻挠人民革命大业，而延长蒋介石反动政权寿命的《呼吁和平》，且登在当时流行最广的一个刊物《观察》上，幸而当时党与民盟采取了必要的紧急措施，才使得一种极不利的局势未至形成。这更是由于我一向过于主观，过好表现，不知自己立场，发言不考虑后果，不能周观周围全部客观事实，迷于局部表面情况，而不能深察事情的底里，与党的路线不能配合，以致整个丢弃了自己的政治生命。”①此可谓深痛的悔恨。

11 “五一口号”和中华人民共和国成立

1948年春，国内政局发生重大转变。国民党军队由重点进攻转为战略防御，解放军开始反攻，共产党同国民党进入了生死搏杀的紧要关头。4月，中共中央把大本营迁到河北省平山县的一个小村庄——西柏坡，紧张而繁忙地指挥着全国的战局。4月下旬，时任中共中央宣传部副部长、新华社社长廖承志眼看五一国际劳动节快要到了，就向中共中央发了一份诙谐的电报：“五一节快到了，中央有什么屁要放?”

下级对上级领导和中央发电报用这种玩世不恭的语言，中央机要局的负责人还从来没有碰到过，犹豫着是否拿给中央领导看。哪知中央书记处书记周恩来看了电报，只是莞尔一笑：“这个小廖，吊儿郎当的!”然后拿给毛泽东阅示。

① 张申府：《忏悔》，《北京日报》，1955年3月9日。

当时，国民党为了给独裁统治加上一点“民主”的粉饰，于1948年3月至5月在南京召开“行宪国大”，选举蒋介石为大总统。毛泽东等中央领导看了廖承志的电报后，认为中共中央确实有必要发布某种“口号”，来揭露国民党的假民主，宣传中国共产党的政策和政治主张，于是便责令有关部门起草“五一口号”。

有关部门迅速起草了“五一口号”，共计二十四条。其中第五条的内容是：“工人阶级是中国人民革命的领导者，解放区的工人阶级是新中国的主人翁，应更加积极地行动起来，更早地实现中国革命的最后胜利。”毛泽东看后将其改为“各民主党派、各人民团体及社会贤达迅速召开政治协商会议，讨论并实现召集人民代表大会，成立民主联合政府”。

此外，原稿第二十三条“中国人民的领袖毛主席万岁！”被毛泽东删去。第二十四条“中国劳动人民和被压迫人民的组织者，中国人民解放战争的领导者——中国共产党万岁！”被毛泽东改为“中华民族解放万岁！”

这样，“五一口号”就由原来的二十四条改为二十三条。而在这二十三条中，第五条内容尤为醒目，不仅因为在共产党的宣传口号中，这个提法是首次出现。而且提出建立“民主联合政府”，完全摆出了推翻国民党政权、另起炉灶，把革命进行到底的架势。

4月30日，中共中央书记处扩大会议召开专门会议，正式通过以召开政治协商会议、召集人民代表大会、成立民主联合政府为中心内容的庆祝五一节口号。①

“五一口号”发布后，得到各民主党派、人民团体、海外华侨团体和无党派民主人士的热烈响应。5月5日，中国国民党革命委员会、中国民主同盟、中国民主促进会、中国致公党、中国农工民主党、中国人民救国会、中国国民党民主促进会、三民主义同志联合会等民主党派负责人与无党派民主人士代表，联合致电中共中央主席毛泽东，表示拥护和支持。民主建国会、台湾民主

① 参见李传玺：《“五一口号”的由来》，《内蒙古统战理论研究》，2008年第2期。

自治同盟、九三学社及有关人民团体、海外华侨团体、无党派民主人士也先后通电全国或发表声明，表示赞同。各民主党派还纷纷召开讨论会、座谈会，围绕召开新政协问题贡献意见，形成了一个广泛的新政协运动。

对“五一口号”的响应，标志着各民主党派和无党派民主人士公开、自觉地接受中国共产党的领导，中国共产党和各民主党派、无党派民主人士合作关系揭开了新的篇章。

自林伯渠代表中国共产党在三届二次参政会上提出建立民主联合政府主张后，毛泽东在中共第七次全国代表大会上作政治报告时，就废止国民党一党专政、建立民主联合政府进行了具体设计。一是“经过各党各派和无党无派代表人物的协议，成立临时的联合政府”；二是“经过自由的无拘无束的选举，召开国民大会，成立正式的联合政府”。[①]在人民解放军转入全面战略反攻的形势下，毛泽东先是在1947年10月的《中国人民解放军宣言》中提出了新的政治纲领：“联合工农兵学商各被压迫阶级、各人民团体、各民主党派、各少数民族、各地华侨和其他爱国分子，组成民族统一战线，打倒蒋介石独裁政府，成立民主联合政府。”[②]随后的“五一口号”更加坚定了建立排除反动分子的民主联合政府的决心和信心。

经中国共产党与各民主党派负责人和民主人士商议，明确界定了参加新政协的人员组成，这就是：“由反对美帝国主义侵略、反对国民党反动统治、反对封建主义和官僚资本压迫的各民主党派、各人民团体及无党派人士的代表人物组成，南京反动政府系统下的一切反动党派及反动分子必须排除，不许参加。”[③]经商定，参加新政协筹备会的单位为二十三个，从而奠定了新中国的基本政治架构。

毛泽东在新政协筹备会的开幕典礼上发表讲话，明确了筹备会的任务：“完成各项必要的准备工作，迅速召开新的政治协商会议，成立民主联合政府，

---

① 《毛泽东选集》第三卷，人民出版社，1991年版，第1068—1069页。

② 《毛泽东选集》第四卷，人民出版社，1991年版，第1237页。

③ 中共中央文献研究室编：《中华人民共和国开国文选》，中央文献出版社，1999年版，第373页。

以便领导全国人民，以最快的速度肃清国民党反动派的残余力量，统一全中国，有系统地和有步骤地在全国范围内进行政治的、经济的、文化的和国防的建设工作。”[①]讲话要求全国人民团结起来，坚决、彻底、干净、全部地粉碎帝国主义及其走狗中国反动派的任何一项反对中国人民的阴谋计划。他满怀信心地预言：“中国人民将会看见，中国的命运一经操在人民自己的手里，中国就将如太阳升起在东方那样，以自己的辉煌的光焰普照大地，迅速地荡涤反动政府留下来的污泥浊水，治好战争的创伤，建设起一个崭新的强盛的名副其实的人民共和国。”[②]

1949年9月21日，中国人民政治协商会议第一届全体会议在北平召开。毛泽东称：“我们的会议是一个全国人民大团结的会议。”[③]会议决定新中国的名称为中华人民共和国，国都定于北平（1949年9月27日改名为北京），采用公元纪年，国歌未制定前以《义勇军进行曲》为国歌，国旗定为五星红旗。

这次会议代行了全国人民代表大会的职权，通过了具有临时宪法性质的《中国人民政治协商会议共同纲领》，解决了怎样建立一个新国家和建立一个什么样的新国家的极其重大的问题，“是总结了中国人民在近一百多年来，特别是最近二十多年来反对帝国主义、封建主义和官僚资本主义的革命斗争经验，而制定出来的一部人民革命建国纲领”。《共同纲领》指出：“中华人民共和国是新民主主义即人民民主主义的国家；政权是中国工人阶级、农民阶级、小资产阶级、民族资产阶级及其他爱国民主分子的人民民主统一战线政权，而以工农联盟为基础，以工人阶级为领导；目标是反对帝国主义、封建主义和官僚资本主义，为中国的独立、民主、和平、统一和富强而奋斗。”[④]“中国共产党、各民主党派、各人民团体、各地区、人民解放军、各少数民族、国外华侨及其他爱国民主分子的代表们所组成的中国人民政治协商会议，就是人民民主统一

① 《毛泽东选集》第四卷，人民出版社，1991年版，第1463页。
② 《毛泽东选集》第四卷，人民出版社，1991年版，第1467页。
③ 《毛泽东文集》第五卷，人民出版社，1996年版，第342页。
④ 中共中央文献研究室编：《中华人民共和国开国文选》，中央文献出版社，1999年版，第391—392页。

战线的组织形式。”[①]《共同纲领》对涉及国家政治、经济、文化、社会生活等重要领域的原则，都作出了明确的规定，对于国家政权稳定、社会秩序安宁、经济迅速恢复都起到了重要的保障和促进作用。

令人欣喜的是，在召开全国人民政治协商会议和拟定《共同纲领》的过程中，以毛泽东为代表的中国共产党人既能提出完整正确的建国方案，又能虚心听取其他党派和无党派人士的意见，平等地协商国家大事，表现出令人钦敬的大智大勇、虚怀大度。其他党派和无党派人士也能本着共同负责的精神，竭智尽虑，为国献策，大胆发表意见，敢于进行争论，表现出荣辱与共、肝胆相照的担当与品质。这种精神，为我国政治生活的民主、平等和公正，留下了宝贵的优良传统。

① 中共中央文献研究室编：《中华人民共和国开国文选》，中央文献出版社，1999年版，第275页。

第九章
马克思主义中国化的伟大飞跃

01 最早提出“毛泽东思想”的人

是谁最早提出“毛泽东思想”这个概念？要回答这个问题，可以先梳理毛泽东思想形成、完善及至正式提出的过程。

1938年，党的六届六中全会确立了毛泽东在全党的领导核心地位，毛泽东在全会的讲话中明确提出“使马克思主义在中国具体化”的重大命题。之后，毛泽东在1939年10月的《〈共产党人〉发刊词》中，第一次完整准确地提出“马克思列宁主义的理论和中国革命的实践之统一”的思想原则。遵循这一原则，毛泽东等中央领导同志深入实际调查研究，写出了《新民主主义论》等一系列重要著作，从各个方面总结中国革命的经验，形成了比较系统的中国革命理论。

从1940年开始，一批专家学者开始研究毛泽东对马列主义中国化的贡献，理论家和培元率先发声，他在《中国文化》等刊物上发表文章，指出毛泽东的《辩证法唯物论（讲授提纲）》是马列主义中国化的典型哲学著作。①1941年3月，被毛泽东尊为“老师”的理论家张如心在《共产党人》杂志上发表《论布

① 参见和培元：《论新哲学的特性与新哲学的中国化：为延安新哲学会三周年纪念作》，《中国文化》，1941年第3卷第2、3期合刊。

尔什维克的教育家》一文，使用了“毛泽东同志的思想”这一提法。[①]与此同时，党的很多领导人都多次提出“毛泽东是中国革命的旗帜”，“毛泽东同志的理论就是中国马克思列宁主义”，等等。

1942年7月1日，中共中央晋察冀边区机关报《晋察冀日报》发表该报主编邓拓撰写的长篇社论《纪念“七一”，全党学习和掌握毛泽东主义》，文中首次使用毛泽东思想这一概念，指出：中国共产党所以能够领导20世纪中国的民族解放与社会解放的伟大革命斗争，所以能够成为政治上、组织上、思想上全面巩固的广大群众性的坚强有力的党，就因为有了毛泽东思想。[②]

1943年7月5日，王稼祥为纪念建党二十二周年发表的《中国共产党与中国民族解放的道路》一文中，进一步阐述“毛泽东思想，便是马克思列宁主义与中国革命运动实际经验相结合的结果”，“毛泽东思想就是中国的马克思列宁主义，中国的布尔什维主义，中国的共产主义”。[③]此后，毛泽东思想这一科学概念逐步为人们所接受，使用和论述毛泽东思想的报告和文章也多了起来。

六届七中全会审议并通过了中国共产党历史上第一个《关于若干历史问题的决议》，着重指出：“二十四年来中国革命的实践证明了，并且还在证明着，毛泽东同志所代表的我们党和全国广大人民的奋斗方向是完全正确的。今天我党在抗日战争中所已经取得的伟大胜利及其所起的决定作用，就是这条正确路线的生动的证明。党在个别时期中所犯的‘左’、右倾错误，对于二十四年来在我党领导之下的轰轰烈烈地发展着的、取得了伟大成绩和丰富经验的整个中国革命事业说来，不过是一些部分的现象。这些现象，在党还缺乏充分经验和充分自觉的时期内，是难于完全避免的；而且党正是在克服这些错误的斗争过程中而更加坚强起来，到了今天，全党已经空前一致地认识了毛泽东同志的路线的正确性，空前自觉地团结在毛泽东的旗帜下了。以毛泽东同志为代表的马克思列宁主义的思想更普遍地更深入地掌握干部、党员和人民群众的结果，必

---

① 参见张如心：《论布尔什维克的教育家》，《共产党人》第16期，1941年3月版。

② 参见邓拓：《纪念“七一”全党学习和掌握毛泽东主义》，《晋察冀日报》，1942年7月1日。

③ 王稼祥：《中国共产党与中国民族解放的道路》，《解放日报》，1943年7月5日。

将给党和中国革命带来伟大的进步和不可战胜的力量。”①

1945年，中国共产党第七次全国代表大会召开，大会正式确立了毛泽东思想的指导地位。大会通过的《中国共产党党章》明确规定：“中国共产党，以马克思列宁主义的理论与中国革命的实践之统一的思想——毛泽东思想，作为自己一切工作的指针。”刘少奇在七大所作的报告中强调：“毛泽东思想，就是这次被修改了的党章及其总纲的基础。学习毛泽东思想，宣传毛泽东思想，遵循毛泽东思想的指示去进行工作，乃是每一个党员的职责。”②

对于毛泽东思想这一宝贵精神财富，中国共产党在历次历史决议中，都给予了细致的阐述。

1981年，中国共产党第十一届六中全会通过的《关于建国以来党的若干历史问题的决议》指出：“以毛泽东同志为主要代表的中国共产党人，根据马克思列宁主义的基本原理，把中国长期革命实践中的一系列独创性经验作了理论概括，形成了适合中国情况的科学指导思想，这就是马克思列宁主义普遍原理和中国革命具体实践相结合。”

决议特别指出：“在一个半殖民地、半封建的东方大国里进行革命，必然遇到许多特殊的复杂问题。靠背诵马克思列宁主义一般原理和照搬外国经验，不可能解决这些问题。主要在本世纪二十年代后期和三十年代前期在国际共产主义运动中和我们党内盛行的把马克思主义教条化、把共产国际决议和苏联经验神圣化的错误倾向，曾使中国革命几乎陷于绝境。毛泽东思想是在同这种错误倾向作斗争并深刻总结这方面的历史经验的过程中逐渐形成和发展起来的。它在土地革命战争后期和抗日战争时期得到系统总结和多方面展开而达到成熟，在解放战争时期和中华人民共和国成立以后继续得到发展。毛泽东思想是马克思列宁主义在中国的运用和发展，是被实践证明了的关于中国革命的正确的理论原则和经验总结，是中国共产党集体智慧的结晶。我党许多卓越领导人

---

① 《毛泽东选集》第三卷，人民出版社，1991年版，第998—999页。

② 中共中央文献研究室、中央档案馆编：《建党以来重要文献选编》第二十二册，中央文献出版社，2011年版，第533、393页。

对它的形成和发展都作出了重要贡献，毛泽东同志的科学著作是它的集中概括。”[①]

《决议》还系统总结了毛泽东思想的六个方面主要内容，即关于新民主主义革命、关于社会主义革命和社会主义建设、关于革命军队的建设和军事战略、关于政策和策略、关于思想政治工作和文化工作、关于党的建设，并且着重阐述了毛泽东思想的活的灵魂：实事求是、群众路线、独立自主。[②]

2021年11月11日，中国共产党第十九届中央委员会第六次全体会议审议通过了《中共中央关于党的百年奋斗重大成就和历史经验的决议》，再次就毛泽东思想作出重要阐述。

《决议》指出：“在革命斗争中，以毛泽东同志为主要代表的中国共产党人，把马克思列宁主义基本原理同中国具体实际相结合，对经过艰苦探索、付出巨大牺牲积累的一系列独创性经验作了理论概括，开辟了农村包围城市、武装夺取政权的正确革命道路，创立了毛泽东思想，为夺取新民主主义革命胜利指明了正确方向。”“毛泽东思想是马克思列宁主义在中国的创造性运用和发展，是被实践证明了的关于中国革命和建设的正确的理论原则和经验总结，是马克思主义中国化的第一次历史性飞跃。”[③]“毛泽东思想的活的灵魂是贯穿于各个组成部分的立场、观点、方法，体现为实事求是、群众路线、独立自主三个基本方面，为党和人民事业发展提供了科学指引。”[④]

当然，毛泽东思想这一马克思主义中国化的历史性飞跃，有一个渐次积累、由量变到质变的过程，其中陈独秀、李大钊等党的创始者作出了极为重要和可贵的探索，瞿秋白、周恩来、刘少奇、朱德等革命先烈和老一辈无产阶级革命家作出了多方面的阐述和创新，是集体智慧的结晶。毛泽东同志作为毛泽东思想的主要创立者，为这一思想的形成、发展和成熟作出了卓越贡献。

---

① 中共中央文献研究室编：《十一届三中全会以来重要文献选读》上册，人民出版社，1987年版，第331—332页。

② 参见《三中全会以来重要文献选编》下，人民出版社，1982年版，第826—836页。

③ 《中国共产党第十九届中央委员会第六次全体会议公报》，人民出版社，2021年版，第4—6页。

④ 《中共中央关于党的百年奋斗重大成就和历史经验的决议》，人民出版社，2021年版，第13页。

02 卓尔不群的青年毛泽东

在中国社会主义思想史上，毛泽东是举足轻重、影响重大的旗帜性人物。不仅因为他对社会主义领悟得早、理解得透，更因为他通古博今、吃透国情，是马克思主义中国化的引领者，一个脚踏实地推进中国社会革命的民族英雄。

一切还要从毛泽东与好友蔡和森的通信说起。

1918年，毛泽东与蔡和森同在湖南省立第一师范学校求学时，组织过革命团体新民学会。1920年8月13日和9月16日，旅法勤工俭学的蔡和森给毛泽东写了两封长信介绍自己的政治主张。

在8月13日的信中，蔡和森明确提出中国一定要走俄国十月革命的道路，坚持马克思列宁主义的指导，建立布尔什维克式的中国共产党。他说，在无产阶级革命运动中，党、工团、合作社还有苏维埃是最重要的四个因素，同时也是必不可少的革命手段。“我想编的‘四种利器’，亦是我这一回要与你具体商量的。我以为先要组织党——共产党。因为他是革命运动的发动者、宣传者、先锋队、作战部。以中国现在的情形看来，须先组织他，然后工团、合作社，才能发生有力的组织。革命运动、劳动运动，才有神经中枢。”[①]在这封信中，蔡和森反复强调：“我愿你准备做俄国的十月革命……你在国内不可不早有所准备。”[②]而自己正在联络同志“酝酿组织”，要在欧洲“旗鼓鲜明成立一个共产党”。在中国，“于二年内须成立一主义明确，方法得当和俄一致的党，这事关系不小，望你注意”。[③]

蔡和森在信中的主张与毛泽东的实践与思考不谋而合。1920年11月，毛泽东编辑《新民学会会员通信集》时，在易礼容的信件上写了一个按语，指出要“从事于根本改造之计划和组织，确立一个改造的基础，如蔡和森所主张的

① 《蔡和森文集》，人民出版社，1980年版，第51页。

② 《蔡和森文集》，人民出版社，1980年版，第51页。

③ 《蔡和森文集》，人民出版社，1980年版，第52页。

共产党”[①]。1920年11月25日在给罗章龙的信中他指出：“要有一班刻苦励志的‘人’，尤其要有一种为大家共同信守的‘主义’，没有主义，是造不成空气的。我想我们学会，不可徒然做人的聚集，感情的结合，要变为主义的结合才好。主义譬如一面旗子，旗子立起了，大家才有所指望，才知道趋赴。”[②]1920年12月1日，他在给蔡和森的复信中，再次表明自己对蔡和森所提出的坚持马克思列宁主义、走俄国革命道路、建立共产党的意见，“表示深切的赞同”[③]。他在信中还强调，改造中国与世界的大事业绝不是少数人可以包办的，必须广泛地联络志同道合的真同志团结携手。

在9月16日的信中，蔡和森介绍了共产国际的基本情况和各国共产党的发展状况。他提议，要“明目张胆正式成立一个中国共产党”，因为“非组织与俄一致的（原理方法都一致）共产党，则民众运动、劳动运动、改造运动皆不会有力，不会彻底”，他还详细阐述建党的具体步骤和准备工作说：“（1）结合极有此种了解及主张的人，组织一个研究宣传的团体及出版物。（2）普遍联络各处做一个要求集会、结社、出版自由的运动，取消治安警察法及报纸条例。（3）严格的物色确实党员，分布各职业机关，工厂、农场、议会等处。（4）显然公布一种有力的出版物，然后明目张胆正式成立一个中国共产党。”[④]

1921年元旦，毛泽东在长沙召开新民学会会员大会，他在发言中阐述的观点是：“社会民主主义，借议会为改造工具，但事实上议会的立法总是保护有产阶级的。无政府主义否认权力，这种主义，恐怕永世都做不到。温和方法的共产主义，如罗素所主张极端的自由，放任资本家，亦是永世做不到的。急〔激〕烈方法的共产主义，即所谓劳农主义，用阶级专政的方法，是可以预计效果的。故最宜采用。”[⑤]由此，毛泽东公开了自己对理论、道路、建党的主

---

① 中国革命博物馆、湖南省博物馆编：《新民学会资料》，人民出版社，1980年版，第92页。

② 中国革命博物馆、湖南省博物馆编：《新民学会资料》，人民出版社，1980年版，第97页。

③ 《毛泽东书信选集》，人民出版社，1983年版，第8页。

④ 《蔡和森文集》，人民出版社，1980年版，第69—71页。

⑤ 中国社会科学院现代史研究室、中国革命博物馆党史研究室选编：《“一大”前后——中国共产党第一次代表大会前后资料选编》一，人民出版社，1985年版，第402页。

张。1921年1月21日，毛泽东在给蔡和森的复信中明确表示，你的“见地极当，我没有一个字不赞成”，他还告诉蔡和森中国建党的实际进程，“党一层，陈仲甫先生等已在进行组织。出版物一层，上海出的《共产党》，你处谅可得到，颇不愧‘旗帜鲜明’四字”[①]。

毛泽东由民主主义者逐步成长为一个杰出的马克思主义者，是有一个过程的。

毛泽东自小就同情贫苦农民，抱有济世救国的愿望。十七岁走出乡关，受到康有为、梁启超维新变法思想的启蒙。接触到同盟会创办的《民立报》后，转而接受了孙中山的民主革命思想。这期间，他还了解到江亢虎的社会改良主义思想。在湖南第一师范就读期间，他如饥似渴地阅读达尔文的《物种起源》、亚当·斯密的《原富》、卢梭的《民约论》等著作，相当集中地接受了一次较为系统的西方近代思想的熏陶。当时正值新文化运动风起云涌，他又从《新青年》等刊物中汲取了大量革命理论和思想。他还和同学徒步游学，到社会最底层了解和观察最真实的中国社会。他说，要“研究一个拔本塞源的方法”[②]，从根本上救亡图存、强国富民。

1936年毛泽东与斯诺谈话时回忆道，第一次到北京时，“我读了一些关于无政府主义的小册子，很受影响。我常常和来看我的一个名叫朱谦之的学生讨论无政府主义和它在中国的前景。在那个时候，我赞同许多无政府主义的主张”[③]。“在这个时候，我的思想是自由主义、民主改良主义、空想社会主义等思想的大杂烩。我憧憬‘十九世纪的民主’、乌托邦主义和旧式的自由主义，但我反对军阀和反对帝国主义是明确无疑的。”[④]毛泽东还说：“我第二次到北京期间，读了许多关于俄国情况的书。我热心地搜寻那时候能找到的为数不多的用中文写的共产主义书籍。有三本书特别深地铭刻在我的心中，建立起我对马克思主义的信仰。我一旦接受了马克思主义是对历史的正确解释以后，我对

① 《毛泽东文集》第一卷，人民出版社，1993年版，第4页。
② 《毛泽东早期文稿》，湖南人民出版社，1990年版，第421页。
③ ［美］埃德加·斯诺：《西行漫记》，董乐山译，东方出版社，2005年版，第143页。
④ ［美］埃德加·斯诺：《西行漫记》，董乐山译，东方出版社，2005年版，第139—140页。

马克思主义的信仰就没有动摇过。这三本书是：《共产党宣言》，陈望道译，这是用中文出版的第一本马克思主义的书；《阶级斗争》，考茨基著；《社会主义史》，柯卡普著。到了1920年夏天，在理论上，而且在某种程度的行动上，我已成为一个马克思主义者了，而且从此我也认为自己是一个马克思主义者了。”[①]毛泽东在自传中写道：“我在李大钊手下在国立北京大学当图书馆助理员的时候，就迅速地朝着马克思主义的方向发展。陈独秀对于我在这方面的兴趣也是很有帮助的。我第二次到上海去的时候，曾经和陈独秀讨论我读过的马克思主义书籍。陈独秀谈他自己的信仰的那些话，在我一生中可能是关键性的这个时期，对我产生了深刻的印象。”[②]

毛泽东能够成为中国民主革命的伟大领袖，这与他具备卓然不群的优秀品质是分不开的。

1919年8月4日，毛泽东在《民众的大联合》中呐喊：“天下者我们的天下。国家者我们的国家。社会者我们的社会。我们不说，谁说？我们不干，谁干？”[③]这种舍我其谁的英雄气概，彰显了毛泽东匡时济世、一心为民的崇高品质。这种以天下为己任的博大胸怀，就是毛泽东历尽艰辛而意志愈坚、备受责难而笑对人生的底气和骨气。

毛泽东有着探寻大本大源的执着追求，他对真理的追求不是浅尝辄止，更不是见异思迁，而是经过了一个渐进、深化和融合的过程。毛泽东最早以屈原“哀民生之多艰”为榜样，以“路漫漫其修远兮，吾将上下而求索”为指南，在湖南省立第一师范学校求学时提出，“在学术方面，主张澈底研究。不受一切传说和迷信的束缚，要寻着什么是真理”[④]。俄国十月革命取得胜利之后，“开始了第二种世界革命，即无产阶级的社会主义的世界革命。这种革命，以资本主义国家的无产阶级为主力军，以殖民地半殖民地的被压迫民族为同盟

---

① ［美］埃德加·斯诺：《西行漫记》，董乐山译，东方出版社，2005年版，第147页。
② ［美］埃德加·斯诺：《西行漫记》，董乐山译，东方出版社，2005年版，第148页。
③ 《毛泽东早期文稿》，湖南人民出版社，1990年版，第390页。
④ 《毛泽东早期文稿》，湖南人民出版社，1990年版，第293页。

军”[①]。1920年底1921年初，毛泽东在与蔡和森等人的通信中谈道，自己对马克思的阶级斗争学说已有较深刻的理解，认为针对中国现状，只有通过阶级斗争，采取革命手段，才能从根本上推翻帝国主义与地主资产阶级的统治，才能实现对中国社会的根本改造。

从某种意义上说，青年毛泽东区别于其他革命者的最大特点，就在于务实、求真，就在于勇于探索、勇于实践。而这种脚踏实地、求真务实的品格，大胆探索、勇于创新的精神，坚韧不拔、敢打必胜的勇气，并不是所有人都具备的。

1915年5月，为抗议袁世凯卖国的“二十一条”，毛泽东愤然写下：“五月七日，民国奇耻；何以报仇？在我学子！”1918年4月，毛泽东提议成立新民学会，以“改造中国与世界”为宗旨。同年，还发起组织新民学会会员赴法勤工俭学。1919年1月，在北京参加李大钊指导的北京大学哲学研究会。

俄国十月革命胜利后，马克思主义在中国广泛传播，广大进步青年深受影响。善于思考和比较的毛泽东也迅速地朝着马克思主义的方向发展。在这期间，他阅读了李大钊的《庶民的胜利》《布尔什维主义的胜利》等文章，旁听了陈独秀、胡适等北大知名教授的讲座，对社会主义、马克思主义有了进一步了解。五四运动爆发后，毛泽东回到湖南领导学生运动，组织新的湖南学生联合会。1918年12月，发动驱逐湖南军阀张敬尧运动。他还创办《湘江评论》，宣传最新思潮，呼唤以民众联合的力量，去冲破一切罗网。正是在这些革命运动和实践中，毛泽东不仅锻炼了才干，而且也深刻地体会到蕴藏在民众当中的巨大力量。从此开始，毛泽东的思想逐步从民主主义转向马克思主义。

另外，他还有着野蛮其体魄的坚强意志。毛泽东曾发表《体育之研究》一文，阐述体育对增强民族体质、挽救民族危亡的重要作用，喊出“欲文明其精神，先自野蛮其体魄”的口号。在湖南省立第一师范学校学习期间，他身体力行地走出课堂、走出校园，成为开展体育运动的倡导者和践行者。他自创了

---

① 《毛泽东选集》第二卷，人民出版社，1991年版，第671页。

“六段运动健身操”，开展“日浴”“风浴”“雨浴”等独特的体育锻炼，吸引了一大批学生参与，在校园里掀起一股体育运动的热潮。

03　搞清楚朋友和敌人很重要

1924年12月，原在国民党上海执行部组织部任秘书的毛泽东，因国民党内部左右两派矛盾加剧，工作困难重重，加之劳累成疾，便请假携家人回到湖南老家韶山休养，这一待就是二百零三天。

虽说是养病，但作为革命者的毛泽东，他实际上一刻也未能得闲。一向有发起农民运动想法的他，利用这段宝贵的时间和家乡丰富的人脉关系，发起了轰轰烈烈的农民运动。毛泽东曾回忆说：“那年冬天我回到湖南休养——我在上海生了病。但在湖南期间，我组织了该省伟大的农民运动的核心。”①

毛泽东回到韶山时正值春节后不久，前来探望的乡亲络绎不绝。毛泽东有时与农民聊家常，有时与杨开慧在乡下走走看看，做了大量和广泛的社会调查。在此基础上，毛泽东依靠杨开慧和几个进步知识分子，先后在毛氏宗祠、毛震公祠、李氏祠堂等处创办了二十多所农民夜校，教农民识字、学珠算，并向农民进行三民主义和马克思主义的启蒙教育。

农民的阶级觉悟提高后，开始在毛泽东的领导下为争取自己的利益而斗争，最著名的要算被誉为“韶山神话”的“平粜阻运”。

1924年，韶山闹了水灾，很多农民的田地减产严重。1925年夏天，韶山又遇到大旱，农民的庄稼大多绝收。但是到了8月，正值农民生活青黄不接之时，地方豪绅却趁机囤积居奇，抬高米价。当地大地主成胥生等人打听到湘潭的米价比韶山贵，为了牟取暴利，他把谷米运到湘潭出售，而本地农民因为买不起也买不到米，要么选择挖野菜吃，要么选择去外地讨饭，生活极端困苦。毛泽东知道此事后，先是派人与成胥生交涉，要他平价粜米，但遭到拒绝。

---

① ［美］埃德加·斯诺：《西行漫记》，董乐山译，东方出版社，2010年版，第150页。

成胥生担心毛泽东还会有进一步的举动，决定让亲信连夜把家里的存粮装船，运到湘潭去卖掉。而毛泽东早就预料到成胥生会有此举动，提前安排人在附近监视，很快得知了成胥生的动静。于是指示农民领袖毛福轩召集数百名农民，扛着锄头扁担，打着火把去找成胥生谈判。成胥生的狗腿子们没想到农民们来得这么快，他们朝天放了两枪企图威吓农民，但连饭也吃不饱的农民哪里在乎这些，他们挥舞着锄头扁担高声呼喊："我们只要平价粜米，如果不平价粜米，你们一粒米也运不出去。"狗腿子们见到这种阵仗，赶忙派人向成胥生报告，成胥生考虑了良久，虽然十分不甘心，但最终也不得不同意了农民的要求，开仓平粜。成胥生平粜了，相邻几个区域的其他豪绅也只好效法。[①]

毛泽东认为，平粜阻运斗争的胜利表明农民是可以组织起来的，而且组织起来的农民是具有强大力量的。至此，成立农民协会的条件已经成熟。在毛泽东的推动下，韶山一夜之间挂起了二十多个乡农民协会的木牌，蕴藏在农民中的伟大力量就这样被激发出来了。

毛泽东思想萌芽时期的光辉名篇《中国社会各阶级的分析》，就是在这二百零三天中呕心沥血写成的。《毛泽东选集》在收录《中国社会各阶级的分析》时，对写作背景作了这样的说明："是为反对当时党内存在着的两种倾向而写的。"[②]

第一种倾向是以张国焘为代表的"左"倾错误，只强调注意工人运动，不注重团结国民党内的革命力量，忘记了广大的农民群众，因此也感到自己的力量不足。在1923年的中国共产党第三次全国代表大会上，就如何与国民党合作的问题发生了激烈争论。张国焘等认为，要保持共产党的独立性和加强党对工人阶级的领导，反对全体共产党员特别是产业工人加入国民党，也不同意在劳动群众中发展国民党组织。毛泽东根据湖南工人运动的经验，指出开展联合阵线的必要性，他说："大批工农加入国民党，正可以改造它的阶级成分，和资

---

① 参见《一代伟人毛泽东与银田》，《湘潭在线》，2022年5月23日。

② 《毛泽东选集》第一卷，人民出版社，1991年版，第3页注释。

产阶级建立联合阵线，共同完成民族民主革命。”[①]经过激烈讨论，大会接受了共产国际关于共产党同国民党合作的指示，决定以党内合作的形式同国民党建立联合战线，同时保持党在政治上的独立性。这一争论说明，对国民党内存在分化的问题、国民党到底是敌还是友的问题，中国共产党内部有人还是不太清楚。

第二种倾向是以陈独秀为代表的右倾错误。此时，毛泽东被选进中央执行委员会，接替张国焘任中央局秘书。在直接协助陈独秀工作的过程中，毛泽东发现陈独秀始终漠视农民和农民运动。在中共三大上，毛泽东曾郑重提出农民问题，并负责起草《农民问题决议案》，张国焘曾回忆说这是“这个农家子弟对于中共极大的贡献”[②]。但是陈独秀只注重同国民党合作，在看到大革命时期农民运动轰轰烈烈发展时，竟指责“糟得很”“过火了”，是“痞子运动”，应该予以制止。时隔十余年，毛泽东对此事依旧耿耿于怀：“我今天认为，如果当时比较彻底地把农民运动组织起来，把农民武装起来，开展反对地主的阶级斗争，那么，苏维埃就会在全国范围早一些并且有力得多地发展起来。”[③]

陈独秀对这一时期的革命形势和阶级关系作了完全错误的判断，认为统一战线内部资产阶级右翼阴谋篡夺领导权的活动是由于共产党“太包办”了，陈独秀只看到资产阶级的力量，只注重同国民党的合作，而忘记了占人口大多数的农民群众，因此在资产阶级进攻面前畏首畏尾、束手束脚，不敢反击。

正是为了让大家认识到“中国无产阶级的最广大和最忠实的同盟军是农民”，解决好中国革命的领导、动力、对象等一系列根本问题，毛泽东才下决心写《中国社会各阶级的分析》一文。

毛泽东在《中国社会各阶级的分析》中开宗明义：“谁是我们的敌人？谁是我们的朋友？这个问题是革命的首要问题。”毛泽东深刻地指出：“中国过去一切革命斗争成效甚少，其基本原因就是因为不能团结真正的朋友，以攻击真

---

① 中共中央文献研究室编：《毛泽东传》第一册，中央文献出版社，2011年版，第93页。

② 中共中央文献研究室编：《毛泽东传》第一册，中央文献出版社，2011年版，第111页。

③ ［美］埃德加·斯诺：《西行漫记》，董乐山译，东方出版社，2010年版，第152页。

正的敌人”，而“我们要分辨真正的敌友，不可不将中国社会各阶级的经济地位及其对于革命的态度，作一个大概的分析。”①

第一，地主阶级和买办阶级。这些阶级是极端反革命的，他们完全是国际资产阶级的附庸，其生存和发展是附属于帝国主义的。这些阶级代表中国最落后和最反动的生产关系，阻碍中国生产力的发展，和中国革命的目的完全不相容。特别是大地主阶级和大买办阶级，他们始终站在帝国主义一边，是极端的反革命派。

第二，中产阶级。主要指民族资产阶级。他们对于中国革命具有矛盾的态度：在受到外资打击、军阀压迫感到痛苦时需要革命，赞成反帝国主义和反军阀的革命运动；但是当革命在国内有本国无产阶级的勇猛参加，在国外有国际无产阶级的积极援助，对于其欲达到大资产阶级地位的阶级发展感觉到威胁时，他们又怀疑革命。中产阶级的政治主张是实现民族资产阶级统治的国家，但由于中国工业发展得并不充分，中产阶级具有软弱性，根本没有力量独立领导革命，取得资产阶级革命的胜利。

第三，小资产阶级。主要包括自耕农、手工业主、小知识阶层——学生、中小学教员、小事务员、小律师、小商人等。小资产阶级有三个不同的部分：一是有余钱剩米的，这种人胆子小，他们怕官，也有点怕革命，因为他们的经济地位和中产阶级颇接近，因此对于中产阶级的宣传颇为相信，对于革命持怀疑的态度，这一部分人在小资产阶级中占少数，是小资产阶级的右翼；二是在经济上大体可以自给的，因为受帝国主义、军阀、封建地主、买办大资产阶级的压迫和剥削，这种人必须每天起早散晚，方能维持生活，他们有些消极，有些怨天尤人，对于反帝国主义反军阀的运动，因怀疑其未必成功，不肯贸然参加，取了中立的态度，但是绝不反对革命，这一部分人人数甚多，大概占小资产阶级的一半；三是生活水平下降的，这一部分人好些大概原先是所谓殷实人家，他们过去过着好日子，后来逐年下降，负债渐多，渐次过着凄凉的日子，

① 《毛泽东选集》第一卷，人民出版社，1991年版，第3页。

"瞻念前途，不寒而栗"，这种人在精神上感受到的痛苦很大，因此是倾向于革命的，是小资产阶级的左翼。到革命潮流高涨，可以看得见胜利的曙光时，不但小资产阶级的左派参加革命，中派亦可参加革命，即使是右派分子，因受无产阶级和小资产阶级左派的革命大潮所裹挟，也只得附和着革命。

第四，半无产阶级。包括绝大部分半自耕农、贫农、小手工业者、店员、小贩等五种。半自耕农和贫农在农村数量极大，所谓农民问题，主要就是他们的问题。他们一般都受地主、资产阶级的剥削，生活困苦，对于革命宣传极易接受。

第五，无产阶级。这部分人在当时约有二百万人，主要为铁路、矿山、海运、纺织、造船五种产业的工人，而其中很大一部分人是在外资产业的奴役下。这个阶级人数虽不多，却是中国新的生产力的代表者，是近代中国最进步的阶级，成为革命运动的领导力量。

第六，游民无产者。主要是失了土地的农民和失了工作机会的手工业工人。他们是社会生活中最不安定者，在各地都有秘密组织。这一批人很能勇敢奋斗，但有破坏性，如引导得法，可以变成一种革命力量。

在分析完各个阶级及其对革命的态度后，毛泽东做了一个总体的概括："可知一切勾结帝国主义的军阀、官僚、买办阶级、大地主阶级以及附属于他们的一部分反动知识界，是我们的敌人。工业无产阶级是我们革命的领导力量。一切半无产阶级、小资产阶级，是我们最接近的朋友。那动摇不定的中产阶级，其右翼可能是我们的敌人，其左翼可能是我们的朋友——但我们要时常提防他们，不要让他们扰乱了我们的阵线。"①

毛泽东这部经典之作，最早是呈报给党的最高领导人陈独秀的，并希望经其推荐在党的机关报上发表的。但是陈独秀拒绝了毛泽东的请求。毛泽东后来回忆道："大致在这个时候，我开始不同意陈独秀的右倾机会主义政策。我们

① 《毛泽东选集》第一卷，人民出版社，1991年版，第9页。

逐渐地分道扬镳了。”①

被陈独秀拒绝后，毛泽东将文稿转投国民革命军第二军司令部政治部编辑的半月刊《革命》，在第4期上正式发表，后在国民党农民部主办的《中国农民》上全文转载。经毛泽东修改后，该文在中国社会主义青年团的机关刊物上再一次发表。毛泽东还将该文作为农民运动讲习所的授课内容作了专题讲授。湖南等地举办农民运动干部培训班时，都把该文作为基本教材。

04 “叫花子打狗背靠墙”

1927年9月9日，毛泽东在湘赣边界领导了秋收起义。这次起义原本是要攻打长沙的，但队伍在攻打浏阳时受挫，在芦溪又败，连总指挥卢德铭也牺牲了。面对这种情形，毛泽东不得不提出一个尖锐的问题：“在敌强我弱、暴动失利的情况下，部队退路在哪里?”②

此情此景，让毛泽东回想起两段过往的经历。一次是毛泽东到湖南衡山作农民运动调查时，听一个矿工说，从安源到莲花再走百多里路，有个躲藏绿林好汉的地方，叫井冈山。一次是毛泽东以中央特派员身份在江西安源张家湾村召开军事会议时，秋收起义部队第二团团长王兴亚向毛泽东推荐了井冈山。王兴亚说：“要是咱们打输了的话，就退到我的两个老庚袁文才、王佐那里去。”③他介绍说，1927年7月，袁文才、王佐曾会同永新、安福、莲花的暴动队伍一度攻克永新县城，组成赣西农民自卫军，王兴亚任总指挥，袁文才、王佐任副指挥。后来国民党军队来攻，袁文才、王佐二部就退回井冈山了。他说，井冈山可是个好地方，高山大岭，森林茂密，险要得很，进可攻，退可守，而且连绵好几百里，能容得下千军万马。

于是就有了毛泽东高瞻远瞩的战略决策：“这块像眉毛一样的地方，是罗

---

① ［美］埃德加·斯诺：《西行漫记》，董乐山译，东方出版社，2010年版，第151页。

② 元翁：《毛泽东率秋收起义部队怎么上井冈山》，《档案时空》，2017年第1期。

③ 元翁：《毛泽东率秋收起义部队怎么上井冈山》，《档案时空》，2017年第1期。

霄山脉中段，这里山高水险，地势险要，森林茂密，是个理想的落脚点。这里的群众基础也好，有自给自足的自然资源，特别是井冈山地区，是个积草囤粮、聚集革命力量的好地方。我们可以在这里建立根据地。”[①]

当然，秋收起义部队进驻井冈山，并不那么简单。袁文才、王佐怕被吞并，不太愿意让毛泽东率领的队伍进来或长驻；而队伍内部也还存有攻打、占领大城市的幻想，也有武力解决袁文才、王佐势力的意见。

毛泽东在前委会议上讲了两段话，十分深刻透彻、入情入理，他说：“我们已经准备上井冈山了，大家就别再老提去打什么浏阳、平江、长沙那些重镇了。现在的问题是，部队上下，特别是我们前委自己，要真心实意地认识一致，齐心协力，做好上井冈山的一切准备工作。”毛泽东还风趣地说：“井冈山是人家的地盘，人家是山大王，不是你想上就上的，要经人家同意才行呵！”“历史上有哪个能把三山五岳的土匪消灭掉，何况这还是农民武装哩，还是我们可以依靠的力量，怎么能把他们消灭呢？大家共同革命，力量才大嘛！”[②]

就这样，秋收起义部队进驻了井冈山，袁文才、王佐也心甘情愿地率部接受改编。从此，中国共产党领导的军队就有了建立农村革命根据地的成功实践。毛泽东后来曾形象地说：这就叫“叫花子打狗背靠墙”，有了井冈山革命根据地，我们就有了依靠，就可以放手用棍子打国民党反动派这只疯狗了。

毛泽东建立农村革命根据地的思想最早萌芽于1927年马日事变后“武装上山”的思想。马日事变后，面对国民党反动派对共产党员和革命群众的疯狂屠戮，毛泽东清醒地认识到，不能满足于表面上数字庞大但并没有实际战斗力的工农武装；必须有自己坚强的革命军队，用武装的革命反对武装的反革命；在党的领导下“武装上山”，上山可造成军事势力的基础，若不保全武力，则将来一到事变，我们即无办法。[③]八七会议后，瞿秋白要毛泽东参加中央工作，

---

① 元翁：《毛泽东率秋收起义部队怎么上井冈山》，《档案时空》，2017年第1期。

② 元翁：《毛泽东率秋收起义部队怎么上井冈山》，《档案时空》，2017年第1期。

③ 参见中共中央文献研究室编：《毛泽东传（1893—1949）》，中央文献出版社，2004年版，第142、143页。

他明确表示不愿去住高楼大厦，要上山交绿林朋友。在谈到湖南暴动时，他说：“纵然失败，也不用去广东，而应上山。”[①]“武装上山”是毛泽东革命根据地思想的最初萌芽，代表着当时中国共产党认识的最高水平。

随着革命实践的不断深入和发展，毛泽东对革命根据地作用的认识也在逐步深化。1928年10月和11月，他在《中国的红色政权为什么能够存在?》《井冈山的斗争》中，提出了工农武装割据的思想，他批评那种不愿做艰苦工作建立根据地，而只想靠流动游击扩大政治影响的做法，认为“凡此一切流寇思想的表现……实为红军党内思想斗争的一个重要目标。应当认识，历史上黄巢、李闯式的流寇主义，已为今日的环境所不许可”[②]，因此要在中国共产党领导下，依托稳固的革命根据地，开展土地革命和武装斗争。

中国革命需要建立巩固的农村革命根据地，是有其深刻的历史和现实原因的。

首先，中国革命具有长期性和残酷性，需要建立巩固的农村革命根据地。《中国的红色政权为什么能够存在?》一文，开篇即明确指出：“现在国民党新军阀的统治，依然是城市买办阶级和乡村豪绅阶级的统治，对外投降帝国主义，对内以新军阀代替旧军阀，对工农阶级的经济的剥削和政治的压迫比从前更加厉害……全国工农平民以至资产阶级，依然在反革命统治底下，没有得到丝毫政治上经济上的解放。”[③]在《井冈山的斗争》一文中，毛泽东再次强调：“中国现时确实还是处在资产阶级民权革命的阶段。中国彻底的民权主义革命的纲领，包括对外推翻帝国主义，求得彻底的民族解放；对内肃清买办阶级的在城市的势力，完成土地革命，消灭乡村的封建关系，推翻军阀政府。必定要经过这样的民权主义革命，方能造成过渡到社会主义的真正基础。”[④]同时，因为敌人长期占据着中心城市，所以革命力量就“必须把落后的农村造成先进的

① 中共中央文献研究室编：《毛泽东传（1893—1949）》，中央文献出版社，2004年版，第147页。
② 《毛泽东选集》第一卷，人民出版社，1991年版，第94页。
③ 《毛泽东选集》第一卷，人民出版社，1991年版，第47页。
④ 《毛泽东选集》第一卷，人民出版社，1991年版，第77页。

巩固的根据地，造成军事上、政治上、经济上、文化上的伟大的革命阵地，借以反对利用城市进攻农村区域的凶恶敌人，借以在长期战斗中逐步地争取革命的全部胜利”①。

其次，政治经济发展不平衡，给农村革命根据地提供了生长空间。毛泽东认真分析了中国的社会经济和阶级关系，认为正是由于政治经济发展的不平衡，使红色政权能够存在和发展。一是帝国主义和买办势力主要集中在城市，在农村比较薄弱，因而造成了革命有可能在敌人力量比较薄弱的农村首先取得胜利的条件。二是中国是一个农业大国，农村经济仍然是自然经济占优势，可以在一定程度上脱离城市而独立存在。三是帝国主义对中国实行的划分势力范围的分裂剥削政策，造成长期的军阀混战的局面。毛泽东说："只要各国帝国主义分裂中国的状况存在，各派军阀就无论如何不能妥协，所有妥协都是暂时的。今天的暂时的妥协，即酝酿着明天的更大的战争。"②正因为军阀长期割据混战，出现了许多"三不管"地带，红色政权就有可能在这种地带建立起来，并长期坚持下去。

最后，建立巩固的农村革命根据地具有自然地理条件、群众基础、武装力量等有利条件。这一思想首先产生自井冈山革命根据地，在抗日战争时期又有发展，当时毛泽东对敌后抗日根据地的要求是："一切游击战争的根据地，只有在建立了抗日的武装部队、战胜了敌人、发动了民众这三个基本的条件逐渐地具备之后，才能真正地建立起来。"③这样一来，凡是有群众基础和人民武装的地方，都应积极创造条件发展游击战争，建立永久的或临时的根据地。

毛泽东还阐述了如何建设农村革命根据地。

在政权建设方面，要加强民主政治建设，致力于密切政府与群众的关系。要实行民主集中制，"一定要在革命斗争中显出了它的效力，使群众了解它是

---

① 《毛泽东选集》第二卷，人民出版社，1991年版，第635页。

② 《毛泽东选集》第一卷，人民出版社，1991年版，第47—48页。

③ 《毛泽东选集》第二卷，人民出版社，1991年版，第424页。

最能发动群众力量和最利于斗争的”[①]，要利用革命武力和革命法庭镇压一切反革命活动，形成自己的专政。

在经济建设方面，强调战争不但是军事和政治的竞争，还是经济的竞争。苏维埃政权既是革命战争的领导者和组织者，又是群众生活的领导者和组织者。要制定和遵循经济建设的方针和原则，如“发展生产，保障供给”“军民兼顾，公私兼顾”“统一领导，分散经营”等。

在文化建设方面，强调文化工作是中国革命的重要战线之一，具有团结自己、战胜敌人的作用：“没有文化的军队是愚蠢的军队，而愚蠢的军队是不能战胜敌人的。”[②]无论是在苏区、边区还是各种类型的根据地，党和政府都开办了诸如抗日军政大学、陕北公学、鲁迅艺术学院、中央党校、马列学院等许多学校和培训机构，为军队和地方培训了大批干部，有力地促进了革命事业的发展。

05 中央“九月来信”和《古田会议决议》

从1929年6月至11月，毛泽东与朱德就红四军组织建设问题产生了分歧，关系一度很僵，这到底是怎么一回事呢？

朱、毛会师成立红四军时，毛泽东任军委书记。后又成立中共湘赣边界特委，毛泽东任书记，统一领导红四军军委和边区各县党的工作。军委书记改由陈毅担任。6月，成立由湖南省委直接领导的中共红四军前敌委员会，毛泽东任书记，朱德任常委。11月初，根据中央来信精神，中共湘赣边界特委召开扩大会议，成立中共中央红四军前敌委员会，毛泽东任书记，陈毅任秘书长，朱德任军委书记，军委在前委领导下开展工作，形成了层层叠叠的党的领导架构。

1929年1月，为了打破国民党对井冈山革命根据地的第三次“围剿”，毛

① 《毛泽东选集》第一卷，人民出版社，1991年版，第72页。
② 《毛泽东选集》第三卷，人民出版社，1991年版，第1011页。

泽东、朱德率红四军主力出击赣南。在军情紧急、环境险恶的情况下，频繁召开会议，感到前委和军委两个机构有些重叠，不适于战争环境下灵活机动地指挥作战。于是，前委开会决定军委暂时停止办公。此时，大家对这一变动都没有什么意见。

所有的冲突都来源于4月份收到中央的“二月来信”。“二月来信”要求红四军分成若干小部队，“散入湘、赣边境各乡村中进行和深入土地革命”，以“避免敌人目标的集中和便于给养与持久”。朱、毛“两同志得到中央决定后”，“应毅然地脱离部队速来中央”。对此，朱德主张按中央命令办事，而毛泽东持不同意见，并召开红四军前委会议要求中央收回成命，并提出：“中央若因别项需要朱毛二人改换工作，望即派遣得力人来。”[①]后来又更加具体地提议：“我们的意见，刘伯承同志可以任军事，恽代英同志可以任党及政治，两人如能派来，那是胜过我们的。”[②]此时，“二月来信”已经开始使得红四军内部产生分歧，一部分人主张分兵游击，不愿做根据地艰苦的工作；还有人借题发挥，要求毛泽东只管党务，不要管军事。对于这一事件的缘由，周恩来后来在延安整风时称：“布哈林对中国苏维埃、红军运动的估计是悲观的。他认为只能分散存在，如果集中，则会妨害老百姓利益，会把他们最后一只老母鸡吃掉，老百姓是不会满意的。他要高级干部离开红军，比方说，要调朱德、毛泽东同志去学习。所以我们回国后就指示要调朱德、毛泽东同志离开红军。”[③]

5月上旬，中共中央派遣刚从苏联回国的刘安恭参加红四军领导工作，任军委书记和政治部主任。刘安恭上任后，主张照搬苏联红军的一些做法，认为前委代替包办了军委的工作，并主持临时军委会议，作出限制前委权力的决定。毛泽东对此坚决反对，认为这实际上限制了党对军队的领导。而朱德对刘安恭的决定表示赞同。至此，朱、毛分歧升级。

刘安恭的做法以及由此升级的分歧，使红四军党内原来就存在的自由主

---

① 参见《毛泽东年谱（1893—1949）》上卷，中央文献出版社，2013年版，第268—269页。

② 《毛泽东文集》第一卷，人民出版社，1993年版，第57页。

③ 《周恩来选集》上卷，人民出版社，1980年版，第184页。

义、宗派主义、个人主义、极端民主化残余等都有所滋长和暴露。在难以继续工作的情况下，毛泽东于6月1日给中共中央写信，汇报了红四军的状况，提出“朱、毛同志可以随时离开队伍，只要请中央派人来代替”[①]。

未承想，在两种意见争执不下的情况下，林彪给毛泽东写了一封信，矛头直指军委问题，这引起刘安恭强烈不满，并在红四军党内掀起轩然大波。朱德、毛泽东都对此有不同表态。毛泽东说：“前委、军委分权，‘前委不好放手工作，但责任又要担负，陷于不生不死的状态’”，“我不能担负这种不生不死的责任，请求马上调换书记，让我离开前委”[②]。

毛泽东此举引起多数人对刘安恭做法的不满，在前委扩大会议的投票中，以三十六票对五票的压倒多数通过了取消临时军委的决定，刘安恭的临时军委书记职位自然被免除。会议还决定召开中共红四军第七次党代表大会，以统一思想、解决分歧、加强团结。

军委虽然取消了，但争论仍在继续和蔓延。6月22日，红四军第七次党代表大会在福建龙岩召开，陈毅作为代理前委书记、大会主持人，为了加强团结，在会上采取了调和态度。他在会上说，毛泽东的领导是正确的，红军离不开毛泽东。但是毛泽东对马列主义的信仰是不够的，有个人英雄主义和家长制的领导方式，爱发火，爱教训人。而朱德有旧军官思想，不重视思想政治工作，对刘安恭的宗派活动容忍姑息。结果这种就事论事的调和态度，造成了思想混乱，致使毛泽东的正确主张未能被七次党代会接受，毛泽东落选前委书记，陈毅当选。毛泽东不得不“灰溜溜”地离开红四军，前往闽西养病并指导地方工作。

中共中央也在关注红四军党内的这场争论。不久之后，红四军前委接到中央“四月来信”，要红四军派一名得力干部参加中央政治局召开的军事会议，汇报红四军情况。陈毅前往汇报。经过中央政治局，特别是李立三、周恩来、

---

① 《毛泽东年谱（1983—1949）（修订本）》上卷，中央文献出版社，2013年版，第275页。

② 《毛泽东年谱（1983—1949）（修订本）》上卷，中央文献出版社，2013年版，第276页。

陈毅三人委员会一个月的讨论，大家充分认识到毛泽东在政治路线上是坚定正确的，指出党的一切权力集中于前委指导机关是正确的，绝不能动摇，不能机械地引用家长制这个名词来削弱指导机关的权力，来为极端民主化打掩护，最后指出朱、毛两同志仍留前委工作，毛泽东仍应为前委书记。于是就有了陈毅根据周恩来谈话要点起草的《中共中央给红四军前委的指示信》，即“九月来信”。

9月底，朱德在上杭主持召开了红四军第八次党代表大会，意图解决七次党代会未能解决的一些争论。但由于领导不健全，会前准备不充分，开了三天也没有得出结果。这使朱德和广大指战员一样，深感红四军离不开毛泽东，确立政治上的领导中心也离不开毛泽东。会前，朱德曾授意给毛泽东写一封信，请毛泽东复职并出席八次党代会。毛泽东回信道：“我平生精密考察事情，严正督促工作，这是陈毅主义的眼中之钉，陈毅要我作‘八边美人四方面讨好’，我办不到；红四军党内是非不解决，我不能够随便回来。”[①]

10月下旬，陈毅带着中央指示信回到闽西。当夜前委召集会议传达中央“九月来信”。会后，陈毅派专人把中央“九月来信”送到毛泽东手中，并附上自己的一封信。信中说：“我从中央回来，10月22日到军部，我俩之间的争论已得到正确的解决。七次大会我犯了错误，八次大会的插曲更是错误的，见信请即归队，我们派人来接。”[②]毛泽东接到信后，百感交集，自言自语道：中共中央对红四军党内争论问题终于作出了正确的裁决。在同朱德、陈毅会合时，三人都诚恳地作了自我批评，也为红四军第九次党代表大会（即古田会议）的胜利召开奠定了基础。这就是朱、毛之争的全部过程。

朱、毛之争涉及的核心问题是，在中国这个半殖民地半封建的东方大国，如何建设一个马克思主义的政党，如何建立一支在党绝对领导之下的革命军队。毛泽东撰写的《古田会议决议》突出强调了加强党的建设，特别是思想建

---

① 中共中央文献研究室编：《毛泽东传》第一册，中央文献出版社，2011年版，第205页。

② 刘秉荣：《中国工农红军全传》三，人民出版社，2007年版，第1647页。

设的重要性，深刻批判了红四军党内存在的单纯军事观点、极端民主化、非组织意识、绝对平均主义、流寇主义等错误倾向，详细列举了各种错误思想的具体表现，分析了产生错误思想的原因，并提出了纠正办法。这是毛泽东关于中国共产党建党与建军思想的最早和最重要的文献之一，其具体内容如下:

第一，明确规定了红军的性质和任务。《决议》指出:“中国的红军是一个执行革命的政治任务的武装集团”，“红军决不是单纯地打仗的，它除了打仗消灭敌人军事力量之外，还要负担宣传群众、组织群众、武装群众、帮助群众建立革命政权以至于建立共产党的组织等项重大的任务”。[①]这就从根本上划清了红军与一切旧军队之间的界限。

第二，进一步确立了党对军队绝对领导的原则，强调了加强政治工作的重要性。决议确定了一套实现党对军队领导的原则和措施，规定了政治工作的任务和内容。认为红军的一切军事行动，都是围绕党的政治中心任务进行的，必须接受党的政治领导，“红军的军事机关与政治机关，在前委指导之下，平行地执行工作”[②]。决议指出，党要成为部队的“领导中枢”，“党对于军事工作要有积极的注意和讨论。一切工作，在党的讨论和决议之后，再经过群众去执行”。[③]

第三，深刻论述了党的思想建设原则，强调要用无产阶级思想克服各种非无产阶级思想。《决议》指出，“主观主义，在某些党员中浓厚地存在，这对分析政治形势和指导工作，都非常不利”，“其必然的结果，不是机会主义，就是盲动主义。至于党内的主观主义的批评，不要证据的乱说，或互相猜忌，往往酿成党内的无原则纠纷”。[④]因此，要教育党员用马克思列宁主义作政治形势的分析和阶级势力的估量，要注意社会经济的调查研究，由此来决定斗争的策略和工作方法。《决议》还对思想政治教育的内容、方法作了具体的规定。

---

① 《毛泽东选集》第一卷，人民出版社，1991年版，第86页。
② 《毛泽东文集》第一卷，人民出版社，1993年版，第113页。
③ 《毛泽东选集》第一卷，人民出版社，1991年版，第88页。
④ 《毛泽东文集》第一卷，人民出版社，1993年版，第84页。

第四，阐述了党的组织建设原则，明确指出了“厉行集中指导下的民主生活”的重要性。一方面领导机构要有正确的指导路线，另一方面要保证党员的充分民主权利，使党员能对党的工作尽量发表意见，提出批评，强调红军“官兵之间只有职务的分别，没有阶级的分别，官长不是剥削阶级，士兵不是被剥削阶级”[①]，在军队内部实行民主，又必须克服极端民主化倾向。

第五，阐述了党的基层组织建设的重要原则，强调要重视党支部的作用。同时还规定了健全支部生活、严格党的纪律等多项措施。

《古田会议决议》总结了红军创建以来军队建设的经验，创造性地解决了在半殖民地半封建的中国，在党和军队的主要成分是农民的条件下，如何把党建设成为无产阶级先锋队、把军队建设成为党领导下的人民军队这一事关中国革命事业兴衰成败的根本性问题。《古田会议决议》作为思想建党、政治建军的第一个纲领性文件而载入史册。

06 星星之火，可以燎原

在《毛泽东选集》第一卷中有一篇文章，叫《星星之火，可以燎原》。文后注释中写道：“这是毛泽东给林彪的一封信，是为答复林彪散发的一封对红军前途究竟应该如何估计的征求意见的信。毛泽东在这封信中批评了当时林彪以及党内一些同志对时局估量的一种悲观思想。一九四八年林彪向中央提出，希望公开刊行这封信时不要提他的姓名。毛泽东同意了这个意见。在收入本书第一版的时候，这封信改题为《星星之火，可以燎原》，指名批评林彪的地方作了删改。”[②]这是怎么一回事呢?

1928年4月28日，毛泽东率领的秋收起义部队和朱德、陈毅领导的湘南起义及南昌起义部分部队在井冈山胜利会师。会师后，根据中共湘南特委决定，两军合编为工农革命军第四军，朱德任军长，毛泽东任党代表，陈毅为政治部

① 《毛泽东文集》第一卷，人民出版社，1993年版，第106页。

② 《毛泽东选集》第一卷，人民出版社，1991年版，第97页注释。

主任。井冈山会师壮大了革命武装力量，根据地建设呈现一派蒸蒸日上的喜人景象。

然而从1929年春开始，红四军党内围绕一系列建军原则问题发生了激烈争论，使得红四军和根据地内部思想混乱、危机重重。

然而，1929年中共中央的“二月来信”要求将红四军分成若干小部队，散入农村深入开展土地革命，并要求朱德、毛泽东离开红四军速回中央。加之长期在深山荒野处和敌人周旋，进行艰苦的根据地建设，看不到发展的目标和前途，部分指战员流露出悲观消极的情绪。1930年元旦，时任红四军第一纵队队长林彪给毛泽东写了一封新年贺信，主张大敌当前，红四军应分散去打游击，各自找出路，采用流动游击的方式扩大红军的政治影响力。信中过高估计了敌人的军事力量，对于开展土地革命、建立巩固的农村革命根据地缺乏信心，弥漫着一股消极悲观的情绪。曾经和林彪一起在井冈山战斗过的肖克回忆说：在井冈山，林彪曾经提出“井冈山的红旗到底能打多久”①的疑问。

林彪信中的观点在红四军指战员中具有一定代表性。实际上早在古田会议后，毛泽东就开始关注和重视红四军内弥漫的这种情绪，看到林彪的来信，觉得这是一个非常好的机会，所以在深思熟虑后，决定用回复林彪来信的方式，阐明一个核心问题：对于时局的估量和伴随而来的我们的行动问题。

1930年1月5日，毛泽东利用难得的一段短暂的战斗间隙，奋笔疾书，写下了这封题为“时局估量和红军行动问题”的七千多字的长信。

毛泽东在信中指出，先建立红色政权还是先通过流动游击方式争取群众，是克服党内消极悲观情绪需要解决的突出问题。他说，“这种全国范围的、包括一切地方的、先争取群众后建立政权的理论，是于中国革命的实情不适合的”，而“这种理论的来源，主要是没有把中国是一个被许多帝国主义国家互相争夺的半殖民地这件事认清楚”。②毛泽东指出，中国是一个被许多帝国主义

① 张文杰、郭辉：《八路军抗战纪实》，人民出版社，2005年版，第44页。

② 《毛泽东选集》第一卷，人民出版社，1991年版，第97—98页。

国家互相争夺的半殖民地，统治阶级内部存在长期的分裂和混战，这也从根本上决定了小块红色政权能够在四周白色政权的夹缝中生存和发展。

毛泽东在信中指出，“单纯的流动游击政策，不能完成促进全国革命高潮的任务”①。他总结了领导农村武装斗争的实践经验，从武装斗争这一中国革命的基本特点出发，辩证地看待敌我力量对比关系，提出了红军作战的行动策略和战术原则，尤其是阐述了游击战的战略地位，进而批评了企图“用比较轻便的流动游击方式去扩大政治影响”的观点。

他还指出，中国共产党之所以发动土地革命战争，主要目的就是在农村进行土地革命，以此来解决农民土地问题，完成反封建的民主革命任务。因此，中国共产党要始终坚持以根据地为依托，以政权为杠杆，以土地革命为基本内容，以武装斗争为主要斗争形式，进而夺取全国胜利的道路。事实上，在大革命失败后的武装斗争中，中国共产党逐步探索出一条“农村包围城市，武装夺取政权”的成功之路，毛泽东同志为探索这条道路做出了卓越贡献。毛泽东的这封长信，就是阐述这条成功之路的经典之作。

对于“农村包围城市，武装夺取政权”这一中国革命道路思想的形成和发展，学界虽然有不同的观点，但大体上认为经历了探索阶段、初步形成阶段、基本形成阶段、最后形成阶段和进一步丰富完善阶段这五个阶段。

探索阶段为1919年秋到1927年9月。从毛泽东主编《湘江评论》提出民众大联合是改造国家和社会的根本方法开始，到发表《中国社会各阶级的分析》《湖南农民运动考察报告》，提出建立农民武装，推翻地主政权，一切权力归农会。这样一来，1927年大革命失败后，武装上山、“政权是由枪杆子中取得的”的正确思想就水到渠成了。

初步形成阶段为1927年10月到1929年1月。毛泽东撰写《中国的红色政权为什么能够存在?》《井冈山的斗争》，总结井冈山斗争的经验，明确提出“工农武装割据”思想，形成了一整套巩固和发展小块红色政权的政策，提出

---

① 《毛泽东选集》第一卷，人民出版社，1991年版，第97—98页。

把武装斗争、红色政权和土地革命紧密结合在一起，从理论和实践的结合上，标志着毛泽东关于中国革命道路思想已经初步形成。

基本形成阶段为1929年1月到1930年1月。这一阶段，理论和实践已经形成了一系列成果：红军游击战争的战术在“十六字诀”的基础上丰富发展；明确提出“工农民主政权”的口号；开辟了赣南、闽西革命根据地；指出“红军、游击队和红色区域的建立和发展，是半殖民地中国在无产阶级领导之下的农民斗争的最高形式，和半殖民地农民斗争发展的必然结果”①；总结了各地进行革命斗争的经验，概括出朱德毛泽东式、贺龙式、李文林式、方志敏式等经验类型；批评了对时局估量的悲观思想和以城市斗争为中心的错误主张。而古田会议的召开、《星星之火，可以燎原》一文的发表，标志着毛泽东关于中国革命道路的理论已经基本形成。

最后形成阶段为1930年1月到1931年11月。这一阶段，工农红军取得三次反“围剿”胜利；赣南、赣西、闽西革命根据地连成一片，拥有二十一个县城、五万平方公里面积、二百五十万人口；召开了中华苏维埃第一次全国代表大会，成立了中华苏维埃共和国临时中央政府，即中央工农民主政府，毛泽东当选为主席；通过《中华苏维埃共和国土地法》，土地革命深入发展，打破国民党对根据地的经济封锁；成立了中共中央苏区中央局，全面领导中央苏区的各项工作。需要指出的是，从1931年11月起，毛泽东被排挤出中央苏区党和红军的领导核心，就不再有条件进一步深入探索中国革命道路的重大问题。

进一步完善阶段为1935年1月到1939年12月。第五次反“围剿”失败后，中央红军被迫长征。1935年1月，遵义会议确立了毛泽东在党和军队中的实际领导地位。至此，毛泽东才有条件进一步阐发对中国革命道路的认识。这一阶段，毛泽东撰写了《中国革命战争的战略问题》《战争和战略问题》《〈共产党人〉发刊词》《中国革命和中国共产党》等著作，全面阐述了中国革命的对象、动力、任务、性质和前途；系统总结了中国革命战争的特点、特殊规律、主要

① 《毛泽东选集》第一卷，人民出版社，1991年版，第98页。

形式和战略战术；深刻阐述了统一战线、武装斗争和党的建设三大法宝及其三者间的关系等，使中国共产党对中国革命道路的认识达到一个新高度。

07　失而复得的重要文稿

1961年1月，毛泽东的秘书田家英拿着一份泛黄的石印本《调查研究》，急匆匆地送交毛泽东的手中。见到这篇阔别数十载的作品，毛泽东难以抑制内心的激动，喜悦之情溢于言表，他喃喃地说，丢掉这篇文章就像丢掉一个孩子一样，时常想念；找到了这篇文章就像找到了自己的亲生孩子一样亲切，他是高兴的。

原来，这篇《调查研究》是毛泽东1930年5月在江西寻乌做调查时写的。当年曾在红军内部印发过。同年6月上旬，毛泽东带着初稿来到上杭，交给闽西特委翻印出版。1930年8月21日中共闽西特委把这篇文章翻印成小册子下发后，苏区军民爱不释手。但是由于当时战火纷飞，在中央苏区第五次反“围剿”中，这篇文稿的原件一度散失。

1955年4月10日，中共中央办公厅发出了在全国范围内征集革命历史档案的通知。1957年2月，一个叫赖茂基的老人将这本小册子捐给中共上杭县委，后上交龙岩地委。1960年初冬，中央档案馆征集科的同志从中共福建省委办公厅报送来的革命历史文件目录中，得知有毛泽东写的《调查研究》这一重要文献，而中央档案馆却无此件，于是同年11月，中央档案馆将这个石印本小册子铅印后呈送毛泽东。毛泽东得此，如获至宝。

捐献文稿的赖茂基是上杭县茶地官山村人。20世纪30年代，他以在苏区做生意为掩护给红军送信送物。他的家是红军的地下军工厂，生产枪支弹药。红军长征后，赖茂基偶然在家中发现中共闽西特委翻印的石印本《调查研究》。凭着一位老共产党员的敏感和觉悟，他意识到这是一本很重要的书，于是把这本小册子和当时党组织、苏维埃政府所发的一些文件用油纸包好，装在一个小木箱子里，在自己的卧室墙上挖了一个小洞，把小木箱藏匿其中，然后把洞口封住。他相信，总有一天，革命会胜利，这批珍贵的文献会重见天日。后来，敌人虽然知道赖茂基为共产党做过事，也派人搜查过他的家，但因藏得巧妙，这本小册子和这批文件安然无恙。

为了感谢赖茂基，毛泽东立即派人联系，要邀请他到北京见见面。可遗憾的是，赖茂基已于1960年去世了。

毛泽东拿到这本小册子后，立即阅读修改，并将此文改名为《反对本本主义》，还作了亲笔批示："这是一篇老文章，是为了反对当时红军中的教条主义思想而写的。那时没有用'教条主义'这个名称，我们叫它做'本本主义'。写作时间大约在一九三〇年春季，已经三十年不见了。一九六一年一月，忽然从中央革命博物馆里找到，而中央革命博物馆是从福建龙岩地委找到的。看来还有些用处，印若干份供同志们参考。"①

毛泽东为什么如此重视这篇文章？这是因为这篇文章第一次提出了马克思主义必须同中国革命实践相结合的实事求是的思想原则，初步形成了毛泽东思想活的灵魂的基本理论雏形，具有重大的历史意义。

文章深刻剖析了唯书、唯苏、唯上等教条主义及其危害，提出马克思主义必须与中国的具体实际相结合。他说："离开实际调查就要产生唯心的阶级估量和唯心的工作指导，那末，它的结果，不是机会主义，便是盲动主义。""马克思主义的'本本'是要学习的，但是必须同我国的实际情况相结合。我们需要'本本'，但是一定要纠正脱离实际情况的本本主义。"纠正本本主义的方法只能是向实际情况作调查，正确而坚决的斗争策略"要在实际经验中才能产生"，需要"时时了解社会情况，时时进行实际调查"，并且"不能单靠书面报告"，必须亲身从事调查。②

毛泽东在文中开门见山地提出了"没有调查，就没有发言权"，这是毛泽东在认识论上的一个著名论断。毛泽东批评道：有些人"不作调查，而只是冥

---

① 中共中央文献研究室编：《毛泽东传》第一册，中央文献出版社，2011年版，第224页。

② 《毛泽东选集》第一卷，人民出版社，1991年版，第111—117页。

思苦索地想办法、打主意”；许多巡视员、游击队的领导者、新接任的干部“喜欢一到就宣布政见，看到一点东西，一个枝节，就指手画脚地说这也不对，那也错误”；许多做领导工作的人“遇到困难问题，只是叹气，不能解决”。针对这种种情况，毛泽东旗帜鲜明地指出：“你对某个问题没有调查，就停止你的发言权。”因为“你对那个问题的现实情况和历史情况既然没有调查，不知底里，对于那个问题的发言便一定是瞎说一顿”①，他认为共产党员必须注重调查，反对瞎说。

“你对于那个问题不能解决吗？那末，你就去调查那个问题的现状和它的历史吧！你完完全全调查明白了，你对那个问题就有解决的办法了。一切结论产生于调查情况的末尾，而不是在它的先头。”②毛泽东认为调查就是解决问题，还以社会经济调查作说明，社会经济调查，是为了得到正确的阶级估量，接着定出正确的斗争策略。认为我们不仅要调查各行业之间的相互关系，尤其要调查各阶级之间的相互关系，“我们的终极目的是要明了各种阶级的相互关系，得到正确的阶级估量，然后定出我们正确的斗争策略，确定哪些阶级是革命斗争的主力，哪些阶级是我们应当争取的同盟者，哪些阶级是要打倒的”③，并对当时的耕农、雇农、贫农、中农等十三个阶级（有的是阶层）进行了具体化的分析。他形象地比喻：“调查就像‘十月怀胎’，解决问题就像‘一朝分娩’。”④由此可见，要想解决问题，就必须洗刷思想上的唯心主义，从深入实际调查研究做起，只有调查研究，才能获得真理性认识，真正找到解决问题的正确办法和途径。

文章还主张要解决调查研究的方法问题。毛泽东说：“我们的任务是过河，但是没有桥或没有船就不能过。不解决桥或船的问题，过河就是一句空话。不解决方法问题，任务也只是瞎说一顿。”⑤为此，毛泽东从八个方面总结了以往

---

① 《毛泽东选集》第一卷，人民出版社，1991年版，第109页。
② 《毛泽东选集》第一卷，人民出版社，1991年版，第110页。
③ 《毛泽东选集》第一卷，人民出版社，1991年版，第113—114页。
④ 《毛泽东选集》第一卷，人民出版社，1991年版，第110页。
⑤ 《毛泽东选集》第一卷，人民出版社，1991年版，第139页。

的调查经验，包括："要开调查会作讨论式的调查""调查会到些什么人""开调查会人多好还是人少好""要定调查纲目""要亲身出马""要深入""要自己做记录"等，总结出一套行之有效的调查技术和方法。

由此可见，《反对本本主义》已经孕育着实事求是、群众路线和独立自主思想的雏形，初步形成了毛泽东思想活的灵魂的理论形态。

关于实事求是，毛泽东指出："我们说马克思主义是对的，决不是因为马克思这个人是什么'先哲'，而是因为他的理论，在我们的实践中，在我们的斗争中，证明了是对的。""我们说上级领导机关的指示是正确的，决不单是因为它出于'上级领导机关'，而是因为它的内容是适合于斗争中客观和主观情势的，是斗争所需要的。"①我们需要"本本"，但一定要纠正脱离实际的本本主义。

关于群众路线，毛泽东提倡共产党员要"到斗争中去"，"到群众中作实际调查去"，"迈开你的两脚，到你的工作范围的各部分各地方去走走，学个孔夫子的'每事问'"②，向"真正有经验的中级和下级的干部"③或普通老百姓请教，以了解实际情况。只有充分解剖各个社会阶级，才能定出正确的斗争策略。

关于独立自主，毛泽东强调："中国革命斗争的胜利要靠中国同志了解中国情况。"④这就明确中国同志是中国革命的主体，要靠他们对中国的了解，独立自主地制定正确的策略，推动中国革命的胜利，而不是靠共产国际及其代表来解决中国问题。对于共产国际的指示和俄国革命的经验，不能"一味盲目执行"或照搬。

尤其难能可贵的是，毛泽东在这篇光辉著作中第一次在党的历史上提出了思想路线的概念。他指出，"共产党人从斗争中创造新局面的思想路线"，要求

① 《毛泽东选集》第一卷，人民出版社，1991年版，第111页。
② 《毛泽东选集》第一卷，人民出版社，1991年版，第116、110页。
③ 《毛泽东选集》第三卷，人民出版社，1991年版，第790页。
④ 《毛泽东选集》第一卷，人民出版社，1991年版，第115页。

共产党人在认识世界时，不是从书本上，不是从上级那里，而是从实践斗争中掌握马克思主义，“本本”是要学习的，但必须与中国的实际情况相结合。[①]这实际上已经提出了一切从实际出发，理论联系实际，实事求是，在实践中检验真理和发展真理的马克思主义的思想路线。

08　延安的窑洞里有马克思主义

在延安整风期间，大约是1941年“九月会议”后，毛泽东写了一篇长达五万多字的批判文章，剑指王明“左”倾教条主义的九个文件。这九个文件都是六届四中全会以后，中央于1931年9月至1932年5月发出的，大致反映了王明等人的指导思想和主要政策。这篇批评文章分为九个部分，各部分既相互关联，又可独立成篇，所以又称“九篇文章”。

文章不仅点了几位政治局委员的名，而且用词辛辣、直接，甚至还带有些许挖苦。后来虽几经修改，然而整篇文章的语气仍然是咄咄逼人、锋芒毕露的。当时，为了不破坏延安整风运动中党中央倡导的“惩前毖后，治病救人”的方针和氛围，也为了犯错误的同志易于接受，这篇文章只送给刘少奇、任弼时两位同志看过，并没有公开发表。

现在节录几段读来，仍然让人感到心绪难平。

> 据我们历来的想法，所谓对于情况的估计，就是根据我们对于客观地存在着的实际情况，加以调查研究，而后反映于我们脑子中的关于客观情况的内部联系，这种内部联系是独立地存在于人的主观之外而不能由我们随意承认或否认的。……据我想，这就叫做马克思主义的起码观点呢！[②]
>
> ……

① 参见《毛泽东选集》第一卷，人民出版社，1991年版，第115—116页。

② 《毛泽东文集》第二卷，人民出版社，1993年版，第339页。

他们完全不知道中国的特点是武装斗争与和平斗争的统一，在和平斗争方面，又是公开斗争与秘密斗争的统一。……照临时中央的单纯的片面的冒险的干法，怎么能够“使工人阶级成为反日运动的骨干”，“使无产阶级成为中国民族的领导者与组织者”呢？不，是使工人阶级成为无用的长物，使无产阶级成为中国民族解放的空唤者和束手无策者。①

……

请问老爷们：为什么分配一切土地给一切人，就叫做“十足机会主义的观点”，叫做“完全忽视无产阶级领导权”呢？咳，我倒要叫老爷们听训了！你们一点什么都不懂，根本脱离农民群众，硬把所谓“地主不分田、富农分坏田”的错误路线强迫推行于苏区，自封为“明确的阶级路线”，而把南方如像江西等地的农民群众所赞成所拥护的“抽多补少、抽肥补瘦”的土地分配法，名之曰“富农路线”，“十足机会主义”，强迫取消，是何道理呢？……你们的这一套，就可以叫做领导权吗？否！这是毁灭权，这是毁灭无产阶级领导作用的办法，这是毁灭革命的办法啊！②

……

“自由是必然的认识和世界的改造”——这是马克思主义的命题。一个马克思主义者如果不懂得从改造世界中去认识世界，又从认识世界中去改造世界，就不是一个好的马克思主义者。一个中国的马克思主义者，如果不懂得从改造中国中去认识中国，又从认识中国中去改造中国，就不是一个好的中国的马克思主义者。③

---

① 《毛泽东文集》第二卷，人民出版社，1993年版，第341页。
② 《毛泽东文集》第二卷，人民出版社，1993年版，第342页。
③ 《毛泽东文集》第二卷，人民出版社，1993年版，第344页。

……

老爷们既然完全不认识这个世界，又妄欲改造这个世界，结果不但碰破了自己的脑壳，并引导一群人也碰破了脑壳。老爷们对于中国革命这个必然性既然是瞎子，却妄欲充当人们的向导，真是所谓“盲人骑瞎马，夜半临深池”了。①

这篇文章充分反映了毛泽东对教条主义的痛恨，嬉笑怒骂跃然纸上，俨然是一篇情绪化甚浓的激愤之作。

毛泽东对党内教条主义的愤怒是情有可原的，甚至可以说是代表了当时绝大多数共产党员和党员领导干部的意志，是他们在经历了出生入死、生死别离等磨难和斗争后的共同觉醒。一个真正的马克思主义者，应该是既懂得中国革命的实际，又精通马克思主义理论，善于运用马克思主义的立场观点方法，为中国现实革命斗争作出科学总结的人。而教条主义者给中国革命几乎造成灭顶之灾，使中国共产党人认识到从革命斗争实践中选择真正的马克思主义者来领导革命，这是何等关键和重要！从遵义会议起逐步形成的以毛泽东为代表的中央领导集体成员，就是这样一批在中国革命实践中脱颖而出的杰出领导人，也是兼具实践经验和理论素养的真正的马克思主义者。

毛泽东对马克思列宁主义的经典著作一生手不释卷，在延安时期尤其如此。毛泽东自己就说过，在写《新民主主义论》的时候，读了十几遍《共产党宣言》。同样，列宁的《国家与革命》也是他十分喜爱并经常阅读的著作。即使是晦涩难懂的《资本论》，他也多次阅读并详细批注。不仅如此，毛泽东结合中国革命的实践，做了大量马克思主义中国化的工作，在窑洞里夜以继日地创作出大量经典之作。

在经历了北伐战争胜利和大革命失败、土地革命胜利和第五次反“围剿”失败这样两起两落的变化后，中国共产党对于如何运用马克思主义指导中国革

① 《毛泽东文集》第二卷，人民出版社，1993年版，第344页。

命实践在认识上深刻得多了，也丰富得多了。毛泽东说："在抗日时期，我们才制定了合乎情况的党的总路线和一整套具体政策。这时候，中国民主革命这个必然王国才被我们认识，我们才有了自由。到这个时候，我们已经干了二十来年的革命。过去那么多年的革命工作，是带着很大的盲目性的。"[①]于是，就产生了毛泽东在凤凰山李家窑窑洞里，挑灯夜战创作出的"发愤之作"——《辩证法唯物论（讲授提纲）》，也就是后来的《实践论》《唯物论》。

日本发动全面侵华战争后，国内弥漫着一股亢奋和茫然的氛围，"速胜论"与"亡国论"甚嚣尘上。"速胜论"认为中国很快就能战胜日寇，淮海一仗就是敌人的最后挣扎；"亡国论"则认为再打就要亡国，我们的军队、武器不如人家，战必失败。面对如此形势，毛泽东在吴家大院的窑洞里奋笔疾书，写就了旷世之作——《论持久战》。

在抗日民族统一战线的大背景下，对于未来的"中国向何处去"，国民党和其他党派都纷纷亮出自己的招牌，或反共，或坚持"一党专政"，或主张走"中间道路"，各种错误观点和思潮层出不穷。面对如此之多的疑问，毛泽东在杨家岭窑洞的煤油灯下挥毫泼墨，短短时间就写出经典之作——《新民主主义论》。

如此等等。

据统计，在《毛泽东选集》四卷共一百五十九篇文章中，第一卷的三分之一，第二卷、第三卷的全部著作，共一百一十二篇，都是在延安时期创作的。

有人说，正是在延安窑洞里，毛泽东完成了从军事领袖到政治领袖，再到理论权威的历史性跨越，而马克思主义也因此实现了在中国的第一次伟大飞跃，诞生了中国自己的马克思主义——毛泽东思想。这是非常到位和恰如其分的。

不仅如此，中国共产党对马克思主义中国化的探索，是全党的自觉行动和集体行为。有毛泽东的带头、倡导，有中央领导的身体力行，还有众多理论工

---

① 《毛泽东文集》第八卷，人民出版社，1999年版，第300页。

作者、党员干部和基层群众的创造，涌现出刘少奇的《论共产党员的修养》《论党》、朱德的《论解放区战场》、周恩来的《关于一九二四至二六年党对国民党的关系》《关于党的六大研究》、陈云的《怎样做一个共产党员》、张如心的《论布尔什维克的教育家》《学习和掌握毛泽东的理论和策略》、艾思奇的《大众哲学》《唯物史观》、吴亮平的《社会主义史》《辩证唯物论与唯物史观》等一大批优秀著作。

对这一时期毛泽东和中共中央在政治和理论上的飞跃，党内的同志们是深有感触的。1941年，陈云在中央书记处工作会议上说："过去我认为毛泽东在军事上很行……毛泽东写出《论持久战》后，我了解到毛泽东在政治上也是很行的。"[①]1943年，任弼时在中央高级学习组会上说，1931年我到中央苏区，认为毛泽东"有独特见解，有才干"，但"在思想上是'存在着狭隘经验论，没有马列主义理论'"，"阅读了毛泽东的《论持久战》、《新民主主义论》、《论革命战争的战略问题》……认识到他一贯正确是由于坚定的立场和正确的思想方法"。[②]

不仅如此，对毛泽东的理论造诣，敌对的国民党乃至日本方面也只能给予肯定。以反共著称的国民党理论家叶青认为，毛泽东是中国共产党为数不多的理论家，毛"有胜过瞿秋白和陈绍禹的地方"，其体现就在于他把马克思主义与中国革命相结合，作出了一个完整而系统的说明，即新民主主义理论。叶青甚至梳理出毛泽东所写的与新民主主义理论直接相关的文章和著作，比如1938年10月发表的《论新阶段》、1940年2月发表的《新民主主义论》、1945年4月出版的《论联合政府》、1949年7月发表的《论人民民主专政》等，并认为《新民主主义论》一文最为重要，正是此文奠定了毛泽东作为中共理论家的地位。[③]

① 中共中央文献研究室编：《陈云年谱》上卷，中央文献出版社，2000年版，第328页。

② 中共中央文献研究室编：《任弼时年谱（1904—1950）》，中央文献出版社，2014年版，第452—453页。

③ 参见叶青：《反共问题与共党理论批判》，帕米尔书店，1983年版，第448—453页。

全民族抗战时期，日本军方和政府为了摸清中共的抗战战略，借助西方媒体来了解毛泽东的抗战言论，将其中一部分转载到日本的刊物上，虽然数量不多，但是刊载的刊物都是在日本军政界具有广泛影响的主流媒体。毛泽东的《论持久战》发表后，日本媒体、军方和政府，不惜以节译、摘译、译述、编译、全译等各种方式系统介绍，足见日本对中共持久战战略方针的重视。

在毛泽东的号召和带动下，中国共产党兴起了学习马克思列宁主义、总结中国革命历史经验的热潮，特别是创造了延安整风这一马克思列宁主义思想教育的新方式、好方式。大家越来越认识到，以毛泽东同志为代表的中国共产党人，运用马克思列宁主义的普遍原理，紧密结合中国革命具体实际，作出的一系列新的理论概括和理论创造，是指引中国革命从胜利走向新的胜利的根本保证。

1942年7月1日，朱德在《解放日报》发表文章，指出："今天我们党已经积累下了丰富的斗争经验，正确的掌握了马列主义的理论，并且在中国革命的实践中创造了指导中国革命的中国化的马列主义的理论。""我们党已经有了自己的最英明的领袖毛泽东同志。他真正精通马列主义的理论，并且善于把这种理论用来指导中国革命步步走向胜利。"①

1943年，刘少奇在为庆祝中国共产党成立二十二周年而写的《清算党内的孟什维主义思想》一文中指出："一切干部，一切党员，应该用心研究二十二年来中国党的历史经验，应该用心研究和学习毛泽东同志关于中国革命的及其他方面的学说，应该用毛泽东同志的思想来武装自己，并以毛泽东同志的思想体系去清算党内的孟什维主义思想。"②

同年7月5日，王稼祥在《中国共产党与中国民族解放的道路》一文中提出："毛泽东思想与中国共产党的民族解放的正确道路是在与国外国内敌人的斗争中，同时又与共产党内部错误思想的斗争中生长，发展与成熟起来的。"

---

① 朱德：《纪念党的二十一周年》，《解放日报》，1942年7月1日。

② 刘少奇：《清算党内的孟什维主义思想》，《解放日报》，1943年7月6日。

“以毛泽东思想为代表的中国共产主义，是以马克思列宁主义的理论为基础，研究了中国的现实，积蓄了中共二十二年的实际经验，经过了党内党外曲折斗争而形成起来的……它是创造的马克思列宁主义，它是马克思列宁主义在中国的发展，它是中国的共产主义，中国的布尔什维主义。”①

抗战时期在重庆负责与国民党打交道的周恩来更是感慨良多，他在从重庆回到延安的欢迎会上说：“我们党二十二年的历史证明：毛泽东同志的意见，是贯串着整个党的历史时期，发展成为一条马列主义中国化、也就是中国共产主义的路线！”“毛泽东同志的方向，就是中国共产党的方向！”“毛泽东同志的路线，就是中国的布尔什维克的路线！”②

1945年6月，中国共产党第七次全国代表大会通过的党章正式明确规定：“中国共产党，以马克思列宁主义的理论与中国革命的实践之统一的思想——毛泽东思想，作为自己一切工作的指针。”③

09　新民主主义理论——理想与现实的最佳契合点

1940年5月31日至6月8日，著名南洋华侨领袖陈嘉庚率南洋华侨回国慰劳视察团到延安进行访问。

在延安期间，陈嘉庚等受到毛泽东、朱德等中共领导人的热烈欢迎和亲切会见。他们与中共领导人就国共合作及抗战形势等国人普遍关注的问题进行了深入交流，在许多方面产生共鸣，相谈甚欢；还多次进行实地走访和考察，对中国共产党的政策主张，边区的施政纲领，以及政治、经济、文化等各项建设，有了较为深入的了解和直观的认识。

在访问延安之前，陈嘉庚等人先到的是重庆。在重庆，国民党下足了功

---

① 王稼祥：《中国共产党与中国民族解放的道路》，《解放日报》，1943年7月5日。

② 金冲及主编：《周恩来传（1898—1949）》，人民出版社、中央文献出版社，1989年版，第553—554页。

③ 中共中央文献研究室、中央档案馆编：《建党以来重要文献选编》第二十二册，中央文献出版社，2011年版，第533页。

夫，光是在机场举行的欢迎仪式，就足足有五千人参加。国民党军官个个西装革履；前来迎接的妇女们也个个光鲜亮丽。盛大的宴会更使陈嘉庚等人目瞪口呆，宴会上，国民党的军政要员们推杯换盏，相互吹捧，让客人十分尴尬。据说，蒋介石专门拨款八万元用于接待慰劳视察团。

此时抗日战争进入相持阶段，在国家经济十分吃紧和海外华侨节衣缩食、倾囊捐款的情况下，国民党还是如此铺张浪费、奢侈应酬，让陈嘉庚等人甚为不满。于是，他们一起商议，一定自行为此次出行的全部费用埋单，以便和国民党这种奢侈浪费的行径划清界限。

在延安，陈嘉庚等人看到了一个崭新的世界。在他们到达的第二天晚上，毛泽东专门设宴款待，最名贵的菜不过是一味鸡汤。毛泽东还抱歉地解释说：我没有钱买鸡，这只鸡是邻居老大娘知道我有远客，特地送来的。母鸡正在下蛋，她儿子生病还舍不得杀呀！其诚恳、盛情而又简朴无华，令陈嘉庚钦佩之至。

陈嘉庚对延安浓厚的民主氛围也多有感触。一次他与毛泽东会谈时，因为场地较小，人员较多，很快座位就坐满了。这时一个勤务兵迟到，望见长板凳上毛泽东身边有空隙，便硬挤着坐下。只见毛泽东向这位士兵望一望，微笑着把身躯向边上移开一点，以便让他坐得更舒服些。他还看见，一次吃饭时，朱德晚到，便自己盛了饭，混杂在勤务员中狼吞虎咽，吃得非常香甜。联想到在重庆的所见所闻，陈嘉庚等人不禁感慨万千，对中国共产党充满了钦佩和赞慕之情。

陈嘉庚后来感叹道："中共统治区内，吏治之清廉，民心之归向，较诸蒋政府统治地区，又有天壤之别！""余观感之余，衷心无限兴奋，梦寐神驰，为我大中华民族庆祝也。"由是他断言："国民党必败，共产党必胜。""中国的希望在延安。"①

延安并不仅仅有陈嘉庚等人看到的这些鼓舞人心的表面现象，在思想理论

① 赵庚：《"中国希望在延安"——1940年陈嘉庚延安之行》，《党史文汇》，2012年第6期。

层面，同样展现出勃勃生机和卓越智慧。而这种深层次的智慧，充分体现在新民主主义理论及其实践中。

当时还是第二次国共合作之时，抗日民族统一战线的旗帜高高飘扬，中国共产党的理论思维必须契合这一时代背景。

中国共产党在建党初期，由于全党对马克思列宁主义的理解水平不高，不善于运用马克思主义的立场观点方法，加之对马克思列宁主义教条化的理解，将苏联经验和共产国际指示神圣化，因而在对中国革命性质的认识上，要么认为其是资产阶级民主革命，要么认为其是社会主义革命，犯了一系列“左”倾和右倾的错误。最典型的就是陈独秀的“二次革命论”，即中国革命应分为两个阶段，先资产阶级民主革命后社会主义革命，先由资产阶级领导后由无产阶级领导。

而新民主主义理论认为，一方面，中国革命具有民主革命的性质，但不是旧式的资产阶级民主革命；另一方面，中国革命具有无产阶级革命性质，但又不是社会主义革命。1944年3月，毛泽东在一次谈话中说：“现在我们建立新民主主义社会，性质是资本主义的，但又是人民大众的，不是社会主义，也不是老资本主义，而是新资本主义，或者说是新民主主义。”[①]这种革命，是无产阶级领导的、人民大众的、反帝反封建反官僚资本主义的革命，是一种新民主主义革命。这就既坚持了马克思主义的基本理论，又充分体现了毛泽东根据中国实际认识中国革命性质的务实作风。

新民主主义革命道路是中国共产党从中国实际和中国革命的特殊规律出发，创造性提出的“农村包围城市，武装夺取政权”的中国革命道路。这是中国共产党为中国革命量身打造的、具有中国特色的一条革命之路。在这条革命道路上，武装斗争占有极为重要的地位，而毛泽东概括总结的土地革命、红色政权建设、农村革命根据地建设的理论，军事斗争的“十六字诀”，抗日战争时期的山地游击战争、敌后抗日根据地建设等理论，都是武装斗争经验的精辟概括。

---

① 《毛泽东文集》第三卷，人民出版社，1996年版，第110页。

新民主主义社会是社会各阶层、各政党都十分关注的问题。毛泽东指出，未来的新民主主义社会，是由“新民主主义政治、新民主主义经济和新民主主义文化”三位一体构成的一种社会形态。

新民主主义的政治纲领明确提出，要反帝反封建、推翻旧制度，建立由无产阶级领导，以工农联盟为基础，以各革命阶级联合专政为国体，以民主集中制的人民代表大会制度为政体的国家政权。毛泽东认为，“在整个新民主主义制度期间，不可能、因此就不应该是一个阶级专政和一党独占政府机构的制度”，“只要共产党以外的其他任何政党，任何社会集团或个人，对于共产党是采取合作的而不是采取敌对的态度，我们是没有理由不和他们合作的”。[①]

新民主主义的经济纲领明确提出为了改变土地集中在少数地主手中的状况，没收地主阶级的土地归农民所有，以提高农民发展生产和投身革命的积极性；官僚资本同压迫人民的帝国主义、封建主义沆瀣一气，没收官僚资本，建立国家所有的社会主义国营经济；保护民族工商业，促进现代技术和社会生产力的发展；实行“两没收、一保护”政策。

新民主主义的文化纲领明确提出要在新的生产关系和社会制度条件下创造、发展新的文化。新民主主义文化就是无产阶级领导的民族的、科学的、大众的文化。“民族的”就是在内容上反对侵略、主张民族的尊严和独立，在形式上要有中国特色；“科学的”要求反对所有封建糟粕，主张客观真实，树立正确的文化观；“大众的”强调文化要从人民大众中寻找创作素材，为人民大众所用。

毛泽东为《共产党人》撰写发刊词时，明确指出正确理解统一战线、武装斗争、党的建设及三者间的关系是正确领导中国革命的全部要义。从此，统一战线、武装斗争、党的建设被称为新民主主义革命的“三大法宝”。

统一战线：中国共产党从艰苦卓绝的革命斗争实践中认识到，只有尽最大可能争取一切可以争取的力量，形成广泛的革命统一战线，才能改变敌强我弱

① 《毛泽东选集》第三卷，人民出版社，1991年版，第1062页。

的态势，取得新民主主义革命的胜利。以王明为代表的教条主义者在第二次国内革命战争时期只讲斗争否认联合，在抗日战争时期又只讲联合否认斗争；而毛泽东指出，现在的抗日民族统一战线中既不是一切联合否认斗争，也不是一切斗争否认联合，而是既联合又斗争，充分体现了毛泽东灵活运用唯物辩证法的卓越智慧。

武装斗争：这是中国民主革命道路的必然选择。中国共产党在血淋淋的教训中逐渐认识到，必须建立一支由中国共产党领导的、为人民服务的新型军队，运用正确的战略战术才能在人民战争中战胜强大的敌人。中国无产阶级及其政党的地位、人民的地位和革命的胜利都离不开武装斗争。[①]

党的建设：这是推进新民主主义革命的核心问题。如何在中国这样一个农民占绝大多数的落后农业大国，建设一个强大的无产阶级政党？毛泽东提出要着重从思想上建设党，共产党员不仅要在组织上入党，还要在思想上入党，要用马克思主义理论教育党员，纠正和克服党内各种非无产阶级思想，在实践中还创造了延安整风这一马克思主义教育形式。

10　稳定而成熟的中央领导集体

李德是中国共产党历史上不得不说的一个人物，在王明“左”倾教条主义统治中国共产党的时期，他实际上居于中央苏区与红军的领导者的地位，在博古的信任和纵容下，基本上手握决定党和红军重大事务的“生杀大权”。但是当他回到莫斯科，接受共产国际的处理时，共产国际却认为他虽有错误，但可免予处分。理由是：李德的错误在于不了解中国的情况，出了一些错误的主意，但李德无权对中国党的事务作出决定，中国共产党是一个独立的党，对于李德的意见可以采纳，也可以不采纳，李德的错误意见被采纳，责任应由中共中央负责。这正反映出当时的中央领导成员不够成熟。

---

① 参见《毛泽东选集》第二卷，人民出版社，1991年版，第610页。

李德，原名奥托·布劳恩，1900年出生于德国慕尼黑，1919年参加德国共产党。李德还有“斯特洛夫”“特利罗夫”“巴格奈尔”以及“李德”“华夫”等一系列化名。美国记者索尔兹伯里在其《长征——前所未闻的故事》一书中这样描绘李德：李德在第一次世界大战中作为一名德军的士兵被俄军俘虏。俄国1917年革命爆发后，几乎所有的俘虏都站到了革命的对立面，唯独这个叫布劳恩的战俘参加了苏联红军。在乌克兰和白俄罗斯打了三年仗后，布劳恩已成为苏联红军骑兵师的参谋长。他被选送到莫斯科陆军大学进修，学成后以共产国际代表的身份被派往中国。①1932年，李德被共产国际执委会派往上海远东局工作。1933年，中共临时中央从上海迁往中央苏区，李德以中共中央军事顾问的身份来到瑞金。

李德虽怀有帮助中国革命的良好愿望，但是他支持中共中央“左”倾错误方针、政策，坚持红军要进行正规的防御战，要御敌于国门之外，反对诱敌深入，反对游击战，将红军长期积累起来的反“围剿”的丰富经验诬蔑为“游击主义”而加以否定。他的错误指挥给红军造成重大损失，最终导致第五次反“围剿”的严重失败，红军被迫撤出中央苏区。1934年10月，李德参加了长征。在长征初期，作为负责筹划决策的“三人团”成员之一，李德仍继续其错误指挥。一方面过分强调保密，对战略转移没有进行应有的政治动员；另一方面在退却中采取消极避战的逃跑主义，导致中央红军在长征初期遭受惨重损失。

1935年1月召开的遵义会议决定取消“三人团”，撤销李德对军事的领导权。此后，李德不再拥有军事指挥权，但仍然多次参加中央政治局会议。1935年6月，在两河口召开的中央政治局扩大会议上，李德明确支持中央北上抗日的方针，反对张国焘南下的主张；到陕北后，他曾任中央军委研究委员会委员和抗大教员；1939年秋，李德回到莫斯科。随后，共产国际对李德在中国的行为进行审查，李德承认自己给中国革命造成巨大损失，同时又为自己的行为进

---

① 参见〔美〕哈里森·索尔兹伯里：《长征——前所未闻的故事》，过家鼎、程镇球、张援远译，解放军出版社，2005年版，第41页。

行辩解。共产国际在征求周恩来、任弼时等在苏的中共领导人意见后，作出对李德的处理决定：有错误，但免予处分。此后，共产国际再没有重用李德，李德被分配到苏联外文出版社从事翻译工作。1949年，李德回到德意志民主共和国。1964年5月中苏论战期间，他在《新德意志报》发表文章向中共发难。1973年，他出版了回忆录《中国纪事》，在书中极力歪曲中国革命的历史实践，恶毒攻击和诽谤中国共产党，并对他自己在中国革命中犯下的错误进行辩解。1974年8月，李德在德意志民主共和国去世。

中国共产党在经历了陈独秀主持党中央工作，瞿秋白主持党中央工作，向忠发、李立三主持党中央工作，王明、博古主持党中央工作之后，在毛泽东主持党中央工作时期，形成了稳定、成熟的中央领导集体。

从中共一大到五大，陈独秀均为党中央主要负责人。这个时期，党主要是通过国共合作领导国民革命运动。中共一大选举产生党的中央领导机关中央局，陈独秀任书记，张国焘、李达负责组织和宣传工作。中共二大选举产生中央执行委员会，陈独秀任委员长，张国焘为中组部部长，蔡和森为中宣部部长。中共三大选举产生中央局，陈独秀任委员长，毛泽东为秘书，罗章龙为会计，负责中央日常工作。不久，毛泽东辞去秘书一职，罗章龙出国，中央工作由陈独秀一人决断。中共四大选举产生中央局，陈独秀任总书记兼中央组织部主任，彭述之任中央宣传部主任，蔡和森、瞿秋白任中央宣传部委员，张国焘任中央工农部主任。中共五大选举产生政治局，陈独秀、张国焘、蔡和森为政治局常委，陈独秀任党中央总书记，张国焘为中央组织部部长，周恩来为中央军事部长，李立三为中央工人部长，谭平山为中央农民部部长。此后不久，由于蒋介石发动四一二反革命政变，汪精卫发动七一五分共清党，轰轰烈烈的大革命归于失败。在共产国际主导下，中共中央进行改组，停止了陈独秀的总书记职务，成立了由张国焘、周恩来等人组成的中央临时政治局常委会。这是在特殊情况下产生的临时代行政治局职权的过渡性的中央领导机构，其在组织南昌起义、筹备召开八七会议后解体。

在陈独秀主持中央工作期间，中央领导成员先后有十一人，平均年龄三十岁，可谓朝气蓬勃，富于革命进取精神。但大多数都是知识分子出身，带有比较浓厚的书生意气，实践经验不足，容易犯忽“左”忽右的错误。尤其是在大革命后期，犯了严重的右倾机会主义错误。加之共产国际脱离中国实际的指挥，导致了严重的后果，表明整个中央领导集体尚不成熟。

鉴于革命局势的持续恶化，中共中央召开政治局紧急扩大会议，清算了以陈独秀为代表的右倾机会主义错误，确定了土地革命和武装反抗国民党反动派的总方针，从而实现了由大革命失败到土地革命战争兴起的历史性转折。会议选举出中共中央临时政治局，瞿秋白、李维汉、苏兆征为政治局常委，瞿秋白实际上成为中央临时政治局的主要领导人。这一时期中央领导成员先后共计十五人，知识分子占十人。

这一时期中央领导成员有丰富的社会阅历和实际经验，文化素质、思想觉悟与民主作风都很出色，注重理论联系实际，具有大无畏的革命胆略。但由于大多出身于城市，对广大农村和底层群众缺乏必要的接触和深刻的了解，同时大多曾在苏联留学，远离国内革命斗争实践，回国后又很快成为领导者，如此的经历和成长道路，极易犯教条主义的错误。瞿秋白“左”倾盲动错误统治中央时期，给革命造成了重大损失。

向忠发、李立三主持党中央工作时期，中共六大选举产生新一届中央委员会，工人出身的向忠发在共产国际的安排下当选总书记。而向忠发由普通工人一下子成为新一届党中央主要负责人，能力水平不足以主持中央日常工作，因而实际主持中央工作的是李立三。李立三好大喜功，无视敌强我弱的客观现实，片面夸大有利的革命形势，使得“左”倾冒险主义逐渐在党内占据统治地位，原本已存在的“左”倾错误被推到了一个顶点，革命事业因此蒙受重大损失。后瞿秋白、周恩来受共产国际指派回国，并主持召开了六届三中全会，李立三检讨了自己的错误，离开了中央主要领导岗位。

六届四中全会全盘否定了六届三中全会所做出的相关决定，对中共中央进行了重新改组，全会撤销了瞿秋白、李立三、李维汉的政治局委员职务，新选陈郁、任弼时、王明、王克全、刘少奇进入中央政治局，后来王明由江苏省委书记补入政治局常委，成为中央实际负责人。向忠发被捕叛变后，王明代理党中央总书记。但时隔不久，王明赴任中共驻共产国际代表团团长，临走前任命博古主持中共中央日常工作。从此博古就成了王明在党内的代理人，一切以王明的指示马首是瞻。六届五中全会改选中央政治局，博古、张闻天、周恩来、项英当选为中央书记处书记，即中央常委。博古总负责。五中全会的召开，标志着以王明、博古为代表的“左”倾错误路线已发展到顶点，直接导致革命事业遭受重创，直到中央红军被迫长征，在途中召开遵义会议才转危为安 。

可见，遵义会议前的十四年间，中国共产党中央领导成员频繁更迭，或犯右倾机会主义错误，或犯“左”倾冒险主义错误，领导集体尚不成熟和稳定。

从遵义会议开始，毛泽东实际主持党中央工作，以毛泽东为核心的党的第一代中央领导集体逐步形成，到中国共产党第七次全国代表大会时正式形成，历时十年。党的第一代中央领导集体的形成和毛泽东在全党、党中央核心地位的确立，是中国共产党走向成熟的重要标志。

有人提出，遵义会议既没有推举毛泽东为党中央主要负责人，也没有确定毛泽东为军事指挥上的主要决策者，怎么能说确立了他在党中央和红军中的领导地位呢?

实际上，一个人在某个组织中是否发挥领导作用，主要看两个方面：一是看他是不是处于实际决策的位置上，二是看其在决策的位置上能不能作出正确的决策。

当时，党中央和红军面临的最主要的问题，就是要尽快解决军事战略和军事指挥问题。无疑，毛泽东发挥了别人难以取代的举足轻重的作用。比如，在遵义会议前召开的通道会议、黎平会议、猴场会议上，毛泽东毫不妥协地与博古、李德进行斗争，他的正确主张实际主导了红军行动的战略方向。又如，在极其艰难的环境中，毛泽东积极主动地做团结争取工作，特别是做通了张闻天和王稼祥的工作，为遵义会议实现重大转变作了充分准备。

召开遵义会议是博古作出决定的，但真正左右会议进程的却是毛泽东。查阅遵义会议的相关资料不难发现，有两篇讲话发挥了极为重要的作用。一篇是由张闻天代表毛泽东、王稼祥的联合发言，这个发言提纲实际上是“毛、张、王的集体创作而以毛泽东的观点为主导的”[①]；另一篇是毛泽东本人在会上的长篇发言。张闻天的发言，是对博古关于第五次反“围剿”总结报告的反驳，比较系统地批评了博古、李德在军事指挥上的错误；毛泽东的发言，对博古、李德在军事指挥上的错误进行了切中要害的分析和批评，并阐述了中国革命战争的战略战术问题和今后在军事上应该采取的方针。这两篇讲话得到周恩来、朱德、陈云、刘少奇等多数与会者的支持。会后，张闻天根据与会多数人特别是毛泽东的发言内容，起草了《中央关于反对敌人五次“围剿”的总结的决议》。

遵义会议最重大的成果，是改组了中央领导机构，增选毛泽东为中共中央政治局常务委员。刘伯承曾回忆道：“广大干部眼看反五次‘围剿’以来，迭次失利，现在又几乎濒于绝境，与反四次‘围剿’以前的情况对比之下，逐渐觉悟到这是排斥了以毛泽东为代表的正确路线，贯彻执行了错误的路线所致，部队中明显地增长了怀疑、不满和积极要求改变领导者的情绪。这种情绪，随着我军的失利日益显著，湘江战役达到了顶点。”[②]周恩来后来也谈道，“当时博古再继续领导是困难的，再领导没有人服了”[③]，而毛泽东的领导和指挥才能已经为人们所认识，取得领导地位是水到渠成。会议决定取消“三人团”，仍由中革军委主要负责人朱德、周恩来指挥军事，周恩来为最终决策者。会后，中央政治局常委分工，决定由张闻天代替博古负中央总的责任；以毛泽东为周恩来在军事指挥上的帮助者。后来又成立了由毛泽东、周恩来、王稼祥组成的新的“三人团”，周恩来为团长，负责指挥全军的军事行动。此时，党内排序是“洛毛”，军内排序是“周毛王”，毛泽东并没有处于第一位，但实际决策者是毛泽东，因而可以认为毛泽东取得了党中央和红军的领导地位。

正式确定毛泽东在党中央领导地位的是六届六中全会。这次会议于1938年

---

① 程中原：《说不尽的张闻天》，中央文献出版社，2008年版，第185页。

② 《刘伯承回忆录》，上海文艺出版社，1981年版，第4页。

③ 周恩来：《党的历史教训》（节录），《遵义会议文献》，人民出版社，1985年版，第68页。

9月29日至11月6日在延安召开，会议的目的是总结抗战以来的斗争经验，纠正王明在抗日战争前期的右倾投降主义错误，明确中国共产党在民族战争中的地位，以争取抗日战争的胜利。会议批准了以毛泽东为代表的中央政治局的政治路线，通过了《中共扩大的六中全会政治决议案》，基本克服了抗战初期王明右倾错误，统一了全党思想，推动了党的各项工作迅速发展。这次全会被毛泽东称为是“决定中国之命运”的一次重要会议。

实事求是地说，六届六中全会之所以能够取得这样的成果，共产国际发挥了重要作用。一开始，由于王明长期在共产国际工作，加之其对共产国际的指示奉若圣旨，不管适不适合中国实际，都要不折不扣地执行。因此相较于中国共产党的其他领导人，共产国际显然更为看重和信任王明。1937年11月，王明受共产国际委派、带着共产国际的指示回到中国。当时共产国际认为，必须有“熟悉国际形势的新生力量去帮助中国共产党中央委员会”①，这里的“新生力量”就是王明。

然而，此时的中国共产党经过大革命失败的教训和十年内战的磨炼，已经逐步成熟起来了。以毛泽东为代表的中央领导集体，始终坚持从中国实际出发制定路线方针政策，而不是一味执行共产国际的指示。特别是全民族抗战爆发后，中共中央提出了一系列正确主张，建立起抗日民族统一战线，迅速打开了工作局面。而且中共中央也始终在想办法恢复与共产国际的联系，多渠道向共产国际汇报工作。当共产国际了解了实际情况后，逐步改变了对中国共产党和毛泽东的认识，转而支持毛泽东的主张。这表明，共产国际既纠正了此前对中国问题的一些认识，也从根本上剥夺了王明以共产国际“钦差大臣”自居的资本，为随后召开的中共六届六中全会扫除了障碍。毛泽东说：“如果没有共产国际指示，六中全会还是很难解决问题的。”②

延安整风运动是中国共产党历史上第一次大规模的整风运动。通过整风，

---

① 《季米特洛夫在共产国际执委会书记处讨论中国问题会议上的发言》，《中共党史研究》，1988年第3期。

② 《毛泽东文集》第三卷，人民出版社，1996年版，第425页。

全党确立了一条实事求是的辩证唯物主义的思想路线，使干部在思想上大大地提高一步，使党内达到空前的团结。这场运动为确立毛泽东思想为全党的指导思想，以及最终形成以毛泽东为核心的党的第一代中央领导集体奠定了重要基础。

探究毛泽东在延安时期，特别是在延安整风运动中的核心作用，主要体现在以下几方面：

一是主持编辑《六大以来——党内秘密文件》。毛泽东从1940年夏开始，亲自主持收集、编辑和研究中国共产党六大以来的主要历史文献，为全党特别是党的高级干部学习和研究党的历史作了充分准备。

二是主导两次重要会议。一是1941年9月政治局扩大会议，二是1943年9月政治局扩大会议。这两次“九月会议”为统一全党思想发挥了重要作用。

三是调整中央领导机构。1943年4月20日中央政治局通过《中共中央关于中央机构调整及精简的决定》，规定：“在两次中央全会之间，中央政治局担负领导整个党工作的责任，有权决定一切重大问题”，“凡重大的思想、政治、军事、政策和组织问题，必须在政治局会议上讨论通过”，“书记处‘会议中所讨论的问题，主席有最后决定之权’”。[①]书记处由毛泽东、刘少奇、任弼时组成，毛泽东为主席。

四是坦然面对共产国际解散风波。1943年5月22日共产国际宣布解散，毛泽东主持召开政治局会议，一致通过《中国共产党中央委员会关于共产国际执委主席团提议解散共产国际的决定》，指出：中国共产党已经能够完全独立地运用马克思主义指导中国自己的革命实践；共产国际的解散，不仅不会削弱中国共产党领导的中国革命事业，反而“将使中国共产党人的自信心与创造性更加加强，将使党与中国人民的联系更加巩固，将使党的战斗力量更加提高”[②]。

五是粉碎国民党顽固派第三次反共高潮。国民党借共产国际解散之机，发

① 《毛泽东年谱（1893—1949）（修订本）》中卷，中央文献出版社，2013年版，第430页。
② 《毛泽东年谱（1893—1949）（修订本）》中卷，中央文献出版社，2013年版，第440页。

动了声势浩大的第三次反共高潮。而毛泽东运筹帷幄，组织全党打退了敌人的猖狂进攻。从此人们更深刻地认识到国民党的反动本质，也更深刻地认识到王明右倾投降主义的危害。

六是倡导马克思主义中国化。毛泽东思想是马克思主义与中国革命运动实际经验相结合的成果等重要论断，日益被广大干部群众所接受。“解决中国问题”，“创造新的东西”，在党内蔚然成风。

时隔十七年之久，中国共产党第七次全国代表大会终于在延安杨家岭中央大礼堂召开。这是一次水到渠成的大会，延安整风运动确立了实事求是的思想路线，六届七中全会通过的《关于若干历史问题的决议》弄清了党的历史上的路线是非，这些都为党的七大召开奠定了基础。为了选举产生坚强有力的中央领导集体，七大主席团确定的选举原则是：“要由能够保证实行大会路线的同志来组织中央委员会。”[①]在这个总原则下，针对代表们提出的问题确定了三个选举标准：一是对犯过错误但已经承认错误并决心改正错误的同志要选；二是选拔新同志要注意照顾各个方面；三是候选人通晓一方面或者稍微多几个方面的知识就可以选。最终大会选出正式中央委员四十四人，全面体现了主席团确定的总原则和三个标准。经毛泽东做工作，落选的王稼祥也被选为候补中央委员。

1945年6月9日，中共七届一中全会选举毛泽东、朱德、刘少奇、周恩来、任弼时为中央书记处书记；选举毛泽东为中央委员会主席兼中央政治局和中央书记处主席。这样，以毛泽东为核心的党的第一代中央领导集体真正建立起来。

中国共产党第七次全国代表大会是党在民主主义革命时期极其重要的一次大会，它总结了中国新民主主义革命二十多年曲折发展的历史经验，制定了正确的路线、纲领和策略，克服了党内错误思想，使全党特别是党的高级干部对中国民主革命的发展规律有了比较明确的认识，从而使全党达到了空前的团结与统一，为迎接抗日战争的胜利和新民主主义革命在全国的胜利，奠定了政治

① 中共中央文献研究室编：《毛泽东传》第二册，中央文献出版社，2011年版，第725页。

上、思想上、组织上的基础。确立毛泽东思想为党的指导思想并写入党章，是七大的历史性贡献。

以毛泽东为核心的中央领导集体，之所以是稳定的、成熟的，主要体现在如下几个方面：

确立书记处制度。“政党通常是由最有威信、最有影响、最有经验、被选出担任最重要职务而称为领袖的人们所组成的比较稳定的集团。”[①]而“任何一个领导集体都要有一个核心，没有核心的领导是靠不住的”[②]。八七会议之前，虽然陈独秀一直是党的主要负责人，但其思想、性格、政治斗争谋略都有明显的缺陷，更没有形成符合中国实际的理论体系，因此难以组织带领起稳定成熟的领导集体。而在陈独秀不再主持党中央工作之后，遵义会议之前，党的最高领导更换十分频繁，加之选出的领导层缺乏驾驭全局的能力和斗争经验，导致“左”倾错误一再发生，始终没有产生一位稳定的核心人物，也无法形成一个坚强的领导集体。事实一再证明，当时的中国共产党不仅迫切需要一个稳定的领导集体，而且需要一个成熟的领导核心。能够形成以毛泽东为核心的中央领导集体是中国共产党和中国革命之大幸，但是成熟稳定的中央领导集体还必须有科学的制度和体制来保证。书记处体制就这样应运而生了。书记处是根据政治局所决定的方针处理党中央日常工作的办事机关。延安整风后，通过规范和强化中央政治局的职权，中央书记处的地位和职能得到明确和加强，实现了中央政治局和书记处对全党工作的统一领导。

确立毛泽东思想为党的指导思想。政党领导集体和核心的确立，首先是思想权威的确立。以毛泽东为代表的中国共产党人创造性地运用马克思列宁主义的基本原理，认真考察中国的历史状况和社会状况，在中国共产党的历史上第一次明确提出了马克思主义与中国实际相结合、实现马克思主义中国化的任务，开辟了马克思主义在中国发展的道路，并把在长期革命实践中得到的一系

---

① 《列宁选集》第四卷，人民出版社，1995年版，第151页。

② 《邓小平文选》第三卷，人民出版社，1993年版，第310页。

列独创性经验作了理论概括，形成适合中国国情的科学的指导思想——毛泽东思想。党的六届七中全会通过的《关于若干历史问题的决议》明确指出："党在奋斗的过程中产生了自己的领袖毛泽东同志。""全党已经空前一致地认识了毛泽东同志的路线的正确性，空前自觉地团结在毛泽东的旗帜下了。"[①]

实行民主集中制。民主集中制是党的根本组织原则和领导制度，是马克思主义政党区别于其他政党的重要标志。在六届六中全会报告中，毛泽东重申党的纪律：个人服从组织、少数服从多数、下级服从上级、全党服从中央。在中共七大修订的党章中，作出民主集中制即"在民主基础上的集中和集中指导下的民主"[②]的概括。把民主集中制写进党章，既能最大限度激发全党创造活力，又能统一全党思想和行动，有效防止和克服议而不决、决而不行的分散主义，为维护党的团结统一提供了有力的思想武器和组织保证。

发扬优良传统和作风。毛泽东把中国共产党在长期奋斗中形成的优良传统和作风概括为三大作风，即"理论和实践相结合的作风，和人民群众紧密地联系在一起的作风以及自我批评的作风"。

理论和实践相结合，即一切从实际出发，理论联系实际，实事求是，在实践中检验真理和发展真理，这是中国共产党在长期革命实践中确立的思想路线，是中国共产党认识、分析和处理问题所遵循的最根本的指导原则和思想基础。毛泽东指出："反映了全世界无产阶级实践斗争的马克思列宁主义的普遍真理，在它同中国无产阶级和广大人民群众的革命斗争的具体实践相结合的时候，就成为中国人民百战百胜的武器。"[③]只有善于应用马克思列宁主义的立场、观点和方法，"进一步地从中国的历史实际和革命实际的认真研究中，在各方面作出合乎中国需要的理论性的创造，才叫做理论和实际相联系"[④]。

和人民群众紧密地联系在一起。全心全意为人民服务，一刻也不脱离群

① 中共中央文献研究室、中央档案馆编：《建党以来重要文献选编》第二十二册，中央文献出版社，2011年版，第73、111页。

② 中共中央文献研究室编：《十三大以来重要文献选编》下，人民出版社，1993年版，第2166页。

③ 《毛泽东选集》第三卷，人民出版社，1991年版，第1094页。

④ 《毛泽东选集》第三卷，人民出版社，1991年版，第820页。

众；一切从人民的利益出发，而不是从个人或小集团的利益出发；坚持向人民负责和向党的领导机关负责的一致性。共产党人必须随时准备坚持真理，因为任何真理都是符合人民利益的；共产党人必须随时准备修正错误，因为任何错误都是不符合人民利益的。

自我批评。在检讨中推广民主作风，不惧怕批评和自我批评，遵循“知无不言，言无不尽”“言者无罪，闻者足戒”“有则改之，无则加勉”等原则。毛泽东认为，这正是抵抗各种政治灰尘和政治微生物侵蚀大家的思想和中国共产党肌体的唯一有效的方法。

总之，以毛泽东为核心的中央领导集体的形成，极大地促进了中国共产党自身的发展，它赢得了人民的广泛拥护，最终带领人民取得新民主主义革命胜利，实现了民族独立和人民解放，为进一步探索中国社会主义道路奠定了坚实基础。

附录

共产国际与中国共产党

01　严苛的二十一条"家规"

1921年7月23日，中国共产党第一次全国代表大会在上海举行。大会通过了《中国共产党第一个纲领》和《中国共产党第一个决议》。然而，如此珍贵的历史文献，竟然全都丢失了。

1927年4月6日清晨，奉系军阀张作霖不顾外交惯例和国际公法，突然包围、袭击了苏联驻华大使馆，抓走了躲在这里的中共领袖李大钊，还非法搜去许多文件。张作霖命人将这些文件译成中文，编成一本《苏联阴谋文证汇编》，其中便有苏联人葛萨廖夫写的《中国共产党的成立》一文。该文详细记述了中国共产党成立的经过和讨论纲领时的激烈争论，但没有收录第一个纲领的原文。

1956年9月，中共中央办公厅主任杨尚昆前往莫斯科，向苏联共产党提出将共产国际有关中国共产党的档案交还中共的要求。苏共经认真研究，同意交还部分档案，其中就有中共一大文件的俄译稿，但其中文原稿仍是无踪可寻。

1960年，美国哥伦比亚大学中国史教授韦慕廷得知，该校东亚图书馆发现一篇题目为《共产主义运动在中国》的论文，署名为Ch'en Kung-po，与陈公博同音。韦慕廷仔细研究该论文，发现论文写于中国共产党成立后的第三年，该论文附录全文收入的六篇文献，极为珍贵，其中附录一、二就是《中国共产党第一个纲领》《中国共产党第一个决议》。

为了验证这些文献的真实性和准确性，韦慕廷通过当时身在香港的张国焘求得一本陈公博的回忆录《寒风集》，这是1944年由上海申报社刊印的。在该书《我与共产党》一文中，陈公博详细记述了中共一大“一连四日在李汉俊的贝勒路家内开会的过程”、南陈北李未能到会的缘由、在讨论纲领和宣言时的争论和分歧，更有法租界警官搜查并盘问的整个过程。文中谈道，关于会议通过的宣言是否应该发表，由于意见分歧，大家辩论很久，“后来到最终会议，才提出一个折中方案，将来这篇宣言应否发出，授权新任的书记决定。我回到广东之后，向仲甫先生痛陈利害，才决定不发，因此中共第一次大会的文献，没有宣言”①。

以上记述表明，中共一大的纲领和决议是由陈公博带到广东去的，而他抄录的那份手稿就成了两份文件留存于世的唯一底本。

后来，这组文献的俄译稿和英译稿都被翻译成中文，与陈公博手稿本除了翻译字句上稍有不同外，意思完全一致。

这组文献的俄译稿被翻译成中文后，曾在中共内部刊物《党史资料汇报》上刊出。1959年9月5日，参加过中共一大的董必武写下鉴定意见书说：“我看了你们送来的《党史资料汇报》第六号、第十号所载：‘中国共产党第一次代表大会’、‘中国共产党第一个决议’及‘中国共产党第一个纲领’，这三个文件是由俄文翻译出来的，在未发现中文文字记载以前，我认为是比较可靠的材料。”②

这就是中共一大相关文献失落及寻觅的过程。

当时，中国共产党是共产国际的一个支部，中国共产党第一次全国代表大会的文件能够在共产国际的档案中顺利找到，显然与共产国际实行与第一国际、第二国际不同的组织原则有极大关系。

---

① 陈公博：《寒风集》，上海书店出版社，1989年版，第207页。

② 《董必武同志关于鉴别“一大”文件给中央档案馆的复信》，中央档案馆编：《中国共产党第一次代表大会档案资料（增订本）》，人民出版社，1984年版，第117页。

共产国际第二次代表大会制定了二十一条“家规”，对加入共产国际的组织提出了严格的要求，其主要内容有：凡是愿意加入共产国际的组织，日常的宣传和鼓动必须具有真正的共产主义性质，党掌握的各种机关报，都必须由确实忠于无产阶级革命事业的可靠的共产党人来主持；有步骤地撤销改良主义者和“中派”分子在工人运动中所担任的比较重要的职务；把秘密活动和公开工作结合起来，积极为无产阶级夺取政权创造条件；党有责任在士兵中系统地开展工作，放弃这项工作，就等于背叛革命职责；通过同农村有联系的革命的城市工人共产党员和农业工人共产党员，积极在农村开展工作；不仅要揭露社会爱国主义，而且要揭露虚伪的社会和平主义；无条件地、坚决地要求在最短期间同改良主义和“中派”政策实行决裂；无情地揭露本国的帝国主义者在殖民地所干的勾当，不仅在口头上而且在行动上支持殖民地的一切解放运动；在工会、工人苏维埃和工业苏维埃、合作社及其他群众组织中坚持不懈地进行共产主义的工作；同阿姆斯特丹黄色工会国际进行坚决的斗争，支持正在产生的属于共产国际的红色工会国际联合会；审查本党议会党团的成员，清除不可靠分子，使议会党团不是在口头上而是在实际上服从党中央委员会；按照高度集中的方式组织起来，在党内实行像军事纪律那样铁的纪律；必须不断清洗属于共产国际的那些党内的小资产阶级分子；全力支持每一个苏维埃共和国同反革命势力进行的斗争；根据本国的特殊情况，制定出新的合乎共产国际决议精神的共产主义纲领；服从共产国际执行委员会的决议；应更改自己的名称，称为“某某国家的共产党（第三国际支部）”；在各国共产党的一切主要的机关报刊上，刊登共产国际执委会的所有重要文章；迅速召开本党的紧急代表大会，及时传达共产国际二大精神；有三分之二以上的中央领导成员在共产国际二大前就公开而明确地主张加入第三国际；党员如果原则上否认共产国际所提出的义务和纲领，应该开除出党。

据说，制定如此苛刻的加入条件，与匈牙利社会党人的背叛导致匈牙利苏维埃共和国失败有关。

列宁认为匈牙利共产党失败的一个重要原因，就是对社会民主党的本质认识不清，放弃了马克思列宁主义政党的纯洁性和独立性的原则，同社会民主党实行了合并。结果使许多社会民主党人窃据了党和政府的领导职位。社会民主党人正是借此进行了反对苏维埃政权的阴谋活动。列宁以此警告全世界的共产党人："任何一个共产主义者都不应该忘记匈牙利苏维埃共和国的教训。匈牙利共产党人同改良主义者的联合，使匈牙利无产阶级付出了昂贵的代价。"①

恩格斯倡议创建的第二国际，是一个以马克思主义为指导的社会主义政党和工人组织的松散联合体。然而在恩格斯去世后，由于伯恩施坦主义的影响，第二国际各政党和组织中，"和平长入社会主义"的改良思潮滋长蔓延，逐步占据了统治地位，并导致第二国际分为左、中、右三派。第一次世界大战爆发后，除少数左派之外，绝大多数政党和组织纷纷倒向本国资产阶级政府，转而支持帝国主义战争，第二国际随之破产。

面对这种严峻形势，以列宁为代表的左派有意建立由真正的马克思主义政党组成的第三国际（即共产国际）。十月革命的胜利不仅给各国无产阶级政党指明了正确的革命道路，同时也极大激发了广大劳动群众的革命积极性，要求脱离第二国际、立即组织起来的呼声日益增长。共产国际正是在这样的历史背景下诞生的。

1919年3月，第三国际正式成立。除俄国共产党外，还有德国共产党、德意志奥地利共产党、匈牙利共产党、瑞典左派社会民主党、挪威社会民主党、瑞士社会民主党反对派、美国社会主义工人党、保加利亚"紧密派"，以及波兰、芬兰、乌克兰、拉脱维亚、立陶宛、白俄罗斯、爱沙尼亚、亚美尼亚等国的共产党参加了大会。

在共产国际一大和二大之间，又有一些国家的政党宣布加入共产国际，不少国家的社会民主党、工人革命团体等的分化也在进一步加剧。不仅如此，一些仍在改良主义者和中派分子领导下的政党，迫于群众的压力，也作出了希望加入共产国际的声明。

---

① 《列宁选集》第四卷，人民出版社，1995年版，第251页。

以列宁为代表的左派领导人敏锐地认识到："一种是很严重的并且对无产阶级解放事业的胜利有着极大的直接危险的错误，那就是第二国际的一部分老领袖和旧政党，一方面有意无意地对群众的愿望和压力让步，另一方面为了继续在工人运动内部充当资产阶级的代理人和帮手而有意欺骗群众，声称他们愿意有条件地甚至无条件地加入第三国际，但是实际上他们在党的工作和政治工作的全部实践中，依旧停留在第二国际的水平上。这种情形是完全不能容许的，因为这样会直接腐蚀群众，破坏第三国际的威信，像匆忙改名为共产党人的匈牙利社会民主党人一样那样的叛变。"①这就是共产国际第二次代表大会对于接纳新党加入提出二十一条"家规"的原因。

中国共产党的成立及建设，虽然也经历了认识上的分歧与争论，但最终还是遵循了这二十一条"家规"。一开始，由于对共产国际代表居高临下的沟通方式不满，更由于对共产国际组织原则和组织体系不了解，陈独秀在创建中共的过程中既希望与共产国际建立一定联系，但又并不情愿把中共完全绑在共产国际的革命"战车"上。据李达、包惠僧等人回忆，中共成立后，陈独秀在与马林的初步会谈中，就在中共与第三国际的关系问题上产生分歧，并对每周要向马林汇报工作甚为反感，此后持续一段时间拒绝和马林见面。当张太雷极力撮合他们的关系、劝说陈独秀接受共产国际领导时，陈独秀大发雷霆："各国革命有各国国情，我们中国是个生产事业落后的国家，我们要保留独立自主的权力，要有独立自主的作法，我们有多大的能力干多大的事，决不能让任何人牵着鼻子走，我可以不干，决不能戴第三国际这顶大帽子。"②李汉俊也直率地表示："中国共产党还没有正式成立，是否加入共产国际也还没有决定；即使中共成立之后而加入了共产国际，它将来与共产国际所派的代表间的关系究竟如何，也还待研究。"③李汉俊甚至直接指出，中国革命"应由中国共产党自己

① 《列宁选集》第四卷，人民出版社，1995年版，第234页。

② 《包惠僧回忆录》，人民出版社，1983年版，第431页。

③ 中国社会科学院现代史研究室、中国革命博物馆党史研究室选编：《"一大"前后——中国共产党第一次代表大会前后资料选编》二，人民出版社，1980年版，第169页。

负责，共产国际只能站在协助的地位”，“共产国际如果支持我们，我们愿意接受；但须由我们按工作实际情形去自由支配”，“共产国际派来中国的代表只能是我们的顾问，决不应自居于领导的地位”。①

后来，随着共产国际对东方革命理论的发展及其政策调整、中国共产党对无产阶级革命认识的提升和中国革命的现实需要，中国共产党终于在二大上确定正式加入共产国际，“自此以后中国党的全部生活，一切的斗争，党的全部政策，红军苏维埃的发展与巩固，无一不得力于共产国际之指导与帮助”②。

可见，就中国共产党的建立，以及中国共产党与共产国际的关系而言，有两点从一开始就是毋庸置疑的。

其一，共产国际始终坚持中国共产党是它的一个支部。共产国际二大通过的章程明确规定，共产国际“必须是一个独一无二的世界性的共产党。在各国进行工作的党只是它的独立支部而已”。因此，在落实共产国际东方战略的过程中，被派到中国的代表的任务主要是，实地调查、创建共产党、寻找革命同盟，经其推动和帮助建立的中国共产党，必须是共产国际的一个支部。

其二，中国共产党成立前后，虽然陈独秀等党的领导人一度对与共产国际的关系有过疑虑，但是在马林等共产国际代表的努力下，中国共产党事实上已经将自己看作共产国际的一个支部，做到了按照共产国际的原则和要求健全党的领导机构，在组织上接受共产国际的领导；接受共产国际指示，并按照指示精神制订工作计划；定期向共产国际报告工作，寻求共产国际的指导和支持；如果与共产国际代表发生重大意见分歧，必须接受共产国际的裁决；接受共产国际提供的革命活动经费等。

① 中国社会科学院现代史研究室、中国革命博物馆党史研究室选编：《“一大”前后——中国共产党第一次代表大会前后资料选编》二，人民出版社，1980年版，第169、170页。

② 中国社会科学院现代史研究室、中国革命博物馆党史研究室选编：《“一大”前后——中国共产党第一次代表大会前后资料选编》二，人民出版社，1980年版，第291页。

02　洋先生的助推

中国共产党的成立与发展，从根本上说，是马克思主义与本国工人运动相结合的客观要求，但是与共产国际的决策和推动也是分不开的。

据《彭述之回忆录》记载，共产国际派到中国来联络五四运动中倾向马克思主义知识分子的第一个俄国人，并不是较为人熟知的维经斯基，而是一个名叫荷荷诺夫金的人。

彭述之详细记述了李大钊亲口告诉他的事情经过。那是1920年初，李大钊像往常一样，正在北京大学的办公室里工作，突然有人敲门。来人自我介绍叫荷荷诺夫金，是受共产国际远东局的委托，前来和李大钊联系，目的是在中国成立一个共产党。李大钊马上强调，这个问题太重大了，需要有点时间来思考。同时李大钊提出，自己不是发起建党的适当人物。在中国，唯一有魄力发动创立共产党这一壮举的人物，就是陈独秀。而此时，陈独秀已经去了上海，李大钊就答复荷荷诺夫金道，自己将用通信的方式，同陈独秀商讨共产国际的这一建议。不久，陈独秀和李大钊一致认为，应接受共产国际的建议。当李大钊将这一消息告诉荷荷诺夫金时，荷荷诺夫金高兴极了，急忙向共产国际远东局汇报。不久，维经斯基就来了。①

1920年4月，共产国际批准派遣维经斯基小组来华。于是，维经斯基也就成为共产国际派往中国的首位代表。

格里戈里·纳乌莫维奇·维经斯基，曾化名吴廷康、伍廷康、吴庭康、魏琴、卫金，共产国际活动家，俄罗斯人。早年曾在美国和加拿大半工半读，1918年春返回苏俄并加入苏联共产党。1919年5月在海参崴被白军俘虏，被流放到库页岛，组织暴动成功后，回到海参崴。1920年1月到共产国际执行委员

① 参见彭述之口述，程映湘、高达乐编撰：《彭述之回忆录》，周任辛、叶向阳译，天地图书出版社，2016年版，第138—140页。

会机关工作，后又担任共产国际执行委员会东方部副部长。

维经斯基率领的小组，成员有翻译杨明斋、维经斯基的夫人、秘书马迈耶夫及其夫人，他们的公开身份是记者。维经斯基一行抵达北京后，经北京大学俄文教授柏立韦介绍，很快与李大钊会面。李大钊热情地接待了维经斯基一行，并召开座谈会、演讲会，邀请进步人士和革命青年出席。维经斯基向大家介绍了苏俄十月革命后的情况及其对外政策。

维经斯基同李大钊等讨论了建党问题，他根据苏俄的革命经验，提出“组织中国共产党，加入共产国际是中国革命的当务之急”，并认为“中国已经具备了建立共产党的条件”。李大钊对他的意见表示赞同。不久，维经斯基携李大钊的介绍信前往上海见到了陈独秀。1920年下半年，正是这一系列的会见和交流，并在维经斯基一行的帮助下，陈独秀、李大钊等人开始筹划创建中国共产党。

据李达、罗章龙、张国焘等人回忆，1920年5月至1921年1月，维经斯基针对当时中国工人阶级和共产主义者的思想和组织状况，指出：“中国的马克思主义的政党虽然还未开党代会，未经共产国际承认正式形成，但看得出来已有自发性的雏形组织”，认为中国应建立共产党的组织。维经斯基谈话，给中国早期共产主义者以极大鼓舞，“所以，我们共同认为我们的想法、做法已得到国际代表的承认。婴儿已诞生，组织问题落实了”。①

1920年6月，维经斯基向共产国际报告：“中国革命运动最薄弱的方面就是活动分散。为了协调和集中各个组织活动，正在着手筹备召开华北社会主义者和无政府主义者联合代表会议。”②不久，这次会议在上海举行。同时，维经斯基先后在上海、北京、天津、广州、汉口等地建立了有中国革命者参加的

---

① 中国社会科学院现代史研究室、中国革命博物馆党史研究室选编：《“一大”前后——中国共产党第一次代表大会前后资料选编》二，人民出版社，1980年版，第198、199页。

② 高万娥、刘道慧：《建党伟业——聚焦1921》，人民出版社，2011年版，第211页。

“革命局”[①]，在学生、工人和士兵中进行广泛的宣传工作，并发展革命团体组织。在上海，他甚至参与了组织名称叫“社会党”还是叫“共产党”的最后商定。这些活动有力地推动了中国共产主义者的组织联系，奠定了中国革命与共产国际联系的基础。

难能可贵的是，维经斯基在中国短短半年时间，就推动成立了上海中国共产党发起组，帮助建立了若干地方的共产党早期组织，创建了社会主义青年团，恢复和创办了《新青年》《共产党》《劳动者》等刊物，成立上海机器工会、印刷工会和纺织工会，开办劳动补习学校、外国语学社等，显示出强有力的组织协调能力。不仅如此，他还从理论上指明共产国际、苏俄与各国共产党的关系，推动各地党的早期组织联合起来，正式成立中国共产党并加入共产国际。维经斯基指出，共产国际“是由各国共产党共同组织起来的世界革命的大本营”，不能与苏俄政府混为一谈，苏俄政府的外交对象是北京政府，而“共产国际所要联络的对象则是中国共产党”，“中国革命是中国共产党和中国人民自己的事情，苏俄政府自然不能干预，而共产国际站在国际主义的立场，当然予以支持”；至于俄共，它则是共产国际的一员，虽然在共产国际具有领导党的地位，但“不会强迫其他各国共产党采取某种不适合于其本国革命要求的政策”。[②]这些都是当时中国共产主义者十分关心的问题。维经斯基的循循善诱、平等交流得到普遍赞许，不仅消除了中国共产主义者的疑虑，而且维经斯基还与陈独秀、李大钊等建立了深厚友谊。

维经斯基第二次被派往中国，是在共产国际确定国共合作方针之后，前来上海主持召开中共中央扩大执委会会议，以纠正党内保守倾向，大力开展工人运动，加强与国民党右派的斗争。在共产国际远东部工作期间，还积极协调中共与鲍罗廷之间的矛盾纠纷，促进国共合作的顺利进行。孙中山逝世后，维经

① 学术界对“革命局”的组成和性质问题有争论，但可以肯定的是有关历史反映了国际代表对中国共产主义运动所发挥的组织作用。参见中国社会科学院现代史研究室、中国革命博物馆党史研究室选编：《“一大”前后——中国共产党第一次代表大会前后资料选编》二，人民出版社，1980年版，第548页。

② 参见中国社会科学院现代史研究室、中国革命博物馆党史研究室选编：《“一大”前后——中国共产党第一次代表大会前后资料选编》二，人民出版社，1980年版，第157—158页。

斯基策划“上海谈判”分化西山会议派，促成了国民党二大的顺利召开和孙中山联俄、联工、扶助农工三大政策的继续推行。中山舰事件后，维经斯基主张“不再与国民党一起组成混合联盟”[①]，但强调不能退出国民党。蒋介石四一二反革命政变、汪精卫七一五分共清党过程中，维经斯基坚持忍让妥协，严重地影响了中国共产党的认识。

维经斯基还是一名学者。大革命失败后，维经斯基被调回苏联，先是任全俄农业合作社中央园艺部副主席，后主要从事社会科学的研究和教学工作，发表了一系列有关中国问题的研究成果，始终对中国共产党和中国人民怀有深深的情谊。

如果说维经斯基唤醒了中国共产主义者的觉悟，使之建立了与共产国际的联系，为中国共产党的创立奠定了坚实的基础，那么成立中国共产党，并使之成为共产国际的一个支部的使命，却是由共产国际的另一个代表马林完成的。

1921年6月初，共产国际根据列宁的推荐，派马林来中国帮助建党等工作，同时令其考察远东各国的建党情况，并调查是否有可能在上海设立共产国际远东局。马林很快与共产国际远东书记处建立了联系，并得到第一份关于中国共产主义者的情报，从中了解到“中共只有几个分散的小组，到那时为止，真正的组织工作还没有做多少”[②]。马林来华以后，到北京和李大钊等交换意见，建议召开一次全国代表大会以建立中国共产党。之后，他又和共产国际远东书记处的代表尼克尔斯基一起，由张国焘陪同去上海，帮助上海共产党早期组织筹备召开中共一大。他同在广州的陈独秀取得联系，并向他及李达等提出尽快召开党的全国代表大会的建议。至7月初，他们已经“要讨论实际办法并开始集中组织工作”，并决定于当月底召开代表大会。在马林的帮助下，上海共产党早期组织发信给各地的共产党早期组织，要他们各派两名代表到上海开会。

---

① 《联共（布）、共产国际与中国国民革命运动（1926—1927）》第三卷，中共中央出版社，2020年版，第209—210页。

② 《马林在中国的有关资料（增订本）》，人民出版社，1984年版，第24页。

作为共产国际代表的马林和维经斯基一样，都是要把中国共产党纳入共产国际组织体系。但他的性格与沟通方式明显不同于维经斯基。他居高临下，处处以共产国际代表自居；他坚持原则，贯彻共产国际要求，不懂得变通；他事必躬亲，毫不客气地向中国同志索要工作报告、计划和预算等。马林不打折扣的工作作风、简单直接的脾气性格等，一度遭到李达、李汉俊等人反对，陈独秀也因此与之形同陌路。但不可否认的是，中国共产党的成立，包括中共一大的各项筹备工作都是在他的督促、指挥下完成的。仅就中国共产党成立这一重大历史事件来说，马林功莫大焉！

在中共一大开幕大会上，马林作了《第三国际的历史使命与中国共产党》的主题报告，宣称中国共产党——第三国际东方支部，正式宣告成立，“希望中国共产党的同志努力革命工作，接受第三国际的指导”[①]。作为共产国际执行委员会委员，马林致力于使中国共产党成为共产国际一个支部的拳拳之心溢于言表。

实事求是地说，马林除了推动建立中国共产党这一历史性功勋之外，其贡献还是多方面的。他组织成立了中国劳动组合书记部，推动中国共产党领导工人运动合法化；督促陈独秀放弃广州政府要职，回上海主持中共中央工作；锲而不舍地反复协调沟通，初步确定中国共产党接受共产国际领导的原则；定期出版《共产党》月刊、《劳动周刊》等报刊，筹备创办新的政治周报（即后来的《向导》）；组织国民党、共产党、工会共同组成代表团，参加远东各国共产党及民族革命团体第一次代表大会；等等。尤其需要指出的是，1921 年 12 月，由张太雷陪同，马林与孙中山三次长谈“关于苏俄承认他（指孙中山——引者）以及与之结成联盟的可能性问题”[②]，在他的提议与具体协调下，实现了国民党与共产党之间的第一次合作，从而开创了中国革命的崭新局面。

---

① 中国社会科学院现代史研究室、中国革命博物馆党史研究室选编：《“一大”前后——中国共产党第一次代表大会前后资料选编》二，人民出版社，1980年版，第11页。

② 中国社会科学院现代史研究室、中国革命博物馆党史研究室选编：《“一大”前后——中国共产党第一次代表大会前后资料选编》一，人民出版社，1985年版，第427页。

03 “中国的列宁”

谈到对中国大革命产生过巨大影响的外国人，有一位俄国人不能忽略，那就是鲍罗廷。

鲍罗廷，原名米哈伊尔·马尔科维奇·格鲁森贝格，出生于俄国维切布斯克州一个贫苦犹太人家庭。年轻时曾当过码头工人，1903年加入了俄国社会民主工党。1904年随列宁到瑞士从事革命活动，目睹了列宁侨居国外办《火星报》的情景。1907年春赴美国侨居，曾在芝加哥加入美国社会党，创办了《美国工人》杂志，在芝加哥为俄国侨民创办了一所“进步预备学校”。1918年回到俄国，在苏俄外交人民委员会工作。1919年3月出席共产国际第一次代表大会。之后，曾到美国、墨西哥、英国等地从事国际联络工作。也正是在这一阶段，鲍罗廷因出色的业绩和传奇的经历，成为共产国际的风云人物。

共产国际成立后，日常运行由主席团执行委员会负责。苏共主要领导人之一的季诺维也夫任主席，鲍罗廷为委员，直接受季诺维也夫领导。鲍罗廷的任务主要是联络各国共产主义者，推动共产国际指示的落实。为此，他要经常前往欧美国家，组织各国建党，宣传动员群众，开展革命运动。当时，苏联受到帝国主义国家的封锁和孤立，到西方国家去工作不仅十分困难，而且要冒生命危险。但是鲍罗廷不惧危险，勇往直前，冒险出访德国、瑞士、荷兰、美国、墨西哥等十二个国家，每到一个地方，都能建立党组织，集合起一批志同道合者，在极其险恶的环境下完成共产国际交给的任务，为国际共产主义运动立下了汗马功劳。

功勋卓著的鲍罗廷受到共产国际和苏共领导人的高度关注，当共产国际的工作重点转向东方时，鲍罗廷便成为“开疆拓土”的不二人选。

在维经斯基、马林等人的不懈努力下，共产国际关于实行国共合作的方针已经确立。为了更有力地推动这项工作，共产国际决定结束马林在中国的工作，而派传奇英雄鲍罗廷为共产国际驻国民党、苏联派驻国民政府的代表，同时派维经斯基再次来华，在共产国际远东部工作。从此，鲍罗廷与中国结下了不解之缘。

鲍罗廷到底不一般。来到中国不久，他就以丰富的阅历、卓越的见识和非凡的人格魅力，迅速与孙中山建立了亲密的关系。而亲密的关系又成为深入沟通的润滑剂，以往很难让孙中山接受的意见，经他之口便顺理成章地被接受了。鲍罗廷认为当时的当务之急是改造国民党，以建设一个具有广泛群众基础的、坚强有力的革命政党；创办一所军官训练学校，建立一支独立的、不受军阀支配的军队；不遗余力地发动群众，制订一套符合群众利益的社会和经济改革计划；等等。对于这些问题，除在孰先孰后上有一些分歧外，孙中山都给予了支持。

鲍罗廷具有非凡的处理复杂问题的能力。在国民党方面，虽然他敏锐地意识到改造国民党的极端重要性，希望把国民党建设成为具有深厚群众基础的、统一的、能够担负起民族解放重任的革命政党。但许多追随孙中山多年的国民党员和政府官员，特别是一些资历深厚的元老对此并不认同，改造国民党阻力重重。但他还是以卓越的政治智慧，将三民主义同民主、民族主义和社会主义“三项原则”协调起来，大大减少了国共合作的难度。

在共产党方面，鲍罗廷同样也面临繁重的说服教育的任务。中国共产党是共产国际的支部，希望得到苏联和共产国际更多的支持。但实际情况是，苏联和共产国际对国民党的支持更为直接，也更为偏重，许多共产党人对此很不理解。而鲍罗廷一再要求中国共产党“以国民党为中心”，他还按照苏联政府要求，“从反对帝国主义的问题入手组织左派向右派发动攻势”，完成在右派和左派之间加楔子的工作，对右派实行打击。①

必须肯定的是，面对这种尴尬处境，鲍罗廷不但丝毫没有气馁，而且以顽强的意志和清醒的头脑开展工作，取得了不俗的成绩。

---

① 参见《联共（布）、共产国际与中国国民革命运动（1920—1925）》，中共中央党史研究室第一研究部译，北京图书馆出版社，1997年版，第503、504页。

面对陈炯明军队咄咄逼人的进犯，从孙中山到广东政府，普遍对战胜陈炯明缺乏信心，尚未交手，就准备撤退或逃亡。这时鲍罗廷挺身而出，坚决主张用军事行动回击陈炯明，发布法令改善人民生活，动员群众支持政府。在鲍罗廷的组织指挥下，孙中山最终打败了陈炯明，保卫了革命政权，此举使鲍罗廷声望大振。

1920年至1923年，孙中山不止一次试图对国民党进行改组，但都因党内存在意见分歧而未能如愿。国共合作后，孙中山执着于军事工作，对改组国民党实际上无暇顾及，这时的国民党并未发生实质性的变化。而鲍罗廷“对孙的态度正是从加强国民党左派的角度和为了国民革命运动而拯救孙的角度出发”，“在各种场合强调指出了他过去那些相互矛盾的和完全不恰当的斗争方法的破产，同时又向他说明了新的斗争方法、新的方针的前途”。[①]中外报刊常有报道，说鲍罗廷是天才的政治家，是国民党领导层中举足轻重的人物。[②]

鲍罗廷不仅处理问题能力强，组织工作做得好，而且知识渊博，口才超众，是个不折不扣的革命演说家。一次，他在对农民讲习所学员讲话时，首先向学员发问：孙中山先生过去领导的革命是成功了还是失败了？孙中山先生是中国革命的火车头，为什么有时候会出轨，有时会翻车呢？是煤炭不好吗？是机器不好吗？是螺丝钉不好吗？都不是。那是什么原因呢？是因为支持孙中山这个火车头行进的两条铁轨中有一条不健全。这两条铁轨，一条是华侨、留学生、知识分子，这一条铁轨还可以；但另一条却是旧式的军阀部队，未经改造的民军、土匪，实际上不是铁轨，而是腐朽的木头，所以火车头有时就会出轨，就会翻车。现在实行三大政策，组织工农参加革命，就是要用工农大众这条新的钢轨去换掉军阀部队的旧轨，使革命火车头能安稳地前进。鲍罗廷的这个“革命火车头”的比喻，将孙中山领导的资产阶级民主革命失败的原因讲得极为通俗透

---

① 《联共（布）、共产国际与中国国民革命运动（1920—1925）》，中共中央党史研究室第一研究部译，北京图书馆出版社，1997年版，第434页。

② 参见［苏］维什尼亚科娃-阿基莫娃：《中国大革命见闻（1925—1927）——苏联驻华顾问团译员的回忆》，王驰译，中国社会科学出版社1985年版，第43页。

彻。农民讲习所的学员闻之新鲜异常，对孙中山先生的这位顾问无比敬重，切身感受到了以列宁为首的俄国共产党人对中国革命的真诚支持和援助。①

事实上，孙中山十分倚重这位顾问，让他深度介入国民党各个方面的事务，鲍罗廷经常出席党和政府的重要会议，参与制定国民党最基本的决策，在重大问题上拥有决定性的发言权。罗章龙曾回忆："鲍在国民党会议上有'否决权'，可代行总理职权，权力相当大。"②孙中山在多个场合宣传鲍罗廷，说他是自己的朋友和辩护人，甚至称鲍罗廷是"中国的列宁"。

鲍罗廷的有些见解是很有见地的。他认为，中国是一个农业国家，农民占全国人口的绝大多数，在这样的国家里，只有把农民发动起来，革命才会有强大的动力。国民党政府成立农民调查委员会、开办农民运动讲习所，都是鲍罗廷的意见和指示。另外，第二次直奉战争前夕，面对日益尖锐的革命政府与商团的矛盾，鲍罗廷力主成立革命委员会，指挥与商团决战，牢牢掌握了斗争的主动权。

1924年10月，冯玉祥邀请孙中山北上共商国是。孙中山启程前给国民党留下指示说：鲍罗廷的主张，就是我的主张，凡是政治上的事，总要听他的主张，你听他的主张，要像听我的主张一样。③

孙中山逝世后，鲍罗廷费尽心力驾驭国共合作这只动荡不定的航船。在他的积极努力下，国民党第二次全国代表大会如期在广州举行。这次会议通过了继续坚持孙中山三大政策等重要决议，选举产生了国民党左派和共产党占上风的中央执行委员会，对国民党右派的猖狂进攻给予了迎头痛击，对西山会议派的骨干给予了惩处。

当时，苏联对孙中山逝世后的中国革命形势不太放心，秘密派遣了一个以布勃诺夫为首的调查委员会，听取鲍罗廷对中国革命形势的汇报。鲍罗廷十分自信地认为，汪精卫、蒋介石携手，广东国民政府稳固。

---

① 参见孙畅雪、高健：《经历非凡的职业革命家——鲍罗廷其人（上）》，《党史纵横》，2002年第6期。

② 罗章龙：《椿园载记》，生活·读书·新知三联书店，1984年版，第279页。

③ 参见孙畅雪、高健：《经历非凡的职业革命家——鲍罗廷其人（上）》，《党史纵横》，2002年第6期。

然而事实证明，鲍罗廷有些盲目乐观，离开了孙中山的支持，汪精卫、蒋介石的携手合作只是一种假象。蒋介石随后借《中山舰事件》反共和压制汪精卫、以和解为名在国民党二届二中全会上抛出《整理党务案》等，都极大地限制和削弱了共产党在国民党中的影响，极大地限制和削弱了汪精卫等国民党左派的领导地位。不仅如此，鲍罗廷本人也从此处处受到蒋介石的牵制，尽管又被授予“国民党中央执行委员会高级顾问”的头衔，但其地位与影响与孙中山时期相比，已是大大降低了，实权已落入他曾着意栽培的蒋介石手中。

虽然曾拍着胸脯向共产国际和苏联打了保票，但已经失去蒋介石信任和没有了实权的鲍罗廷，面对国民党右派的步步紧逼，只能执行步步“和解”的妥协退让政策。

1927年初，共产国际和鲍罗廷开始察觉蒋介石的反革命趋势，即派维经斯基到武汉与鲍罗廷商谈对策。鲍罗廷主张联合唐生智反蒋，维经斯基则寻求妥协以保证革命阵营不分化。后来共产国际明确指示，只要蒋介石不反动不变节，就要联合他、帮助他。鲍罗廷的错误在于机械地贯彻共产国际的指示，宁可牺牲共产党和工农的利益，也要保全脆弱的国共合作关系，包括指责“农民运动过火”，领导农民运动的都是“地痞”和哥老会等。

需要交代的是，几乎是同一时间，共产国际执委会第七次扩大会议作出有关中国问题的决议，任命执委会委员罗易为驻中共首席代表，来华贯彻决议精神，并具体指导中国革命。罗易、鲍罗廷、维经斯基在对待蒋介石问题上，在中共五大确定全党在紧急时期的任务和方针时，虽有严重意见分歧，但总体上都是对国民党右派的猖狂进攻一味妥协退让。

后来罗易将“五月指示”拿给汪精卫看，导致文件泄密，他也因此被召回苏联。在中共五大召开时，正在中国访问并指导政治学校工作的米夫也参加了会议。

四一二反革命政变后，蒋介石公开通缉鲍罗廷。同年6月，武汉国民党中央又解除了鲍罗廷的职务。在大革命失败已成定局的情况下，共产国际认为鲍罗廷应对此负重要责任，故于7月派罗明纳兹来接替他。至此，曾经的英雄鲍罗廷在中国黯然谢幕。

鲍罗廷回到苏联后，担任劳动人民委员会委员及塔斯社代理负责人，并在外交出版社工作，一度担任《莫斯科新闻》英文版编辑部主任。让人唏嘘不已的是，1949年，苏联政府错误地指控美国进步作家安娜·路易斯·斯特朗为间谍并将之驱逐出境，鲍罗廷作为她的友人被牵连逮捕，1951年死于远东的一个劳动营中。

04　难以自拔的思维定式

罗易是在大革命的危难时刻被共产国际派往中国的共产国际首席代表。没想到，他刚到没多久就制造了泄密事件，直接导致汪精卫与共产党的决裂，而这成为大革命失败的标志性事件之一。

罗易，原名马纳本德拉·纳特·巴塔查尔亚，印度孟加拉人。读大学时参加反对英国殖民主义统治印度的民族运动。1915年曾往日本会见孙中山，想从中国西南部运武器到印度，但未能实现。1916年赴美国，先后在旧金山、纽约从事革命活动。1917年6月被捕，后经保释逃往墨西哥，参加当地社会主义运动。1918年12月出席墨西哥社会党第一次代表大会，当选为该党中央总书记。1919年会见共产国际密使鲍罗廷，在鲍罗廷的帮助下，召开社会党及其联合组织特别会议，成立了墨西哥共产党，加入共产国际。1920年率墨西哥共产党代表团赴莫斯科出席共产国际第二次代表大会，为列宁的《民族和殖民地问题提纲（初稿）》起草了《补充提纲》，被选为共产国际执委会委员，并为常设机构五人“小局”成员。1921年6月出席共产国际三大，开始负责共产国际东方局领导工作。1922年11月出席共产国际四大，作《东方问题提纲》报告，被选为候补执行委员。1924年6月出席共产国际五大，被选为执行委员、主席团候补委员。1926年11月共产国际执委会第七次扩大全会讨论中国革命问题，通过了他起草的在中国开展以土地革命为主要内容的革命提纲。

鉴于当时中国革命正处于一个非常严峻的时刻，根据出席共产国际执委会第七次扩大会议的中共代表谭平山的建议，共产国际委派罗易作为驻中共首席代表来华，贯彻第七次扩大会议精神，指导中国革命。

1927年2月，罗易到达广州，即发表了《中国革命的意义》《一个警告》《注意领导人》等文章，阐述对中国革命形势的看法，警告中国共产党人蒋介石可能叛变革命。必须贯彻共产国际关于“反对右派，团结左派，批判中间派”的方针，把精力和注意力放到挽救革命事业中来。

几乎与此同时，中共中央召开特别会议，陈独秀在讲话中表示，当前主要危险是民众运动勃兴并日益向左转，使蒋介石等因惧怕民众运动而日益向右。为了争取蒋介石由右向左，中国共产党应该限制工农运动的发展。

然而，当时中国的革命形势是极其复杂的，其发展轨迹也不是罗易和陈独秀等人能够左右的。人们看到，随着北伐战争的胜利，国民党出台《整理党务案》，国民革命军也日益凸显出保守性和反动性。

1927年3月，共产国际发出指示，要求必须在军队中加强国民党和共产党支部工作；必须坚持武装工农；必须坚持共产党的独立性；必须揭露和打击右派等。但是在蒋介石全面右转、汪精卫摇摆不定的情况下，这一指示根本无法执行。不仅如此，罗易还与鲍罗廷在指导中国革命的一系列重大问题上产生分歧。特别是在中国共产党第五次全国代表大会上，两人围绕先进行北伐还是先进行土地革命的问题发生了激烈的争论。鲍罗廷主张和国民党左派一起立即开始第二次北伐。罗易则认为应先开展土地革命，在革命深入的基础上再进行北伐。后来鲍罗廷又提出“西北学说”，认为西北是帝国主义势力所不及的地方，又接近苏俄和蒙古，便于获得援助，是最好的革命根据地。罗易则坚决反对鲍罗廷的“西北学说”，指出这是小资产阶级失败主义的表现。罗易还严厉批评了陈独秀和鲍罗廷关于下一时期将是革命低落期的观点，认为下一阶段将是中国革命的发展时期，应该大力开展土地革命，以巩固革命基地。

1927年5月18日至30日，共产国际执委会召开第八次扩大全会，斯大林作《中国革命和共产国际的任务》，通过了《关于中国问题决议案》。决议提出要“实行土地革命，动员千百万农民自动没收土地，组建一支8个师或10个师的可靠军队，组织革命法庭惩办反动军官”等。据此精神，共产国际发出了著名的“五月指示”。[①]

“五月指示”传到中国时，中国革命正处于危急时刻。号称国民党左派的汪精卫正勾结其他国民党右派，准备以共产党人的鲜血来换取“宁汉合流”。在已经清楚上述情况的前提下，罗易还幻想争取汪精卫回心转意，竭力保持住共产党与国民党左派的联盟。为此，6月1日，罗易竟将共产国际“五月指示”送给汪精卫看，于是汪精卫找到了公开反共的口实。1927年7月15日，汪精卫公廾宣布与共产党“决裂”。对于罗易，蔡和森这样评价道：“鲁易同志所说的一些原则都是很对的，很宝贵的，只可惜没有说出办法，每次开会都像上课一般，只是空空洞洞的教我们一些原则……我看来，老鲍是有办法而无原则，鲁易是有原则而无办法。”[②]

中国大革命失败后，罗易从武汉回到莫斯科。1928年6月，在中共六大上，共产国际第一书记布哈林尖锐地批评了罗易，他说：“中国共产党大都是‘忠厚长者’，还有共产国际代表罗易，他竟将共产国际的秘密指示真诚地送给汪精卫看，这完全是一种糊涂、愚笨的做法。”[③]1928年7月召开的共产国际六大没有保留罗易的任何职务。1929年12月，罗易因反对共产国际六大决议而被开除。后回到印度从事民族解放运动。二战期间组建激进民主党，支持反法西斯战争。1954年1月，在印度家中病逝。

罗易在政治上无疑是幼稚的，但是对于大革命的失败，中国共产党及陈独秀应该承担什么样的责任，他的认识却与共产国际其他领导人的认识出奇地一致。

据有关学者考证，大革命失败前夕，三位共产国际远东局代表在给联共（布）驻共产国际执委会代表团的信中，首次使用了“机会主义者陈独秀”这

① 朱洪：《陈独秀风雨人生》，湖北人民出版社，2004年版，第234页。

② 蔡和森：《党的机会主义史》，《中共党史参考资料》四，1978年版，第509—510页。鲁易即罗易。

③ 徐世强：《活跃在中国革命舞台上的共产国际代表》，《党史博览》，2010年第2期。

个提法。[①]6月，罗易连发两封电报：一封给斯大林、布哈林，一封给联共（布）中央政治局。电文中列举陈独秀种种罪状，称其是国民党在共产党内的代理人。[②]7月9日，斯大林在给莫洛托夫和布哈林的信中以十分严厉的语气批评了中国共产党，认为中共“中央没有一个能理解所发生的事件的内情（社会内情）的马克思主义头脑”，“对领导权一窍不通”。[③]7月10日，共产国际领导人布哈林在《真理报》发表《中国革命的转折关头》一文，把陈独秀斥为“社会民主党分子”“机会主义倾向最严重的领袖”“玩弄手腕的政客”。[④]随后，共产国际执行委员会作出《关于中国革命目前形势的决定》，肯定共产国际近一年来对中国问题的分析和发出的指示是正确的，批评“中国共产党的现今的领导机关，近来曾犯了一连串的重大的政治错误”，要求对中共中央进行改组，以“纠正中国共产党中央底机会主义错误”。[⑤]

随后，八七会议通过的《中国共产党中央执行委员会告全党党员书》指出：“共产国际严厉的批评我们党的中央客观上出卖革命的机会主义政策。我们承认这一批评完全是应该的，并且承认共产国际执行委员会对于中国问题的政策是对的。”[⑥]中共六大也在《政治决议案》中指出：“中国共产党第六次代表大会认为：革命失败的主要原因，就是当时无产阶级的先锋——共产党指导机关的机会主义政策，当革命危急存亡的关头，离开布尔什维克路线的机会主义政策，客观上简直是背叛正在斗争的劳动群众的利益。”[⑦]

随着有关大革命时期的档案资料和回忆录在我国相继出版，人们对这一段历史，以及共产国际与中国大革命的关系有了更清晰的认识。有史料记载，大革命失败不久，鲍罗廷和瞿秋白就大革命失败的责任问题进行过讨论，他们认

---

① 参见姚金果：《陈独秀“投降主义”的定性与真相》，《湘潮》，2010年第4期。

② 参见姚金果：《共产国际、联共（布）与大革命时期的中国共产党——以新史料为依据的新见解》，《上海革命史资料与研究》，2007年12月31日。

③ 姚金果：《陈独秀“投降主义”的定性与真相》，《湘潮》，2010年第4期。

④ ［苏］H.布哈林：《中国革命的转折关头》，《真理报》，1927年7月10日。

⑤ 《共产国际与中国革命资料选辑》（1925—1927），人民出版社，1985年版，第534、535页。

⑥ 《中国共产党重要文献汇编》第十一卷，人民出版社，2022年版，第237页。

⑦ 中央档案馆编：《中共中央文件选集》第四册，中共中央党校出版社，1989年版，第305页。

为："中共一切，虽然事实上是遵照共产国际的指示进行，但不能让共产国际担负这个失败的责任，因为莫斯科威信的丧失，将会影响世界革命，也会助长托洛茨基派攻击斯大林的气焰，更会使中共党员不信任共产国际的领导。为了使共产国际今后能够领导世界革命，中共中央只有挺身出来负担起这个责任，才是避重就轻的办法。"①而陈独秀是中共的总书记，最终责任应该由他担负。

当然，如此重大的历史责任不是简单地谁想承担就能承担得起的。无论是共产国际还是以陈独秀为代表的中共中央，都要承担属于自己的那一部分责任。只有这样，才符合历史的真实，才称得上真正对历史负责。

在大革命期间，陈独秀虽然比较早地意识到蒋介石已经准备彻底反共了，也曾阐发准备与蒋介石进行决斗的思想，但是在接到莫斯科的指示后，又采取折中妥协的办法，不折不扣地执行共产国际维护与国民党联盟的政策。这与以陈独秀为代表的中共中央领导成员不能清醒地认识国民党反动派的反共反革命本质，本身具有妥协意识的错误是密切相关的。这一点从蒋介石制造"中山舰事件"开始，就表现得尤为突出。比如陈独秀组织撤回国民革命军第一军中的共产党员，反对北伐给党造成政治上的被动，违心同意国民党《党务整理案》，压制和反对农民运动，发表《汪陈宣言》等，这也是不可回避的历史事实。

总之，陈独秀在大革命时期的错误，是中国共产党幼年时期犯的错误，是在探索中国革命道路过程中犯的错误，是"右倾机会主义"的错误。

05　对斯大林"三阶段"论的发挥

面对国民党反动派的猖狂进攻，共产国际确实有点措手不及，但又不得不采取进攻策略，号召中国共产党通过武装暴动，用革命武装反对反革命武装。而指导实践这一策略的，是接替鲍罗廷的共产国际代表罗明纳兹。

维萨里昂·维萨里奥诺维奇·罗明纳兹，格鲁吉亚人。1917年参加布尔什

---

① 张国焘：《我的回忆》第2册，东方出版社，1998年版，第274页。

维克党。1922年参加共产国际第四次代表大会。1926年以少共国际代表的身份进入共产国际主席团。1927年7月，中国国内革命形势急剧变化，共产国际执行委员会作出了《关于中国革命目前形势的决定》，要求中国共产党人“全力加强无产阶级群众的工作，建立群众性的工人组织，巩固工会，教育工人群众准备采取最后行动，并领导无产阶级当前的斗争，开展土地革命，并有步骤地把工农武装起来”，号召中国共产党“全体党员在共产国际的决议基础上团结起来”，“同党的领导的机会主义倾向作坚决斗争”。为了纠正中国共产党领导的错误，制定新的政策和指导中共中央实现中国革命策略的转变，共产国际决定派罗明纳兹前来中国，接替鲍罗廷、罗易和维经斯基的工作。1927年7月23日，罗明纳兹到达汉口，同他一起来的还有他的助手，二十五岁的德国人诺伊曼。

7月26日，罗明纳兹参加了中共中央召开的临时中央常委会会议。会上，罗明纳兹传达了共产国际关于中国问题的指示，并作了批判陈独秀的报告。会议决定举行南昌起义，还决定召开中央紧急会议，讨论中国共产党新的策略和任务。1927年8月7日，中共中央紧急会议在汉口召开。罗明纳兹以共产国际代表身份出席了会议，他阐述了召开紧急会议的必要性及会议所要解决的问题。会上，罗明纳兹尖锐地批评了陈独秀右倾机会主义错误，指出中国革命已进入了土地革命时期，主张武装暴动。会议决定撤销陈独秀党的总书记职务，并选举了由张国焘、张太雷、李维汉、李立三、周恩来组成的临时中央常务委员会，代行中央政治局的职权。八七会议是中国共产党历史上的一个重要转折点。它在中国革命的危急关头坚决纠正并结束了陈独秀的右倾机会主义领导，确定了土地革命和武装反抗国民党反动派的总方针。罗明纳兹在这次会议中是起了重要作用的。

八七会议后，在罗明纳兹指导下，中共中央拟定了《关于湘鄂粤赣四省农民秋收暴动大纲》，决定在大城市举行武装起义。1927年11月7日，在上海召开的中央临时政治局扩大会议上，罗明纳兹强调了他的“无间断”革命理论，以及革命形势“高涨”论。他对中国革命形势的错误认识，致使中央临时政治局决定在广州举行起义。在广州起义之前，罗明纳兹因参加联共（布）第十五次代表大会而离开中国，广州起义的事宜交由诺伊曼负责。在联共（布）第十五次代表大会上，罗明纳兹阐述了他对中国革命的主张。他认为中国革命已经到了中国共产党立即行动夺取政权，实现一省、数省乃至全国胜利的时刻了。他说，广州事件就是“中国革命新高潮的起点”。罗明纳兹发言时，正值广州起义发动之后，他认为广州起义定会胜利，共产国际的政策应当是举行暴动，打倒反动的国民党。罗明纳兹刚发完言，广州起义失败的消息就传到了莫斯科。随后，在1928年2月召开的共产国际执委会第九次扩大会议上，罗明纳兹受到了严厉的批评，共产国际六大也没有选举罗明纳兹再担任任何共产国际的领导职务。1930年12月，罗明纳兹被指控组织反党集团，随后被解除了党内一切职务。1935年12月，基洛夫遇刺事件发生后不久，罗明纳兹自杀身亡。

从某种意义上说，大革命失败后，中国共产党连续犯了三次“左”倾错误，而且一次比一次严重，都是与共产国际对中国革命形势的错误判断和指导分不开的，也是与斯大林的“三阶段”论和第三时期理论是分不开的。

蒋介石发动四一二政变前后，以托洛茨基为代表的反对派抨击以斯大林为首的联共（布）对中国国民党是四个阶级联盟、联合民族资产阶级的政策，认为四一二政变的发生不仅是机会主义路线的破产，也是官僚主义指导方法的破产。为了给共产国际的中国政策辩护，斯大林系统地提出了“三阶段”论，即他认为中国革命要经历三个阶段：第一阶段是全民族联合战线的革命，无产阶级的同盟者是农民、城市贫民、小资产阶级知识分子、民族资产阶级，革命运动的特点是共产党在一个叫国民党的资产阶级革命组织内与他们共同进行工作；第二阶段，蒋介石和民族资产阶级转到了反革命阵营，革命的中心由广州转移到武汉，这时无产阶级的同盟者是农民、城市贫民、小资产阶级知识分子，这不是革命的失败，只是局部的损失；第三阶段，汪精卫叛变革命后，小资产阶级知识分子脱离了革命阵营，革命把广大农民和城市贫民更加紧密地团结在无产阶级周围，奠定了无产阶级领导权的基础，该阶段的主要任务是土地革命、中国革命的统一，以及从帝国主义的羁绊下得到解放。“三阶段”论认为，新的革命高潮的到来不可避免。

罗明纳兹将斯大林“三阶段”论具体化为“无间断革命”论。他认为中共中央的主要错误是放弃了无产阶级的领导权，自动解除武汉工人纠察队的武装。他说，中央之所以会犯这些错误，其根源是中共中央被一些小资产阶级知识分子所盘踞，他们缺乏阶级意识和革命坚定性，对共产国际的指示加以机会主义的曲解。按照上述认识，八七会议改组了中共中央领导机关，确定了土地革命和武装反抗国民党反动派屠杀政策的总方针。罗明纳兹作了《党过去的错误及新的路线》的长篇报告，通过了《中共“八七会议”告全党党员书》《最近农民斗争决议案》《最近职工斗争决议案》《党的组织问题决议案》。

罗明纳兹认为：“中国革命虽然简直还没有开始其民权主义任务的解决，但是现在的革命斗争，已经必然要超越民权主义的范围而急剧的进展；中国革命的进程，必然要彻底解决民权主义任务而急转直下的进于社会主义的道路。”①他还将当时各地根据中央指示举行的大大小小的暴动作为其“无间断革命”理论的现实佐证，并据此描绘了一幅中国革命的宏大图景：现时全中国的状况是直接革命的形势，应立即发动工农武装总暴动，以城市工人暴动为中心和指导者，会合农民暴动，迅速战胜强大的反动派，胜利完成中国革命第三阶段苏维埃时期的光荣任务，从而直接进入社会主义。在此基础上，他还提出了一套“左”的经济政策：征收有产阶级的财产；没收中外大资本家的工厂、商店、银行、矿山、铁路；工厂归工人管理，厉行劳动法等。

罗明纳兹对斯大林“三阶段”论的具体化和政策推行，直接导致了瞿秋白“左”倾盲动错误。

斯大林“三阶段”论，既是联共（布）党内政治斗争的产物，也可以说是共产国际和联共（布）对中国大革命经验教训的总结。共产国际的对华政策从以往一味维护与国民党联盟的右的政策，突然转向以武装的革命反对武装的反革命的“左”的政策，这本身就是一个重大的转折。而此时，国民党的血腥屠

---

① 《瞿秋白文集·政治理论编》第五卷，人民出版社，2013年版，第92页。

杀政策，已经激起中国共产党内极大的复仇心理和急躁冒进情绪。在这样的大背景下，共产国际把重大转折时期党的领导权交给两位满腔仇恨且又善于理论思维的年轻人，这就不可避免地进一步加剧了中国共产党内盲动主义的情绪。请记住，这时主持中央工作的瞿秋白只有二十八岁，而罗明纳兹也只有二十九岁。

以八七会议为开端，以中央政治局会议通过罗明纳兹起草的《中国现状与共产党任务决议案》为标志，中国共产党经历了为期四个多月的“左”倾冒险实践，形成了以瞿秋白为代表的“左”倾盲动主义的纲领：认为中国革命具有长期而无间断的革命性质；中国革命的进程虽然屡遭挫折，但是始终向前发展，现时全中国的状况是直接革命的形势；革命的总策略是反对有序退却，主张继续进攻，发动武装暴动。这个纲领还具有以追究个人责任的惩办主义来保证纲领的实现等特点。

此外，在阶级关系的区分上，也规定了一系列“左”的政策。比如规定对于豪绅工贼及一切反革命派，应当采取毫无顾忌的歼灭政策；对于上层小资产阶级——店东商人等，切不可以存着犹豫动摇的心理，等等。因而在有些农村地区进行革命暴动时，出现对土豪劣绅的烧杀政策，给革命带来重大的消极影响。

八七会议后，以瞿秋白为代表的中共中央在上述“左”的思想指导下，把主要精力放在实现全国总暴动的总方针上，积极推行盲动主义政策。先后在广州、上海、武汉、天津、长沙等大城市举行总罢工、总暴动，部署了在两湖、江苏、浙江等省的工农总暴动，并发动了宜兴、无锡的农民起义和上海起义、武汉起义、顺直暴动等。但是，广州起义的失败再次证明，企图首先夺取反革命势力强大的城市，并以此为中心坚持革命斗争是根本不可能取得胜利的。

瞿秋白“左”倾盲动主义给中国革命带来了巨大损失。在全党同志的反对和共产国际的重视下，瞿秋白的“左”倾错误很快被终结了。但是由于共产国际仍然坚持其“左”倾进攻路线，因而完全听命于共产国际的新的中共领导人仍然面临同样的问题，接踵而至的李立三和王明的“左”倾错误，几乎把中国革命引入绝境。

06　第三时期理论和“李立三发疯”

瞿秋白“左”倾盲动主义错误，引起了共产国际、联共（布）领导人的高度重视。共产国际于1928年2月9日召开执委会第九次全会，重点讨论中国革命问题。会议经过激烈争论，最后形成《关于中国问题的决议案》，对中国革命的性质、任务、对象、形势及策略等重大问题作了详细阐述。

决议指出，中国现阶段是资产阶级民主革命，因为其“无论从经济上看（土地革命和消灭封建关系），或是从反帝民族斗争上看（统一中国和民族独立），或是从政权的阶级本质上看（无产阶级和农民的专政），都还没有完成”①。因此想要跳过资产阶级民主革命阶段，而同时认为这个革命是不断革命，这种倾向是错误的。

决议指出，革命运动的第一个浪潮已经过去，当时全国范围内还没有出现群众革命运动的新高潮。它还指出中国革命在城乡的发展不平衡。因此，中国共产党今后的策略方针不是在全国各地立即举行武装起义以推翻国民党政府，而是争取群众和组织群众。

决议还批判了瞿秋白的“左”倾盲动主义，指出必须坚决反对工人阶级某些阶层中的盲动主义，反对在城市和农村采取无准备、无组织的行动，反对把起义当作儿戏。

决议在阐述中国革命今后工作重点时指出，应当准备迎接新的革命高潮的到来，为全国起义做好准备。为此，共产国际在坚持斯大林“三阶段”论的基础上，又提出了更加系统的“左”倾理论——第三时期理论。

第三时期理论最早出现在布哈林在中共六大所作的政治报告中。他指出，第一次世界大战结束后，世界形势可划分为三个时期：1918—1923年为第一时

---

① 《共产国际有关中国革命的文献资料》第一辑，中国社会科学出版社，1981年版，第350页。

期，是资本主义制度发生严重危机，无产阶级直接革命的时期；1923—1928年为第二时期，是资本主义渐趋稳定、无产阶级继续斗争的时期；1928年进入第三时期，即帝国主义国家之间的帝国主义战争、帝国主义国家的反苏战争、反对帝国主义及帝国主义者武装干涉的民族解放战争和大规模的阶级搏斗的时期。第三时期世界革命的特点是："工人阶级底向左化和革命化，东方殖民地几千百万的群众起来参加进攻帝国主义的斗争，苏联更加成为动摇资本主义稳定的强大的动力，更加成为各国工人运动及世界被压迫民族的革命中心。"因此，"世界革命底第三期，重新要有工人阶级公开的决定胜负的发动，要有殖民地底武装起义，同时，反对苏联的武装战争会有实现的危险，而且在帝国主义国家相互之间，也有发生许多巨大冲突之可能"。①

第三时期理论虽然预言了国际总危机不可避免的到来，但是对资本主义发展的长期性和复杂性估计不足，夸大了帝国主义之间和帝国主义同苏联之间爆发战争的可能性，夸大了世界无产阶级的觉悟程度和革命力量增长的速度，夸大了殖民地半殖民地国家反对帝国主义的革命运动的规模和速度，反映了斯大林和共产国际全面"左"倾的观点。而据此制定的中国共产党的战略和策略，显然比瞿秋白"左"倾盲动主义更"左"。

李立三的"左"倾冒险主义错误正是在这样的背景下形成的，史称"立三路线"。中共六大后，中国共产党中央总书记是向忠发，但其理论水平和领导能力都不堪此任，党中央的实权掌握在政治局常委李立三手里。

大革命失败后，中国共产党内的绝大多数人痛恨以陈独秀为代表的右倾机会主义，寄希望于共产国际能够带领中国革命走出困境。然而，在共产国际及其代表的直接指挥下，三次武装起义均惨遭失败，共产国际在中国的威望一落千丈。从1928年春到1929年春，几乎一年的时间，共产国际没有向中国派驻正式代表。1929年3月，共产国际在中国重建共产国际执行委员会远东局，但其任命的驻中共中央代表团负责人被共产国际执行委员会视为"右倾调和分

① 《瞿秋白文集·政治理论编》第五卷，人民出版社，2013年版，第625—626页。

子”，此代表团无疑是一个空架子。

1929年，世界资本主义发生严重的经济危机，共产国际对世界革命形势的估计也更加盲目乐观。1929年7月召开的共产国际执委会第十次全会认为，世界主要矛盾是整个资本主义世界与苏联的矛盾，这种矛盾将会引发世界性的大革命。会议向世界各国共产党提出了一些不适当的口号，呼吁各国举行群众政治罢工，开展直接夺取政权的斗争。

与此同时，联共（布）和共产国际开展了反对布哈林右倾的斗争，进一步加剧了中国共产党内部的“左”倾。尤其重要的是，共产国际为了贯彻其反右倾精神，其根据中国国内国民党新军阀混战的客观形势，先后向中共中央发出四封指示信，要求中国共产党把军阀战争转变为国内战争，把全民族的危机转变为直接的革命形势，用革命手段推翻整个中国资产阶级和地主联盟的军阀集团，建立苏维埃形式的工农专政。这四封信一封比一封“左”，不能不对李立三等中央领导产生深刻影响。

1929年11月，在中共江苏省委第二次代表大会上，李立三代表中央作政治报告，指出党的斗争策略应采取进攻路线，“直接革命形势就是总同盟罢工，武装暴动”。同年12月，中共中央第六十号通报规定：党在城市和工人运动中的策略是组织总同盟罢工与武装暴动；党在农民运动中的策略是坚决有力地立即发动广大群众的武装斗争、游击战争；党在兵士运动中的策略是组织兵变等；党在红军中的策略是向主要的城市进攻，以至占领这些城市。1930年2月中共中央第七十号通告指出，目前党的总政治路线就是动员全党，变军阀战争为国内的阶级战争。要求全党必须在这一总路线下，加强党的主观力量，争取一省或几省的胜利，最终争取在全国的胜利。同年三四月间，李立三连续在《红旗》杂志上发表文章，系统阐述“一省数省首先胜利”等“左”倾观点，还提出从民主革命转变到社会主义革命，中间绝不会有丝毫的间隔。同年3月，中共中央发出第七十一号通告，组织五一国际劳动节全国总示威运动。李立三下令各地中共组织要举行飞行集会和总示威，以迎接和配合“红五月”活动。6月11日，中央政治局通过李立三起草的《新的革命高潮与一省或几省的首先胜利》决议，并制订了一套以武汉为中心夺取全国政权的冒险计划，这标志着“立三路线”的完全形成。

上述决议通过后，中共中央立即致函共产国际请求批准，共产国际执委会审查后，命令中共中央停发这个决议。

1930年7月23日，共产国际政治秘书处作出《关于中国问题的决议》，修改了之前发给中共中央的四封信传达的精神，指出中国革命形势只是在个别地区成熟起来，全国革命形势尚未成熟，占领一个或几个工业中心城市的时机也尚未形成。

但是，头脑发热的李立三不同意共产国际的决议，也不接受党内正确的意见，而是不顾共产国际反对，强行公布了决议，并据此加紧部署和推动城市暴动。此后中共中央虽有几次与共产国际的沟通，但都遭到批评和制止。

李立三一意孤行的结果是可想而知的。中国共产党和革命事业因此遭到重大损失，不仅白区和城市工作受到摧残，红军和苏区工作也受到挫折。红军大幅度减员，革命根据地频频丧失，十七个省委遭到破坏，党员由十九万人减到十二万人。据说，此不久前刚犯了“左”倾盲动主义错误的瞿秋白读到李立三的《新的革命高潮与一省或几省的首先胜利》时，吃惊地说：“李立三发疯了！”[①]

李立三的“左”倾冒险主义错误，直到共产国际派周恩来、瞿秋白回国着手制止“立三路线”，才得到纠正。1930年9月召开的中共六届三中全会取消了李立三的中央主要领导职务，李立三“左”倾冒险主义在全党的统治正式结束。

07　米夫执意扶持少壮派上台

李立三“左”倾冒险主义被制止后，共产国际特别是其远东局的威信和地

---

① 张家康：《纪念瞿秋白诞辰110周年 中共六大期间瞿秋白“弱者的道德”》，《党史纵横》，2008年第12期。

位有所上升，在沉寂了一年多之后，又开始对中国共产党施加影响。1930年7月，远东局再次改组，形成了以米夫为负责人的新领导班子。当年10月，米夫到达上海，开始对中国共产党进行事实上的领导。

巴维尔·亚历山大罗维奇·米夫，生于乌克兰一个犹太人家庭，原名米哈伊尔·亚历山大罗维奇·福尔图斯。1917年5月加入俄国社会民主工党（布），开始在党内使用“米夫”这一名字。1918年自愿参加红军，1920年进入斯维尔德洛夫共产主义大学学习，1923年到乌克兰做党和苏维埃的工作。1925年莫斯科中山大学成立后，米夫任副校长。1926年参加共产国际执委会第七次扩大全会，提出了《中国问题提纲》。1927年2月以联共（布）宣传团负责人的身份来华，参加了中国共产党第五次全国代表大会。1927年8月，米夫先后发表《中国革命的性质与动力》《紧急时期的中国共产党》等文章。在《紧急时期的中国共产党》一文中，米夫讨论了大革命后期的情况和中共五大的作用，肯定了大革命时期共产国际关于中国革命的政策，批评了当时的中共中央，认为他们违背了共产国际的指示。这篇文章代表了大革命失败后共产国际关于中国革命的基本观点。1927年5月，斯大林到莫斯科中山大学发表了《与中山大学学生的谈话》，批判了在斯大林同托洛茨基反对派的斗争中，站在托洛茨基一边的中山大学校长拉狄克的错误，由此受到斯大林青睐。1928年3月，米夫担任共产国际东方部副部长，同时兼任莫斯科中山大学校长。

中共六大在莫斯科召开时，米夫以共产国际代表身份出席了会议，并负责大会的组织工作。在他的带领下，王明等人也参加了大会的相关工作。米夫在会上强调，中国革命分为两个阶段：第一阶段是民主革命，第二阶段是社会主义革命。他批评罗明纳兹的“无间断革命”理论，努力说服中国同志不要接受那种“超阶段”的观点。

中共六大后，瞿秋白为中共驻共产国际代表团团长。米夫为加强其势力，在任莫斯科中山大学校长期间就培植了王明一派。当时，中共驻共产国际代表团强调对中国留苏学生的统一领导。米夫对此很不高兴，经常指责中国学生开会过多、不听话等。王明见此情景，随即提出“共产党不分国籍”，莫斯科中山大学支部可归莫斯科一个区委领导。之后，米夫、王明竟给莫斯科中山大学一部分反对他们的中国学生扣上了“江浙同乡会”反革命组织的帽子加以打击。

1928年米夫参加了共产国际第六次代表大会，起草了关于民族殖民地革命运动的提纲。1929年参加共产国际执行委员会第十次全会，阐述了共产国际对中国革命的指导方针。1930年2月，共产国际东方部作出世界劳工运动的高潮已经到来的结论。4月28日，米夫在《真理报》发表题为《迎接即将到来的中国革命风暴》的文章。1930年8月，米夫出席联共（布）第十六次代表大会，并在会上作了关于远东革命斗争的演讲。

1930年6至9月，中共党内发生了李立三“左”倾错误。9月，中共中央召开六届三中全会以纠正李立三错误，但被共产国际指责为“调和主义”。在这种情况下，米夫以共产国际代表身份于12月来到中国指导工作。

1931年1月7日，中共六届四中全会在上海秘密举行。会前，米夫起草了《中共四中全会决议案》，共产国际远东局和中共中央政治局拟定了改组后的政治局委员、候补委员和补选的中央委员名单，指定了参加会议的人员。米夫在会上即席发言，说只有王明才是站在共产国际立场上反对“立三路线”的，他还批评“立三路线”是最无耻的机会主义，批评瞿秋白、周恩来主持的中共六届三中全会向“立三路线”投降，犯了调和主义错误。对于向忠发等工人出身的干部，米夫认为可保留职务，不必“滚蛋”。他在发言中特别强调：党的危险主要是右倾，我们要集中力量反对右倾，加紧两条路线的斗争，在反“立三路线”的同时反对右倾路线。最后，米夫不顾会上一些代表的反对，以国际代表资格作了裁决，通过由共产国际远东局提出的名单，宣布成立新的临时中央。由此，共产国际“少壮派”登上了中共中央的政治舞台，王明“左”倾教条主义也开始深度影响中国共产党的政策。

1931年8月米夫回到苏联，王明也在米夫的默许下于11月来到莫斯科，就任中共驻共产国际代表团团长。1935年末，米夫被调到季米特洛夫的书记处任中国问题助手。1936年，共产国际与中共驻共产国际代表团纪念中国共产党成立十五周年，米夫撰写纪念文章《英勇奋斗的十五年》，以他个人的观点评价中国共产党的历史。1937年苏联肃反以后，苏联报刊不再刊登米夫的活动与著作。1938年，米夫去世。

王明在米夫扶持下主导中共中央工作，是有一个过程的。1929年，王明、博古等人陆续回国。由于缺乏实际斗争经验，中共中央并未委派他们担任重要职务。王明先是在上海沪东区、中宣部《红旗》报编辑部工作，后任中宣部秘书。1930年初，王明被捕，因违反党的白区工作纪律受到党内警告处分。自恃才高的王明对主持中央工作的李立三极为不满，与中央的分歧也日益严重。

这一时期，王明充分发挥其理论专长，撰写了大量文章，积极宣传斯大林和共产国际的第三时期理论，主张直接武装行动，强调地无分南北，人无分工农兵，都要积极举行政治总示威。1930年7月，王明等人就《新的革命高潮与一省或几省的首先胜利》决议，与李立三发生争执。王明等人站在更"左"的立场上，批评中央没有把反右倾工作深入到一般干部中，认为应该增加反对社会民主党和反对托洛茨基的内容。王明等人因此受到处分，从而对中央更加不满。

中共六届三中全会的召开，意味着"立三路线"问题已经得到解决。然而，共产国际在得到有关瞿秋白、周恩来搞调和主义的反映后，发出了《关于立三路线问题的信》。中共中央经研究，表示接受共产国际的批评，通过《中央政治局关于最近国际来信的决议》。得到这一信息的王明等人感到机会难得，便公开打出"反对三中全会的调和路线"的旗号，要求召开紧急会议，彻底改造中央。为表明自己的政治观点，王明根据共产国际指示信，赶写了《两条路线——拥护国际路线、反对立三路线》的小册子，作为反对三中全会的纲领。此时，中共党内还有以全国总工会党团书记罗章龙为代表的一些干部，以及以何孟雄为代表的受过"立三路线"批评和打击的一些同志，都要求解决三中全会的调和主义路线问题。

共产国际执委会于12月召开会议，讨论李立三的错误问题，把李立三的"左"倾冒险主义定性为右倾错误，对中共六届三中全会全盘否定，而对王明等人的表现加以肯定。也正是在这个时候，米夫决定把王明等接受过莫斯科培养、经事实证明绝对忠诚于共产国际的少壮派提拔到中共最高领导层中来。经过精心策划，在中共六届四中全会上，连中央委员都不是的王明被增补为中央委员并且选入中央政治局，很快又补入政治局常委。虽然政治局常委仍然有向忠发、周恩来、张国焘等老资格的领导者，但党中央的实权却掌握在王明等人手中，党中央开始被以王明为代表的“左”倾教条主义统治。

08　苏共肃反带来的中国悲剧

1931年秋，一个名叫钟蜀武的人潜入大别山革命根据地，声称受红十二师师长许继慎故人的委托，送来一封信。许继慎收到信后，才发现这个故人原来是他在黄埔军校的同学曾旷情。虽然两人曾经是密友，但自因政见不合分道扬镳之后，再也没有联系。

一个月后，钟蜀武再次来访。这次带来的不仅有曾旷情的书信，还有蒋介石的亲笔信。两封信都充满强烈的感情色彩，政治意味极为浓厚。许继慎十分警惕，立即把信交给了军部，并向徐向前等领导作了汇报。

但令人意外的是，主持肃反工作的张国焘获悉信的内容后，立即派人将许继慎夫妇抓捕，次日就秘密杀害于保卫局牢房。

1931年，张国焘主持鄂豫皖苏区肃反，使用严刑逼供手段，将一些人屈打成招，承认自己是改组派、AB团或者第三党，承认在红四军中存在一个以许继慎为首的反革命团伙，使整个苏区受牵连而遭杀害的人达数千人，甚至军事长官徐向前的妻子也未能幸免。

据说长征胜利抵达延安后，徐向前找到时任苏区保卫局局长的周纯全，问他：“为什么把我老婆抓去杀了？她究竟有什么罪？”周纯全实话实说：“她没有什么罪。当时抓她，就是为了搞你的材料。”①

① 刘华清：《问鼎天下：1935—1949》，东方出版社，2011年版，第13页。

实际上，肃反扩大化是当时各个革命根据地出现的普遍现象。毛泽东在党的七大上就坦承："内战时期，在肃反问题上，我们走过了一段痛苦的弯路，有这样一个错误的侧面。当然我们不能从根本上否定反对反革命，反对反革命是应该的。但是，在当着共产党还没有成熟的时候，在肃反问题上搞错了很多人，走过这样一段弯路，包括我自己在内。"[①]此后又多次提及："肃反时我犯了错误，第一次肃反肃错了人。"[②]

而机械地执行共产国际的有关指示，也是造成肃反扩大化的重要原因。从1927年春季开始，关于中国大革命失败的责任等成为斯大林和托洛茨基、布哈林等互相攻讦的热门话题，也成为苏联共产党党内斗争波及并影响中国共产党的重要事件。1929年7月，共产国际执行委员会第十次全会撤销了布哈林的执委会主席职务，进一步强调"右倾机会主义是各国共产党的主要危险"，并特别指示中共要坚决反对改组派、第三党等中间势力，坚决反对"带有公开的或暗藏的反革命作用的富农"。共产国际认为，开展反改组派和第三党等中间势力的斗争，是推动革命发展和巩固中国共产党领导的重要前提。

作为共产国际的一个支部，中共中央积极贯彻共产国际的这些指示，在各个苏区推行包括肃反在内的一系列政策。这种状况在王明把持中共中央领导权以后达到极致。王明在《为中共的更加布尔什维克化而斗争》中强调："肃清反革命的工作，未曾经常有计划的执行，以致有些地方富农、地主在国民党、帝国主义直接帮助和指使之下，不仅时常在赤色区围内部打游击，而且阴谋组织许多名目的反革命团体（A.B.团，——即反共团、社会民主党、托陈取消派等等），有些地方党部及苏维埃政权的领导成分中富农占十分之五六，以致直到现在，虽然南中国几省的苏维埃政权运动已经蔓延了一年多，但始终未能建立起真正工农民主专政的苏维埃政府。"[③]可见，苏联共产党内的斗争和共产国

① 中共中央文献研究室编：《毛泽东在七大的报告和讲话集（1945年4月—6月）》，中央文献出版社，1995年版，第216页。

② 郭伟涛：《毛泽东战争指导艺术》，解放军出版社，1997年版，第303页。

③ 《中共党史教学参考资料》一，人民出版社，1957年版，第355页。

际的一系列相关指示，是中国各个苏区肃反扩大化的重要诱因。

张国焘本来是党内老资格的领导人，因南昌起义问责脱离了党的领导核心。八七会议后，留在中共驻共产国际代表团工作，基本上处于边缘化的地位。六届四中全会被派回国内，他感到有了大展宏图的机会，于是在党内刊物《实话》上，连续著文《拥护四中全会与两条战线上的斗争》和《执行党的路线与加紧两条战线上的争斗》，宣扬“四中全会是完完全全接受了国际路线”[①]，吹捧王明是“坚决执行国际和党的路线的最好的同志”。张国焘还对王明主义加以阐述，指出王明主义就是国际主义。张国焘的举动很快赢得了王明的赏识，并被委以重任，以鄂豫皖中央分局书记、革命军事委员会主席、中央全权代表的身份，于1931年4月到达鄂豫皖苏区。1931年6月，鄂豫皖中央分局通过《政治形势与鄂豫皖苏区党的任务》的通告，提出要实行“加紧反对富农”“坚决肃清”“根本改造职工会和苏维埃政府”等主张。先是批评原特委书记，时任红四军政治委员曾中生犯有“三中全会的调和主义”错误，批评许继慎“在多方面保有军阀土匪习气”，指责以前的苏区土地政策是“富农政策”，提出了“地主不分田，富农分坏田”的极“左”纲领。[②]到了11月份，张国焘在《给中央政治局的报告》中，进一步把苏区的武装斗争看作“军阀土匪作风”，而把党政军中的广大知识分子干部视作异己势力，认为凡是知识分子，凡是非劳动人民家庭出身的，政治上都是不可靠的，最主要的表现就是这些人对共产国际及四中全会的精神有一种抵制情绪。由此他得出结论，“这一苏区整个说来，长期执行了非布尔什维克的路线，党内充满了地主、富农、资产阶级知识分子、商人、高利贷者，特别是在领导干部中”[③]。从此，张国焘在行动上开始了“力求一彻底转变”[④]的实践。在这样思想指导下的鄂豫皖肃反，必定是极端扩大化，以至于连队连一个文书都找不到。

---

① 盛仁学编：《张国焘问题研究资料》，四川人民出版社，1982年版，第286页。

② 刘秉荣：《中国工农红军全传》四，人民出版社，2007年版，第2523页。

③ 盛仁学：《张国焘问题研究资料》，四川人民出版社，1982年版，第321页。

④ 盛仁学：《张国焘问题研究资料》，四川人民出版社，1982年版，第325页。

共产国际“左”倾政策及中国共产党内三次“左”倾错误造成的另一个严重后果是，中共党内出现了严重的关门主义倾向，不仅不敢放手发展党的组织，而且把朋友也得罪光了，把已经建立起来的统一战线、联合战线等都统统抛到了九霄云外。中国第一个民主党派——第三党曾于1930年主动谋求同共产党的合作，希望能够联合反蒋，但遭到了当时中共中央的拒绝。第三党领导人邓演达曾十分感慨地说：“看来共产党在‘左’倾机会主义占上风的时候，联合战线是不可能实现的，将来如果毛泽东一派当了权，我们是可能合作的。”①

毛泽东是党内反对“左”倾关门主义，主张建立发展革命统一战线的主要代表。1935年12月，毛泽东在瓦窑堡会议上对“左”倾关门主义进行了深刻的揭露和批判。毛泽东说：“1927年革命的失败，主要的原因就是由于共产党内的机会主义路线，不努力扩大自己的队伍。”他尖锐地指出：“关门主义的策略则是孤家寡人的策略。关门主义‘为渊驱鱼，为丛驱雀’，把‘千千万万’和‘浩浩荡荡’都赶到敌人那一边去，只博得敌人的喝彩。”②1937年，毛泽东在《中国共产党在抗日时期的任务》一文中，把反对关门主义列为执行党的任务的一个必要条件，要求全党“在每一个具体的工作中肃清这个倾向”③。1938年，他又号召“继续反对‘左’倾关门主义倾向，以便实现和各抗日党派的合作，发展共产党和发展民众运动”④。总之，反对“左”倾关门主义，成为中国共产党汲取共产国际“左”倾错误教训的一大宝贵经验。

09　布尔什维克化运动

什么样的党才是布尔什维克化的党？怎样才能把中国共产党建设成布尔什维克化的党？毛泽东在中共西北高干会议上，作过一个精彩的概括。在整风运

---

① 林祥庚：《毛泽东、刘少奇对“左”倾关门主义的批判》，《黑龙江省社会主义学院学报》，1999年第4期。

② 中共中央文献研究室编：《毛泽东传》第一册，中央文献出版社，2011年版，第441页。

③ 《毛泽东选集》第一卷，人民出版社，1991年版，第264页。

④ 《毛泽东选集》第二卷，人民出版社，1991年版，第532页。

动期间，还专门讲述过一次布尔什维克化的问题。

抗日战争时期，陕甘宁边区的延安县因为各方面工作突出，受到陕甘宁边区政府的数次表扬和嘉奖。1942年10月至1943年1月，在中共西北局高干会议上，毛泽东及与会人员对延安县同志们在政治上、思想上、工作作风上等各方面的成绩与表率作用都给予了极高的评价和赞誉。毛泽东在讲话中，首次把延安县同志们的这种思想和作风概括为“延安县同志们的精神”，并对这种精神的主要内容给予了全面阐述，号召大家学习。

毛泽东指出：“延安县同志们的精神完全是布尔什维克的精神。他们的态度是积极的，在他们的思想中、行动中，没有丝毫消极态度。他们完全不怕困难，他们像生龙活虎一般能够征服一切困难。”“在这种精神下，延安同志们没有一件事不是实事求是的。他们对于他们所领导的延安全县人民群众的情绪、要求及各种具体情况是充分了解的，他们完全和群众打成一片，他们有很好的调查研究工作，因而他们就学会了马克思主义的领导群众的艺术，他们完全没有主观主义、宗派主义与党八股。”“我们希望全边区的同志都有延安同志这样的精神，这样的工作态度，这样的和群众打成一片，这样的调查研究工作，因而也学会领导群众克服困难的马克思主义的艺术，使我们的工作无往而不胜利。”“我们希望这些同志的模范经验，能够很快地推广到一切县、区、乡里去。”①

延安县是陕甘宁边区有名的模范县，不仅是发展经济的模范，还是征收爱国公粮的模范、自卫军建设的模范和合作社的模范。毛泽东之所以评价“延安县同志们的精神完全是布尔什维克的精神”，是因为他们在工作中始终坚持调查研究、从实际出发，联系群众、相信群众，亲民爱民、为民办事，艰苦奋斗、克服困难，处处表现出实事求是的思想作风、密切联系群众的工作作风、艰苦创业的奋斗精神、为民服务的宗旨意识，是完完全全的革命的布尔什维克精神。

在延安整风中，毛泽东还风趣地解说过“布尔什维克化”。他说，现在我

---

① 《毛泽东文集》第二卷，人民出版社，1993年版，第458—459页。

们同志相互之间讲敬礼的时候，写信的时候，说布尔什维克的敬礼，致布尔什维克的敬礼。大家好像都是说，你也是布尔什维克，我也是布尔什维克，都布尔什维克化了。其实，布尔什维克“化”，是相当不容易的。他指出，一般地说，我们是布尔什维克的党。中国共产党经过二十一年的斗争，可以说是布尔什维克党，从它的路线，从它的工作说起来，从这个党的经验、觉悟程度、同群众联系说起来，是一个布尔什维克党。但是讲到“化”，“化”就是彻底得很，就是讲完全得很，完全的布尔什维克化。如果拿这个标准来说，我们现在还差，还有许多条件不具备，或者不完全具备。这就把共产国际要求中国共产党二十年的“布尔什维克化”问题想透了、讲明了、做实了。

“布尔什维克化”的口号，是1924年6至7月间召开的共产国际第五次代表大会提出来的。就其本意来讲，就是使共产党马列主义化、无产阶级化。

共产国际五大指出：“现阶段共产国际活动的一项最重要任务，就是使共产国际各支部布尔什维克化。”“只有随着共产国际各主要支部真正变成为布尔什维克党，共产国际才会不是在口头上，而是在实际上变成为贯穿着列宁主义思想的、统一的、世界性布尔什维克党。”①五大还阐明了“真正布尔什维克党”的五个基本特点：第一，党应该成为真正群众性的政党；第二，党应该善于机动灵活，它的策略不应是教条的和宗派的；第三，它在实质上应该成为革命的、马克思主义的、勇往直前的党；第四，它应该是集中的政党；第五，它应该进行坚定不移的、经常的宣传和组织工作。1925年2月斯大林同德国共产党员海尔佐克谈话时，提出了实现布尔什维克化的十二个条件。②在同年3至4月间的共产国际执委会第五次扩大全会上，对为什么提出这一口号作了如下的解释：第一，是革命斗争形势的需要；第二，是组织建设的需要；第三，是反右倾和“左”倾斗争的需要。

① ［匈］贝拉·库恩编：《共产国际文件汇编（1919—1932）》第2册，中国人民大学编译室译，生活·读书·新知三联书店，1965年版，第29—30页。

② 参见《斯大林全集》第七卷，人民出版社，1958年版，第35—37页。

这次会议通过的《共产国际所属各国党的布尔什维克化提纲》[①]进一步明确了布尔什维克化的含义，从思想、组织和策略原则等方面阐述了布尔什维克化的基本内容。在思想上，强调马克思主义和列宁主义的指导作用；在组织上，强调党内的民主和纪律；在策略原则上，强调共产国际各支部对联共（布）经验的分析和运用；在基本政策上，强调为争取无产阶级多数而与社会民主党作斗争，为争取农民多数而与资产阶级、帝国主义作斗争。

共产国际提出各支部布尔什维克化的根本目的，是建立一个以民主集中制为基础的统一的世界共产党。共产国际的布尔什维克化口号对中国共产党起过良好的作用，但也造成了很明显的消极后果。

共产国际提出布尔什维克化的口号之后，中国共产党于1925年1月召开第四次全国代表大会，通过了《对于宣传工作之议决》，表示本党尽可能地宣传马克思列宁主义和各国党之布尔什维克化。[②]自此以后，共产国际及其代表便努力在中国贯彻布尔什维克化的各项规定。1927年5月9日，共产国际驻中国首席代表罗易对中共五大选出的中央委员们说："这次大会是布尔什维克的大会，它表明中国共产党正在成为一个真正的布尔什维克的党。"他强调，中国的布尔什维克党将在共产国际决议案指出的路线下发展中国革命。[③]以联共（布）宣传团团长身份参加五大的米夫十分赞赏罗易在大会上的讲话，他说："罗易将国际布尔什维克主义的经验交给了年青的中国共产党。"[④]他们认为中共五大使中共走上了布尔什维克化的道路。事实上，中共五大在中国革命的危急关头并没有解决挽救时局的问题，轰轰烈烈的大革命最终还是失败了。

大革命失败后，共产国际改变了观点。经布哈林、米夫修改过的中共六大

---

① 参见［匈］贝拉·库恩编：《共产国际文件汇编（1919—1932）》第2册，中国人民大学编译室译，生活·读书·新知三联书店，1965年版，第116—146页。

② 参见《中国共产党重要文献汇编》第五卷，人民出版社，2022年版，第62页。

③ 参见《共产国际与中国革命资料选辑（一九二五——九二七）》，人民出版社，1985年版，第387页。

④ ［美］罗伯特·诺恩、［美］津尼亚·尤丁编著：《罗易赴华使命——一九二七年的国共分裂》，王淇、杨云若、朱菊卿译，中国人民大学出版社，1981年版，第83页注释。

政治决议案认为，八七会议是布尔什维克化的开始，中共十一月扩大会议继续了布尔什维克化的事业。事实上，八七会议在反对右倾错误的时候，也为“左”倾错误开辟了道路，正是从此时起在共产国际代表的指导下，党的第一次“左”倾盲动主义开始形成。

后来，共产国际又在1931年8月26日的决议中说：“四中全会在党的进一步布尔什维克化的事业中前进了一大步，修正了政治路线，更新了党的领导，从而使党的全部工作开始有了转折。”[①]1933年11月30日，王明在共产国际执委会第十三次全会上明确宣布：“布尔什维克化首先表现在以党中央为首的中国共产党坚定不移地贯彻执行1931年1月7日中共中央第四次全会在共产国际领导下所制定的政治总路线。”[②]而事实上，在米夫直接干预下召开的中共中央六届四中全会，在中国共产党历史上没有起到任何积极的作用，其结果是开始了王明“左”倾路线对党中央的统治。之所以把四中全会视为“中共更加布尔什维克化”的体现，据王明说，这是因为四中全会提出了“百分之百地绝对忠于共产国际的列宁主义总路线”的口号。[③]就在四中全会之后，王明将他原来命名为《两条路线》的小册子，改名为《为中共更加布尔什维克化而斗争》。

如此一来，中国共产党的更加布尔什维克化问题，除了学习宣传马克思列宁主义，运用马克思主义分析解决中国实际问题外，还需要把更多的精力放在机械地贯彻共产国际的指示上，比如过分强调党的工人阶级成分；选拔忠诚于斯大林和联共（布）、对共产国际言听计从、不折不扣执行共产国际决策的干部；仿照苏联模式组织各苏区的行政、军事、经济、文化及其他组织；开展所谓的党内反对派（托季联盟、托洛茨基、布哈林等）斗争、肃反运动，等等。于是，能否成段成段背诵马克思主义经典作家的经典著作，原封不动地传达贯

① 中国社会科学院近代史研究所翻译室编译：《共产国际有关中国革命的文献资料》第二辑，中国社会科学出版社，1982年版，第150页。

② 中国社会科学院近代史研究所翻译室编译：《共产国际有关中国革命的文献资料》第二辑，中国社会科学出版社，1982年版，第212页。

③ 中国社会科学院近代史研究所翻译室编译：《共产国际有关中国革命的文献资料》第二辑，中国社会科学出版社，1982年版，第214页。

彻斯大林及共产国际的指示，就成为“布尔什维克化”的一个标志。

再就是认为，只有纯粹由工人阶级组成的共产党组织才能具备马克思主义的头脑，而中国共产党之前所犯的一系列错误，就与党内工人阶级比例偏低，知识分子小资习气浓厚有关。因此一大批真正优秀的革命知识分子被排斥在领导层之外，有时还受到无端的质疑和打击。

同样，选拔听话的、所谓忠诚于共产国际的干部更是给中国共产党中央领导层带来了极大的不稳定性。1926年至1935年间，中国共产党中央领导的更换极为频繁，除了因为中国共产党尚不成熟，也与共产国际借布尔什维克化的方针牢牢控制中共中央领导人选不无关系。

中国共产党的布尔什维克化，理应是将马克思列宁主义同中国革命的实际相结合。从这个意义上说，直到遵义会议后，中国共产党才真正走上了布尔什维克化的道路。

为了加强党的建设，毛泽东于1939年10月发表了著名的《〈共产党人〉发刊词》，全面系统地总结了中共建党以来的历史经验，郑重地提出了“建设一个全国范围的、广大群众性的、思想上政治上组织上完全巩固的布尔什维克化的中国共产党”①的伟大任务。毛泽东把党的思想建设、政治建设、组织建设融为一体，指明了中国共产党布尔什维克化建设的正确方向。

然而毛泽东的理论成就却遭到了来自莫斯科的责难。周恩来曾回忆1939年底至1940年初，在莫斯科向共产国际汇报工作时的情形。他说：“共产国际的一切文献，一讲到无产阶级政党的领导，就是同工人运动联系在一起的。”“但一九四〇年我到共产国际去，共产国际的领导同志都还担心我们离开工人阶级太远了。我说我们在农村经过长期斗争的锻炼，有毛泽东同志的领导，完全可以无产阶级化。”②共产国际的同志听毕大哗，不以为然。1940年秋，斯大林还对即将来华就任驻华武官的崔可夫说，中国共产党依靠的是贫穷而无文化的农

---

① 《毛泽东选集》第二卷，人民出版社，1991年版，第602页。

② 《周恩来选集》上卷，人民出版社，1980年版，第178—179页。

民，中国共产党对成长起来的工人阶级估计不足，这一点不能不在其思想意识方面和口号中，以及在理解革命任务方面打上烙印；中国共产党有相当明显的民族主义情绪，在它的队伍中，国际主义的精神没有充分发挥出来。①这些材料表明，共产国际和斯大林根本不相信中共能在农村根据地环境中实现布尔什维克化。

毛泽东等同志坚持马克思主义同中国实际相结合的原则，不顾来自共产国际的非难，排除干扰，认真吸取了共产国际布尔什维克化提纲中的一切积极成分，克服其消极因素，提出着重从思想上建党等一系列建党原则，在长期的革命实践中，出色地完成了中国共产党的布尔什维克化。

10　“一切经过统一战线，一切服从统一战线”

1937年8月10日，在共产国际执委会书记处讨论中国问题的会议上，季米特洛夫首次提出从共产国际委派干部到中国。季米特洛夫说，中国共产党曾经成功地进行了苏维埃革命，并在同南京国民党的斗争中培养了大批新的干部和政治活动家。但全民族抗战爆发后，国共开始新的合作，中共的政策和策略需要由此做出180度的大转弯，要从反对蒋介石国民党转变到同国民党谈判，红军改为国民革命军，苏区政府改为特区政府，中共的抗日民族统一战线政策要接受战时的检验。“于是还是这些干部，不是另一些人，不是新的人员，而还是这些党员，这些群众，必须执行另一种政策。”季米特洛夫为此感到忧心忡忡，他认为必须选派懂得依靠工人阶级重要性的干部回去帮助中共，他们清楚共产国际的意图，这才能使中共顺利实现抗日民族统一战线政策的大转变，避免出现被蒋介石包围、瓦解的严重后果。而王明在共产国际六年，是中共驻共产国际代表团团长，共产国际执行委员会委员、主席团委员和候补书记，深得

---

① 参见〔苏〕瓦·伊·崔可夫：《在华使命——一个军事顾问的笔记》，万成才译，新华出版社，1980年版，第35页。

共产国际的信任，是共产国际路线的忠实执行者，于是王明又被派回中国。

据说在回国前夕，斯大林会见了王明、康生、王稼祥和邓发，季米特洛夫也在座。进入斯大林的办公室时，王明指着王稼祥对斯大林说："这是不久前从陕北来莫斯科治病的王稼祥！"斯大林一听是从陕北来的，便高兴地问王稼祥："中国共产党与国民党蒋介石斗争了十几年，经过长征到了陕北根据地。这是件可喜的历史事件。现在有多少军队？"王稼祥回答说："在毛泽东同志领导下，红军遭到严重创伤后仍然坚持到了陕北。现在仅剩下三万多人了！"王明忙插嘴说："还有三十多万！"王稼祥当即纠正说："斯大林同志，是三万多，不是三十多万！"斯大林当然相信王稼祥说的数字，言简意赅地说："我们共产党人，应该重视的是战士，是真正的战士。首先需要的是能打仗的勇敢的战士，而不是吃粮的人！"斯大林热情地赞扬说："你们红军在毛泽东同志领导下，是一支胜利的军队！"他还特意地、认真地对王稼祥说："请把我的话转告给毛泽东同志，并祝他身体健康！"当谈到同国民党的统一战线时，斯大林说："不要害怕共产党会淹没在民族解放斗争中，共产党人应该积极地参加到民族解放斗争中去。"王明心领神会地说："中国共产党正在建立抗日民族统一战线，以后应该一切经过统一战线，一切服从抗日！"

三个月后，王明、康生、陈云等搭乘第一架在延安降落的苏联飞机到达延安，张闻天、毛泽东等亲自到机场迎接，欢迎共产国际朋友和从苏联回来的同志们，欢呼"喜从天降"。然而喜庆气氛没有持续太久，十天后，中共中央政治局召开会议，王明严厉批评了洛川会议以来统一战线工作中存在的"失误"。王明自称带着共产国际指示和斯大林嘱托回国，并且要求全党"一切经过统一战线，一切服从统一战线"。王明的言论在党中央引起很大震动，会后，各根据地的抗日工作不同程度受到王明讲话的影响。①

1931年，日本帝国主义悍然侵占东北三省。国难当头，给中国一切阶级和

---

① 参见赵宏荻：《与抗战初期王明回国有关的一篇文献》，《佳木斯职业学院学报》，2017年第12期。胡敏、廖述江：《王明回国前夕的所作所为》，《党史文苑》，2005年第9期。

一切政治派别提出了“怎么办”的问题。九一八事变后的第四天，中国共产党就作出了《中央关于日本帝国主义强占满洲事变的决议》，提出党的中心任务是发动群众，组织或参加各色各样的反对帝国主义的公开组织，加紧在北满军队中的工作，组织兵变和游击战争，直接给日本帝国主义以打击。1933年1月17日，在共产国际指示下，中华苏维埃临时中央政府工农红军革命军事委员会发表了在停止进攻苏区、保证民主、武装民众三项基本条件下，准备与所有武装部队合作抗日的宣言。但在这一时期，由于蒋介石“攘外必先安内”的政策，加之共产国际错误指导下的党内“左”倾冒险主义的领导，中国共产党没有能够组织起广泛的抗日民族统一战线。

早在1931年以前，苏联一国建成社会主义的任务就已经提上议事日程。斯大林指出，一国建成社会主义是完全可能的，导致苏联社会主义失败的唯一危险来自帝国主义的颠覆和战争。为此，苏联共产党和共产国际将“保卫苏联”的口号提到各国工人阶级政党面前，并使之成为国际共产主义运动中的一项中心任务。1929年中东铁路事件发生时，共产国际明确要求中国共产党“武装保卫苏联”。九一八事变后，共产国际认为，日本进攻东三省“就是进攻苏联底序幕”①，是欧美帝国主义为了摆脱危机，在国际联盟和社会党国际和平词句的掩饰下，“把东三省变成进攻苏联的根据地”②。共产国际在对中国共产党的指示中，宣称资本主义的相对稳定已经完结，世界已紧紧逼近革命与战争的新周期，“中国苏维埃革命已经成为世界革命底巨大因素”③。中国共产党的任务是“反对一切帝国主义者，推翻帝国主义走狗国民党”④，同时进行民族革命战争和苏维埃革命战争。不仅如此，共产国际还要求中国共产党“加速广大群众的革命化，在下层统一战线的基础上开展和领导劳动者的阶级斗争”⑤。

---

① 《中共党史教学参考资料》三，人民出版社，1959年版，第263页。

② 《中共党史教学参考资料》三，人民出版社，1959年版，第266页。

③ 《中共党史教学参考资料》三，人民出版社，1959年版，第274页。

④ 《中共党史教学参考资料》三，人民出版社，1959年版，第267页。

⑤ ［匈］贝拉·库恩编：《共产国际文件汇编（1919—1932）》第3册，中国人民大学编译室译，生活·读书·新知三联书店，1965年版，第289—290页。

共产国际的上述认识深刻影响了中共党内以教条主义为特征的领导人。九一八事变枪声未落，他们就迅速作出结论，认为这是瓜分中国为帝国主义殖民地的开始，是反苏战争的序幕，从而提出“现在全国无产阶级及劳苦群众身上放着伟大历史的任务：这一任务便是武装保卫苏联”①。而推翻勾结帝国主义的国民党政府，是取得民族革命战争胜利的先决条件。这样做的结果，无异于把自己排除在抗日救亡运动之外。

更为严重的是，党内教条主义者照搬和推行所谓“下层统一战线”的策略，把其他在野的政治派别看作是“最危险的敌人”，最终得出“应该以主要的力量来打击这些妥协的反革命派”②的结论，从而形成一种关门主义的策略。

1932年1月28日，日寇大举进攻上海，国民党十九路军在全国人民抗日浪潮的影响和上海各界人民的支持下，对日寇进行了英勇抗击。可是，中共“左”倾机会主义领导人却公开号召十九路军的士兵“反抗卖国长官的命令，拿起自己的枪，对着帝国主义与国民党射击”。不仅如此，他们还把爱国将领冯玉祥、方振武、吉鸿昌、王以哲等率部组织抗日同盟军的行动和与共产党合作的表示说成是“高挂抗日反蒋旗帜”，“借着抗日的招牌，欺骗士兵群众，掩盖他勾引日本帝国主义进攻察哈尔、绥远，以便帝国主义准备反苏战争的阴谋”。③他们甚至把以抗日反蒋为宗旨的福建人民政府的领导人称为“反革命的领袖”，不顾苏维埃政府与其订立了抗日反蒋初步协定的事实，对蒋介石抽调兵力进攻福建人民政府的举动漠然坐视。由此可见，在九一八事变后的一段时间里，由于共产国际对中国革命的错误指导，由于“左”倾机会主义者坚持“下层统一战线”策略和“武装保卫苏联”的口号，党在统一战线问题上不仅没有适应已经变化了的形势，纠正以往的“左”倾路线，反而在错误的道路上走得更远。

1933年10月，德国继日本之后宣布退出国联。1934年夏天以后，德、意、

① 《中共党史教学参考资料》一，人民出版社，1957年版，第482—483页。

② 中央档案馆编：《中共中央文件选集》第八册，中共中央党校出版社，1985年版，第34页。

③ 见《红色中华》，第105期，1933年8月25日。

日三个法西斯国家公开勾结，反共鼓噪甚嚣尘上。为了适应新的国际形势，共产国际第七次代表大会改变了统一战线的策略路线，正式确立了新的统一战线总政策和总策略，指出要动员广大群众加入反法西斯的斗争，就必须使“无产阶级在全国范围内和全世界范围内，实行行动统一”，“建立无产阶级统一战线和人民反法西斯阵线”。①

在共产国际七大精神指引下，中共驻共产国际代表团提出了《八一宣言》，郑重宣告“抗日救国，已成为每个同胞的神圣天职”，呼吁一切党派、军队和各界人士，以“兄弟阋于墙外御其侮”的真诚觉悟，停止内战、抗日救亡，明确声明：“只要国民党军队停止进攻苏区行动，只要任何部队实行对日作战，不管过去和现在，他们在对内问题上有任何分歧，红军不仅立刻对之停止敌对行为，而且愿意与之亲密携手共同抗日。”自此，中国共产党正式提出了抗日民族统一战线的政策。1935年12月，中共中央政治局在瓦窑堡召开会议，讨论了共产国际的指示，确定了党的策略路线，决定建立“最广泛的民族统一战线”，“动员全国人民的力量去对付全国人民的公敌：日本帝国主义与卖国贼蒋介石”。②

这时，共产国际和中共驻共产国际代表团的策略方针非常明确，即“抗日反蒋”。共产国际负责人季米特洛夫在给斯大林的信中转述了中共中央给王明的电报：“中共中央2月的政治决议，完全贯彻了共产国际七大决议精神。已着手坚决贯彻执行共产国际的抗日反蒋广泛统一战线路线。”③即在共产党领导下的工人阶级，苏维埃和红军，游击队和义勇军，以及革命的学生的抗日统一战线，其中排除了中国反革命的头子汪精卫和蒋介石。

但在民族危机不断加深的情况下，是否应当把执掌着政权、手中有庞大军队的蒋介石绝对排斥于统一战线之外呢？这是共产国际和中国共产党不得不考

---

① ［美］威廉·福斯特：《三个国际的历史》，李路等译，生活·读书·新知三联书店，1961年版，第455—456页。

② 《中共党史教学参考资料》二，人民出版社，1957年版，第51页。

③ 《联共（布）、共产国际与中国苏维埃运动（1931—1937）》第15卷，中共中央党史研究室第一研究部译，中共党史出版社，2007年版，第228页。

虑的重大问题。事实上，随着国内外形势的变化，蒋介石集团也在积极发展与苏联的关系，与苏联大使秘密谈判，签订了互不侵犯条约。而且蒋介石还派陈立夫等人与中国共产党接触或谈判，企图利用共产党要求抗日的迫切意愿，形成拥蒋抗日的局面。

与此同时，由于国际局势日趋严重，苏联也迫切希望看到中国抗日民族统一战线的形成，以减轻苏联反法西斯战争的外部压力，因此对蒋介石国民党政府的靠拢表示欢迎，对其在抗日战争中的作用寄予相当大的希望。这样一来，苏联和共产国际的统一战线方针，就由“抗日反蒋”转变为“抗日联蒋”，这一点从苏联和共产国际对待西南事变和西安事变的态度上，就能窥得一斑。

西南事变是指，1936年5—6月，以陈济棠、李宗仁为首的西南政务委员会决议，向国民党中央党部及政府请缨抗战，并通电全国。中国共产党发出指示，称此举为“中国人民武装抗日讨逆的广泛的统一战线的开始”，要求“使这次发动持久扩大充实而转变为全中国人民武装抗日的神圣的民族革命战争”。①然而苏联《消息报》《真理报》发表文章，称不管发动事变的将军们的个人倾向如何，运动的发展已远远超过可掌控的程度，并且已经阻碍了中国的中部和北部发展起来的抗日运动。

同样，在西安事变的第二天，苏联《真理报》就发表题为《中国事变》的社论，认为“张学良所属军队突然叛变并扣留蒋介石将军之事件，在日本侵略中国加深之背景上显呈特殊性质”，张学良“以抗日运动为投机，高揭抗日旗帜，实际则转使中国分裂，使其更加骚乱，成为外国侵略者之牺牲品”。②

正是由于发生了这样的转变，共产国际和斯大林开始对中国共产党的抗日民族统一战线政策不信任起来。共产国际认为：“共产党人不应当把国民党和蒋介石同日本侵略者混为一谈，因为日本法西斯军阀是中国人民的主要敌人，现阶段一切都必须服从反日本法西斯军阀的斗争。”作为中共驻共产国际代表

---

① 中央档案馆编：《红军长征档案史料选编》，学习出版社，1996年版，第506、507页。

② 转引自《苏联对西安事变之观察》，《世界文化》，1937年第1卷第4期。

团团长的王明也发表文章，全面复述共产国际的意见，声明“在现阶段上一切都应当服从抗日”，公开放弃了“继续巩固苏维埃”和建立以苏维埃为中心的统一战线。[①]因此，中共中央立即调整统战工作的重心，明确表示：“目前中国人民的主要敌人是日本帝国主义，所以把日本帝国主义与蒋介石等共同看待是错误的，‘抗日反蒋’的口号，也是不适当的。”所不同的是，中国共产党开诚布公地表明了对西安事变的独立见解，鲜明地肯定了西安事变的性质、作用及深远意义，坚定地支持了张学良、杨虎城的正义行动，反映出中国共产党日益成熟的独立政治见解。即便是在统一战线政策方面，中国共产党也没有盲目地推行“一切经过统一战线，一切服从统一战线”，而是坚持独立自主方针，提出和阐明了党在统一战线中的领导权问题，从而有力地促进了抗日民族统一战线的建立和发展。

11　“钦差大臣”的威权

有一份公开的共产国际档案资料，内容是共产国际联络局派往远东的一位代表在1934年5月与共产国际联络局负责人谈话的备忘录，谈话的最后部分，特别提到了共产国际远东局与宋庆龄的关系。报告人称：“关于孙新林（孙夫人）的问题。她是个好同志，可以留在党内。但是，把她吸收入党是个很大的错误。是代表（指共产国际此前派驻中国的政治代表）提出接受她入党的……她愿意献出一切。她对秘密工作有着很深刻的理解。她在极其困难的条件下出色地召开了反帝大会。而她一旦成为党员，她就会失去其特有的价值了。”[②]从这里可以看出，早在1934年春以前，宋庆龄实际上已经通过共产国际代表加入了共产党，但共产国际认为这是个很大的错误。

而据廖承志回忆，1933年5月，宋庆龄突然到他家中与他秘密接头，明确

① 参见《党史资料通讯》，1987年第10期。

② 俄罗斯当代历史文献保管与研究中心档案，全宗号514，目录号2，卷宗号224。

告诉他自己是代表共产国际而来，并向他询问是否还能坚持在上海的秘密工作，以及所知道的叛徒名单。

廖承志写道："尽管过了将近五十年，但那短暂的不及半小时的每一分钟我都记得清清楚楚。"[①]这样看来，秘密吸收宋庆龄入党的是共产国际，而非中国共产党。[②]

共产国际指导中国革命和中国共产党的具体工作，就如同发展宋庆龄入党，主要是通过其驻华代表来实现的。

随着中国在苏联对外政策中地位的不断提升，共产国际和苏联派驻中国的驻华代表人数也不断增多，这些代表大都来自不同的组织、部门和机构。由于驻华代表的工作岗位、身份背景、知识结构、所属部门和组织、对共产国际及苏联指示的理解程度，以及对中国革命的认知和看法等存在差异，驻华代表之间及驻华代表与中共之间产生意见分歧也就在所难免。

为了弄清楚中国究竟发生了什么事情，更好地评估中国革命的发展态势和前景，在莫斯科召开的中国共产党第六次全国代表大会上，中共代表对共产国际驻华代表的错误提出了抗议。布哈林在关于政治报告的结论中明确指出："共产国际的代表并不是每个人都经过考试的……不派代表比较派那些做错误的代表还好些。"[③]这也是大革命失败后共产国际一度不派代表的原因。在会议的召开过程中，代表们向共产国际提出："可否给我们派一个不会做错误的代表，或者一个很少错误的代表？若是在世界上不能找着一个从来也不做错误的人，则给我们一个做错误做得最少的代表。"[④]对于中共代表们所提出的更换驻华代表的问题，共产国际进行过多年的努力，但是并没有找到合适的人选，针对这种情况，布哈林根据共产国际执委会制订的计划建议，中共中央选派两名

---

① 《廖承志文集》下卷，人民出版社，1990年版，第652页。

② 参见孟红：《宋庆龄入党记》，《党史纵横》，2011年第6期。

③ 中共中央党史研究室第一研究部编：《共产国际、联共（布）与中国革命文献资料选辑（1927—1931）》上，中央文献出版社，2002年版，第181页。

④ 中共中央党史研究室第一研究部编：《共产国际、联共（布）与中国革命文献资料选辑（1927—1931）》上，中央文献出版社，2002年版，第181页。

代表到莫斯科，共产国际通过这两名代表与中国共产党发生关系，并协助共产国际实现对中国共产党的指导。[①]在中共六届一中全会上，布哈林建议瞿秋白和张国焘担任中共驻共产国际代表，随后，邓中夏和余飞被任命为中华全国总工会驻赤色职工国际代表，王若飞被选举为中共驻农民国际代表，这五人于1928年7月20日正式组建成立中共驻共产国际代表团。

其实，自1924年起，中共中央就开始向共产国际派驻常驻代表了，但这些常驻代表主要是参加共产国际的一些事务性工作，并不与共产国际驻华代表产生联系，只起一种上传下达的辅助作用。1924年5月，中共中央派遣李大钊前往莫斯科出席共产国际五大，会议结束后，李大钊被任命为中共驻共产国际代表，是为中共历史上第一位派驻共产国际的代表。1925年1月李大钊回国后，中共中央决定派蔡和森等人出席共产国际第五届执委会第六次扩大会议，会议结束后，蔡和森被任命为中共驻共产国际代表。1927年春，蔡和森奉命回国。同年10月，为纪念俄国十月革命胜利十周年，向忠发等率团前往莫斯科参加纪念活动，抵达莫斯科后，向忠发被任命为中共驻共产国际代表，并参加共产国际东方部的工作。

在历史上，瞿秋白、周恩来、王明、王稼祥和任弼时先后担任中共驻共产国际代表团团长职务，每一届代表团的任期时间长短不一。其中以王明为首的中共代表团任期最长，达六年，并且这届代表团的代表人数达到了二十人，是五届代表团中人数最多的一届；以周恩来为首的中共代表团任期仅四个月，是五届代表团中任期最短的；而以任弼时为首的中共代表团成员仅有四人，是五届代表团中人数最少的一届。1940年2月，周恩来和任弼时等人离开莫斯科后，中共驻共产国际代表团的历史使命正式结束。在此之后，共产国际与中共中央的联络，主要通过中共中央、毛泽东与共产国际执委会书记处、季米特洛夫之间的电报来进行。

---

① 参见中共中央党史研究室第一研究部编：《共产国际、联共（布）与中国革命文献资料选辑（1927—1931）》上，中央文献出版社，2002年版，第181页。

作为中国共产党的一个派出机构，中共中央与中共驻共产国际代表团之间属于领导与被领导的关系，关于中共代表团的所作所为是否正确，中共中央拥有最终的裁决权。但是，这种正常的隶属关系在王明抵达莫斯科后逐步发生了变化。

刚开始，中共代表团尚处于中共中央的领导之下。在1932年召开的共产国际执委会第十二次全会上，王明被选为共产国际执委会主席团委员，会后又被选为执委会政治书记处书记。1932年11月2日，王明以中共中央的名义给联共（布）驻共产国际代表团写信："谨以中共中央的名义请求联共（布）驻共产国际执行委员会代表团帮助我们解决以下对于中国革命进一步发展具有重大意义的问题。"他在信件的结尾还说道："以上就是我受中共中央委托向联共（布）驻共产国际执行委员会代表团提出的问题。"1933年1月26日，王明仍以中共中央名义发出《给满洲各级党部及全体党员的信——论满洲的状况和我们党的任务》，显然此时的中共代表团活动的执行和方针政策的制定仍要按照中共中央的相关指示行事。

然而，1933年4月21日，共产国际执委会政治书记处政治委员会非常会议通过了共产国际执行委员会东方书记处起草的给中共中央的信，会议决定这封信以王明的名义发出。此后，王明以个人名义发给中共中央的信件逐渐增多，王明也逐步实现了自身角色的转变，开始对中共中央发号施令，将个人凌驾于中共中央之上。在中共中央与共产国际重新建立起联系之前，中共代表团实际上充当了中国共产党的中心和领导者的角色。正因为拥有了这种角色，中共代表团在巴黎起草了著名的《八一宣言》，后经共产国际执委会政治书记处的表决批准，宣言于1935年10月1日首次在巴黎《救国报》上发表。

现在看来，王明能够成为中国共产党的领导者，与当时恶劣环境下中共中央与共产国际失去联系有关。1935年10月，为了尽快恢复共产国际与中共中央的联系，共产国际和中共代表团决定选派张浩回国，传达共产国际七大精神和《八一宣言》。11月中旬，张浩携带共产国际电台密码抵达瓦窑堡，随后向中共中央汇报了共产国际七大的最新精神和《八一宣言》的内容。1936年6月

16日，中共中央与共产国际重新建立起电讯联系，并给中共代表团发去了一封电报，汇报了中国国内的形势和党内的情况。关于这份电报的内容，季米特洛夫在1936年7月初给斯大林的信中进行了转述，电报的抬头是“致王明——第一号电报，首先向您报告西北地区的局势和我们的打算”，“报告”二字可以说明，此时的中共代表团在中国共产党内处于领导核心地位，中共中央则要被迫接受以王明为首的中共驻共产国际代表团的领导。但是，从组织原则来看，无论是王明个人还是中共中央组织，都不应该逾越底线，放任这种局面。

1937年11月，王明等人被共产国际派遣回国工作，王稼祥开始担任中共驻共产国际代表团的负责人。以王稼祥为首的中共代表团在莫斯科工作期间，代中共中央向共产国际执委会汇报了中国国内的实际情况和中共关于抗日民族统一战线的政策问题，同时为了改变王明主政中共代表团时期的不良习性，还对代表团的办事机构进行了整顿，恢复了中共中央与中共代表团的正常关系。

由于每届中共代表团所处的国际环境和面临的国内任务各不相同，每届中共代表团的主要工作也不尽相同。以瞿秋白为首的中共代表团的主要工作，是处理“江浙同乡会”事件和莫斯科中山大学风波、管理中国留学生相关事宜等工作；以周恩来为首的中共代表团的主要工作，是解决中共中央与共产国际远东局之间的争论、处理中共代表团与共产国际之间的分歧；以王明为首的中共代表团的主要工作，是推动建立抗日民族统一战线、指导中国东北抗日斗争活动、利用苏联肃反打压政见不合者，同时积极宣传中国革命和抗日斗争；以王稼祥为首的中共代表团的主要工作，是汇报国内党内的情况及处理和解决冤假错案问题；以任弼时为首的中共代表团的主要工作，是扭转共产国际对中国国内情况的错误认知、管理在莫斯科的中共党员干部和妥善处理历史遗留问题等。

在中共代表团存续期间，共产国际和中共中央都曾对它的功过是非进行过评价，并且还专门通过了三份相关历史决议，其中一份为共产国际执委会政治书记处政治委员会通过的《关于中共代表团在处理中国劳动者共产主义大学派别斗争时的活动问题的决议》，另外两份为中共中央政治局通过的《关于

1929—1930年中共中央驻共产国际代表团行动问题的决议案》和《关于中共驻国际代表团工作报告的决议》。

共产国际执委会政治书记处政治委员会于1930年6月28日通过的决议认为，“中国代表团不去帮助彻底肃清派别活动，反而实际上支持中大中国学生中的派别活动”①。将莫斯科中山大学派别斗争的主要责任推到了中共代表团的身上，这显然是不符合历史事实的。

中共中央政治局1931年2月20日通过的决议案认为：“中共代表团的错误便利于托派扩大在学生群众中的影响，也便利于他们搞破坏行动。这些错误使代表团在大多数中国学生中丧失了威信，并使共产国际执委和联共中央难于采用适当的方法来与中大内托派及无原则的派别作斗争。”②这显然也是不符合历史事实的。

中共中央政治局1937年12月13日通过的决议认为：“在王明同志领导之下的代表团，在国际领导和特来托洛夫（注：指季米特洛夫）的帮助之下，几年来所做的工作成绩，首先在关于抗日民族统一战线新的政策与发展上给了中央以极大的帮助，此外如培养干部，出版报纸书籍，反对隐藏在某些党的组织中的奸细敌探，对满洲与华侨工作的直接领导和进行国际宣传等，是满意的，中共中央认为，代表团完成了党中央与共产国际所给予他们的任务。”③这份决议对以王明为首的中共代表团的主要功绩给予了积极评价，称赞中共代表团在统一战线的政策与发展上为中共中央提供了非常大的帮助，并高度认可了以王明为首的中共代表团的各项工作。

---

① 《联共（布）、共产国际与中国苏维埃运动（1927—1931）》第9卷，中共中央党史研究室第一研究部译，中央文献出版社，2002年版，第213页。

② 中共中央党史研究室第一研究部编：《共产国际、联共（布）与中国革命文献资料选辑（1927—1931）》下，中央文献出版社，2002年版，第512—513页。

③ 《共产国际、联共（布）与中国革命文献资料选辑（1931—1937）》第17卷，中共党史出版社，2007年版，第517页。

12 托派让陈独秀告别了中共

曾经为中国共产党的成立建立不朽功勋的杨明斋，于1925年10月奉党组织之命，率第二批学员从上海乘船到苏联，入莫斯科中山大学学习。杨明斋被安排到中山大学总务部门工作，负责全校五百多名中国学生的衣食住行，并兼作生活方面的翻译。他性情耿直、待人忠厚、工作认真，深受中国学生的爱戴和尊重。其间，杨明斋多次提出回国工作的请求，但直到1927年夏大革命失败后，杨明斋才获准回国，在平津地区从事秘密活动。

1929年11月15日，由于陈独秀组织中国托派组织，中共中央政治局通过了《关于开除陈独秀党籍并批准江苏省委开除彭述之、汪泽楷、马玉夫、蔡振德四人决议案》，此后中共中央按照共产国际的指示，对托派实施严厉的清洗和打击，一批批共产党人被开除出党，党内几乎没人敢提出反对意见。正在此时，杨明斋不顾中央反对托派的方针，挺身而出，对开除陈独秀表示异议。杨明斋在遭到中共中央斥责后，愤愤不平，在没有共产国际及中共中央许可的情况下，他辞去了冀东丰润县中学国文教员之职，一个人冒着生命危险偷越国境，历尽千辛万苦，终于进入西伯利亚，企图到莫斯科找共产国际，替陈独秀鸣冤。他也因这一举动，被周恩来称赞为中国共产党历史上一位受人尊敬的“忠厚长者”。

在杨明斋看来，共产国际不会像中共中央那样对陈独秀采取极端的态度。但是他错了，他刚刚到达伯利，就被扣留了，情急之中，他给共产国际写了一封长信，为陈独秀说情，这封信几经周折终于转送到共产国际，然而事实上，开除陈独秀正是共产国际的主意。

早在1930年，杨明斋就与家人失去了联系。直到1988年9月，一个名叫余世诚的大学老师以个人名义给苏共中央总书记戈尔巴乔夫写信，请求苏联帮助查找杨明斋的下落，才收到了苏联科学院远东研究所所长吉塔连科受苏共中央的委托所写的回信。信中说：“一九三〇年一月杨明斋未经党的领导许可，在走私者的帮助下越过中苏边境。直到一九三〇年秋天他都在哈巴罗夫斯克扫盲站当中文教员。后来转到符拉迪沃斯托克并在《红星报》和无线电台工作。一九三一年杨明斋被当作叛逃者流放到托木斯克，在那里当勤杂工。一九三四年八月行政流放期满后，杨明斋到了莫斯科并进入苏联外国人出版社工作，当投递员，后来又当誊写——校对员。一九三八年二月杨明斋以被捏造的罪名遭逮捕，并于同年五月牺牲。”[①]

杨明斋为陈独秀申冤，这冤屈与所谓的托派有关，而托派问题又牵扯到斯大林的对华政策。可谓千丝万缕，扯不断，理还乱。

陈独秀在大革命失败后，被解除了领导职务。他拒绝党中央及共产国际要他去国际“讨论中国革命问题”以及参加六大的决定，整天埋头于研究中国文字拼音问题，或为党中央机关刊物《布尔什维克》写一些小评论，显得比较消极。用他自己的话说：“自一九二七年中国革命遭受了悲惨的可耻的失败后，我固亲身负过重要责任，一时实感觉无以自处，故经过一年之久，我差不多完全在个人的反省期间。”[②]他想通过“反省”，“彻底认清这个失败的教训，再找出新的出路”[③]。

为此，他还经常把自己的意见，写信提供给中央常委。

这些意见大致有三方面的内容。第一，对于大革命中的错误，他承认当时党整个的根本政策是机会主义的，有对国民党的反动性认识不足，对国民党领导的资产阶级民主革命的危害性认识不足等原因，但是除了“对于一切超过事实的指摘”表示不满外，只简单地归结为自己是在“尊重国际纪律”“服从国际命令”[④]的情况下，盲目地执行了国际的路线，并未检查自己执行这条路线的思想理论根源。第二，对于大革命失败后的形势，他认为是“前一个革命高潮已经过去，后一个革命高潮还未到来”，“是两个高潮间过渡时期”，这个时

① 余世诚：《为了寻找一位老布尔什维克的下落》，《瞭望周刊》，1989年5月1日。
② 《陈独秀文集》第四卷，人民出版社，2013年版，第299页。
③ 《陈独秀文集》第四卷，人民出版社，2013年版，第299页。
④ 《陈独秀文集》第四卷，人民出版社，2013年版，第248、251页。

期“我们的政策，我们的工作路线”，应该是“准备力量，集中力量”。[①]这个看法在当时是难能可贵的，这与当时持“左”倾观点的中央认为当时革命形势“不断高涨”，“是直接革命形势”[②]，形成了鲜明的对照。第三，“关于资产阶级与封建势力比重的问题”，并由此决定中央的工作重心和工作方式的问题，陈独秀认为中央至今还是过分估量封建势力的地位，所谓“此时中国的经济还是农村支配城市”的观点“又是造谣”，自然会产生“每个战争都是阶级战争”的理论。[③]因而反对不断暴动的武装斗争，反对党把工作重心转移到农村。而主张通过争取民主的“国民会议”，重返政坛，当然此时的工作重心仍然在城市。这样，他在理论上就陷入了混乱的境地，只残留下一些以取消主义为特征的“琐碎意见”。

在接触到托派以前，陈独秀始终拒绝参加反对中央的派别活动。

中国早期的托派基本上是由两部分人组成的，一部分是莫斯科留学生中的托派分子，一部分是以陈独秀为首的在大革命时期担任过重要领导职务、执行了右倾机会主义政策，而在大革命失败后主张取消主义的那些人。前者是受苏联托派影响而产生的，被称为中国托派的“正统”。这些人因参与苏联托派活动被遣送回国后，就在中国建立了最早的托派组织。因其创办的刊物《我们的话》，仿效了十月革命前托洛茨基编辑的同名地下刊物，因此也被称为“我们的话派”。

1929年5月间，陈独秀接触到“我们的话派”印发的托洛茨基关于中国革命的一系列文件、文章、讲演和书信。他惊喜地发现，托洛茨基的许多观点与自己不谋而合。

托洛茨基对中国政策的阐述，集中在1926年中山舰事件以后，尤其是四一二反革命政变以后。这个时候，托洛茨基连续发表一系列文章，从理论根据到具体策略全面否定了斯大林的中国政策，抨击斯大林和共产国际在指导中国革

---

① 《陈独秀文集》第四卷，人民出版社，2013年版，第209页。

② 《瞿秋白文集·政治理论编》第七卷，人民出版社，1991年版，第57页。

③ 参见《陈独秀文集》第四卷，人民出版社，2013年版，第201页。

命时的路线和方针错误。他先后撰写《共产党与国民党》《中国革命与斯大林大纲》《中国革命中的苏维埃问题》等文章，提交共产国际执委会第八次全会讨论。从会议的第二天开始，他又连续撰写《还不是觉悟的时期吗?》《觉悟与矫正的时期到了》《汉口与莫斯科》《中国革命的新阶段》等文章，要求中国共产党立即退出国民党，立即与武汉政权决裂，立即建立苏维埃。1927年3月，托洛茨基在给拉狄克的信中再次强调："共产党继续留在国民党内，将给无产阶级和革命带来可怕的后果。"他的两篇长文《中国革命的回顾与前途》《共产国际六次大会后的中国问题》对莫斯科的一些中国留学生影响很大，对陈独秀等转为反对派发挥了决定性作用。1929年上半年，托洛茨基在土耳其为中国反对派写的纲领《中国布尔什维克——列宁派（反对派）纲领》一文，由刘仁静带回国内，成为中国反对派的重要思想武器和纲领。

托洛茨基的主要观点有：

关于帝国主义压迫和阶级斗争。托洛茨基认为："中国革命的特殊性首先根植于中国的殖民地状态。忽视帝国主义对中国内部生活的强大压力的政策，是根本错误的。但从未经阶级折射的民族压迫的抽象概念出发的政策也同样是错误的。"他分析道："资产阶级作为内部制动器加入民族战争阵营，时刻仇视地看着工农群众，随时准备与帝国主义妥协。""在国民党内，领导着它的民族资产阶级，实质上是买办和帝国主义分子的辅助工具。只有在工农群众运动软弱、阶级斗争不发达、中国共产党不独立和作为资产阶级手中工具的国民党驯服的条件下，民族资产阶级才能够留在民族战争的阵营里。基于这样的阶级分析，他认为"只有把工农最基本的、深刻的生活利益与国家解放的利益联系起来，才能真正地唤起工农反对帝国主义"。"没有这点，右派、半左派的将军们的军事胜利或失利，都是大海表面上的沧沫。"托洛茨基看得很清楚，在中国革命中，民族资产阶级只有倒向帝国主义和镇压工农运动的主要特征。他指责斯大林把国民党变成一个四个阶级的联盟，这就使国民党成了帝国主义和买办阶级的工具，领导权都掌握在资产阶级手中，实际上牺牲了工农的利益。[①]

关于民主革命还是社会主义革命。托洛茨基认为："中国资本主义生产力的发展遭遇了国家海关受控于帝国主义国家的瓶颈，因此中国革命具有民族资产阶级性。""特殊的封建因素无论在中国经济中占多大比重，都只能通过革命的途径来消除它们，因而不是与资产阶级联盟，而是与其直接斗争。"因此，斯大林关于中国革命问题的提纲，其错误的根本原因是只看到民族压迫而没有看到统一战线内部的阶级斗争，只讲民族压迫而忘记内部的阶级斗争也是自欺的政策。国民党领导下的工农运动是追随资产阶级的群众运动，"这样的联盟形式是致命的；共产党牺牲工农利益，出于乌托邦的目的让资产阶级留在民族革命的阵营中"。实践证明，反对外国帝国主义的斗争，是阶级斗争，"不能用民族统一战线的思想来迷惑它，直接由四个阶级联盟中产生的血腥的四月事件十分雄辩地证明了这点"。[②]

关于新的革命中心是否已经存在，或是还有待建立。托洛茨基认为，斯大林提纲通报中，"蒋介石的政变表明，从此以后中国南部将有两个政权、两个军队、两个中心，武汉的革命中心和南京的反革命中心"的判断是错误的。他一针见血地指出："我们十分清楚，汪精卫这样的'左派'妥协分子肯定会出卖工农。"汪精卫和蒋介石之间的斗争，"这些插曲无论多么激烈，都不能改变这个事实：两个集团通过分工，完成的是同一个反革命使命"。并警告说，武汉政府"很有可能在'灭亡'前就与蒋介石联合起来，共同反对工农群众"。[③]

关于苏维埃和武装工农。托洛茨基指出，在形势急剧恶化的情形下，"武装工农是一个重大而困难的任务。宣称苏维埃的时机尚未来临，又同时提出武

① 参见［俄］托洛茨基：《托洛茨基论中国革命（1925—1927）》，施用勤译，陕西人民出版社，2011年版，第49、50、55页。

② ［俄］托洛茨基：《托洛茨基论中国革命（1925—1927）》，施用勤译，陕西人民出版社，2011年版，第51、67、53页。

③ ［俄］托洛茨基：《托洛茨基论中国革命（1925—1927）》，施用勤译，陕西人民出版社，2011年版，第60、124、105页。

装工人的口号，就是制造混乱。只有苏维埃能够成为革命进一步发展的机构，它将实际武装群众，并领导武装起来的群众”。因此主张立即建立苏维埃与武汉政府对抗，“工农群众已经不信任国民党，他们要与兵士联合起来组织自己的苏维埃。由苏维埃武装工农，没收地主土地，就地枪决反革命，创造一个经过工农兵苏维埃的工农民主专政”。“农民和工人不相信左派国民党领袖，建立自己的苏维埃，与士兵联合起来。苏维埃应该武装工人和进步农民。保证共产党充分的独立，创办日报，领导创建苏维埃，立即剥夺地主土地。立即铲除反动资产阶级。就地镇压背叛的将军和所有反革命分子。总方针是通过工农代表苏维埃建立民主专政。”①

此外，托洛茨基还就国共合作的模式提出了自己的见解，指出：“在共产党还是一个宣传社团，仅在为未来的独立政治活动做准备，并力求同时参加当前的民族解放斗争的时期，共产党加入国民党是完全正确的。”“但是，党必须首先保证自己充分的组织独立性和在争取影响觉醒的无产阶级群众的斗争事业上有自己明确的政治纲领和策略。”而在国民党背叛革命后，共产党必须退出国民政府和国民党，“号召群众夺取土地，立即建立苏维埃”。②

正是在“我们的话派”的说服、争取下，经过大约三四个月的思考，陈独秀基本上接受了托洛茨基的观点，从而走上了托派的道路。

陈独秀等接受托派观点的人，很快形成一个小组织。他们一面向上海的党员和外地来上海的党员进行宣传，一面把受其影响的人编成小组，学习和讨论托洛茨基对于中国革命问题的主张，并在支部会议上就中国革命根本问题同江苏省委和中央组织部派来的代表进行辩论。由于中国共产党自八七会议以后，尚未在理论上思想上对机会主义进行清算，再加上当时李立三主持的党中央确有“左”的倾向。所以陈独秀等人的行为立即在党内，特别是在中上层干部中

---

① ［俄］托洛茨基：《托洛茨基论中国革命（1925—1927）》，施用勤译，《托洛茨基论中国革命（1925—1927）》，陕西人民出版社，2011年版，第139页。

② ［俄］托洛茨基：《托洛茨基论中国革命（1925—1927）》，施用勤译，《托洛茨基论中国革命（1925—1927）》，陕西人民出版社，2011年版，第3、5页。

引起思想混乱，掀起轩然大波。到1929年11月陈独秀被开除时，受其影响而加入托派的竟达五六十人之多。

陈独秀等人被开除后，立即公开组织活动。他们把下属成员编了几个支部，选举了一个常务委员会，总书记是陈独秀，常务委员是彭述之、尹宽、马玉夫、罗世凡，秘书长是何资深。他们发表了陈独秀起草并经大家讨论通过的《我们的政治意见书》，即八十一人声明，作为托陈派的纲领。原来未被中国共产党开除的人，在上面签名后全被开除出党。他们还出版了机关刊物《无产者》，所以托陈派又被称为“无产者社”。

陈独秀等人趋向托派，但托派的正统组织“我们的话派”不但不表示欢迎，“而且很是厌恶”。他们认为这是“没有出路的老机会主义者向我们托派投机了”，因此采取了“揭穿那些机会主义领袖们的‘卑鄙动机’，争取其下层群众”的对策。[①]对于两派的相互攻击，托洛茨基在1929年12月22日，给“我们的话派”写了回信，信中说：“至于陈独秀集团，我对它在革命年代的政策相当了解：这是斯大林—布哈林—马尔丁诺夫的政策，实质上就是右派孟什维主义的政策。但是H同志在给我的信中说，陈独秀在革命经验的基础上与我们反对派十分接近。当然，对此只能表示欢迎。然而你们在信中坚决反对H同志的说法。你们甚至断言陈独秀没有与作为机会主义和冒险主义杂烩的斯大林政策划清界限。由于我至今没有读过陈独秀集团的一份纲领性的声明，所以我还是不能对这个问题发表意见。”[②]这表明，托洛茨基最初对陈独秀趋向托派，虽表示欢迎，态度却是审慎的。后来，在对待陈独秀问题上，托派组织进一步分裂，形成“我们的话派”“无产者派”“十月派”“战斗社”等若干个小团体。

托派组织之间的争论，主要集中在关于革命性质、关于政权、关于国民会议、关于红军等问题上。

关于革命性质。陈独秀认为，“中国第三次革命，将开始于民主主义的斗

---

① 王凡西：《双山回忆录》，现代史料编刊社，1980年版，第144页。

② ［俄］托洛茨基：《托洛茨基论中国革命（1925—1927）》，施用勤译，《托洛茨基论中国革命（1925—1927）》，陕西人民出版社，2011年版，第353页。

争，而非开始于社会主义的斗争”；其他托派则坚持“一开始就是社会主义的性质”，“民主任务，只有在无产阶级社会主义革命的初期中附带地完成”。[①]

关于政权。陈独秀提出“无产阶级与贫农专政”口号；而其他托派组织认为，陈独秀的口号与“无产阶级专政”口号“根本对立”，而与“民主专政”的口号接近“妥协”。

关于国民会议。陈独秀坚持要把“国民会议”作为“总的政治口号”[②]；而其他托派组织却怀疑这个口号能否实现。

关于红军。陈独秀认为，中国共产党把工作重心转移到农村是出卖中国工人运动，并断言“没有城市工人革命领导的所谓‘红军’，其前途不外是：统治阶级的内部战争一时停止‘红军’便要被击溃，或为所收买”，“此外不能有别的前途”[③]；其他托派组织也是类似的观点。但是，红军和农村革命根据地蓬勃发展的情况，使这些蜷缩在上海等大城市里，热衷于文字攻击和组织分裂、彼此又钩心斗角的托派分子感到惊讶和费解。

对于中国托派组织的乱象，周恩来曾经作过这样的分析：“机会主义分子因为固执自己的路线，现在既不能深入群众，又不能不找一个新的政纲，以掩饰自己的错误。这样，反对派的政纲，正好在掩饰自己过去的错误上，在口头上‘左’的革命口号而实际上右的革命形势的估计与策略上，恰恰脾胃相合，于是就被他们利用了。而反动派的策略，也正是要利用这些分子帮助他们进行反党的活动。机会主义与反对派在‘惺惺惜惺惺’的情形之下，便结合起来了。”[④]

当陈独秀等人认识到分散的托派组织不仅没有力量，最后还会在内斗中死亡时，托洛茨基多次提议的中国托派统一问题才被提上议事议程。1931年5月，陈独秀亲自起草了统一大会的主要文件《中国共产党左派反对派纲领》。

---

① 转引自唐宝林：《试论陈独秀与托派的关系》，《历史研究》，1981年第6期。

② 《陈独秀文集》第四卷，人民出版社，2013年版，第246—263页。

③ 《陈独秀文集》第四卷，人民出版社，2013年版，第340页。

④ 《周恩来选集》上卷，人民出版社，1980年版，第47页。

这份纲领分五个部分："过渡期中反对派之总任务""中国革命失败的教训""过渡时期与我们的策略""中国革命的前途""共产主义运动的分派及反对派目前的任务"。规定托派对中国共产党的策略是："它绝不与共产党的活动隔绝，它在每个问题中采取它的态度，它在示威罢工等斗争中无情的批评正式党领导之政策的错误，并以它自己的信仰，不对正式领导作任何让步。"[①]陈独秀这位中国共产党的主要创始人，最终走上了与党对立的道路。

令人唏嘘的是，统一托派组织——中国共产党左派反对派，并没有像他们想象的那样很快兴旺起来，而是迅速地重新陷入不断的背叛、瓦解和破败的泥坑中。统一大会后，首先是尹宽由于受到彭述之等人的排斥，连大会代表都未当上，更未被选入领导机关，于是就纠集几个人，控制了几个支部，进行反对"中央"的活动。而马玉夫竟因未当上"中委"，就去国民党龙华警备司令部告密，致使统一大会后不到一个月，托派中央机关即遭破获，除陈独秀、彭述之、罗汉外，其他中委悉数被捕。与此同时，还有人跑到南京投奔国民党军统特务机关，并发表声明称"共产主义不符合中国的国情"。

九一八事变发生后，陈独秀以托派中央的名义发表了《为日本帝国主义侵占满洲告民众书》《为日本帝国主义进攻上海告民众书》《为日本占领淞沪告全国民众》等文件，还在自己主编的《火花》《热潮》等托派机关刊物上发表一系列文章，强烈谴责日本帝国主义侵华罪行，抨击国民党的不抵抗政策，歌颂全国人民尤其是青年学生的抗日行动。在1932年一·二八淞沪抗战中，他还向中国共产党提出过合作抗日的建议。当时中国共产党正处在王明"左"倾路线统治下，这个建议自然未被采纳。陈独秀还以托派中央常委会名义发表"政治决议案"，要求各地托派"组织及参加各地工人、农民、城市贫民的义勇军运动，使之坚决的举起反日反国民党的旗帜，并要在正式军队做分化运动，使之脱离国民党的支配，而成立反日反国民党的义勇军。……在已有农民苏维埃的省份，城市苏维埃或义勇军一经成立，立即汇合苏维埃区域的红军占领

① 李洪钧：《陈独秀评传》，辽宁大学出版社，1990年版，第261页。

城市”。[①]

陈独秀主持的托派中央，采取的是抗日反蒋联共的立场，但是这个托派中央于1932年10月15日被国民党中统特务机关破获，陈独秀被捕入狱。

1933年，托洛茨基开始筹备“第四国际”，以示与共产国际彻底决裂。他派格拉斯（中文名字李福仁）到中国来，帮助重整托派组织，没承想，新的托派中央连续开除了包括陈独秀在内的骨干，无奈只能在妥协的前提下重新推出临时中央委员会。托洛茨基认为，陈独秀是国际的人物，虽被监禁在牢内，但仍旧忠实于革命，忠实于托派思想倾向，理应加入总理事会。

1937年8月23日，陈独秀在国共实现第二次合作的背景下，提前获释。陈独秀出狱前后，国际国内形势发生了急剧变化，一向注意观察政治形势的陈独秀，思想也随之发生了重大变化，他与托派的关系也发展到一个新的阶段。在此阶段，陈独秀在组织上与托派脱离了关系，和第三党、救国会及另一部分“民主人士”相接触，企图组成一个联合战线，想在抗日阵营中独树一帜，不拥国，不阿共，以争取民主和自由为共同目标；政治上主张联合苏联及全世界的工农民众、包括日本的工农民众在内，共同反对日本帝国主义。然而，他的思想上却始终在托洛茨基主义、小资产阶级民主主义和二次革命论的圈子里摇摆。这种状况，一直延续到他去世时为止。

13　“两头好，中间差”

对于共产国际对中国革命的影响，1960年7月14日、15日，周恩来曾作过一个题为《共产国际和中国共产党》的报告，对其作出了全面的评价。报告说：“共产国际从成立到解散共存在二十四年（一九一九—一九四三），三个八年。毛泽东同志说它是两头好，中间差。两头好，也有一些问题；中间差，也

① 袁忠亚：《陈独秀的最后15年》，中国文史出版社，2005年版，第96页。

不是一无是处。”①

共产国际的前八年，列宁领导了五年，后几年主要由季诺维也夫、托洛茨基、布哈林领导，逐步转变为实际是斯大林领导。在列宁领导时期，虽也有缺点，但总的来说，坚持了正确的方向。列宁逝世后，共产国际内部的“左”倾情绪逐步发展，但还只是局部的，基本方向还是正确的。“这个时期，共产国际的工作对于中国革命，还是有益的多。”②

共产国际中期的八年，“基本上是错误的，对我们中国党影响最大”③。共产国际这个时期的主要错误是“左”倾思想发展为“左”倾教条主义，宗派情绪发展为宗派主义，权力过于集中和忽视民主发展为粗暴干涉各国党的内部事务。中国共产党在这个时期的三次“左”倾错误，都和共产国际的理论和指导有关。“中国党在这个时期犯了那么多错误，使中国革命受到了那么大的损失，我们中国人当然要负责，但与共产国际有很大的关系。”④

共产国际后期的八年是好的。这主要是由于共产国际第七次代表大会决定实行政策转变，开始从指导思想上纠正和批判“左”倾教条主义和宗派主义的错误，提出建立以工人阶级为核心的广泛的人民阵线和国际反法西斯统一战线。这次会议还决定，今后共产国际执委会一般不干涉各国党的内部事务。这对于已经成熟起来的中国共产党结合本国实际探索革命道路是极为有利的。

周恩来在报告中总结道：“各国的革命和建设，要靠各国人民自己的实践”，“各国的革命和建设，要靠各国党自己独立思考”，“各国的革命和建设，要靠各国自己独立自主和自力更生”。⑤这可以说是经过血与火的历练，用无数革命志士的智慧和革命先烈的鲜血凝成的历史经验。

---

① 《周恩来选集》下卷，人民出版社，1984年版，第300页。

② 《周恩来选集》下卷，人民出版社，1984年版，第303页。

③ 《周恩来选集》下卷，人民出版社，1984年版，第305页。

④ 《周恩来选集》下卷，人民出版社，1984年版，第310—311页。

⑤ 《周恩来选集》下卷，人民出版社，1984年版，第301—302页。

结　语

任何一段历史都是立体和丰满的，同时也是鲜活和生动的。历史就是过去的生活，学习历史，就是回到过去的生活中，去寻找每一位历史人物的角色定位、每一个历史事件的前因后果、每一段历史进程的价值作用。因此，学习历史应该置身于当时的历史场景中去体会、去观察、去思考，而不是简单地从一个又一个的结论中去推导、去揣摩、去臆想。结论固然重要，但是通过还原并置身于当时的历史场景，通过对历史人物、历史事件、历史过程的全面考察，自然而然地得出应有的结论，才显得更重要，才更能让人心服口服、坚信不疑。

学习中国社会主义思想史也是这样。笔者力图在每章每节都还原一个小的历史场景，引导大家去认识当时的社会，然后独立自主地得出各自应有的结论。或许由此得出的结论会各有不同，甚至有时大相径庭，但这也不怕。因为人类社会的发展就是在这种认识的纷争中前进的，而且历史经验一再证明，在大是大非问题上，绝大多数人的认识是理智的和客观的。人民群众是真正的英雄。人民，只有人民，才是创造历史的真正动力。这是任何时候都要彻底贯彻的唯物主义精神，学习历史、研究历史也要贯彻这一精神。

有了这样的思考，本书总体的设计是：第一章讲在大航海与殖民化时代，由于中国没有赶上世界发展的脚步，遭遇了一系列内忧外患，吟唱出一首奇异的对联式悲歌。第二章讲在救亡图存、强国保种的危难关头，政府、社会、仁人志士开眼看世界，体会到中西之间巨大的差距后，做出了很多努力，取得了一些成效，但最后还是不得不走上革命的道路。第三章讲在欧洲文明与中华文化的激烈碰撞下，一系列西方先进的思想文化传入中国，中国固有的优秀传统文化也在顽强生长，这些为数众多、流派不一的思潮，在华夏大地上展开了史无前例的竞争和较量，最终崭露头角的是社会主义思潮。第四章讲各种社会主义思潮的涓涓细流，最终都汇入了马克思主义的浩瀚大海，让人们在比较中体会到科学社会主义的魅力和伟力，完成了对未来中国革命道路的选择和干部、理论上的准备，也预示着未来中国革命将逐步在马克思主义引领下砥砺前行。第五章讲中国国民党与中国共产党的第一次合作，透视共产国际（苏联）、国民党、共产党三方微妙的关系，共产国际在东方选择国民党为联合对象，国民党为重新崛起决心以俄为师，共产党需要借助国共合作平台发展壮大，当然三方合作的政治思想基础确与马克思主义，联俄、联共、扶助农工等政策有关。第六章讲国共合作打开了中国革命新局面，北伐战争的胜利造就了国民党的辉煌，但也奠定了其反共清共的底气；共产党遭受清剿和打击，但也找到了新的革命道路；两党分道扬镳，是国民党政治上的败笔，同时也是共产党的新生，更是两党性质和信仰不同、思想理论对立的必然结果。第七章讲日本侵华使中日之间的民族矛盾上升为主要矛盾，而国内各个阶级和政治派别的矛盾下降为次要矛盾，民族大义终将把各个阶级和政治派别联合在一起，形成抗日民族统一战线；但是，抗日民族统一战线是有原则的，只有在斗争中求合作，在独立中求统一，才能燃起和平建国的希望。第八章讲抗日战争胜利曙光初现，国共两党对未来中国之命运做了截然不同的设计，蒋介石头顶抗日领袖的光环、手握精锐武装的绝对优势而力图武统，中间势力立足调和国共两党的矛盾试图走第三条道路，一时间，“一个主义、一个党、一个领袖”、民主社会主义、国家社会主义等甚嚣尘上，最终共产党在战场上的胜利敲响了国民党统治的丧钟，中国也从此走上新民主主义和社会主义的道路。第九章讲中国新民主主义革命的胜利，归根结底是马克思主义的胜利，是马克思主义中国化的伟大成果——毛泽东思想的胜利；中国共产党经过血与火的淬炼，历经无数次的挫折和失败，最后选择了毛泽东和毛泽东思想指引的革命道路，并且取得了巨大成功；没有中国共产党就没有新中国，只有社会主义才能救中国，这就是历史的结论，也是一条颠扑不破的客观真理。

需要说明的是，本书有一个附录："共产国际与中国共产党"。中国共产党最初的成长，离不开共产国际的关心、指导和帮助。中国共产党幼年时期的一系列路线方针政策，都打上了很深的共产国际的烙印。了解共产国际与中国共产党的关系，有助于更全面、更深刻、更准确地把握中国社会主义思想传播的规律。但是，这又不完全属于中国社会主义思想史的范畴，作为附录可能更恰当些。

后　记

经过一年多的努力，《潮起：社会主义思想引领中国》终于付梓了！虽然谈不上夜以继日，但经常废寝忘食是不假的。作为计划中的“中国社会主义思想简史三部曲”的第一部，无论框架结构的设计、史料的挖掘、众多研究成果的梳理，还是普及性通俗读物的设定，工作量之大是可想而知的。好在有吴新文、沈路涛等专家的提点，有家人的支持，尤其是爱人张玲对家务的包揽和对文字的把关，有刘楷、张伟等身边工作人员的辅助，有出版社的同志们的悉心编校，这部看似很难短期内写就的著作，还是如期完成了。衷心感谢所有给予帮助的同志们！

2024 年 11 月 2 日